7.9급 공무원/군무원/공사·공단 등 각종 공무원 시험대비
유병준 퍼펙트 행정학

2025 유병준
Perfect 행정학
단원별 기출 1000제

유병준 편저

반드시 이것만은 풀어보고 시험장에 가자!!

- 반드시 보고 가야할 핵심 기출 문제
- 최신 기출문제 완전 분석

참다움

들어가는 말

　수험과목으로서 행정학은 난해하기보다 이상한 과목으로 여겨지는 것 같다. 착실히 공부한 결과 이론적으로는 어느 정도 알 듯한데 점수는 잘 나오지 않는가 하면, 실전에서 문제를 풀 때는 정답을 찾기가 어려웠는데, 나중에 정답과 해설을 보면 별로 어려운 문제도 아닌 듯하게 느껴지는 경우가 많기 때문이다.

　그래서 열심히 공부하여 고득점을 하기보다는 일정한 선에서 타협하려는 방어적 전략을 구축하기도 한다. 때로는 시험에 임박할 때까지 방치되기도 한다. 행정학을 어차피 점수도 잘 나오지 않는 과목으로 여겨 나중으로 미루고, 비교적 득점이 용이한 과목에 치중하려는 경향이 강하다. 게다가 수험서는 방대하고 강의는 어렵기 그지없다.

　행정학도 사회과학의 한 형태라면 타 학문처럼 일정한 원리나 흐름이 존재하는 것은 자명하다. 그 원리를 기출문제를 통하여 발견하기를 권고한다. 문제를 풀어볼 때는 가능하면 정답과 해설을 멀리하고 자신의 힘으로 시도해보도록 노력하는 것이 중요하다. 문제의 지문을 암기하는 것도 중요하나 답의 추론 과정이 논리력을 키우기 때문이다.

　기출문제집의 생명력은 문제의 배열방식과 자료의 정확성이라고 본다. 본서에 수록된 기출문제는 약 1,000제 정도이다. 기출문제의 수록범위는 최근 기출문제 뿐만 아니라 행시, 사시, 국회사무처 시험 등 고전적 문제 중에서 학습할 가치가 높다고 여겨지는 문제들까지 총 망라하였다. 또한 국가직, 지방직, 군무원, 행정사의 최근 기출문제 중 중요한 문제만 선별하여 단원별로 배열하였다.

　중요성과 가치가 높은 문제를 엄선하여 핵심정리집의 목차와 동일하게 80개의 테마로 재배열하였다. 따라서 핵심정리집 = 기출문제집 = 기본서의 삼각학습을 통해 단원별로 선별학습하는 것도 좋을 것으로 본다.

　행정학은 관련법령의 개정이 많아 추후에 지속적인 정정(update)이 필요하다. 관련법령 등 제도적 변화와 논점의 변화로 문제의 적실성과 정답의 변경이 불가피할 경우 지속적으로 업데이트를 제공할 것이다.

　학습의 과정에서 문의사항이 발생하면 저자의 메일(you-bj@hanmail.net)로 연락주기바라며, 수험생 여러분의 건투를 빌어본다.

유병준 씀

Part 1 행정의 기초이론

- 【테마 01】 국가의 변천과 정부관 ············· 10
- 【테마 02】 행정의 의의 ····················· 13
- 【테마 03】 정치·행정·경영의 관계 ············ 16
- 【테마 04】 행정변수와 행정학의 학문적 성격 ··· 18
- 【테마 05】 시장실패와 정부실패(정부개입과 축소의 근거) ··· 19
- 【테마 06】 공공재 ························· 24
- 【테마 07】 민영화(공공서비스 공급방식) ······· 27
- 【테마 08】 정부규제론 ······················ 31
- 【테마 09】 행정환경의 변화 : 정보사회, NGO 등 ··· 35
- 【테마 10】 행정이념 ······················· 38
- 【테마 11】 행정이론 전개 ··················· 46
- 【테마 12】 과학적 관리론과 인간관계론 ········ 49
- 【테마 13】 행태론과 신행정론 ················ 51
- 【테마 14】 체제론과 제3세계이론 ············· 53
- 【테마 15】 신공공관리와 뉴거버넌스 ··········· 54
- 【테마 16】 신공공서비스, 사회적 자본, PNPM ··· 60
- 【테마 17】 신제도주의 ····················· 67

Part 2 정책론

- 【테마 18】 정책의 본질과 유형 ·· 72
- 【테마 19】 정책권력모형 ·· 81
- 【테마 20】 정책의제설정 ·· 89
- 【테마 21】 정책결정 ·· 96
- 【테마 22】 비용편익분석 ··· 101
- 【테마 23】 불확실성과 미래예측기법 ··································· 104
- 【테마 24】 정책결정이론 ··· 108
- 【테마 25】 공공선택이론 ··· 118
- 【테마 26】 정책집행 ··· 123
- 【테마 27】 정책평가 ··· 133
- 【테마 28】 정부업무평가와 정책변동 ··································· 143
- 【테마 29】 기획 ··· 146

Part 3 행정조직론

- 【테마 30】 조직이론, 목표의 변동 ····································· 148
- 【테마 31】 조직구조 : 조직원리 ······································· 151
- 【테마 32】 동기부여이론 ··· 153
- 【테마 33】 조직과 환경 : 거시조직이론 ································ 162
- 【테마 34】 조직의 구조변수 ··· 167
- 【테마 35】 조직의 유형 : Mintzberg, Daft 모형 등 ···················· 171

【테마 36】 관료제와 탈관료제 ·· 179
【테마 37】 계선과 막료, 위원회 등 ··· 183
【테마 38】 우리나라 정부조직 ·· 185
【테마 39】 책임운영기관 ··· 187
【테마 40】 공공기관 ·· 190
【테마 41】 관리계층, 권한위임, 권위 등 ································· 191
【테마 42】 갈등관리 ·· 193
【테마 43】 리더십 ·· 196
【테마 44】 정보공개와 민원 ·· 200
【테마 45】 조직혁신 : MBO, OD ·· 203
【테마 46】 조직혁신 : TQM, BSC ·· 205
【테마 47】 지식사회와 지식관리 ··· 209
【테마 48】 전자정부 ·· 213

Part 4 인사행정

【테마 49】 인사행정의 변천 ·· 222
【테마 50】 엽관주의와 실적주의 ··· 223
【테마 51】 대표관료제 ·· 227
【테마 52】 직업공무원제도 ·· 230
【테마 53】 중앙인사행정기관 ·· 233
【테마 54】 공직의 분류 : 개방형/경력직 ································ 235
【테마 55】 계급제와 직위분류제 ··· 238

【테마 56】 한국의 인사행정제도 : 고위공무원단 등 ··············· 243
【테마 57】 공무원 임용(채용, 충원) ································· 249
【테마 58】 교육훈련, 근무성적평정 ··································· 253
【테마 59】 사기, 보수와 연금 ··· 258
【테마 60】 정치적 중립과 신분보장 ··································· 263
【테마 61】 공직부패와 공직윤리 ······································· 266

Part 5 재무행정

【테마 62】 예산의 의의, 원칙 ··· 274
【테마 63】 예산의 분류와 법규 ······································· 279
【테마 64】 정부회계제도 ·· 280
【테마 65】 예산의 종류 ·· 283
【테마 66】 예산과정의 개요 ·· 290
【테마 67】 예산결정이론과 예산제도 개혁 ························· 304
【테마 68】 품목별 예산, 성과주의 예산, 계획예산 ·············· 307
【테마 69】 영기준예산(ZBB)과 일몰법 ······························ 310
【테마 70】 신성과주의 예산과 재정개혁 ···························· 314

Part 6 환류

【테마 71】 행정책임과 통제 ··· 318
【테마 72】 행정개혁 ··· 324

Part 7 지방행정론

- 【테마 73】 지방자치의 의의와 자치권 ············· 328
- 【테마 74】 사무배분과 일선기관 ················· 334
- 【테마 75】 광역행정 ························· 338
- 【테마 76】 정부간 관계와 중앙통제 ·············· 340
- 【테마 77】 자치단체의 계층과 구역 ·············· 343
- 【테마 78】 자치단체의 기관(長과 의회) ··········· 346
- 【테마 79】 지방재정 ························· 349
- 【테마 80】 주민통제 ························· 356

Part 1 행정의 기초이론

테마 1	행정의 의의, 정치·행정·경영
테마 2	정부관, 행정변수 등
테마 3	행정국가 : 시장실패(정부개입의 근거)
테마 4	행정국가의 한계 : 정부실패
테마 5	공공재(공공서비스)
테마 6	민영화 : 공공서비스 공급방식의 다양화
테마 7	정부규제론
테마 8	행정환경의 변화 : 정보사회, NGO 등
테마 9	행정이념
테마 10	공익과 행정문화
테마 11	행정학의 성립과 발달, 접근방법
테마 12	행정이론(Ⅰ) : 과학적 관리론과 인간관계론
테마 13	행정이론(Ⅱ) : 행태론~발전행정론
테마 14	행정이론(Ⅳ) : 신행정론, 현상학
테마 15	최근 행정학(Ⅰ) : 신공공관리(NPM)
테마 16	최근 행정학(Ⅱ) : 뉴거버넌스
테마 17	최근 행정학(Ⅲ) : 거버넌스, NPS, 사회적 자본
테마 18	신제도주의-접근방법의 흐름

THEMA 01 국가의 변천과 정부관

01
• 22 국가9급

정부관의 변천에 대한 설명으로 옳지 않은 것은?

① 19세기 근대 자유주의 국가는 '야경국가'를 지향하였다.
② 대공황 이후 케인스주의, 루스벨트 대통령의 뉴딜정책은 큰 정부관을 강조하였다.
③ 영국의 대처리즘, 미국의 레이거노믹스는 작은 정부를 지향하였다.
④ 하이에크(Hayek)는 『노예의 길』에서 시장실패를 비판하고 큰 정부를 강조하였다.

해설 ④[X] 하이에크(Hayek)는 『노예의 길』에서 국가기획과 자유의 양립불가능성 주장한 학자로서 국가기획을 반대한 자유주의자이다. 이후 1990년대 신자유주의의 모태가 되었다. 따라서 하이에크(Hayek)는 정부실패를 비판하고 작은 정부를 강조하였다.

[정답] ④

02
• 20 지방9급

작은정부를 적극적으로 옹호하는 것은?

① 행정권 우월화를 인정하는 정치·행정 일원론
② 경제공황 극복을 위한 뉴딜정책
③ 사회복지 프로그램의 확대
④ 신공공관리론

해설 ④ 지속적 팽창을 하던 행정국가가 1970년대 두 차례의 석유파동과 스태그플레이션(경기침체) 및 과다한 복지의 지출로 인한 재정적자의 증가 등 정부실패를 경험하게 되었다. 신공공관리론은 이러한 정부실패를 치유하기 위해서 규제완화, 감축관리, 민영화의 확대 등을 통한 작고 효율적인 정부의 운영에 주안점을 준다.
① [X] 정치행정일원론은 1930년대 경제공황을 극복하는 과정에서 시장실패(경제공황)의 문제를 해결하기 위하여 정부의 기능이 강조되면서 등장하게 되었다. 이는 큰 정부에 해당한다.
② [X] 경제대공황을 극복하기 위한 뉴딜정책은 작은 정부에서 큰 정부로의 이행을 촉진시켰다.
③ [X] 사회복지 프로그램의 확대는 행정권의 팽창을 초래하게 된 복지국가(큰정부)의 특징이다.

[정답] ④

03
• 14 지방9급

큰 정부론과 작은 정부론의 논쟁에 대한 설명으로 옳지 않은 것은?

① 작은 정부론은 민영화의 확대를 주장하지만, 또 다른 시장실패를 유발할 수 있다는 점에서 네트워크 거버넌스의 필요성이 제기되기도 한다.
② 공공재는 시장에서 적절하게 제공되지 못하므로 정부가 제공해야 한다는 주장은 시장에 대한 정부의 개입을 강조한다.
③ 작은 정부론은 정부의 개입이 초래하는 대표적 정부실패의 사례로 독점으로 인해 발생하는 X-비효율성을 제시한다.
④ 큰 정부론자는 "비용과 편익이 괴리되어 시장실패가 발생하는 경우, 정부가 시장에 개입해야 한다."라고 주장한다.

해설 큰 정부론이란 시장실패를 극복하기위해 정부역할의 팽창 또는 정부개입을 주장하는 견해로서 행정국가와 관련된 주장이며, 작은 정부론은 정부실패를 극복하기위해 민영화와 규제개혁 등을 주장하는 신행정국가의 경향과 관련이 있다.
④ 비용과 편익의 괴리(절연)는 '정부실패'의 요인이며, 이를 극복하기위해서 시장적 메커니즘을 도입해야 한다는 것은 작은 정부론자들의 주장이다.

[정답] ④

04
• 24 군무원9급

진보주의와 보수주의의 구분은 사회와 정책을 이해하는 한 방법이다. 진보주의 정부에서 선호하는 정책으로 가장 적절하지 않은 것은?

① 소수민족 기회 확대
② 소득재분배 강조
③ 조세 감면 확대
④ 정부규제 강화

해설 ③[X] 조세감면 확대를 주장하는 것은 보수주의 정부관에 해당한다.

정리 진보주의와 보수주의 정부관

구 분	진보주의(좌파)	보수주의(우파)
인간관	경제인관 부정	경제인(인간=경제적 인간) 합리적·이기적 경제인
자유/평등관	자유를 옹호(적극적 자유) 결과적 평등	자유를 강조(소극적 자유) 기회의 평등(균등) 강조
시장에 대한 평가	시장실패는 정부에 의해 치유가능(정부개입주의)	시장주의를 신봉 정부불신
정책/국가관	정부규제정책, 소득재분배 정책, 복지국가, 개혁주의	규제완화와 시장지향적 정책, 조세감면, 자유방임적 자본주의

[정답] ③

05
• 17 서울9급

복지국가의 공공서비스 공급 접근방식에 대한 설명으로 가장 옳은 것은?

① 민간부문을 조정·관리·통제하는 공공서비스 기능이 강조된다.
② 서비스의 배분 준거는 재정효율화이다.
③ 공공서비스의 형태는 선호에 따라 차별적으로 상품화된 서비스이다.
④ 성과관리는 수요자 중심의 맞춤형 관점에서 이루어진다.

해설 위 문제의 핵심은 공공서비스 공급방식을 복지국가의 입장에서 찾고자하는데 있다. 복지국가란 현대 행정국가를 말하며, 이는 신행정국가의 입장과 구별하는데 의의가 있다.

① 현대행정국가는 시장실패를 극복하기 위해서 정부가 민간부문을 직접 조정·관리·통제하는 규제적 기능이 강조된다. 나머지는 모두 복지국가의 한계(정부실패)를 극복하기 위한 신공공관리(신자유주의)에 입각한 공공서비스 공급의 접근방식들이다.
② 복지국가의 공공서비스의 배분준거는 형평적 분배이다.
③ 복지국가의 공공서비스는 보편적 서비스를 제공하지만, 신자유주의는 개인의 다양한 선호를 강조한다.
④ 복지국가는 수요자중심의 맞춤형 관점이 아니라 공급자 관점의 성과관리에 초점을 둔다.

[정답] ①

06
• 17 교육행정9급

정부관에 대한 일반적인 설명으로 옳은 것은?

① 보수주의자는 기본적으로 자유시장을 불신하지만 정부를 신뢰한다.
② 진보주의자는 조세제도를 통한 정부의 소득재분배정책을 선호한다.
③ 신자유주의가 등장하면서 작은 정부에서 큰 정부로의 전환이 이루어졌다.
④ 1930년대 대공황을 겪으면서 최소의 정부가 최선의 정부라는 신념이 중요시되었다.

해설 ② 진보주의자는 누진세 등 조세제도를 통한 정부의 소득재분배정책을 선호한다.
① 보수주의자는 기본적으로 정부를 불신하고 자유시장을 신뢰한다.
③ 신자유주의는 정부실패를 극복하기위해서 큰 정부에서 작은 정부로의 전환이 이루어졌다.
④ 1930년대 대공황을 겪으면서 최대의 정부가 최선의 정부라는 신념이 중요시되었다. 이렇게 큰 정부를 중시하는 경향이 행정국가의 등장을 가져오게 하였다.

[정답] ②

07 • 14 서울9급

정부의 역할에 대한 입장을 바르게 설명하는 것만 모두 고른 것은?

> ㄱ. 진보주의 정부관에 따르면 정부에 대한 불신이 강하고 정부실패를 우려한다.
> ㄴ. 공공선택론의 입장은 정부를 공공재의 생산자로 규정하고 대규모 관료제에 의한 행정의 효율성을 높이는 것이 중요하다고 본다.
> ㄷ. 보수주의 정부관은 자유방임적 자본주의를 옹호한다.
> ㄹ. 신공공서비스론 입장에 따르면 정부의 역할은 시민들로 하여금 공유된 가치를 창출하고 충족시킬 수 있도록 봉사하는 데 있다.
> ㅁ. 행정국가 시대에는 '최대의 봉사가 최선의 정부'로 받아들여졌다.

① ㄱ, ㄴ, ㄷ　　② ㄴ, ㄷ, ㄹ
③ ㄷ, ㄹ, ㅁ　　④ ㄱ, ㄹ, ㅁ
⑤ ㄱ, ㄴ, ㅁ

해설 보기 중에서 맞는 것은 ㉢, ㉣, ㉤이다.
㉠은 보수주의 정부관이다. 진보주의 정부관은 정부의 개입을 중시하는 반면, 보수주의 정부는 정부개입을 불신하고 시장의 자율을 중시한다.
㉡ 공공선택론은 정부를 공공재의 생산자로 규정하지만, 관료제를 비판하고 시민에 의한 선택을 중요시 여긴다.
㉤ 행정국가는 복지국가를 지향하며 정부역할의 확대를 추구한다.

[정답] ③

THEMA 02 행정의 의의

8
• 19 서울7급(추가)

윌슨(W.Wilson)의 「행정의 연구(The Study of Administration)」에 대한 설명으로 가장 옳지 않은 것은?

① 19세기 말엽 미국 정부의 규모가 그 이전과 비교도 안 될 정도로 커지고, 행정의 수요가 급증한 상황에서 행정학 연구의 중요성을 역설하였다.
② 19세기 말엽 미국 내 정경유착과 보스 중심의 타락한 정당정치로 인하여 부패가 극심한 상황에서 행정이 정치로부터 독립해야 한다고 주장하였다.
③ 윌슨은 행정의 전문성을 강조하면서, 정치와 행정의 분리와 함께 행정의 영역(field of administration)을 비즈니스의 영역(field of business)으로 규정하기도 하였다.
④ 윌슨은 행정의 본질을 의사결정과 이에 따른 집행의 효과성을 높이는 것으로 파악하고 있으며, 근본적으로 효율적인 정부가 되어 돈과 비용을 덜 들여야 한다고 주장하고 있다.

해설 ④ 윌슨은 행정의 본질을 의사결정이 아니라 결정된 법이나 정책을 효율적으로 '집행'하는 것으로 파악하고 있으며, 근본적으로 효율적인 정부가 되어 돈과 비용을 덜 들여야 한다고 주장하고 있다. ③ 윌슨은 「행정의 연구(The Study of Administration)」(1987)에서 행정의 영역은 정치의 영역(field of politics)이 아니라 비즈니스의 영역(field of business)이라고 규정하였다.

[정답] ④

9
• 19 군무원9급

행정(학)에 대한 설명으로 옳지 않은 것은?

① 행정을 공공문제해결을 위한 정부나 공공조직의 기능과 역할로 보는 관점은 정치행정일원론이다.
② 윌슨(W. Wilson)은 1887년 발표한 「행정학 연구」에서 행정은 관리의 영역에 해당한다고 주장하였다.
③ 미국의 초기 행정학은 정치학에서 출발하였다.
④ 행정이 지향하는 기본적 가치인 절약과 능률을 위한 논리와 수단은 경영에서 도입되었다.

해설 미국의 초기 행정학은 정치학(정치)으로부터 독립하여 경영학적 개념에서 출발하였다. 윌슨(W. Wilson)은 「행정학 연구」에서 행정이 정치로부터 독립되어야 하며, 행정이란 관리(경영)의 영역에 해당한다고 주장하였다.

[정답] ③

10
• 20 행정사

행정에 관한 설명으로 옳지 않은 것은?

① 공익을 지향하며 공공문제의 해결이라는 공공목적을 달성한다.
② 공공서비스를 생산하고 공급하며 배분하는 모든 활동을 의미한다.
③ 오늘날에는 정부가 공공서비스의 생산 및 공급을 독점한다.
④ 참여와 협력이라는 거버넌스 개념을 지향해가고 있다.
⑤ 공공서비스의 생산·분배 과정에서 국민의 의견을 존중하고 국민에 대해 책임을 다해야 한다.

해설 ③ 20세기 후반에 들어서면서 두 차례의 석유파동(자원의 위기)과 스태그플레이션(경기침체) 및 과다한 복지의 지출로 인한 재정적자의 증가 등 정부실패를 경험하게 되었다. 그 결과 정부개입의 한계 및 정부실패를 시정할 수 있는 대안으로서 시장메커니즘의 선호와 공공서비스 제공방식의 다양화로 인한 정부부문의 독점성이 파괴되고 있다.

[정답] ③

11
* 18 행정사

행정(학)의 성격에 관한 설명으로 옳지 않은 것은?

① 행정에서 '가치의 권위적 배분'을 강조하는 것은 행정의 정치적 특성을 나타낸다.
② POSDCORB는 행정의 관리적 측면을 강조하는 것이다.
③ 행정학은 실증학문일 뿐만 아니라 가치지향적인 규범학문의 성격도 지닌다.
④ 행정 관료의 정책형성에 대한 영향력 증가는 대의민주제의 정치적 책무성(political accountability)을 강화한다.
⑤ 행정학은 학제간(interdisciplinary) 성격을 갖는다.

해설 ④[X] 행정 관료의 정책형성에 대한 영향력 증가는 현대행정의 특징으로 행정의 정책형성권의 강화와 재량권 증대를 의미한다. 이러한 행정 관료의 정책형성권 강화는 대의제(의회민주주의)의 약화를 초래한다. 즉, 행정 관료의 정책형성에 대한 영향력 증가는 대의민주제의 정치적 책무성을 약화하게 된다.
① '정치란 사회적 가치의 권위적 배분'은 이스턴(D. Easton)의 주장이다. 이는 행정의 정치(정책)적 측면을 강조한 것이다.
② POSDCoRB란 귤릭(Gulick)이 최고관리자가 수행할 역할로서 강조한 7가지의 기능이다. POSDCoRB는 행정의 관리적 측면을 강조한 것으로 기획(Planning), 조직화(Organizing), 인사(Staffing), 지시(Directing), 조정(Coordinating), 보고(Reporting), 예산(Budgeting)의 첫문자를 따서 만든 합성어이다.

[정답] ④

12
* 01 사시

행정의 본질에 관한 기술 중 타당성이 없는 것은?

① 행정은 사회집단의 목적을 실현하는 수단으로서의 과정이다.
② 고도의 합리성을 가진 인간의 협동행위이다.
③ 인간과 조직 및 물자를 관리하는 기술이다.
④ 행정에 있어서의 의사결정은 가치체계와는 관련이 없다.
⑤ 행정은 환경과 밀접한 관련이 있다.

해설 현대행정학은 현실의 사회문제를 해결하는 과정에서 실천적이고 가치지향적 성격을 지닌다. 행정은 정치적 성격이 포함된다.

[정답] ④

13
* 04 국가7급

행정의 연구(The Study of Administration)를 발표한 윌슨(W. Wilson)에 관한 내용으로 옳지 않은 것은?

① 유럽 국가의 행정을 참고하기보다 미국의 독창적 행정이론 개발을 역설하였다.
② 행정부패를 막기 위해서 그 진원지가 되는 정치를 행정으로부터 격리하려는 논리를 전개하였다.
③ 펜들톤(Pendleton)법의 제정에 따라 추진되기 시작한 공무원인사제도의 개혁에 관한 이론적 뒷받침을 시도하였다.
④ 행정의 영역이 경영의 영역과 크게 다르지 않다고 보고, 경영적 행정의 필요성을 주장하였다.

해설 1887년 W. Wilson의 "행정의 연구(The Study of Administration)"는 펜들톤 법의 제정에 따라 추진되기 시작한 공무원 인사제도의 개혁에 대한 이론적 뒷받침을 시도했던 논문이다. 또한 윌슨은 행정의 능률성과 효과성을 위해 독일과 프랑스 등의 대륙국가들의 행정연구를 본받아야 한다고 주장했다. 윌슨에 의하면 행정은 공공사무의 분야로서 경영과 다르지 않다고 보았는바, 정치는 선거활동이나 의회에 의한 입법활동 등으로서 정부행동에 대한 폭 넓은 계획을 수립하는 것이며 이들을 구체적으로 집행하는 것이 행정으로 보았다.

[정답] ①

14
* 17 교행9급

행정학 이론에 관한 설명으로 옳은 것만을 〈보기〉에서 있는 대로 고른 것은?

〈보기〉
ㄱ. 정치·행정일원론에서는 행정 책임과 행정에 대한 민주적 통제를 강조하였다.
ㄴ. 행태주의 행정학에서는 철저한 논리실증주의적 방법에 따라 가치문제를 연구대상에서

제외하였다.
ㄷ. 신행정학에서는 '행정은 정책을 가치중립적으로 집행한다'라는 주장이 근본적으로 잘못되었다고 비판하였다.
ㄹ. 신공공관리론에서는 정부부문에 민간기업의 관리기법과 시장의 경쟁원리의 도입을 주장하였다.

① ㄱ, ㄴ
② ㄱ, ㄴ, ㄹ
③ ㄴ, ㄷ, ㄹ
④ ㄱ, ㄴ, ㄷ, ㄹ

해설 보기는 모두 맞는 지문이다.
ㄱ [O] 정치·행정일원론에서는 행정의 국민에 대한 책임(주로 정치적 책임)과 행정에 대한 민주적 통제(외부통제)를 강조하였다.
ㄴ [O] 행태주의 행정학에서는 철저한 행정의 과학성 추구를 위해 논리실증주의적 방법에 따라 가치와 사실을 구분하고 가치문제를 연구대상에서 제외하였다.
ㄷ [O] 신행정학에서는 행태주의 행정학의 가치중립성을 비판하면서 사회문제 해결을 위하여 가치주의와 정책지향을 지향하였다.
ㄹ [O] 신공공관리론에서는 행정의 경영화와 탈정치화를 강조하면서 정부부문에 민간기법과 경쟁원리의 도입을 주장한다(신관리주의).

[정답] ④

15
* 21 행정사

미국 행정학의 형성과 발달과정에 관한 설명으로 옳지 않은 것은?

① 1883년 제정된 펜들턴법(Pendleton Act)에 의해 엽관제 인사제도가 도입되었다.
② 1887년 윌슨(W. Wilson)은 "행정의 연구(The Study of Administration)"에서 행정의 본질을 관리로 파악하였다.
③ 1920년대에서 1930년대에 걸쳐 능률에 기초한 관리를 주장하는 정통 행정학의 모습을 갖추게 되었다.
④ 1930년대 이후 등장한 정치행정일원론은 행정의 정책형성 기능을 중시하였다.
⑤ 1940년대 이후 행태주의는 행정학의 과학화를 위하여 사실판단적인 것만을 연구대상으로 삼았다.

해설 ①[X] 1883년 제정된 펜들턴법(Pendleton Act)은 "실적주의" 도입의 직접적인 원인이 되었다. 엽관주의는 실적주의 인사행정이 도입되기 전에 있었던 인사제도로서, 1829년 잭슨(Jackson) 대통령시기에 정권교체에 따라 공직을 경질하는 엽관주의를 본격적으로 도입하였다.
② 윌슨(W. Wilson)은 행정의 영역(본질)은 "공공사무의 관리" 분야로 보았다. 따라서 행정을 법률이나 정책의 능률적 집행을 위한 일종의 관리기술로 파악하는 입장이다.
③ 1920년대에서 1930년대에 걸쳐 White, Gulick, Urwick 등에 의해 정통 행정학의 모습을 갖추게 되었다. White는 행정학 입문(1926)에서 '행정이란 사람과 물자를 관리하는 것'라고 주장하였고, Gulick(1937)은 POSDCoRB(최고관리자의 기능)를 통해 행정의 관리기술성과 능률을 강조하였다.

[정답] ①

16
* 20 행정사

행정에 관한 설명으로 옳지 않은 것은?

① 공익을 지향하며 공공문제의 해결이라는 공공목적을 달성한다.
② 공공서비스를 생산하고 공급하며 배분하는 모든 활동을 의미한다.
③ 오늘날에는 정부가 공공서비스의 생산 및 공급을 독점한다.
④ 참여와 협력이라는 거버넌스 개념을 지향해가고 있다.
⑤ 공공서비스의 생산·분배 과정에서 국민의 의견을 존중하고 국민에 대해 책임을 다해야 한다.

해설 ③[X] 오늘날 공공서비스의 생산·공급에 있어서 정부의 독점성은 파괴되고 있다. 20세기 후반에 들어서면서 두 차례의 석유파동(자원의 위기)과 스태그플레이션(경기침체) 및 과다한 복지의 지출로 인한 재정적자의 증가 등 정부실패를 경험하게 되었다. 그 결과 정부개입의 한계 및 정부실패를 시정할 수 있는 대안으로서 시장메커니즘의 선호와 공공서비스 제공방식의 다양화로 인한 정부부문의 독점성이 파괴되고 있다.

[정답] ③

THEMA 03 정치·행정·경영의 관계

17
• 22 군무원9급

정치행정이원론과 관련된 설명으로 가장 옳지 않은 것은?

① 행정을 공공서비스의 효율적인 생산 및 공급, 분배와 관련된 비권력적 관리현상으로 이해한다.
② 엽관주의를 극복하기 위한 시대적 요청에 따라 미국 펜들턴법(Pendleton Civil Service Reform Act)이 제정되었다.
③ 정치로부터 행정의 독자성을 강조하면서 과학적 관리법에 기반한 행태주의적 관점을 지지한다.
④ 행정국가의 등장으로 행정의 능률성과 전문성이 강조되면서 행정개혁운동이 전개되었다.

해설 ③ Simon의 행정행태론(1945)은 과학적 관리론, 행정관리론 등 정치행정이원론을 경험적 검증을 거치지 않은 격언이라고 비판하였다. 정치행정이원론은 정치로부터 행정의 독자성을 강조하면서 과학적 관리법에 기반한 행정관리설의 관점을 지지 한다.

[정답] ③

18
• 21 지방9급

정치·행정 일원론에 대한 설명으로 옳은 것은?

① 행정국가의 등장과 연관성이 깊다.
② 윌슨(Wilson)의 「행정연구」가 공헌하였다.
③ 정치는 의사결정의 영역이고, 행정은 결정된 내용을 집행한다고 보았다.
④ 행정은 경영과 비슷해야 하며, 행정이 지향하는 가치로 절약과 능률을 강조하였다.

해설 ① 1930년대 경제공황을 극복하는 과정에서 행정의 개념은 재정립되었다. 정치·행정 일원론은 행정국가화 됨에 따라 정책을 결정하고 사회의 다양한 문제의 해결을 위해 적극적으로 개입하게 되었다. ② [X] W. Wilson은 '행정의 연구' 라는 논문에서 '행정은 사무(business)의 분야' 라고 하였다. ③④ [X] 정치행정이원론과 관련된 설명이다.

[정답] ①

19
• 20 국가9급

정치·행정 이원론에 대한 설명으로 옳은 것은?

① 정당정치의 개입으로부터 자유로운 행정 영역을 강조하였다.
② 1930년대 뉴딜정책은 정치·행정 이원론이 등장하게 된 중요 배경이다.
③ 과학적 관리론과 행정개혁운동은 정치·행정 이원론의 한계를 지적하였다.
④ 정치·행정 이원론을 대표하는 애플비(Appleby)는 정치와 행정이 단절적이라고 보았다.

해설 ① 정치행정이원론은 엽관주의의 폐단을 극복하기 위해서 정치영역으로부터 행정영역을 구분하고자 1880년대부터 등장한 입장으로서 행정은 정치가 아니라 관리의 영역임을 강조했던 행정학 성립 초기의 입장이다. ② [X] 1930년대 경제대공황으로 인한 뉴딜정책은 **정치행정일원론**이 등장하게 된 주요배경이다. ③ [X] 과학적 관리론과 행정개혁운동은 정치행정이원론이 **등장**하게 된 배경이다. ④ [X] **정치행정일원론**자인 애플비는 정치와 행정은 단절적 관계가 아니라 **연속적** 관계임을 강조하고 행정에서의 정치성과 권력성을 강조하였다.

[정답] ①

20
* 19 서울9급

정치-행정 일원론에 대한 설명으로 가장 옳지 않은 것은?

① 공공조직의 관리자들은 정책결정자를 위한 지원, 정보제공의 역할만을 수행한다.
② 공공조직의 관리자들은 정책을 구체화하면서 정책결정 기능을 수행한다.
③ 공공조직의 관리자들이 수집, 분석, 제시하는 정보가 가치판단적인 요소를 내포한다.
④ 행정의 파급효과는 정치적인 요소를 내포한다.

> **해설** ① 정치행정일원론이란 '행정과 정치는 분리되는 것이 아니라 연속선상에 있다'는 것으로 정책결정과 정책집행이 그 주체나 시기 면에서 분리되지 않는다는 입장이다. 결정자와 관리자가 구분되어 결정자가 모든 정책을 결정하고 관리자들은 정책결정자를 위한 지원, 정보제공의 역할만을 수행하는 것은 정치행정이원론에 해당한다.
>
> [정답] ①

21
* 02 입법고시

행정과 정치의 관계에 관한 다음 설명 중 가장 옳지 않은 것은?

① 정치행정이원론의 대두배경 중 하나는 엽관주의가 가져온 부패와 비능률이었다.
② 정치행정이원론의 대두배경 중 하나는 행정을 좀 더 과학적으로 연구하기 위한 것이었다.
③ 행정의 독자성을 위한 강력한 정치적 뒷받침의 필요성에서 정치행정이원론이 대두되었다.
④ 행정에 내재된 가치현상을 과학적으로 규명하기 위해 정치행정이원론이 대두된 것은 아니다.
⑤ 정치행정일원론적 사고는 행정의 사회적 능률성을 좀 더 강조하는 것으로 볼 수 있다.

> **해설** 행정의 독자성을 위해서는 정치로부터 행정을 단절시켜야 하므로 강력한 정치적 뒷받침이 불필요하다.
>
> [정답] ③

22
* 02 입법고시

행정과 경영의 관계에 관한 다음 설명 중 가장 옳지 않은 것은?

① 두 개념은 동질적인 측면도 있고 이질적인 측면도 있다.
② 주로 전자는 공공행정을 말하고 후자는 기업행정을 지칭할 때 사용한다.
③ 능률적인 관리의 관점에서 볼 때는 양자가 유사하다.
④ 공공의 목적이나 가치를 중시할 때는 양자의 차이점이 부각된다.
⑤ 행정 고객과 경영 고객은 같은 국민이란 점에서 법적으로 같은 정도의 취급을 받는다.

> **해설** ⑤ 행정 고객은 평등성이 지배하여 법적으로 같은 정도의 취급을 받지만 경영의 고객은 차별이 가능하여 평등성이 적용되지 않는다.
>
> [정답] ⑤

THEMA 04 행정변수와 행정학의 학문적 성격

23
• 02 입법고시

행정수요에 관한 다음 설명 중 가장 타당한 것은?

① 행정수요는 변화하지 않고 구의제(old item)를 통해 항상상태를 유지하는 경향이 있다.
② 행정수요는 사회적 수요 가운데서 공공성이 인정되어 정부활동에 의해 충족되어야 한다고 인정될 때 창출된다.
③ 행정수요들간에는 상관관계가 있고 점차로 보편화, 단순화, 집단화된다.
④ 행정수요와 행정실제는 1:1의 관계가 성립하고 정비례하는 관계가 존재한다.
⑤ 행정수요는 공무원의 경험이나 직관 또는 주관적 판단이 배제된 채 자료분석에 기초한 과학적 방법에 의존해 예측된다.

해설 행정수요는 정부에 의하여 해결해 주길 바라는 국민들의 희망(social needs)로서 사회적 수요 가운데서 공공성이 인정되어 정부활동에 의해 충족되어야 한다고 인정될 때 창출되며 모든 행정수요가 그대로 행정활동으로 이어지는 것은 아니다.

[정답] ②

24
• 01 사시

행정학의 과학성에 대한 설명과 거리가 먼 것은?

① 인간행태에 대한 과학적 연구를 강조하던 행태주의 연구경향에 의해 강조되었다.
② 과학성은 설명성, 인과성, 객관성 및 유형성을 강조하고 있다.
③ 사실(fact)과 가치(value)를 엄격히 구분하는 논리실증주의에 바탕을 두고 행정현상연구에서 엄정한 경험적 접근방법을 강조하고 있다.
④ 행정이론이나 모델을 구성할 때는 논리의 치밀성, 개념의 조작적 정의, 가설의 경험적 검증, 자료의 수량적 처리 등을 강조하고 있다.
⑤ 사실(fact)은 행정이론을 형성하는 기초로서 작용하며, 무엇이 합리적이고 정당하며 선에 입각한 행정인지를 따져 보는데 관심을 두고 있다.

해설 ⑤는 기술성을 설명하고 있다.

[정답] ⑤

25
• 08 경남9급

행정학의 접근법과 학문적 성격에서 기술성과 과학성, 특수성과 보편성, 가치판단불가피와 가치중립성으로 나눌 때 서로 비슷한 것끼리의 조합이 올바른 것은?

① 기술성 - 보편성 - 가치중립성
② 과학성 - 특수성 - 가치중립성
③ 기술성 - 특수성 - 가치판단불가피성
④ 과학성 - 보편성 - 가치판단불가피성

해설 ③ 가치판단불가피성이란 글자그대로 행정연구에 있어서 가치를 고려해야 한다는 입장으로 처방을 중시하는 기술성(技術性) 및 특수성과 관련된다. 대체로 정치행정일원론과 관계가 깊다. 반면 과학성 - 보편성 - 가치중립성은 정치행정이원론과 관련이 많다.

[정답] ③

THEMA 05. 시장실패와 정부실패 (정부개입과 축소의 근거)

26 • 13 서울9급

공무원 정원과 관련한 다음의 서술 중에서 옳은 것은?

① 공무원 숫자가 지속적으로 늘어나는 현상과 관련해 사이먼(Simon)은 '공무원 팽창의 법칙'을 주장하였음
② 김영삼-김대중-노무현-이명박 정부를 거치면서 우리나라 공무원 정원은 매번 일관되게 증가해왔음
③ 정부 규모 팽창과 관련하여 '부하배증의 법칙'과 '업무배증의 법칙'은 각각 별개로 작용하며 서로 영향을 주지 않음
④ 행정기구의 팽창과 더불어 공무원 숫자가 증가하는 현상은 우리나라에만 해당하는 독특한 것임
⑤ '부하 배증의 법칙'은 A라는 공무원이 과중한 업무에 허덕이게 될 때 자기의 동료 B를 보충받기보다는 자기를 보조해 줄 부하 C를 보충받기를 원한다는 것임

해설 ⑤ '부하 배증의 법칙'은 자신의 지위강화와 권력신장을 위해 상관은 동료가 아닌 부하의 수를 늘리기를 원한다는 것이다. ①은 Simon이 아니라 Parkinson이다. ② 공무원 정원은 정치·경제 상황에 따라 가변적이었다. 김영삼 정부 때는 증가하였다가, 김대중 정부 때는 IMF 구제금융으로 정원이 감소하였고, 노무현 정부 때는 정원이 늘었으며, 이명박 정부 때는 정권초기에 감축을 시도하였다. ③ 부하배증과 업무배증의 법칙은 상호간 영향을 준다. ④ 행정기구의 팽창과 공무원 수 증가는 현대행정국가하에서 대부분 국가의 공통된 현상이다.

[정답] ⑤

27 • 03 행시

파킨슨의 법칙(Parkinsin's Law)에 관한 설명으로 옳지 않은 것은?

① 공무원은 경쟁대상자의 증원을 원하지 않는다.
② 공무원은 상호업무를 만들어 준다.
③ 공무원의 수는 업무량의 증감과 관련이 없다.
④ 공무원은 전쟁 및 경제공황과 같은 비상사태 시에 급증한다.
⑤ 공무원은 부하직원이 많아지기를 바란다.

해설 파킨슨의 법칙은 전쟁 등 위기상황시에 대비하여 정부가 공무원의 수를 증가시키는 현상을 분석하지 못하였다는 비판을 받고 있다.

[정답] ④

28 • 24 국가9급

시장실패에 대한 설명으로 옳지 않은 것은?

① 민영화를 강조하는 작은 정부론은 시장실패에 대한 대응으로 제기되었다.
② 시장기구를 통해 자원을 효율적으로 배분할 수 없는 상태를 말한다.
③ 정부는 시장개입 및 규제를 통해 시장실패를 교정한다.
④ 공공재의 존재는 시장실패를 야기하는 요인이다.

해설 ①[X] 민영화를 강조하는 작은 정부론은 시장실패가 아니라 정부실패에 대한 대응으로 제기되었다.
②[O] 시장실패(Market Failure)란 시장에서 자원배분이 효율적이지 못하거나 형평성이 달성되지 못하는 상태를 말한다. ③[O] 정부는 시장실패를 교정하기 위해 공적공급이나 공적유도를 통해 시장개입을 하거나 공적규제를 한다. ④[O] 공공재의 존재는 시장실패의 요인이고, 공공재의 속성은 정부실패의 요인이다.

[정답] ①

29
• 21 국가9급

정부개입의 근거가 되는 시장실패의 원인으로 옳지 않은 것은?

① 외부효과 발생
② 시장의 독점 상태
③ X-비효율성 발생
④ 시장이 담당하기 어려운 공공재의 존재

해설 ③ X-비효율성은 시장실패의 원인이 아니라 정부실패의 원인이다. X-비효율성이란 정부부문의 독점적 성격(경쟁의 부재)으로 인하여 비용이 상승하거나 생산성이 저하되는 현상을 말한다.
① [O] 외부효과(외부성)이란 대가를 교환하지 않고 다른 경제주체에게 이득이 되게 하거나(외부경제), 손해를 가져다주는 현상(외부불경제)으로 시장실패의 원인이다.
② [O] 시장에서 독점은 시장실패의 원인이다. 반면 정부의 독점은 정부실패의 원인이다. 시장에서 독점이나 과점 등 불완전경쟁의 상태는 소비자의 선택권을 어렵게 하며, 자원배분의 비효율성을 초래하여 시장실패가 발생하게 한다.
④ [O] 공공재의 존재나 필요성은 시장실패의 원인이다. 공공재는 비경합성과 비배제성으로 가지므로 시장에서 공급될 수 없으며 정부가 공급하게 된다.

[정답] ③

30
• 09 서울9급

보통 정부에 의한 시장개입의 정당성은 해당 재화를 시장에 맡겨 놓았을 때 나타나는 부작용, 즉 시장실패에 있다. 다음 중 시장실패가 발생하는 경우로 옳지 않은 것은?

① 비배제성과 비경합성의 특성을 갖는 공공재의 생산
② 전력, 상하수도 등 고정비용이 변동비용에 비해 매우 높은 자연독점 상태의 서비스 제공
③ 불완전한 정보가 제공되는 식품의 유통
④ 외부효과가 발생하는 산업
⑤ 계약에 의한 민간위탁

해설 ⑤를 제외하고 모두 시장실패의 원인이다. ⑤ 민간위탁은 정부실패에 대한 대응책으로서 민영화의 형태 중 하나이다.

① 공공재의 존재 또는 공공재 공급의 필요성으로서 민간이 공공재를 생산한다면 시장실패가 발생한다.
②는 요금재로서 이러한 자연독점 상태의 서비스는 주로 공기업에 의한 공급이 이루어진다.
③의 불완전한 정보와 ④의 외부효과 산업은 시장실패의 요인과 관련된다.

[정답] ⑤

31
• 16 서울9급

시장실패 원인에 대응하는 정부의 방식에 대한 설명으로 가장 옳지 않은 것은?

① 외부효과 발생에 대해서는 보조금 혹은 정부규제로 대응할 수 있다.
② 자연독점에 대해서는 공적공급 혹은 정부규제로 대응할 수 있다.
③ 정보의 비대칭성에 대해서는 보조금으로 대응할 수 있다.
④ 불완전경쟁에 대해서는 보조금 혹은 공적공급으로 대응할 수 있다.

해설 ④ 자연독점과 달리 불완전경쟁(독과점)이란 담합 등 인위적인 방식에 의한 것이므로 이러한 시장실패에 대응하기 위해서는 공적규제방식이 필요하다.

시장실패의 원인별 대응방법(새행정학 원전을 변형)

원인	공적공급(조직)	공적유도(유인, 보조금)	공적(정부)규제
공공재의 존재	O		×
자연독점	O		O
외부효과의 발생		O	O
정보의 비대칭성		O	O
불완전 경쟁			O
〈정부개입 방식〉	직접 개입(공급)	간접 개입	규제

[정답] ④

32
* 16 국가9급

시장실패 및 정부실패에 대한 설명으로 옳지 않은 것은?

① 시장실패를 초래하는 요인은 공공재의 존재, 외부효과의 발생, 불완전한 경쟁, 정보의 비대칭성 등이다.
② 시장실패를 교정하기 위한 정부 역할은 공적 공급, 공적 유도, 정부 규제 등이다.
③ 정부개입에 의해 초래된 의도하지 않은 결과 때문에 자원배분상태가 정부개입이 있기 전보다 오히려 더 악화될 수 있다.
④ 정부실패는 관료나 정치인들의 개인적 요인 때문에 발생하며, 정부라는 공공조직에 내재하는 구조적 요인 때문에 발생하는 것은 아니다.

> [해설] ④ 정부실패는 관료나 정치인들의 사적이익의 추구 등 개인적 요인 때문에 발생하기도 하지만 경쟁의 결여라는 정부의 독점적 성격, 공공재의 무형성이나 생산함수의 불명확성, 종결메커니즘의 결여 등 공공조직에 내재하는 구조적인 요인이나 공공재의 속성 때문에 발생하는 경우도 있다.
>
> [정답] ④

33
* 09 국가7급

정부실패의 요인으로만 묶은 것은?

> ㄱ. 공공재의 존재
> ㄴ. 사적 목표의 설정
> ㄷ. 외부효과의 발생
> ㄹ. 파생적 외부효과
> ㅁ. 불완전 경쟁
> ㅂ. 정보의 비대칭성
> ㅅ. 권력의 편재
> ㅇ. X 비효율
> ㅈ. 자연독점

① ㄱ, ㄴ, ㅁ, ㅂ
② ㄴ, ㄷ, ㅇ, ㅈ
③ ㄴ, ㄹ, ㅅ, ㅇ
④ ㄷ, ㄹ, ㅂ, ㅅ

> [해설] ㄴ, ㄹ, ㅅ, ㅇ은 정부실패의 요인이고, ㄱ, ㄷ, ㅁ, ㅂ, ㅈ은 시장실패의 요인에 각각 해당한다. 다만 ㅂ의 정보의 비대칭성은 명확하지 못한 표현이다. 정보의 비대칭이 공공부문(정부관료)과 국민사이에서 발생한다면 이는 대리손실의 문제로서 정부실패의 원인이 되기때문이다.
>
> [정답] ③

34
* 09 서울7급

정부실패에 대한 정부의 대응방식으로 옳지 않은 것은?

① 사적 목표의 설정에 대한 방안에는 민영화가 있다.
② X비효율에 대한 방안에는 민영화, 정부 보조 삭감, 규제 완화 등이 있다.
③ 파생적 외부효과에 대한 방안으로 정부 보조 삭감, 규제 완화 등이 있다.
④ 권력의 편재에 대한 방안으로 정부 보조 삭감, 규제 완화 등이 있다.
⑤ 최근 시장실패와 정부실패를 함께 교정할 수 있는 제도로서 네트워크 거버넌스가 제시되고 있다.

> [해설] 권력의 편재에 대한 대응방안으로는 정부보조 삭감이 아니라 민영화, 규제 완화가 있다.
>
> [정답] ④

35
* 22 행정사

시장실패의 이유에 관한 내용으로 옳은 것을 모두 고른 것은?

> ㄱ. 정부의 공공지출에 대한 순편익 극대화 보장의 어려움
> ㄴ. 공공서비스 성과평가의 객관적 기준설정의 어려움
> ㄷ. 국방 및 치안서비스 활동과 같은 공공재의 독점적 성격
> ㄹ. 환경오염으로 인한 외부불경제 효과

① ㄱ, ㄴ
② ㄱ, ㄹ
③ ㄴ, ㄷ
④ ㄴ, ㄹ
⑤ ㄷ, ㄹ

해설 (ㄷ)(ㄹ)은 시장실패의 원인이고, (ㄱ)(ㄴ)은 정부실패의 원인에 해당한다. (ㄷ)은 까다로운 지문으로 문장의 해석이 필요하다. (ㄷ) 국방이나 치안 등 공공재의 존재나 필요성은 시장실패의 원인이지만 공공재의 속성(비배제성)은 정부실패의 원인에 해당한다. 정부의 독점성은 정부실패이지만, 공공재의 독점적 성격으로 인해 민간에서 공급하기 어렵다면 시장실패로 볼 수 있다. (ㄹ) 공해 등 환경오염은 외부불경제로서 대표적인 시장실패에 해당한다. (ㄱ) 정부의 공공지출은 능률성뿐만 아니라 형평성도 고려해야하므로 순편익의 극대화 보장은 용이하지 않다. 따라서 정부활동의 공공성이 경제적 효율성을 달성하기 어렵다고 본다면 정부실패에 가깝다. (ㄴ) 공공서비스는 민간재와 달리 성과평가의 객관적 기준설정이 어려우며, 이는 정부실패의 원인이 될 수 있다.

[정답] ⑤

36
* 23 군무원9급

다음 중 시장실패에 따른 정부개입 근거에 대한 설명으로 가장 거리가 먼 것은?

① 공공재의 공급이 부족한 경우 정부가 강제적으로 공급한다.
② 외부효과 발생 시 조세와 보조금 등을 사용하여 외부효과를 제거한다.
③ 사회적 소득불평등에 따른 문제를 해결하기 위해 사회보장정책을 시행한다.
④ 불완전경쟁에 대해서는 보조금 혹은 공적공급으로 대응할 수 있다.

해설 ④ 불완전경쟁에 대해서는 공적 규제가 필요하다.

[정답] ④

37
* 23 군무원7급

시장실패를 야기하는 요인에 대한 정부의 대응 방식으로 가장 적절한 것은?

① 공공재의 존재에 대한 정부 보조금
② 외부효과의 발생에 대한 직접적인 공적(公的) 공급
③ 자연독점에 대한 정부 규제
④ 정보의 비대칭성에 대한 직접적인 공적(公的) 공급

해설 ①[×] 공공재의 존재로 인한 시장실패에 대한 정부의 대응책은 공적 공급이다. ②[×] 외부효과로 인한 시장실패의 대응책은 보조금과 같은 공적 유도나, 정부차원의 공적 규제이다. ④[×] 정보의 비대칭성로 인한 시장실패의 대응책은 공적 유도나 규제이다. 공적 공급은 정보의 비대칭성을 해결하는 수단이 될 수 없다. ③[○] 자연독점은 경쟁이 불가능한 기술적 독점현상으로 정부규제나 정부차원의 공적 공급을 통해 해결할 수 있다.

[정답] ③

38
* 18 행정사

시장실패에 관한 설명으로 옳은 것은?

① 시장에서의 정보 비대칭성은 자원배분의 효율성과는 무관하다.
② 전기·수도와 같은 공공서비스 공급에 정부가 개입하는 이유는 해당 서비스가 비경합성과 비배제성을 지니고 있기 때문이다.
③ 긍정적 외부효과가 존재하는 시장의 경우 과소공급에 따른 비효율성이 초래된다.
④ 코우즈 정리(Coase Theorem)에서는 부정적 외부효과의 해결을 위한 정부의 규제정책을 강조한다.
⑤ 자연독점산업의 경우 경쟁의 촉진이 산업 전체의 생산비용 절감 측면에서 유리하다.

해설 ③ 긍정적 외부효과(외부경제)가 존재하는 시장의 경우 과소공급에 따른 비효율성이 초래된다.
① 시장에서의 정보 비대칭성이나 독과점은 자원배분의 비효율성을 초래한다.
② 전기·수도와 같은 공공서비스는 요금재로서 비경합성과 비배제성을 지닌다.
④ 코우즈 정리(Coase Theorem)란 정부의 개입(규제) 없이 당사자 간 협상을 통한 문제해결을 강조한다.
⑤ 항공이나 철도와 같은 자연독점산업의 경우 경쟁을 촉진하는 것이 자원배분의 효율성 측면에서 바람직하나, 생산비용절감의 측면에서는 독점이 유리할 수 있다. 자연독점으로 인한 규모의 경제(비용체감산업)가 있는 경우 비용절감이 나타나기 때문이다.

[정답] ③

39
• 17 국가9급

정부의 규모와 역할에 대한 행정이론의 설명으로 옳지 않은 것은?

① X-비효율성은 과열된 경쟁에서 나타나는 정부의 과다한 비용발생을 의미한다.
② 지대추구이론은 규제나 개발계획과 같은 정부의 시장개입이 클수록 지대추구행태가 증가하고 그에 따른 사회적 손실도 증가한다고 주장한다.
③ 거래비용이론에서는 당사자 간의 협상 및 커뮤니케이션 비용과 계약의 준수를 감시하는 비용도 거래비용으로 포함한다.
④ 대리인이론은 주인-대리인 사이에 정보비대칭성이 있고 대리인이 기회주의적으로 행동하는 경우 역선택(adverse selection) 문제가 발생할 수 있다고 주장한다.

해설 ① X-비효율성(Leibenstein)은 본질적으로 공공부분의 비경쟁성(독점성) 등으로 인한 관리상의 비능률성의 문제이다. X-비효율성이란 자원배분이 잘 되더라도 최선의 기술을 사용하지 못하거나 관료들의 잘못된 의식구조나 행태에 기인하여 발생하는 기술·의식·관리상의 비효율을 말한다.

[정답] ①

40
• 23 행정사

정부실패이론의 설명으로 옳지 않은 것은?

① 정부예산의 공유재적 성격 때문에 자원배분의 비효율성이 발생한다.
② 정부의 X-비효율성은 정부서비스의 공급측면보다는 사회적·정치적 수요 측면 때문에 발생한다.
③ 선거에 민감한 정치인들의 정치적 보상기제로 인해 사회문제가 과장되거나 단기적 해결책에 그치는 경우가 발생한다.
④ 사회문제 해결의 목표보다는 내부적인 절차와 규칙에 집착하는 정부조직 목표의 대치(displacement) 현상이 발생한다.
⑤ 정부 개입에 의한 인위적 지대(rent)를 획득하는 과정에서 불필요한 자원 낭비가 발생한다.

해설 ②[X] X-비효율성은 정부의 독점적 성격과 같은 경쟁의 결여로 말미암은 비효율을 의미한다. 이는 정부서비스의 수요적 측면이 아니라 공급적 측면 때문에 발생한다.
① 과잉소비로 인해 사적 극대화가 공적 극대화를 파괴하여 구성원 모두가 파멸하는 공유지의 비극은 자원배분의 비효율성을 설명하는데, 정부예산도 공유재의 성격을 지니고 있어서 각 부처가 경쟁적으로 예산을 확보하려는 노력이 정부예산의 부족상태를 가져올 수 있다.
③ 정치인들은 공약남발을 통해 얻을 수 있는 정치적 보상 때문에 무책임하게 정부활동을 확대하는 경향이 있다. 또한 선거에서 당선에만 관심을 가지는 결과 단기적 이익을 중시한다.
④ 이는 내부성에 대한 설명으로, 내부성은 목표대치의 발생원인에 해당한다.
⑤ 지대추구(Rent Seeking)란 정부의 시장개입이 초래하는 사회적 비용을 설명하는 Tullock의 이론으로 이익집단들이 독점적 지대를 차지하기 위해 연구개발에 투자하지않고 정부에의 로비 등 비생산적인 용도에 사용하게 되어 낭비와 사회적 손실이 발생한다는 것이다.

[정답] ②

THEMA 06 공공재

41
• 18 행정사

경합성과 배제성을 기준으로 분류한 재화의 유형에 관한 설명으로 옳지 않은 것은?

① 공유재는 경합성과 비배제성을 지니고 있다.
② 유료재(toll goods)는 고속도로나 공원 같이 배제원칙의 적용이 가능한 공공재를 포함한다.
③ 순수공공재의 공급은 정부가 담당하지만 그 비용은 수익자가 자신의 편익에 정비례하여 직접 부담한다.
④ 순수민간재는 경합성과 배제성을 동시에 지니고 있다.
⑤ 공공재의 존재는 시장실패를 초래할 수 있다.

해설 ③ 순수공공재의 공급은 정부가 담당하지만 그 비용은 국민의 조세를 통해 이루어지므로 비용과 편익의 직접적 연관성은 떨어진다. 비용은 수익자가 자신의 편익에 정비례하여 직접 부담하는 방식은 수익자부담원칙을 말한다.
① 공유재란 우리 모두가 공동 사용하는 재화로서 유한한 자원(분할, 경합, 개별소비)인데, 자원의 사용을 배제하기 어려워서 시장의 공급이 어렵고, 자연적인 것이어서 소비를 가격으로 제한하기가 곤란하다. 공유지, 산림, 어자원(물고기), 수석, 목초지 등이 여기에 해당한다.
② 유료재(toll goods)란 요금재를 말한다.
⑤ 국방, 치안, 등대, 가로등, 방범 등 공공재는 시장에서 공급될 경우 시장실패초래로 공공기관에서 공급한다.

[정답] ③

42
• 03 서울9급

다음 내용 중 옳은 것은?

① 공공재는 배제성과 경합성의 특징을 지녀서 무임승차의 문제를 안고 있다.
② 긍정적 외부효과를 지니는 서비스는 정부가 보조금을 지급하는 경우가 있다.
③ 부정적 외부효과를 지니는 재화의 경우 과소공급의 문제가 유발된다.
④ 규모의 경제는 무한하게 적용되는 논리이다.
⑤ 국방과 안보는 무임승차가 불가능한 대표적 정부서비스이다.

해설 ① 공공재는 경합성과 배제성을 띠지 않기 때문에 무임승차의 문제가 발생하며,
② 외부경제(긍정적 외부효과)를 유발하는 재화(교육, 대중교통, 복지 등)는 과소공급되므로 보조금 등의 지급이 필요하고,
③ 부정적 외부효과(외부불경제)를 유발하는 재화(ex 공해업소)는 과다공급되므로 이를 최소화하기 위하여 부담금 등의 부과가 필요하다.
④ 규모의 경제는 일정한 수준을 넘으면 줄어들며(한계생산력체감의 법칙),
⑤ 국방·안보·외교·사법 등은 무임승차가 가능한 대표적인 순수 공공재이다.

[정답] ②

43
• 14 국가9급

공공서비스 제공 시 사용료 부과 등 수익자 부담의 원칙을 적용할 때 발생할 수 있는 현상은?

① 공공서비스의 불필요한 수요를 줄일 수 있다.
② 누진세에 비해 사회적 형평성 제고 효과가 크다.
③ 일반 세금에 비해 조세저항을 강하게 유발한다.
④ 비용편익분석이 곤란하게 되어 경제적 효율성을 저하시킨다.

해설 ① 수익자부담원칙은 이용에 비례하여 비용을 부담하므로 불필요한 수요를 줄일 수 있다는 장점이 있다.
② 사회적 형평성 제고 효과가 큰 것은 누진세이다.
③ 조세가 아니므로 일반 세금에 비해 조세저항을 줄여준다. ④ 비용편익분석이 용이하여 경제적 효율성을 제고시킨다.

[정답] ①

44
• 24 행정사

외부효과에 관한 설명으로 옳지 않은 것은?

① 긍정적 외부효과는 사회적 적정수준보다 과잉생산의 결과를 가져온다.
② 불법주차, 환경오염 등은 부정적 외부효과를 야기 시키는 행위이다.
③ 외부효과란 시장을 거치지 않고 제3자에게 이익을 주거나 비용을 부담시키는 행위이다.
④ 부정적 외부효과를 해결하기 위해 조세를 부과할 수도 있다.
⑤ 긍정적 외부효과의 대표적인 예는 교육, 교통정리 등이 있다.

해설 ①[X] 공원이나 녹지 등 긍정적 외부효과(외부경제)를 발생시키는 재화는 사회적인 적정수준보다 과소 생산된다. 반면 불법주차, 환경오염 등 부정적 외부효과(외부불경제)를 발생시키는 재화는 사회적인 적정수준보다 과다 생산된다.
③ 외부효과(외부성)란 시장을 거치지 않고(=가격 메커니즘을 거치지 않고) 제3자에게 이익을 주거나 비용을 부담시키는 행위이다.
④ 부정적 외부효과를 해결하기 위해 환경오염세(피구세)를 부과하거나 강제적 규제를 할 수도 있다.

[정답] ①

45
• 24 군무원9급

다음 중 공유재(common-pool goods)에 대한 설명으로 가장 적절하지 않은 것은?

① 국공립 도서관, 국립공원, 국방, 치안 등을 그 예로 들 수 있다.
② 경합성을 지닌다.
③ 비배제성을 지닌다.
④ 과잉 소비의 문제가 발생할 수 있다.

해설 ①[X] 국공립 도서관, 국립공원은 공유재이지만, 국방, 치안은 공공재이다. 국공립 도서관, 국립공원은 공공시설로서 누구든지 사용할 수 있으므로 배제하기 어렵지만(비배제성), 많은 사람들이 사용하면 혼잡해져서 불편해지게 된다(경합성). 따라서 비배제성과 경합성을 가진 공유재적 성격을 가지게 된다. 반면 국방, 치안은 비경합성과 비배제성이 강한 공공재이다.

④[O] 공유재는 정당한 대가를 치르지 않아도 소비를 배제할 수 없어(비배제성으로 인해) 과잉소비의 문제가 나타날 수 있다.

[정답] ①

46
• 23 지방9급

정부 예산팽창이론에 대한 설명으로 옳지 않은 것은?

① 바그너(Wagner)는 경제 발전에 따라 국민의 욕구 부응을 위한 공공재 증가로 인해 정부 예산이 증가한다고 주장한다.
② 피코크(Peacock)와 와이즈맨(Wiseman)은 전쟁과 같은 사회적 변동이 끝난 후에도 공공지출이 그 이전 수준으로 되돌아가지 않는 데에서 예산팽창의 원인을 찾고 있다.
③ 보몰(Baumol)은 정부 부문과 민간 부문 간의 생산성 격차를 통해 정부 예산의 팽창 원인을 설명하고 있다.
④ 파킨슨(Parkinson)은 관료들이 자신들의 권력 극대화를 위해 필요 이상으로 자기 부서의 예산을 추구함에 따라 정부 예산이 지속적으로 증가한다고 주장한다.

해설 ④는 관료예산극대화가설을 주장한 니스칸넨(Niskannen) 모형이다. 파킨슨법칙은 공무원 수의 증가를 설명한 모형이다.
①[O] 바그너의 법칙(Wagner의 경비팽창의 법칙)에 대한 설명이다.
②[O] 피코크(Peacock)와 와이즈맨(Wiseman)의 전위효과 및 대체효과에 대한 설명으로 대체효과(displacement effect)란 위기시에 한번 증대한 재정수준은 경제가 정상으로 회복되어도 단속적 효과(ratchet effect, 톱니바퀴 효과)가 발생하여 원상태로 돌아가지 않는다고 한다.
③[O] 보몰(Baumol)의 병(病)에 대한 설명으로, 보몰은 정부부문이 노동집약적인 성격을 띠고 있기 때문에 민간부문에 비해 생산성 증가가 더디며, 이로 인해 비용절감이 힘들고 따라서 정부지출의 규모가 점차 커질 수밖에 없다.

[정답] ④

47
• 24 군무원9급

다음 중 공공재의 공급 규모에 대한 설명으로 가장 적절하지 않은 것은?

① 니스카넨(Niskanen)의 예산극대화모형에 따르면 공공재는 과다 공급된다.
② 파킨슨(Parkinson)의 법칙이 적용되면 공공재는 과다 공급된다.
③ 보몰(Baumol)의 효과로 인하여 정부의 지출규모가 감소하여 공공재는 과소 공급된다.
④ 다운스(Downs)에 의하면, 국민의 합리적 무지 내지 무관심은 공공재의 과소 공급을 가져온다.

해설 ③[X] 보몰의 병(Baumol's Disease)은 공공재의 과다 공급설이다. 보몰에 의하면, 공공서비스는 노동집약적이고 필수재(인간의 삶에 필요한 재화)의 성격이 강해 임금상승으로 생산비용이 크게 증가하여도 서비스의 공급을 줄일 수 없어 과다지출된다고 본다.
①②[O] 니스카넨(Niskanen)과 파킨슨(Parkinson)의 법칙은 공공재는 과다 공급설에 해당한다.
④[O] 다운스(Downs)의 합리적 무지에 의하면 민간의 경우는 비용을 부담하면 얼마만큼의 수익을 얻는지 알 수 있지만 공공재는 이를 알 수 없다. 따라서, 소비자는 무지상태에 빠지고 자신이 부담한 비용만큼 수익을 얻을 수 없다고 보기에 공공재의 공급이 늘어나는 것을 굳이 선호하지 않는다는 것이다. 즉, 공공서비스의 편익에 대한 투표자의 무지 때문에 과소공급된다.

[정답] ③

48
• 22 군무원7급

다음 중 정부실패와 관련한 설명으로 가장 옳지 않은 것은?

① 니스카넨(Niskanen)은 관료조직이 자기부처의 예산을 극대화하여 권한을 확대하고자 하는 이기적 행위가 있음을 경험적으로 입증하였다.
② 파킨슨(Parkinson)은 공무원 규모는 업무량에 상관없이 증가한다고 주장했다.
③ 피콕-와이즈만(Peacock-Wiseman)은 공공지출 과정을 분석하여 공공지출이 불연속적으로 증대되는 과정을 설명하였다.
④ 바그너(Wagner)는 경제성장과 관계없이 국민총생산에서 공공지출이 높아진다는 공공지출 증가의 법칙을 주장하였다.

해설 ④[X] 바그너(Wagner)는 도시화와 소득수준의 향상 등 경제성장에 따라 국민총생산에서 공공지출의 비중이 높아진다는 국가경비 팽창의 법칙을 주장하였다.
③[O] 피코크와 와이즈만(Peacock & Wiseman)은 전쟁 등 위기시에는 공적지출이 사적 지출을 대신하게 되어 공공지출이 급격히 (단절적으로, 불연속적으로) 증가한다는 전위효과를 주장하였다.

[정답] ④

THEMA 07 민영화

49
• 24 행정사

공급의 담당주체와 수단의 결합방식으로 공공서비스를 아래와 같이 나타낼 때 ( )에 들어갈 내용으로 옳은 것은?

구분		공급 주체	
		공공부문	민간부문
공급 수단	권력	(ㄱ)	(ㄴ)
	시장	(ㄷ)	(ㄹ)

① ㄱ: 일반행정, ㄴ: 책임경영, ㄷ: 민간위탁, ㄹ: 민간기업
② ㄱ: 책임경영, ㄴ: 일반행정, ㄷ: 민간기업, ㄹ: 민간위탁
③ ㄱ: 민간기업, ㄴ: 민간위탁, ㄷ: 책임경영, ㄹ: 일반행정
④ ㄱ: 일반행정, ㄴ: 민간위탁, ㄷ: 책임경영, ㄹ: 민간기업
⑤ ㄱ: 책임경영, ㄴ: 민간위탁, ㄷ: 일반행정, ㄹ: 민간기업

해설 (ㄱ) 일반행정 방식은 공공부문에서(정부가 직접) 권력적으로 공공서비스를 배분하는 전통적인 공급방식이다. 정부가 직접 생산하고 공급 수단으로 권력을 사용한다.
(ㄴ) 민간위탁 방식은 민간부문이 생산하되 권력적 수단을 사용한다. 민간위탁방식은 서비스 공급의 결정권과 책임은 정부가 계속하여 지면서도 서비스 생산활동은 민간업자와 일정기간 동안 계약에 의해 민간기업에게 외부용역으로 맡기는 방식이다.
(ㄷ) 책임경영 방식은 생산은 공공부문에서 하되 경쟁의 원리와 성과관리라는 민간부문의 수단을 도입한 것이다. 책임운영기관이 대표적이다.
(ㄹ) 민영화(민간기업)는 공공서비스를 민간부문의 수단을 사용하여 민간부문이 생산하는 방식이다.

[정답] ④

※ 공공서비스 공급주체의 다양성(주체와 수단에 의한 구분)

구분		주체	
		정부(직접)	민간(간접)
수단	권력	① 일반행정	② 민간위탁
	시장기법	③ 책임경영	④ 민영화

50
• 09 국가7급

민간위탁 방식에 대한 설명으로 옳지 않은 것은?

① 자원봉사자 방식은 서비스의 생산과 관련된 현금지출에 대해서만 보상받고 직접적인 보수는 받지 않는 방식이다.
② 보조금 방식은 민간조직 또는 개인의 서비스 제공활동에 대하여 재정 또는 현물로 지원하는 방식이다.
③ 구입증서 방식은 시민들의 서비스 구입 부담을 완화시키기 위해 금전적 가치가 있는 쿠폰을 제공하는 방식이다.
④ 계약방식은 민간조직에게 일정구역 내에서 공공서비스를 제공하는 권리를 인정하는 방식이다.

해설 넓은 의미로서 민간위탁은 민영화를 말하는데, 민영화의 방식 중에서 민간조직에게 일정구역 내에서 공공서비스를 제공하는 권리를 인정하는 방식은 허가(franchises) 또는 면허에 해당한다. ④ 계약방식(Contranting)이란 서비스 공급의 결정권과 책임은 정부가 계속하여 지면서도 서비스 생산활동은 민간업자와 일정기간 동안 계약에 의해 민간기업에게 외부용역으로 맡기고(outsourcing), 서비스 제공에 대한 반대급부의 비용을 정부가 부담하는 방식이다.

[정답] ④

51
• 12 지방9급

민간위탁 방식에 대한 설명으로 옳지 않은 것은?

① 자조활동(self-help) 방식은 서비스의 생산과 관련된 현금지출에 대해서만 보상받고 직접적인 보수는 받지 않으면서 공익을 위해 봉사하는 사람들을 활용하는 것이다.
② 보조금 방식은 민간조직 또는 개인이 제공한 서비스 활동에 대해 정부가 재정 또는 현물을 지원하는 것이다.
③ 바우처(voucher) 방식은 공공서비스의 생산을 민간부문에 위탁하면서 시민들의 구입부담을 완화시키기 위해 금전적 가치가 있는 쿠폰(coupon)을 제공하는 것이다.
④ 면허 방식은 민간조직에게 일정한 구역 내에서 공공서비스를 제공하는 권리를 인정하는 것이다.

해설 ① 서비스의 생산과 관련된 현금지출에 대해서만 보상받고 직접적인 보수는 받지 않으면서 공익을 위해 봉사하는 사람들을 활용하는 것은 자원봉사(volunteer)방식이며, 자조활동(self-help) 방식은 공공서비스의 수혜자와 제공자가 같은 집단에 소속되어 서로 돕는 형식으로 이웃감시, 주민순찰, 보육사업, 고령자 대책, 문화예술사업 등에서 주로 활용된다.

[정답] ①

52
• 18 국가9급

지방정부의 행정서비스 공급체계 및 방식에 대한 설명으로 옳지 않은 것은?

① 정부의 직접적 공급이 아닌 대안적 서비스 공급체계(ASD: Alternative Service Delivery)는 생활쓰레기 수거, 사회복지사업 운영, 시설 관리 등의 분야에 적용되고 있다.
② 과잉생산과 독점 등이 야기한 공공부문 비효율의 해결책으로 계약방식을 통한 서비스 공급이 도입되고 있다.
③ 사용자부담 방식의 활용은 재정부담의 공평성 제고에 기여한다.
④ 사바스(E. Savas)가 제시한 공공서비스 공급유형론에 따르면, 자원봉사(voluntary service)방식은 민간이 결정하고 정부가 공급하는 유형에 속한다.

해설 ④ 사바스(E.Savas)의 공공서비스 공급유형론에 따르면 자원봉사방식은 민간이 공급을 결정하고 민간이 공급하는 유형에 속한다.

[정답] ④

53
• 23 군무원9급

다음 중 민간부문에 의한 공공서비스 생산의 유형과 설명으로 가장 거리가 먼 것은?

① 민간위탁은 계약에 의한 민간의 생산자가 공공서비스를 생산하는 것이다.
② 자원봉사는 간접적인 보수는 허용되는 공공서비스 생산 유형이다.
③ 면허는 일정구역 내에서 공공서비스를 제공하는 권리를 인정하는 유형이다.
④ 바우처 지급은 시민들에게 공공서비스 이용권을 지급하는 형태이다.

해설 ② 자원봉사는 현금지출에 대한 실비보상만 받고 직·간접적인 보수는 받지 않는다.

[정답] ②

54
• 17 지방9급

공기업 민영화에 대한 설명으로 옳지 않은 것은?

① 공공기관 경영평가에서 3년 연속 최하등급을 받은 공기업은「공공기관의 운영에 관한 법률」상 민영화하여야 한다.
② 공공영역을 일정 부분 축소하는 것으로 볼 수 있다.
③ 공기업은 민영화하면 국민에 대한 보편적 서비스의 제공이 약화될 수 있다.
④ 공기업 매각 방식의 민영화를 통해 공공재정의 확충이 가능하다.

해설 ① 공공기관 경영평가에서 3년 연속 최하등급을 받았다 하여 민영화 대상이 되는 것은 아니다. 기획재정부장관은 공공기관의 경영실적 평가 결과 경영실적이 부진한 공기업·준정부기관에 대하여 운영위원회의 심의·의결을 거쳐 기관장·상임이사의 임명권자에게 그 해임을 건의하거나 요구할 수 있다(공공기관 운영에 관한 법률 제48조 8항).
② 공기업의 민영화는 공공부문을 축소하고 민간부문을 확대하는 것이다.
③ 민영화의 단점으로 형평성, 책임성의 저하가 발생할 수 있다.

[정답] ①

55
• 20 지방9급

민간투자사업자가 사회기반시설 준공과 동시에 해당 시설 소유권을 정부로 이전하는 대신 시설관리운영권을 획득하고, 정부는 해당 시설을 임차 사용하여 약정기간 임대료를 민간에게 지급하는 방식은?

① BTO(Build-Transfer-Operate)
② BTL(Build-Transfer-Lease)
③ BOT(Build-Own-Transfer)
④ BOO(Build-Own-Operate)

해설 ② 설문은 임대형 민자유치(BTL) 방식에 해당한다. 민간이 자금을 투자해 공공시설을 건설(Build) ⇨ 민간은 시설완공시점에서 소유권을 정부에 이전(Transfer)하는 대신 일정기간동안 시설의 사용·수익권한을 획득 ⇨ 민간은 시설을 정부에 임대(Lease)하고 그 임대료를 받아 시설투자비를 회수하는 방식이다.

① [X] BTO는 민간자본으로 민간이 건설(build)하여, 완공 시 소유권을 정부에 이전(Transfer) 하지만 민간이 직접 운용(operate)하여 투자비 회수하는 방식이다.
③ [X] BOT는 민간이 건설하고, 투자비가 회수될 때 까지 민간이 운영한 후 소유권을 정부에 이전하는 방식이다.
④ [X] BOO는 민간이 건설하고, 소유권을 이전하지 아니하고 민간이 운영하는 방식이다.

[정답] ②

56
• 09 서울9급

임대형 민자사업(Build-Transfer-Lease)의 효과가 아닌 것은?

① 재정부담의 세대 간 이전을 통해 미래세대가 금전적 부담 없이 시설에 대한 혜택을 볼 수 있다.
② 민간의 창의를 활용해 투자 효율을 높일 수 있다.
③ 정부의 재정운영 방식의 탄력성을 높일 수 있다.
④ 민간부문의 유휴자금을 장기 공공투자로 유인할 수 있다.
⑤ 정부가 통상적으로 연간 예산으로 건설하기에는 소요시간이 많이 드는 긴요한 공공시설을 민간자본을 통해 조기에 공급할 수 있다.

해설 ① 공공시설의 민자유치방안 중 하나인 BTL방식(임대형 민자사업)은 민간이 시설을 건설하고 정부에 임대하는 방식이다. BTL방식은 민간이 민간자본을 가지고 건설하는 것이므로 국가의 재정(예산)이 현재 투입하는 것이 아니다. 따라서 시설의 이용비용을 현세대가 부담하는 것이 아니라 미래세대가 비용부담을 하게 되므로 미래세대가 비용부담 및 혜택을 본다.

[정답] ①

57
• 17 국가9급(하)

사회기반시설에 대한 민간투자사업에 있어서 사업시행자가 시설을 건설한 후 해당 시설의 소유권 및 운영권을 사업시행자가 가지는 방식은?

① BOO(Build-Own-Operate)
② BLT(Build-Lease-Transfer)
③ BTO(Build-Transfer-Operate)
④ BTL(Build-Transfer-Lease)

해설 ① 사회기반시설에 대한 민간투자사업에 있어서 사업시행자가 시설을 건설한 후 해당 시설의 소유권 및 운영권을 사업시행자가 가지는 방식은 BOO(Build-Own-Operate)이다. B(민간자본으로 민간이 건설, build)하여 ⇨ O(민간이 소유권을 가지며, own) ⇨ O(민간이 직접 운용, operate)하여 투자비 회수하는 방식으로 실제로는 잘 사용되지 않는다.

[정답] ①

58
• 24 행정사

공공서비스 생산방식 중 이용권(voucher)에 관한 설명으로 옳지 않은 것은?

① 공공서비스의 생산을 민간에 위탁하는 방법 중의 하나이다.
② 시민들은 정부가 지정하는 하나의 서비스 제공 기관에서 이용권을 사용하여야 한다.
③ 보건복지부는 각종 돌봄서비스에서 전자 이용권을 제공하고 있다.
④ 소비자 중심의 맞춤형 사회서비스가 강조되면서 서비스가 확대되고 있다.
⑤ 노인, 장애인, 보육 정책 등에서 서비스가 확대되고 있다.

해설 ②[X] 바우처(vouchers) 방식은 행정서비스의 공급에 시장원리를 도입한 공급방식으로 정부가 직접 물품이나 서비스를 제공하는 대신에 저소득층과 같은 특정 계층의 소비자들의 선택의 폭을 넓혀주기 위하여 쿠폰(버스표 등)을 교부하는 방식을 말한다. 즉, 정부가 지정하는 하나의 서비스 제공 기관에서 이용권을 사용하는 것이 아니라 소비자의 선택권을 보장하는 방식이다. ①③④⑤ 바우처(이용권)는 공공서비스의 생산을 민간에 위탁하는 방법 중의 하나로서, 경로우대증, 무임승차권제도, 돌봄서비스(탁아시설, 양로원) 등 다양한 영역에서 서비스가 확대되고 있다.

[정답] ②

59
• 22 군무원7급

다음 공공서비스의 공급과 생산에 대한 설명으로 가장 옳지 않은 것은?

① 면허(franchise)는 서비스 제공자들 사이에 경쟁이 미약하면 이용자의 비용부담이 과중하게 되는 부정적효과가 발생한다.
② 바우처(vouchers)는 관료와 서비스 제공자 간의 유착을 근절하여 부정부패를 막을 수 있다.
③ 민간위탁(contracting-out)은 인력운영의 유연성을 제고해서 관료조직의 팽창을 억제할 수 있다.
④ 집합적공동생산(collectiveco-production)은 시민들의 참여도에 관계없이 혜택이 공통으로 돌아가게 한다는 재분배적 사고가 기저에 있다.

해설 바우처는 서비스의 누출(다른 용도로의 사용)이나 전매, 관료와 서비스 제공자 간에 유착 등 부패가 발생할 우려가 있다는 점이 단점이다.

[정답] ②

THEMA 08 정부규제론

60
• 24 군무원9급

다음 중 정부규제에 대한 설명으로 가장 적절하지 않은 것은?

① 경쟁적 규제란 재화나 용역을 제공할 수 있는 권리를 수많은 잠재적 또는 실재적 경쟁자들 중에서 선택·지정된 소수의 전달자에게만 제한시키는 규제를 말한다.
② 보호적 규제란 최대 노동시간의 제한, 최저임금제, 가격통제와 등과 같이 일반 국민을 보호하기 위하여 기업이나 개인의 행위를 제한하는 규제를 말한다.
③ 정부규제에 대한 민간의 순응 비용을 '규제에 의한 조세' 또는 '숨겨진 조세'라고 설명하기도 한다.
④ 포지티브(positive) 규제란 어떤 행위를 원칙적으로 허용하되, 금지되는 행위만 예외적으로 규정하는 방식을 말한다.

해설 ④[X] 포지티브(positive) 규제란 원칙은 금지이며, 예외적 허용하는 방식이다.
① [O] 경쟁적 규제란 다수의 경쟁자들 중에서 몇몇 개인이나 집단에게 일정한 재화나 서비스를 공급할 수 있도록 제한하려는 규제를 말한다.
② [O] 보호적 규제정책은 소비자와 사회적 약자, 그리고 일반대중을 보호하기 위하여 개인이나 집단의 권리 행사나 행동의 자유를 제한하는 규제를 말한다.
③ [O] 정부규제로 인해 제품의 비용 상승을 유발하게되고 소비자에게 반영되기에 이를 보이지 않는 세금이라고 한다.

[정답] ④

61
• 23 군무원9급

정부규제에 대한 설명으로 가장 적절하지 않은 것은?

① 규제는 정부가 공권력을 이용하여 개인이나 기업의 활동을 정부가 원하는 바람직한 상태로 유도하기 위한 정책수단이다.
② 규제는 개인이나 기업의 자유로운 활동을 금지하거나 제한하고 이를 위반한 경우에 불이익이 가해지기 때문에 엄격한 법적 근거가 요구된다.
③ 경제적 규제는 기업의 본원적 활동을 제한하는 것은 아니고 정부와의 관계에 관한 규제이다.
④ 사회적 규제는 소비자, 환경, 노동자 등을 보호할 목적으로 안전, 위생, 오염, 고용 등에 관한 규제가 주를 이룬다.

해설 ③ 경제적 규제는 기업의 본원적 활동(설립, 생산, 판매, 가격 등)에 대한 전통적 규제로서, 정부와의 관계가 아니라 기업(민간)의 경제활동을 직접적으로 제한하는 것이다.

[정답] ③

62
• 17 지방9급

정부규제를 사회적 규제와 경제적 규제로 나눌 경우 경제적 규제의 성격이 가장 강한 것은?

① 진입규제
② 환경규제
③ 산업재해규제
④ 소비자안전규제

해설 소비자안전규제, 산업재해규제, 환경규제, 사회적 차별에 대한규제 등은 사회적 규제이다. 반면 진입규제, 퇴거규제, 가격규제 등은 경제적 규제이다.

[정답] ①

63
• 18 지방9급

규제의 유형에 대한 설명으로 옳지 않은 것은?

① 리플리와 프랭클린(Ripley & Franklin)은 보호적 규제와 경쟁적 규제로 구분하고 있다.
② 경제규제는 주로 시장의 가격 기능에 개입하고 특정 기업의 시장 진입을 배제하거나 억압하는 방식으로 작동된다.
③ 포지티브 규제는 네거티브 규제보다 피규제자의 자율성을 더 보장한다.
④ 자율규제는 피규제자가 스스로 합의된 규범을 만들고 이를 구성원들에게 적용하는 형태의 규제방식이다.

해설 ③ 네거티브 규제는 포지티브 규제보다 피규제자의 자율성을 더 보장한다. Positive System은 금지·불허를 원칙으로 하고 제한적으로만 허용하는 규제방식이며, Negative System은 허용을 원칙으로 하되 꼭 필요한 경우에 한해서 최소한의 제한만을 두는 방식이다.

[정답] ③

64
• 17 지방9급(하)

규제영향분석에 대한 설명으로 옳지 않은 것은?

① 규제의 경제·사회적 영향을 과학적으로 분석해 타당성을 평가한다.
② 정치적 이해관계의 조정과 수렴의 기회를 제공한다.
③ 규제가 초래할 사회적 부담에 대해 책임성을 가지도록 유도한다.
④ 규제의 비용보다 규제의 편익에 주안점을 둔다.

해설 ④ 규제영향분석은 규제로 인한 편익보다 규제로 인한 부작용, 국민부담 등 비용이 가중될 수 있으므로 규제로 인하여 얻는 편익보다 규제비용부담을 경감에 더 주안점을 두어야 한다. ①② 규제의 경제·사회적 영향을 과학적으로 분석하여 그 타당성을 평가하고, 정치적 이해관계의 조정과 수렴의 기회를 제공한다.

[정답] ④

65
• 19 국가9급

정부규제에 대한 설명으로 옳은 것만을 모두 고르면?

ㄱ. 포지티브(positive) 규제가 네거티브(negative) 규제보다 자율성을 더 보장해준다.
ㄴ. 환경규제와 산업재해규제는 사회규제의 성격이 강하다.
ㄷ. 공동규제는 정부로부터 위임을 받은 민간집단에 의해 이뤄지는 규제를 의미한다.
ㄹ. 수단규제는 정부의 목표를 달성하기 위해 필요한 기술이나 행위에 대해 사전적으로 규제하는 것을 의미한다.

① ㄱ, ㄴ
② ㄷ, ㄹ
③ ㄱ, ㄴ, ㄷ
④ ㄴ, ㄷ, ㄹ

해설 보기에서 틀린 것은 ㄱ만이다. ㄱ 네거티브 규제는 "원칙 허용, 예외 금지" 형식의 규제이기 때문에 포지티브(positive) 규제보다 네거티브(negative) 규제가 자율성을 더 보장해준다.

정리 규제방식의 다양한 구분

구분	종류		개념	피규제자의 자율성
규제방식	포지티브		원칙금지, 예외허용	낮음
	네거티브		원칙허용, 예외금지	높음
규제주체	직접규제		정부(규제주체)가 기업(객체)을 직접 규제	낮음
	간접규제	공동	민간단체에 규제권한을 위임하여 공동규제	높음
		자율	규제대상자가 규제주체가 되어 스스로 규제	
규제대상	수단규제		투입(기술이나 수단, 행위)을 사전 규제	낮음
	관리규제		작업 또는 관리과정을 규제	중간
	성과규제		목표달성수준만을 정하고 이를 사후에 규제	높음
규제시기	사전규제		행위이전을 규제(수단규제)	낮음
	사후규제		행위이후를 규제(성과규제)	높음

[정답] ④

66
24 국가9급

규제유형에 대한 설명으로 옳지 않은 것은?

① 오염배출부과금제도, 이산화탄소 배출권거래제도는 시장유인적 규제유형에 속한다.
② 포지티브 규제방식은 네거티브 규제방식에 비해 피규제자의 자율성을 더 보장한다.
③ 명령지시적 규제는 시장유인적 규제에 비해 일반 국민이 이해하기 쉽고 직관적 설득력이 높다는 장점이 있다.
④ 사회규제는 주로 사회적 영향을 야기하는 기업행동에 대한 규제를 말하며 작업장 안전 규제, 소비자 보호 규제 등이 있다.

해설 ②[X] 네거티브 규제는 포지티브 규제에 비해 피규제자의 자율성을 더 보장한다. Positive System은 금지·불허를 원칙으로 하고 제한적으로만 허용하는 규제방식이며, Negative System은 허용을 원칙으로 하되 꼭 필요한 경우에 한해서 최소한의 제한만을 두는 방식이다.
①[O] 오염배출부과금제도, 이산화탄소 배출권거래제도는 시장유인적인 간접규제에 속한다.
③[O] 명령지시적 규제는 시장유인적 규제에 비해 일반 국민이 이해하기 쉽고 규제효과를 담보할 수 있어서 직관적 설득력이 높다는 장점이 있다.
④[O] 사회규제에 대한 맞는 설명이다.

[정답] ②

67
22 국가9급

윌슨(Wilson)의 규제정치 유형 중 다음 설명에 해당하는 것은?

> 정부규제로 발생하게 될 비용은 상대적으로 작고 이질적인 불특정 다수에게 부담된다. 그러나 편익은 크고 동질적인 소수에 귀속된다. 이런 상황에서 상당한 이익을 얻을 수 있는 소수집단은 정치조직화하여 편익이 자신들에게 제도적으로 보장될 수 있도록 정치적 압력을 행사한다.

① 대중정치 ② 고객정치
③ 기업가정치 ④ 이익집단정치

해설 ②[O] 설문은 윌슨(J.Wilson)이 제시한 규제정치 유형 중 고객정치(Client Politics) 사례에 해당한다. 규제비용(cost)이 다수에게 분산되고 규제편익(benefit)은 소수에게 집중되는 정치적 상황하에서는 이른바 고객정치행태가 나타난다. 즉, 소수의 수혜집단은 편익을 제도적으로 보장하기 위한 정치적 압력을 행사한다. 이 경우 정부관료제가 소수집단의 이익을 대변하는 역할을 수행하게 되는데 이러한 현상이 바로 지대추구현상(rent seeking)이다.

구분		규제의 편익	
		집 중	분 산
규제비용	집 중	① 이익집단정치	③ 기업가적 (운동가) 정치
	분 산	② 고객의 정치	④ 다수의 (대중적) 정치

[정답] ②

68
18 지방9급

윌슨(Wilson)의 규제정치 유형과 예시를 연결한 것으로 옳지 않은 것은?

① 고객정치 - 농산물에 대한 최저가격 규제
② 이익집단정치 - 신문·방송·출판물의 윤리규제
③ 대중정치 - 낙태에 대한 규제
④ 기업가정치 - 식품에 대한 위생규제

해설 윌슨(Wilson)은 정부규제로부터 각각의 이익집단이 감지하는 비용과 편익의 분포에 따라 네 가지 유형으로 분류하였다. ② 신문·방송·출판물의 윤리규제 등 언론에 대한 규제는 윌슨(Wilson)의 다수의 정치(대중정치)의 예시이다. 사회적 차별에 대한 규제, 낙태·종교활동에 대한 규제 등도 이에 해당한다.

[정답] ②

69

* 13 군무원9급

윌슨(Wilson)의 규제정치 모형 중 기업가적 정치에 대한 설명으로 옳은 것은?

> ㉠ 비용이 소수의 동질적 집단에 집중된다.
> ㉡ 환경오염규제, 자동차 안전규제, 위해물품 규제 등이 좋은 예이다.
> ㉢ 규제의 수혜자들이 잘 조직화 되어 있다.
> ㉣ 해당 사업에 대한 신규사업자의 진입이 제한된다.
> ㉤ 편익을 기대할 수 있는 측은 집단행동의 딜레마에 빠진다.

① ㉠㉡㉣ ② ㉠㉢㉣
③ ㉡㉢㉤ ④ ㉠㉡㉤

해설 보기에서 틀린 것은 ㉢과 ㉣이다. 기업가의 정치란 주로 사회적 규제에 해당하는 것으로 편익은 불특정 다수에게 분산되나, 비용은 소수에게 집중된다.
㉢ 수혜자들은 다수이므로 참여부족으로 인한 집단행동의 딜레마에 빠져서 조직화되지 못한다.
㉣ 해당 사업에 대한 신규사업자의 진입이 제한되는 것은 고객정치이다. 고객정치의 경우 편익을 누리는 소수 기업이 적극적으로 포획이나 지대 추구를 하게 되어 신규사업자의 진입이 어렵게 된다.

[정답] ④

70

* 17 지방9급(하)

행정지도의 폐단에 해당하지 않는 것은?

① 책임소재가 불분명할 수 있다.
② 공무원의 재량이 많이 작용하기 때문에 형평성이 보장되기 어렵다.
③ 입법과정의 복잡한 절차가 필요하다.
④ 행정의 과도한 경계확장을 유도한다.

해설 ③ 행정지도는 정부가 의도하는 바를 실현하기 위하여 국민의 임의적(자발적) 협력을 기대하여 행하는 비권력적 사실행위이다. 행정지도는 별도의 입법절차 없이 긴급한 행정수요에 적시성있게 대응할 수 있다는 장점이 있다.
① 법적 책임이 모호하여 국민이 피해를 받았을 때 구제받기가 곤란 하다.
② 공무원의 재량이 많이 작용하기 때문에 재량의 남용 가능성과 이로인해 형평성을 저해할 수 있다.
④ 행정지도가 남발될 경우 행정팽창의 주범이 될 수 있다.

[정답] ③

71

* 03 행시

행정지도에 관한 설명으로 옳지 않은 것은?

① 행정지도는 공무원의 각종 권력을 배경으로 하는 활동으로 민간주도의 사회개혁운동으로 인하여 팽창되었다.
② 행정지도는 법치우위의 침해, 불분명한 행정책임, 구제수단의 미비, 행정의 과도한 팽창이라는 폐단을 지니고 있다.
③ 행정지도는 공무원들이 직무와 관련하여 하는 활동으로, 공무원이면 그 관할범위 내에서 행정지도를 할 수 있다.
④ 행정지도는 국민을 대상으로 하는 행정체제의 경계적 영역이다.
⑤ 행정지도는 지도형식에 일률적인 제한을 받지 않으면서 국민에게 영향을 미치려는 의사 표시적 행위이다.

해설 ① 행정지도는 공무원의 각종 비권력적 작용을 배경으로 하는 활동으로 정부주도의 사회개혁운동으로 인하여 팽창되었다. 이러한 행정지도는 ②와 같은 문제점을 내포하게 된다.

[정답] ①

THEMA 09 행정환경의 변화 : 정보사회, NGO 등

72 * 22 군무원9급

다음 중 우리나라의 행정환경에 대한 설명으로 가장 옳지 않은 것은?

① 개방체제에서의 국가 간 관계로 인해 글로벌환경은 행정에 사회, 기술 등 여러 측면에서 영향력이 확대되었다.
② 법 집행 과정에서 재량의 폭이 커지면 법의 일관성과 공정성을 잃기 쉽다.
③ 경제환경의 불확실성은 정치적 환경에 의해 심화될 수도 있다.
④ 한국사회는 현재 공동체의식이 강하기 때문에 사회환경은 복잡하거나 불확실할 가능성이 낮다.

해설 ④ 과거에 비해 최근 한국사회는 복잡성과 불확실성이 증가하면서 공동체의식은 약화되고 있다.

[정답] ④

73 * 13 서울9급

시민들의 가치관 변화가 행정조직 문화에 미친 영향으로 가장 적절하지 않은 것은?

① 시민들의 프로슈머(Prosumer) 경향화는 관료주의적 문화와 적절한 조화를 형성할 것이다.
② 개인의 욕구를 중요시하는 개인주의적 태도는 공동체적 가치관과 갈등을 빚기 시작했다.
③ 시민들의 가치관과 태도의 다양화에도 불구하고 행정기관들은 아직도 행정조직 고유의 가치관과 행동양식을 강조하고 있다고 볼 수 있다.
④ 1990년대 이전까지는 경제성장과 국가안보라는 뚜렷한 국가 목표가 있었다고 볼 수 있다.
⑤ 공공서비스 공급에서 행정조직 간 경쟁, 민간화가 활성화되고 있다.

해설 ① 프로슈머란 생산자(producer)와 소비자(consumer)를 합성한 단어로서, '제3의 물결(A. Toffler)'에서 등장하는 용어이다. 앨빈 토플러는 관료주의에 대한 개혁의 필요성을 강조하였다.
② 정치적 민주화가 이루어진 1990년대 중반 이후 시민들의 가치관과 태도의 다양성과 개인주의적 태도는 우리사회의 고유한 공동체적인 가치관과 갈등을 빚기 시작했다.

[정답] ①

74 * 02 행시

담론적 접근방법에 의한 정책결정의 설명으로 옳지 않은 것은?

① 지식·지혜의 포괄적 이용이 가능하다.
② 공식적인 정책결정자의 역할이 상대적으로 강조된다.
③ 정책의 정당성을 확보할 수 있다.
④ 구성원의 화합을 촉진할 수 있다.
⑤ 정책과정의 민주성을 증진시킬 수 있다.

해설 Fox & Miller는 포스트모더니즘하에서 행정은 담론(Discourse)이어야 한다고 주장한다. 행정을 소수관료의 전문성을 바탕으로 수행되는 개념으로 이론화하기보다는 사회구성원이나 시민들의 다양한 의견을 적극 청취하여 그들의 의도를 반영하는 담론(談論)적 행위로 보아야 한다는 것이다. 담론이론에 의하면, 공공부문이 '관료기구'에서 '에너지영역(energy field)'으로 대체되는데 에너지영역은 정책네트워크, 기관간 정책연합, 타협적 규제위원회 등 다양한 사회적 구성으로 이루어진다. 공공에너지영역은 사회적 담론을 가능하게 하는 운동장으로서 정부는 국민과의 민주적이고 자유로운 담론을 통해서 국민이 원하는 의미를 파악하여 정책에 반영하는 것이다. 따라서 정책은 '합리적 분석'이 아니라 '의미의 포착'에 의하여 형성되며 자유로운 토론이 행정의 핵심이라는 것이다. 이는 구성주의의 틀을 통하여 관료기구와 그 제도적 틀을 분쇄하려는 것으로서 담론이론의 이론적 기초는 구성주의와 현상학, 해석학, 비판과학 등이며 뉴거버넌스와도 상통한다.

[정답] ②

75
• 18 서울9급

포스트모더니즘에 기초한 행정이론의 특징으로 가장 옳지 않은 것은?

① 맥락 의존적인 진리를 거부한다.
② 타자에 대한 대상화를 거부한다.
③ 고유한 이론의 영역을 거부한다.
④ 지배를 야기하는 권력을 거부한다.

해설 ① 포스트모더니즘에 기초한 행정이론은 보편적 진리보다는 맥락의존적인 진리를 강조한다. 맥락의존적인 진리란 시공을 초월하여 적용되는 보편적 진리보다는 시대와 상황에 따라 적용되는 진리가 다르다는 견해이다.
② 포스트모더니티는 타인을 인식적 타자가 아니라 도덕적 타자로 본다. 이는 타인을 조작의 대상이나 인식의 개체로 보지 않고 자신과 언제든지 소통과 교류가 가능한 주체로 본다.
③ 포스트모더니티는 학문이나 이론간 경계·영역을 타파하고 학문간 통합을 강조함으로써 고유한 이론의 영역을 거부한다.
④는 해방주의 입장으로서 인간을 억압·통제·지배하는 권력을 거부하고 인간을 행위의 주체로 보고자 한다.

[정답] ①

76
• 23 군무원9급

오늘날 시민사회조직에 대한 설명으로 가장 적절하지 않은 것은?

① 비정부조직이 생산하는 공공재나 집합재의 생산비용을 정부가 지원하는 경우에는 정부와 대체적 관계를 형성한다.
② 정부와 비정부조직 간에 적대적 관계보다는 서로의 존재를 인정하는 동반자적 관계가 점차 확산되고 있다.
③ 비영리조직이 지닌 특징으로는 자발성, 자율성, 이익의 비배분성 등이 있다.
④ 정부가 지지나 지원의 필요성을 위해 특정한 비정부조직 분야의 성장을 유도하여 형성된 의존적 관계는 개발 도상국에서 많이 나타난다.

해설 ① 정부의 재정지원 하에 비정부조직이 생산하는 공공재나 집합재의 생산비용을 정부가 지원하는 경우는 정부와 보완적 관계를 형성한다.

[정답] ①

77
• 24 국가9급

「비영리민간단체 지원법」상 정부의 비영리민간단체 지원에 대한 설명으로 옳지 않은 것은?

① 비영리민간단체는 영리가 아닌 공익활동을 수행하는 것을 주된 목적으로 하는 민간단체이어야 한다.
② 등록비영리민간단체는 공익사업의 소요경비를 지원받을 수 있으며 소요경비의 범위는 사업비를 원칙으로 한다.
③ 등록비영리민간단체가 공익사업 추진의 보조금을 교부받고자 할 때에는 사업의 목적과 내용, 소요경비, 기타 필요한 사항을 기재한 사업계획서를 제출해야 한다.
④ 등록비영리민간단체는 보조금을 받아 수행한 공익사업을 완료한 때에는 사업보고서를 대통령에게 제출해야 하며 사업평가, 사업보고서 및 평가결과의 공개 등에 필요한 사항은 대통령령으로 정한다.

해설 ④ [X] 「비영리민간단체지원법」에 따르면 사업보고서는 대통령이 아니라 행정안전부장관 또는 시·도지사에게 제출해야한다. 또한 사업평가 등에 필요한 사항은 행정안전부령으로 정한다.

[관련 법률] 비영리민간단체 지원법
제6조(보조금의 지원) ① 행정안전부장관, 시·도지사나 특례시의 장은 제4조제1항에 따라 등록된 비영리민간단체("등록비영리민간단체")에 다른 법률에 따라 보조금을 교부하는 사업 외의 사업으로서 공익활동을 추진하기 위한 사업("공익사업")의 소요경비를 지원할 수 있다.
② 제1항에 따라 지원하는 소요경비의 범위는 사업비를 원칙으로 한다.
제8조(사업계획서 제출) 등록비영리민간단체가 공익사업을 추진하기 위하여 보조금을 교부받고자 할 때에는 사업의 목적과 내용, 소요경비, 기타 필요한 사항을 기재한 사업계획서를 해당 회계연도 2월 말까지 행정안전부장관, 시·도지사나 특례시의 장에게 제출하여야 한다.
제9조(사업보고서 제출 등) ① 등록비영리민간단체는 제8조의 사업계획서에 따라 사업을 완료한 때에는 다음 회계연도 1월 31일까지 사업보고서를 작성하여 행정안전부장

관, 시·도지사나 특례시의 장에게 제출하여야 한다.
② 제1항에 따라 사업보고서를 제출받은 행정안전부장관, 시·도지사나 특례시의 장은 해당 사업에 대하여 평가를 실시하고, 인터넷 홈페이지 등을 이용하여 사업추진실적, 사업성과, 사업비 지출내역 등 사업보고서의 주요 내용과 그 평가결과를 공개하여야 한다.
③ 제2항에 따른 사업 평가, 사업보고서 및 평가결과의 공개 등에 필요한 사항은 행정안전부령으로 정한다.

[정답] ④

78 ★ 04 서울9급
시민공동생산이 행해지는 요인에 해당하지 않는 것은?

① 거리에서 휴지 줍기, 자율방범대 활동이 시민공동생산의 한 예이다.
② 관료제의 비효율성에 대한 비판적 시각을 기초로 하고 있다.
③ 모든 서비스영역에 시민공동생산이 가능한 것은 아니다.
④ 재정확대를 수반하지 않으면서 지역사회가 필요로 하는 공공서비스를 확보할 수 있게 한다.
⑤ 시민들의 무임승차문제를 해결하기 위한 대안이다.

해설 시민공동생산은 최근 관심도가 높은 분야이다. 여기서 주의할 부분은 시민공동생산이라 하더라도 생산물은 공공재라고 볼 것이며, 무임승차의 문제는 여전히 남는다. 공공재의 생산에 소요되는 비용(시민의 자발적 참여가 이루어지더라도 유·무형적 비용은 소요된다)의 부담은 실질적으로 정부가 부담해야 할 부분이 시민에게 전가된 것으로 볼 수 있다. 따라서 정부예산부족에 따른 보완적 기능으로 작용될 수도 있다. 그리고 무임승차의 문제는 시민공동생산에 의한 해결이 되지는 못한다. 결국 능동적 참여자인 자발적 시민에 의해 공동생산이 이루어 졌을 때 참여한 시민과 참여하지 않고 혜택을 보는 시민은 존재한다. 예컨데, 휴지를 줍는 시민은 공동생산자이나 깨끗한 거리를 다니는 시민은 무임승차자에 해당한다.

[정답] ⑤

THEMA 10 행정이념

79
• 22 지방9급

공익에 대한 설명으로 옳은 것만을 모두 고르면?

> ㄱ. 실체설에 의하면 공익은 사익을 초월한 것이다.
> ㄴ. 과정설에 의하면 공익은 사익 간 갈등을 조정·타협하는 과정에서 산출되는 것이다.
> ㄷ. 실체설은 다원적 민주주의에 도움을 준다.
> ㄹ. 플라톤(Plato)과 루소(Rousseau) 모두 공익 실체설을 주장하였다.

① ㄱ, ㄴ   ② ㄴ, ㄷ
③ ㄱ, ㄴ, ㄹ   ④ ㄱ, ㄷ, ㄹ

해설 ③ 보기 중에서 ㉢을 제외하고 모두 맞는 지문이다. ㉢ 다원적 민주주의와 관련된 공익관은 과정설이다. 공익의 과정설에 의하면 공익은 다양한 이익집단 간 타협과 협상의 과정을 통해 경험적으로 결정된다고 본다.

[정답] ③

80
• 22 군무원9급

공익(public interest)에 대한 '과정설'의 설명으로 가장 옳지 않은 것은?

① 공익은 인식 가능한 행동결정의 유용한 안내자 역할을 한다는 입장이다.
② 공익은 하나의 실체라기보다 다수의 이익들이 조정되면서 얻어진 결과로 본다.
③ 공무원의 행동을 경쟁관계에 있는 집단들의 이익을 돕는 조정자의 역할로 이해한다.
④ 실체설의 주장을 행정의 정당성 확보를 위해 도입된 상징적 수사로 간주한다.

해설 ① 공익은 인식 가능한 행동결정의 유용한 안내자 역할 (규범적 기준)을 한다는 입장은 실체설의 입장이다.

[정답] ①

81
• 17 국가9급

공익(Public interest) 개념의 실체설과 과정설에 대한 설명으로 옳은 것은?

① 실체설은 집단 간 상호작용의 산물이 공익이라고 본다.
② 과정설의 대표적인 학자에는 플라톤(Plato)과 루소(Rousseau)가 있다.
③ 실체설은 공익이라는 미명하에 개인의 이익이 침해될 수 있는 위험요소를 내포하고 있다.
④ 과정설은 공익과 사익이 명확히 구분된다는 입장이다.

해설 ③ 실체설에 의하면 공익이 사익을 초월한 공익이 존재한다는 입장이므로, 개개인의 이익이 희생될 수 있는 위험요소를 내포하고 있다. ① 집단 간 상호작용의 산물이 공익이라고 보는 입장은 과정설이다. ② 플라톤(Plato)과 루소(Rousseau)는 실체설의 대표적인 학자이다. ④ 공익과 사익이 명확히 구분된다는 것은 실체설의 입장이다.

[실체설과 과정설]

실체설	과정설
집단주의	개인주의
선험적	경험적
공익≠사익의 합	공익=사익의 합
개도국>선진국	선진국>개도국
권위주의, Elite	다원주의
합리모형	점증모형
Plato, Aristoteles, Rawls	Sorauf, Hume, Hobbes

[정답] ③

82
* 06 경기9급

민주행정은 그 최고의 목표를 공익(公益)의 증진에 두고 있다. 그러나 공익의 의미에 관해서는 서로 다른 견해를 가지는 경우가 많다. 다음에서 공익의 의미를 지칭하는 내용 중 잘못 기술된 것은?

① 공익은 사익의 단순한 집합 이상의 의미를 지닌 실체가 있다는 주장은 공익의 실체설에 해당된다.
② 과정론적 공익이론에서 공익은 개인이익 또는 집단이익의 합계에 불과하다고 주장한다.
③ 절차적 공익이론에서는 개체주의 입장보다는 신비주의적 전체성을 강조한다.
④ 자유주의적 경제원리에서는 공익은 개인의 이익을 보호하고 증진시키는 기능을 하는 것으로 이해한다.

해설 절차론적 공익이론은 공익이 형성되는 과정을 중시하는 입장으로서 과정설의 일종이다. 따라서 집단주의나 전체주의가 아니라 개인주의(개체주의)의 입장을 취한다.

[정답] ③

83
* 11 국회8급

공익의 본질에 관한 설명으로 옳지 않은 것은?

① 공익의 실체설은 공익이 사익을 초월하여 선험적·규범적인 것으로 존재한다고 본다.
② 공익의 과정설은 공익을 수많은 사익 간의 조정과 타협의 산물이라고 본다.
③ 공익의 실체설은 관료의 독자적·적극적 역할을 강조한다.
④ 공익의 과정설은 개인주의적·다원주의적 시각에 가깝다.
⑤ 공익의 실체설은 절차적 합리성을 강조하여 적법절차의 준수에 의해서 공익이 보장된다고 본다.

해설 ⑤ 절차적 합리성을 강조하여 적법절차의 준수에 의해서 공익이 보장된다고 보는 관점은 공익의 과정설에 해당된다.

[정답] ⑤

84
* 18 서울9급

공익에 대한 설명으로 가장 옳지 않은 것은?

① 과정설은 공익을 서로 충돌하는 이익을 가진 집단들 사이에서 상호조정과정을 거쳐 균형상태의 결론에 도달했을 때 실현되는 것이라고 본다.
② 실체설에서도 전체효용의 극대화를 강조하는 입장에서는 사회구성원의 효용을 계산한 다음에 전 구성원의 총효용을 극대화함으로써 공익에 도달할 수 있다고 본다.
③ 실체설에서 도덕적 절대가치를 공익의 실체로 보는 관점에서는 사회공동체나 국가의 모든 가치를 포괄하는 절대적인 선의 가치가 있다고 가정한다.
④ 실체설에서는 적법절차의 준수를 강조하며 국민주권원리에 의한 행정의 중심적 역할을 강조한다.

해설 ④ 적법절차의 준수를 강조하며 국민주권원리에 의한 행정의 중심적 조정자 역할을 강조하는 입장은 과정설에 해당한다. ②는 실체설 중에서 절충적 실체설을 설명하는 지문이다. 절충적 실체설은 실체설 중에서도 과정설의 입장을 일부 수용하여 전체효용을 극대화함으로써 공익에 도달할 수 있다고 보는 입장이다.

[정답] ④

85
* 19 서울9급

공익에 대한 설명으로 가장 옳지 않은 것은?

① 과정설은 개인의 사익을 초월한 공동체 전체의 공익이 따로 있다고 보는 견해이다.
② 실체설은 사회 전 구성원의 총효용을 극대화함으로써 공익에 도달할 수 있다고 보는 견해이다.
③ 과정설은 공익이 사익의 총합이거나 사익 간의 타협·조정 과정을 통해 얻어지는 것으로 보는 견해이다.
④ 실체설은 사회공동체 내지 국가의 모든 가치를 포괄하는 절대적인 선의 가치가 있다고 보는 견해이다.

해설 ① 개인의 사익을 초월한 공동체 전체의 공익이 따로 있다고 보는 견해는 과정설이 아니라 실체설에 해당한다.

[정답] ①

86
• 23 행정사

공익의 실체설과 과정설에 관한 설명으로 옳은 것을 모두 고른 것은?

> ㄱ. 사익과 차별화되는 공익의 존재를 인정하는 실체설은 공익이 행정의 구체적인 지침이 될 수 있다고 본다.
> ㄴ. 실체설은 개인이나 집단 사이의 이해를 조정하는 행정의 조정자 역할을 강조한다.
> ㄷ. 과정설은 이해당사자 사이의 협상과 타협을 통해 규범적 절대가치에 도달할 수 있다고 본다.
> ㄹ. 「지방재정법」에 규정된 주민참여예산제도의 준수를 통해 지방자치단체의 예산을 배분하는 것은 과정설에 해당된다.

① ㄱ, ㄴ
② ㄱ, ㄹ
③ ㄴ, ㄷ
④ ㄱ, ㄷ, ㄹ
⑤ ㄴ, ㄷ, ㄹ

해설 보기 중에서 맞는 것은 ㉠과 ㉣이다.
- ㉠ 공익의 실체설적 입장에서는 공익은 사익과 구별되고 행정활동의 지침이 된다고 본다.
- ㉣ 주민참여예산은 예산편성 등 예산과정에 다양한 주민의 참여를 인정하는 제도이므로 공익의 과정설적 관점이다.
- ㉡[X] 공익의 과정설에 따르면 공익과 사익의 구별은 상대적이며 행정은 수많은 사익 간의 갈등의 조정자 역할을 강조한다.
- ㉢[X] 규범적 절대가치의 존재를 인정하는 것은 실체설의 입장이다.

[정답] ②

87
• 20 국가9급

공리주의적 관점에서 공익을 설명한 것으로 옳은 것만을 모두 고르면?

> ㄱ. 사회 전체의 효용이 증가하면 공익이 향상된다.
> ㄴ. 목적론적 윤리론을 따르고 있다.
> ㄷ. 효율성(efficiency)보다는 합법성(legitimacy)이 윤리적 행정의 판단기준이다.

① ㄱ
② ㄷ
③ ㄱ, ㄴ
④ ㄴ, ㄷ

해설 공리주의(功利主義)는 공리성(utility)을 가치 판단의 기준으로 하는 사상이다. 공리주의의 목표는 '최대 다수의 최대 행복(the greatest happiness of the greatest number)'을 실현하는 것으로, 공동체가 지향하는 절대적 가치나 동기보다는 목적 달성 등 결과만 중시하는 상대주의적 또는 목적론적 윤리관으로 나타난다. 따라서 개인 간 분배의 공평보다는 사회 전체의 효용만 증가하면 공익이 향상되는 것으로 보는 관점을 말한다.
- ㄱ [O] 공리주의는 개인 간 효용비교보다는 사회 전체의 효용이 증가하면 공익이 향상된 것으로 본다.
- ㄴ [O] 공리주의는 반대로 목적달성이라는 결과만 중시하는 상대론(목적론)적 윤리관과 관련된다. 반면 Rawls의 정의론은 결과보다는 절대적 가치나 동기를 중시하는 절대론(의무론)에 해당한다.
- ㄷ [X] 공리주의는 형평성이나 합법성 같은 절차적 가치보다는 효율성과 같은 결과적 가치를 중시한다.

※ Rawls와 공리주의(功利主義)의 비교

구 분	Rawls의 정의	공리주의자의 정의
행정윤리	의무론(절대론)	목적론(상대론)
윤리평가	과정이나 동기를 중시	결과를 중시(사후적)
	문제를 예방·해결	행위에 처벌

[정답] ③

88
• 24 지방9급

사회적 형평성(social equity)에 대한 설명으로 옳지 않은 것은?

① 1968년 개최된 미노부룩 회의(Minnowbrook Conference)에서 태동한 신행정론에서 강조하였다.
② 롤스(Rawls)의 『정의론』은 사회적 형평성 논의에 영향을 주었다.
③ 수직적 형평성(vertical equity)은 '동등한 여건에 있지 않은 사람을 동등하게 취급'함을 의미하며, 누진세가 그 예이다.
④ 수평적 형평성(horizontal equity)은 '동등한 여건에 있는 사람을 동등하게 취급'함을 의미하며, 동일노동 동일임금이 그 예이다.

해설 ③[X] 수직적 형평성(vertical equity)은 '동등한 여건에 있지 않은 사람을 동등하지 않게 취급' 함을 의미하며, 누진세나 재분배정책 등이 그 예이다.

[정답] ③

89
• 20 지방9급

행정 가치에 대한 설명으로 옳지 않은 것은?

① 공익 과정설에 따르면 사익을 초월한 별도의 공익이란 존재할 수 없다.
② 롤스(Rawls)는 사회정의의 제1원리와 제2원리가 충돌할 경우 제1원리가 우선이라고 주장한다.
③ 파레토 최적 상태는 형평성 가치를 뒷받침하는 기준이다.
④ 근대 이후 합리성은 목표를 달성하는 수단과 관련된 개념이다.

해설 ③ [X] 파레토 최적 상태는 능률성을 이론적으로 뒷받침하는 기준이 된다. 파레토 최적(Pareto optima)이란 한 사람의 효용을 줄이지 않고서는 다른 사람의 사회적 효용(후생)을 확보할 수 없는 자원배분 상태로서, 한 배분 상태에서 이보다 더 나은 상태는 없다고 볼 수 있다.
① [O] 공익의 과정설이란 개인주의 입장으로 공익은 사익과 별도로 실체가 존재하는 것이 아니라 사익의 합이 공익이 된다는 입장이다.
② [O] 롤스(Rawls)는 사회정의의 제1원리와 제2원리가 충돌할 경우 제1원리가 우선하고, 제2원리 중에서 기회균등의 원리와 차등의 원리가 충돌할 때는 차등의 원리가 우선한다는 입장이다.
④ [O] 일반적으로 합리성(合理性)이란 이성적 사고작용 또는 지적인 통찰력을 의미(사회심리학적 개념)하나, 행정학에서 합리성은 목적에 대한 수단의 적합성을 의미한다.

[정답] ③

90
• 23 지방9급

행정가치에 대한 설명으로 옳지 않은 것은?

① 합리성은 어떤 행위가 궁극적 목표 달성의 최적 수단이 되느냐의 여부를 가리는 개념이다.
② 효율성은 목표의 달성도를 나타내고, 효과성은 투입 대비 산출의 비율을 의미한다.
③ 자율적 책임성은 공무원이 직업윤리와 책임감에 기초해 전문가로서 자발적인 재량을 발휘할 때 확보된다.
④ 행정의 민주성은 국민과의 관계뿐만 아니라 관료조직의 내부 의사결정 과정의 측면에서도 고려된다.

해설 ②[X] 효과성은 목표의 달성도를 나타내고, 효율성(능률성)은 투입 대비 산출의 비율을 의미한다.
④[O] 행정의 민주성은 국민과의 관계(대외적 민주성)뿐만 아니라 관료조직의 내부 의사결정 과정의 측면(대내적 민주성)에서도 고려된다.

[정답] ②

91
• 23 행정사

행정의 능률성(efficiency)과 효과성(effectiveness)에 관한 설명으로 옳은 것은?

① 효과성은 목표와 무관하게 자원을 낭비 없이 사용하는 것을 의미한다.
② 능률성은 사회문제의 해결정도를 의미한다.
③ 어떤 해결대안이 효과적이면 그 대안은 항상 능률적이다.
④ 비용효과(cost-effectiveness) 분석은 효과를 화폐가치로 측정하기 어려운 상황에서 적용된다.
⑤ 효과성은 행정의 수단적 가치인 반면, 능률성은 민주성과 마찬가지로 본질적 가치이다.

해설 ④ 비용효과(cost-effectiveness) 분석은 효과를 화폐가치로 측정하기 어려운 상황에서 적용되며, 평가기준은 효과성이다. 반면 비용편익분석은 화폐적 측정이 용이한 사업에 적용되며, 능률성이 평가기준이 된다. ①[X] 효과성은 목표달성도를 중시하며, 능률성은 자원의 낭비없는 사용을 의미한다. ②[X] 효과성은 사회문제의 해결정도를 의미한다. ③[X] 어떤 해결대안이 효과적이라도 그 대안이 항상 능률적인 것은 아니다. ⑤[X] 능률성이나 효과성, 민주성 모두 행정의 수단적 가치이다. 본질적 가치에는 자유와 평등, 정의, 공익, 형평성이 있다.

[정답] ④

92
• 18 행정사

행정이 추구하는 가치에 관한 설명으로 옳은 것은?

① 효율성은 효과성의 필요충분조건이다.
② 형평성은 '최대 다수의 최대 행복'을 강조한다.
③ 윌슨(W. Wilson)의 정치행정이론은 행정의 정책결정권한 및 적극성을 강조한다.
④ 롤스(J. Rawls)의 「정의론」은 사회적으로 최소의 혜택을 받는 사람들에게 차별적 이익을 제공하는 이론적 근거를 제공한다.
⑤ 현대 행정에서 적극적(실질적) 의미의 민주성은 의회의 결정에 대한 철저한 순응과 법치행정을 강조한다.

해설 ④ 롤스의 정의론은 소수의 이익도 배려되어야 한다는 입장이다. ① 효율성은 능률성과 동일하다는 입장과 효율성은 능률성과 효과성을 합한 개념으로 보는 입장이 있다. 효율성(=능률성)으로 보더라도, 효율성이 높다고 반드시 효과성이 높은 것이 아니므로 효율성은 효과성의 필요충분조건이 아니다. ③ 윌슨(W. Wilson)의 정치행정이원론에 의하면 행정은 의회가 결정한 정책을 충실하게 집행하는 기관으로 본다. ⑤은 입법국가(법치국가)에서 행정이념의 의미이다.

[정답] ④

93
• 09 국회8급

롤스(Rawls)가 말하는 정의(justice)에 관한 설명으로 옳지 않은 것은?

① 다른 사람의 유사한 자유와 상충되지 않는 한도 내에서 개개인의 기본적 자유권이 평등하게 인정되어야 한다.
② 가장 불우한 사람의 편익을 최대화해야 한다.
③ 사회·경제적 불평등은 그 모체가 되는 모든 직무와 지위에 대한 기회균등이 공정하게 이루어진 조건 하에서 직무나 지위에 부수해 존재해야 한다.
④ 기회균등의 원리가 차등 원리에 우선해야 한다.
⑤ 차등 조정의 원리가 기본적 자유의 평등 원리에 우선해야 한다.

해설 롤스의 정의원칙은 "가치 있는 모든 것들이 사회구성원들에게 평등하게 배분되어야 하며 불평등한 배분이 사회적 약자에게 유리한 경우에만 정당하다"고 하였다. 정의의 제1원리(기본적 자유의 평등 원리)는 제2원리(정당한 불평등의 원리)에 우선하며, 정의의 제2원리 중에서도 기회균등의 원리가 차등의 원리에 우선한다고 주장하였다.

[정답] ⑤

94

공익의 핵심을 정의(justice)로서 인식한 롤스(John Rawls)의 사회정의론의 내용이 아닌 것은?

① 정의를 공정성(fairness)으로서 보았다.
② 이념적·가설적 상황으로서 원초적 상태를 설정하였다.

③ 무지의 베일(veil of ignorance)의 개념을 통해서 계급·계층·신분·직업이 고려되어야 한다는 입장을 취하였다.
④ 각인은 다른 사람의 유사한 자유와 상충되지 않는 한도 내에서 기본적 자유와 평등이 인정되어야 한다고 보았다.
⑤ 차등원리와 기회균등원리를 주장하였다.

> **해설** '무지의 베일(veil of ignorance)'이란 자신의 재능, 지위, 가치관, 재산, 거주지 등 특수한 사정을 모르는 상황, 즉 원초적 입장에서 판단해야 한다는 것이다. 쉽게 말하면 입장을 바꿔 생각해보자는 '역지사지'이고 선에 대한 일종의 '블라인드 테스트'라고 할 수 있다.
>
> **[정답] ③**

95
• 09 지방9급

롤스(Rawls)의 정의론에 대한 설명 중 가장 옳지 않은 것은?

① 타고난 차이 때문에 사회적 가치의 획득에서 불평등이 생겨나는 것은 사회적 정의에 어긋난다.
② 형평성이 확보되려면 우선적으로 결과의 평등이 전제되어야만 한다.
③ 원초적 상태에서 구성원들이 합의하는 규칙 또는 원칙이 공정할 것이라고 전제하고 있다.
④ 전통적 자유주의와 사회주의의 양극단을 지양하고 자유와 평등의 조화를 추구하는 중도적 입장을 취하고 있다.

> **해설** J.Rawls는 정의론에서 가장 먼저 선행되어야 할 우선적 원리는 제1의 원리(동등한 자유의 원리)이며, 다음으로 제2의 원리 중 기회균등의 원리(기회의 공평)를 적용한 후 최종적으로 차등조정의 원리(결과의 공평)를 적용해야한다고 하였다. ②는 동등한 자유의 원리가 전제되어야한다.
>
> **[정답] ②**

96
• 17 서울9급

행정가치 중 수단적 가치에 대한 설명으로 가장 옳지 않은 것은?

① 대외적 민주성을 확보하기 위해 행정통제가 필요하다.
② 수단적 가치는 본질적 가치의 실현을 가능하게 하는 가치들이다.
③ 전통적으로 책임성은 제도적 책임성(accountability)과 자율적 책임성(responsibility)으로 구분되어 논의되었다.
④ 사회적 효율성(social efficiency)은 과학적 관리론의 등장과 함께 강조되었다.

> **해설** ④ 과학적 관리에서 강조한 것은 기계적 효율성(능률성)이고, 사회적 능률은 Dimock(1936)이 주장한 것으로 인간관계론(HR)과 Ostrom의 공공선택이론에서도 강조하였다. ① 행정통제의 목적은 대외적 민주성이라는 행정책임을 확보하는데 있다. ② 수단가치는 본질적 행정가치를 달성하기 위한 수단이 되는 가치로서, 실제적인 행정과정에 구체적 지침이 된다. ③ 전통적으로 책임성은 제도적 책임성(외재적 책임, 객관적 책임)과 자율적 책임성(내재적 책임, 주관적 책임)으로 구분된다.
>
> **[정답] ④**

97
• 19 지방9급

행정이 추구하는 가치에 대한 설명으로 옳지 않은 것은?

① 합리성은 어떤 행위가 궁극적인 목표달성을 위한 최적의 수단이 되느냐를 가리키는 개념이다.
② 효과성은 투입 대비 산출의 비율을, 능률성은 목표의 달성도를 나타내는 개념이다.
③ 행정의 민주성은 대외적으로 국민 의사의 존중·수렴과 대내적으로 행정조직의 민주적 운영이라는 두 가지 측면이 있다.
④ 수평적 형평성이란 동등한 것을 동등하게 취급하는 것, 수직적 형평성이란 동등하지 않은 것을 서로 다르게 취급하는 것을 의미한다.

> **해설** ② 능률성은 투입 대비 산출의 비율을, 효과성은 목표의 달성도를 나타내는 개념이다.

98
*18 지방9급

행정이론의 패러다임과 추구하는 가치를 바르게 연결한 것은?

① 행정관리론 - 절약과 능률성
② 신행정론 - 형평성과 탈규제
③ 신공공관리론 - 경쟁과 민주성
④ 뉴거버넌스론 - 대응성과 효율성

해설 ① 행정관리론은 고전적 행정학으로서 행정이란 의회가 결정한 정책이나 법률을 능률적으로 집행하는 작용으로 보았다. 따라서 절약과 능률성을 최고의 추구하는 가치이다.
② 신행정론은 사회문제를 해결하기 위하여 형평성을 중시하였지만 탈규제는 신공공관리론의 입장이다.
③ 신공공관리론은 정부실패를 해결하기 위하여 시장의 경쟁원리를 도입함으로서 효율성과 성과를 중시하였지만 민주성은 저해할 가능성이 높다.
④ 뉴거버넌스는 민주성과 대응성을 중시하였다. 효율성은 신공공관리론에서 추구하는 가치이다.

[정답] ①

99
*18 서울9급

행정이념에 대한 설명으로 가장 옳지 않은 것은?

① 디목(Dimock)은 기술적 능률성을 대체하는 개념으로 사회적 능률성을 제시하고 있는데, 이는 행정이 그 목적가치인 인간과 사회를 위해서 산출을 극대화하고 그 산출이 인간과 사회의 만족에 기여하는 것을 의미한다.
② 1930년대를 분수령으로 하여 정치행정이원론의 지양과 정치행정일원론으로 전환과 때를 같이해서 행정에서 민주성의 이념이 대두되었다.
③ 효과성은 수단적·과정적 측면에 중점을 두는 반면에 능률성은 목표의 달성도를 중시한다.
④ 합법성은 법률적합성, 법에 의한 행정, 법에 근거한 행정, 즉 법치행정을 의미한다. 합법성을 지나치게 강조하는 경우 수단가치인 법의 준수가 강조되어 목표의 전환(displacement of goal), 형식주의를 가져올 수 있다.

해설 ③ 능률성(efficiency)은 투입 대 산출의 비율로 수단적·과정적 측면에 중점을 두는 반면에 효과성(effectiveness)은 목표에 대한 산출의 비율 즉, 목표달성도로써 기능적·결과적 측면에 중점을 둔다. ② 1930년대 경제대공황을 계기로 등장한 정치행정일원론에서 행정의 정치적 성격이 강조되었으며, 민주성의 이념이 대두되었다.

[정답] ③

100
*08 서울9급

합리성에 대한 설명으로 옳지 않은 것은?

① Weber는 관료제를 형식적 합리성의 극치로 설명하고 있다.
② 개인적 합리성의 추구가 반드시 집단적 합리성으로 연결되는 것은 아니다.
③ 합리성은 본질적 행정가치보다는 수단적 행정가치에 포함된다.
④ Simon의 절차적 합리성은 목표에 비추어 적합한 행동이 선택되는 정도를 의미한다.
⑤ Diesing의 기술적 합리성은 목표와 수단 사이에 존재하는 인과관계의 적절성을 의미한다.

해설 ② 개인적 합리와 사회적(집단적) 합리가 반드시 일치하는 것은 아니다.
③ 행정이념으로서 합리는 자유와 정의, 공익과 같은 본질적 가치가 아니라 수단적 가치에 해당한다.
④ H.A.Simon은 목표에 비추어 적합한 행동이 선택되는 정도를 내용적 합리성이라 하였다. 절차적(procedural) 합리성 : 의식적인 사유과정을 말하는 심리학적 개념으로 결과보다는 인지적·지적 과정을 중시하는 주관적·과정적·제한된 합리성이다.

[정답] ④

101
* 03 입법고시

행정의 가외성(redundancy)에 대한 설명으로 옳지 않은 것은?

① 가외성은 불확정적인 목적을 확실하고 분명하게 할 수 있어 능률성을 제고하고 조직의 적응력을 높일 수 있다.
② 가외성이 체계전체의 신뢰성을 증가시킬 수 있다는 조건은 각 부분이 어느 정도 동의할 수 있는 범위 내에서 독립적으로 움직여야 한다는 것이다.
③ 관료조직도 어느 정도 하위 부서들 간에 동등잠재력을 허용함으로써 조직의 신뢰성을 증대할 수 있다.
④ 가외성은 목적에 가장 적합한 수단을 확보해 주지는 못하지만 그럴듯한 방안을 채택하는데 도움을 줄 수 있다.
⑤ 조직의 과업환경이 이질적이고 불확정적인 때에 가외적 구조를 가진 조직은 생존가능성이나 과업성취 가능성을 높일 수 있다.

해설 가외성이 제로인 상태가 가장 능률적인 경우이므로 가외성은 능률성을 제고할 수 없다.

[정답] ①

102
* 00 행시

행정의 가치에 대한 설명 중 옳지 않은 것은?

① 정부가 직업훈련을 통해서 훈련생을 많이 배출하는 것은 능률성이 높은 것이지 효과성이 높은 것은 아니다.
② 행태론적 접근법에서는 가치와 사실은 명확히 구분되어야 한다고 주장하였다.
③ 형평성이라는 개념은 신행정론의 등장과 더불어 강조되기 시작했으나, 오래 전부터 사용된 사회적 정의(social justice)의 개념과 유사하다.
④ 본질적 가치를 실현하게 하는 수단적 행정가치의 대표적인 것은 능률성과 효과성 등이 있다.
⑤ 행정을 통해서 이루고자 하는 궁극적 가치를 본질적 가치라고 할 때, 대표적인 것에는 공익, 정의, 형평성, 합법성 등이 있다.

해설 합법성, 능률성, 효과성 등은 수단적 가치이며, 공익이나 정의, 형평 등의 본질적 가치를 실현하기 위한 수단적 가치이다. 합법성에 너무 치중하면 목표의 전환이나 대치 현상이 발생한다.

[정답] ⑤

103
* 10 경정승진

다음 글의 ( )안에 들어갈 내용으로 옳은 것은?

> 순수합리성은 완전분석적 합리모형에서 전제하고 있는 합리성이다. 이 순수합리성이 여러 요인에 의해 제약됨으로써 합리성이 왜곡된다. 의사결정자의 인지능력상 제약으로 인해 왜곡되어 나타나는 합리성이 바로 (㉠)의 합리성이다. 인지능력의 제약에 더하여 또다시 정치적 상황 때문에 합리성은 더 심하게 왜곡된다. 이것이 바로 (㉡)의 점증주의에서의 합리성이다. 나아가 사회의 구조적 모순 때문에 나타나는 근원적 왜곡까지 더 추가된 것이 (㉢)의 합리성이다.

① ㉠사이먼(Simon) ㉡에치오니(Etzioni) ㉢엘리슨(Allison)
② ㉠린드블롬(Lindblom) ㉡드로어(Dror) ㉢트루먼(Truman)
③ ㉠사이먼(Simon) ㉡린드블롬(Lindblom) ㉢하버마스(Habermas)
④ ㉠엘리슨(Allison) ㉡트루먼(Truman) ㉢에치오니(Etzioni)

해설 ㉠은 행태주의자인 사이먼(Simon), ㉡은 다원주의인 린드블롬(Lindblom), ㉢은 독일의 비평사회학자인 하버마스(Habermas)이다.

[정답] ③

행정이론 전개

104
• 23 지방9급

행정이론의 발달을 오래된 순서대로 바르게 나열한 것은?

> (가) 과학적 관리론 — 테일러(Taylor)
> (나) 신공공관리론 — 오스본과 게블러(Osborne & Gaebler)
> (다) 신행정론 — 왈도(Waldo)
> (라) 행정행태론 — 사이먼(Simon)

① (가) - (다) - (라) - (나)
② (가) - (라) - (다) - (나)
③ (라) - (가) - (나) - (다)
④ (라) - (다) - (나) - (가)

해설 (가) 테일러(Taylor)는 1911년 「과학적 관리법」에서 과학적 관리론을 소개하였다.
(나) 신공공관리론은 1980년대에 등장하였으며, 오스본과 게블러(Osborne & Gaebler)의 '정부재창조(1992)'에서 강조한 미래의 정부 운영형태로 전개되었다.
(다) 신행정론은 1968년 Syracuse 대학에서 Waldo, Frederickson, Marini 등이 중심이 된 미노브룩(Minnowbrook) 회의를 계기로 태동하였다.
(라) 행정행태론은 1945년 사이먼(Simon)의 「행정행태론(Administrative Behavior)」이 가장 획기적인 업적이라고 할 수 있다.

[정답] ②

105
• 22 국가9급

(가)~(라)의 행정이론이 등장한 시기를 순서대로 바르게 나열한 것은?

> (가) 정부와 공공부문에 참여하는 다양한 참여자들의 네트워크를 중시하고, 정부는 전체 네트워크를 관리하는 조정자의 입장에 있다고 하였다.
> (나) 미국 행정학의 '지적 위기'를 지적하면서 인간을 이기적·합리적 존재로 전제하고, 공공재의 공급이 서비스 기관 간 경쟁과 고객의 선택에 의해 이루어지는 시스템을 제안하였다.
> (다) 정치는 국가의 의지를 표명하고 정책을 구현하는 것이며, 행정은 이를 실천하는 관리 활동으로서 정치와 행정의 차이를 분명히 하였다.
> (라) 왈도(Waldo)를 중심으로 가치와 형평성을 중시하면서 사회의 문제해결에 대한 현실 적합성을 갖는 새로운 행정학의 정립을 시도하였다.

① (다) → (라) → (가) → (나)
② (다) → (라) → (나) → (가)
③ (라) → (다) → (가) → (나)
④ (라) → (다) → (나) → (가)

해설 ②[O] 행정이론의 등장한 시기는 (다) 행정학의 성립기 → (라) 신행정론 → (나) 공공선택이론 → (가) 거버넌스론 순이다.
(다) 설문은 1900년에 발표된 Goodnow의 「정치와 행정」에 관한 내용이다.
(라) 사회의 문제해결에 대한 현실 적합성을 갖는 새로운 행정학의 정립을 시도한 경향은 신행정으로 1960년대 말 미국 사회의 격동기 상황을 배경으로 한다.
(나) '미국 행정학의 지적 위기(1973)'는 Ostrom의 공공선택이론에 대한 설명이다.
(가) 1990년대 중반에 등장한 거버넌스론에 대한 설명이다.

[정답] ②

106
* 23 국가9급

행정이론에 대한 설명으로 옳은 것은?

① 과학적관리론은 최고관리자의 운영원리로 POSDCoRB를 제시하였다.
② 행정행태론은 가치와 사실을 구분하고 가치에 기반한 행정의 과학화를 시도하였다.
③ 신행정론은 실증주의적 방법론을 비판하고 사회적 형평성과 적실성을 강조하였다.
④ 신공공관리론은 민간과 공공 부문의 파트너십을 강조하고 기업가 정신보다 시민권을 중요시하였다.

해설 ③ 신행정론은 1960년대 말 인종갈등, 빈부격차 등 미국 사회의 당면 문제를 해결하기 위해 사회적 형평성과 적실성을 강조하였다. 행태론의 논리실증주의 접근법을 비판하고 적실성과 처방성을 강조하였다.
① [X] 과학적 관리와 행정관리설에 대한 구분이 필요한 지문이다. 최고관리자의 운영원리로 POSDCoRB를 제시한 것은 Gulick의 행정관리설이다.
② [X] Simon의 행태론은 가치와 사실을 구분하고 '사실'에 기반한 행정과학화를 시도한 접근법이다.
④ [X] 민간과 공공 부문의 파트너십을 강조하고 시민권을 중요시한 이론은 거버넌스론이다. 신공공관리론은 기업가 정신과 고객지향적 행정을 중시한 이론이다.

[정답] ③

107
* 22 지방9급

행정학의 주요 접근법, 학자, 특성을 바르게 연결한 것은?

① 행정생태론-오스본(Osborne)과 게블러(Gaebler)-환경 요인 중시
② 후기행태주의-이스턴(Easton)-가치중립적·과학적 연구 강조
③ 신공공관리론-리그스(Riggs)-시장원리인 경쟁을 도입
④ 뉴거버넌스론-로즈(Rhodes)-정부·시장·시민사회 간 네트워크

해설 ① [X] 행정생태론-리그스(Riggs)-환경 요인 중시, 오스본(Osborne)과 게블러(Gaebler)는 신공공관리론을 주장하였다.
② [X] 후기행태주의-이스턴(Easton)-가치지향적·처방적 연구 강조하였고, 가치중립적·과학적 연구는 행태주의에서 강조하였다.
③ [X] 신공공관리론 - 오스본(Osborne)과 게블러(Gaebler) - 시장원리인 경쟁을 도입과 연결된다.

[정답] ④

108
* 22 행정사

행정학의 주요 이론에 관한 내용으로 옳지 않은 것은?

① 신제도주의론은 공식적 제도나 구조는 물론 비공식적 제도와 규범도 중요하게 강조한다.
② 행태주의 행정연구는 가치와 사실문제를 엄격하게 구분하고 자유와 평등의 가치를 연구 대상에서 제외한다.
③ 체제이론은 행정현상을 여러 변수 중에서 환경을 포함해 거시적으로 접근한다.
④ 인간관계론은 조직목표 달성을 위해 생산성과 능률성에 기반을 둔 금전적 보상과 경제적 인간관을 강조한다.
⑤ 신행정학 이론은 참여와 형평의 가치를 중심으로 현실문제의 처방적 연구를 중시한다.

해설 ④[X] 금전적 보상과 경제적 인간관을 강조하는 관리이론은 과학적 관리론이다. 반면 인간관계론은 비경제적 보상과 심리적 요인을 중시하며 사회적 인간관을 강조한다.
① 신제도주의에서 강조하는 제도(institution)란 인간이 만든 제약으로 공식적인 제약(헌법, 법률, 규칙 등)과 비공식적인 제약(관례, 관행, 규범, 문화, 민속 등)이 있으며, 정치적·경제적·사회적인 요인을 포함한다.
② 행태주의 행정연구는 행정의 과학성을 추구하기 위해 가치를 연구 대상에서 제외한다.
③ 체제이론은 행정의 변수로서 구조나 인간보다 환경을 포함하는 개방체제이론으로 거시적인 접근방법이다.
⑤ 신행정학 이론은 당면한 사회문제를 해결하기 위해 처방성과 적실성을 추구하였다.

[정답] ④

109
• 08 국가7급

행정학의 접근방법에 관한 설명으로 옳지 않은 것은?

① 현상학적 접근방법은 행정현상이란 그 속에 참여하는 사람들의 의식, 생각, 언어, 개념 등으로 구성되며, 상호 주관적인 경험으로 이룩되는 것이기 때문에 인간의 주관적 관념, 의식 및 동기 등의 의미를 더 적절하게 다루고 이해할 수 있다는 입장을 취한다.
② 행태론적 접근방법은 행정현상을 관찰 가능한 객관적인 대상으로 보며, 인간의 주관이나 의식을 배제하고 행태의 규칙성, 상관성 및 인과성을 경험적으로 입증하고 설명하려 한다.
③ 생태론적 접근방법은 행정현상을 자연적·사회적·문화적 환경과 관련시켜 이해하려고 하며, 행정체제의 개방성을 강조하는 특성을 가지고 있으나, 행정환경에 대한 행정의 적극적이고 주체적인 역할을 경시했다는 비판을 받고 있다.
④ 공공선택론적 접근방법은 정부를 공공재의 생산자, 시민을 공공재의 소비자라고 규정하고, 서비스의 공급과 생산은 공공부문의 시장경제화를 통해 가능하다고 보기 때문에 방법론적 전체주의 입장을 취한다.

> **해설** 공공선택론은 시민 개개인의 선호를 중시하는 방법론적 개체주의(methodological individualism)의 입장을 취한다. 즉, 집단적 현상으로 보이는 것은 개인적 선택행위의 총합에 불과하며, 전체 혹은 집단은 개인들로 환원할 수 있다고 보는 관점이다.

[정답] ④

과학적 관리론과 인간관계론

110
* 21 국가9급

테일러(Taylor)의 과학적관리론에 대한 설명으로 옳지 않은 것은?

① 관리자는 생산증진을 통해서 노·사 모두를 이롭게 해야 한다.
② 조직 내의 인간은 사회적 욕구에 의해 동기가 유발된다고 전제한다.
③ 업무와 인력의 적정한 결합은 노동자가 아닌 관리자에 의해 결정되어야 한다.
④ 업무수행에 관한 유일 최선의 방법을 찾기 위해 동작연구와 시간연구를 사용한다.

해설 ② [X] 테일러(Taylor)의 과학적관리론은 고전적 조직이론으로 조직 내의 인간은 경제적·합리적으로 행동한다고 전제한다. 반면, 사회적 욕구는 인간관계론 등 신고전적 조직이론에서 중시하는 동기요인이다.

[정답] ②

111
* 24 국가9급

신고전적 조직이론인 인간관계론이 강조한 내용으로 옳은 것은?

① 기계적 능률성
② 공식적 조직구조
③ 합리적·경제적 인간관
④ 인간의 사회·심리적 요인

해설 ④ [O] 인간관계론은 동기부여의 기제로서 인간의 사회·심리적 요인을 중시하였다. ①②③ [X] 기계적 능률성, 공식적 조직구조, 합리적·경제적 인간관 모두 고전적 조직이론의 특징이다.

[정답] ④

112
* 16 행정사

과학적 관리론과 인간관계론에 관한 설명으로 옳지 않은 것은?

① 과학적 관리론은 비공식적 집단의 역할을 강조하지만, 인간관계론은 공식적 조직의 역할을 중시한다.
② 메이요(Mayo)의 호손(Hawthorne) 실험은 인간관계론의 형성에 영향을 주었다.
③ 인간관계론은 작업환경이나 물리적 조건보다 조직구성원들의 사회심리적 요인을 중시한다.
④ 과학적 관리론과 인간관계론은 생산성 향상을 추구한다는 점에서 유사하다.
⑤ 과학적 관리론은 과업목표의 달성을 위해 체계적인 관리와 통제를 중시하는 관료제 조직에 적합하다.

해설 ① 과학적 관리론은 공식적 조직의 역할을 강조하지만, 인간관계론은 비공식적 집단의 역할을 중시한다. ④ 과학적 관리론과 인간관계론은 수단이나 방법의 차이점은 있지만 생산성 향상을 추구한다는 점에서 유사하다.

[정답] ①

113
• 20 군무원9급

테일러(F.W.Taylor)의 과학적 관리론에 대한 설명으로 옳지 않은 것은?

① 테일러(F.W.Taylor)는 과학적 관리의 핵심을 개인적 기술에 두고, 노동자가 발전된 과학적 방법에 따라 작업이 되도록 한다.
② 어림식 방법을 지양하고 작업의 기본요소 발견과 수행방법에 대해 과학적 방법을 발전시킨다.
③ 과업은 일류의 노동자만이 달성할 수 있는 충분한 것이어야 한다.
④ 노동자가 과업을 완수하는 경우 높은 보상, 실패하는 경우 손실을 받게 된다.

해설 ① 테일러(F.W.Taylor)의 과학적 관리론은 과학적 관리의 핵심을 개인적 기술이 아닌 과학적 법칙과 기술에 두고 과학적 방법에 따라 작업이 되도록 관리한다.

[정답] ①

114
• 09 지방9급

행정관리학파에 대한 설명으로 옳지 않은 것은?

① 대표적인 학자로는 귤릭(Gulick), 어윅(Urwick), 페이욜(Fayol) 등이 있다.
② 비공식집단의 생성이나 조직 내의 갈등 등에 대한 설명을 용이하게 해준다.
③ 과학적 관리론, 고전적 관료제론 등과 함께 행정학의 출범 초기에 학문적 기초를 쌓는데 크게 기여했다.
④ 조직과 구성원 간의 관계를 합리적 존재로만 봄으로써 조직을 일종의 기계장치처럼 설계하려 하였다.

해설 비공식집단의 생성이나 조직 내의 갈등, 리더십 등에 대한 설명을 용이하게 해주는 것은 인간관계론이다.

[정답] ②

115
• 04 입법고시

다음 중 Frederick W. Taylor의 과학적 관리법에 대한 논의로 옳지 않은 것은?

① Taylor는 1911년에 쓴 『Administrative Behavior』를 통하여 과학적 관리법을 주창하였다.
② Taylor의 최대 관심사는 능률과 이윤이었고 이를 위하여 훈련과 작업분석을 강조하였다.
③ Taylor는 시간과 동작연구를 통하여 생산의 극대화를 가져올 수 있는 최선의 길이 있다고 보았다.
④ 그가 생각하는 인간은 경제적 욕구와 생리적 조건에 의하여 지배되는 존재였다.
⑤ Taylor는 Woodrow Wilson, Luther Gulick과 함께 관리주의로 논의되기도 한다.

해설 행정행태론(Administrative Behavior)은 1949년 행태론자인 Simon이 저술하였다.

[정답] ①

THEMA 13. 행태론과 신행정론

116
• 23 행정사

행정학의 행태론적 접근방법의 특징으로 옳지 않은 것은?

① 종합학문적 접근방법
② 일반 법칙성 추구
③ 환경과의 상호작용을 통한 진화과정 강조
④ 조직구조보다는 인간 중심의 접근
⑤ 가치중립적 접근의 강조

해설 ③[X] 환경과의 상호작용은 1950년대 이후 체제론 등 대부분의 현대이론에서 중시하였다. 행태론은 인간적 요인에 초점을 두고 행정현상을 분석하려는 접근방법으로서 환경을 연구대상으로 하지는 않았다. 지문 중 '진화과정' 강조는 체제의 진화(공진화)를 강조하는 혼돈이론의 관점이다.
① 행태론은 인접과학인 심리학·사회심리학·사회학·문화인류학 등과 협동 연구를 중요시하며 종합학문적 접근방법을 취한다.
② 행태론은 과학성과 일반법칙성을 추구한다.
⑤ 행태론은 가치와 사실을 구분하여 외면화된 행태나 심리(객관적 현상)만을 연구 대상으로 하였다. '가치'를 행정연구에서 배제하고 객관적으로 관찰할 수 있는 '사실'만을 분석대상으로 삼는다(가치중립성).

[정답] ③

117
• 06 국가7급

H. A. Simon의 행태주의 이론에 대한 설명 중 옳지 않은 것은?

① 조직 및 조직 구성원의 행태를 주요 연구대상으로 하였다.
② 행정의 가치중립성과 공공성을 강조하였다.
③ 실증적 연구방법을 강조함에 따라 공공부문과 사기업 간의 공통점을 강조한다.
④ 가치와 사실을 구분하고 가치문제를 행정학의 연구대상에서 제외시켰다.

해설 Simon의 행태주의는 행정의 과학화를 추구하여 사실과 가치의 분리를 통한 가치중립성을 강조하였다. 행태주의는 조직 및 조직구성원의 행태를 연구대상으로 하였으며 논리적 실증주의(신실증주의)에 따라 사회현상도 자연현상처럼 과학화가 가능하다고 보았다. 행태주의는 공사행정일원론의 관점을 취했던 연구경향인데 행정의 공공성은 과소평가하였다.

[정답] ②

118
• 03 행시

사이먼(H.A.Simon)의 주장으로 옳지 않은 것은?

① 행정현상을 의사결정과정으로 파악하였다.
② 비엔나학파에서 시도한 사회현상의 과학적 방법론 적용에 그 뿌리를 두고 있다.
③ 인접학문과의 협동연구(interdisciplinary approach)를 중요시한다.
④ 태도, 의견, 개성 등 가치가 내포된 요소들을 행태에 포함시키지 않는다.
⑤ 집단의 고유한 특성을 인정하지 않는 방법론적 개체주의의 입장을 취한다.

해설 비엔나학파(Vienna School)의 연구방법론인 논리실증주의는 철학에다가 (자연)과학적 세계관을 도입한 것으로 행태과학은 이 논리실증주의를 바탕으로 한다. 그런데 ④의 경우 행태주의 내지 행태과학의 주된 연구대상은 인간의 내면세계가 아닌 외면적 행태(가치가 배제된 사실)이지만, '행태(behaviour)'라는 말은 '개인이나 집단의 가치관, 태도, 신념체계, 행동양식 등을 모두 지칭'하는 것이다. 다만 Simon은 행정의 과학화를 위해 가치와 같은 주관적인 요소를 연구에서 배제할 뿐이다.

[정답] ④

119
• 17 국가9급

신행정학(New Public Administration)의 핵심 내용으로 옳은 것만을 모두 고른 것은?

ㄱ. 효율성 강조
ㄴ. 실증주의적 연구 지향
ㄷ. 적실성 있는 행정학 연구
ㄹ. 고객중심의 행정
ㅁ. 기업식 정부 운영

① ㄱ, ㄴ   ② ㄴ, ㄷ
③ ㄷ, ㄹ   ④ ㄹ, ㅁ

해설 보기에서 옳은 지문은 ㉢, ㉣이다. 신행정학은 1970년대를 전후하여 격동기 혼란으로 인한 사회문제를 해결하기 위해 등장한 이론적 경향으로 적실성, 처방성, 가치주의 행정을 특징으로 한다.
㉠ 효율성보다는 형평성을 강조한다.
㉡ 실증주의적 연구는 행태주의에서 지향한다.
㉤ 기업식 정부는 신공공관리론에서 강조하는 정부운영 방식이다.

[정답] ③

120
• 19 지방9급

미국에서 등장한 행정이론인 신행정학(New Public Administration)에 대한 설명으로 옳지 않은 것은?

① 신행정학은 미국의 사회문제 해결을 촉구한 반면 발전행정은 제3세계의 근대화 지원에 주력하였다.
② 신행정학은 정치행정이원론에 입각하여 독자적인 행정이론의 발전을 이루고자 하였다.
③ 신행정학은 가치에 대한 새로운 인식을 기초로 규범적이며 처방적인 연구를 강조하였다.
④ 신행정학은 왈도(Waldo)가 주도한 1968년 미노브룩(Minnowbrook)회의를 계기로 태동하였다.

해설 ② 신행정론은 1960년대 말 미국의 사회문제를 해결하기 위하여 행정의 적실성과 실천성을 강조하며 등장한 정책과 가치 중심의 '정치행정일원론'에 입각하여 독자적인 행정이론의 발전을 이루고자 하였다.

[정답] ②

121
• 06 국회8급

다음 중 현상학적 접근방법에 대한 설명으로 적합하지 못한 것은?

① 현상학적 접근방법은 주관적 접근방법에 해당한다.
② 현상학적 접근방법은 행태주의를 보완하는 차원에서 등장하였다.
③ 현상학적 접근방법은 실증주의를 비판한다.
④ 현상학적 접근방법은 인간성에 대해 결정론적 입장을 취한다.
⑤ 행정학 연구에 현상학적 접근방법을 도입한 연구는 하몬(M. Harmon)의 행위이론(action theory)이다.

해설 결정론은 인간을 종속변수로서 보는 것을 말하는데, 현상학적 접근방법은 인간을 종속변수가 아닌 독립변수로서 행위의 주체로 보는 임의론(자발론)에 해당한다.

[정답] ④

체제론과 제3세계이론

122 • 23 군무원9급
다음 중 비교행정론에 대한 설명으로 가장 거리가 먼 것은?

① 리그스(Fred W. Riggs)가 대표적인 학자이다.
② 생태론적 접근방법을 취한다.
③ 후진국의 국가발전에 대한 비관적 숙명론으로 귀결된다.
④ 행정학의 과학성보다는 기술성을 강조한다.

해설 ④ 비교행정론은 각국의 행정현상을 비교연구함으로써 행정연구의 과학화에 기여하였다. 따라서 기술성보다는 과학성을 중시하였다.

[정답] ④

123 • 10 지방7급
행정학의 주요 접근방법인 생태론적 접근방법의 특징에 대한 설명으로 옳지 않은 것은?

① 생태론적 접근방법을 행정학에 도입한 것은 1947년 가우스(J. M. Gaus)이다.
② 행정현상을 자연·사회·문화적 환경과 관련시켜 이해하려고 한다.
③ 행정이 추구해야 할 목표나 방향을 명확히 제시하고 있다.
④ 서구 행정제도가 후진국에서 잘 작동하지 않는 이유는 사회문화적 환경이 다르기 때문이라고 본다.

해설 생태론적 접근방법의 한계로서 행정의 적극적이고 주체적인 역할을 간과(독립변수적 성격을 무시)하였으며, 행정이 추구해야 할 목표나 방향을 제시하지 못하였다.

[정답] ③

THEMA 15 신공공관리와 뉴거버넌스

124 • 24 국가9급
신공공관리론에 입각한 정부개혁의 내용으로 옳지 않은 것은?

① 효율성 대신 형평성에 초점을 맞춘 고객지향적 정부 강조
② 수익자 부담 원칙의 강화
③ 정부 부문 내의 경쟁 원리 도입
④ 결과 혹은 성과 중심주의 강조

해설 ①[X] 신공공관리론은 정부실패를 치유하기 위해서 규제완화, 감축관리, 민영화의 확대 등을 통한 작고 효율적인 정부의 운영에 주안점을 준다. 따라서 형평성보다 효율성에 초점을 맞춘 고객지향적 정부를 강조하였다.
②③④[O] 모두 맞는 지문이다.

[정답] ①

125 • 15 서울9급
신공공관리론에 대한 다음 설명 중 가장 옳은 것은?

① 신공공관리론은 정부의 역할(steering)을 시장에 맡겨야 한다는 이론이다.
② 신공공관리론의 고객중심 논리는 국민을 능동적인 존재로 만들 수 있다.
③ 신공공관리론은 행정 효율성을 향상시키기 위해 기업가적 재량권을 선호하므로 공공책임성의 문제를 야기할 수 있다.
④ 신공공관리론은 수익자부담 원칙 강화, 경쟁원리 강화, 민영화 확대, 규제 강화 등을 제시한다.

해설 ① 집행기능(rowing)이나 서비스 전달 기능은 시장에 맡기지만 정부의 역할인 방향잡기(steering)는 정부가 수행해야 한다고 본다.
② 고객 중심의 논리는 시민을 서비스 공급의 객체(대상)로 보기 때문에 수동적인 존재로 만들 수 있다.

④ 다른 설명은 맞지만 규제 강화가 아니라 규제 완화로 바꾸어야 한다.

[정답] ③

126 • 14 지방9급
다음 중 신공공관리론자들이 지향하는 가치와 거리가 먼 것을 모두 고른 것은?

ㄱ. 하이에크의 『노예에로의 길』
ㄴ. 미국의 '위대한 사회(The Great Society)' 정책
ㄷ. 성과에 의한 관리
ㄹ. 오스본과 게블러의 『정부 재창조』
ㅁ. 유럽식의 '최대의 봉사자가 최선의 정부'

① ㄱ, ㄴ   ② ㄱ, ㄷ
③ ㄴ, ㄹ   ④ ㄴ, ㅁ

해설 ㄴ과 ㅁ은 복지주의를 지향하는 큰정부의 가치에 해당한다. 신공공관리론자들이 지향하는 가치란 신자유주의와 정부개입의 축소(규제완화), 경쟁과 효율성 등 작은정부를 지향하는 정부재창조이다.
ㄴ 위대한 사회의 건설은 존슨행정부에서 빈곤과의 전쟁으로 사회적 약자를 배려하기위해 제시한 정부의 슬로건이다.
ㅁ '최대의 봉사자가 최선의 정부'란 복지를 강조하는 행정국가의 경향이다.
ㄱ 하이에크는 기획을 반대하는 자유주의 입장으로 이후 신자유주의의 토대가 된다.

[정답] ④

127
* 07 국회8급

신공공관리모형에 대한 설명으로 가장 거리가 먼 것은?

① 기존의 관료적 패러다임에서 벗어나야 한다고 주장한다.
② 정부의 역할은 정책에 의해서 규정된 관리나 집행에 국한하여 최소화해야 한다고 주장한다.
③ 공공서비스의 질과 고객에 대한 대응성을 높이기 위해 공공부문에 경쟁을 도입해야 한다고 주장한다.
④ 개인이나 비영리 기구 등 다양한 조직을 활용할 것을 주장한다.
⑤ 시장을 신뢰하고, 규제완화를 주장하는 입장을 지지한다.

해설 신공공관리론은 정부의 역할은 전술적 집행기능이나 서비스제공기능(rowing)을 민간에 이양하고 전략적 정책기능(steering)에 역량을 집중함으로써 작고 효율적인 정부를 재창조할 것을 강조하는 이론이다. ② 정부의 역할을 정책집행에 국한하여 최소화해야한다는 주장은 정치행정이원론의 입장이다.

[정답] ②

128
* 12 국가9급

미국, 영국 등 영미국가에서 강조하고 있는 신공공관리 행정개혁의 방향과 거리가 먼 것은?

① 정책기능과 집행기능의 통합에 의한 책임행정체제 확립
② 정부와 시장기능의 재정립을 통한 정부역할 축소
③ 공공부문내에 경쟁원리와 시장기제 도입
④ 행정서비스의 질 향상 노력을 통한 고객지향적 행정체제의 확립

해설 신공공관리론의 책임행정체제는 정책(결정)기능과 집행기능의 분리를 강조하여 작지만 강력한 정부를 지향한다.

[정답] ①

129
* 24 행정사

오스본(D. Osborne)과 게블러(T. Gaebler)의 전통적 행정과 신공공관리에 관한 비교설명으로 옳지 않은 것은?

	기준	전통적 행정	신공공관리
ㄱ	정부역할	노젓기	방향잡기
ㄴ	서비스공급	독점적 공급	경쟁 도입
ㄷ	행정가치	관료 중심	고객 중심
ㄹ	행정주체	집권적 계층제	참여와 팀워크
ㅁ	관리방식	업무 중심	규칙 중심

① ㄱ ② ㄴ ③ ㄷ
④ ㄹ ⑤ ㅁ

해설 1992년 미국 Clinton 행정부하에서 오스본과 개블러가 '정부재창조' 라는 책에서 미래형 정부조직으로 '기업가형 정부' 를 제시하였다. ㅁ(X) 전통적 행정에서 정부의 역할이 규정이나 규칙에 의한 관리를 강조한 것과 달리 신공공관리론은 임무(업무) 중심의 관리를 강조한다. ㄱ(○) 정부의 역할을 노젓기(rowing) 보다 방향잡기(steering)로 본다. ㄴ(○) 독점적인 공공서비스를 공급보다 시장경쟁의 도입을 통해 공공서비스를 공급한다. ㄷ(○) 정부(관료)보다 수요자(고객)을 중심으로 공공서비스를 공급한다. ㄹ(○) 집권적 계층제보다 참여와 팀워크를 중심의 운영을 강조한다.

[정답] ⑤

130
* 23 군무원9급

다음 중 뉴거버넌스(New Governance)에 대한 설명으로 가장 거리가 먼 것은?

① 국민을 고객으로만 보는 것을 넘어 국정의 파트너로 본다.
② 행정의 효율성을 중시하지만 신공공관리론적 정부개혁에 대해 비판적으로 접근한다.
③ 행정의 경영화와 시장화를 중시하기 때문에 행정과 정치의 관계를 이원론적으로 보는 경향이 강하다.
④ 파트너십과 유기적 결합관계를 중시한다.

해설 ③ 행정의 경영화와 시장화를 중시하는 입장은 신공공관리론의 특징에 해당한다.

[정답] ③

131
• 23 행정사

행정학의 패러다임에 관한 설명으로 옳은 것은?

① 뉴거버넌스는 정부 내부의 관리보다는 외부 주체와의 관계를 강조한다.
② 신공공관리는 부서 간 또는 기관 간 경쟁보다 협력을 강조한다.
③ 신행정학은 행정의 능률성과 중립성을 강조한다.
④ 전통적 관료제 중심의 행정은 환경변화에 대한 유연한 적응에 유리하다.
⑤ 신공공관리의 고객은 사회적 책임의식을 갖춘 적극적 시민성을 특징으로 한다.

> **해설** ① 신공공관리는 내부적 관리를 추구하지만 뉴거버넌스는 외부와의 관계를 강조한다.
> ②[X] 뉴거버넌스는 경쟁보다 협력을 강조한다. ③[X] 신행정학은 형평성을 추구한다. 행정의 능률성과 중립성의 강조는 전통적 행정학인 행정관리설이다.
> ④[X] 전통적 관료제 중심의 행정은 안정된 상황을 가정한 폐쇄적 관점이다. 환경의 변화에 따른 유연한 대응은 애드호크라시 등 탈관료제적 행정이다.
> ⑤[X] 사회적 책임의식을 갖춘 적극적 시민성은 신공공서비스론에서 강조하는 민주적 시민이론이다.

[정답] ①

132
• 13 지방9급

신공공관리론과 뉴거버넌스론에 대한 설명으로 옳은 것은?

① 신공공관리론에서 관료의 역할은 조정자이며, 뉴거버넌스론에서 관료의 역할은 공공기업가이다.
② 신공공관리론과 뉴거버넌스론에서는 정부의 역할로서 노젓기(rowing)보다는 방향잡기(steering)를 강조한다.
③ 신공공관리론과 뉴거버넌스론에서는 산출(output)보다는 투입(input)에 대한 통제를 강조한다.
④ 신공공관리론에서는 부문 간 협력에, 뉴거버넌스론에서는 부분 간 경쟁에 역점을 둔다.

> **해설** ①은 반대이며, ③의 경우 투입보다 산출(성과)에 의한 통제를 강조한다. ④의 경우도 반대이다. ②는 신공공관리론과 뉴거버넌스의 공통점에 해당한다.

[정답] ②

133
• 10 국회8급

신공공관리론(NPM)과 뉴거버넌스에 대한 설명으로 옳지 않은 것은?

① NPM은 경쟁의 원리를 강조하지만, 뉴거버넌스는 신뢰를 기반으로 조정과 협조를 중시한다.
② NPM은 작은 정부를 중시하면서 행정과 경영을 동일시하지만, 뉴거버넌스는 큰 정부를 중시하면서 행정과 경영을 분리시킨다.
③ NPM은 국민을 공리주의에 입각하여 고객으로 보지만, 뉴거버넌스는 국민을 시민주의에 바탕을 두고 덕성을 지닌 시민으로 본다.
④ NPM은 행정의 경영화에 의한 정치행정 이원론의 성격이 강하지만, 뉴거버넌스는 담론이론 등을 바탕으로 한 행정의 정치성을 중시한다고 볼 수 있다.
⑤ NPM은 행정기능을 상당부분 민간에 이양하지만, 뉴거버넌스는 민간의 힘을 동원한 공적 문제의 해결을 중시한다.

> **해설** 신공공관리론(NPM)과 뉴거버넌스 공통적으로 정부는 노젓기 보다 방향잡기를 강조, 정부역할의 축소, 행정과 민간구분의 상대성 등을 인정한다는 점에서는 차이가 없다. 큰 정부를 중시한 것은 신행정이다.

[정답] ②

134
• 21 국가9급

신공공관리와 뉴거버넌스에 대한 설명으로 옳은 것은?

① 뉴거버넌스가 상정하는 정부의 역할은 방향잡기(steering)이다.
② 신공공관리의 인식론적 기초는 공동체주의이다.
③ 신공공관리가 중시하는 관리 가치는 신뢰(trust)이다.
④ 뉴거버넌스의 관리 기구는 시장(market)이다.

해설 ① 신공공관리와 뉴거버넌스가 상정하는 정부의 역할은 방향잡기(steering)이다. 이는 신공공관리론과 뉴거버넌스의 공통점이다.
② [X] 신공공관리의 인식론적 기초는 신자유주의이다. 뉴거버넌스의 인식론적 기초는 공동체주의이다.
③ [X] 신공공관리가 중시하는 관리가치는 경쟁이다. 신뢰는 뉴거버넌스에서 중시한다.
④ [X] 뉴거버넌스의 관리기구는 서비스연계망이며, 신공공관리의 관리기구는 시장이다.

[정답] ①

135
• 18 국가9급

신공공관리론(NPM)에 대한 비판적 논의에 해당하지 않는 것은?

① 공공부문은 민간부문과 다르기 때문에 민간부문의 관리 기법을 공공부문에 그대로 적용하는 데에는 한계가 있다.
② 민주적 책임성과 기업가적 재량권 간의 갈등으로 인하여 정부관료제의 효율성을 제고하기 어렵다.
③ 고객 중심 논리는 국민을 관료주도의 행정서비스 제공에 의존하는 수동적 존재로 전락시킬 우려가 있다.
④ 정치적 논리를 우선하여 내부관리적 효율성을 경시하는 경향이 있다.

해설 ④는 뉴거버넌스에 대한 비판적 관점을 말한다. 신공공관리론(NPM)은 정부의 비효율성을 극복하기위해서 시장의 원리와 경영기법의 도입을 주장한 이론으로서 내부관리의 효율성과 성과를 제고시키려는 기법이므로 행정의 정치적 성격 등을 경시하는 경향이 있다.
② 신공공관리론(NPM)은 정부관료제의 효율성을 추구하지만 민주적 책임성과 기업가적 재량권 간의 갈등으로 인하여 오히려 정부관료제의 효율성 제고가 어려워질 수 있다.

[정답] ④

136
• 06 국가9급

뉴거버넌스(new governance)에 대한 다음 설명 중 옳지 않은 것은?

① 행정관리 차원에서 교환관계, 임무수행의 비개인화(impersonality), 권력구조의 이원화 및 공급자 중심적 접근을 중시한다.
② 국가에 대한 국내외 신뢰뿐만 아니라 정책, 기업, 대통령, 정당, 시민단체, 제3섹터, 민간 등에 대한 종합적인 신뢰의 확립이 중요한 과제로 등장하고 있다.
③ 시민단체, 제3섹터 또는 민간 등도 정부와 더불어 정책네트워크형 거버넌스의 주체로서 역할을 수행한다.
④ 공공부문이 하지 않아도 될 영역과 공공부문이 새로 해야 할 영역에 대해 전면적으로 재검토하는 국가 재창조의 개념을 포함한다.

해설 뉴거버넌스는 국가(정부)와 시장 그리고 시민사회(시민단체)가 정부실패와 시장실패에 대응하기위한 공동의 노력과 협력적 관계를 의미하며, 이과정에서 상호간 신뢰에 기초한 네트워크(연계망)의 구축이 중요하다. ①의 교환적 관리, 비정의성(비개인화), 권력구조의 이원화 및 공급자 중심적 접근방법은 과학적 관리론이나 관료제론과 같은 전통적 관리에 해당한다.

[정답] ①

137
• 08 서울7급

다음 중 옳지 않은 것은?

> 최근 국가의 중요한 의사결정은 정부만이 아니라 사회의 다양한 정책당사자들이 참여하는 경우가 늘어나고 있다. 물론 아직 대부분의 정책은 정부 주도하에 이루어지고 있으나 기업, 노동조합과 같은 전통적인 이익 단체와 더불어 시민단체들의 참여도 늘어나고 있다.

① 이에 대해 거버넌스(governance)라는 개념으로 설명하려는 노력이 대두되고 있다.
② 따라서 신자유주의에 입각한 신공공관리 정책은 퇴조하고 있다.
③ 그러나 정부는 앞으로도 중요한 역할을 하게 될 것이다.
④ 시민단체들이 국정에 참여하게 됨에 따라 그들에 대한 책임성 확보도 필요하다.
⑤ 한편 국정운영의 효율성이 약화될 가능성이 높아진다.

해설 설문은 (뉴)거버넌스에 관한 설명이다. 거버넌스는 사회문제의 해결기제(메커니즘)로서 정부와 시장, 그리고 시민사회의 협력적 네트워크를 중시하고 있다. 거버넌스적 접근은 시장을 중시하는 신공공관리적 정책이 어느 정도 퇴조할 것으로 보지만 정부의 역할은 여전히 중요하게 될 것이다. 그러나 거버넌스적 국정운영이 신뢰를 높여서 사회적 자본이 증가한다고 본다면 이는 국정의 효율성을 저하시킬 것으로 보기는 어렵다.

[정답] ⑤

138
• 24 지방9급

피터스(Peters)가 『미래의 국정관리(The Future of Governing)』에서 제시한 정부개혁 모형에 해당하지 않는 것은?

① 시장 모형 ② 자유민주주의 모형
③ 참여 모형 ④ 탈규제 모형

해설 ②[X] 피터스(Peters)가 『미래의 국정관리(1996)』에서 제시한 정부개혁 모형으로 시장정부모형, 참여정부모형, 신축적 정부모형, 탈내부규제모형을 들었다.

[정답] ②

139
• 17 국가9급(하)

피터스(B. Guy Peters)가 제시한 정부개혁모형에 대한 설명으로 옳은 것은?

① 시장모형(market model)에서는 조직의 통합을 통한 집권화를 처방한다.
② 참여정부모형(participatory model)에서는 조직 하층부 구성원이나 고객들의 의사결정 참여기회가 확대될수록 조직이 효과적으로 기능한다고 본다.
③ 신축적 정부모형(flexible government)에서는 정규직 공무원의 확대를 통하여 비용을 절감하고 공익을 증진시킬 수 있다고 본다.
④ 탈규제적 정부모형(deregulated government)에서는 경제적 규제 완화를 통한 시장 활성화를 추구하기 위하여 정부의 권한을 축소해야 한다고 본다.

해설 ②는 계층화의 문제점을 비판하고 나온 참여정부모형에 대한 설명이다.
① 시장적 모형은 정부의 독점성을 비판한 모형으로 조직의 분권화와 민간경영기법의 도입을 강조한다.
③ 신축적 정부모형은 가변조직이나 임시고용 등 노동의 유연화를 통하여 관료사회에 활력을 불어넣고 예산을 절약하는 등 조직 관리의 융통성을 제고하고 있다.
④ 탈규제모형은 정부에 대한 내부통제(내부규제)의 완화를 통해 정부의 잠재력과 창의성에 대한 속박을 풀어야 한다고 주장한다. 경제적 규제 완화를 통한 시장활성화는 (정부)내부규제가 아니라 민간에 대한 정부규제이다.

[정답] ②

140
• 10 국가7급

'좋은 거버넌스(good governance)'에 대한 설명으로 옳지 않은 것은?

① 세계은행이 제3세계 국가들에 대한 대출조건으로서 사용한 개념이다.
② 행정의 투명성, 책임성, 통제 및 대응성이 높을수록 좋은 거버넌스라고 할 수 있다.
③ 행정업무 수행에서 공무원들이 효율적·개방적이면서도 타당한 정책결정과 집행을 할 수 있는 관료제적 능력을 지니는 것을 말한다.
④ 자유민주주의를 옹호하는 좋은 거버넌스는 효율성을 강조하는 신공공관리와는 결합되기 어렵다고 Rhodes는 주장했다.

> **해설** Rhodes가 주장한 좋은 거버넌스(good governance)는 세계은행(국제부흥개발은행, IBRD)이 제3세계국가(개도국)에 대한 재정지원 과정에서 사용한 개념으로 자유민주주의와 신공공관리론을 결합한 것이라고 주장하였다. 좋은 거버넌스 개념은 개발도상국 정부개혁에 시사점을 제공한다.

[정답] ④

THEMA 16 신공공서비스, 사회적 자본 등

141
• 21 국가9급

신공공서비스론의 특성에 대한 설명으로 옳지 않은 것은?

① 정부의 역할은 시민에 대한 봉사여야 한다.
② 공익은 개인적 이익의 집합체이기 때문에 시민들과 신뢰와 협력의 관계를 확립해야 한다.
③ 책임성이란 단순하지 않기 때문에 관료들은 헌법, 법률, 정치적 규범, 공동체의 가치 등 다양한 측면에 관심을 기울여야 한다.
④ 생산성보다는 사람에게 가치를 부여하기 때문에 공공조직은 공유된 리더십과 협력의 과정을 통해 작동되어야 한다.

해설 ② 공익을 개인이익의 집합으로 보는 것은 신공공관리론이다. 신공공서비스론에서 공익은 공동체가 공유하는 가치에 대한 담론의 결과로 본다.

[정답] ②

142
• 24 지방9급

신공공서비스론에 대한 설명으로 옳지 않은 것은?

① 신공공관리론을 극복하기 위해 등장하였으며, 비판이론과 포스트모더니즘을 활용한다.
② 공익은 시민의 공유된 가치에 대한 담론의 결과이다.
③ 정부는 '노젓기'보다 '방향잡기'에 집중하면서 시민에게 더 많은 권력을 부여해야 한다.
④ 정부관료는 헌법과 법률, 정치 규범, 시민에 대한 대응성을 중요시해야 한다.

해설 ③[X] 신공공서비스론은 신공공관리론을 극복하기 위해 등장하였으며, 정부 역할은 '노젓기'나 '방향잡기'가 아니라 시민들에게 더 많은 봉사와 서비스를 제공하여야 한다고 주장한다.

	전통행정이론	신공공관리론	신공공서비스론
대상	고객·유권자	고객	시민
정부역할	노젓기	방향잡기	봉사, 서비스
관료역할	행정인	기업가	조정자
조직	기존 정부기구	민간·비영리기구	연합체 구축
합리성	개괄적 합리성	기술적·경제적 합리성	전략적 합리성
공익	법률로 표현된 정치적 결정	개인들의 총 이익의 합	공유가치에 대한 담론의 결과
책임	계층제적	시장지향적	다면성·복잡성
구조	관료적 조직	분권적 조직	협동적 구조

[정답] ③

143
• 15 서울9급

다음 중 신공공서비스이론에 대한 설명으로 가장 옳지 않은 것은?

① 정부의 역할은 시민에 대해 봉사하는 것이다.
② 기대하는 조직은 주요 통제권이 조직 내 유보된 분권화된 조직이다.
③ 공유가치에 대한 담론의 결과를 공익으로 본다.
④ 전략적 합리성을 가정한다.

해설 ② 분권화된 조직은 신공공관리론에서 기대하는 조직구조이다. 신공공서비스론에서의 조직구조는 협동적 구조이다.

[정답] ②

144
• 22 행정사

신공공서비스 행정이론에 관한 설명으로 옳은 것을 모두 고른 것은?

ㄱ. 시민을 자율적인 소비자 또는 고객으로 간주한다.
ㄴ. 민주적 시민의식론과 조직적 인본주의를 이념으로 한다.
ㄷ. 공공행정의 다양한 가치와 책임성 문제에 관심을 둔다.
ㄹ. 공공서비스의 공급에 있어 합리적 선택과 방법론적 개인주의를 강조한다.

① ㄱ, ㄴ ② ㄱ, ㄷ
③ ㄴ, ㄷ ④ ㄴ, ㄹ
⑤ ㄷ, ㄹ

해설 보기의 지문 중 옳은 것은 ㄴㄷ이다. ㄱ[X] 시민을 소비자 또는 고객으로 간주하는 것은 신공공관리론이다.
ㄹ[X] 인간의 합리적 선택과 방법론적 개인주의를 강조하는 것은 공공선택이론이다.
ㄴ 신공공서비스론에서 강조하는 민주적 시민이론이란 공익과 공동체 의식을 지향하고 덕성을 지닌 시민의 양성과 정책 결정에의 시민 참여를 강조한다.
ㄷ 신공공서비스론은 정부의 다양한 가치와 광범위한 책임을 강조한다. 정부의 책임은 '시장 지향적인 이윤 추구(신공공관리론)'를 넘어서 헌법, 법률, 공동체의 가치, 정치 규범, 전문직업적 기준, 시민들의 이해 등에 이르기까지 매우 포괄적이고 광범위하다.

[정답] ③

145
• 17 지방9급(하)

신공공서비스론의 주장으로 보기 어려운 것은?

① 관료가 반응해야 하는 대상은 고객이 아닌 시민이다.
② 정부의 역할은 방향제시(steering)가 아닌 노젓기(rowing)이다.
③ 관료의 동기부여 원천은 보수나 기업가 정신이 아닌 공공서비스 제고이다.
④ 공익은 개인이익의 단순한 합산이 아닌 공유하고 있는 가치에 대해 대화와 담론을 통해 얻은 결과물이다.

해설 ② 신공공서비스론의 관점에서 정부의 역할은 노젓기나 방향잡기라기 보다는 시민에게 적극 봉사하는 정부의 역할을 강조한다. 정부의 역할을 노젓기로 보는 입장은 전통적 행정이다. ① 관료의 반응대상이 신공공관리론은 고객이지만 신공공서비스는 시민이다. ③ 관료의 동기부여의 원천이 신공공관리론은 기업가정신이지만 신공공서비스는 공공서비스 제고이다. ④ 공익을 개인이익의 단순한 합으로 보는 것은 신공공관리론이고 신공공서비스는 공유가치에 대한 대화와 담론을 통해 얻은 결과물로 본다.

[정답] ②

146
• 18 행정사

행정개혁(행정혁신)의 관점에 관한 설명으로 옳은 것은?

① 신공공관리론은 사회적 자본에 기초한 시민의 집단적 역량과 참여를 강조한다.
② 뉴거버넌스 참여주체인 시민사회는 상호의존적 종속관계에 기초한 자율적 교환을 특징으로 한다.
③ 신공공서비스론은 고객으로서의 주민보다는 공론의 장에 참여하는 시민으로서의 주민을 강조한다.
④ 신공공관리론은 현대사회의 난제(wicked problems) 해결을 위해 행정부서들 또는 기관들 사이의 협력은 강조한다.
⑤ 뉴거버넌스 이론은 정부실패가 아닌 시장실패를 바로잡기 위한 처방으로 간주된다.

해설 ①[X] 사회적 자본에 기초한 시민의 집단적 역량과 참여의 강조는 뉴거버넌스의 입장이다. ②[X] 뉴거버넌스 참여주체인 시민사회는 종속적 관계가 아니라 수평적이고 자율적 관계에 기초하고 있다. ④[X] 신공공관리론은 행정기관들 사이에서 경쟁을 강조한다. 현대사회의 난제 해결을 위해 기관들 사이의 협력을 강조하는 것은 뉴거버넌스이다. ⑤[X] 뉴거버넌스 이론은 정부실패를 처방하기 위해 방안으로 제시된 것이다. 이러한 점은 신공공관리와 동일하다.

[정답] ③

147
• 09 국회8급

J.Denhardt와 R.Denhardt가 제시한 신공공서비스론에 관한 설명으로 옳지 않은 것은?

① J.Denhardt와 R.Denhardt는 기업가적 신관리주의가 평등성·공정성·대표성·참여 등의 가치를 약화시킨다고 설명하고 있다.
② 신공공서비스론의 이론적·학문적 뿌리는 시민행정학, 인간중심 조직이론, 신행정학, 포스트모던 행정학 등이라고 할 수 있다.
③ 신공공서비스론에서는 단순한 생산성보다 사람에 대한 가치 부여를 중요하게 여긴다.
④ 신공공서비스론은 규범적 가치에 관한 이론 제시뿐만 아니라, 이러한 가치들을 구현하는 데 필요한 구체적 처방을 제시하고 있다는 점에서 의미가 있다.
⑤ 신공공서비스론에서는 시장메커니즘보다 공동체 가치를 중시하는 공공책임성의 강화를 중요하게 여긴다.

> **해설** 1990년대 후반부터 대두된 신공공서비스론은 신공공관리론의 지나친 시장주의와 시민의 객체화 등에 대한 대안적 이론으로서, 주인인 시민의 권리를 회복하고 지역 공동체 의식을 회복하는데 초점을 둔다. 기존 이론들이 행정의 생산성, 효과성 등을 중시함으로써 상대적으로 경시되어 왔던 시민의식, 참여의식, 공익과 같은 공동체적 가치들을 중시하는 규범적 이론이다. 그러나 신공공서비스론은 새로운 규범적 가치에 관한 방향과 이론을 제시하였을 뿐, 이러한 가치들을 구현하는 데 필요한 구체적 처방을 제시하고 있지 못하다는 비판을 받는다.
>
> **[정답] ④**

148
• 07 국가7급

덴하르트(J.Denhardt & R.Denhardt)의 신공공서비스론이 추구하는 내용이 아닌 것은?

① 문제의 해결에는 대화나 중재 또는 권한을 위임받은 시민들의 광범위한 관여를 통한 방식이 필요하다고 본다.
② 행정관료는 사회를 새로운 방향으로 조정(steer)하기보다 시민들의 공유된 이익을 달성하도록 도와주어야 한다고 본다.
③ 정부규모를 축소하려는 이데올로기적 욕구에 충실한다.
④ 기업가적 정신보다 시민정신이 지니는 가치가 상위개념임을 강조한다.

> **해설** 1990년대 후반부터 대두된 신공공서비스(New Public Service)론은 신공공관리론의 지나친 시장주의와 시민의 객체화 등에 대한 대안적 이론으로서, 주인인 시민의 권리를 회복하고 지역 공동체 의식을 회복하는데 초점을 둔다. 기존 이론들이 행정의 생산성, 효과성 등을 중시함으로써 상대적으로 경시되어 왔던 시민의식, 참여의식, 공익과 같은 공동체적 가치들을 중시하는 규범적 이론이다. ③은 신공공관리론의 관점이다.
>
> **[정답] ③**

149
• 17 국가9급(하)

사회자본이론(social capital theory)에 대한 설명으로 옳지 않은 것은?

① 신뢰와 네트워크를 통한 과도한 대외적 개방성에 대하여 많은 비판을 받고 있다.
② 정밀한 사회적 연결망은 신뢰를 강화하고, 거래비용을 낮추며, 혁신을 가속화함으로써 경제 발전을 촉진할 수 있다.
③ 푸트남(R. D. Putnam) 등은 이탈리아에서 사회자본(시민공동체의식)이 지방정부의 제도적 성과 차이를 잘 설명한다고 주장했다.
④ 사회자본은 참여자들이 협력하도록 함으로써 공유한 목적을 보다 효과적으로 성취하게 만드는 신뢰, 규범, 네트워크와 같은 사회조직의 특징으로 정의할 수 있다.

> **해설** ① 사회적 자본은 사회문제해결을 위한 구성원 간 신뢰와 협력, 네트워크 등을 특징으로 한다. 그런데 사회적 자본에 대한 비판적 시각도 존재하는데 특정한 공동체에서 과도한 폐쇄성이나 결속성으로 인한 부작용이 그러한 시각이다. ② 신뢰와 믿음은 거래비용을 낮추어서 경제 발전을 촉진할 수 있다. ③ 이탈리아를 사례로 한 연구에서 사회적 자본이 제도적 성과나 효율성을 높여준다고 설명한다고 주장했다.
>
> **[정답] ①**

150
• 20 국회9급

다음에 해당하는 행정이론을 옳게 짝지은 것은?

> ㄱ. 집단 동조성과 제한된 결속력은 외부인을 암묵적으로 배제할 수 있고, 구성원의 사적 자유를 제한하게 한다.
> ㄴ. 공익이나 시민 간의 담론을 통합하는 기능에 관료의 역할이 맞추어져야 함을 강조한다.

	ㄱ	ㄴ
①	사회자본론	신공공서비스론
②	사회자본론	신공공관리론
③	뉴거버넌스론	신공공서비스론
④	뉴거버넌스론	신공공관리론

해설 ㄱ은 사회적 자본론의 역기능에 대한 설명이다. 사회적 자본은 사회구성원이 신뢰와 협력을 바탕으로 공동의 문제를 해결하는데 자발적이고 적극적으로 참여하는 사회의 조건 또는 특성을 지칭한다. 그러나 사회적 자본이 가진 지나친 결속성이나 폐쇄성이 동조성이나 집단규범의 강요로 개인의 자유로운 행동이나 사적 선택을 저해하는 역기능을 초래할 수도 있다.
ㄴ. 신공공서비스론은 공익을 추구하려는 시민의 적극적 역할을 존중하며, 시민에게 봉사하는 정부의 역할을 강조한다. 사회공동체의 발전과 시민 간 담론을 통합하여 공익의 도출을 돕는 기능에 관료의 역할이 있다고 주장한다.

[정답] ①

151
• 13 서울9급

사회자본에 대한 다음 설명 중 옳지 않은 것은?

① 네트워크에 참여하는 당사자들이 공동으로 소유하는 자산이다.
② 한 행위자만이 배타적으로 소유권을 행사할 수 없다.
③ 협력적 행태를 촉진시키지만 혁신적 조직의 발전을 저해한다.
④ 행동의 효율성을 제고시킨다.
⑤ 사회적 관계에서 거래비용을 감소시켜 준다.

해설 사회자본이란 상호이익을 증진시키기 위한 조정과 협력을 촉진시키는 네트워크, 규범, 사회적 신뢰 등이다 (Putnam,1993). 사회적 자본은 정보획득비용(거래비용)을 감소시키며, 공동체의식은 구성원 간 협력적 행태를 촉진시키는데 이로인해 혁신적 조직의 발전을 저해한다고 볼 수는 없다.

[정답] ③

152
• 23 지방9급

무어(Moore)의 공공가치창출론(creating public value)적 시각에 대한 설명으로 옳지 않은 것은?

① 행정의 정당성 위기를 극복하기 위한 대안적 접근이다.
② 전략적 삼각형 개념을 제시한다.
③ 신공공관리론을 계승하여 행정의 수단성을 강조한다.
④ 정부의 관리자들은 공공가치 실현에 힘써야 한다고 주장한다.

해설 ③[X] 무어(Moore)의 공공가치창출론은 신공공관리론(NPM)에 대한 비판적 반론으로, 행정의 정당성 위기를 극복하기 위한 대안적 접근이다.
②[O] 무어의 전략적 삼각형(strategic triangle)이란 ㉠ 정당성(공공가치에 대한 지지), ㉡ 운영역량(관료역량과 시민역량), ㉢ 공공가치의 전략적 연계를 의미한다.

[정답] ③

153
• 24 지방9급

공공가치론에 대한 설명으로 옳은 것만을 모두 고르면?

> ㄱ. 무어(Moore)는 공공가치 실패를 진단하는 도구로 '공공가치 지도그리기(mapping)'을 제안한다.
> ㄴ. 보즈만(Bozeman)은 공공기관에 의해 생산된 순(純) 공공가치를 추정하는 '공공가치 회계'를 제시했다.
> ㄷ. '전략적 삼각형' 모델은 정당성과 지지, 운영 역량, 공공가치로 구성된다.
> ㄹ. 시장과 공공부문이 공공가치 실현에 필수적으로 요구되는 재화와 서비스를 제공하지 못할 때 '공공가치 실패'가 일어난다.

① ㄱ, ㄴ ② ㄱ, ㄹ
③ ㄴ, ㄷ ④ ㄷ, ㄹ

해설 ㄱ[X] '공공가치 지도그리기(mapping)'는 공공가치 실패판단기준을 제시하기 위하여 Bozeman이 정립한 모형이다.
ㄴ[X] 공공기관에 의해 생산된 순(純) 공공가치를 추정하는 '공공가치 회계'를 제시는 Moore의 주장이다. 무어는 집합적 결정과 같이 폭넓게 발생한 비용과 편익을 총합하여 측정한다고 주장하였다.
ㄷ[O] 무어의 공공가치창출을 위한 전략적 삼각형 모형은 정당성과 지지, 정부운영역량, 공공가치로 구성된다. 공공가치 창출을 위해서는 이들 요소 간 유기적·전략적 연계가 필요하다고 하였다.
ㄹ[O] Bozenman은 공공가치실패란 핵심적인 공공가치들이 시장이나 공공정책에 반영되지 않을 때 발생하는 것으로 시장과 공공부문이 공공가치를 달성하기 위해 요구되는 재화나 서비스를 제공하지 못할 때 발생한다고 주장한다.

[보충] 공공가치관리론
(1) 공공가치실패론 (B.Bozeman, 2002)
① 시장메커니즘이 효율적으로 작동하고 있음에도 불구하고 시장은 사회가 필요로 하는 본질적 가치(공익, 정의, 형평 등)를 제공하지 못하는 현상(협의) → 정부개입이 필요하다는 입장
② 시장과 공공부문에서 공공가치가 창출되지 못하는 현상 (광의)
(2) 공공가치창출론 (Moore, 1995) ⇨ 전략적 삼각형 모형
① 공공가치창출 : 민주적으로 선출되어 정당성을 부여받은 정부관리자들이 공공자산(정부조직, 예산, 인력 등)을 활용하여 시장에서는 공급될 수 없는 공공가치 등)를 적극 창출·제공해야 한다는 이론
② 전략적 삼각형 모형(정당성 및 지지, 운영역량, 공공가치)

[정답] ④

154
• 21 국가9급

공공봉사동기이론(public service motivation)에 대한 설명으로 옳지 않은 것은?

① 공사부문 간 업무성격이 다르듯이, 공공부문의 조직원들은 동기구조 자체도 다르다는 입장에 있다.
② 정책에 대한 호감, 공공에 대한 봉사, 동정심(compassion) 등의 개념으로 구성되어 있다.
③ 공공봉사동기가 높은 사람을 공직에 충원해야한다는 주장의 근거가 될 수 있다.
④ 페리와 와이스(Perry & Wise)는 제도적 차원, 금전적 차원, 감성적 차원을 제시하였다.

해설 ④ 페리와 와이스(Perry & Wise)의 공공봉사동기이론이란 공공부문의 조직원들은 민간부문 종사자와 동기구조 자체가 다르다는 입장으로 공직자는 사명감이나 이타심 등 시민에게 봉사하려는 고유한 공직동기를 갖고 있다는 이론이다. 그들은 공공봉사동기를 합리적 차원, 감성적 차원, 규범적 차원으로 설명했다.

[정리] 공공봉사동기의 구성요소

합리적 차원	공직에 대한 호감(매력) : 공공정책에 대한 일체감이나 호감, 특정한 이해관계지지, 정책과정에의 참여
감성적 차원	애국심이나 동정심 : 선의의 동정심, 사회적으로 중요한 정책에 대한 몰입 등 정서적 차원
규범적 차원	공공(공익)에 대한 봉사 : 공공에 대한 몰입, 의무감이나 정부 전체에 대한 충성 등

[정답] ④

155
• 22 군무원9급

공직동기이론에 대한 설명으로 가장 옳지 않은 것은?

① 공직동기는 민간부문 종사자와는 차별화되는 공공부문 종사자의 가치체계를 의미한다.
② 공직동기이론에서는 공공부문의 종사자들을 봉사의식이 투철하고 공공문제에 더 큰 관심을 가지며 공공의 문제에 영향을 미칠 수 있다는 것에 큰 가치를 부여하고 있는 개인으로 가정한다.
③ 페리와 와이즈(Perry & Wise)에 따르면 공직 동기는 합리적 차원과 규범적 차원, 그리고 정서적 차원으로 구성된다.
④ 1980년대 이후 급격히 확산된 신공공관리론의 외재적 보상에 의한 동기부여를 재차 강조한다.

해설 ④ 공직동기이론(Public Service Motivation)은 공공선택론이나 신공공관리론에 대한 반론으로 등장하였으며, 신공공서비스론에 입각한 시민정신에 부응하려는 공공부문 종사자의 고유한 공직서비스 동기를 강조하는 이론이다.

[정답] ④

156
• 13 군무원9급

동기부여이론에 대한 다음 설명으로 옳은 것은?

① 허츠버그(Herzberg)는 불만족을 야기시키는 위생요인이 충족되면 동기가 유발된다고 하였다.
② 맥그리거가 제시한 두 가지 인간형은 머슬로우의 욕구단계이론과 관련성이 없다.
③ 브룸의 선호-기대이론은 동기이론의 범주 가운데 내용이론에 속한다.
④ 제임스 페리(J.Perry)는 공공선택이론에 대한 대안으로 신공공서비스이론에 입각하여 시민정신에의 부응을 통한 관료들의 동기유발을 제시하였다.

해설 ④ Perry에 의하면 관료들의 동기유발은 기업가정신이 아니라 시민정신에의 부응을 통하여 이루어져야 한다고 주장하였다.
① 허즈버그는 불만족을 야기시키는 위생요인이 충족되더라도 불만족만 제거될 뿐 만족을 가져다주지 못한다고 하였다.
② 맥그리거의 X-Y이론(1960) 머슬로우의 욕구단계이론(1943)을 토대로 제시된 이론이다.
③ 브룸의 선호-기대이론(1964)은 동기이론 중 과정이론에 속한다.

[정답] ④

157
• 18 서울9급

현대 행정학의 주요 이론에 대한 설명으로 가장 옳지 않은 것은?

① 신공공관리론은 공공선택론의 주장과 같이 정부의 역할을 대폭 시장에 맡겨야 한다는 입장은 아니며, 기존의 계층제적 통제를 경쟁원리에 기초한 시장체제로 대체함으로써 관료제의 효율성과 성과를 높이려 한다.
② 탈신공공관리(post-NPM)는 신공공관리의 역기능적 측면을 교정하고 통치역량을 강화하며, 구조적 통합을 통한 분절화의 확대, 재집권화와 재규제의 축소, 중앙의 정치·행정적 역량의 강화를 강조한다.
③ 피터스(B. Guy Peters)는 뉴거버넌스에 기초한 정부개혁 모형으로 시장모형, 참여정부 모형, 유연조직 모형, 저통제정부 모형을 제시한다.
④ 신공공관리론이 시장, 결과, 방향잡기, 공공기업가, 경쟁, 고객지향을 강조한다면 뉴거버넌스는 연계망, 신뢰, 방향잡기, 조정자, 협력체제, 임무중심을 강조한다.

해설 ② 탈신공공관리(post-NPM)는 신공공관리의 역기능적 측면을 교정하고 통치역량을 강화하며, 구조적 통합을 통한 분절화의 축소, 재집권화와 재규제의 확대, 중앙의 정치·행정적 역량의 강화를 강조한다.

[정답] ②

158
• 23 군무원7급

세일러와 선스타인(Thaler & Sunstein)이 제시한 넛지이론(Nudge Theory)과 가장 거리가 먼 것은?

① 행동경제학에서는 휴리스틱과 행동 편향에 따른 영향이 개인의 의사결정과 선택에 영향을 미쳐 자신의 후생 손실을 초래하는 외부효과가 행동적 시장실패의 핵심 요소라고 본다.
② 넛지란, 어떤 선택을 금지하거나 경제적 유인을 크게 변화시키지 않으면서 예측가능한 방향으로 사람들의 행동을 변화시키는 선택설계의 제반 요소를 의미한다.
③ 전통경제학에서는 명령지시적 정부규제나 경제적 유인을 정책수단으로 활용하지만, 넛지는 기본적으로 간접적이고 유도적인 방식의 정부 개입방식으로서 촉매적 정책수단의 성격을 띠고 있다.
④ 넛지는 엄격하게 검증된 증거에 기반하여 정책을 선택하거나 결정하는 것을 강조한다.

해설 ①[×] 행동적 시장실패란 불확실한 상황에서 휴리스틱(시행착오)을 활용한 인간의 의사결정과정에서는 인지적 오류와 행동편향이 발생할 수 있는데 이로 인하여 개인의 합리적 의사결정이 방해를 받게되어 중대한 피해가 발생하는 상황을 행동경제학에서는 행동적 시장실패라고 정의한다. 자기자신의 내부적 원인(행동편향 등 내부효과)에 의하여 발생하는 시장실패 라는 점에서 외부효과 등에 의한 전통적 시장실패론과는 다르다.
②[○] 넛지란 어떤 선택을 금지(정부규제 등)하거나 강요(경제적 유인 등)하지 않으면서 예측가능한 방향으로 개인의 행동을 변화시키는 선택설계의 제반요소나 정책수단을 말한다. 즉 넛지는 직접적인 명령이나 지시, 경제적 유인이나 제재를 가하지 않으면서 사람들의 바람직한 행동을 유도하는 수단이다.
④[○] 넛지는 실험과 검증을 중시하는 행동경제학에 기반하므로 엄격하게 검증된 증거에 기반한 정책 결정을 중시한다.

[정답] ①

구분	신공공관리론	넛지이론
이론적 토대	신고전파 경제학, 공공선택론	행동경제학
합리성	완전한(경제적) 합리성	제한된 합리성
정부역할이론	신자유주의, 시장주의	자유주의적 개입주의
정부 역할의 근거와 한계	시장실패와 제도실패, 정부실패	행동적 시장실패, 정부실패
공무원상	정치적 기업가	선택(옵션)설계자
정부정책목표	고객주의, 개인이익 증진	행동변화를 통한 삶의 질 제고
정책수단	경제적 인센티브	넛지(선택설계)
정부개혁모델	기업가적 정부	넛지정부

신제도주의

159
• 21 지방9급

신제도주의에 대한 설명으로 옳지 않은 것은?

① 제도는 법률, 규범, 관습 등을 포함한다.
② 역사적 제도주의는 제도가 경로의존성을 따른다고 본다.
③ 사회학적 제도주의는 적절성의 논리보다 결과성의 논리를 중시한다.
④ 합리적 선택 제도주의는 제도가 합리적 행위자의 이기적 행태를 제약한다고 본다.

해설 ③ 사회학적 신제도주의는 관료적 합리성을 비판하면서 결과성의 논리보다 적절성의 논리를 강조한다. 사회학적 신제도주의는 환경으로부터의 사회적 정당성을 중시하므로 상황적절성의 논리를 중시한다. ④ [O] 합리적 선택의 신제도주의는 제도가 합리적인 개인들의 이기적이고 전략적인 선택의 결과라고 본다. 제도란 합리적 선택의 결과라고 본다.

[정답] ③

160
• 20 국가9급

행정학의 접근 방법에 대한 설명으로 옳은 것은?

① 법적·제도적 접근 방법은 개인이나 집단의 속성과 행태를 행정 현상의 설명변수로 규정한다.
② 신제도주의 접근 방법에서는 제도를 공식적인 구조나 조직 등에 한정하지 않고, 비공식적인 규범 등도 포함한다.
③ 후기 행태주의 접근 방법은 행정을 자연·문화적 환경과 관련하여 이해하면서 행정체제의 개방성을 강조한다.
④ 툴민(Toulmin)의 논변적 접근 방법은 환경을 포함하여 거시적인 관점에서 행정 현상을 분석하고, 확실성을 지닌 법칙 발견을 강조한다.

해설 ② 신제도주의는 구제도주의와 달리 제도를 공식적인 구조나 조직 등에 한정하지 않고 비공식적인 규범이나 문화까지도 제도에 포함을 시킨다. ① [X] 개인이나 집단의 속성과 행태를 행정현상의 설명변수로 규정하는 것은 행태론적 접근법이다. ③ [X] 행정을 자연·문화적 환경과 관련하여 이해하면서 행정체제의 개방성을 강조하는 것은 생태론적 접근법에 대한 설명이다. ④ [X] 환경을 포함하여 거시적인 관점에서 행정 현상을 분석하고, 확실성을 지닌 법칙 발견을 강조하는 것은 전통적인 과학이다. 툴민(Toulmin)의 논변적 접근 방법은 행정현상과 같은 가치 측면의 규범성을 연구할 때는 결정에 대한 절차적 정당성을 갖추는 것이 중요하다고 보는 담론적 접근법을 말한다. 따라서 법칙의 발견보다 타협과 합의를 도출하는 민주적 절차를 중시한다.

[정답] ②

161
• 15 국가9급

행정학의 접근방법에 대한 설명으로 옳은 것은?

① 법률적·제도론적 접근방법은 공식적 제도나 법률에 기반을 두고 있기 때문에 제도 이면에 존재하는 행정의 동태적 측면을 체계적으로 파악할 수 있다.
② 행태론의 접근방법은 후진국의 행정현상을 설명하는데 크게 기여했으며, 행정의 보편적 이론보다는 중범위이론의 구축에 자극을 주어 행정학의 과학화에 기여했다.
③ 합리적 선택 신제도주의는 방법론적 전체주의(holism)에, 사회학적 신제도주의는 방법론적 개체주의(individualism)에 기반을 두고 있다.
④ 신공공관리론은 기업경영의 원리와 기법을 그대로 정부에 이식하려고 한다는 비판을 받는다.

해설 ① 법률적·제도론적 접근방법(구제도주의)은 제도 이면에 존재하는 행정의 동태적 측면을 체계적으로 파악하기 어렵다. ②는 생태론적 접근방법에 대한 설명이다. ③ 합리적 선택의 신제도주의는 방법론적 개체주의이고, 사회학적 신제도주의는 방법론적 전체주의에 기반을 둔다.

[정답] ④

162
• 15 서울9급

신제도주의에 대한 다음 설명 중 가장 옳지 않은 것은?

① 신제도주의는 행태주의에서 규명하고자 했던 개인의 선호체계와 행위결과 간의 직선적 인과관계에 의문을 제기한다.
② 합리적 선택 신제도주의 계열에는 거래비용 경제학, 공공선택이론, 공유재이론 등이 있다.
③ 사회학적 신제도주의는 경제적 효율성이 아니라 사회적 정당성 때문에 새로운 제도적 관행이 채택된다고 주장한다.
④ 역사적 신제도주의는 경로의존적인 사회적 인과관계를 강조하므로 특정 제도가 급격한 변화에 의해 중단될 수 있는 가능성을 부정한다.

해설 ④ 역사적 신제도주의는 경로의존성을 중시하지만 급격한 변화에 의하여 중단될 수 있는 가능성을 인정한다. 제도의 변화는 역사적 사건(예컨대 경제대공황 등)의 흐름이 분기점을 형성하면서 다른 국면으로 변화할 때 초래된다. 경로의존성이란 제도의 지속성을 의미하는 것으로 현재의 제도 및 구조가 정치행위자로 하여금 이미 확립된 정책경로에 따르도록 구속하기 때문에 쇄신적 변화가 일어나기 힘들다는 것을 의미하며, 따라서 일단 형성된 제도는 상당기간 안정성·지속성을 유지할 수밖에 없다고 한다.

[정답] ④

163
• 18 행정사

행정현상에 대한 접근방법의 설명으로 옳은 것은?

① 행태론적 접근방법은 행정현상에 관한 이론의 맥락성과 상대성을 강조한다.
② 체제론적 접근방법은 현상의 전체성보다는 구성부분 사이의 일방적·선형적 인과관계를 강조한다.
③ 사회학적 신제도주의는 제도가 국가나 조직의 경계를 넘어 유사한 형태로 수렴된다고 본다.
④ 전통적인 법적·제도적 접근방법은 제도가 일단 형성되면 일정한 경로를 유지하기 때문에 환경 변화에 적응하지 못하는 점을 강조한다.

⑤ 합리적 선택 신제도주의에서는 제도를 개인의 합리적 선택의 일방적 결정요인으로 간주한다.

해설 ③은 사회학적 신제도주의의 특징인 제도적 동형화(isomorphism)에 대한 설명이다. ①은 정책지향성과 관련된 표현이다. 행태론적 접근방법은 과학성과 객관성을 추구한다. ② 체제론적 접근방법은 현상의 전체성을 강조하는 거시적 연구방법이다. ④ 경로의존성은 신제도주의 특성이다. ⑤ 합리적 선택 신제도주의에서는 제도란 개인의 합리적 선택의 결과로서 본다.

[정답] ③

164
• 23 행정사

신제도주의에 관한 설명으로 옳은 것은?

① 합리적 선택 제도주의는 개인의 표준화된 행동 코드로서 제도의 준수를 통한 소속감을 강조한다.
② 역사적 제도주의는 서로 다른 국가들 사이의 제도가 유사해지는 현상을 설명하는데 유리하다.
③ 사회학적 제도주의는 동일한 상황에서 국가 간의 상이한 제도로 인해 서로 다른 정책이 채택되고 효과도 다르게 나타나는 현상을 강조한다.
④ 사회학적 제도주의는 개인에 대한 가정에 기초한 미시적·연역적 방법에 주로 의존한다.
⑤ 합리적 선택 제도주의의 연장선상에서 오스트롬(E. Ostrom)은 '공유재의 비극'의 해결방안으로 공동체 중심의 자치제도를 제시한다.

해설 ⑤ 오스트롬은 "시장과 국가를 넘어(Beyond Markets and States)"에서 '공유재의 비극'의 해결방안으로 전통적 해결방안인 국가(의 개입)나 시장(메커니즘)이 아닌, 공동체를 통한 공동자원의 자치 가능성을 제시하였다.
①[X] 제도란 개인에 대한 표준화되고 획인적인 행동규범으로 보는 관점은 구제도주의이다. 정부에 의하여 일방적·인위적으로 만들어진 공식적인 '구제도'와 달리 신제도주의는 제도와 인간행동 간의 동태적 관계를 설명하는 새로운 제도이론이다.
②③[X] 서로 다른 국가들 사이의 제도가 유사해지는 현상을 설명하는데 유리한 것은 사회학적 신제도주의이다. 역사적 신제도주의에 의하면 국가마다 제도의 다름(차이)을 설명한다.
④[X] 개인에 대한 가정에 기초한 미시적·연역적 방법에

주로 의존하는 것은 합리적 선택의 신제도주의이다. 사회학적 제도주의는 방법론적 전체주의로서 거시적이며, 해석학과 귀납적 방법론을 채택한다.

[정답] ⑤

165
• 13 지방9급

신제도주의에 대한 설명으로 옳은 것만을 모두 고른 것은?

> ㄱ. 합리적 선택 신제도주의가 형성되는 데 거래 비용접근법이 많은 영향을 미쳤다.
> ㄴ. 사회학적 신제도주의는 문화가 제도의 형성에 미치는 영향을 간과한다.
> ㄷ. 역사적 신제도주의는 행위자 간의 상호작용을 제약하는 제도의 영향력과 제도적 맥락을 강조한다.

① ㄱ, ㄴ
② ㄱ, ㄷ
③ ㄴ, ㄷ
④ ㄱ, ㄴ, ㄷ

해설 보기 중에서 'ㄴ'만 틀린 지문이다. 사회학적 신제도주의는 제도의 범위를 매우 넓게 정의한다. 공식적 규칙이나 절차, 규범 뿐 아니라 인간의 행위를 유도하는 상징체계, 인지적 기초, 도덕적 틀, 사회문화까지를 포함한다. 따라서 문화가 제도의 형성에 미치는 영향을 중시한다.

[정답] ②

166
• 17 사회복지9급

신제도주의에 대한 설명 중 가장 옳은 것은?

① 합리적 선택 제도주의는 방법론적 전체주의 입장에서 제도를 개인으로 환원시키지 않고 제도 그 자체를 전체로서 이해함을 강조한다.
② 역사적 제도주의는 선진 제도 학습에 따른 제도의 동형화를 강조한다.
③ 사회학적 제도주의는 기존 경로를 유지하려는 제도의 속성을 강조한다.
④ 사회학적 제도주의는 조직구성원이 제도를 넘어선 효용 극대화의 합리성에 따라 행동하기보다 주어진 제도 안에서 적합한 방식을 찾아 행동할 가능성이 높음을 강조한다.

해설 ④ 조직구성원이 개인의 효용이나 합리성 등 경제적 효율성에 따라 행동한다고 보는 것은 합리적 선택의 신제도주의이며, 사회학적 신제도주의는 사회문화나 제도에 부합하고자 사회적 정당성에 따라 행동한다고 한다.
① 합리적 선택 제도주의는 방법론적 개체주의 입장에서 제도를 개인으로 환원하여 본다(환원주의).
② 제도의 동형화를 강조하는 것은 사회학적 신제도주의이다.
③ 경로의존성 및 제도의 지속성을 강조하는 것은 역사적 신제도의주의 특징이다.

[정답] ④

167
• 17 지방9급

조직의 배태성(embeddedness)과 제도적 동형화(isomorphism)에 대한 설명으로 옳지 않은 것은?

① 조직 배태성의 특징은 조직구성원들이 정당성보다 경제적 이익을 추구하는 행위를 하려는 것이다.
② 조직의 제도적 동형화는 특정 조직이 환경에 있는 다른 조직을 닮는 것을 말한다.
③ 제도적 동형화에는 강압적 동형화, 모방적 동형화, 규범적 동형화 등이 있다.
④ 제도적으로 조직이 동형화될 경우 조직이 교란되는 것을 막을 수 있다.

해설 배태성(胚胎性)이란 인간의 행동은 사회의 제도에 의해 배태된 것이다. 개인은 자신의 이익을 위해 제도를 선택하는 것이 아니라 제도에 의해 자신의 선호가 결정되고 이에 따라 행동한다.
① 조직 배태성은 구성원들의 경제적 이익의 추구보다는 사회적 정당성에 따라 행동하려는 것을 의미한다.
② 동형화(제도적 동형화, isomorphism)란 조직과 환경의 상호작용 속에서 환경과 조직간 구조적 동일성이 이루어진다. 즉 조직은 유사한 모습을 지니게 된다.

[정답] ①

168
• 19 행정사

신제도주의에 관한 설명으로 옳지 않은 것은?

① 사람의 행태에 대한 연구에서 제도를 중요시한다.
② 사회학적 제도주의는 제도의 범위에 관습과 문화도 포함한다.
③ 공공선택론은 합리적 선택 제도주의의 대표적 이론 중 하나이다.
④ 역사적 제도주의는 각국 정책의 상이성과 효과를 역사적으로 형성된 각국의 제도에서 찾는다.
⑤ 정책 또는 행정환경은 내생변수가 아닌 외생변수로 다룬다.

해설 ⑤ 구제도주의 하에서 제도의 형성은 외생적 요인에 의하여 일방적으로 결정되는데 비하여, 신제도주의에서 제도는 제도와 행위자간의 상호작용으로 형성된다. 그러므로 정책 또는 행정환경은 외생변수가 아닌 내생변수로 다룬다.
① 행태주의는 제도의 규범적 성격보다 집단이나 인간의 행동유형을 분석하였다. 그러므로 사람의 행태에 대한 연구에서 제도보다 행동유형을 중요시한다.
② 사회학적 제도주의는 제도의 범위에 관습과 문화 등 비공식적 제도를 포함한다.

[정답] ⑤

169
• 03 입법고시

역사적 신제도주의에 대한 설명중 옳지 않은 것은?

① 제도는 독립변수인 동시에 종속변수로서 개념화된다.
② 사회에 대한 정치의 의존성이 아니라 정치적 영역의 상대적 자율성을 강조한다.
③ 각 개인이나 집단의 선호가 이익집단이나 정당을 통해 정치적 요구로 표출되며, 정부는 이러한 요구를 수동적으로 전환시키는 역할을 수행한다.
④ 제도의 지속성을 강조하는 동시에 기존 제도에 의해 발생하게 되는 의도하지 않았던 결과와 제도의 비효율성을 강조한다.
⑤ 인과관계를 설명할 때 복잡 다양한 요인의 결합을 중시하며, 변수간의 인과관계는 항상 맥락속에서 형성됨을 강조한다.

해설 ③은 다원주의에 대한 설명이다. 정치적 다원주의하에서 정부는 이익집단들 사이에서 조정된 결과를 수용하므로 수동적이고 소극적이다. 역사적 신제도주의의 특징으로, 독립변수와 종속변수로서의 제도, 정치적 영역의 상대적 자율성, 권력관계의 불균형과 정책, 정책연구에서의 역사와 맥락에 대한 강조, 제도의 지속성과 경로의존성, 경로의존과 제도의 기원의 강조, 역사적 특수성 등을 들 수 있다.

[정답] ③

170
• 12 국회8급

신제도주의(new institutionalism)에 관한 설명으로 옳지 않은 것은?

① 합리적 선택 신제도주의는 방법론적으로 개인주의에 기초하고 있다.
② 역사적 신제도주의는 제도의 지속성을 강조하고 제도에 의해 의도되지 않은 결과를 비효율적이라고 본다.
③ 사회학적 신제도주의는 제도 간 동형화(isomorphism)를 인정한다.
④ 구제도주의는 유형화된 제도들만을 인정했으나 신제도주의는 무형화된 제도까지도 포함한다.
⑤ 경로의존성연구는 행위자, 제도 및 조직 간의 질서를 중시하는 사회학적 신제도주의에서 비롯되었다.

해설 ⑤ 경로의존성(제도의 지속성)은 현재의 제도 및 구조가 정치행위자로 하여금 이미 확립된 정책경로에 따르도록 구속하기 때문에 쇄신적 변화가 일어나기 힘들다는 것을 의미한다. 따라서 일단 형성된 제도는 상당기간 안정성·지속성을 유지할 수밖에 없다는 것으로 역사학적 신제도주의에서 강조하는 특징이다.

[정답] ⑤

Part 2 정책론

- 테마 19 정책의 본질과 유형
- 테마 20 정책권력모형과 정책네트워크
- 테마 21 정책의제설정
- 테마 22 정책결정
- 테마 23 정책분석(Ⅰ): B/C분석 중심
- 테마 24 정책분석(Ⅱ): 다양한 분석기법
- 테마 25 정책결정이론(모형)
- 테마 26 공공선택이론
- 테마 27 정책집행
- 테마 28 정책평가
- 테마 29 정책변동과 기획

THEMA 18 정책의 본질과 유형

01
• 24 지방9급

정책학의 발달에 대한 설명으로 옳지 않은 것은?

① 1951년 「정책지향(Policy Orientation)」이라는 논문은 정책학의 정체성 확립에 기여하였다.
② 라스웰(Lasswell)은 1971년 『정책학 소개(A Pre-View of Policy Sciences)』에서 맥락지향성, 이론지향성, 연합학문지향성을 제시하였다.
③ 1980년대 정책학의 연구는 정책형성, 집행, 평가, 변동 등 다양한 분야로 확대되었다.
④ 드로(Dror)는 정책결정 단계를 상위정책결정(meta-policymaking), 정책결정(policymaking), 정책결정 이후(post-policymaking)로 나누는 최적모형을 제시하였다.

해설 ②[X] 라스웰(Lasswell)은 정책학(정책과학)의 패러다임으로 맥락지향성, 문제지향성, 연합학문성(범학문성), 규범지향성(처방성)을 제시하였다. 이론지향성은 문제지향성과 대비되는 특성으로 행태과학이 지향하는 방향이다.
①[O] Lasswell은 '정책지향'(1951)이라는 논문에서 각종 정책들을 체계적으로 학문의 대상으로 삼아야한다고 주장하였다.
③[O] 정책과학은 1980년대 들어 정책집행, 평가, 변동 등 다양한 영역으로 연구가 확대되었다.

[정답] ②

02
• 23 지방9급

로위(Lowi)의 정책 유형과 리플리와 프랭클린(Ripley & Franklin)의 정책 유형에는 없지만, 앨먼드와 파월(Almond & Powell)의 정책 유형에는 있는 것은?

① 상징정책
② 재분배정책
③ 규제정책
④ 분배정책

해설 알몬드와 파월(Almond & Powell)의 정책 유형 중 타모형과 다른 부분이 상징정책과 추출정책이다(알-상-추).

[정답] ①

03
• 24 국가9급

로위(Lowi)의 정책 유형에 대한 설명으로 옳지 않은 것은?

① 정부 혹은 정치체제의 정통성과 정당성을 확보하고, 국민의 단결력이나 자부심을 높여 줌으로써 정부의 정책활동을 원활하게 하기 위한 정책은 구성정책에 해당한다.
② 기초생활보장 대상자에 대한 생활 보조금 지급 등과 같이 소득이전과 관련된 정책은 재분배정책에 해당한다.
③ 도로 건설, 하천·항만 사업과 같이 국민에게 공공서비스나 혜택을 제공하기 위한 정책은 분배정책에 해당한다.
④ 사회구성원이나 집단의 활동을 통제해 다른 사람이나 집단을 보호하려는 목적을 가진 정책은 규제정책에 해당한다.

해설 ①[X] 국민적 통합을 위하여 정치적인 목적으로 주로 이용하고, 국민들 사이에 정치체제 및 정부의 정통성에 대한 인식을 좋게 하고, 다른 정책에 대한 순응을 확보하기 위해 사용되는 정책은 상징정책이다. 국경일이나 월드컵 경기개최 등이 여기에 해당한다. ②③④[O] 각각 재분배정책, 분재정책, 보호적 규제정책에 해당한다.

[정답] ①

04
• 22 국가9급

정책의 유형 중에서 정책목표에 의해 일반 국민에게 인적·물적 자원을 부담시키는 정책은?

① 추출정책 ② 구성정책
③ 분배정책 ④ 상징정책

해설 ①[O] 일반 국민으로부터 정부가 필요로 하는 인적·물적 자원을 부담시키는 정책은 Almond와 Powell의 추출정책에 해당한다. 추출정책이란 체제가 존속하기 위해 환경으로부터 자원을 추출하는 것으로 Mitchell은 이를 동원정책이라 하였다.

[정답] ①

05
• 22 지방9급

살라몬(Salamon)의 정책도구 분류에서 강제성이 가장 높은 것은?

① 경제적 규제
② 바우처
③ 조세지출
④ 직접대출

해설 ① 살라몬의 분류에서 강제성이 가장 높은 것은 경제적 규제이다. ②④바우처와 직접대출은 강제성이 중간이며, ③조세지출은 강제성이 낮은 수단이다. 참고로 직접성과 강제성을 구분할 경우 경제적 규제는 직접성과 강제성이 모두 높지만, 직접대출은 직접성은 높으나 강제성은 높지 않은(중간정도) 정책수단이다. 사회적 규제의 경우 직접성은 높지 않으나 강제성은 높은 정책수단이다.

[정답] ①

[정리] 정책수단의 분류(Salamon) : 직접성과 강제성

직접성	정책수단
높음	정부소비(직접시행), 경제적 규제, 보험, 직접대출, 정보제공, 공기업
중간	조세지출(조세감면), 계약, 사회적 규제, 벌금(교정조세)
낮음	손해책임법, 보조금, 대출보증, 바우처, 정부출자기업

강제성	정책수단(도구)
높음	경제적 규제, 사회적 규제, 정부소비(직접시행), 법, 공기업
중간	바우처, 보험(공적보험), 보조금, 공기업, 대출보증(지급보증), 직접 대출(직접대부), 계약(민간위탁), 벌금
낮음	손해책임법(불법행위책임), 공공정보(정보제공), 조세지출(조세감면)

06
• 20 행정사

정책의 기능과 유형에 관한 설명으로 옳지 않은 것은?

① 정책은 정치적·행정적 과정으로서 단순하고 정태적 과정을 거친다.
② 정책 자체가 하나의 행동노선을 담고 있기 때문에 그에 관련된 개인들의 행동을 위한 지침역할을 한다.
③ 정책은 변동과 안정을 야기하기도 하며 사회의 이익을 조정·통합하기도 한다.
④ 리플리와 프랭클린(R. Ripley & G. Franklin)의 경쟁적 규제정책은 배분정책과 규제정책의 성격을 동시에 지니고 있다.
⑤ 국경일 제정, 국기 게양 등은 국민적 통합을 위하여 정치적인 목적으로 사용하는 상징정책의 예이다.

해설 ① 정책은 정치적·행정적 과정으로서 다양한 행위자간 참여가 이루어지는 매우 복잡한 과정을 거친다. 또한 정책문제에 대한 정의는 상황변동에 따라 달라지는 동태성을 지닌다. ② 국민생활은 직·간접으로 공공정책과 밀접하게 연결되어 있으며 불가분의 관계를 맺고 있다. 따라서 정책은 관련된 개인들의 행동을 위한 지침역할을 한다.

[정답] ①

07 • 21 국가9급

로위(Lowi)의 정책유형과 그에 대한 설명으로 옳은 것만을 모두 고르면?

ㄱ. 규제정책은 특정 개인이나 집단에 대한 선택의 자유를 제한하는 유형의 정책으로 강제력이 특징이다.
ㄴ. 분배정책의 사례에는 FTA협정에 따른 농민 피해 지원, 중소기업을 위한 정책자금지원, 사회보장 및 의료보장정책 등이 있다.
ㄷ. 재분배정책은 고소득층으로부터 저소득층으로 소득이전을 목적으로 하기 때문에 계급대립적 성격을 지닌다.
ㄹ. 재분배정책의 사례로는 저소득층을 위한 근로장려금 제도, 영세민을 위한 임대주택 건설, 대덕 연구개발특구 지원 등이 있다.
ㅁ. 구성정책은 정부기관의 신설과 선거구 조정 등과 같이 정부기구의 구성 및 조정과 관련된 정책이다.

① ㄱ, ㄴ, ㄷ
② ㄱ, ㄷ, ㅁ
③ ㄴ, ㄹ, ㅁ
④ ㄷ, ㄹ, ㅁ

해설 ② 로위의 정책유형에 대한 설명 중 옳은 것은 ㄱ, ㄷ, ㅁ이다. 틀린 지문으로 ㄴ은 모두 재분배정책의 사례에 해당한다. ㄹ은 근로장려금, 영세민 임대주택은 재분배정책이지만 대덕연구특구 지원 등은 분배정책에 해당한다.

[정답] ②

08 • 19 지방9급

로위(Lowi)가 제시한 구성정책의 사례로 옳지 않은 것은?

① 공직자 보수에 관한 정책
② 선거구 조정 정책
③ 정부기관이나 기구 신설에 관한 정책
④ 국유지 불하 정책

해설 ④ 국유지 불하는 구성정책이 아니라 국민들에게 서비스나 편익을 나눠주는 배분정책에 해당한다. 구성정책이란 정부조직의 신설이나 선거구역의 확정 등 행정체제의 유지를 위한 정책을 의미한다.

정리) Lowi의 정책유형

구분	개념	예	특징	주도
구성정책	행정체제 정비	정부기관 신설, 선거구역 획정, 공무원의 보수·연금 등	게임의 법칙	정당
배분정책	서비스 배분 (개별화 정책)	SOC, 보조금 등	포크배럴, 로그롤링	의회
규제정책	제약과 통제	진입규제, 독과점규제	다원주의 (포획, 지대추구)	이익집단
재분배정책	부의 이전	사회보장정책	엘리트이론	엘리트

[정답] ④

09 • 15 서울9급

분배정책에 대한 설명으로 옳지 않은 것은?

① 이해당사자 간 제로섬(zero sum) 게임이 벌어지고 갈등이 발생될 가능성이 규제정책에 비해 상대적으로 더 크다.
② 일반적으로 포크배럴(pork barrel) 현상이 발생한다.
③ 도로, 다리의 건설, 국·공립학교를 통한 교육서비스의 제공 등이 분배정책에 해당한다.
④ 정책과정에서 이해당사자들이 서로 협력하는 로그롤링(log rolling) 현상이 발생한다.

해설 ① 이해당사자 간 제로섬(zero sum) 게임이 벌어지고 갈등이 발생될 가능성이 규제정책에 비해 상대적으로 더 크게 나타나는 것은 재분배정책이다.

[정답] ①

10
• 18 행정사

정책 유형에 관한 설명으로 옳은 것은?

① 리플리와 프랭클린(R. Ripley & G. Franklin)의 경쟁적 규제정책은 배분정책과 규제정책의 성격을 동시에 지니고 있다.
② 리플리와 프랭클린(R. Ripley & G. Frnaklin)의 보호적 규제정책은 소수를 보호하기 위해 다수를 규제하는 정책이다.
③ 로위(T. Lowi)가 주장하는 배분정책의 가장 큰 특징은 계급 대립의 성격을 지닌다는 것이다.
④ 로위(T. Lowi)의 재분배정책은 수혜자와 비용부담자 간의 갈등이 없다는 점이 특징이다.
⑤ 알몬드와 파우얼(G. Almond & B. Powell)은 정책을 배분, 규제, 재분배, 구성 정책으로 분류하였다.

해설 ② 보호적 규제정책은 공공복리를 위하여 규제를 가하는 정책으로, 정부가 규제장치를 마련하여 관련된 일부의 사람들을 규제함으로써 반사적으로 다수의 일반 국민을 보호하자는 의도가 들어있다.
③ 계급 대립의 성격을 지니는 것은 재분배정책이다.
④ 재분배정책은 수혜자와 비용부담자 간의 갈등이 매우 크다.
⑤ 알몬드와 파우얼(G. Almond & B. Powell)은 정책을 분배정책, 규제정책, 상징정책, 추출정책으로 분류하였다.

[정답] ①

11
• 18 서울9급

정책유형에 대한 설명으로 가장 옳지 않은 것은?

① 로위(Lowi)는 정책의 유형에 따라 정책의 결정 및 집행 과정이 달라진다고 보았으며, 정책유형에 따라 정치적 관계가 달라질 것으로 가정하고 있다.
② 로위(Lowi)는 정책유형을 배분정책, 구성정책, 규제정책, 재분배정책으로 구분하였으며, 구분의 기준이 되는 것은 강제력의 행사방법(간접적, 직접적)과 비용의 부담주체(소수에 집중 아니면 다수에 분산)이다.
③ 로위(Lowi)의 분류 중 재분배정책의 예는 연방은행의 신용통제, 누진소득세, 사회보장제도이고, 구성정책의 예는 선거구 조정, 기관신설 등이다.
④ 리플리 & 프랭클린(Ripley & Franklin)은 보호적 규제정책을 제시하는데, 이는 소수자나 사회적 약자, 그리고 일반대중을 보호하기 위해서 개인이나 집단의 권리 행사나 행동의 자유를 제한하는 정책이다.

해설 ② 로위(Lowi)는 강제력의 행사방법과 강제력의 적용대상을 기준으로 정책을 4가지로 나누었다. 수직적 차원에서 강제력의 적용이 직접적(immediate)인가, 간접적(remote)인가에 따라 나누고 수평적 차원에서 강제력의 적용대상이 개인의 행위인가 행위의 환경(사회 전체)에 따라서 나누었다.
① 로위(Lowi)는 정책유형에 따라 정책과정(결정 및 집행과정)이 달라진다고 보고 정책을 유형화하였다. 따라서 '정책이 정치과정을 결정한다'는 입장이었다. 즉 다원론자들이 예를 드는 정책은 규제정책이며, 엘리트론자들이 예로 드는 것은 재분배정책이다.
③ 누진소득세, 사회보장제도는 재분배정책에 해당하고 선거구 조정, 정부기관신설은 구성정책에 해당한다.
④ 최저임금제 등 보호적 규제정책은 소수자나 사회적 약자, 그리고 일반대중을 보호하기 위해서 개인이나 집단의 권리 행사나 행동의 자유를 제한하는 정책이다

● 로위(Lowi)의 정책유형 도출

		적용대상(적용영역)	
		개인의 행위	행위의 환경 (사회전체)
강제력의 행사방법	간접적	배분정책	구성정책
	직접적	규제정책	재분배정책

[정답] ②

12
• 14 지방9급

로위(Lowi)의 정책분류와 그 특징을 연결한 것 중 옳지 않은 것은?

① 배분정책 – 재화와 서비스를 사회의 특정 부분에 배분하는 정책으로 수혜자와 비용부담자 간 갈등이 발생한다.
② 규제정책 – 특정 개인이나 집단에 대한 선택의 자유를 제한하는 유형의 정책으로 정책불응자에게는 강제력을 행사한다.
③ 재분배정책 – 고소득층으로부터 저소득층으로의 소득이전을 목적으로 하기 때문에 계급대립적 성격을 지닌다.
④ 구성정책 – 정부기관의 신설과 선거구 조정 등과 같이 정부기구의 구성 및 조정과 관련된 정책이다.

[해설] ① 분배정책(distribute policy)이란 정부가 공공재원(공금·조세)을 가지고 특정 개인, 기업체, 조직 지역사회에 공공서비스와 편익을 배분하는 것으로 구성원간에 손해를 보는 층이 없고 저항과 갈등이 없어 추진하기가 용이하다.

[정답] ①

13
• 13 지방9급

정책유형과 그 사례를 바르게 연결한 것은?

① 분배정책(distribution policy) – 사회간접자본의 구축, 환경오염방지를 위한 기업 규제
② 경쟁적 규제정책(competitive regulatory policy) – TV·라디오 방송권의 부여, 국공립학교를 통한 교육서비스
③ 보호적 규제정책(protective regulatory policy) – 작업장 안전을 위한 기업 규제, 국민건강보호를 위한 식품위생 규제
④ 재분배정책(redistribution policy) – 누진세를 통한 사회보장 지출 확대, 항공노선 취항권의 부여

[해설] ① SOC구축은 분배정책이지만, 환경오염규제는 보호적 규제정책이다.

② 방송권은 경쟁적 규제정책이지만, 국공립학교 등 교육서비스는 분배정책이다.
④ 누진세는 재분배정책이지만, 항공노선 취항인가는 경쟁적 규제정책에 해당한다.

[정답] ③

14
• 05 경기9급

정책학의 등장배경과 관련하여 Lasswell에 관한 설명으로 사실과 다른 것은?

① 정책학은 Lasswell의 정책지향(Policy Orientation)이라는 논문으로부터 출발했다.
② 인간존엄성 실현을 위한 민주주의 정책학을 강조했다.
③ 정책학의 패러다임으로 묵시적 지식과 경험의 존중을 강조하였다.
④ Lasswell이 제안한 초기 정책학을 행태주의에 밀려났다가 흑인폭동 및 월남전 등 사회적 혼란 시기인 1960년대에 재출발하였다.

[해설] ③ 묵시적 지식과 경험은 Dror이 강조하였다.

[정답] ③

15
• 07 국회8급

정책의 혜택을 받기 위하여 은밀하게 이루어지는 밀어주기(log-rolling)와 나눠먹기(pork-barrel)와 가장 밀접한 관련이 있는 정책 유형은?

① 배분정책   ② 규제정책
③ 재분배정책   ④ 구성정책
⑤ 추출정책

[해설] 정당 간 밀어주기 투표(투표담합;log-rolling)와 나눠먹기식 다툼 또는 돼지규유통싸움(pork-barrel)은 편익을 나누어 주는 배분정책 또는 분배정책에서 발생한다. 배분정책은 불특정 다수인에게 이익이 분산되는 개별화된 정책으로서 공원조성, 도로건설 등의 사회간접자본 구축, 주택자금 대출, 창업자금 지원 등이 여기에 해당한다.

[정답] ①

16
• 08 경남9급

Lowi의 정책분류에 대한 설명으로 틀린 것은?

① 분배정책 - 단순한 개별화된 의사결정이며 세부사업의 집합이 하나의 정책을 구성하는 것이다.
② 재분배정책 - 비용부담자(피수혜자)와 수혜자간 이해충돌 또는 갈등이 수반된다.
③ 규제정책 - 강제력이 행사되며 규제정책을 구현하는데 관료의 재량권은 거의 없다.
④ 구성정책 - 모든 국민을 대상으로 하는 정책이므로 대외적인 가치 배분에는 큰 영향이 없다.

해설 ③ 규제정책은 강제력이 행사되며 규제정책을 구현하는데 관료의 재량권이 작용한다. 규제정책의 종류에 따라 자유재량 또는 기속재량이 있다.

[정답] ③

17
• 08 서울9급

다음 정책유형의 설명 중 옳지 못한 것은?

① 구성정책은 조세, 병역, 물자수용, 노력동원 등과 관련된 정책이다.
② 분배정책은 특정한 개인, 기업체, 조직, 지역사회에 공공서비스와 편익을 배분하는 정책이다.
③ 상징정책은 국민전체의 자긍심을 높이기 위한 정책들이 포함된다.
④ 재분배정책은 돈이나 재산, 권력 등을 본능이 소유하고 있는 집단으로부터 그렇지 못한 집단으로 이전시키는 정책
⑤ 규제정책은 특정한 개인, 기업체, 조직에 제재나 통제 및 제한을 가하는 것이다.

해설 Almon & Powell은 조세, 병역, 물자수용, 노력동원 등을 추출정책으로 분류하였다. 구성정책이란 정부기관(조직)의 변경, 선거구 조정 등과 관련된 체제유지정책을 말한다.

[정답] ①

18
• 09 지방9급

정책의 영향 또는 효과를 기준으로 정책의 유형을 분류할 때 그 성격이 가장 상이한 것은?

① 특수한 대상집단에게 각종 서비스, 지위, 이익, 기회 등을 제공하는 정책
② 특정한 개인, 기업체, 조직의 행동이나 재량권에 제재나 통제 및 제한을 가하는 정책
③ 다수의 경쟁자 중에서 특정한 개인이나 집단에게 서비스나 물품을 제공하는 것과 관련된 정책
④ 각종의 민간활동이 허용되는 조건을 인정함으로써 국민을 보호하는 것이 목적인 정책

해설 ②는 규제정책이며, ③은 경쟁적 규제정책, ④는 보호적 규제정책에 해당한다. ①은 분배정책이며, 나머지는 모두 규제정책이다.

[정답] ①

19
• 04 선관위9급

Lowi의 정책유형에 대한 다음 설명 중 틀린 것은?

① 재분배정책은 특정개인이나 집단의 희생하에 다른 집단이나 개인에게 이득을 주는 정책이다.
② 규제정책은 주로 법률의 형태로 표현되며 집행자의 재량이 없다.
③ 분배정책은 개별화된 의사결정으로 볼 수 있다.
④ 구성정책은 정부기관을 신설하거나 선거구역을 조정하는 것과 관련된다.

해설 규제는 직접적으로 국민의 자유와 권리를 제한하기 때문에 법률의 형태로 함이 원칙이다. 그러함에도 현대행정국가이후 행정부에 광범위한 위임이 이루어지고 있고 집행의 재량이 증대되고있다고 보아야 할 것이다. ③분배정책은 독립적인 여러 세부사업으로 구성되어있고 세부사업의 집합이 하나의 정책을 구성한다. 따라서 분배정책을 구성하는 세부사업들은 독립적으로 집행될 수 있기에 개별화된 의사결정으로 볼 수 있다.

[정답] ②

20
• 11 국가9급

정책과 정책유형이 바르게 짝지어진 것은?

> ㄱ. 영세민을 위한 임대주택 건설
> ㄴ. 재정경제부와 기획예산처를 기획재정부로 통합
> ㄷ. 기업의 대기오염 방지 시설 의무화
> ㄹ. 광화문 복원

	ㄱ	ㄴ	ㄷ	ㄹ
①	분배정책	구성정책	추출정책	상징정책
②	상징정책	추출정책	규제정책	구성정책
③	규제정책	재분배정책	추출정책	상징정책
④	재분배정책	구성정책	규제정책	상징정책

해설 ㄱ의 임대주택은 영세민을 위한 재분배정책, ㄴ의 정부기구(조직)의 신설·개편은 구성정책이고, ㄷ의 환경규제는 사회적 규제이며, ㄹ의 광화문 복원은 상징정책에 해당한다.

[정답] ④

21
• 06 충남9급

정부규제에 대한 설명으로 틀린 것은?

① 규제정책은 법률의 형태로 나타나며 다원주의 정치관계가 나타난다.
② 보호적 규제정책은 분배정책보다 재분배정책에 더 가까운 성격을 지닌다.
③ Ripley와 Franklin은 분배 정책, 보호적 규제정책, 경쟁적 규제정책, 재분배 정책의 순서로 반발이 심하다고 하였다.
④ 사회적 규제가 경제적 규제보다 규제의 효과가 광범위하다.

해설 집행과정상의 저항은 재분배 정책 > 보호적 규제정책 > 경쟁적 규제정책 > 분배 정책 순이며 갈수록 약해진다.

[정답] ③

22
• 08 선관위9급

정책집단의 규모 및 조직화 정도와 정책집행의 용이성 정도간의 관계에 대한 설명으로 옳지 않은 것은?

① 수혜집단이 희생집단보다 크고 양 집단의 조직화 정도가 강할 경우에는 정책집행이 용이하다.
② 희생집단이 수혜집단보다 크고 양 집단의 조직화 정도가 약할 경우에는 정책집행이 곤란하다.
③ 수혜집단과 희생집단의 규모가 비슷하고 양 집단의 조직화 정도가 강할 경우에는 정책집행이 곤란하다.
④ 수혜집단과 희생집단의 규모에 관계없이 각 집단의 조직화정도가 약할 경우 정책집행이 용이하다.

해설 ② 희생집단이 수혜집단보다 크고 양 집단의 조직화 정도가 약할 경우에는 정책집행이 용이하다. 두집단의 조직화의 정도가 약할경우 집행이 용이하다.

[정답] ②

23
• 01 행시<수정>

정책의 유형별 사례를 연결한 것 중 옳은 것은?

① 구성정책 - 행정안전부 설치
② 추출정책 - 부(負)의 소득세제 실시
③ 상징정책 - 의약분업 실시
④ 규제정책 - 국유지 분할
⑤ 재분배정책 - 신공항 건설

해설 정부조직의 신설과 관할구역의 재획정 등은 Lowi의 구성정책에 해당한다. ②는 재분배정책이고, ③은 규제(보호적 규제)정책이고, ④⑤는 분배정책에 해당한다.

[정답] ①

24
• 15 서울9급

살라몬(Salamon)의 '직접성의 정도에 따른 행정(정책) 수단분류'에 의할 때 다음 중 직접성이 가장 높은 행정(정책)수단은?

① 조세지출
② 정부출자기업
③ 사회적 규제
④ 정부 소비

해설 ④ 살라몬(Salamon)은 행정활동의 수행을 직접성과 강제성의 정도에 따라 분류하기도 한다. 이중 직접성의 정도가 높은 것이 정부소비이다. 정부소비는 정부에 의하여 정책이 직접 시행되는 것을 말하는 것으로, 국방, 외교, 공중보건 등 정부가 직접 행하는 지출을 말한다. ③ 사회적 규제나 경제적 규제와 같이 강제성은 강하지만 직접성의 정도는 다소 낮은 편이다. 까다로운 문제로 보인다.

[정답] ④

25
• 18 교행9급

정부의 정책수단(policy tool)에 대한 설명으로 옳은 것을 〈보기〉에서 고른 것은?

〈보기〉
ㄱ. 경제적 규제는 정부의 직접수단에 해당한다.
ㄴ. 조세지출은 재정적 인센티브를 부여하는 수단에 해당한다.
ㄷ. 바우처는 역사가 길고 가장 광범위하게 사용되는 수단이다.
ㄹ. 전통적 삼분법에 근거하여 정책수단을 규제, 인센티브, 권위로 분류할 수 있다.

① ㄱ, ㄴ
② ㄱ, ㄹ
③ ㄴ, ㄷ
④ ㄷ, ㄹ

해설 보기에서 맞는 것은 ㉠과 ㉡이다.
㉠ Salamon의 정책수단유형에서 직접성이 높은 것은 경제적 규제, 정부소비, 공기업, 법 등이다.
㉡ 조세지출이란 조세감면 등 간접지출로서 재정적 인센티브를 부여하는 수단에 해당한다.
㉢ 바우처(증서, 쿠폰방식)는 최근 각광을 받고 있는 정책수단으로 점차 이용이 증가하고 있는 방식이지만 광범위한 수단은 아니다.
㉣ 정책순응 확보를 위한 전통적 삼분법은 설득, 유인(인센티브), 강제(강압, 규제)이다. 이러한 순응확보를 위한 고전적 3단계 전략으로서의 정책수단은 설득 ⇨ 인센티브 ⇨ 규제 순이다.

[정답] ①

26
• 23 군무원9급

다음 중 정책(policy)에 대한 설명으로 가장 거리가 먼 것은?

① 정부목표 달성의 수단인 동시에 공적인 문제해결을 위한 수단이라는 이중성을 보유하고 있다.
② 정치행정이원론에 기초한 행정관리설과 밀접한 관련이 있다.
③ 정책은 삼권분립 하에서 입법부의 역할을 위축시킬 수 있다.
④ 정책결정은 공적인 의사결정 과정으로서 복수의 단계와 절차로 이루어진다.

해설 ② 정책의 중요성은 정치행정일원론에서 강조되었다.

[정답] ②

27
• 22 군무원9급

정책유형에 대한 설명으로 가장 옳지 않은 것은?

① 구성정책은 대외적으로 가치배분에 직접 영향을 주지 않으나 대내적으로 '게임의 규칙(rule of game)'을 결정한다.
② 규제정책은 국가공권력을 통해 개인이나 집단의 행동에 제약을 가하여 순응을 확보하는 정책이다.
③ 분배정책은 집단 간에 '나눠먹기식 다툼(pork-barrel)'이 일어나는 특징을 지닌다.
④ 추출정책은 정부가 집단 간에 재산, 소득, 권리 등의 배정을 변동시켜 그들로부터 자원을 획득하는 정책이다.

해설 ④ 정부가 집단 간 재산, 소득, 권리 등을 변동시키는 정책은 추출정책이 아니라 재분배정책이다. 추출정책(동원정책)은 행정의 환경으로 부터 인적·물적 자원을 확보하는 정책을 말한다.

[정답] ④

28
• 23 군무원9급

다음 중 로위(T. J. Lowi)가 제시한 정책유형과 사례 간의 연결이 가장 적절하지 않은 것은?

① 규제정책 - 환경규제, 금연정책, 마약단속
② 분배정책 - 종합소득세, 임대주택, 노령연금
③ 상징정책 - 국경일, 한일월드컵, 국군의 날
④ 구성정책 - 정부조직 개편, 선거구 조정, 행정구역 통합

해설 ② 임대주택은 재분배정책, 노령연금은 구성정책, 종합소득세는 추출정책으로 보인다. ③ 제시된 정책사례는 모두 상징정책에 해당하긴 하지만, 로위의 정책유형에는 상징정책이 없다(논란있음).

[정답] ②

29
• 23 군무원7급

로그롤링(log rolling)이나 포크배럴(pork barrel)과 같은 정치적 현상이 나타나기 쉬운 정책유형에 가장 가까운 것은?

① 분배정책
② 규제정책
③ 재분배정책
④ 상징정책

해설 ① 분배정책은 SOC 건설, 보조금 지급과 같은 특정 또는 불특정다수인에 대한 서비스 배분에 중점을 두는 정책으로, 그 결정 과정에서 로그롤링이나 포크배럴이 발생한다.

[정답] ①

THEMA 19. 정책권력모형과 정책네트워크

30
• 23 지방9급

엘리트이론과 다원주의이론에 대한 설명으로 옳지 않은 것은?

① 고전적 엘리트이론에서 엘리트들은 다른 계층에 대해 책임을 지지 않는다.
② 밀즈(Mills)는 명성접근법을 사용하여 엘리트들을 분석한다.
③ 달(Dahl)은 권력이 분산되어 있음을 전제로 다원주의론을 전개한다.
④ 바흐라흐와 바라츠(Bachrach & Baratz)는 무의사결정이 의제설정과정뿐만 아니라 정책결정과정에서도 발생할 수 있다고 주장한다.

해설 ②[X] 1950년대 미국의 엘리트론은 밀스(Mills)의 지위접근법과 헌터(Hunter)의 명성접근법(1963)으로 발전하였다. ①[O] 고전적 엘리트이론에서 엘리트들은 폐쇄적이고 동질적이며 다른 계층에 대해서 책임을 지지 않는 집단으로서의 성격을 띤다. ③[O] Dahl의 다원적 권력이론에 대한 설명이다.

[정답] ②

31
• 24 국가9급

정책참여자에 대한 설명으로 옳지 않은 것은?

① 시민단체(NGO)는 비공식적 참여자로서 시민 여론을 동원해 정책의제설정, 정책대안제시, 정부의 집행활동 감시 등 정책과정 전반에 영향을 미친다.
② 정당은 공식적 참여자로서 대중의 여론을 형성하고 일반 국민에게 정책 관련 주요 정보를 전달하는 역할을 통해 정책과정에 영향을 미친다.
③ 사법부는 공식적 참여자로서 정책과 관련된 법적 쟁송이 발생한 경우 그 정책의 타당성에 대한 판결을 통해 정책에 영향을 미친다.
④ 이익집단은 비공식적 참여자로서 특정 이해관계를 공유하는 사람들의 모임이며, 구성원들의 이익을 실현하기 위해 정부에 압력을 가함으로써 정책에 영향을 미친다.

해설 ②[X] 정당은 정치적 결사체로서 여당과 야당 모두 비공식적 참여자에 해당한다. 정부를 제외하면 대부분 비공식 참여자에 해당한다.

공식적 참여자(정부 O)	비공식적 참여자(정부 X)
• 행정부 : 대통령, 고위관료 • 입법부 : 의원, 위원회 • 사법부 : 법원, 헌법재판소	• 이익단체(압력단체) : 기업, 노조 • 정당 : 여당, 야당 • 일반국민 : 여론, 언론 • 시민단체(NGO) • 전문가집단(정책공동체) : 교수, 연구원

[정답] ②

32
• 24 국가9급

정책과정에서 철의 삼각(iron triangle)에 해당하지 않는 것은?

① 의회 상임위원회
② 행정부 관료
③ 이익집단
④ 법원

해설 ④[X] 철의 삼각에 법원은 포함되지 않는다. 철의 삼각(iron triangle) 또는 하위정부란 비공식 참여자로 분류되는 이익집단과 공식적인 참여자인 관료조직(고위관료)과 의회의 위원회 간의 3자연합(트로이카체제)이 각 정책영역별로 정책의 결정과 집행에 주도적인 영향을 미친다고 본다.

[정답] ④

33
• 19 서울9급

다원주의(Pluralism)에 대한 설명으로 가장 옳지 않은 것은?

① 권력은 다양한 세력들에게 분산되어 있다.
② 정책영역별로 영향력을 행사하는 엘리트들이 각기 다르다.
③ 이익집단들 간의 영향력 차이는 주로 정부의 정책과정에 대한 상이한 접근기회에 기인한다.
④ 이익집단들 간의 영향력 차이는 있지만 전체적으로 균형을 유지하고 있다.

해설 ③ 다원주의란 이익집단들 간 영향력의 차이는 있지만 정책과정에 대한 접근기회는 동등함으로 사회 전체적으로는 권력의 균형을 유지할 수 있으며 이러한 현상이 민주사회의 동력이라고 보는 입장이다. ① 권력은 다양한 세력들에게 분산되어 있다고 본다. ②는 다원주의인 R. Dahl의 다원적 권력이론에 대한 설명이다.

[정답] ③

34
• 19 서울7급(추가)

다원주의론은 기본적으로 집단과정이론과 다원적 권력이론으로 크게 구분되는데, 이들 이론에 공통된 다원주의의 주요 특성으로 가장 옳지 않은 것은?

① 이익집단들 간의 경쟁은 정치체제의 유지에 순기능적이라고 본다.
② 권력의 원천이 특정 세력에 집중되어 있는 것이 아니고 각기 분산된 불공평성을 띤다.
③ 이익집단들 간에 상호 경쟁적이지만 기본적으로는 게임의 규칙을 준수해야 하는 데 합의를 하고 있다고 본다.
④ 다양한 이익집단은 정부의 정책과정에 동등한 접근 기회를 가지고 있으며 이익집단들 간의 영향력에 차이가 있음을 인정하지 않는다.

해설 ④ 다원주의는 다양한 이익집단들 간의 경쟁이 정책결정의 동력이라고 주장하며 이익집단들 간의 영향력의 차이가 있음을 인정하나 정부의 정책과정에 동등한 접근 기회를 가지고 있다고 주장한다. ③ 이익집단들 간에 상호 경쟁적이지만 기본적으로는 게임의 규칙을 준수해야 하는 데 합의를 하고 있다고 본다.

[정답] ④

35
• 14 국가9급

정책 메카니즘에 대한 설명으로 옳지 않은 것은?

① 정책은 편파적으로 이익과 손해를 나누어주는 성격도 갖고 있다.
② 모든 사회문제는 정책의제화 된다.
③ 정책목표와 정책수단 사이에는 인과 관계가 있어야 한다.
④ 정책대안 선택의 기준들 사이에는 갈등이 있을 수 있다.

해설 ② 모든 사회문제가 정책의제되는 것은 아니다. 다원주의에서는 모든 사회문제가 의제화 될 수도 있지만, 엘리트론에서는 지배엘리트가 선호하는 문제만이 의제화 된다.

[정답] ②

36
• 17 지방9급(하)

정책과정을 설명하는 이론의 내용으로 옳은 것은?

① 현대 엘리트이론은 국가가 소수의 지배자와 다수의 피지배자로 구분되기 어렵다고 본다.
② 공공선택론은 사적 이익보다는 집단 이익을 위한 합리적 선택에 초점을 둔다.
③ 다원주의이론은 정부정책을 다양한 행위자들 간의 협상과 경쟁의 결과로 본다.
④ 조합주의이론은 정책과정에서 국가의 역할이 소극적·제한적이라고 본다.

해설 ③ 다원주의이론은 정부정책을 이익집단이나 정당 등 다양한 행위자들 간의 협상과 경쟁의 결과로 본다. ① 현대 엘리트이론은 국가가 소수의 지배자(엘리트)와 다수의 피지배자(일반대중)로 구분된다고 전제한다. ② 공공선택론의 기본가정에 의하면 인간은 경제행위나 정치행위나 모두 이기심에 따라 자기이익의 극대화를 추구한다. 즉 개인은 합리적으로 효용의 극대화 추구자이다(사익을 추구하는 개체) ④ 정책과정에서 국가의 역할이 소극적·제한적이라고 보는 것은 다원주의 관점이다. 조합주의이론은 정책과정에서 국가의 역할이 적극적·능동적이라고 본다.

[정답] ③

37
• 19 국가9급

정책네트워크에 대한 설명으로 옳지 않은 것은?

① 정책네트워크의 참여자는 정부뿐만 아니라 민간부문까지 포함한다.
② 정책공동체(policy community)에 비해서 이슈네트워크(issue network)는 제한된 행위자들이 정책과정에 참여하며 경계의 개방성이 낮은 특성이 있다.
③ 헤클로(Heclo)는 하위정부모형을 비판적으로 검토하면서 정책이슈를 중심으로 유동적이며 개방적인 참여자들 간의 상호작용 현상을 묘사하기 위한 대안적 모형을 제안하였다.
④ 하위정부(sub-government)는 선출직 의원, 정부관료, 그리고 이익집단의 역할에 초점을 맞춘다.

해설 ② 특정한 정책분야의 전문가들로 구성된 일종의 공동체로서 제한된 행위자들이 정책과정에 참여하는 모형은 정책공동체이다. 정책공동체는 이슈네트워크에 비하여 경계의 개방성이 낮은 특성이 있다. ① 정책네트워크를 구성하는 참여자는 정부부문과 민간부문의 공식적·비공식적 개인 또는 조직이다.

[정답] ②

38
• 18 서울9급

정책과정에서 행위자 사이의 권력관계 이론에 대한 설명으로 가장 옳지 않은 것은?

① 헌터(Hunter)는 지역사회연구를 통해 응집력과 동료의식이 강하고 협력적인 정치 엘리트들이 지역사회를 지배한다는 엘리트론을 주장한다.
② 무의사결정(nondecision-making)론은 권력을 가진 집단은 자신들에게 불리하거나 바람직하지 않다고 생각되는 특정 이슈들이 정부 내에서 논의되지 못하도록 봉쇄한다고 설명한다.
③ 다원론을 전개한 다알(Dahl)은 New Haven시를 대상으로 한 연구에서 정책결정을 담당하는 엘리트가 분야별로 다른 형태를 보인다고 설명한다.
④ 신다원론에서는 집단 간 경쟁의 중요성은 여전히 인정하면서 집단 간 대체적 동등성의 개념을 수정하여 특정집단이 다른 집단보다 더욱 강력할 수 있다는 점을 인정하였다.

해설 ① 헌터(Hunter)의 명성접근법에 의하면 아틀란타시를 대상으로 명성이 나있는 40명의 엘리트들의 성분을 조사해본 결과 기업가, 변호사, 노동지도자 등이 시정정책의 기본방향을 결정한다고 하였다. 이들은 사회의 엘리트로서 '정치엘리트'가 지역사회를 지배하는 것은 아니다. ③ 다알(Dahl)은 각 정책영역별로 영향력을 행사하는 엘리트들이 각기 다르다고 주장하며 또한 엘리트들이 분야별로 다른 형태를 보인다고 주장한다. 정치적 자원의 배분이 누적적인 것이 아니라 영역별로 분산되어 있기 때문이라는 것이다. ④ 신다원론에서는 집단 간 경쟁의 중요성은 여전히 인정한다는 측면에서 다원주의로 볼 수 있지만, 특정집단이 다른 집단보다 더욱 강력할 수 있다는 점을 인정한다는 측면에서 엘리트론의 관점을 수용하였다.

[정답] ①

39
• 18 행정사

정치네트워크모형에 관한 설명으로 옳지 않은 것은?

① 자원의존성을 토대로 한 행위자들 간의 교환관계를 중시한다.
② 정책공동체는 이슈네트워크에 비해 개방적이고 유동적인 네트워크로서의 특징은 지닌다.
③ 단순하고 분명하게 정의된 하위정부의 경계와는 달리 이슈네트워크의 경계는 모호하다.
④ 하위정부 모형에서는 소수의 엘리트 행위자들이 특정 정책영역에서 정책결정을 지배하고 있다고 설명한다.
⑤ 이슈네트워크에서는 행위자들 간의 권력배분이 불평등하다.

해설 ② 이슈네트워크는 정책공동체에 비해 개방적이고 유동적인 네트워크이다.

[정답] ②

40
• 03 입법고시

특정의 개인 및 기업이 자기들의 경제적 이득을 증대시킬 목적으로 정치인·관료와 결탁하여 각종 정부규제 및 해제, 법률제정 등을 요구·지지함으로써 그 사회의 다른 집단으로부터 부(富)나 가치(價値)의 이전을 꾀하는 사회적으로 생산적이지 못한 로비활동을 무엇이라고 하는가?

① X-비효율성 (X-inefficiency)
② 역선택 (adverse selection)
③ 지대추구 (rent seeking)
④ 투표거래 (logrolling)
⑤ 이윤극대화 (profit maximization)

해설 지대추구(Rent Seeking)란 정부의 시장개입이 초래하는 사회적 비용을 설명하는 Tullock의 이론으로 정부가 시장에 개입하여 경쟁을 제한하거나 독점적 상황을 만들게 되면 이익집단들이 이러한 독점적 상황을 유지하기 위하여 경쟁체제라면 기술개발 등에 투자하였을 자금을 정부에의 로비 등 비생산적인 용도에 사용하게 되어 낭비와 사회적 손실이 발생한다는 것이다.

[정답] ③

41
• 03 행시

트루만(C.Truman)이 말하는 정책과정의 참여자인 정치적 이익집단(political interest group)에 대한 설명으로 옳지 않은 것은?

① 정치적 이익집단을 흔히 압력집단(pressure group)으로 부르기도 한다.
② 정치적 이익집단의 전형적인 정치적 역할은 이익의 표명이다.
③ 정치적 이익집단은 문제해결을 위한 실현가능성 있는 정책대안을 제안할 수 있는 여건을 갖추고 있는 경우가 많다.
④ 개발도상국에서는 정치적 이익집단이 매개체가 되어 관련 행정조직과 의회의 담당위원회가 연합한 하위정부(sub-government)가 실질적인 정책결정을 하는 경우가 많다.
⑤ 정치적 이익집단은 집행과정에서 자신들에게 유리한 집행이 이루어지도록 공식적 정책평가자의 정책평가에 영향을 미치려 한다.

해설 하위정부모형은 의회의 기능이나 이익집단의 활동이 활성화되어 있지 않은 개발도상국에서는 현실적으로 발생하기 어렵고, 의회기능과 이익집단이 활성화된 미국에 주로 적용되었던 개념이다.

[정답] ④

42
• 12 지방7급

정책네트워크 모형에 대한 설명으로 옳지 않은 것은?

① 사회학이나 문화인류학의 연구에서 이용되어 왔던 네트워크 분석을 다양한 참여자들의 행위들로 특징지어지는 정책과정의 연구에 적용한 것이다.
② 행위자들 간의 연계는 의사소통과 전문지식, 신뢰, 그리고 여타 자원을 교환하는 통로로 작용한다.
③ 미국의 경우 정당과 의회중심의 정책과정 설명이 한계에 부딪히면서 등장하였다.
④ 이슈네트워크는 정부부처의 고위관료, 의원, 기업가, 로비스트, 학자, 언론인 등 특정 영역에 이해관계가 있거나 관심을 가지는 사람들 간의 네트워크이다.

해설 ③ 정당과 의회중심의 정책과정 설명이 한계에 부딪히면서 등장한 것은 영국에서의 정책공동체이다. 반면 미국에서는 정당과 의회중심의 정책네트워크로서 하위정부모형과 이슈네트워크가 있다.

[정답] ③

43
• 12 국회8급

정책네트워크(policy network)에 관한 설명으로 옳지 않은 것은?

① 사회학에서 많이 사용되고 있는 사회연결망의 분석방법을 응용하였다.
② 하위정부의 자율성은 낮으나 하위정부에서 형성되는 연계관계의 안정성은 높다.
③ 이슈네트워크(issue network)는 다양한 관련행위자들이 특정 이슈에 대해 공식적, 비공식적 채널을 통해 영향을 미친다.
④ 현상에 대한 기술과 설명은 뛰어나나 인과관계를 밝히는 데에는 약하다는 비평을 받는다.
⑤ 정책형성과정 중 이해관계자(stakeholder)들을 정확히 파악해야 한다.

해설 ② 하위정부모형(sub-govemment model)은 이익집단과 관료조직(고위관료)과 의회의 위원회간의 3자 연합(트로이카체제)이 각 정책영역별로 정책의 결정과 집행에 주도적인 영향을 미친다고 본다. 하위정부는 3자의 이해관계가 일치하여 이들 사이에서 호혜적 동맹관계가 형성되어 연계관계의 안정성 및 자율성은 높다. '자율성이 높다'라는 의미는 외부통제나 간섭을 받지 않는 의미이다.

[정답] ②

44
• 12 지방9급

정책네트워크의 유형 중 하위정부(sub government) 모형에 대한 설명으로 옳지 않은 것은?

① 상대적으로 자율성과 안정성이 높다.
② 폐쇄적 관계를 강조하고 다른 이익집단의 참여를 배제한다.
③ 행정수반의 관심이 약하거나 영향력이 적은 재분배정책 분야에서 주로 형성된다.
④ 헤클로(Heclo)는 이익집단이 늘어나고 다원화됨에 따라 적용의 한계가 있다고 지적한다.

해설 하위정부모형은 행정수반(대통령)의 관심이 약하거나 영향력이 적은 분배정책에서 주로 나타난다.

[정답] ③

45
• 07 경남7급

다음 중 엘리트이론의 정책모형과 가장 거리가 멀다고 생각되는 것은?

① 정책은 엘리트의 가치배분에 의해 결정된다.
② 신엘리트이론이라 할 수 있는 Bachrach와 Baratz의 무의사결정론은 이익집단 자유주의에 대한 비판에서 출발하였다.
③ 소수의 지배계층인 엘리트는 때로는 다원주의자(pluralists)보다 더 민주적이라고 하는 주장도 주의 깊게 경청할 필요가 있다.
④ C.Wright Mills는 엘리트 중 가장 중요한 권력엘리트는 대기업엘리트, 정치엘리트 그리고 군사엘리트라고 주장한다.

해설 Bachrach와 Baratz의 무의사결정론은 R.Dahl의 다원론에 대한 비판에서 출발하였다. 이들은 다알(Dahl)의 뉴헤븐(New Haven)市의 연구를 비판하면서 Dahl 등의 다원론이 권력의 어두운 모습을 간과했다고 비판한 데서 비롯된 것으로 '권력의 두 얼굴(1962)'을 통하여 설명된 현상이다.

[정답] ②

46
• 08 서울7급

다음 중 밑줄 친 것 가운데 옳지 않은 것은?

> R.Dahl은 미국 ①New Haven의 조사를 기초로 민주주의에서 권력이 특정한 사회집단에게 ②독점되고 있음을 지적했다. P.Bachrach와 ③M.Baratz는 핵심적 권력을 갖는 집단이나 사람들에게 부정적 영향을 끼치는 정책의제는 의사결정의 대상이 되지 않는 현상을 강조하면서 ④무(無)의사결정이론을 주장하였다. 이것은 A.Gramsci가 ⑤hegemony라는 개념을 통해 지배계급이 물리적 강제력을 동원하지 않고도 지배를 해나간다고 지적한 바와 맥락을 같이 한다.

해설 Dahl은 그의 저서 "Who Governs? 1961."에서 New Haven시를 대상으로 연구했다. Dahl은 민주주의에서 권력이 특정 사회집단에 독점된다고 본 기존의 엘리트이론과 달리 부를 축적한 집단, 권력을 장악한 집단, 명예를 가진 집단이 각각 다르다고 보았다. 즉, 사회의 제반

가치와 권력은 다양한 세력(이익집단 등)에게 분산되어 있다고 전제하였다. ⑤ A.Gramsci(그람시)는 지배계급이 물리적 강제력을 동원하지 않고도 일반대중을 지배할 수 있다고 한 헤게모니 개념은 신엘리트론의 무의사결정과 같은 맥락이다. 헤게모니는 한 계급이 단지 힘의 위력으로써만이 아니라 제도, 사회관계, 관념의 조직망 속에 동의를 이끌어냄으로써 자신의 지배를 유지하는 수단이다.

[정답] ②

47
• 04 전북9급

정책결정의 참여자로서의 이익집단을 설명한 이론에 관한 설명으로 잘못된 것은?

① 조합주의이론 중 국가조합주의는 유럽이나 미국 등 의회민주주의하에서의 이익대표체제와 관련된다.
② 잠재이익집단론은 정책결정자가 잠재집단을 염두에 두기 때문에 소수의 특수이익이 정책을 결코 좌우하지 못한다는 이론이다.
③ 공익집단이론에 의하면 특수이익보다는 공익에 가까운 주장을 하는 이익집단의 이익이 정책에 반영된다.
④ 지대추구이론은 관료의 자기이익 추구와 밀접히 관련된다.
⑤ 포획이론이란 정책당국이 이익집단의 요구에 호응하고 동조하는 것을 말한다.

[해설] 국가조합주의는 개발도상국이나 권위주의국가 제3세계 및 후진자본주의에서 국가가 일방적으로 주도하는 이익대표체제이다. 사회조합주의는 이익집단의 자발적 시도에 의한 것으로 서구유럽 및 북미의 선진자본주의의 의회민주주의 하에서의 이익대표체제이다.

[정답] ①

48
• 04 국회8급

다음은 정부를 이해하는 데 필요한 연구시각과 개념의 틀을 설명한 것이다. 가장 타당하지 않은 것은?

① 제도론은 법률·제도를 통하여 행정현상을 이해하려는 접근방법이다.
② 엘리트이론은 일반대중을 정치에 무감각한 존재로 파악한다.
③ 집단이론은 전체로서의 집단을 개인보다 중요한 존재로 파악하고, 통치과정상 집단을 기본적 단위로 간주한다.
④ 집단이론은 일반대중의 정치적 무능과 통치체제의 계층성을 인정한다.
⑤ 공공선택론은 분석의 기초단위인 인간을 이기적이고 합리적인 존재로 가정한다.

[해설] 집단이론은 다원주의에 속하는 이론으로서 다양한 이익집단의 적극적 역할을 중시한다. ④는 엘리트이론의 전제이다. 엘리트이론에 의하면 일반대중은 무능하여 통치(정책)란 엘리트로부터 일반대중으로 하향적으로 이루어질 수 밖에 없다는 '통치의 계층성'을 전제한다.

[정답] ④

49
• 09 서울9급

정책네트워크에 대한 설명으로 적절한 것은?

① 정책네트워크에는 참여자들의 상호 작용을 규정하는 공식적 규칙이 존재하지 않는다.
② 정책문제망은 정책공동체보다 폐쇄적이다.
③ 정부와 민간의 파트너십이 증대할수록 정책네트워크에 대한 관심은 감소한다.
④ 정책문제망의 권력게임은 대체로 포지티브섬 게임이다.
⑤ 이익집단의 증대와 경쟁의 격화는 하위정부모형의 적실성을 약화시킨다.

[해설] ① 정책네트워크에는 다양한 참여자들간의 관계를 설명하기위한 모형으로 참여자들간의 상호작용을 규정하는 규칙이 존재한다. 이러한 규칙은 공식적인 규칙과 비공식적인 규칙의 총체로서 제도적 특성을 가진다(신제도주의). ② 정책문제망이란 이슈네트워크를 말하는 것으로서 이는 정책공동체보다 개방적이다. ③ 파트너십이 증대될수록 정책네트워크에 대한 관심은 증가한다. ④ 정책문제망의 권력게임은 대체로 negative-sum game(경쟁적, 갈등적)인 반면 정책공동체는 positive-sum game(협력적)이다. ⑤ 이익집단의 증대와 경쟁 격화는 더 이상 철의 삼각(하위정부)에 의한 결정이 곤란해졌음을 의미한다.

[정답] ⑤

50
* 05 국가7급

정책네트워크(Polity Network)의 유형에 관한 설명 중 옳지 않은 것은?

① 정책커뮤니티(Polity Community)란 정책 결정에 참여하는 집단이 비교적 제한적이고 정책결정이 비교적 안정적이며 계속성을 지니는 경우이다.
② 하위정부는 모든 정책 분야에 걸쳐서 가능한 것이 아니라 대통령의 관심이 덜 하거나 영향력이 비교적 적은 분배정책 분야에서 주로 형성되고 있다.
③ 철의삼각(Iron Triangle)은 하위정부와 같은 뜻으로 사용하는 개념으로 의회 상임위원회(분과위원회) 행정부처와 이익집단 간의 관계자 통합성이 지극히 높으며, 일종의 동맹 관계를 형성하고 있다고 하여 사용되는 개념이다.
④ 이슈네트워크는 Heclo가 하위정부나 철의 삼각을 비판하기 위하여 제기한 개념으로서 미국에서 이익집단이 수적으로 크게 늘어나고 다원화됨에 따라 하위정부 정책결정이 용이해 졌다고 주장한다.

해설 이슈공동체(Issue Network)란 '철의 삼각(하위정부모형)'을 대체하는 개념으로 공통의 기술적 전문성을 가진 다양한 견해의 대규모의 참여자들을 함께 묶는 지식공유집단(shared knowledge group)이며 특정한 경계가 존재하지 않는 광범위한 정책연계망이다(Heclo). 이슈네트워크는 하위정부를 비판한 개념으로 미국에서 이익집단이 수적으로 크게 늘어나고 다원화됨에 따라 하위정부 정책결정이 용이해지기보다 어려워졌다고 주장한다.

[정답] ④

51
* 08 국회8급

정책결정의 참여자에 관한 주요 이론 중에서 '이슈연결망(issue network)'을 설명하고 있는 것은?

① 의회스태프, 타 행정기관의 관료, 사회과학자 등 다양한 관련 행위자들이 비제도적인 통로를 통해 유동적이고 불안정하게 상호 작용한다.
② 정책결정이 부문별 행정관료, 이익집단, 의회위원회 간의 연대에 의해 배타적으로 주도되는 현상을 지칭한다.
③ 특정이익보다는 다수의 이익에 기여하는 주장을 하는 집단의 의견이 정책결정에 반영된다.
④ 관료와 군부 그리고 기업엘리트를 권력의 세 축으로 보는 권력엘리트 모형의 견해와 흡사하다.
⑤ 정책결정의 참여자 중 정부의 역할을 강조하고, 정부와 이익집단 간의 상호 협력을 중시한다.

해설 ① 이슈네트워크는 다양한 행위자들이 정책과정에 참여하며 개방적 모형이다. 여기에는 조직화된 이익집단뿐만 아니라 조직화되지 않은 개인, 전문가, 언론과 의회스태프, 타 행정기관의 관료, 사회과학자 등 다양한 관련행위자들이 비공식적·비제도권적인 통로를 통해 유동적이고 불안정하게 상호작용한다.
②는 하위정부모형(삼자연합, 철의 삼각, 삼두마차), ③은 공공이익집단론,
④는 Mills의 지위접근법(엘리트이론),
⑤는 조합주의 중 국가조합주의를 설명하고 있다.

[정답] ①

52
* 10 국가7급

이슈네트워크(issue network)와 비교한 정책공동체(policy community)의 상대적 특성으로 옳지 않은 것은?

① 정책결정을 둘러싼 권력게임은 공동의 이익을 추구하는 정합게임(positive-sum game)의 성격을 띤다.
② 참여자들이 기본가치를 공유하며 그들 간의 접촉빈도가 높다.
③ 참여자의 범위가 넓고 경계의 개방성이 높다.
④ 모든 참여자가 교환할 자원을 가지고 참여한다.

해설 ③ 참여의 범위가 넓고 경계의 개방성이 높은 경우는 정책공동체이다.

[정답] ③

53
• 24 행정사

정책이론에 관한 설명으로 옳지 않은 것은?

① 마르크스주의 - 현대국가는 모든 자본가 계층의 공통된 이해관계를 대변하기 위한 위원회와 같다.
② 엘리트주의 - 지배계층은 모든 정책과정을 장악하고 영향력을 행사하며 정책의 혜택을 누린다.
③ 무의사결정 - 정치적 행위자는 자신의 효용과 만족감을 최대화하기 위하여 합리적으로 행동한다.
④ 제도주의 - 정책분석의 초점은 정부제도의 공식적·법적 기구에 맞추는 것이다.
⑤ 다원주의 - 정부의 역할은 단지 집단 간의 이익 대결과 갈등을 조정하는 중립적인 제3자에 불과하다.

해설 ③[X] 무의사결정은 Elite(기득권자)가 자신들의 이익이 침해당할 것을 우려하여 특정 사회문제가 정책의제로 채택되는 것을 사전에 억압 또는 원천적으로 기각·봉쇄하는 것을 말한다. 자신의 효용과 만족감을 최대화하기 위하여 합리적으로 행동하는 것은 공공선택론의 입장이다. ① 마르크스주의에 의하면 자본가계급이 자신들의 이익을 위해 국가를 장악한다. 즉 국가를 자본가 계급이 노동자 계급을 착취하기 위한 도구로 보는 이론이다. ④ 제도주의에 의하면 정책분석의 초점은 개별행위자가 아니라 정부제도의 공식적·법적 기구에 맞추는 것이다.

[정답] ③

54
• 24 군무원9급

다음 중 정책네크워크의 유형에 대한 설명으로 가장 적절하지 않은 것은?

① 정책공동체는 대체로 제로섬게임(zero-sum game)의 성격을 띠지만, 정책문제망은 상대적으로 공동의 이익을 추구하는 포지티브섬 게임(positive-sum game)이다.
② 정책문제망은 주로 특정한 정책 문제별로 형성되며 그 경계는 모호하고 개방성이 높은 편입니다.
③ 정책공동체는 주로 정책 분야별로 형성되며 그 참여자의 범위가 하위정부의 경우보다 비교적 넓은 편이다.
④ 하위정부 모형에서 '철의 3각 동맹관계'는 주로 정책 분야별로 형성되며 그들 간에 상호 활발한 교류를 한다.

해설 ①[X] 정책공동체는 참여자들간에 비교적 균등한 권력을 보유하고 관계의 속성도 포지티브 섬(협력적) 게임적인 성격을 가지지만 이슈네트워크(정책문제망)에서는 행위자들간에 권력배분의 편차가 심하며 관계도 네거티브 섬(경쟁적) 게임의 성격이 강하다.
②[O] 정책문제망이란 이슈네트워크를 말하는 것으로 특정 이슈를 중심으로 이해관계나 전문성을 갖는 개인 및 조직으로 구성되는 네트워크로서 특정한 경계가 없다.

[정답] ①

THEMA 20. 정책의제설정

55
• 22 지방9급

홀릿(Howlett)과 라메쉬(Ramesh)의 모형에 따라 정책의제설정 유형을 분류할 때, (가) ~ (라)에 대한 설명으로 옳지 않은 것은?

의제설정 주도자 \ 공중의 지지	높음	낮음
사회 행위자(societal actors)	(가)	(나)
국가(state)	(다)	(라)

① (가) - 시민사회단체 등이 이슈를 제기하여 정책의제에 이른다.
② (나) - 특별히 의사결정자들에게 접근할 수 있는 영향력 있는 집단이 정책을 주도한다.
③ (다) - 이미 공중의 지지가 높기 때문에 정책이 결정된 후 집행이 용이하다.
④ (라) - 정책결정자가 이슈를 제기하면 자동적으로 정책의제화 되기 때문에 성공적인 집행을 위한 공중의 지지는 필요없다.

해설 홀릿(Howlett)과 라메쉬(Ramesh)는 P.J.May와 함께 정책의제설정모형을 공중의 지지와 의제설정주도자에 따라 4가지로 구분·제시하였다. ④[X] 정부가 공중의 지지를 적극 이끌어내야 한다. (라)는 동원형에 해당하는데, 공중의 지지가 낮은 상태에서 국가가 주도하는 유형이다. 동원형에서는 공중의 지지를 적극 이끌어 내기 위해서 정부가 주도적으로 PR(공공관계) 등을 시도한다. ①[O] 외부주도형에 대한 설명으로 시민사회단체 등 외부 집단에 의해 의제가 주도된다. ②[O] 내부접근형에 해당하며, 의사결정자들에게 접근할 수 있는 영향력 있는 관심집단에 의하여 주도된다. ③[O] 굳히기형(공고화 모형)에 해당하며, 공중의 지지가 높고 국가가 의제설정을 주도하는 모형으로 의제채택 및 집행이 매우 용이하다.

[정답] ④

[May(1991) & Howlett & Ramesh(2003)의 의제설정모형]

주도자 \ 대중지지	높음	낮음
사회적 행위자들	① 외부주도형	② 내부주도형(내부접근형)
국가	③ 굳히기형	④ 동원형

56
• 23 국가9급

바흐라흐(Bachrach)와 바라츠(Baratz)의 무의사결정론에 대한 설명으로 옳지 않은 것은?

① 무의사결정의 행태는 정책과정 중 정책문제 채택단계 이외에서도 일어난다.
② 기존 정치체제 내의 규범이나 절차를 동원하여 변화 요구를 봉쇄한다.
③ 정책문제화를 막기 위해 폭력과 같은 강제력을 사용하기도 한다.
④ 엘리트의 두 얼굴 중 권력행사의 어두운 측면을 고려하지 못한다고 비판했기 때문에 신다원주의로 불린다.

해설 ④ [X] 신다원주의가 아니라 신엘리트론에 해당한다. 무의사결정론(Non-Decision Making)은 신엘리트론자인 Baratz와 Bachrach의 주장으로 '권력의 두 얼굴(Two Faces of power)'에서 R. Dahl의 다원적 권력이론을 비판하면서 엘리트는 자신들의 안전한 이슈만을 논의하고 불리한 문제는 거론조차 못하게 봉쇄하고 있다고 주장하였다. ① [O] 무의사결정은 주로 정책문제 채택과정(의제설정)에서 나타나지만 넓게는 정책과정 전반에 걸쳐 나타난다. ②③ [O] 기존의 규범이나 절차·편견을 동원하여 변화요구를 봉쇄하는 것(편견의 동원)이나 폭력이나 강제력을 사용하는 것도 무의사결정의 수단에 포함된다.

[정답] ④

57

콥과 로스(Cobb & Ross)가 제시한 정책의제설정 모형에 관한 내용으로 옳지 않은 것은?

① 외부주도형은 다원화되고 민주화된 선진국 정치체제에서 많이 나타나는 유형이다.
② 내부접근형은 고위의사결정자 등에 의해 정부의제가 먼저 설정되고 정책순응을 확보하기 위해 다각적인 홍보 등을 거쳐 최종적으로 정책의제로 채택되는 유형이다.
③ 외부주도형은 정부 바깥에 있는 집단이 사회문제를 정부가 해결해줄 것을 요구하며 정부의제로 채택하도록 하는 유형이다.
④ 내부접근형은 국방, 외교 등 비밀 유지가 필요한 분야의 정책, 또는 강한 반대가 예상됨에도 불구하고 반드시 추진하려는 정책 등에서 찾아볼 수 있다.
⑤ 동원형은 정부의 힘이 강하고 민간부문이 취약한 후진국에서 많이 나타나는 유형이나, 선진국에서도 정치지도자가 특정한 사회문제해결을 주도하는 경우에 나타난다.

해설 ② 고위의사결정자 등에 의해 정부의제가 먼저 설정되고 정책순응을 확보하기 위해 다각적인 홍보 등을 거쳐 최종적으로 정책의제로 채택되는 유형은 동원형이다. 동원형과 내부접근형을 구별하는 기준은 대민홍보(PR)를 실시하는지 여부에 있다.

[정답] ②

58
• 15 지방9급

무의사결정(non-decision making)에 대한 설명 중 옳지 않은 것은?

① 사회문제에 대한 정책과정이 진행되지 못하도록 막는 행동이다.
② 기득권 세력이 그 권력을 이용해 기존의 이익배분 상태에 대한 변동을 요구하는 것이다.
③ 기득권 세력의 특권이나 이익 그리고 가치관이나 신념에 대한 잠재적 또는 현재적 도전을 좌절시키려는 것을 의미한다.
④ 변화를 주장하는 사람으로부터 기존에 누리는 혜택을 박탈하거나 새로운 혜택을 제시하여 매수한다.

해설 무의사결정이란 엘리트(기득권 세력)의 특권이나 이익, 가치관이나 신념에 대한 잠재적 또는 현재적 도전을 억압하거나 좌절시키려는 것을 의미한다. 따라서 '기득권 세력이 아닌' 집단(소외계층 등)이 기존의 이익배분 상태에 대해서 변동을 요구하는 것을 기득권 세력이 억압하는 것을 말한다.

[정답] ②

59
• 20 국가9급

무의사결정론에 대한 설명으로 옳지 않은 것은?

① 정치체제 내의 지배적 규범이나 절차가 강조되어 변화를 위한 주장은 통제된다고 본다.
② 엘리트들에게 안전한 이슈만이 논의되고 불리한 이슈는 거론조차 못하게 봉쇄된다고 한다.
③ 위협과 같은 폭력적 방법을 통해 특정한 이슈의 등장이 방해받기도 한다고 주장한다.
④ 조직의 주의집중력과 가용자원은 한계가 있어 일부 사회문제만이 정책의제로 선택된다고 주장한다.

해설 무의사결정론(Non-Decision Making)은 신엘리트론자인 Baratz와 Bachrach의 주장으로 의사결정자(엘리트)의 이익에 반하는 잠재적·현재적 도전을 억압하거나 좌절시키도록 하는 결정이다.
②는 무의사결정의 개념이고, ①③은 무의사결정의 수단(방법)에 해당한다.
① 지배적 규범이나 절차를 강조하여 변화에 대한 주장을 억압하는 방법은 편견의 동원이며,
③ 위협과 같은 폭력적 방법은 가장 직접적인(강도 높은) 수단으로서, 기존질서의 변화를 주장하는 요구가 정치적 이슈가 되지 못하도록 구타, 암살, 처벌 등 테러행위를 자행하는 방법이다.
④ [X] 조직의 주의집중력과 가용자원은 한계가 있어 일부 사회문제만이 정책의제로 선택된다는 주장은 Simon의 주의집중(attention directing)이론이다.

[정답] ④

60
• 14 국가9급

다음은 정책과정을 바라보는 이론적 관점들 중 하나를 제시한 것이다. 그 내용과 부합하는 것은?

> 사회의 현존 이익과 특권적 분배 상태를 변화시키려는 요구가 표현되기도 전에 질식·은폐되거나, 그러한 요구가 국가의 공식 의사결정 단계에 이르기 전에 소멸되기도 한다.

① 정책은 많은 이익집단의 경쟁과 타협의 산물이다.
② 정책 연구는 모든 행위자들이 이기적인 존재라는 기본 전제 하에서 경제학적인 모형을 적용한다.
③ 실제 정책과정은 기득권의 이익을 수호하려는 보수적인 성격을 나타낼 가능성이 높다.
④ 정부가 단독으로 정책을 결정·집행하는 것이 아니라 시장(market) 및 시민사회 등과 함께 한다.

해설 제시문은 무의사결정을 설명하고 있다. 무의사결정론은 신엘리트론의 주장으로서 실제 정책과정은 정책결정자 또는 엘리트(기득권)의 이익을 수호하려는 보수적인 성격을 나타낼 가능성이 높다. ①은 다원주의 입장이고, ②는 공공선택론자들의 주장이며, ④는 뉴거버넌스의 정책네트워크에 대한 주장이다.

[정답] ③

61
• 14 서울9급

정책의제의 설정에 영향을 미치는 요인에 대한 설명으로 옳지 않은 것은?

① 일상화된 정책문제보다는 새로운 문제가 보다 쉽게 정책의제화된다.
② 정책 이해관계자가 넓게 분포하고 조직화 정도가 낮은 경우에는 정책의제화가 상당히 어렵다.
③ 사회 이슈와 관련된 행위자가 많고, 이 문제를 해결하기 위한 정책의 영향이 많은 집단에 영향을 미치거나 정책으로 인한 영향이 중요한 것일 경우 상대적으로 쉽게 정책의제화된다.
④ 국민의 관심 집결도가 높거나 특정 사회 이슈에 대해 정치인의 관심이 큰 경우에는 정책의제화가 쉽게 진행된다.
⑤ 정책문제가 상대적으로 쉽게 해결될 것으로 인지되는 경우에는 쉽게 정책의제화 된다.

해설 정책의제설정요인 (의제설정에 영향을 미치는 변수)으로 사회적 유의성(중요성), 선례, 단순성, 해결가능성, 극적 사건 등이 있다. 선례가 있는 문제는 SOP에 따라 쉽게 의제채택이 되지만 선례가 없는 새로운 문제는 의제화되기어렵다.

[정답] ①

62
• 14 국가9급

정책의제설정과 관련된 이론과 설명이 바르게 연결된 것은?

A. 사이먼(H. Simon)의 의사결정론
B. 체제이론
C. 다원주의론
D. 무의사결정론

ㄱ. 조직의 주의 집중력은 한계가 있어 일부의 사회문제만이 정책의제로 선택된다.
ㄴ. 문지기(gate-keeper)가 선호하는 문제가 정책의제로 채택된다.
ㄷ. 이익집단들이나 일반 대중이 정책의제설정에 상당한 영향력을 행사한다.
ㄹ. 대중에 대한 억압과 통제를 통해 엘리트들에게 유리한 이슈만 정책의제로 설정된다.

	A	B	C	D
①	ㄱ	ㄴ	ㄷ	ㄹ
②	ㄱ	ㄷ	ㄴ	ㄹ
③	ㄹ	ㄴ	ㄷ	ㄱ
④	ㄹ	ㄷ	ㄴ	ㄱ

해설 의제설정과 관련한 이론으로 사이먼의 의사결정론, 체제이론, 엘리트론, 다원주의론, 신엘리트론이 있다. 사이먼(H. Simon)은 체제내 정책결정자의 능력상 한계를 중시하면서, 인간의 의사결정단계를 ㉠ 주의집중(attention directing), ㉡ 설계, ㉢ 선택의 과정으로 이론화하고, 이 중 주의집중이라는 단계가 정책의제설정단계라고 설명하고 있다. 체제이론(Easton)은 체제능력의 한계로 인하여 문지기의 filtering이 있게되는데, 이때 문지기

(gate-keeper)가 선호하는 문제가 정책의제로 채택된다. 다원주의론에 의하면 이익집단 등이 의제설정에 영향력을 행사한다. 엘리트들에게 유리한 이슈만 정책의제로 설정되는 것은 엘리트론에 해당한다.

[정답] ①

63
• 10 국가7급

정책의제설정에 대한 설명으로 옳지 않은 것은?

① 체제의제(systematic agenda)란 개인이나 민간 차원에서 쉽사리 해결될 수 없어서 정부가 이를 해결해야 한다고 많은 사람들이 생각하는 정책적 해결 필요성이 있는 의제를 의미한다.
② 동원형은 정부의 힘이 강하고 민간부분의 힘이 취약한 후진국에서 많이 나타나며, 의도적이고 일방적으로 국민을 무시하는 정부에서 나타날 수 있는 유형이다.
③ 외부주도형은 정책담당자가 아닌 외부 사람들의 주도에 의해 정책문제의 정부귀속화가 이루어지는 유형이다.
④ 내부접근형은 정책담당자들에 의해 자발적으로 정책의제화가 진행되는 유형이다.

해설 동원형은 정부의 힘이 강하고 민간부분의 힘이 취약한 후진국에서 많이 나타난다. 그러나 일방적으로 국민을 무시하는 것은 아니며, 행정PR 등에 의하여 이슈화 및 공중의제화 한다는 특징이 있다. 의도적이고 일방적으로 국민을 무시하는 정부에서 나타날 수 있는 유형은 내부접근형이다.

[정답] ②

64
• 04 국회8급

다음 정책의제설정 모형 중 외부주도형에 관한 설명으로 가장 올바른 것은?

① 허쉬만(Hirshman)은 강요된 정책문제라고 하였다.
② 전문가의 영향력이 크다.
③ 논쟁의 주도자는 국가이며 대중의 지지가 낮을 때 나타나는 현상이다.
④ 주도자들은 정책의 대중 확산이나 정책 경쟁의 필요를 느끼지 않는다.
⑤ 새마을 운동, 가족계획 사업 등이 이에 해당된다.

해설 외부주도형은 사회문제당사자인 외부집단이 주도하여 정책의제의 채택을 정부에 강요한다는 의미로 허쉬만은 이를 '강요된 정책문제', 동원형은 '채택된 정책문제'라고 한다. ② ③ ⑤는 동원형, ④는 내부접근형(음모형).

[정답] ①

65
• 09 국회8급

주도집단에 따른 정책의제 설정 유형에 관한 설명으로 옳지 않은 것은?

① 내부접근형은 행정관료가 의제설정을 주도하는 유형이다.
② 동원형은 정부의제화한 후 구체적인 정책결정을 하면서 공중의제화한다.
③ 내부접근형에서 정부의제는 정부PR을 통해 공중의제화된다.
④ 외부주도형은 이익집단이 발달하고 정부가 외부의 요구에 민감하게 반응하는 정치체제에서 주로 나타난다.
⑤ 동원형은 정부의 힘이 강하고 민간부문의 힘이 취약한 후진국에서 주로 나타나는 유형이다.

해설 ① 내부접근형은 두 형태가 있다. ㉠ 고위관료에 의하여 비공개적으로 정부의제화되는 경우(경제개발계획, 고속도로사업)와 ㉡ 정책결정자에게 쉽게 접근할 수 있는 외부집단에 의하여 주도되어 정부의제화하는 경우(무기구매계약)가 있다. ③ 정부PR을 통해 공중의제화하는 것은 동원형이고, 내부접근형(음모형)에서는 공중의제가 생략된다.

[정답] ③

66 · 09 국가9급

Bachrach & Baratz가 주장한 무의사결정의 유형에 해당하지 않는 것은?

① 공익 및 엘리트의 가치나 이익에 대한 잠재적·현재적인 도전을 억제한다.
② 정치과정에 진입하려는 요구를 제한하여 정책문제화되는 것을 억제한다.
③ 기존의 규칙이나 제도적 과정을 이용한다.
④ 넓은 의미의 무의사결정은 정책의 전 과정에서 일어난다.

해설 무의사결정이란 지배적 엘리트의 가치나 이익에 대한 잠재적·현재적인 도전을 의도적으로 방치·기각하는 것이다. ①에서는 '공익'이 틀린 표현이다.

[정답] ①

67 · 04 선관위9급

다음 중 무의사결정(non-decision making)과 관련이 없는 것은?

① 결정자의 무관심으로 인해 의사결정이 이루어지지 않는 것이다.
② 정책의제로의 채택이 실패되는 현상으로 신엘리트이론에 속한다.
③ 우리나라의 60-70년대 노동, 복지, 환경 분야에서 다수의 사례를 볼 수 있다.
④ 엘리트들은 정책의제 채택과정뿐 아니라 집행과정에서도 권력을 사용하여 특정의제를 배제시키려 하기도 한다.

해설 1960년대 미국의 엘리트론이 Dahl 등 다원주의자의 비판을 받게되자, 신엘리트론자인 Bachrach와 Baratz는 '권력의 두 얼굴(Two Faces of power)'에서 무의사결정론을 근거로 다원론을 비판하면서 엘리트는 자신들의 안전한 이슈만을 논의하고 불리한 문제는 거론조차 못하게 봉쇄하고 있다고 주장하였다. Elite들은 자신의 이익과 상충될 때 무관심이 아니라 적극적으로 방해하거나 좌절시킨다.

[정답] ①

68 · 10 지방9급

무의사결정론(non-decision making theory)에 대한 설명으로 옳지 않은 것은?

① 무의사결정은 특정 사회적 쟁점이 공식적 정책과정에 진입하지 못하도록 막는 엘리트집단의 행동이다.
② 무의사결정은 정책의제설정 단계뿐만 아니라 정책결정이나 집행 단계에서도 나타날 수 있다.
③ 무의사결정론은 고전적 다원주의를 비판하며 등장한 이론으로 신다원주의론이라 불린다.
④ 무의사결정론은 정치권력이 두 얼굴을 가지고 있다고 주장한다.

해설 ③ 무의사결정론은 Dahl의 다원적 권력이론을 비판하면서 등장한 이론으로 신엘리트론에 해당한다.

[정답] ③

69 · 05 서울7급

정책의제설정(policy agenda setting)에 관한 아래의 설명 중 타당한 것은?

① 복잡하고 다양한 변화가 발생하는 현대 사회에서 야기되는 모든 사회문제는 개인이 해결하기 어렵기 때문에 정책의제가 된다.
② 정책 목표와 기준에 따라 각 대안을 비교·평가하여 최종적으로 정책을 결정하는 것을 의미한다.
③ 전문가들을 동원하여 정책목표의 실현가능성 분석과 각 대안에 대한 비용·편익분석을 통하여 주요 정책문제로 확정짓는 것이다.
④ 관련 집단들에 의해 예민하게 쟁점화된 사회문제일수록 정책의제화의 가능성이 크다.
⑤ 문제 자체가 매우 복잡하여 이를 해결하기 위한 수단을 선택하기 힘든 사회문제는 정책의제화되기 쉽다.

해설 ① 다양한 사회문제 중에서 정부가 공식적으로 논의한 문제가 정책의제화 된다. ②는 정책결정이고, ③은 정책분석이다. ⑤에서 문제 자체가 매우 복잡하여 이를 해결하기 위한 수단을 선택하기 힘든 사회문제는 정책의제화 되기 어렵다.

[정답] ④

70
• 10 지방7급

정책의제설정이론에 대한 설명으로 옳지 않은 것은?

① Simon의 의사결정론은 왜 특정의 문제가 정책문제로 채택되고 다른 문제는 제외되는가에 대한 설명에 한계가 있다.
② 무의사결정론은 사회문제에 대한 정책과정이 진행되지 못하도록 막는 행동 등을 설명한 이론으로 엘리트 이론의 관점을 반영하는 것이다.
③ 체제이론에서는 체제의 능력을 과시하기 위해 다수의 사회문제를 정책문제로 채택한다고 본다.
④ 다원론에서는 어떤 사회문제로 인하여 고통을 받고 있는 집단이 있으면, 이들의 지지를 필요로 하는 누군가에 의해 그 사회문제가 정책문제로 채택된다고 본다.

> **해설** ① Simon의 의사결정론에 의하면 인간의 인지능력상 모든 문제가 정책의제로 채택되지 못한다고 주장하였으나, 왜 특정문제는 정책문제로 채택되고 다른 문제는 제외되는가에 대한 설명에 한계가 있다.
> ② 무의사결정론은 신엘리트론자의 견해로서 엘리트 이론의 관점을 반영하는 것이다.
> ④에서 이들의 지지를 필요로 하는 누군가란 정치인이나 정당 또는 이익집단 등으로 이들에 의해 선거 등을 통하여 그 사회문제가 정책문제로 채택된다고 본다.
> ③ 체제이론(Easton)에 의하면 체제의 부하(load)를 줄이기 위해 문지기(gate keeper)는 사회문제의 일부만을 집어넣는 여과(filter)를 하게 된다. 즉 체제는 과중한 부담을 줄이기 위해 소수의 문제만 정책문제로 채택한다.

[정답] ③

71
• 04 입법고시

정책의제설정에 관한 다음 설명 중 옳지 않은 것은?

① 삶의 질, 소득분배 개선 등과 같은 문제의 의제화는 경제발전 정도와 관련이 깊다.
② 관례적이거나 일상적인 문제는 의제화되기 어렵다.
③ 민주화가 진전될수록 사회 문제들이 정책의제로 되기가 더 쉬워진다.
④ 문제의 해결을 위한 재원의 조달가능성이 클수록 의제화되기 쉽다.
⑤ 문제가 이해하기 쉽고 해결책을 찾아낼 수 있다고 판단될수록 의제화되기 쉽다.

> **해설** 사회구조가 다원화/민주화된 경우 의제화가 대체로 더 용이하고, 일상적인 문제나 선례가 있는 문제는 의제화되기 쉽다. 또한 경제발전이 충분히 되지 않은 개도국의 경우 삶의 질, 소득분배 개선 등과 같은 복지문제나 재분배문제의 의제화가 어렵다.

[정답] ②

72
• 23 행정사

바흐라흐와 바라츠(P. Bachrach & M. Baratz)의 무의사결정론에 관한 설명으로 옳은 것을 모두 고른 것은?

> ㄱ. 무의사결정은 의사결정자의 가치나 이익에 대한 잠재적이거나 현재적인 도전을 억압하거나 방해하는 결과를 초래하는 결정을 의미한다.
> ㄴ. 무의사결정은 정책의제 채택과정에서 일어날 뿐 정책결정과 집행과정에서는 일어나지 않는다.
> ㄷ. 무의사결정을 추진하기 위하여 폭력이 동원되기도 한다.
> ㄹ. 엘리트론을 비판하면서 다원론을 계승 발전시킨 신다원론적 이론이다.

① ㄱ, ㄴ
② ㄱ, ㄷ
③ ㄱ, ㄹ
④ ㄴ, ㄹ
⑤ ㄷ, ㄹ

해설 보기 중에서 옳은 것은 ㈀과 ㈃이다.
 ㈀은 무의사결정(Non-Decision Making)의 개념이다.
 ㈃ 무의사결정의 수단(방법)으로 폭력, 혜택의 박탈이나 매수, 편견의 동원, 편견의 수정이나 강화가 있다.
 ㈁[X] 무의사결정은 의제설정에서 주로 나타나지만, 정책의 전 과정(특히 집행단계)에서도 나타날 수 있다.
 ㈄[X] 무의사결정론은 신엘리트론자인 Baratz와 Bachrach의 주장으로 R. Dahl의 다원적 권력이론을 비판하면서 등장하였다.

[정답] ②

73
• 23 군무원9급

다음 중 '다양한 사회문제 중에서 정부가 적극적으로 개입하여 해결하기 위해 채택한 문제'를 무엇이라고 하는가?

① 정책문제
② 정책의제
③ 정책대안
④ 정책주제

해설 ② 정책의제(policy agenda) 설정이란 다양한 사회문제 중에서 정부가 적극적으로 개입하여 해결하기로 결정하는 것을 말하고 이렇게 채택된 문제를 '정책의제'라고 한다.
 ① [X] 정책문제란 정책의제로 채택되기 전의 추상적인 사회문제를 말한다.
 ③ [X] 정책대안이란 채택된 정책의제를 해결하기 위한 구체적인 정책 수단 또는 방안을 말한다.

[정답] ②

74
• 24 군무원9급

다음 중 무의사결정론에 대한 설명으로 가장 적절하지 않은 것은?

① 기득권의 정치권력에 존재하는 두 얼굴 중 어두운 측면의 얼굴에 해당한다.
② 정책결정권자의 무관심이나 무능력 때문에 이루어지는 경향이 크다.
③ 정책 결정에 핵심적 권력을 갖는 개인이나 집단에 부정적 영향을 끼치는 주장을 억압·좌절시키거나 고의적으로 방치한다.
④ 기득권 세력은 때때로 정책의제 또는 정책대안의 범위 내용을 제한하여 집행의 의미가 없는 상징적 의제 또는 대안만 채택할 수 있도록 하기도 한다.

해설 ②[X] 무의사결정은 정책결정권자의 무관심이나 무능력 때문이 아니라 적극적인 관심과 이를 실행할 능력을 보유하고 있다. 무의사결정은 엘리트 자신의 이익과 상충되는 도전과 주장을 적극적으로 좌절시키는 의도적 무결정을 의미한다.
 ①[O] 무의사결정은 Baratz와 Bachrach가 '권력의 두 얼굴(1962)'에서 Dahl의 다원적 권력론을 비판하면서 제시한 모형이다. Dahl은 '권력의 밝은 측면'은 보았으나, '어두운 측면'은 보지 못했다고 비판하였다. 밝은 면은 정책결정 단계에서의 역할이고, 어두운 면은 정책결정 이전 단계에서의 역할(무의사 결정론 전개)을 말한다.
 ③④[O] 무의사결정의 수단이나 방법의 사례이다.

[정답] ②

THEMA 21 정책결정과 정책분석

75
• 24 지방9급

정책문제의 구조화기법에 대한 설명으로 옳은 것만을 모두 고르면?

ㄱ. 가정분석: 문제상황의 가능성 있는 원인, 개연성(plausible) 있는 원인, 행동가능한 원인을 식별하기 위한 기법
ㄴ. 계층분석: 정책문제에 관해 서로 대립되는 가정의 창조적 종합을 목표로 하는 기법
ㄷ. 시네틱스(유추분석): 문제들 사이에 유사한 관계를 인지하는 것이 분석가의 문제해결능력을 크게 증가시킬 것이라는 가정에 기초한 기법
ㄹ. 분류분석: 문제상황을 정의하고 분류하기 위해 사용되는 개념을 명확하게 하기 위한 기법

① ㄱ, ㄴ
② ㄱ, ㄹ
③ ㄴ, ㄷ
④ ㄷ, ㄹ

해설 ㄱ[X] 문제의 원인을 계층별로 발견하기위한 분석기법은 계층분석이다. ㄴ[X] 대립되는 여러 가정들을 창조적으로 통합하는 분석기법은 가정분석이다.

[정리] 정책문제의 구조화 기법

경계분석	문제의 위치와 분석**범위**를 설정
계층분석	문제의 원인을 계층별로 발견하기위한 분석 (**원인의 식별**)
분류분석	문제상황을 정의하고 분류하는데 사용되는 각종 **개념의 명료화**, 문제상황을 구체적 구성요소로 분류(분해)
유추분석(시네틱스)	**유사**한 문제의 분석을 통해 문제 정의
가정분석	대립되는 여러 **가정**들을 창조적으로 **통합**

[정답] ④

76
• 15 국가9급

통계적 결론의 타당성 확보에 있어서 발생할 수 있는 오류와 그에 대한 설명으로 바르게 연결된 것은?

ㄱ. 정책이나 프로그램의 효과가 실제로 발생하였음에도 불구하고 통계적으로 효과가 나타나지 않은 것으로 결론을 내리는 경우
ㄴ. 정책의 대상이 되는 문제 자체에 대한 정의를 잘못 내리는 경우
ㄷ. 정책이나 프로그램의 효과가 실제로 발생하지 않았음에도 불구하고 통계적으로 효과가 나타난 것으로 결론을 내리는 경우

	제1종 오류	제2종 오류	제3종 오류
①	ㄱ	ㄴ	ㄷ
②	ㄱ	ㄷ	ㄴ
③	ㄴ	ㄱ	ㄷ
④	ㄷ	ㄱ	ㄴ

해설 ㄷ은 제1종 오류로서 실제 정책효과가 없음에도 있다고 판단하여 잘못된 대안을 선택해버린 경우이다.
ㄱ은 2종 오류로서 정책효과가 있는데도 없다고 판단하여 옳은 대안을 선택하지 않는 경우이다.
ㄴ은 문제 자체를 잘못 정의한 경우로서 제3종 오류에 해당한다.

제1종 오류(α error)	제2종 오류(β error)
잘못된 대안을 선택하는 오류	올바른 대안을 선택하지 않는 오류
올바른 귀무가설을 기각하는 오류	틀린 귀무가설을 채택하는 오류
틀린 대립가설을 채택하는 오류	올바른 대립가설을 기각하는 오류

[정답] ④

77 • 14 국가9급

정책결정요인론 중 도슨과 로빈슨(R. Dawson & J. Robinson)이 주장한 '경제적 자원모형'의 내용으로 옳지 않은 것은?

① 소득, 인구 등의 사회·경제적 요인이 정책내용을 결정한다.
② 정치적 변수는 정책에 단독으로 영향을 미치지 못한다.
③ 정치체제는 환경변수와 정책내용 간의 매개변수가 아니다.
④ 사회경제적 변수, 정치체제, 정책은 순차적 관계에 있다.

해설 난이도가 높은 문제이다. 1960년대 정치학자인 도슨과 로빈슨은 재연구 결과 사회 경제적 변수가 중요하다는 결론을 발표함에 따라 정치 행정학계에 충격을 주었다. 이들은 사회 경제적 변수가 정치체제와 정책 모두에게 영향을 미치고 있으며, 이것으로 인하여 정치체제와 정책이 관계있는 것처럼 보인다고 주장하였다.
④ 이들은 사회경제적 변수, 정치체제, 정책은 순차적 관계에 있다는 기존의 이론(체제론)을 부정하고 사회 경제적 변수가 정치체제와 정책 모두에게 영향을 미치고 있음을 주장하였다.

[정답] ④

78 • 11 서울9급

정책문제를 올바르게 정의하기 위해서 고려해야 할 요소로 보기 어려운 것은?

① 정책목표의 설정
② 관련 요소 파악
③ 역사적 맥락 파악
④ 인과관계 파악
⑤ 가치판단

해설 ① 정책결정과정에서 첫 번째가 정책문제의 정의(인지)이고, 다음으로 정책목표의 설정이 이루어진다. 정책문제의 정의는 정책문제의 구성요소, 원인, 결과 등을 규정하여 무엇이 문제인지를 밝히는 것이다.

[정답] ①

79 • 02 국가7급

정형적인 의사결정(programmed decision-making)의 장점으로 보기 어려운 것은?

① 의사전달의 능률성을 기할 수 있다.
② 의사결정과정을 조직구성원들이 쉽게 이해할 수 있다.
③ 의사결정과정이 신속하고 원활하게 진행될 수 있다.
④ 새로운 문제가 일어날 때마다 결정을 용이하게 해 준다.

해설 정형적 결정은 선례에 따라 기계적이고 반복적인 결정이며, 창조적·쇄신적 결정은 비정형적 결정이다.

[정답] ④

80 • 10 경정승진

문제의 구조화과정에서 범하는 세 가지 오류에 관한 설명이다. 빈 칸에 적절한 것은?

> 문제의 정의나 구체화에서 공통적으로 범할 수 있는 오류를 (㉠) 오류라 한다. 이것은 문제의 구조화를 잘못해서 틀린 문제의 해결을 유도하는 오류이다. 맞는 귀무가설을 배제하는 것을 (㉡)라 하고, 틀린 귀무가설을 채택하는 것을 (㉢)라 한다면, 틀린 문제의 해답을 찾는 것은 (㉠) 오류인 것이다.

① ㉠ 제1종 오류 ㉡ 제2종 오류 ㉢ 제3종 오류
② ㉠ 제1종 오류 ㉡ 제3종 오류 ㉢ 제2종 오류
③ ㉠ 제3종 오류 ㉡ 제1종 오류 ㉢ 제2종 오류
④ ㉠ 제3종 오류 ㉡ 제2종 오류 ㉢ 제1종 오류

해설 1종오류는 잘못된 대안을 선택하는 오류로써 올바른 귀무가설을 기각하는 오류이고, 2종오류란 틀린 귀무가설을 채택하는 오류이다.

[정답] ③

81
• 12 국회8급

제3종 오류에 관한 설명으로 옳지 않은 것은?

① 제3종 오류는 가치중립적인 판단은 비현실적이라는 관점에서 출발한다.
② 기술적인(technical) 접근의 무비판적인 수용을 비판하는 측면이 있다.
③ 문제구성 자체가 잘못된 경우의 오류를 의미한다.
④ 주로 대안 선정 및 제시의 단계에서 나타난다.
⑤ 제3종 오류를 줄이기 위한 방법으로는 경계분석, 복수관점분석 등이 사용된다.

> **해설** 정책문제가 잘못 정의되면 후속과정인 목표설정이나 대안탐색, 그리고 대안선택도 제대로 이루어질 수 없다. 이와 같이 정책문제가 잘못 정의된 경우를 메타오류(meta error) 또는 제3종 오류라고 한다. ④ 제3종 오류는 문제를 잘못 정의하는 것이므로 주로 의제채택과정에서 나타난다.
>
> [정답] ④

82
• 08 경기7급

다음 중 3종오류의 개념에 해당하는 것은?

① 맞는 가설의 배제 유도
② 틀린 가설의 채택 유도
③ 맞는 문제의 틀린 답 유도
④ 틀린 문제의 답 유도

> **해설** ④ 3종오류(3rd error)란 정책문제를 잘못 정의하여 그 문제가 해결되지 않는 현상을 의미하며, 메타오류(meta error) 또는 제3종 오류라고 한다. 즉 문제 자체가 틀린데 틀린 문제에 대한 답을 알아내려고 하는 것이 3종오류이다.
> ① 올바른 대안을 선택하지 않는 오류 또는 올바른 대립가설을 기각하는 오류(틀린 귀무가설을 채택하는 오류)는 2종오류이고,
> ② 잘못된 대안을 선택하는 오류 또는 틀린 대립가설을 채택하는 오류(올바른 귀무가설을 기각하는 오류)는 1종오류이다.
> ③ 맞는 문제에 대해 틀린 답을 얻어낸 것은 1종오류에 해당한다.
>
> [정답] ④

83
• 06 서울7급

정책목표의 소망성을 평가하는 기준의 하나로서, 추구하는 목표가 그 사회의 이념이나 가치를 가장 잘 반영하고 있는지를 평가하는 것으로 타당한 것은?

① 적합성
② 능률성
③ 효과성
④ 형평성
⑤ 적절성 또는 적정성

> **해설** 적합성과 적정성을 구분하는 문제다. 적합성(approriateness)이란 달성할 가치가 있는 여러 가지 목표들 중에서 가장 바람직한 것을 목표로 채택했는가의 여부이며 정책목표가 사회에서 가장 중요하다고 생각하는 가치를 반영하였다면 적합하다고 말할 수 있다. 반면 적절성(adequacy)이란 정책목표의 달성수준과 관련된 것으로서 목표의 수준이 지나치게 높거나 낮지않고 적당한 수준인지의 여부를 의미하는 것으로 정책목표가 사회문제의 해결에 기여할 수 있는 정도를 말한다.
>
> [정답] ①

84
* 09 국가9급

정책과정에서 사법부의 역할에 대한 설명으로 옳지 않은 것은?

① 「공직선거및선거부정방지법」의 1인1표제가 헌법의 비례대표제 정신을 반영하지 못한다고 한 헌법재판소의 판례는 사법부가 정책과정에 실질적인 영향을 미친다는 것을 보여주는 주요한 사례이다.
② 헌법재판소는 주로 국가적 정책결정과 관련된 판결을 통해 국민생활에 영향을 미친다.
③ 국민은 국가정책이 헌법상 보장된 권리를 침해한다고 판단할 때, 헌법소원을 통해 정책변경을 모색할 수 있다.
④ 사법부의 판결은 기존의 제도나 정책에 대한 사후적 판단의 성격을 띠고 있으나, 그 자체가 정책결정을 의미하는 것은 아니다.

해설 정책과정에서 공식적 참여자로서 정부란 입법부와 행정부 및 사법부를 포함한다. 사법부(법원과 헌법재판소)는 법률의 해석과 판단을 통해 공식적 결정자로서 실질적인 정책결정을 담당하고 있다. 따라서 사법부의 판결은 기존의 제도나 정책에 대한 사후적 판단의 성격을 띠고 있으나, 그 자체가 정책결정을 의미하는 경우가 많다. 그러한 예로서 선거제도와 관련된 비례대표 국회의원 의석의 배분방식 및 1인 1표제의 위헌판결을 들 수 있다. 이외에도 새만금사업에 대한 판단이나, 동성동본 금혼규정에 대하여 헌법불합치 결정 등이 있다.

[정답] ④

85
* 09 국가7급

정책딜레마(policy dilermma)에 대한 설명으로 옳지 않은 것은?

① 상호갈등적인 정책대안들이 구체적이고 명료하지 못할 때 나타나는 경향이 있다.
② 정책대안들 가운데 반드시 하나를 선택해야 할 경우에 발생한다.
③ 갈등집단들의 내부응집력이 강할 때 딜레마가 증폭된다.
④ 새로운 딜레마 상황을 조성하는 것도 정책딜레마에 대한 대응방안이다.

해설 정책딜레마(policy dilemma)는 상호 갈등적인 정책대안들이 구체적이고 명료하지만 대안들이 서로 상충적이어서 갈등적 대안들을 함께 선택할 수 없는 경우에 나타나는 현상이다.

[정답] ①

86
* 01 사시

정책대안의 평가기준에 대한 설명 중 옳지 않은 것은?

① 효과성 기준은 가치있는 결과가 성취되었는가의 여부를 판단하는 기준으로 비용측면을 고려한다.
② 공평성 기준은 정책효과와 비용이 누구에게 얼마만큼 돌아가는냐를 평가하는 기준으로 민주화가 진전되면서 중시된 기준이다.
③ 공익기준은 너무 모호하고 가치함축적이어서 실제 정책대안의 평가기준으로서 한계가 있다.
④ 능률성 기준은 투입과 산출의 비율로 정책대안을 평가하는 기준이다.
⑤ Pareto 최적화 기준은 능률성 기준을 정책분석 확정에 적용할 수 있는 좀더 구체적인 기준으로 발전된 것이다.

해설 ① 효과성은 목표달성도를 의미하며 비용은 고려하지 않는다.

[정답] ①

87
* 24 행정사

관리과학에 관한 설명으로 옳은 것은?

① 정책이 내포하는 목적가치를 중요시 한다.
② 자원과 비용의 사회적 배분을 고려한다.
③ 질적 분석을 중요시 한다.
④ 정치적 요인을 고려한다.
⑤ 계량적 분석에 입각하여 처방을 제시한다.

해설 행정사시험에서는 처음 등장한 문제로서 일반적 학습의 범위에 포함하지않는다. ⑤ 관리과학(OR)이란 최선의 대안을 선택하는 기법으로, 계량화와 통계화 기법을 중시한다. 따라서 계량화에 중점을 두기 때문에 가치판단적인 영역에는 적용이 곤란하다. ①[X] 가치문제와 정치적 요인을 다루기 곤란하다. ②③④[X] 관리과학은 자원과 비용의 사회적 배분의 문제, 질적 분석, 정치적 요인 등 가치판단적인 요인을 고려하지 못한다.

[정답] ⑤

88
• 22 군무원9급

정책결정요인론에 대한 비판으로 가장 옳지 않은 것은?

① 정치체제가 환경에 미치는 영향을 고려하지 않는다.
② 정치체제의 매개·경로적 역할을 고려하지 않는다.
③ 정치체제가 지니는 정량적 변수를 포함하지 않는다.
④ 정치체제가 정책에 미치는 영향을 과소평가 한다.

[해설] ③ 정책결정요인론은 계량화가 힘든 정치적 변수를 무시하고, 계량화가 용이한 정치적 변수를 사용하였는데, 이러한 정량변수는 정치체제의 대표적 변수가 아니라는 것이 문제점이다. 정량적 변수란 소득수준, 투표율 등 계량화가 용이한 변수이며, 비정량적(정성적) 변수란 권력의 실질적 행사집단, 정치체제의 성격, 단체행동 등 계량화가 어려운 변수로서 이들은 과소평가하였다.

[정답] ③

[보충] 정책결정요인론에 대한 비판
  정치행정학자들에 의한 비판으로 정책결정요인론에서는 계량화하기 쉬운 사회 경제적 요인은 과대평가되고, 계량화가 어려운 정치적 요인은 과소평가하였다.
① 변수선정상의 문제
② 계량화 여부의 문제
③ 정책 수준의 차이 문제
④ 인과관계의 불명확성 문제

89
• 24 군무원9급

증거기반 정책결정에 대한 설명으로 가장 적절하지 않은 것은?

① 정책이 이념, 신념, 이념 등에 기반하거나 과학적 사실이 부족한 담론 등에 의한 정책결정을 지양한다는 것이다.
② 증거기반 정책결정이 성공하기 위해서는 상당한 수준의 정보를 활용할 수 있는 정보기반이 갖추어져야 한다.
③ 증거기반 정책결정은 보건정책 분야, 사회복지정책 분야, 교육정책 분야, 형사정책 분야 등에서 상대적으로 용이하게 적용할 수 있다.
④ 증거기반 정책결정을 주장하는 학자들은 정치적 결정 과정을 증거기반 정책결정으로 대체할 수 있다고 주장한다.

[해설] ④[X] 증거기반 정책결정을 주장하는 학자들은 정치적 결정 과정을 증거기반 정책결정으로 대체할 수 있는 것은 아니라고 주장한다. 현실 정책이 정치적 과정임에는 틀림없으나, 정치적 결정 과정에서 '과학적 지식'의 활용을 배제할 수 있는 것은 아니라는 반론을 제기하고 있다. ①[O] 증거기반 정책결정이란 정책결정 과정에서 관련 증거에 기반하여 정책 대안을 선택하거나 관련 사항을 결정하는 것을 의미한다.

[정답] ④

THEMA 22 비용편익분석

90
• 16 지방9급

비용편익분석과 비용효과분석에 대한 설명으로 옳지 않은 것은?

① 순현재가치(NPV)는 할인율의 크기에 따라 그 값이 달라지지만, 편익·비용 비(B/C ratio)는 할인율의 크기에 영향을 받지 않는다.
② 내부수익률은 공공프로젝트를 평가하는 데 적절한 할인율이 알려져 있지 않을 경우 유용하게 사용할 수 있다.
③ 비용효과분석은 비용과 효과가 서로 다른 단위로 측정되기 때문에 총효과가 총비용을 초과하는지의 여부에 대한 직접적 증거는 제시하지 못한다.
④ 비용효과분석은 산출물을 금전적 가치로 환산하기 어렵거나, 산출물이 동일한 사업의 평가에 주로 이용되고 있다.

해설 ① 순현재가치(NPV)와 편익비용비는 모두 할인율을 근거로 현재가치를 계산하여 평가하기 때문에 할인율의 크기에 따라 값이 달라진다. ③ 비용효과분석은 비용은 금전(화폐)적 단위로 표시되지만 효과는 비금전적 척도로 표시되기 때문에 상호비교하기 힘들다.

[정답] ①

91
• 13 지방9급

경제적 비용편익분석(benefit cost analysis)에 대한 설명으로 옳지 않은 것은?

① 비용과 편익을 가치의 공통단위인 화폐로 측정한다.
② 장기적인 안목에서 사업의 바람직한 정도를 평가할 수 있는 방법이다.
③ 편익비용비(B/C ratio)로 여러 분야의 프로그램들을 비교할 수 있다.
④ 형평성과 대응성을 정확하게 대변할 수 있는 수치를 제공한다.

해설 비용편익분석(B/C분석, benefit-cost analysis)은 체제분석의 핵심기법으로 공공사업의 경제적 타당성을 검토하는데 사용되며, 능률성 또는 효율성 차원의 비교평가를 위한 분석기법으로 형평성은 고려하지 않는다.

[정답] ④

92
• 06 서울9급

A대안과 B대안의 비용편익분석결과가 다음과 같았다(단, A, B 두 대안은 모두 2년에 걸친 사업이다). 이 결과에 비추어 올바른 설명은 무엇인가?

	A		B	
	비용	편익	비용	편익
2007	10억원	50억원	10억원	70억원
2008	50억원	70억원	50억원	50억원

① A가 B에 비해 더욱 능률적이다.
② B가 A에 비해 더욱 능률적이다.
③ A와 B가 모두 바람직한 대안이며 능률성의 정도도 동일하다.
④ A와 B는 모두 바람직한 대안이 아니다.
⑤ A는 바람직한 대안이나 B는 바람직한 대안이 아니다.

해설 비용편익분석은 사업의 타당성을 평가하는 체제분석의 주요 분석기법이다. 위 사업에 대한 순편익을 계산해보면 A대안의 경우 2007년은 40억원이고, 2008년은 20억원으로서 총 60억원이다. 반면 B대안의 경우 2007년은 60억원이고, 2008년은 0원으로서 역시 총 60억원이다. 따라서 두 대안 모두 순편익이 0보다 크므로 바람직한 대안이나, 능률성의 정도는 상이하다. 순현재가치(NPV)는 순편익을 현재가치화한 것 이므로 보다 현재(2007년)에 순편익이 발생한 B대안이 A대안 보다 능률적이라고 할 수 있다. 다만 할인율이 0%라면 위 문제에서 A와 B가 같은 결과를 가져오지만 일반적으로 할인율이 0보다 크다고 가정하기에 B안이 능률적이다.

[정답] ②

93
• 05
다음 비용효과분석에 대한 설명 중 틀린 것은?

① 화폐단위로 측정하는 문제를 피하기 때문에 비용-편익분석보다 훨씬 쉽게 적용할 수 있다.
② 비용-효과분석은 기술적 합리성을 요약해서 나타낸다.
③ 비용-효과분석은 시장가격에 의존한다.
④ 비용-효과분석은 외부효과나 무형적인 것의 분석에 적합하다.

해설 비용편익분석은 비용과 편익을 모두 화폐단위로 표시하지만 비용효과분석은 효과를 물건의 단위 등 화폐 외적인 요소로 표현하기 때문에 비용-편익분석보다 공공부문에 훨씬 쉽게 적용할 수 있고(①), 외부효과나 무형적인 것의 분석에 적합하다(④). ②의 경우 비용편익분석은 경제적 합리성(능률성)에 입각한 분석이지만, 비용-효과분석은 목표와 수단간 도구적 합리성(기술적 합리성)의 관점에서 분석하는 것이다.

[정답] ③

94
• 10 국가9급
정책대안의 비교평가기준 중 내부수익률(IRR : Internal Rate of Return)에 대한 설명으로 옳지 않은 것은?

① 여러 가지 정책대안들을 비교할 때, 내부수익률이 낮은 대안일수록 좋은 대안이다.
② 정책대안의 순현재가치를 0으로 만드는 할인율을 의미한다.
③ 사업이 종료된 후 또다시 투자비가 소요되는 변이된 사업유형에서는 복수의 내부수익률이 존재할 수 있다.
④ 내부수익률에 의한 사업의 우선순위는 사회적 할인율을 적용한 순현재가치에 의한 사업의 우선순위가 다를 수 있다.

해설 내부수익률(IRR)이란 할인율을 알지 못해도 사업 간의 평가가 가능한 기법으로서 NPV가 0이 되도록 하는 할인율 또는 편익비용비를 1로 만드는 할인율을 의미한다. IRR은 투자의 수익률과 같으므로 IRR은 클수록 경제성이 있는 사업이다.

[정답] ①

95
• 02 행시
비용편익분석에 관한 설명 중 옳지 않은 것은?

① 내부수익률은 순현재가치(NPV)가 1이 되는 이자율을 의미한다.
② 예산이 충분할 경우에는 비용편익비(B/C ratio)보다는 순현재가치(NPV)기준이 더 바람직한 경우가 많다.
③ 비용편익비를 산정할 때는 비용과 편익을 현재가치로 환산할 필요가 있다.
④ 자본의 기회비용은 할인율 결정의 기준이 될 수 있다.
⑤ 순현재가치(NPV)가 0보다 큰 사업은 경제성이 있는 사업으로 판단한다.

해설 내부수익률은 할인율을 몰라 현재가치를 비교할 수 없을 때에 사용하는 비용편익분석기준으로서 개념상으로는 순현재가치(NPV : 편익의 현재가치 – 비용의 현재가치)가 0이 되거나 편익비용비율(B/C)을 1로 만들어 주는 이자율을 말한다.

[정답] ①

96
• 00 사시

A 시는 각 지역별로 쓰레기 소각장을 설치하기 위하여 350억원의 예산을 확보하였다. 4개 대안의 비용과 편익의 현재가치가 다음과 같을 때, 제한된 350억원의 예산 범위내에서 대안을 선정하는 경우 가장 합리적인 대안 선정은?

(단위 : 억원)

대안	비용	편익	대안	비용	편익
A	160	230	C	220	300
B	180	275	D	120	170

① A , B
② A , D
③ B , C
④ A , C
⑤ B , D

해설 순현재가치기준(B-C)에 의하면 B, C, A, D 순으로 우선순위가 높고, 편익비용비율기준(B/C)에 의하면 B,C,A,D 순으로 우선순위가 높은데 B,C를 선택하는 ④의 경우 제한된 비용 350억을 초과하게 되어 선택할 수 없으므로 A,B를 선택하는 ①이 가장 합리적이다.

[정답] ①

THEMA 23 미래예측기법

97 ・24 지방9급
다음 설명에 해당하는 정책분석기법은?

> 관련 사건이 일어났느냐 일어나지 않았느냐에 기초하여 미래에 어떤 사건이 일어날 확률에 대해서 식견 있는 판단(informed judgments)을 끌어내는 방법이다.

① 브레인스토밍 ② 교차영향분석
③ 델파이 기법 ④ 선형경향추정

해설 ②[O] 어떤 정책이나 사건이 발생했을 때를 가정하고 영향을 분석하는 것이 교차영향분석이다. 이는 델파이법(Delphi Technique)은 미래예측의 대표적인 기법이지만 예측하는 각 요소간의 관계를 잘 해석할 수 없다는 단점이 있다. 이러한 단점을 보완하는 미래예측기법이 교차영향분석(Cross Impact) 기법이다.

[정답] ②

98 ・19 지방9급
조직의 의사결정에 대한 설명으로 옳지 않은 것은?

① 전통적 델파이 기법은 전문가들의 다양성을 고려해 의견일치를 유도하지 않는다.
② 현실의 세계에서는 완벽한 합리성이 아닌 제한된 합리성의 상황에서 의사결정이 이루어진다.
③ 브레인스토밍 과정에서는 타인의 아이디어를 비판하거나 평가하지 말아야 한다.
④ 고도로 집권화된 구조나 기능을 중심으로 편제된 조직의 의사결정은 최고관리자 개인이 주도하는 경우가 많다.

해설 ①은 전통적 델파이가 아니라 정책델파이의 특성이다. 전통적 델파이는 동질적인 전문가들의 의견을 수렴하여 의견일치를 유도하려는 예측기법이지만 정책델파이는 다양한 전문가와 이해관계자들을 참여시켜 그들 간 의견차이를 확인하는 예측기법이므로 근접된 의견이나 합의의 유도를 추구하지 않는다.

[정답] ①

99 ・08 서울9급
인과관계를 토대로 한 정책대안의 결과예측방법에 해당되지 않는 것은?

① 회귀모형 ② 시계열자료분석
③ 투입-산출 분석 ④ 경로분석
⑤ 계획의 평가검토기법(PERT)

해설 미래예측기법으로는 추세연장이나 경향분석을 통한 연장적 예측(투사), 인과관계를 통한 이론적 예측(예견), 주관적 판단에 의한 직관적 예측이 있다. 회귀분석, 투입-산출분석, 경로분석, PERT 등은 예견에 해당하며 시계열분석은 투사에 해당한다. 다만 PERT와 CPM을 여기서 제외한다고 보는 견해도 있지만 대체로 인과관계적 예측으로 보고 있다.

[정답] ②

100 ・12 지방9급
정책 델파이에 대한 설명으로 옳지 않은 것은?

① 일반적인 델파이와 달리 개인의 이해관계나 가치판단이 개입될 수 있다.
② 정책문제 해결을 위한 정책대안을 개발하고 그 결과를 예측하기 위해 만들어진 방법이다.
③ 대립되는 정책대안이나 결과가 표면화되더라도 모든 단계에서 익명성이 보장되어야 한다.
④ 정책문제의 성격이나 원인, 결과 등에 대해 전문성과 통찰력을 지닌 사람들이 참여한다.

해설 일반델파이와 정책델파이의 차이점에 대한 문제로서 끝까지 익명성이 보장되는 의견수렴기법은 전통적 델파이이고, 정책델파이는 선택적 익명성을 특징으로 한다.

[정답] ③

101
* 03 행시

정책델파이 기법에 관한 설명으로 옳지 않은 것은?

① 정책델파이에 참여하는 사람들은 초기단계에서만 익명성이 요구되며, 논쟁이 표면화되고 나면 참여자들은 공개적으로 토론하게 된다.
② 정책델파이에 참여하는 사람들의 선발은 전문성뿐만 아니라 그 문제에 관해서 관심과 통찰력을 가지고 있는가의 여부도 고려해서 이루어지게 된다.
③ 정책델파이에서는 의견차이를 부각시키는 통계처리와 의도적인 갈등의 조성을 중시한다.
④ 정책델파이 기법은 객관적인 판단을 근거로 한 예측기법으로 가능한 컴퓨터를 통해서 참여자들 사이의 상호작용을 계속적으로 조성해 나간다.
⑤ 정책델파이는 전통적인 델파이 기법의 약점을 보완하기 위한 기법으로 전통적인 델파이 기법의 특징이라 할 수 있는 질문의 반복과 회람, 통제된 환류라는 원칙 외에도 새로운 요소를 내포하고 있다.

해설 정책델파이는 컴퓨터를 통해서 통계적·계량적분석기법을 활용하지만 전문가들의 주관적인 판단을 근거로 하는 미래예측기법이다.

[정답] ④

102
* 00 사시

중앙부처의 어떤 국은 델파이 기법을 활용하여 앞으로 10년 간의 한국경제 여건을 전망하고 이를 참고하여 경제정책의 기본 방향을 모색하려고 한다. 델파이 절차에 관한 설명 중 옳지않은 것은?

① 관련 전문가 20명을 선정하였다.
② 전문가의 익명성을 보장하여 서로 모르는 상태에서 설문에 응답하게 하였다.
③ 개개인의 응답 결과를 분석하고 분석 결과는 비밀로 하였다.
④ 전문가들에게 몇차례 반복하여 응답하게 하였다.
⑤ 전문가들의 의견을 종합적으로 분석하여 가능한 통계 처리를 한 후 보고서를 작성하였다.

해설 델파이기법은 분석결과를 델파이집단에게 알려주는 반복적인 의견수렴과 환류를 중시한다.

[정답] ③

103
* 01 사시

정책델파이(Policy Delphi)에 대한 설명 중 부적절한 것은?

① 처음에는 익명성을 유지하다가 상반된 주장이 나온 다음에는 직접 대면해서 토론한다.
② 각자의 의견을 통합집계 하는데 있어 일반적인 방법이외에 상호차이가 많이 나는 논점을 부각시키는 방법을 사용한다.
③ 고의로 갈등을 조성하고 그로 인한 창의적인 대안과 결과의 산출을 기대한다.
④ 참여집단은 이해관계자들을 배제하고 그 분야의 동질적인 전문가들로만 구성한다.
⑤ 컴퓨터을 통한 회의방식을 이용하여 익명상태의 의견교류과정을 거치게 함으로써 직접대면의 필요성을 줄인다.

해설 정책델파이는 응답자 선정시 정책대상집단 등 이질적인 이해관계자를 모두 포함된다. 동질적인 전문가들로만 구성하는 것은 전통적인 델파이기법이다.

[정답] ④

104
* 09 국회8급

델파이 기법(Delphi Method)에 관한 설명으로 옳은 것은?

① 해당 분야에 대한 체계적인 이론과 지식이 풍부할 때 유용한 객관적 정책분석 방법이다.
② 형식이 정해지지 않은 집단토론 상황에서 구성원들이 아이디어와 문제해결 대안들을 자유롭게 토론하는 방법이다.
③ 문제해결에 참여하는 개인들이 개별적으로 해결

방안을 구상하고 집단토론을 거쳐 해결 방안에 대해 표결하는 방법이다.
④ 상호 토론 없이 독자적으로 형성된 전문가들의 판단을 종합 정리하는 방법이다.
⑤ 전형적인 대면토론 방식의 집단적 문제해결방법으로 구성원간 마찰이 심화될 수 있으며 다수의견의 횡포가 발생할 수 있는 방법이다.

해설 ①은 과학적·이론적 예측모형이지 델파이 기법은 아니다. 델파이는 전문가의 주관·직관·식견을 활용하는 주관적 미래예측기법이다. ②는 브레인스토밍에 해당한다. ③은 명목집단기법에 대한 설명이다. ⑤ 델파이는 익명성을 전제로 하므로 대면적인 집단토론을 거치지 않으며 갈등이나 마찰의 문제를 차단한다.

[정답] ④

105
• 09 국가7급

델파이기법에 대한 설명으로 옳은 것을 모두 고르면?

ㄱ. 문제해결의 아이디어를 제공하는 사람들 간에 서로 대면접촉을 하지 않는다.
ㄴ. 익명성이 유지되는 사람들이 각각 독자적으로 형성한 판단을 조합, 정리한다.
ㄷ. 다른 사람의 아이디어에 자기 의견을 첨가해 새로운 아이디어를 도출한다.
ㄹ. 익명성이 보장되도록 개인의 의견을 컴퓨터를 통하여 입력하고 각 개별 의견에 대하여 컴퓨터를 통하여 표결한다.
ㅁ. 구성원 간의 성격마찰, 감정대립, 지배적 성향을 가진 사람의 독주, 다수의견의 횡포 등을 피할 수 있다.

① ㄱ, ㄴ, ㅁ   ② ㄱ, ㄷ, ㄹ
③ ㄴ, ㄷ, ㄹ   ④ ㄷ, ㄹ, ㅁ

해설 델파이기법에 대한 설명 중 틀린 것은 ㄷ, ㄹ 이다. ㄷ은 브레인스토밍이고, ㄹ의 지문 중에서 전단은 맞으나 후단이 틀린다. 즉 ㄹ은 델파이기법이 아니라 전자적 회의 방식(electro-nic meeting)을 의미한다.

[정답] ①

106
• 10 국회8급

〈보기〉 중 정책예측기법 중 하나인 델파이기법(Delphi Method)에 대한 설명으로 옳은 것을 모두 고르면?

가. 집단사고(group think)를 방지할 수 있다.
나. 익명성을 유지하면서 각각 독자적으로 피력하는 의견이나 판단을 조합, 정리한다.
다. 마지막 단계에서는 대면 접촉하는 모임을 통해 의견의 조율을 꾀한다.
라. 해당 분야에 대한 체계적인 지식이 풍부한 전문가들을 활용한다.
마. 피력된 의견이나 판단에 대해서 비판보다는 창조적인 대안 제시에 집중한다.

① 가, 나, 라   ② 나, 라, 마
③ 가, 라, 마   ④ 다, 라, 마
⑤ 가, 나, 다

해설 틀린 지문은 '다'와 '마'이다. 다. 초기에는 익명성을 가지나 마지막 단계에서 대면 접촉하는 것(선택적 익명성)은 정책델파이(policy delphi)이다. 마. 비판보다는 창조적인 대안제시에 집중하는 것은 브레인스토밍(brain storming)이다. 가. 델파이기법은 해당분야의 익명의 전문가들을 격리시킨 채 독자적으로 형성된 의견이나 판단을 종합·정리하므로 획일적인 집단사고(group think)를 방지할 수 있다. 집단사고란 만장일치의 선호, 강한 집단 동조성 등을 말한다(Janis).

[정답] ①

107
* 05 국가7급

정책문제의 구조화의 기법을 설명한 것 중 옳지 않은 것은?

① 계층분석은 문제상황의 가능성 있는 원인을 식별하기 위한 기법이다.
② 시네틱스는 유사한 문제의 인식을 촉진하기 위한 기법이다.
③ 브레인스토밍은 문제상황을 식별하고 개념화하는데 도움을 주는 아이디어, 목표, 전략을 끌어내기 위한 방법이다.
④ 경계분석은 문제상황을 정의하고 분류하기 위하여 사용되는 개념을 명백하게 하기 위한 기법이다.

> **해설** 경계분석이란 문제의 경계를 설정하는데 사용하는 기법으로서 문제의 위치, 기간, 문제를 형성한 역사적 사건들을 구체화하는 것을 말한다. 반면, 문제상황을 정의하고 분류하기 위하여 사용되는 개념을 명백하게 하기 위한 기법은 분류분석이다. 참고로 정책문제의 구조화란 정책대안을 형성하려면 먼저 정책문제가 명확히 정의되어야 하는데, 이때 명확히 정의된다는 것을 구조화(strucruring)한다는 뜻이다. 구조화가 잘된 문제는 해결의 탐색이 용이하고, 제3종 오류를 방지해준다.
> **[정답] ④**

108
* 10 서울7급

불확실성은 미래예측, 전략경영 등에 요구되는 지식의 부족 때문에 발생한다. 불확실성의 대처 방안으로 적합하지 않은 것은?

① 휴리스틱스(heuristics)의 활용
② 가외성 장치의 활용
③ 표준화
④ 총체적 합리성의 확보
⑤ 문제의식적 탐색(problematic search)

> **해설** 불확실성에 대한 대처 방안으로 가외의 장치, 표준화, 휴리스틱의 활용이나 문제의식적 탐색, 델파이기법, 민감도 분석 등이 있다. ④ 불확실성이 높은 상황하에서는 총체적 합리성보다는 제한된 합리성을 추구할 수 밖에 없다.
> **[정답] ④**

109
* 03 입법고시

예측기법의 선정에 있어서 고려해야 할 요인에 관한 설명으로 옳지 않은 것은?

① 이용 가능한 자료의 패턴을 감안하여야 한다.
② 계획대상체제의 구성이 안정적일 때 추세의 연장에 의한 예측이 적용될 수 있다.
③ 장기에 걸친 예측일수록 계량적·통계적 예측기법에 의존하는 것이 바람직하다.
④ 비용과 시간의 소요를 감안하여야 한다.
⑤ 계획 또는 예측에서 필요로 하는 정확성 정도에 따라 기법선택을 달리 하여야 한다.

> **해설** 장기에 걸친 예측일수록 불확실성이 작용하므로 계량적·통계적 예측기법 보다는 전문가들의 직관적 의견을 토대로 하는 델파이 기법 등 주관적·질적 예측기법에 의존하는 것이 바람직하다. 과거에 변화 추이가 안정적인 경향을 지닐 때 추세의 연장에 의한 예측(시계열 분석)이 적용될 수 있다.
> **[정답] ③**

110
* 24 군무원9급

다음 중 델파이 기법의 절차나 요소에 대한 설명으로 가장 적절하지 않은 것은?

① 전문가 집단에게 예측하고자 하는 문제나 관련된 분야에 대하여 설문지를 배부한다.
② 설문지의 응답 내용을 통계 처리한 뒤에 결과물을 다시 동일 전문가에게 발송하여 처음의 의견을 수정할 것인지를 물어서 결과를 회신하도록 한다.
③ 장래에 일어날 사건의 줄거리를 가상적 시나리오로 구성한다.
④ 문제나 이슈에 대한 전문가를 선정한다.

> **해설** ①②④[O] 델파이 기법은 익명성, 전문가들의 참여, 설문지 배부, 반복과 환류 등을 특징으로 한다. ③[X] 시나리오 작성 기법에 대한 설명이다.
> **[정답] ③**

THEMA 24 정책결정이론

111
• 22 국가9급

의사결정 모형에 대한 설명으로 옳지 않은 것은?

① '최적모형'은 정책결정자의 합리성뿐 아니라 직관·판단·통찰 등과 같은 초합리성을 아울러 고려한다.
② '쓰레기통 모형'은 대학조직과 같이 조직구성원 사이의 응집력이 아주 약한 상태, 즉 조직화된 무정부상태(organized anarchy)에서 의사결정이 이루어지는 과정을 설명하려고 시도한다.
③ '점증모형'은 실제 정책의 결정이 점증적인 방식으로 이루어질 뿐 아니라 정책을 점증적으로 결정하는 것이 바람직하다는 입장을 견지한다.
④ '회사모형'은 조직의 불확실한 환경을 회피하고 조직 내 갈등을 극복하기 위하여 장기적인 전략과 기획의 중요성을 강조한다.

해설 ④[X] 조직의 전체적 목표 달성의 극대화를 위하여 장기적 비전과 전략을 수립·집행하는 것은 합리모형이다. 회사모형은 환경의 불확실성으로 인하여 장기적인 전략을 수립하기보다는 SOP에 의한 단기적 대응과 단기적 피드백을 중시한다.

[정답] ④

112
• 23 지방9급

정책결정모형에 대한 설명으로 옳은 것은?

① 혼합주사모형(mixed scanning approach)은 1960년대 미국의 쿠바 미사일 위기사건을 설명하기 위해 연구된 모형이다.
② 사이버네틱스모형을 설명하는 예시로 자동온도조절장치를 들 수 있다.
③ 쓰레기통모형은 갈등의 준해결, 문제 중심의 탐색, 불확실성 회피, 표준운영절차의 활용을 설명하는 모형이다.
④ 합리모형은 만족할 만한 수준에서 의사결정이 이루어진다고 설명하는 모형이다.

해설 ② 사이버네틱스(Cybernetics)란 생물·기계에 있어서 제어·통제·환류를 의미(자동온도조절장치)하며, 사이버네틱스에서는 조직을 목표지향적 행동을 보여주는 정보전달체계로 이해한다. ①[X] 1960년대초 미국의 쿠바 미사일 위기사건을 설명하기 위해 연구된 모형은 앨리슨(Allison) 모형이다. ③[X] 회사모형의 특성에 대한 설명이다. ④[X] 제한된 합리성에 기초하여 현실적으로 만족할만한 수준에서 결정이 행하여진다는 이론모형은 만족모형이다.

[정답] ②

113
• 23 지방9급

킹던(Kingdon)이 제시한 정책흐름모형에 대한 설명으로 옳은 것만을 모두 고르면?

ㄱ. 경쟁하는 연합의 자원과 신념 체계(belief system)를 강조한다.
ㄴ. 쓰레기통모형을 발전시킨 것이다.
ㄷ. 정책 과정의 세 흐름은 문제흐름, 정책흐름, 정치흐름이 있다.

① ㄱ   ② ㄷ
③ ㄱ, ㄴ   ④ ㄴ, ㄷ

해설 ㄱ[X] 경쟁하는 연합의 자원과 신념 체계(belief system)의 강조는 사바티에(Sabatier)의 통합모형인 정책지연합모형의 특성에 해당한다. ㄴㄷ[O] 정책흐름모형(정책의 창 모형)은 쓰레기통모형을 발전시킨 것으로 킹던(J. W. Kingdon, 1984)은 세 흐름을 강조하였다.

[정답] ④

114
• 23 국가9급

앨리슨(Allison)의 관료정치모형(모형 III)에 대한 설명으로 옳은 것은?

① 정책결정은 준해결(quasi-resolution)적 상태에 머무르는 경우가 많다.
② 정책결정자들은 국가 전체의 이익이나 전략적 목표를 극대화하기 위한 결정을 한다.
③ 정책결정에 참여하는 구성원들 간의 목표 공유 정도와 정책결정의 일관성이 모두 매우 낮다.
④ 정부는 단일한 결정주체가 아니며 반독립적(semi-autono mous) 하위조직들이 느슨하게 연결된 집합체이다.

해설 ③ Allison의 관료정치모형(III)에 의하면 조직은 독립적인 개인적 행위자들의 집합체이므로 구성원 간 목표공유도나 응집력·일관성은 매우 낮은 모형이다. ① [X] 갈등의 준해결 상태는 회사모형이나 Allison의 조직과정모형(II)과 관련된 특징이다. ② [X] 정책결정자들은 국가 전체의 이익이나 전략적 목표를 극대화하기 위한 결정을 한다고 보는 것은 합리적 행위자모형(I)에 해당한다. ④ [X] 반독립적 하위조직의 느슨한 연합체는 조직과정모형(II)이다.

[정답] ③

115
• 23 국가9급

재니스(Janis)의 집단사고(groupthink)의 특성에 해당하지 않는 것은?

① 토론을 바탕으로 한 집단지성의 활용
② 침묵을 합의로 간주하는 만장일치의 환상
③ 집단적 합의에 대한 이의 제기에 대한 자기 검열
④ 집단에 대한 과대평가로 집단이 실패할 리 없다는 환상

해설 ①[X] 집단지성과 집단사고는 전혀 다른 의미이다. 집단사고(group thinking)란 집단 내의 사회적 압력 때문에 빚어지는 판단능력의 저하현상을 지칭한다. 만장일치에 대한 환상 때문에 기계적인 사고를 하는 것으로 집단지성이 형성되기 힘들다. 집단지성이란 다수의 개체들이 서로 협력하거나 경쟁하는 과정을 통하여 얻게 된 집단의 지적 능력을 의미하며, 이는 개체의 지적 능력을 넘어서는 힘을 발휘한다는 것이다. 집단사고의 증상으로 ㉠만장일치 결정의 선호, ㉡반대 의견자에 대한 압력, ㉢강한 집단 동조성, ㉣자기 집단만을 합리화하려는 폐쇄적 인식, ㉤심리적 방어 기제의 형성, ㉥참여자들의 자기 과신과 도덕적 우월성에 대한 환상 등이 있다.

[정답] ①

116
• 14 지방9급

정책결정모형에 관한 설명으로 옳은 것은?

① 합리모형 - 일반적으로 인간의 제한된 분석능력을 보완할 수 있는 기능을 포함한다.
② 점증모형 - 정책결정과정에서 정치적 합리성보다 경제적 합리성을 더욱 중요시한다.
③ 사이버네틱스모형 - 습관적인 의사결정을 설명하는 데 유용하며 반복적인 의사결정과정의 수정이 환류된다.
④ 쓰레기통모형 - 위계적인 조직구조의 의사결정과정에 적용되며 정책갈등 상황해결에 유용하다.

해설 ①은 만족모형에 대한 설명이고, ②는 합리모형에 대한 설명이다. ④ 쓰레기통모형은 조직화된 혼란상태 하에서의 의사결정과정을 설명하는 모형이며, 위계적 조직구조의 의사결정은 합리모형과 관련된다.

[정답] ③

117
• 17 서울9급

정책결정모형에 대한 설명 중 가장 옳지 않은 것은?

① 만족모형은 제한된 합리성을 반영하고 있다.
② 점증모형은 기존 정책을 중요시한다.
③ 회사모형은 의사결정자에 의해 조직의 의사결정이 통제된다고 본다.
④ 앨리슨(G. T. Allison)은 관료정치모형의 중요성을 언급하였다.

해설 ③ 의사결정자에 의해 조직의 의사결정이 통제된다고 보는 것은 합리모형의 경우이다. 합리모형에서 조직관은 일사불란한 계층적 구조로서 의사결정자는 완벽한 결정

을 한다고 가정한다. 반면 회사모형에 따르면 조직이란 다양한 하위조직의 연합체이므로 완전한 갈등의 해결은 불가능하며, 의사결정자에 의하여 조직의 의사결정이 완전하게 통제되지 못한다고 본다.

① 만족모형에 의하면 인간은 인지상의 한계를 가지고 있기 때문에, 선별적인 지각을 통해 문제해결의 목표를 간소화시킨다. 인간은 완전한 합리성이 아닌 제한된(주관적) 합리성만 추구한다.
② 점증모형은 합리모형의 비현실성을 비판하면서 정치적 현실을 반영하고, 기존의 정책이나 결정을 점증적이고 부분적으로 수정·개선해 나가는 이론모형이다.
④ Allison은 집단의 응집력과 권력을 중심으로 합리적 행위자모형·조직과정모형으로 대변하며, 과거에 논의된 여러 가지 모형을 재정리하여 관료제 정치모형을 새로이 제시하고 있다.

[정답] ③

118
• 20 지방9급

정책결정 모형에 대한 설명으로 옳은 것만을 모두 고르면?

> ㄱ. 만족 모형에서는 정책결정을 근본적 결정과 세부적 결정으로 구분한다.
> ㄴ. 점증주의 모형은 현상유지를 옹호하므로 보수적이라는 비판을 받고 있다.
> ㄷ. 쓰레기통 모형에서 의사결정의 4가지 요소는 문제, 해결책, 선택기회, 참여자이다.
> ㄹ. 갈등의 준해결과 표준운영절차(SOP)의 활용은 최적모형의 특징이다.

① ㄱ, ㄴ ② ㄱ, ㄹ
③ ㄴ, ㄷ ④ ㄷ, ㄹ

해설 보기 중에서 ㄴ, ㄷ만 옳은 설명이다.
ㄱ [X] 정책결정을 근본적 결정과 세부적 결정으로 구분하는 것은 혼합주사모형이다.
ㄴ [O] 점증모형은 현재보다 약간씩 개선된 대안을 추구하므로 현상유지적이고 보수적이라는 비판이 따른다.
ㄷ [O] 쓰레기통 모형의 4가지 요소는 문제, 해결책, 선택기회, 참여자이다.
ㄹ [X] 갈등의 준해결, 불확실성의 회피, 조직의 학습, 문제중심의 탐색, 표준운영절차(SOP)의 활용 등은 회사모형의 특징이다.

[정답] ③

119

정책결정모형 중에서 회사모형에 대한 설명으로 옳지 않은 것은?

① 회사조직이 서로 다른 목표를 지닌 구성원들의 연합체(coalition)라고 가정한다.
② 연합모형 또는 조직모형이라고 불리기도 한다.
③ 조직이 환경에 대해 장기적으로 대응하고 환경변화에 수동적으로 적응한다고 한다.
④ 문제를 여러 하위문제로 분해하고 이들을 하위조직에게 분담시킨다고 가정한다.

해설 회사모형 또는 연합모형에서는 조직을 서로 다른 목표들을 지닌 구성원들의 연합체로 가정한다. 조직은 환경의 불확실성에 대해 단기적 환류에 의존하는 의사결정절차를 이용하여 단기적 대응책을 강조한다. 이는 불확실성으로 인하여 장기적 대응이 어렵기 때문이다.

[정답] ③

120
• 14 서울9급

사이어트(R. Cyert)와 마치(J. March)가 주장한 회사모형(Firm model)의 내용이 아닌 것은?

① 조직의 전체적 목표 달성의 극대화를 위하여 장기적 비전과 전략을 수립·집행한다.
② 조직 내 갈등의 완전한 해결은 불가능하며 타협적 준해결에 불과하다.
③ 정책결정능력의 한계로 인하여 관심이 가는 문제 중심으로 대안을 탐색한다.
④ 조직은 반복적인 의사결정의 경험을 통하여 결정의 수준이 개선되고 목표달성도가 높아진다.
⑤ 표준운영절차(SOP : Standard Operation Procedure)를 적극적으로 활용한다.

해설 조직의 전체적 목표 달성의 극대화를 위하여 장기적 비전과 전략을 수립·집행하는 것은 합리모형이다. 회사모형은 환경의 불확실성으로 인하여 장기적인 전략을 수립하기보다는 SOP에 의한 단기적 대응과 단기적 피드백을 중시한다.

[정답] ①

121
• 19 국가9급

앨리슨(Allison)모형에 대한 설명으로 옳은 것은?

① 합리적 행위자 모형에서는 국가전체의 이익과 국가목표 추구를 위해서 개인의 이익을 고려하지 않는 것을 경계하며 국가가 단일적인 결정자임을 부정한다.
② 조직과정모형에서 조직은 불확실성을 회피하기 위하여 정책결정을 할 때 표준운영절차(SOP)나 프로그램 목록(program repertory)에 의존하지 않는다.
③ 관료정치모형은 여러 다양한 문제에 관심을 갖는 다수의 행위자를 상정하며 이들의 목표는 일관되지 않는다.
④ 외교안보문제 분석에 있어서 설명력을 높이기 위한 대안적 모형으로 조직과정모형을 고려하지는 않는다.

> **해설** ③ 앨리슨(Allison)의 관료정치모형(모형III)에 의하면 조직이란 여러 다양한 문제에 관심을 갖는 다수의 행위자들의 집합체로 상정하며 따라서 이들 목표 간에는 일관성이나 응집력이 없다.
> ① 합리적 행위자 모형에서는 국가가 단일적인 결정자임을 인정한다.
> ② 조직과정모형(모형II)은 회사모형과 전제조건이 유사하며 따라서 조직은 불확실성을 회피하기 위하여 정책결정을 할 때 표준운영절차(SOP)나 프로그램 목록(program repertory)에 의존한다.
> ④ 외교안보문제 분석에 있어서 설명력을 높이기 위한 대안적 모형으로 조직과정모형을 고려한다. 조직과정모형(모형II)은 조직행위자는 하나의 동일체로써 국가나 정부가 아니며 느슨하게 연결된 여러 하부조직의 연합체라고 가정한다. 문제 또한 다면적인 성격을 가지고 있으므로 다양한 조직으로 분산되어 배정된다고 본다. 예컨대 미국 국무부는 외교, 국방부는 안보, 재무부는 경제문제 등으로 문제를 분해하여 관리된다고 설명한다.
> **[정답] ③**

122
• 15 국가9급

앨리슨(G.Allison)의 세 가지 의사결정모형에 대한 설명으로 옳지 않은 것은?

① 집단적 의사결정을 국가의 정책결정에 적용하기 위해 합리적 행위자모형, 조직과정모형, 관료정치모형으로 분류하였다.
② 관료정치모형은 조직 하위계층에의 적용가능성이 높고, 조직과정모형은 조직 상위계층에서의 적용가능성이 높다.
③ 실제 정책결정과정에서는 어느 하나의 모형이 아니라 3가지 모형이 모두 적용될 수 있다.
④ 원래 국제 정치적 사건과 위기적 사건에 대응하는 정책결정을 설명하기 위한 모형으로 고안되었으나, 일반정책에도 적용 가능하다.

> **해설** ② 관료정치모형(모형 III)은 조직의 상층부에서 나타나는 모형이고, 조직과정모형(모형 II)은 하부조직에서 나타나는 모형이다.
> **[정답] ②**

123
• 18 국가9급

사이버네틱스(cybernetics) 의사결정 모형에 대한 설명으로 옳지 않은 것은?

① 주요 변수가 시스템에 의하여 일정한 상태로 유지되는 적응적 의사결정을 강조한다.
② 문제를 해결하고 목표를 달성하기 위해 정보와 대안의 광범위한 탐색을 강조한다.
③ 자동온도조절장치와 같이 사전에 프로그램화된 메커니즘에 따라 의사결정이 이루어진다.
④ 한정된 범위의 변수에만 관심을 집중함으로써 불확실성을 통제하려는 모형이다.

> **해설** ② 문제를 해결하고 목표를 달성하기 위해 정보와 대안의 광범위한 탐색을 강조하는 모형은 합리모형이다. 사이버네틱스(Cybernetics)모형은 합리모형과 가장 극단적으로 대립되는 적응적·관습적 의사결정모형으로 분석적 합리성이 완전히 존재하지 않은 상태에서 습관적·적응적 의사결정을 다룬 모형이다. 즉 광범위하고 복잡한 탐색을 거치지 않고 표준운영절차에 따라 처리하고 미리 개발해둔 해결 목록(SOP)에 의하여 문제를 해결하는 것이다. ④ 중요한 한정된 변수나 문제에만 관심을 집중시키는 문제중심의 탐색을 통하여 불확실성을 통제한다.
> **[정답] ②**

124
• 16 국가9급

재니스(Janis)가 주장한 집단사고(group think) 예방 전략에 대한 설명으로 옳지 않은 것은?

① 조직에서 결정하는 사안이나 정책에 대해서 외부 인사들이 재평가할 수 있는 체계를 구축해야 한다.
② 최고 의사결정자는 대안 탐색 단계마다 참여자 중 한 명에게 악역을 맡겨 다수의견에 반대되는 의견을 강제로 개진하게 한다.
③ 집단적 의사결정에서 의사결정 단위를 2개 이상으로 나눈다.
④ 최종 대안을 도출한 후에는 각 참여자들에게 반대의견을 제시할 수 있는 기회를 부여하지 않는다.

해설 집단사고(group think)란 자기 집단만을 합리화하려는 폐쇄적 인식, 만장일치 결정의 선호, 반대 의견자에 대한 압력, 강한 집단 동조성, 심리적 방어 기제의 형성, 참여자들의 자기 과신과 도덕적 우월성에 대한 환상 등을 말한다. 이러한 집단사고를 방지하기 위해서는 최종 대안을 도출한 후에는 각 참여자들에게 반대의견을 제시할 수 있는 기회를 부여하여야 한다.

[정답] ④

125
• 10 국가7급

정책결정모형에 대한 설명으로 옳지 않은 것은?

① 만족모형은 정책결정자나 정책분석가가 절대적 합리성을 가지고 있고, 주어진 상황하에서 목표의 달성을 극대화 할 수 있는 최선의 정책대안을 찾아낼 수 있다고 본다.
② 쓰레기통모형은 '조직화된 무정부 상태' 속에서 나타나는 몇 가지 흐름에 의하여 정책결정이 우연히 이루어진다고 보는 정책모형이다.
③ 최적모형은 정책결정을 체제론적 시각에서 파악하고 정책성과를 최적화하려는 정책결정모형이다.
④ 혼합모형은 합리모형의 이상주의적 특성에서 나오는 단점과 점증모형의 지나친 보수성이라는 약점을 극복할 수 있는 전략으로 제시된 모형이다.

해설 ①은 합리모형에 대한 설명이다. 만족모형은 인간은 인지능력상 한계로 인하여 최선의 대안을 탐색하지 못하고 제한된 합리성을 바탕으로 만족화의 전략을 취한다고 본다.

[정답] ①

126
• 06 국회8급

점증주의에 입각한 정책결정 방식을 설명한 것으로 적합하지 않은 것은?

① 이해관계의 원만한 타협과 조정을 중시한다.
② 정책의 목표와 수단 간의 관계가 분명하지 않다.
③ 정책대안의 분석과 비교가 총체적·종합적으로 이루어진다.
④ 정책목표와 정책수단은 상황에 따라 수정될 수 있다.
⑤ 차기년도 예산결정은 금년도 예산 규모에 좌우될 가능성이 높다.

해설 ③ 총체주의에 입각하여 모든 대안을 비교분석하여 최선의 대안을 선택하는 의사결정모형이 합리모형인데 비하여, 점증주의는 소수의 대안을 비교분석하는 부분적 최적화를 추구한다. 점증주의는 목표수단분석을 실시하지 않으며, 타협을 중시하며 목표와 수단간의 명확한 인과관계가 존재한다고 보지 않거나 목표나 가치를 주어진 것으로 받아들이지 않고 상황에 따라 수정될 수도 있다고 본다.

[정답] ③

127
• 12 서울9급

정책결정 이론의 하나인 혼합탐사모형에 대한 설명으로 옳은 것은?

① 정책결정자가 추구하는 가치들은 중요도에 따라 분류되고 서열화된다.
② 복잡한 상황을 단순화시켜 대안의 중요한 결과만을 예측한다.
③ 조직 내 하위조직 사이의 상이한 목표로 인한 갈

등은 협상을 통해 해결한다.
④ 정책결정은 근본적인 결정과 세부적인 결정의 지속적인 상호작용에 의해 이루어진다.
⑤ 조직화된 무정부 상태를 긍정적인 측면에서 체계적으로 분석하고자 한다.

> 해설 ④ 근본적인 결정과 세부적인 결정으로 설명하는 것이 혼합탐사모형(A. Etzioni, 1967)이다. ①은 합리모형이고, ②는 만족모형에 대한 설명이다. ③은 회사모형이고, ⑤는 쓰레기통모형의 특성에 해당한다.
>
> [정답] ④

128
• 05 국가9급

Cyert와 March의 회사모형(firm model)에 대한 설명으로 옳지 않은 것은?

① 의사결정에 참여하는 사람들 간에 무엇을 선호하는지 불분명하며, 목표와 수단 사이에 존재하는 인과관계를 의미하는 기술도 불명확하다.
② 환경의 불확실성을 제거하기 위해, 예컨대 거래관행을 수립하거나 장기계약을 맺는 등 환경을 통제할 수 있는 방법을 찾는다.
③ 문제상황의 복잡성과 동태성 때문에 조직이 직면하는 불확실성은 대안이 가져올 결과에 대한 예측을 극히 어렵게 하므로, 단기적 환류에 의존하는 의사결정절차를 이용하여 불확실성을 회피하려고 한다.
④ 회사의 하위조직들간에 생겨나는 갈등·모순되는 목표들은 하나의 차원이나 기준으로 통합하는 방법이 없기 때문에 갈등은 완전한 해결이 아니라 갈등의 준해결에 머문다.

> 해설 회사모형(연합모형)의 특징으로 갈등의 준해결, 불확실성의 회피, 문제중심의 탐색 등을 들 수 있으며, 궁극적으로 SOP(표준운영절차)의 발견을 중시한다. 거래관행의 수립도 SOP로 볼 수 있다.
>
> [정답] ①

129
• 07 인천9급

다음 중 Cyert와 March의 회사모형(연합모형)의 특징이 아닌 것은?

① 개인차원의 의사결정모형이 집단차원에 모두 적용되는 것은 아니다.
② 거래관행 또는 표준운영절차를 통하여 불확실성을 회피한다.
③ 추구하는 목표가 장기적이다.
④ 대안이 가져올 결과를 문제 삼지 않는다.
⑤ 모순되는 목표는 순차적으로 해결하며 갈등은 준해결 상태에 머문다.

> 해설 회사모형은 문제 상황의 복잡성과 동태성 때문에 조직이 직면하는 불확실성은 대안이 가져올 결과에 대한 예측을 극히 어렵게 하므로 SOP(표준운영절차) 또는 단기적 환류에 의존하는 의사결정절차를 이용하여 불확실성을 회피하려고 한다. 따라서 장기적인 목표나 전략을 추구하기 어렵다.
>
> [정답] ③

130
• 08 국회8급

사이버네틱스(Cybernetics) 모형의 특징으로 가장 거리가 먼 것은?

① 습관적 의사결정　② 적응적 의사결정
③ 인과적 학습강조　④ 불확실성의 통제
⑤ 집단적 의사결정

> 해설 사이버네틱스(Cybernetics)모형은 합리모형과 가장 극단적으로 대립되는 적응적·관습적 의사결정모형으로 분석적 합리성이 완전히 존재하지 않은 상태에서 의사결정을 다룬 모형이다. 인과적 학습은 분석적 패러다임의 특징이고, 사이버네틱스모형은 시행착오적인 도구적 학습에 의존한다.
>
> [정답] ③

131
* 06 국회8급

아래 상황에 가장 부합되는 의사결정모형은?

> 가. 정책의 일관성이 높다.
> 나. 권력은 최고 관리층에 집중되어 있다.
> 다. 개인목표보다는 전체목표에 치중한다.
> 라. 구성원의 응집성이 강하다.

① Cyet와 March의 회사모형
② Dror의 최적모형
③ Etzioni의 혼합탐사모형
④ Allison의 모형Ⅰ
⑤ Simon의 만족모형

해설 목표의 공유도와 정책의 일관성이 높으며 개별행위자들의 목표보다 조직전체의 목표에 치중하는 것은 Allison의 모형Ⅰ(합리적 행위자 모형)에 해당한다.

[정답] ④

132
* 09 국회8급

정책결정모형에 관한 설명으로 옳지 않은 것은?

① 합리모형은 모든 대안을 탐색하고 모든 결과를 예측하게 함으로써 많은 분석비용과 시간을 낭비하게 한다는 비판을 받고 있다.
② 점증모형은 사회가 불안정할 때는 적용이 곤란하며, 혁신을 저해할 우려가 있다.
③ 최적모형은 합리적 분석뿐만 아니라 정책결정자의 직관적 판단도 중요한 요소로 간주한다.
④ G. T. Allison은 정부의 정책결정과정에 세 가지 모형의 의사결정이 존재한다고 주장하였으며, 그 중 정치모형(ModelⅢ)은 공공재의 결정이 정치적 표결에 의해 이루어지는 것으로 보고 있다.
⑤ 쓰레기통모형은 문제, 해결책, 선택기회, 참여자의 네 요소가 독자적으로 흘러 다니다가 어떤 계기로 교차하여 만나게 될 때 결정이 이루어진다고 본다.

해설 Allison의 정치모형(ModelⅢ)은 공공재의 결정이 정치적 게임규칙에 의한 연합, 타협, 흥정, 협상 등에 의해 이루어지는 것으로 보고 있다. 정치모형은 정치적 게임규칙과 같은 정치적 해결을 중시하지만, 이러한 정치적 해결과 정치적 표결(투표 등)은 다른 것이다.

[정답] ④

133
* 08 국가7급

정책결정이론모형에 관한 설명으로 옳지 않은 것은?

① 회사모형은 개인의 의사결정 원리를 유추·적용하여 조직의 의사결정을 설명한 것으로, 합리모형에 대한 비판에서 출발한다.
② 합리모형은 의사결정자들이 사회적으로 추구하는 가치와 그것들의 우선순위를 보여주는 일련의 목표들을 설정할 능력이 있다고 가정한다.
③ 최적모형은 '현실'과 '이상'을 통합한 것으로, 메타정책결정(meta-policy making)을 중요시한다.
④ 관료정치모형은 정부를 잘 조직화된 유기체로 간주하며, 정책결정과정은 본질적으로 정치게임에 참여하는 개인의 경우와 같다고 본다.

해설 정부를 잘 조직화된 유기체로 간주하는 모형은 합리적 행위자모형이며(모형Ⅰ), 정부를 독립된 개인들의 연합체로 간주하여 정책결정 과정을 본질적으로 정치게임에 참여하는 개인의 경우와 같다고 간주하는 모형은 관료정치모형(모형Ⅲ)이다. 즉 ④는 후단은 맞고 전단이 틀린 표현이다.

[정답] ④

134
• 08 지방7급

정책결정모형에 관한 설명으로 적절하지 않은 것은?

① 점증모형 : 합리모형의 의사결정은 당위적으로는 바람직하지만, 합리적 의사결정에 필요한 정보와 분석능력의 부족으로 현실적으로 불가능하다고 비판한다.
② 합리모형 : 정책결정의 기준이 되는 목표와 가치는 그 중요성에 따라 분명히 제시되고 서열화될 수 있다.
③ 만족모형 : 정책결정의 합리성을 제약하는 요인들을 고려할 때 한정된 대안의 비교분석을 통해 최선을 모색하는 선에서 만족하는 것이 합리적이다.
④ 혼합주사모형 : 근본적 결정과 세부적 결정으로 나누어 근본적 결정의 경우 합리모형을, 세부결정의 경우 점증모형을 선별적으로 적용하는 것이 합리적이다.

해설 점증주의자들이 합리모형의 비현실성과 당위성에 대한 비판 모두이다. 즉, 합리모형은 현실적으로 불가능할 뿐만 아니라 분석에 소요되는 시간과 비용이 과다하기 때문에 바람직하지도 않다는 것이다. 따라서 Lindblom과 같은 점증주의자들은 점증모형이 실증적이고 규범적 모형이라고 주장한다.

[정답] ①

135
• 07 서울7급

정책결정모형에 관한 다음 설명 중 틀린 것은?

① 쓰레기통 모형은 복잡한 갈등이나 혼란이 존재한다는 전제에 입각한 모형이다.
② 최적 모형은 직관적인 판단이나 육감 등의 초합리성을 강조한다.
③ 혼합주사모형에서 점증적 결정이란 나무보다는 숲을 개괄적으로 파악하는 유형의 결정을 말한다.
④ 점증모형은 다원주의 사회를 배경으로 하며 정치적 합리성을 중시하는 모형이다.
⑤ 합리모형은 비용편익분석을 통해 대안을 도출한다.

해설 Etzioni의 혼합주사모형이란 합리모형과 점증모형을 절충시킨 모형이다. 합리적 결정이란 모든 대안과 결과를 고려하여 결정하는 것이고, 점증적 결정이란 한정된 대안과 결과만을 고려하여 결정하는 것을 말한다. 나무보다는 숲을 개괄적으로 파악하는 유형의 결정은 합리적 결정이며, 점증적 결정은 숲보다는 나무를 자세하게 파악하는 유형의 결정을 말한다.

[정답] ③

136
• 07 서울9급

다음 중 정책결정의 주요 모형에 대한 설명이 잘못된 것은?

① 마치, 코헨, 올센 등이 연구한 쓰레기통모형에서는 문제, 정치, 정책의 흐름이 독자적으로 흘러다니다가 어떤 계기로 모일 때 결정이 이루어진다고 한다.
② 사이어트와 마치가 주장한 회사모형은 느슨하게 연결된 조직의 결정을 다루는 연합모형으로 갈등의 준해결, 불확실성의 회피, 문제 중심의 탐색, 조직의 학습을 특징으로 한다.
③ 엘리슨의 관료정치모형은 현실적인 결정이 결정과정에 참여하는 관료들의 흥정, 타협, 연합, 대결에 의해 이루어진다고 보았다.
④ 뷰캐넌과 털룩 등이 주장한 공공선택모형은 공공재의 결정이 정치적 표결에 의해 이루어짐을 설명하고 있으며 결정참여자들은 자신의 이익을 극대화하는 방향으로 결정에 참여한다고 주장한다.
⑤ 잘못된 정책에 대한 악순환이 일어날 소지가 많은 모형은 점증모형이다.

해설 쓰레기통 모형에서 의사결정에 필요한 네 가지 흐름의 요소는 문제, 해결책, 참여적, 선택기회의 흐름이다.
①은 Kingdon의 흐름창(정책창) 모형이다. 흐름·창 모형(Kingdon, 1984)이란 쓰레기통모형을 정책에 적용시킨 것으로 3가지흐름(정책문제, 정치, 정책대안의 흐름)이 정치적 사건이나 극적 사건이 발생하면서 정책의 창이 열리고 새로운 정책이 결정된다는 이론모형이다.

[정답] ①

137
• 17 지방9급(하)

딜레마이론에 대한 설명으로 옳은 것은?

① 부정확한 정보와 의사결정자의 결정 능력 한계로 인해 발생하는 딜레마 상황에 주목한다.
② 대안을 선택하지 않는 비결정도 딜레마에 대한 하나의 대응형태로 볼 수 있다.
③ 두 대안이 추구하는 가치 간 충돌이 있는 경우 결국 절충안을 선택하게 된다.
④ 딜레마의 구성 요건으로서 단절성(discreteness)이란 시간의 제약이 존재하므로 어떤 식의 결정이든 해야 함을 의미한다.

> **해설** 정책딜레마란 정책결정을 해야지만 상충되는 정책대안들 가운데서 어떤 것도 선택하기 어려워 선택이 불가능하거나 어려운 상태를 말한다.
> ② 대안을 선택하지 않는 비결정(결정의 회피)도 딜레마에 대한 대응전략의 하나이다.
> ① 딜레마는 부정확한 정보와 의사결정자의 결정 능력 한계로 인해 발생하는 것이 아니라 대안이 구체적이고 명료할 경우에 발생한다.
> ③ 두 대안이 추구하는 가치 간 충돌이 있는 경우이므로 두 대안간 절충이 불가능한 경우에 발생한다.
> ④ 딜레마의 구성 요건으로서 단절성이 아니라 선택불가피성(선택압력)이 있는 경우에 발생한다.
>
> **[정답] ②**

[보충] 정책딜레마의 논리적 구성요건
① 분절성(단절성) : 대안 간 절충 불가
② 상충성 : 대안 간 충돌
③ 균등성 : 대안들의 비슷한 결과가치 내지는 기회손실
④ 선택불가피성 : 선택 압력
⑤ 명료성 : 대안의 구체성

138
• 24 행정사

정책결정의 이론모형에 관한 설명으로 옳지 않은 것은?

① 만족모형은 인간의 능력에 한계가 있으므로 최적의 대안이 아닌 만족하는 정도의 대안을 결정한다.
② 최적모형은 비정형적인 정책결정 시 창의성이나 통찰력 같은 초합리성을 중요시 한다.
③ 쓰레기통모형은 고도로 불확실한 조직상황하에서의 정책결정양태를 설명한다.
④ 관료정치모형은 의견이 동일한 관리자들이 연합하여 최종해결안을 선택하고, 토론과 협상을 매우 중요시 한다.
⑤ 점증모형은 정책결정과정을 약간의 향상을 위해 그럭저럭 헤쳐 나가는 과정으로 본다.

> **해설** ④[X] 관료정치모형은 의견과 이해관계가 다양한 참여자들 간 타협, 협상, 경쟁, 연합 등에 의해 좌우된다고 보는 견해로서 특정의 정책에 참여한 개인, 집단, 조직 등이 각자의 이해와 입장 및 영향력을 행사하여 정부의 결정과 활동의 범위를 제한한다. 참여자들 간 의견은 '동일' 하지는 않다.
> ③ 쓰레기통모형은 **조직화된 혼란상태**에서의 의사결정을 설명하는 모형으로 정책은 불확실한 상황 속에서 **우연히 정책결정이 이루어진다**고 본다.
> ⑤ 점증주의자인 Lindblom(1959)은 정책결정과정을 그럭저럭 헤쳐 나가는(muddling through) 진흙탕 싸움(이전투구)으로 파악하였다.
>
> **[정답] ④**

139

• 22 군무원9급

정책결정모형에 대한 설명으로 가장 옳지 않은 것은?

① 합리모형은 합리적인 경제인을 가정하며 정책과정의 역동성을 고려하지 않는다.
② 만족모형은 조직 차원의 합리성과 정책결정자 개인 차원의 합리성 사이에 존재하는 괴리를 인정한다.
③ 점증모형은 정책을 이해관계자들 사이에 이루어지는 타협과 조정의 산물로 본다.
④ 최적모형은 합리모형의 한계를 극복하기 위해 만족모형과 점증모형의 강점을 취하고자 한다.

해설 ④ 최적모형은 점증모형의 단점을 극복하기 위한 모형이다.

[정답] ④

140

• 23 군무원9급

다음 중 점증모형의 논리적 근거로 가장 거리가 먼 것은?

① 매몰 비용
② 실현가능성
③ 제한적 합리성
④ 정보접근성

해설 ④ 정보접근성은 합리모형의 논리적 근거이다.

[정답] ④

THEMA 25 공공선택이론

141
• 24 지방9급

공공선택이론에 대한 설명으로 옳지 않은 것은?

① 인간을 이기적이고 합리적인 경제인으로 본다.
② 비시장적 의사결정을 경제학적 관점에서 연구한다.
③ 뷰캐넌(Buchanan), 털럭(Tullock), 오스트롬(Ostrom) 등이 대표적인 학자이다.
④ 경제주체의 집단적 선택행위를 중시하는 방법론적 집단주의 입장이다.

해설 공공선택이론의 가정으로 방법론적 개체주의와 합리적·이기적 경제인을 들 수 있다. ④[X] 공공선택이론은 개인을 분석단위로 하며, 개인의 효용을 극대화시키는 것을 중시하는 집합적 선택이론이다. 따라서 개인적 선택행위를 중시하는 방법론적 개인주의 입장이다.

[정답] ④

142
• 22 지방9급

티부(Tiebout) 모형의 전제조건으로 옳지 않은 것은?

① 시민의 이동성
② 외부효과의 배제
③ 고정적 생산요소의 부존재
④ 지방정부 재정패키지에 대한 완전한 정보

해설 ③ 티부(Tiebout) 모형에 의하면 주민의 선호가 반영되는 분권화된 시스템이 효율적이라는 가설적 모형으로 그 전제조건(가정)의 달성이 이상적이므로 가설적 성격을 가진다. 전제조건 중 하나는 자치단체별로 한 가지 이상의 고정적 생산요소가 존재해야 한다고 가정한다. 이는 자치단체별로 차별화된 서비스가 존재해야 한다는 의미이다.

[정답] ③

[티부가설의 전제조건(가정)]

① 다수의 지역사회(지방정부) 존재
② 완전한 정보
③ 지역간 자유로운 이동 : 완전한 이동(이사비용 X)
④ 단위당 평균비용 동일 : 규모의 경제 작용 X
⑤ 외부효과의 부존재 : 그 지역 주민만이 누릴 수 있어야 함
⑥ 특화된 서비스의 존재 : 한 가지 이상의 고정적 생산요소 존재

143
• 15 행정사

공공선택이론에 관하여 설명한 것은?

① 행정현상을 자연·사회·문화적 환경과 관련시켜 이해하며 집합적 행위나 제도를 거시적 수준에서 분석한다.
② 공공서비스의 효율적 공급을 위해 공공부문의 시장경제화를 추구하며 정치 및 행정현상에 경제학적 분석도구를 적용하여 설명한다.
③ 인간의 주관적 관념, 의식 및 동기의 의미를 이해하는 데에 초점을 맞추어 조직문제에 대한 폭넓은 사고방식과 준거의 틀을 정립한다.
④ 정책결정자가 대안들의 표면화된 가치를 비교할 수 없어 선택이 어려운 상황에서 행하는 의사결정 방법과 전략을 탐구한다.
⑤ 공공서비스 전달 및 공공문제 해결과정에서 정부와 민간부문 간의 협력적 네트워크를 적극 활용한다.

해설 ①은 생태론과 관련된 설명이다. ③은 현상학적 관점에 해당하고, ④는 정책결정모형 중에서 정책딜레마 모형이다. ⑤는 거버넌스적 관점이다.

[정답] ②

144
• 16 지방9급

공공선택론에 대한 설명으로 옳지 않은 것은?

① 공공선택론은 역사적으로 누적 및 형성된 개인의 기득권을 타파하기 위한 접근이다.
② 공공선택론은 공공재의 공급에서 경제학적인 분석도구를 적용한다.
③ 공공선택론에서는 공공서비스를 독점 공급하는 전통적인 정부관료제가 시민의 요구에 민감하게 대응할 수 없는 장치라고 본다.
④ 공공선택론은 공공서비스의 효율적 공급을 위해서 분권화된 조직 장치가 필요하다는 입장이다.

> **해설** 공공선택이론은 국가의 역할을 경시(관료제 비판)하고 개인의 선호를 반영하는 의사결정구조를 강조하므로 개인의 기득권을 타파하기 힘든 보수주의적 접근이라는 비판을 받는다.
>
> [정답] ①

145
• 16 국가9급

티부(Tiebout) 모형의 가정(assumptions)으로 옳지 않은 것은?

① 충분히 많은 수의 지방정부가 존재한다.
② 공급되는 공공서비스는 지방정부 간에 파급효과 및 외부효과를 발생시킨다.
③ 주민들은 언제나 자유롭게 이동할 수 있다.
④ 주민들은 지방정부들의 세입과 지출 패턴에 관하여 완전히 알고 있다.

> **해설** ② 티부모형의 가정으로 지방정부의 공공서비스는 지방정부 간 파급효과 및 외부효과를 발생시키지 않아야한다고 전제한다. 티부(Tiebout) 모형의 가정으로 다음을 들 수 있다.
> ① 다수의 지역사회 존재 : 상이한 재정프로그램을 제공하는 다양한 지방정부 존재,
> ② 완전한 정보 : 각 지역의 재정프로그램에 대해 정확히 알고 있어야 함,
> ③ 지역간 자유로운 이동가능성(완전한 이동) : 지역간 이동에 필요한 거래비용(이사비용 등) 등 제약 없이 지역간 이동이 가능해야 함,
> ④ 단위당 평균비용 동일 : 공공재 생산을 위한 단위당 평균비용이 동일해야 한다는 것으로 규모의 경제가 작용하지 않아야 함,
> ⑤ 외부효과의 부존재 : 당해지역의 프로그램의 이익은 당해지역 주민들에게만 돌아가며 이웃지역의 주민들에게 이익(경제) 또는 불이익(불경제)을 주지 말아야 한다. 외부효과가 존재한다면 지역간 이동이 불필요해 질 수도 있기 때문에,
> ⑥ 재원은 당해지역 주민들의 재산세(property tax)로 충당되는 것으로 가정하며 국고보조금 등은 존재하지 않음
>
> [정답] ②

146
• 19 서울7급(추가)

분권화된 지방정부에서 발에 의한 투표(vote by feet)가 가능해지기 위한 전제조건들에 대한 설명으로 가장 옳지 않은 것은?

① 지방정부의 시민들은 그들의 선호체계에 가장 적합한 지역으로 이동하는 것이 가능하다.
② 시민들이 지방정부들의 세입 세출 형태에 관해 완전한 정보를 가지고 있어야 한다.
③ 시민들이 배당수입에 의존하여 생활해야 한다.
④ 공급되는 공공재도 외부비용과 외부효과 문제를 가지고 있을 수 있다.

> **해설** ④ 티부가설의 전제조건 중 하나는 외부성이 존재하지 않아야한다는 가정이다. 지방자치단체가 공급하는 공공서비스의 경우 다른 지방정부로 비용이나 효과가 누출되는 외부효과는 존재하지 않는다고 가정한다.
>
> [정답] ④

147
• 18 지방9급

던리비(Dunleavy)의 관청형성 모형에 대한 설명으로 가장 옳은 것은?

① 고위 관료의 선호에 맞지 않는 기능을 민영화나 위탁계약을 통해 지방정부나 준정부기관으로 넘긴다.
② 합리적인 고위직 관료들은 소속기관의 예산극대화를 추구한다.
③ 중하위직 관료는 주로 관청예산의 증대로 이득을 얻는다.
④ 관료들이 정책결정을 할 때 사적이익보다는 공

적이익을 우선시 한다.

> **해설** ① 던리비(Dunleavy)의 관청형성 모형에 의하면 Niskanen의 예산극대화가설을 비판하면서, 합리적인 고위관료들은 예산극대화동기 대신 관청형성동기가 더 강하다고 주장한다. 고위관료들은 준정부기관이나 책임운영기관 등 다양한 정부조직을 형성하여 떠넘기고 자신들은 정치권력의 중심에서 참모기능을 수행하기를 선호한다.
> ② 소속기관의 예산극대화를 추구하는 것은 니스카넨의 주장이다.
> ③ 중하위직 관료들은 주로 핵심예산의 증대로부터 이득(직업안정성, 경력축적기회, 승진촉진 등)을 얻는 반면, 고위직 관료들은 핵심예산을 제외한 관청예산의 증대로부터 이득(부서의 위신상승, 고객과의 관계개선)을 얻는다.
> ④ 관료들은 공적이익보다는 사적이익을 더 우선시한다.

[정답] ①

148
• 03 국가7급

공공선택론에 대한 설명으로 옳지 않은 것은?

① 정부를 공공재의 생산 및 공급자로 규정한다.
② 공공부문의 시장경제화를 통해 시민의 편익이 극대화 될 수 있는 서비스 공급과 생산이 가능하다고 본다.
③ 정치학에 경제학을 응용하는 연구라고도 정의된다.
④ 시민개개인의 선호와 선택 대신에 집단의 이익을 강조하며, 비합리적인 인간관에 기초한다.

> **해설** 공공선택이론은 집단의 이익보다는 개인의 효용을 극대화하려는 방법론적 개체주의와 합리적인 경제인관을 전제하고 공공부문에다가 경제학적 관점을 적용하려는 접근이다.

[정답] ④

149
• 08 지방9급

공공선택론(public choice theory)의 접근방법에 관한 설명으로 옳지 않은 것은?

① 방법론적 개인주의에 입각하고 있으며, 인간은 철저하게 자기이익을 추구한다고 가정한다.
② 인간은 모든 대안들에 대하여 등급을 매길 수 있는 합리적인 존재라고 가정한다.
③ 정당 및 관료는 공공재의 소비자이고 시민 및 이익집단은 공공재의 생산자로 가정한다.
④ 뷰캐넌(J. Buchanan)과 털럭(G. Tullock)이 대표적인 학자이다.

> **해설** 공공선택론은 정부를 공공재의 생산자로 가정하고 국민을 공공재의 소비자로 가정한다. 즉, 정당 및 관료는 공공재의 공급자이고 시민 및 이익집단은 공공재의 소비자로 가정한다. ①과 ②는 공공선택론의 대표적인 가정이다.

[정답] ③

150
• 05 국가7급

행정학의 접근 방법으로서 공공선택이론에 관한 기술 중 옳지 않은 것은?

① 정부실패를 인정한다.
② 정부를 공공재의 생산자로 규정 시민들을 공공재의 소비자라고 규정한다.
③ 의사결정에 필요로 하는 인원이 증가하면 의사결정 비용이 감소하는 반면 외부비용은 증가한다.
④ 공공재의 공급문제와 그에 따른 무임승차자의 문제를 해결 하고자한다.

> **해설** 공공선택론의 유형 중 뷰캐넌과 튤락의 비용극소화이론에 대한 지문이다. 비용극소화이론은 정책결정에서 적정한 참여자의 수에 대한 규범적 모형으로 정책결정비용과 외부비용을 모두 고려한 총비용의 극소점에서 의사결정이 이루어져야 한다고 한다. 여기서 의사결정에서 인원이 증가하면 그만큼 의사결정비용이 증가하지만 반대로 외부비용(집행비용)은 감소한다.

[정답] ③

151
• 04 입법고시

다음 중 공공선택이론에 대한 논의 중 옳지 않은 것은?

① 공공선택론은 시장의 범주 밖에서 일어나는 결정행위를 경제학적으로 접근하고 연구하는 이론이다.
② 공공선택론에서 취하는 구체적 방법은 다양하지만 일반적으로 방법론적 개체주의에서 출발하고 있다.
③ 공공선택론은 정보의 수준에 따라 개인의 결정행위가 달라진다고 가정한다.
④ 공공선택론은 개인이나 집단의 선택행위를 주로 귀납적 설명을 통하여 분석하고자 한다.
⑤ 공공선택론은 형평성의 문제를 고려하지 않거나 사회심리적인 세력들에 대한 현상분석을 등한시한다는 점에 한계가 있다.

해설 공공선택론은 경제학적 관점을 공공부문에 적용하려는 것으로 귀납적 접근이 아니라 연역적 접근을 추구하며 시장지향적 접근으로서 형평성을 고려하지 못한다.

[정답] ④

152
• 07 국가7급

공공선택이론에 관한 설명으로 적절하지 않은 것은?

① 연역적 설명방식을 취함으로써 사물에 관한 추론방법을 이용하는데 유용하다.
② 합리모형의 정책결정수단으로서의 성격을 인정하면서 공공재와 공공서비스의 특질을 중시하였다.
③ 전통적인 정부실패의 한계에서 출발하였으며 관할구역의 분리와 분권화를 주장한다.
④ 행정에서의 소비자 보호운동을 강화하는 데 기여하였다.

해설 공공선택이론(Public Choice Theory)은 정부실패의 치유를 위한 시장적 접근을 시도하는 정치경제학적 접근방법이다.

② 공공선택모형은 합리모형의 정책결정수단으로서의 성격을 인정하면서 공공재와 공공서비스의 특질을 중요시하였고, ④ 소비자의 다양한 선호를 고려하는 사회적 능률성을 강조함으로서 소비자보호운동의 성격을 지닌다.
③ 정부실패의 한계를 극복하기 위하여 관할구역의 중첩과 권한의 분산을 주장한다. 권한의 집중은 부패를 가져올 수 있으므로 권력의 행사를 제한하고 통제하기 위하여 권한은 분산되어야하고, 관할구역의 분리가 아니라 관할권의 중첩을 주장하였다.

[정답] ③

153
• 12 지방7급

티보(Tiebout)의 '발로 하는 투표(voting with feet)' 가설에 대한 설명으로 옳지 않은 것은?

① 주민의 자유로운 이동을 전제로 한다.
② 분권화된 체제에서 효율적인 자원배분이 이루어진다.
③ 지방자치단체의 주된 재원은 지방소비세가 되어야 한다.
④ 지역재정프로그램의 혜택은 그 지역주민만이 누릴 수 있어야 한다.

해설 ③ 지방자치단체의 주된 재원은 당해지역 주민들의 재산세(property tax)로 충당되는 것으로 가정한다. ④는 외부효과의 부존재에 대한 설명이다. 당해지역의 프로그램의 이익은 당해지역 주민들에게만 돌아가며 이웃지역의 주민들에게 이익(경제) 또는 불이익(불경제)을 주지 말아야 한다. 외부효과가 존재한다면 지역간 이동이 불필요해 질 수도 있기 때문이다.

[정답] ③

154
• 12 국회8급

행정학의 주요 접근방법에 관한 설명으로 옳지 않은 것은?

① 공공선택이론은 관할 중첩을 타파하여 공공재 공급의 효율성을 높여야 한다고 주장한다.
② 현상학적 접근방법은 가치와 사실의 구분을 거부하고 현상을 본질적인 전체로 파악해야 한다고 주장한다.
③ 실증주의적 접근방법은 행정연구의 과학화를 추

구하는 접근방법이다.
④ 생태론적 접근방법은 정치학 및 문화인류학 등에서 발전된 것으로 이를 행정학에 도입한 학자는 가우스(J. M. Gaus)이다.
⑤ 행태론적 접근방법은 인간의 주관을 배제하고 규칙성을 경험적으로 입증하려 한다.

해설 ① 공공선택이론에서 말하는 다중공공관료제는 권한의 분산과 관할권의 중첩에 의해 공공서비스를 공급하는 메커니즘으로서 공공재의 효율적인 공급을 위한 제도적 장치의 마련을 강조하면서 중첩적인 관할구역(overlapping jurisdiction)과 의사결정센터를 다원화시키는 권한의 분산(fragmentation of authority)이 필요하다고 주장한다.

[정답] ①

155
• 03 행시

공공선택론에 대한 설명으로 옳지 않은 것은?

① 경제학적 접근방법을 사용하여 비시장적 의사결정을 연구하는 것이다.
② 공공서비스의 생산과 공급을 통하여 사회문제를 해결하는 것을 행정의 기능으로 파악한다.
③ 관료도 부패할 수 있으므로 강력한 계층제적 통제를 통한 부패방지가 필요하다고 주장한다.
④ 민주적이고 효율적인 공공서비스의 공급과 생산을 위하여 다양한 제도적 장치가 마련되어야 한다고 주장한다.
⑤ 경쟁을 통하여 공공서비스를 생산하고 공급함으로써 행정의 대응성을 제고할 수 있다고 주장한다.

해설 공공선택론은 Wilson과 달리 사회 모든 구성원은 합리적 이기주의자로서 관료도 더 이상 윤리적인 판단자가 아니며 다른 사람과 마찬가지로 부패할 수 있다고 보았으며 따라서 이러한 문제점을 단일의 의사결정중추에 의한 계층제적 통제가 아닌 관할구역의 중첩이나 의사결정권한의 분산 및 다원적 참여를 통하여 해결하려고 하였다.

[정답] ③

156
• 24 군무원9급

다음 중 공공선택이론에 대한 설명으로 가장 적절하지 않은 것은?

① 중위투표자 이론은 중간선호자만을 만족시킨 모형으로서 모든 투표자의 선호를 고려하지 않기 때문에 자원배분의 효율성을 보장하지 못한다.
② 티부(Tiebout)에 의하면, 지역주민의 완전한 이동성이라는 시장 배분적 과정을 통하여 지방공공재의 적정규모 공급이 가능하다.
③ 공공선택이론은 소비자인 개인의 선호를 존중하고, 경쟁을 통하여 공공서비스를 생산하고 공급함으로써 행정의 대응성을 높일 수 있다고 주장한다.
④ 고위직 관료들의 관청형성전략(bureau-shaping strategy)은 소속 조직을 보다 집권화된 대규모의 계서적 관료조직으로 개편시키게 된다.

해설 ④[X] 관청형성 전략이란 고위 관료는 책임과 통제가 수반되는 일상적 업무는 준정부조직으로 떠넘기고 권력이 강한 참모기능을 선호하는 경향이 강하다는 주장이다. 즉, 집권화된 대규모의 관료조직으로 개편이 아니라 민영화, 외부분봉(hiving-off), 계약(contracting out) 등을 통해 지방정부나 준정부기관, 책임운영기관 등으로 넘긴다는 것이다.

①[O] 중위투표자이론이란 양당제하에서 각 정당은 좀더 많은 사람의 선택을 받기 위해 두 정당의 정책이 서로 비슷해져서 결국은 중간수준의 대안이 선택된다는 이론이다.

[정답] ④

THEMA 26 정책집행

157
• 22 지방9급

정책집행 연구 중 상향적 접근방법(bottom-up approach)으로 옳은 것만을 모두 고르면?

ㄱ. 엘모어(Elmore)의 후방향적 집행연구
ㄴ. 사바티어(Sabatier)와 매즈매니언(Mazmanian)의 집행과정 모형
ㄷ. 립스키(Lipsky)의 일선관료제
ㄹ. 반 미터(Van Meter)와 반 호른(Van Horn)의 집행연구

① ㄱ, ㄷ ② ㄱ, ㄹ
③ ㄴ, ㄷ ④ ㄴ, ㄹ

해설 ① ㄱㄷ은 상향적 집행과, ㄴㄹ은 하향적 집행과 관련된다. ㄴ[X] 사바티어와 매즈매니언(Sabatier & Mazmanian)의 정책집행과정모형은 정책이란 결정자의 의도대로 하향적으로 집행되어야한다는 "난계모형"을 의미한다. 통합모형이 아님에 주의해야 한다. ㄹ[X] 반 미터 & 반 호른(Van Meter & Van Horn)의 집행모형은 프레스만과 윌다브스키와 함께 대표적인 하향적 집행론에 해당한다.

[정책집행유형]

구분 / 유형	정형적 · 하향적집행 (고전적입장)	적응적 · 상향적집행 (현대적입장)
정책상황	안정적 · 구조화된 상황	유동적 · 동태화된 상황
정책목표 목표의 수정	목표의 명확성 · 구체성, 수정 필요성 적음	목표의 불명확성 · 추상성, 수정필요성 높음
정책결정과 집행	정책결정과 집행의 분리	정책과 집행의 통합
집행의 성공요인	결정자의 리더십	집행자(관료)의 재량권
집행자의 재량	집행자의 재량 불인정	재량권 인정
Berman	정형적(거시적 · 하향적) 집행	적응적(미시적 · 상향적) 집행
Elmore	전향적 집행	후향적 집행
	Van Meter & Van Horn, Sabatier & Mazmanian	Berman, Elmore, Lipsky

[정답] ①

158
• 22 국가9급

나카무라(Nakamura)와 스몰우드(Smallwood)의 정책결정자와 정책집행자의 관계에 따른 정책집행의 유형에 대한 설명으로 옳지 않은 것은?

① '고전적 기술자형'은 정책결정자가 구체적인 목표를 설정하면, 정책집행자는 그 목표를 지지하고 목표달성을 위한 기술적인 수단을 강구하는 역할을 담당한다고 본다.
② '재량적 실험형'은 정책결정자가 추상적인 목표를 설정하면, 정책집행자는 정책결정자를 위해 목표와 수단을 명확하게 하는 역할을 담당한다고 본다.
③ '관료적 기업가형'은 정책집행자가 목표와 수단을 강구한 다음 정책결정자를 설득하고, 정책결정자는 정책집행자가 수립한 목표와 수단을 기술하는 역할을 담당한다고 본다.
④ '지시적 위임형'은 정책결정자가 구체적인 목표와 수단을 설정하면, 정책집행자는 정책결정자의 지시와 위임을 받아 정책대상집단과 협상하는 역할을 담당한다고 본다.

해설 ④[X] 지시적 위임형(instructed delegates)은 정책결정자가 구체적인 목표를 설정하면 정책수단(행정적·기술적·협상적 수단)은 집행자가 강구하는 모형이다. 따라서 정책결정자가 정책목표를 설정하지만 구체적인 수단까지 설정하는 것은 아니다. ③[O] 관료적 기업가형(bureaucratic entrepreneur)은 정책집행자가 정책결정자의 권력을 장악하고 정책과정을 지배하는 경우라고 할 수 있다. 형식상 결정권을 소유하고 있는 상위 결정자들은 집행자들에 의해 만들어진 정책과 목표를 받아들이는 수밖에 없다.

[정답] ④

159
• 22 국가9급

립스키(Lipsky)의 '일선관료제'에서 일선관료들이 처하는 업무환경의 특징으로 옳지 않은 것은?

① 자원의 부족
② 일선관료 권위에 대한 도전
③ 모호하고 대립되는 기대
④ 단순하고 정형화된 정책대상집단

해설 ④[X] 일선관료들이 처하는 업무환경(업무상황)은 너무 다양하고 복잡하므로 일률적으로 정형화시키기가 곤란하다.

● Lipsky의 일선관료들의 업무환경
① 자원의 부족 : 인적·물적 자원이나 시간·기술적 지원이 만성적으로 부족
② 권위에 대한 도전 : 권위에 대한 도전과 위협이 존재한다.
③ 모호하고 대립되는 기대 : 업무 성과를 객관적으로 평가할 기준이 결여되어 있고, 효과적인 통제체제도 없다. 부서의 목표가 애매하거나 이율배반적이다.

[정답] ④

160
• 24 지방9급

옹호연합모형(Advocacy Coalition Framework)에 대한 설명으로 옳은 것만을 모두 고르면?

ㄱ. 정책하위체제에 초점을 두어 정책변화를 이해한다.
ㄴ. 정책지향학습은 옹호연합 내부만 아니라 옹호연합 사이에서도 발생한다.
ㄷ. 행정규칙, 예산배분, 규정의 해석에 대한 결정은 정책 핵심 신념과 관련된다.
ㄹ. 신념 체계 구조에서 규범적 핵심 신념은 관심 있는 특정 정책 규범에 적용되며, 이차적 측면(secondary aspects)보다 변화 가능성이 작다.

① ㄱ, ㄴ
② ㄱ, ㄹ
③ ㄴ, ㄷ
④ ㄷ, ㄹ

해설 ㄱ[O] 정책지지연합모형은 정책집행을 기본적으로 정책하위체제에 중점을 두고 정책을 변화와 학습과정으로 이해하는 모형이다. ㄴ[O] 정책지향학습은 신념체계의 변동에 영향을 주는 것으로 옹호연합 내부만 아니라 옹호연합 사이에서도 발생한다. ㄷ[X] 행정규칙, 예산배분, 규정의 해석 등은 정책핵심을 집행하기 위한 도구나 규칙이다. 이러한 신념은 부차적 신념 또는 이차적(secondary) 신념에 해당한다. ㄹ[X] 규범적 핵심 신념은 특정 정책규범이 아니라 모든 정책에 적용되는 근본가치로서 쉽게 변동되지 않는 기본적이고 거시적인 측면의 신념이다. 반면 이차적(부차적) 신념은 변동가능성이 높다.

정책지지연합모형의 신념체계

	규범핵심 신념	정책핵심 신념	이차적 (부차적) 신념
특징	근본적, 규범적 가치	규범적 핵심을 달성하기 위한 기본전략	정책핵심을 집행하기위해 필요한 도구적 결정
적용	모든 정책영역에 적용	관심있는 특정 정책 규범	관심있는 특정 정책 절차
변화가능성	매우 어려움	어려움	쉬움
예시	종교, 자유, 건강	개발과 환경보존	행정규칙, 예산배분

[정답] ①

161

• 24 지방9급

밑줄 친 연구에 해당하는 것은?

> 이 연구에서는 정책과 성과를 연결하는 모형에 정책 기준과 목표, 집행에 필요한 자원, 조직 간 의사소통과 집행 활동(enforcement activities), 집행기관의 특성, 경제·사회·정치적 조건, 정책집행자의 성향(disposition)이라는 변수를 제시하였다.

① 립스키(Lipsky)의 일선관료제 연구
② 오스트롬(Ostrom)의 제도분석 연구
③ 사바티어와 마즈마니언(Sabatier & Mazmanian)의 집행과정 연구
④ 반 미터와 반 혼(Van Meter & Van Horn)의 정책 집행과정 연구

해설 반 미터와 반 혼의 정책 집행과정 연구에 의하면 정책집행을 정책과 성과를 연결해주는 매개변수로 보고 있다. 정책 기준과 목표, 집행에 필요한 자원, 조직 간 의사소통과 집행 활동(enforcement activities), 집행기관의 특성, 경제·사회·정치적 조건, 정책집행자의 성향(disposition) 등을 제시하였다.

[정답] ④

162

• 17 국가9급

정책집행의 상향적 접근방법에 대한 설명으로 옳은 것은?

① 대표적인 모형은 사바티어(Sabatier)의 정책지지연합모형(Advocacy Coalition Framework)이다.
② 정책결정과 정책집행은 뚜렷하게 구분된다고 본다.
③ 집행현장에서 일선관료의 재량과 자율을 강조한다.
④ 안정되고 구조화된 정책상황을 전제로 한다.

해설 ③ 정책집행의 상향적 접근방법은 집행현장에서 일선관료의 재량과 자율을 강조한다. ① 사바티어의 정책지지연합모형은 통합모형으로 기본적 관점은 상향적 접근 방법의 분석단위를 채택하고, 여기에 영향을 미치는 요인으로 하향적 접근 방법의 여러 가지 변수와 사회경제적 상황과 법적 수단을 결합하는 것이다. ②④는 하향적 접근방법의 특징이다.

[정답] ③

163

• 20 지방9급

정책집행의 하향식 접근(top-down approach)에 대한 설명으로 옳은 것만을 모두 고르면?

> ㄱ. 집행이 일어나는 현장에 초점을 맞춘다.
> ㄴ. 일선공무원의 전문지식과 문제해결능력을 중시한다.
> ㄷ. 하위직보다는 고위직이 주도한다.
> ㄹ. 정책결정자는 정책집행에 영향을 미치는 정치적·조직적·기술적 과정을 충분히 통제할 수 있다.

① ㄱ, ㄴ
② ㄱ, ㄷ
③ ㄴ, ㄹ
④ ㄷ, ㄹ

해설 하향적 접근이란 '기계적인 집행'을 이상적인 것으로 보는 전통적 집행연구로서 결정자의 의도가 충실히 구현되는 것을 중시하며, 최고관리층(결정권자)의 리더십을 성공적 집행의 핵심조건으로 본다.
ㄱ [X] 집행현장에서 실제 일어나고 있는 상태의 기술·설명에 1차적 목적을 두는 것은 상향식 접근에 해당한다.
ㄴ [X] 일선공무원의 전문지식과 문제 해결 능력을 중시하는 것은 상향식 집행에 해당한다.
ㄷ [O] 정책을 집행하는 일선하위직 보다는 정책을 결정하는 중앙의 고위직이 정책 과정을 주도하는 것은 하향식이다.
ㄹ [O] 하향식접근은 정책결정자가 정책의 모든 과정을 전반적으로 장악하고 충분히 통제할 수 있다고 가정한다.

[정답] ④

164 • 15 행정사

정책집행에서 상향적 접근방법에 관한 설명으로 옳지 않은 것은?

① 정책목표 보다는 집행문제의 해결에 초점을 맞춘다.
② 의도하지 않았던 정책의 효과를 분석할 수 있다.
③ 정책집행과정에 대해 정확하게 이해하기 위해서 일선집행관료와 대상 집단의 행태를 고찰한다.
④ 선거직 공무원에 의한 정책결정과 책임이라는 민주주의의 기본가치를 충실하게 반영한다.
⑤ 일선집행관료들이 쉽게 느끼지 못하는 사회적, 경제적, 법적 요인들이 경시되기 쉽다.

해설 선거직 공무원에 의한 정책결정을 충실히 집행하는 것이 성공적 집행이라고 보는 시각은 하향적 정책집행론이다. 반면 정책결정과 집행을 분리하지 않고 연속적 과정으로 보는 상향적 접근방법은 선거직 공무원에 의한 정책결정과 책임이라는 민주주의의 기본가치에 위배된다.

[정답] ④

165 • 13 지방9급

정책집행에 관한 연구 중에서 하향적(top-down) 접근방법이 중시하는 효과적 정책집행의 조건으로 옳은 것만을 모두 고른 것은?

```
ㄱ. 일선관료의 재량권 확대
ㄴ. 지배기관들(sovereigns)의 지원
ㄷ. 집행을 위한 자원의 확보
ㄹ. 명확하고 일관성 있는 목표
```

① ㄱ, ㄴ
② ㄱ, ㄷ
③ ㄴ, ㄹ
④ ㄴ, ㄷ, ㄹ

해설 보기 중에서 'ㄱ'만 틀린 지문이다. 일선관료의 재량권 확대는 상향적 접근방법의 특징이다.

[정답] ④

166 • 18 지방9급

표준운영절차(SOP)에 대한 설명으로 옳은 것은?

① 업무 담당자가 바뀌게 되면 표준운영절차로 인해 업무처리의 연속성을 유지하는 것이 어렵게 된다.
② 표준운영절차는 업무처리의 공평성을 확보하는 데 기여한다.
③ 표준운영절차에 따른 업무처리는 정책집행 현장의 특수성을 반영하기에 용이하다.
④ 정책결정모형 중 앨리슨(Allison) 모형의 Model Ⅰ은 표준운영 절차에 따른 의사결정을 가정한다.

해설 ② 표준운영절차(SOP)란 업무가 행해지는 표준적인 규칙 및 절차를 의미한다. 이처럼 업무처리과정이 표준화가 이루어지면 업무처리의 객관성과 공평성이 확보된다.
① 표준운영절차가 만들어지면 업무 담당자가 바뀌어도 표준운영절차로 인해 업무처리의 연속성을 유지하는 것이 가능하게 된다.
③ 표준운영절차에 따른 정형적·일률적인 업무처리는 정책집행 현장의 특수성 반영을 곤란하게 한다.
④ 표준운영절차에 따른 의사결정을 가정하는 정책결정모형은 앨리슨(Allison)의 모형 Ⅱ(조직과정모형)에 해당한다.

● 표준운영절차(SOP)의 장·단점

SOP의 장점	SOP의 단점
· 하위집행자들의 시간을 단축	· 지나친 획일성으로 개별특수성 무시
· 집행의 능률성·효과성 확보	· 집행현장의 상황에 신축적 대응 곤란
· 집행현장 및 집행과정에서의 복잡성과 불확실성을 축소	· 과거 SOP에 의존해 타성에 젖음
	· 상황적응성을 결여할 가능성 존재

[정답] ②

167
• 18 국가9급

립스키(M.Lipsky)의 일선관료제(Street-Level Bureaucracy)이론에 대한 설명으로 옳은 것은?

① 일선관료는 고객에 대한 고정관념(stereotype)을 타파함으로써 복잡한 문제와 불확실한 상황에 대처한다.
② 일선관료가 업무를 수행하는 기관에 대한 고객들의 목표기대는 서로 일치하고 명확하다.
③ 일선관료는 집행에 필요한 자원이 부족할 경우 대체로 부분적이고 간헐적으로 정책을 집행한다.
④ 일선관료는 계층제의 하위에 위치하기 때문에, 직무의 자율성이 거의 없고 의사결정에 있어서 재량권의 범위가 좁다.

해설 ③ 일선관료는 그들의 과중한 업무량에 비하여 제공되는 인적·물적 자원은 만성적으로 부족하다. 따라서 직무에의 적응 방식으로 단순화(simplification)와 정형화(routinization)를 시도한다. 단순화란 일선 관료들이 수단적 효율성을 증대시키거나 부담을 경감하기 위하여 업무를 쉬운 형태로 전환시키는 것이다. 루틴화란 습관적이고 규칙적인 형태로 상황을 재정립하는 것이다. ① 일선관료는 고객에 대한 고정관념(stereotype, 유형화)을 가짐으로서 복잡한 문제와 불확실한 상황에 대처하지 못하게 된다. ② 일선관료에 대한 고객들의 목표와 기대는 일치하지도 못하고, 명확하지도 못하다. ④ 일선관료는 직무의 자율성과 재량을 보유하고 있으므로 상향적 집행에 해당한다.

[정답] ③

168
• 16 행정사

정책집행에서 대상집단의 불응을 야기하는 원인이 아닌 것은?

① 불명확한 의사전달
② 자원의 부족
③ 정책에 대한 불신
④ 정부의 권위 및 정통성에 대한 부정
⑤ 형사처벌 등 제재의 사용

해설 제재수단의 사용은 불응의 원인이 아니라 순응확보를 위한 수단 또는 대응방안에 해당한다.

[정답] ⑤

169
• 01 입법고시

정책집행과정에 관한 다음 설명 중 가장 적절한 것은?

① 소수의 인물이나 조직이 참여하는 과정이다.
② 정책집행과정을 다시 몇 단계로 구분하는 것은 무의미하다.
③ 정책집행과정에서는 정책설계 자체가 수정되어서는 안된다.
④ 정책집행이 성공을 거두려면 집행자의 행태나 구조적 요인이 수정되어야 한다.
⑤ 목표달성에 당초 예정보다 많은 시일이 소요되더라도 목표를 달성하면 성공적 정책집행으로 본다.

해설 적극적이고 현대적인 정책집행전략을 묻는 문제이다. 원만한 정책집행을 위해서 필요하다면 집행가의 기존의 경직된 행태나 조직구조가 타파되어야 한다.

[정답] ④

170
• 02 입법고시

정책집행연구의 시각에 관한 다음 내용 중 가장 옳은 것은?

① 하향적 접근방법은 집행과정에서 법적 구조화의 불필요성을 강조하였다.
② 하향적 접근방법은 조직내 개인의 활동과 문제상황에 대한 대응성을 강조하였다.
③ 하향적 접근방법은 현장에서 집행을 담당하는 관료들의 역할을 중시한다.
④ 상향적 접근방법은 제시되는 목표가 상대적으로 일반성과 모호성을 띠기 쉽다.
⑤ 상향적 접근방법은 정책과 집행의 완전한 인과관계를 성공적 집행의 조건으로 본다.

해설 상향적 접근에서는 정책목표가 일반성과 모호성을 띠므로 이를 법적 구조화하기가 곤란하다.

[정답] ④

171
• 12 국회8급

정책집행연구의 접근 방식에 관한 설명으로 옳지 않은 것은?

① 하향식 접근법은 집행영향요인의 발견과 이를 기반으로 한 집행이론의 구축을 연구목표로 삼는다.
② 상향식 접근법은 일선 관료를 정책집행의 중요 행위자로 여긴다.
③ 하향식 접근법은 단계주의적 모형이다.
④ 상향식 접근법은 공식적 목표를 중요한 변수로 취급하지 않는다.
⑤ 하향식 접근법은 정책의 예측보다는 기술 및 설명에 중점을 두고 있다.

> 해설 ⑤ 집행현장에서 실제 일어나고 있는 상태의 기술·설명에 1차적 목적을 두는 것은 상향적 접근방법(Bottom-up Approach)에 해당한다.
> ③ 하향식 접근법은 정책결정과 정책집행을 목표설정 ⇨ 정책결정 ⇨ 정책집행으로 이어지는 점에서 단계주의적 모형이라 할 수 있다.
> ④ 공식적 목표를 중요한 변수로 취급하는 것은 하향적 접근방법이다.
>
> [정답] ⑤

172
• 10 국가9급

정책집행에 대한 연구방법 중 상향적 접근방법(bottom-up approach 또는 backward mapping)에 대한 설명으로 옳지 않은 것은?

① 분명하고 일관된 정책목표의 존재가능성을 부인하고, 정책목표 대신 집행문제의 해결에 논의의 초점을 맞춘다.
② 집행의 성공 또는 실패의 판단기준은 '정책결정권자의 의도에 얼마나 순응하였는가'가 아니라 '일선집행관료의 바람직한 행동이 얼마나 유발되었는가'이다.
③ 말단집행계층부터 차상위계층으로 올라가면서 바람직한 행동과 조직운용절차를 유발하기 위하여 필요한 재량과 자원을 파악한다.
④ 일선집행관료의 재량권을 축소하고 통제를 강화한다.

> 해설 1970년대 이후 등장한 상향적 접근방법은 '집행상황에의 효율적인 적응'을 성공적인 집행으로 보며 집행관료의 재량권을 필수요소로 보는 현대적 입장으로 유동적이고 동태적 상황에 적합하다. ④ 상향적 접근방법은 일선집행관료의 재량과 자율을 강화한다.
>
> [정답] ④

173
• 07 국가7급

상향식(bottom-up) 정책집행의 내용과 거리가 먼 것은?

① 정책의 집행이 성공적이기 위해 일선공무원들의 전문지식과 문제해결 능력이 중요하다.
② 상향식 접근방법은 일선공무원들에게 권한과 재량이 주어지기 때문에 주인-대리인 이론에서 발생하는 문제를 최소화시킬 수 있다.
③ 정책집행 현장에서 일어나는 문제점을 파악하여 대응하게 함으로써 분권과 참여가 증대될 수 있다.
④ 정책집행에서 순응과 통제의 방식이 아닌 재량과 자율을 강조한다.

> 해설 정책집행의 상향적 접근법은 '집행상황에의 효율적인 적응'을 성공적인 집행으로 보며 집행관료의 재량권을 필수요소로 본다. 그런데 일선집행 공무원들에게 권한과 재량의 확대는 결정자와 집행자간 대리손실의 문제가 발생한다. 즉 결정자와 집행자간의 정보격차로 인한 대리손실의 발생은 대리손실을 방지하기 위해 더 철저한 감시와 교정 및 통제비용이 수반될 수 있다는 문제가 있다.
>
> [정답] ②

174

정책집행 유형에 있어 관료적 기업가형(bureaucratic entrepreneur)에 대한 다음 설명 중 옳은 것을 모두 묶은 것은?

> ㄱ. 정책집행자 자신이 정책목표를 정하고 이 목표가 채택되도록 설득한다.
> ㄴ. 정책집행자는 자신의 정책목표달성에 필요한 수단들을 확보하기 위해 정책결정자와 협상한다.
> ㄷ. 정책집행자는 자신의 정책목표달성에 필요한 능력을 보유하고 있다.
> ㄹ. 정책결정자는 정책 집행자에게 광범위한 재량권을 부여한다.

① ㄱ, ㄴ
② ㄷ, ㄹ
③ ㄱ, ㄴ, ㄷ
④ ㄴ, ㄷ, ㄹ

해설 정책결정자는 정책 집행자에게 광범위한 재량권을 부여하는 것(ㄹ)은 재량적 실험형에 대한 설명이고, 나머지는 관료적 기업가형에 대한 설명이다.

[정답] ③

175

Nakamura & Smallwood의 정책집행유형에 관한 설명이다. 어느 정책 집행의 유형인가?

> 가. 정책결정자들에 의해 목표가 수립되고 대체적인 방침만 정해진 뒤 구체적인 집행에 대해서는 집행자들에게 재량권이 부여된다.
> 나. 목표 달성을 위해 필요한 범위 내에서 행정적, 기술적, 협상적 권한을 집행자들이 소유한다.
> 다. 집행자들은 이 목표와 방침에 합의한 상태에서 집행시에는 충분한 재량권을 부여받는다.

① 고전적 기술자형
② 지시적 위임형
③ 협상형
④ 재량적 실험가형
⑤ 관료적 기업가형

해설 목표의 범위 내에서 목표달성을 위한 수단에 대한 권한이 위임되고 있는 형태로 지시적 위임형에 관한 설명이다. (나)가 힌트임

[정답] ②

176

성공적인 정책집행과 관련된 내용 중 옳지 않은 것은?

① 정책집행의 담당자와 대상자들이 정책결정자들의 견해에 공감한다면 정책집행을 성공적으로 할 수 있다.
② 정책수행에 필요한 자원이 부족하면 정책집행은 실패할 수 있다.
③ 정책의 집행과정이 분권화되면 될수록 정책이 정확하고 일관되게 집행된다.
④ 의사전달이 중요하며, 정책을 운영하는 사람들이 무엇을 해야 할 것인가를 명확히 알아야 한다.
⑤ 이미 확립된 관료제도의 조직과 절차들, 즉 표준처리절차가 새로운 정책집행에 걸림돌로 작용할 수도 있다.

해설 분권화되면 중앙의 지침이나 법규에 따르지 않게 되어 집행의 일관성이나 정확성을 확보하기 어렵다. 집권화될 때 비교적 정책이 정확하고 일관되게 집행된다. 한편 표준운영절차(SOP)는 경직성으로 인해 집행에 장애요인이 될 수 있다.

[정답] ③

177

일선관료제의 재량권 강화의 필요성이 아닌 것은?

① 추상적이고 일반적인 정책지침을 현실에 맞게 구체화하기 위해서
② 집행담당자의 자원, 시간, 능력의 부족 때문에
③ 집행현장마다의 특수성 때문에
④ 현장에서 발생한 예기치 못한 사태에 대비하기 위해서

해설 ② 집행담당자의 자원, 시간의 부족으로 인하여 업무처리의 정형화를 추구한다. 그러나 집행담당자의 능력이 부족하다면 일선관료에게 재량권을 주기 어렵다.

[정답] ②

178
* 07 대전9급

립스키가 주장하는 일선행정관료들의 특징에 가장 부합되는 것은?

① 일선행정관료들이 처한 업무상황은 다양하거나 복잡하지 않다.
② 일선행정관료들이 업무수행과 관련하여 인간적인 차원에서 처리해야 할 상황은 별로 없다.
③ 일선행정관료들이 업무수행과정에서 재량권을 행사하는 경우는 드물다.
④ 일선행정관료들은 고객의 요구와 필요에 민감하지 않은 경향을 보인다.

해설 ① 일선행정관료들이 처한 업무상황은 다양하거나 복잡하고, ② 이들은 업무수행과 관련하여 인간적인 차원에서 처리해야 할 상황이 대부분이며, ③ 일선행정관료들이 업무수행과정에서 재량권을 행사하는 경우는 매우 많다. ④ 그러나 일선행정관료들은 시간과 자원의 만성적 부족으로 인하여 무리한 정형화를 시도하게 된다. 따라서 고객의 요구와 필요에 민감하지 않은 경향을 보인다.

[정답] ④

179
* 03 행시

립스키(Micheal Lipsky)가 주장하는 일선행정관료들의 특징에 가장 부합되는 것은?

① 일선행정관료들이 처한 업무상황은 다양하거나 복잡하지 않다.
② 일선행정관료들이 업무수행과 관련하여 인간적인 차원에서 처리해야 할 상황은 별로 없다.
③ 일선행정관료들이 업무수행과정에서 재량권을 행사하는 경우는 드물다.
④ 일선행정관료들은 고객의 요구와 필요에 민감하지 않은 경향을 보인다.
⑤ 일선행정관료들이 실질적으로 공공정책을 만드는 경우는 거의 없다.

해설 ⑤ 일선관료제이론은 일선관료들이 재량권을 가지고 실질적으로 공공정책을 결정한다는 현대적·상향적 정책집행접근법에 기초하고 있다. 그러나 ④의 경우 일선관료들의 현실은 만성적인 시간부족과 인적·물적자원 부족으로 무리한 정형화를 시도한 나머지 고객의 요구와 필요에 민감하지 않은 경향을 보임으로써 일선행정의 비효율성을 초래한다고 본다.

[정답] ④

180
* 21 행정사

정책집행연구 중 하향적 접근방법에 관한 설명으로 옳지 않은 것은?

① 집행에 영향을 주는 집행관료와 이해관계집단 등 다양한 행위자들의 생각과 상호작용을 현장감 있게 분석할 수 있다.
② 정책집행을 정책결정과정에서 채택된 정책목표를 달성하는 과정으로 본다.
③ 바람직한 정책집행이 일어날 수 있는 규범적 처방을 정책결정자에게 제시해주는데 관심을 갖는다.
④ 유능하고 헌신적인 관료가 집행을 담당하여야 효과적인 정책집행이 가능하다고 한다.
⑤ 효과적인 정책집행을 위하여 조직화된 이익집단, 강력한 리더십 등이 있어야 한다고 한다.

해설 ①[X] 상향적 접근방법에 대한 설명이다. 상향적 접근방법(Bottom-up Approach)은 집행현장에서 실제 일어나고 있는 상태의 기술·설명에 1차적 목적을 둔다.
② 하향적 접근방법(Top-down Approach)은 정책집행을 정책목표를 달성하는 과정으로 본다.
③ 하향적 접근방법은 성공적 정책집행의 조건이나 전략을 연구하는데 목적을 두었다.
④⑤ Sabatier & Mazmanian은 성공적 집행의 요건으로 타당한 인과모형의 존재, 명확한 정책지침과 대상집단의 순응, 유능하고 헌신적인 집행관료, 조직화된 이익집단, 유권자, 입법가(국회의원), 행정부의 장(대통령)과 관료 등의 지속적 지지 등을 들었다.

[정답] ①

181
• 22 행정사

정책집행에서 하향적 접근방법에 관한 설명으로 옳지 않은 것은?

① 정책이 추구하는 목표를 분명히 하고, 정책결정자의 의도를 정확히 이해할수록 정책은 보다 효과적으로 집행될 수 있다.
② 정책결정의 결과물인 정책목표를 달성해 가는 과정을 정책집행으로 이해한다.
③ 정책집행 현장에서 집행조직과 정책사업 사이의 상호적응이 강조된다.
④ 정책이 결과물을 창출하는 과정에서 정책결정자가 어떤 역할을 했는지에 관심이 있다.
⑤ 정책결정단계에서 주된 역할을 하는 참여자와 정책내용에 초점을 맞춘다.

해설 ③[X] Berman의 집행현장을 중시하는 적응적 집행(1978)에 대한 설명으로 이는 상향적 집행에 해당한다. 버만은 집행성과는 미시적 집행과정에서 결정된다고 보고 미시적 집행국면에서 발생하는 정책과 집행조직의 특성 간 '상호적응'을 중시하고, 이러한 상호적응의 관점에서 집행현장의 중요성을 강조하였다.
①④ 정책이 추구하는 목표의 명확성·구체성을 전제로 정책결정자의 의도나 역할을 중시하는 것은 하향적 집행이다. 결정자의 의도가 충실히 구현되는 것을 중시하며, 최고관리층(결정권자)의 리더십을 성공적 집행의 핵심조건으로 본다.
② 하향적 접근방법에서는 정책집행을 정책목표를 달성하는 과정으로 이해한다.
⑤ 하향적 접근방법에서는 정책결정과 집행을 분리하여 결정단계에서 주된 참여자의 역할과 정책내용에 초점을 맞춘다.

[정답] ③

182
• 24 군무원9급

다음 중 정책집행의 접근법에 대한 설명으로 가장 적절하지 않은 것은?

① 상향적 접근법은 정책목표의 명확성과 그 실현을 위한 다양한 수단의 필요성을 강조한다는 점에서 합리모형에 입각한 이론이다.
② 엘모어(Elmore)의 통합적 접근법에 따르면, 정책집행에 있어서 정책목표는 하향적으로 접근하여 설정하고, 정책수단은 상향적으로 접근하여 집행 가능성이 가장 높은 수단을 선택한다.
③ 하향적 접근법은 정책결정에 대한 집행과정의 피동적 순응을 강조한다.
④ 타협모형(compromise model)에 따르면, 정책집행은 갈등을 야기하고 저항하는 세력과 타협하여 협력을 얻어내는 과정이다.

해설 ①[X] 정책목표의 명확성과 그 실현을 위한 다양한 수단의 필요성을 강조한다는 점에서 합리모형에 입각한 이론은 하향적 접근법에 대한 설명이다.
④[O] 타협모형에 의하면 정책집행은 갈등을 야기하고 저항하는 세력과 타협함으로써 협력을 얻어내는 과정이라고 규정한다. 오늘날 자원부족, 정부능력의 한계, 정책성과에 대한 점증하는 기대, 정책융통성의 필요 증대 등 일련의 조건들이 심화되고 있어 타협모형의 효용성은 커지고 있다.

[정답] ①

183
• 23 군무원9급

나카무라와 스몰우드(R. T. Nakamura & F.Smallwood)는 정책결정자와 정책집행자간의 관계에 착안하여 정책집행자 유형을 5가지로 나누었다. 다음 중 고전적 기술자형의 특징으로 가장 적절한 것은?

① 정책결정자가 추상적인 목표를 지지하지만 구체적인 정책목표를 결정할 수 없기에 정책결정자가 집행자에게 광범위한 재량권을 위임하게 되는 유형이다.
② 집행자가 많은 권한을 위임받아 정책을 집행하는 경우로서 많은 재량권을 갖게되는 유형이다.
③ 정책결정자가 집행과정에 대해서 엄격하게 통제를 하는 것을 의미하며, 정책집행자는 약간의 정책적 재량만을 갖는 유형이다.
④ 정책결정자가 목표를 수립하고, 집행자들은 정책결정자와 목표나 목표달성을 위한 수단에 관하여 협상한다.

> 해설 ③ 고전적 기술자형은 정책결정자가 모든 집행과정을 통제하고 집행자에게는 기술적 권한만 위임하는 유형이다. 따라서 정책집행자는 약간의 정책적 재량만을 갖는 유형이다. ①②[×] 재량적 실험가형의 특성이다. ④[×] 협상자형에 대한 설명이다. 협상자형은 집행자가 결정자와 목표나 목표달성을 위한 수단에 관하여 협상하는 유형이다.
>
> [정답] ③

THEMA 27 정책평가

184
정책분석 및 평가연구에 적용되는 기준 중 내적 타당성에 대한 설명으로 옳은 것은?

① 분석 및 평가 결과를 다른 상황에서도 적용할 수 있는 정도를 의미한다.
② 이론적 구성요소들의 추상적 개념을 성공적으로 조작화한 정도를 의미한다.
③ 집행된 정책내용과 발생한 정책효과 간의 관계에 대한 인과적 추론의 정확성 정도를 의미한다.
④ 반복해서 측정했을 때 일관성 있는 결과를 얻는 정도를 의미한다.

해설 ③ [O] 내적 타당도(internal validity)란 정책처리(원인변수)와 정책효과(결과변수) 간의 관찰된 관계로부터 도달하게 된 인과적 관계추론의 정확도를 말한다. ① [X] 분석 및 평가 결과를 다른 상황에서도 적용할 수 있는 정도(일반화)는 외적타당성이다. ② [X] 성공적으로 조작화한 정도는 구성적 타당도이다. ④ [X] 반복 측정했을 때 일관성 있는 결과를 얻는 정도는 신뢰도이다.

[정답] ③

185
* 24 국가9급

정책평가의 논리모형에 대한 설명으로 옳지 않은 것은?

① 정책프로그램의 요소들과 해결하려는 문제들 사이의 논리적 인과관계를 투입(input) – 활동(activity) – 산출(output) – 결과(outcome)로 도식화한다.
② 산출은 정책집행이 종료된 직후의 직접적인 결과물을 의미하며, 결과는 산출로 인해 나타나는 변화를 의미한다.
③ 과정평가이기 때문에 정책프로그램의 목표달성 여부를 보여 주지는 못한다는 한계가 있다.
④ 정책프로그램과 관련된 다양한 이해관계자의 이해도를 높일 수 있다.

해설 ③ [X] 정책평가의 논리모형이란 정책 프로그램이 특정 성과를 산출하기 위해 어떤 논리적 인과구조를 가지고 있는지를 명시적으로 보여주는 모형이다. 논리모형이란 프로그램의 논리적 인과경로를 파악하는 과정평가의 일종으로 정책프로그램과 목표달성 간의 인과경로를 명확히 보여준다. 주의할 사항은 정책이 달성하려는 장기목표와 중단기 목표들을 잘 달성했는지에 초점을 맞춘 평가모형은 목표모형이다.

[정책평가의 프로그램 논리모형과 목표모형]

	논리모형	목표모형
개념	프로그램의 논리적 인과경로 설정	정책목표의 달성도 평가
특징	형성(과정)평가의 일종	총괄(효과성)평가의 일종
평가시기	집행도중에 평가	집행완료 후 평가

[정답] ③

186
• 23 국가9급

정책평가를 위한 사회실험에 대한 설명으로 옳지 않은 것은?

① 통제집단 사전·사후 설계는 검사효과를 통제할 수 있다.
② 준실험은 진실험에 비해 실행 가능성이 높다는 장점이 있다.
③ 회귀불연속 설계는 구분점(구간)에서 회귀직선의 불연속적인 단절을 이용한다.
④ 솔로몬 4집단 설계는 통제집단 사전·사후 설계와 통제집단 사후 설계의 장점을 갖는다.

해설 ①[X] 통제집단 사전·사후설계는 고전적 의미의 진실험으로 정책을 실시하기 전과 후 상태를 측정하여 이를 비교하는 실험방법이다. 이 방법의 단점은 검사효과(Testing)를 통제할 수 없다는 점이다. 검사효과 또는 측정요소(testing)란 측정 그 자체가 연구되고 있는 현상에 영향을 줄 수 있다는 것으로 내적 타당도의 저해요소 중 하나이다. ②[O] 준실험은 진실험에 비하여 실행가능성과 외적타당도가 높다는 장점이 있다. ③[O] 회귀불연속 설계는 준실험의 한 설계방법으로 회귀분석결과 회귀직선의 불연속의 크기인 단절을 정책의 효과로 본다. ④[O] 솔로몬 4집단 설계는 검사효과를 방지하기위해 사전검사를 한 실험집단과 통제집단, 하지 않은 실험집단과 통제집단, 4개의 집단을 비교하는 형태로 인과관계를 가장 정확하게 설명해 줄 수 있는 실험 설계방식이다.

[보충] 실험설계

실험설계	개념	단점
통제집단 사전·사후 비교설계 (고전적 진실험)	무작위 배정을 통해 실험집단과 통제집단 선정한 후, 두 집단 간의 차이를 전후 비교해서 결과를 측정하는 설계방법	실험조작과 측정의 상호작용
통제집단 사후 비교설계	사전 측정의 영향(검사효과) 제거하기위해 사전조사를 빼고 실험	사전 측정을 하지 않으므로 최초의 차이점을 알 수 없음
솔로몬식 4개 집단	무작위 할당을 통해 실험집단과 통제집단을 구분하고, 사전검사를 한 실험집단과 통제집단, 하지 않은 실험집단과 통제집단, 4개의 집단을 비교하는 형태	4개 집단에 대한 무작위 배정이 쉽지 않음

[정답] ①

187
• 18 서울9급

정책평가에 대한 설명으로 가장 옳지 않은 것은?

① 총괄평가(summative evaluation)는 정책이 종료된 후에 그 정책이 당초 의도했던 효과를 가져왔는지의 여부를 판단하는 활동이다.
② 메타평가(meta evaluation)는 평가자체를 대상으로 하며, 평가활동과 평가체제를 평가해 정책평가의 질을 높이고 결과활용을 증진하기 위한 목적으로 활용한다.
③ 평가성 사정(evaluability assessment)은 영향평가 또는 총괄평가를 실시한 후에 평가의 유용성, 평가의 성과증진효과 등을 평가하는 활동이다.
④ 형성평가(formative evaluation)란 프로그램이 집행과정에 있으며 여전히 유동적일 때 프로그램의 개선을 위해서 실시하는 평가이다.

해설 ③ 평가성 사정은 사전평가의 일종으로서 영향평가 또는 총괄평가를 실시하기 전에 평가의 유용성과 가능성, 평가의 성과증진효과 등을 미리 평가하는 활동이다.

● 정책평가의 유형

평가성 사정	평가의 가능성·소망성 검토, 평가를 위한 사전평가
협의의 형성평가(집행분석)	프로그램 이론 개발 및 프로그램 감시 ⇨ 프로그램의 문제점 발견·시정하여 효율적인 집행 전략 수립
협의의 과정평가(인과경로평가)	프로그램의 인과경로상 잘못 발견·시정 → 총괄평가 보완
사전분석(착수직전분석)	평가기획
협의의 총괄평가	정책의 영향·효과 평가
메타평가	평가결과에 대한 평가, 재평가

[정답] ③

188
• 19 지방9급

정책평가에서 내적 타당성에 대한 설명으로 옳지 않은 것은?

① 준실험설계보다 진실험설계를 사용할 때 내적 타당성의 저해요인이 다양하게 나타난다.
② 정책의 집행과 효과 사이에 존재하는 인과관계의 추론이 가능한 평가가 내적 타당성이 있는 평가이다.
③ 허위변수나 혼란변수를 배제할 수 있다면 내적 타당성을 높일 수 있다.
④ 선발요인이나 상실요인을 통제하기 위해서는 무작위배정이나 사전측정이 필요하다.

해설 ① 준실험설계보다 진실험설계를 사용할 때 내적 타당성의 저해요인이 감소되어 내적 타당도가 높아질 수 있다.

[정리] 정책실험의 종류

구분	동질성	내적타당도	외적타당도	실행가능성
비실험	통제집단 없음	X	O	O
준실험	없음	△	△	△
진실험	있음	O	X	X

[정답] ①

189
• 18 행정사

정책평가 연구설계의 타당성에 관한 설명으로 옳은 것은?

① 내적 타당성은 정책변수의 효과에 대한 결론을 일반화시킬 수 있는 범위를 의미한다.
② 외적 타당성은 정책 수단과 결과의 인과관계에 관한 추론의 정확성을 의미한다.
③ 통계적 결론의 타당성은 연구에 사용된 측정도구가 이론적 구성개념과 일치하는 정도를 의미한다.
④ 성숙요인은 내적 타당성을 저해할 수 있다.
⑤ 준실험이 진실험보다 내적 타당성과 외적 타당성이 더 높다.

해설 ④ 성숙요인은 내적 타당성을 저해하는 요인이다. ①[X] 일반화의 정도는 외적 타당성에 대한 설명이고, ②[X] 추론의 정확성은 통계적 결론의 타당도이다. ③[X] 통계적 결론이 아니라 구성적 타당도에 대한 설명이다. 구성적 타당도(구성개념의 타당성)란 연구에 사용된 이론적 구성개념과 이를 측정하는 측정도구나 수단(측정지표) 간의 일치 정도를 나타내는 개념이다. ⑤[X] 준실험이 진실험보다 내적 타당성은 낮으나 외적 타당성이 더 높다.

[정답] ④

190
• 20 국가9급

정책변수에 대한 설명으로 옳은 것만을 모두 고르면?

ㄱ. 매개변수 - 독립변수의 원인인 동시에 종속변수의 원인이 되는 제3의 변수
ㄴ. 조절변수 - 독립변수와 종속변수 간에 상호작용효과를 나타나게 하는 제3의 변수
ㄷ. 억제변수 - 독립변수와 종속변수 간에 상관관계가 없는데도 있는 것으로 나타나게 하는 제3의 변수
ㄹ. 허위변수 - 독립변수와 종속변수 모두에게 영향을 미치며 이들 사이의 공동변화를 설명하는 제3의 변수

① ㄱ, ㄷ
② ㄱ, ㄹ
③ ㄴ, ㄷ
④ ㄴ, ㄹ

해설 ㄴ [O] 조절변수란 독립변수와 종속변수 사이에서 두 변수 간 관계(상호작용효과)를 강화시키거나 약화시키는 제3의 변수를 말한다. ㄹ [O] 허위변수는 독립변수와 종속변수 간에 실질적인 상관관계가 없는데도 표면적으로는 있는 것처럼 독립변수와 종속변수 모두에게 영향을 미치며 이들 사이에 공동변화를 야기하는 제3의 변수를 말한다. ㄱ [X] 매개변수는 독립변수와 종속변수 사이에서 중간매개역할을 하는 교량변수로 독립변수의 결과인 동시에 종속변수의 원인이 되는 제3의 변수를 말한다. ㄷ [X] 억제변수란 독립변수와 종속변수 간에 상관관계가 있는데도 없는 것처럼 효과를 억압하는 제3의 변수를 말한다. 독립변수와 종속변수 간에 상관관계가 없는데도 있는 것으로 나타나게 하는 제3의 변수는 허위변수이다.

[정답] ④

191
• 17 국가9급(하)

정책평가의 방법을 논리모형(논리 매트릭스)과 목표모형으로 구분할 경우, 논리모형에 대한 설명으로 옳지 않은 것은?

① 정책 프로그램이 특정 성과를 산출하기 위해 어떤 논리적 인과구조를 가지고 있는지를 명시적으로 보여준다.
② 프로그램이 해결하려는 정책문제 및 정책의 결과물이 무엇인지를 명확히 해주기 때문에 정책형성과정의 인과관계에 대한 가정의 오류와 정책집행의 실패를 구분할 수 있도록 한다.
③ 정책이 달성하려는 장기목표와 중단기 목표들을 잘 달성했는지에 초점을 맞춘 평가모형이다.
④ 프로그램 논리의 분석 및 정리과정이 이해관계자의 정책프로그램에 대한 이해를 높인다.

해설 ③ 정책이 달성하려는 목표들이 잘 달성되었는지에 초점을 맞춘 평가모형은 목표모형에 해당한다. 정책평가의 방법을 논리모형(논리 매트릭스)과 목표모형으로 구분할 경우, 목표모형이란 정책의 목표달성도(효과성)에 초점을 맞춘 총괄평가에 해당한다. 인과모형이란 정책 프로그램이 특정 성과를 산출하기 위해 어떤 논리적 인과구조를 가지고 있는지를 평가하는 형성평가모형을 말하는 것으로 과정평가의 일종에 해당한다. 즉 논리모형이란 프로그램의 논리적 인과경로를 파악하는 과정평가의 일종이고, 목표모형은 프로그램과 목표의 달성도를 평가하는 총괄평가(효과성평가)의 일종이다.

[정답] ③

192
• 20 지방9급

정책평가의 논리에서 수단과 목표 간의 인과관계에 대한 설명으로 옳은 것만을 모두 고르면?

> ㄱ. 정책목표의 달성이 정책수단의 실현에 선행해서 존재해야 한다.
> ㄴ. 특정 정책수단 실현과 정책목표 달성 간 관계를 설명하는 다른 요인이 배제되어야 한다.
> ㄷ. 정책수단의 변화 정도에 따라 정책목표의 달성 정도도 변해야 한다.

① ㄱ
② ㄷ
③ ㄱ, ㄴ
④ ㄴ, ㄷ

해설 ④ 정책평가의 논리모형에서 목표와 수단 간의 인과관계의 요건은 3가지가 있다. ⓐ시간적 선행성(정책수단⇨정책목표), ⓑ비허위적 관계(다른 요인의 배제), ⓒ상호연관성(공동변화)이다.
ㄱ [X] 정책수단의 실현(원인변수)이 정책목표의 달성(결과변수)에 선행해야 한다.
ㄴ [O] 비허위적 관계(비경쟁 가설)에 대한 설명이다.
ㄷ [O] 정책수단의 변화 정도에 따라 정책목표의 달성 정도도 변하는 것은 상호연관성(공동변화)이다. 공동변화란 정책(원인변수)과 목표 달성(결과변수)은 모두 일정한 방향으로 변화해야 한다는 것이다.

[정답] ④

193
• 14 지방9급

정책평가방법에 대한 설명으로 옳지 않은 것은?

① 진실험설계는 정책을 집행하는 실험집단과 집행하지 않는 통제집단을 구성하되, 두 집단이 동질적인 집단이 되도록 한다.
② 정책의 실험과정에서 실험대상자와 통제대상자들이 서로 접촉하는 경우에는 모방효과가 나타날 수 있다.
③ 준실험설계는 짝짓기(matching) 방법으로 실험집단과 통제집단을 구성하여 정책영향을 평가하거나, 시계열적인 방법으로 정책영향을 평가한다.
④ 준실험설계는 자연과학 실험과 같이 대상자들을 격리시켜 실험하기 때문에, 호손효과(Hawthorne effect)를 강화시킨다.

해설 ④는 진실험에서 나올 수 있다. 진실험에서는 실험집단과 통제집단을 격리하고 인위적인 통제에 의하여 실험이 진행되므로 내적 타당도는 높지만 호손효과가 발생하여 외적타당도를 저하시킨다.

[정답] ④

194
• 03 서울9급

정책평가의 기준에 대한 설명으로 옳은 것은?

① 적절성은 정책결정자가 설정한 목표에 따라 달라질 수 있다.
② 대응성은 조직내부집단의 만족도를 높일 때 올라간다.
③ 정치인들은 대응성보다 능률성을 중시한다.
④ 효과성은 파레토기준, 칼도-힉스 기준에 의해 평가한다.
⑤ 효율성과 효과성은 서로 대치되는 평가기준이다.

해설 ①의 적절성(adequacy)은 목표달성수준의 충분성으로서 목표설정수준에 따라 달라질 수 있으며, ②의 대응성은 조직외부의 수익자(고객)의 만족도이고, ③의 경우 정치가보다는 행정관료들이 대응성보다 능률성을 중시하며, ④의 파레토기준 등은 능률성 평가기준이다. ⑤ 효율성(생산성)과 효과성은 대체로 보완적 관계이다.

[정답] ①

195
• 09 국가9급

정책평가의 방법에 대한 설명으로 옳지 않은 것은?

① 착수직전분석(front-end-analysis)은 주로 새로운 프로그램 평가를 기획하기 위하여 평가를 착수하기 직전에 수행되는 평가작업이다.
② 평가성사정(evaluation assessment)은 여러 가지 가능한 평가로부터 얻을 수 있는 정보수요를 사정하고, 실행가능하고 유용한 평가설계를 선택하도록 함으로써 평가의 공급과 수요를 합치시키도록 도와준다.
③ 집행에 있어 과정평가(process evaluation)는 정책집행 및 활동을 분석하여 이를 근거로 보다 효율적인 집행전략을 수립하거나 정책내용을 수정·변경하는데 도움을 준다.
④ 총괄평가(summative evaluation)는 정책이 집행되고 난 후에 인과관계의 경로를 검증·확인하고 정책이 사회에 미친 영향(impact)을 추정하는 판단활동이다.

해설 ④ '정책이 사회에 미친 영향'을 추정하는 것은 총괄평가이나, '인과관계의 경로를 검증·확인'하는 것은 협의의 과정평가(인과관계의 경로평가)에 해당한다. 총괄평가는 정책수단과 정책효과간의 "인과관계 유무"를 추정하여 알아보려는 것이지 정책효과가 어떠한 인과경로를 통하여 발생하였는지를 알아보는 "인과경로 평가"는 아니다.

[정답] ④

196
• 07 해경간부

정책평가에 대한 설명으로 적절하지 못한 것은?

① 과정평가란 정책집행과정을 대상으로 형성평가와 사후평가 모두 가능하다.
② 평가성 사정이란 본격적인 평가를 시작하기 전에 평가의 소망성과 실현가능성을 검토하는 것이다.
③ 총괄평가란 정책집행 후에 정책이 처음에 의도했던 효과를 가져왔는지를 판단하는 것이다.
④ 우리나라에서 이루어지는 총괄평가의 대표적인 것으로 환경영향평가와 교통영향평가가 있다.

해설 환경영향평가와 교통영향평가는 정책평가가 아니라 일종의 정책분석에 해당한다. 환경영향평가 등은 정책결정 단계에서 행해지는 평가(분석)으로서 집행이후에 이루어지는 총괄평가와 다르다.

[정답] ④

197 • 10 서울9급

정책영향의 평가에 대한 타당성의 제 측면에 대한 설명 중 옳지 않은 것은?

① 구성의 타당성은 처리, 결과 모집단 및 상황들에 대한 이론적 구성요소들이 성공적으로 조작된 정도를 말한다.
② 결론의 타당성은 만일 정책의 결과가 존재하고 이것이 제대로 조작화되었다고 할 때, 우리가 이에 대한 효과를 찾아낼 만큼 충분히 정밀하고 강력하게 연구설계가 되어진 정도를 말한다.
③ 내용적 타당성이란 조작화된 변수들 간의 실질적 내용이 일치하는 정도를 말한다.
④ 내적 타당성이란 조작화된 결과에 대하여 찾아낸 효과가 다른 경쟁적 원인들에 의해서가 아니라 조작화된 처리에 의한 것이라는 추정의 정도를 말한다.
⑤ 외적 타당성이란 조작화된 구성요소들 중 관찰된 효과가 원래의 연구가설 외에 다른 이론적 구성요소에도 일반화될 수 있는 정도를 말한다.

[해설] ③ 내용적 타당성이란 시험내용이 직무수행 능력요소와 부합되는지를 의미하는 개념으로 Cook & Campbell이 제시한 일반적인 네가지 정책평가의 타당도(내적, 외적, 구성적, 통계적 결론의 타당도)에 해당하지는 않는다.

[정답] ③

198 • 04 국가7급

정책평가에 대한 설명 중 옳지 않은 것은?

① 평가의 내적 타당성은 처치와 결과간의 관찰된 관계로부터 도달하게 된 인과적 결론의 적합성 정도를 나타내는 것이다.
② 역사적 요소, 성숙효과, 선정효과는 모두 평가의 내적 타당성을 위협하는 요소들이다.
③ 평가의 외적 타당성은 측정도구가 어떤 현상을 되풀이해서 측정했을 때, 얼마나 일관성 있게 측정할 수 있느냐 하는 정도로 파악된다.
④ 진실험적 평가방법은 실험집단과 통제집단의 동질성을 확보하여 행하는 실험이다.

[해설] 측정수단의 일관성은 신뢰도에 대한 설명이다. 외적 타당도란 조작화된 구성요소들 가운데서 관찰한 효과들이 당초의 연구 가설에 구체화된 것들 이외에 다른 이론적 구성요소들에까지도 일반화될 수 있는 정도를 의미한다.

[정답] ③

199 • 10 지방7급

정책평가의 내적타당도 저해요인에 대한 설명으로 옳지 않은 것은?

① 사건효과는 실험기간 동안에 일어난 역사적 사건이 실험에 영향을 미치는 것을 의미한다.
② 성숙(성장)효과는 실험기간 중 실험집단의 특성이 변화함으로써 결과에 영향을 미치는 것을 의미한다.
③ 시험효과는 측정자와 측정방법이 달라짐으로써 측정결과에 영향을 미치는 것을 의미한다.
④ 통계적 회귀는 실험집단으로 선정된 집단이 잘못 선정되어 측정하고자 하는 결과변수의 수준이 지나치게 높거나 낮았다가 다음 측정에서는 평균치로 향하는 것을 의미한다.

[해설] ③은 측정도구(instrumentation)의 변화에 대한 설명이다. 정책이나 프로그램의 집행 전과 집행 후에 측정하는 절차나 도구가 달라지는 것을 말한다. 예컨대 철강 제품의 생산량을 측정할 때, 처음에는 무게로 측정하다가 나중에는 생산한 개수로 측정하는 경우이다. 반면 시험효과 또는 측정요소(testing)란 측정 그 자체가 연구되고 있는 현상에 영향을 주는 경우이다. 예컨대 자동차 운전시험에서 탈락한 사람을 대상으로 새로운 교습을 실시한 후, 새로운 교습의 효과를 평가하는 경우에 처음에 운전시험에 응시한 것 자체에서 어떤 학습이 발생하는 경우가 발생하는 것이다.

[정답] ③

200
* 06 국가7급

정책평가의 내적타당성 저해요인에 대한 설명 중 옳지 않은 것은?

① 역사요인 : 시간의 흐름에 따라 자연스럽게 나타나는 실험 전과 실험 후의 상태의 차이를 정책효과로 잘못 평가하는 경우에 발생한다.
② 회귀요인 : 실험집단의 구성에 있어 극단치가 포함되는 경우 그 효과는 재실험을 통해 감소되는 경향이 있다.
③ 도구요인 : 실험집단과 비교집단의 측정수단을 달리하거나, 정책실시 전과 후의 정책효과 측정수단이 다른 경우.
④ 상실요인 : 정책집행기간 중 대상 집단의 일부가 탈락해서 남아있는 대상이 처음과 다른 경우.

해설 역사적 요소(사건효과)란 정책과정이나 평가과정 동안에 일어나는 우연한 사건의 발생이 집단에 영향을 미침으로써 정책평가의 타당성을 저해하는 현상이고, 시간의 흐름에 따라 자연스럽게 나타나는 실험 전과 실험 후의 상태의 차이를 정책효과로 잘못 평가하는 경우에 발생하는 것은 성숙효과에 해당한다. 성숙효과는 실험기간 중 집단구성원의 자연적 성장이나 발전이 이루어져 정책의 영향, 효과가 달라짐으로써 타당성의 저해를 초래하는 효과로서, 예로서 우유급식으로 성장보다 자연적 성장에 기인한 경우에 해당한다.

[정답] ①

201
* 01 행시

공무원교육원에서는 연수생을 대상으로 영어시험을 치른 후 최하위 20%에 해당하는 연수생들에게 영어특강을 실시하고 그 효과를 평가하려고 한다. 이 때 평가의 내적 타당성을 위협하는 요인 중에서 가장 유의해야 할 것은?

① 역사요인(history)
② 성숙요인(maturation)
③ 회귀요인(regression)
④ 상실요인(mortality)
⑤ 도구요인(instrumentation)

해설 정책실험을 함에 있어 실험직전의 측정결과를 믿고 집단구성을 했을 경우 나타날 수 있는 문제점의 대표적인 것으로는 회귀인공요소가 있다. 실험대상자를 선정하기 직전에 치룬 영어시험성적을 기준으로 최하위대상자들을 실험집단으로 삼았다면 실험기간중에 평소 자신의 원래 성향으로 되돌아갈 가능성이 높다. 장기간 객관적인 방법으로 측정한 결과를 바탕으로 집단을 구성해야 이러한 요인을 제거할 수 있다.

[정답] ③

202
* 08 지방7급

진실험적 방법과 준실험적 방법에 대한 설명으로 옳지 않은 것은?

① 진실험적 방법은 실험집단과 통제집단의 동질성을 확보하여 행하는 실험이다.
② 실험집단과 통제집단을 서로 동질적인 것으로 구성하기 위해서는 대상들을 이들 두 집단에 무작위적으로 배정하지 않아야 한다.
③ 진실험 설계에서 실험집단과 통제집단은 관찰기간 동안에 동일한 시간과 관련된 과정을 경험해야 한다.
④ 준실험적 방법에는 비동질적 통제집단 설계, 사후측정 비교집단 설계 등이 있다.

해설 진실험적 방법은 실험집단과 통제집단(비교집단)을 동질적으로 구성하는 방법이다. 두 집단의 동질성을 확보하기 위해 무작위추출(배정)에 의하거나 모집단의 수를 확대한다.

[정답] ②

203
* 01 입법고시

평가성사정(evaluability assessment)에 관한 설명으로서 맞는 것은?

① 정책의 운용과 그 결과의 관계를 밝히는데 도움을 주는 구체적인 정보의 수집 및 관리활동을 말한다.
② 정책에 대한 전면적 평가를 시작하기 전에 평가목적을 달성하기 위한 기술적 가능성, 유용성 등을 조사하는 일종의 예비평가를 말한다.
③ 결과평가(outcome evaluation) 혹은 총괄평가

(summative evaluation)라고도 한다.
④ 정책이 집행된 후 당초에 의도하였던 정책효과가 발생하였는가 여부를 검토하기 위한 정책의 영향·결과에 대한 평가를 의미한다.
⑤ 사회에 미친 영향을 추정·확인하는 사실판단적 활동과 부수적 효과 내지 부작용 등을 포함한 평가를 말한다.

해설

[정답] ②

204
• 02 행시

정책평가 방법과 관련된 설명 중 옳지 않은 것은?

① 정책평가의 내적 타당성은 정책집행 후의 결과변수상 변화와 정책 사이의 인과관계에 대한 추정의 정확성 정도를 의미한다
② 정책평가를 위한 비실험적 설계를 하는 경우 다중회귀분석, 인과경로분석, 시계열분석 등의 기법이 사용된다
③ '정책실시 전후 비교설계'의 경우 실험기간 중에 일어난 역사(history) 요인을 통제하기 어렵다
④ 두 변수 A와 B 관계에 있어서 실제로는 관계가 없는데도 마치 관계가 있는 듯이 보이는 경우 두 변수의 관계를 허위상관이라 부르고, 이때 허위관계에 있는 A를 허위변수라 한다.
⑤ 실험집단과 통제집단의 성숙효과가 다르게 나타나는 선정과 성숙의 상호작용 효과는 준실험에서 나타날 수 있는 약점이다.

해설 허위변수는 허위관계를 유발하는 변수이다. 만약 두 변수 A와 B 관계에 있어서 실제로는 관계가 없는데도 마치 관계가 있는 듯이 보이는 경우 두 변수의 관계를 허위상관이라 하며, 허위상관관계를 유발하는 제3의 변수를 허위변수라 한다. A가아니라 제3의 변수가 허위변수다.

[정답] ④

205
• 04 입법고시

평가의 타당성을 저해하는 요인에 관한 설명으로 옳지 않은 것은?

① 역사적 요소(history) – 연구기간 동안에 일어난 사건의 영향으로 측정이 부정확해지는 것을 의미한다.
② 측정요소(testing) – 실험 직전의 측정 결과를 토대로 집단을 구성할 때 평소와 달리 특별히 좋거나 나쁜 행태 또는 결과 때문에 선발된 사람들이 있을 수 있다. 이런 사람들이 실험이 진행되는 동안 원래의 상태로 돌아가게 되면 측정이 왜곡된다.
③ 실험조작의 반응 효과(reactive arrangement, Hawthorne effect) – 인위적인 실험환경에서 얻은 결과를 일반화하기 어려운 현상을 의미한다.
④ 실험조작과 측정의 상호작용(interaction of testing and experiment) – 실험 측정이 피조사자의 실험조작에 대한 감각에 영향을 주어 측정결과를 왜곡하는 현상을 말한다.
⑤ 내적 타당성 – 처치와 결과 사이의 관찰된 관계로부터 도달하게 된 인과적 결론의 적합성 정도를 의미한다.

해설 ②는 실험직전반응효과(회귀인공요소)에 해당한다. ③의 실험조작의 반응효과란 효도돈효과를 말하는 것으로 인위적인 실험환경에서 얻은 결과를 일반화하기 어려운 현상을 의미한다.

[정답] ②

206
• 04 행시

정책평가의 타당성에 대한 설명 중 옳은 것은?

① 정책평가의 타당성은 정책평가가 정책의 효과를 얼마나 사실에 가깝게 추정(approximation)하고 있느냐 하는 정도를 의미한다.
② 통계적 결론의 타당성(statistical conclusion validity)은 정책, 결과, 모집단 및 상황들에 대한 이론적 요소들이 성공적으로 조작화된 정도를 의미한다.
③ 내적 타당성(internal validity)은 만일 정책의 결과가 존재하고 이것이 제대로 조작되었다고 할 때 이에 대한 효과를 찾아 낼 만큼 정밀하게 연구설계가 이루어진 정도를 의미한다.
④ 외적 타당성(external validity)은 정책과 그 결과 사이에 존재하는 인과적 추론의 정확성 정도를 의미한다.
⑤ 구성개념적 타당성(construct validity)은 정책과 그 결과 사이에 존재하는 인과적 추론의 일반화 정도를 의미한다.

해설 타당도란 정책평가가 정책효과를 얼마나 정확하게 추정했냐의 문제이며, ②는 구성적타당도, ③은 통계적결론의 타당도, ④는 내적타당도, ⑤는 외적타당도에 각각 해당한다.

[정답] ①

207
• 21 행정사

정책평가에 관한 설명으로 옳지 않은 것은?

① 총괄평가는 정책집행이 이루어지는 과정을 평가하는 활동으로 형성평가라고도 한다.
② 정책평가의 외적 타당성은 정책평가 결과의 일반화 가능성을 의미한다.
③ 정책평가의 내적 타당성은 정책이 집행된 이후에 나타나는 변화가 정책에 기인한 것인 지, 다른 요인 때문인지를 밝히는 것과 관련된다.
④ 정책평가의 신뢰도는 동일한 측정도구를 반복해서 사용했을 때 동일한 결과를 얻을 확률을 의미한다.
⑤ 정책평가의 내적 타당성을 저해하는 요인으로 선정요인, 성숙요인, 역사요인 등을 들 수 있다.

해설 ①[X] 정책집행이 이루어지는 과정을 평가하는 활동은 "과정평가"이다. 형성평가(formative evaluation)는 과정평가, 도중평가, 진행평가 등으로도 불리는데, 정책집행과정에서 등장하는 여러가지 문제점을 해결하여 보다 나은 집행 전략과 방법을 모색하기 위하여 실시되는 평가이다.
② 외적 타당도(external validity)란 특정상황하의 실험결과를 다른 상황에까지 일반화시킬 수 있는지의 정도를 말한다.
③ 내적 타당도(internal validity)란 조작화된 결과에 대하여 찾아낸 효과가 다른 경쟁적인 원인(외생변수)들에 의해서라기보다는 조작화된 처리에 기인된 것이라고 볼 수 있는 정도를 말한다.
④ 신뢰도란 동일한 측정도구가 동일한 현상을 되풀이해서 측정했을 경우 동일한 결론이 나오는지의 확률을 의미한다. 즉 측정도구의 일관성에 관한 것이다.
⑤ 선정요인, 성숙요인, 역사요인, 회귀요인 등은 내적타당도의 저해요인이다.

[정답] ①

208
• 22 군무원9급

정책을 평가하기 위한 양적평가방법에 대한 설명으로 가장 옳지 않은 것은?

① 계량적 기법을 응용하여 수치화된 지표를 통해 정책의 결과를 측정한다.
② 정량평가라고도 하며 실험적 방법과 비실험적 방법 등이 해당한다.
③ 정책대안과 정책산출 및 영향 간에 어떠한 인과관계가 있는지를 분석한다.
④ 대부분 데이터 수집을 심층면담 및 참여관찰 등의 방법에 의존한다.

해설 ④ 심층면담 및 참여관찰 등의 방법에 의존하는 경우는 질적 평가에 해당한다. 정책평가는 사용되는 자료에 따라 양적 평가와 질적 평가로 구분된다. 질적인 평가는 인터뷰, 관찰, 사례연구, 설문지, 각종 문서 등으로 확보한 자료이며, 양적 평가는 정량적 자료(주로 경성자료)를 이용하는 평가이다.

[정답] ④

	양적 평가	질적 평가
자료수집 방법	계량적이고 표준화된 측정방법으로 확보된 수치적·정량적 자료	인터뷰, 관찰, 사례연구, 설문지, 각종 문서 등 정성적 자료
자료의 성격	경성자료	연성자료
평가의 성격	객관적	주관적
해당평가	총괄평가	형성평가

THEMA 28 정부업무평가와 정책변동

209 · 22 국가9급

「정부업무평가 기본법」상 우리나라 정부업무평가제도에 대한 설명으로 옳지 않은 것은?

① 특정평가는 국무총리가 중앙행정기관과 공공기관을 대상으로 국정을 통합적으로 관리하기 위한 목적을 갖는다.
② 국무총리 소속하에 심의·의결기구로서 정부업무평가위원회를 둔다.
③ 지방자치단체의 자체평가에 있어서 행정안전부장관은 평가 관련 사항에 대하여 지방자치단체를 지원할 수 있다.
④ 자체평가는 중앙행정기관 또는 지방자치단체가 소관 정책 등을 스스로 평가하는 것을 말한다.

해설 ①[X] 특정평가는 국정을 통합적으로 관리할 필요가 있는 정책에 대하여 국무총리가 직접 평가하는 제도이며, 여러 부처에 걸쳐진 중앙행정기관의 정책이 대상이다. 공공기관은 특정평가의 대상에 포함되지 않는다.

● 정부업무평가의 종류

중앙행정기관평가	자체평가, 필요시 재평가(총리)
지방자치단체평가	자체평가, 필요시 평가 지원(행안부장관)
특정평가	중앙행정기관을 대상, 국정의 통합적 관리가 필요한 정책 평가(국무총리)
공공기관평가	외부평가(자체평가 불인정)

[정답] ①

210 · 22 지방9급

호그우드(Hogwood)와 피터스(Peters)가 제시한 정책변동의 유형에 대한 설명으로 옳지 않은 것은?

① 정책혁신은 기존의 조직이나 예산을 기반으로 새로운 형태의 개입을 결정하는 것이다.
② 정책승계는 정책의 기본 목표는 유지하되, 정책을 대체 혹은 수정하거나 일부 종결하는 것이다.
③ 정책유지는 기존 정책의 기본 골격을 유지하면서 정책수단의 부분적인 변화만 이루어지는 것이다.
④ 정책종결은 다른 정책으로의 대체 없이 기존 정책을 완전히 중단하는 것이다.

해설 ①[X] 정책혁신은 기존의 조직이나 예산이 전혀 없는 상태에서 완전히 새로운 정책이 만들어지는 결정을 말한다.
②[O] 정책승계는 기본 목표는 유지하되 정책의 근본적인 성격이나 실질적인 내용이 바뀌거나 새로운 정책으로 대체되는 것이다.
③[O] 정책유지란 기존 정책의 기본 골격을 유지하면서 정책수단의 부분적인 변화만 이루어지는 것을 말한다.
④[O] 정책종결은 문제가 소멸된 경우로서 기존의 조직이나 예산이 완전히 없어지는 정책변동 유형이다.

	정책혁신	정책유지	정책승계	정책종결
문제상황	새로운 문제 등장	문제의 지속	문제의 변질	문제의 소멸
정책의 성격	O	X	O	O
정책목표	O(변동)	X(변동없음)	X(변동없음)	O(소멸)
정책수단	O	X	O	O(소멸)

[정답] ①

211
• 17 국가9급

「정부업무평가 기본법」에 의한 정부업무 평가제도에 대한 설명으로 옳지 않은 것은?

① 김포시와 도로교통공단은 평가대상에 포함된다.
② 관세청장은 자체평가위원회를 운영한다.
③ 행정안전부장관은 지방자치단체합동평가위원회의 당연직위원장이다.
④ 기획재정부장관은 정부업무평가위원회의 위원이다.

해설 ③ 지방자치단체 합동평가위원회의 위원장은 민간위원 중에서 행정안전부장관이 지명한다.
① 평가의 대상기관은 중앙행정기관, 지방자치단체, 중앙행정기관 또는 지방자치단체의 소속기관, 공공기관이다. 김포시는 지방자치단체이고, 도로교통공단은 공공기관이므로 당연이 평가대상에 포함된다.
② 관세청장은 중앙행정기관의 장이므로 자체평가를 실시하여야하고 이를 위한 자체평가위원회를 구성·운영하여야 한다.
④ 정부업무평가위원회의 위원장은 국무총리와 민간위원 중에서 대통령이 지명하는 2인이 되고, 위원 중 기획재정부장관, 행정안전부장관, 국무조정실장은 당연직 위원이 된다.

[정답] ③

212
• 17 지방9급(하)

「정부업무평가 기본법」상 정부업무평가제도에 대한 설명으로 옳은 것은?

① 정부업무평가의 평가대상기관에 지방자치단체의 소속기관은 포함되지 않는다.
② 자체평가는 국무총리가 중앙행정기관을 대상으로 국정을 통합적으로 관리하기 위하여 필요한 정책 등을 평가하는 것이다.
③ 정부업무평가의 실시와 평가기반의 구축을 체계적·효율적으로 추진하기 위하여 국무총리 소속하에 정부업무평가위원회를 둔다.
④ 특정평가는 중앙행정기관 또는 지방자치단체가 소관 정책 등을 스스로 평가하는 것이다.

해설 ③ 정부업무평가의 실시와 평가기반의 구축을 체계적· 효율적으로 추진하기 위하여 국무총리 소속하에 정부업무평가위원회를 둔다(정부업무평가 기본법 제9조). 위원회는 위원장 2인을 포함한 15인 이내의 위원으로 구성한다(제10조).
① 정부업무평가의 평가대상기관은 중앙행정기관, 지방자치단체, 이들의 소속기관, 공공기관 등이다.
② 국무총리가 중앙행정기관을 대상으로 국정을 통합적으로 관리하기 위하여 필요한 정책 등을 평가하는 것은 특정평가이다.
④ 중앙행정기관 또는 지방자치단체가 소관 정책 등을 스스로 평가하는 것은 자체평가이다.

[정답] ③

213
• 10 국가9급

현행 정부업무평가제도에 대한 설명으로 옳지 않은 것은?

① 정부업무평가는 국정운영의 능률성, 효과성 및 책임성을 확보하기 위하여 평가대상기관이 행하는 정책 등을 평가하는 것을 말한다.
② 정부업무평가의 대상기관은 공공기관을 제외한, 중앙행정기관 및 지방자치단체와 그 소속기관이다.
③ 중앙행정기관 및 그 소속기관에 대한 평가는 통합하여 실시되어야 한다.
④ 특정평가는 국무총리가 중앙행정기관을 대상으로 국정을 통합적으로 관리하기 위하여 필요한 정책 등을 평가하는 것을 말한다.

해설 정부업무평가의 대상기관으로 ㉠ 중앙행정기관, ㉡ 지방자치단체, ㉢ 중앙행정기관 또는 지방자치단체의 소속기관, ㉣ 공공기관 등을 들 수 있다. 정부업무평가의 종류로써 ㉠ 중앙행정기관의 자체평가 및 재평가, ㉡ 지방자치단체 평가, ㉢ 특정평가, ㉣ 공공기관에 대한 평가가 있다.

[정답] ②

214
• 21 지방9급

정책옹호연합모형(advocacy coalition framework)에 대한 설명으로 옳지 않은 것은?

① 외적인 환경변수를 정책 과정과 연계함으로써 정책변동을 설명한다.
② 정책학습을 통해 행위자들의 기저 핵심 신념(deep core beliefs)을 쉽게 변화시킬 수 있다.
③ 옹호연합 사이에서 정치적 갈등 발생 시 정책중개자가 이를 조정할 수 있다.
④ 옹호연합은 그들의 신념 체계가 정부 정책에 관철되도록 여론, 정보, 인적자원 등을 동원한다.

해설 ② 정책옹호연합모형(ACF)에서 정책학습을 통해 행위자들의 신념은 변화 할 수 있지만, 기저핵심신념(deep core beliefs)은 쉽게 변화되지 않으며 행위들은 이러한 신념을 관철시키기 위하여 서로 경쟁·갈등하고 그 과정에서 정책은 변동된다. 정책참여자의 신념체계는 기본핵심신념(deep core beliefs), 정책핵심신념(policy core beliefs), 부차적 신념(secondary beliefs) 등으로 구성된 것으로 본다. 가장 상위수준의 신념체계인 기본핵심신념은 자유 및 평등과 같은 근본적인 가치의 상대적인 중요성, 시장과 정부의 적정한 역할 등을 말한다.

① [O] 정책지지연합 등 정책을 둘러싼 외부환경 변수를 집행과정과 연계하여 정책변동을 설명하였다.
③ [O] 옹호연합 사이에서 갈등발생시 정책중재자가 이를 조정하는 중요한 역할을 한다.

[정답] ②

215
• 20 국가9급

정책변동에 대한 설명으로 옳지 않은 것은?

① 킹던(Kingdon)의 정책흐름이론에 따르면 정책변동은 정책문제의 흐름, 정치의 흐름, 정책대안의 흐름이 결합하여 이루어진다.
② 무치아로니(Mucciaroni)의 이익집단 위상변동모형에서 이슈 맥락은 환경적 요인과 같이 정책의 유지 혹은 변동에 영향을 미치는 정책요인을 말한다.
③ 실질적인 정책내용이 변하더라도 정책목표가 변하지 않는다면 이를 정책유지라 한다.
④ 정책목표를 달성하기 위한 전반적인 정책수단을 소멸시키고 이를 대처할 다른 정책을 마련하지 않는 것을 정책종결이라 한다.

해설 ③ [X] 실질적인 정책내용이나 정책수단이 변동되더라도 정책목표가 변하지 않는다면 이는 정책승계(succession)이다. 정책유지(maintenance)란 정책의 기본적 특성을 그대로 존속시키는 것으로 정책목표나 수단 등이 큰 폭의 변화 없이 모두 그대로 유지된다(문제의 지속).

① [O] Kingdon의 정책흐름모형(흐름창모형)에 따르면 정책변동은 문제의 흐름, 정치의 흐름, 정책(대안)의 흐름이 결합되어 이루어진다고 본다.
② [O] 무치아로니(Mucciaroni)의 이익집단 위상변동모형은 정책변동에 따라 이익집단의 위상이 어떻게 변동하는가를 설명하는 모형이다. 이익집단 위상의 기복을 설명하는데 있어서 제도맥락과 이슈맥락이라는 두 가지 변수를 사용하고 있는데, 그는 이슈맥락보다 제도맥락을 중요시한다. 이슈맥락이란 이념적인 것, 환경적인 것 간에 정책의 변동에 영향을 미치는 요인을 말한다.
④ [O] 정책목표와 정책내용, 정책수단 등이 모두 소멸되고 더 이상 다른 정책이 마련되지 않는 것을 정책종결이라고 한다.

[정답] ③

THEMA 29 기획

216
• 15 군무원9급

정부와 행정에 대한 정치가 또는 학자들의 견해가 잘못된 것은?

① 하이에크는 시장에 대한 정부 개입의 필요성을 주장하며 큰 정부를 지지하였다.
② 해밀턴은 중앙집권화에 의한 능률적 행정방식을 강조한 해밀턴의 연방주의를 주장하였다.
③ 제퍼슨은 지방자치와 지방분권에 의한 민주적 행정이 최선이라는 제퍼슨 지방분권주의를 제창하였다.
④ 잭슨은 공직경질과 엽관주의에 의한 민주주의 행정을 주장하였다.

해설 하이에크(Hayek)는 1944년 「노예의 길」에서 국가기획과 자유의 양립불가능성을 주장하였다. 국가기획을 반대한 대표적인 자유주의자로서 시장에 대한 정부개입을 반대하였으며 신자유주의의 배경이 된다.

[정답] ①

217
연동계획에 대한 설명 중 틀린 것은?

① 계획의 이상과 현실을 조화시키려는 것이다.
② 장기계획과 단기계획을 결합시키는데 이점이 있다.
③ 집권당의 선거공약을 제시하는데 효과적이다.
④ 방대한 인적 자원과 물적 자원이 요구된다.
⑤ 점증주의 전략에 입각하고 있다.

해설 연동계획(rolling plan)은 예산을 사회경제적 상황(인건비, 자재값 등)과 연동(계)함으로서 실천가능한 현실력있는 계획이나 선거공약을 중시하는 정치인의 지지를 얻지 못한다.

[정답] ③

218
• 22 군무원9급

전략기획(strategic planning)에 대한 설명으로 가장 옳지 않은 것은?

① 불확실한 미래에 체계적이고 능동적으로 대응하기 위한 전략을 만드는 과정이다.
② 상대적으로 정치 및 경제 등이 불안정한 환경속에서 유용성이 높다.
③ 정책결정에 비해 외부환경에 개방되지 않고 전문가의 역할이 강조되는 편이다.
④ 환경에 대한 체계적인 분석과 조직진단을 통해 실현가능한 설계에 초점을 맞춘다.

해설 ② 장기적 기획이므로 비교적 안정적 환경에서 유용성이 높다. 전략기획은 불확실한 미래에 능동적으로 대응하기 위한 전략을 만드는 과정이다.

	정책기획	전략기획	운영기획
차원	규범적·정책적 차원	정책 기획을 뒷받침하는 전략적 차원	일상적 관리의 관리적 차원
가치	당위성	실현가능성	능률성
계층	최고관리층	중간관리층	하위관리층

[정답] ②

Part 3 행정조직론

테마30	조직론 개요 : 이론, 조직원리, 목표의 변동
테마31	조직과 인간 : 동기부여이론
테마32	조직과 환경 : 거시조직이론
테마33	조직의 구조 : 구조변수
테마34	관료제(Bureaucracy)
테마35	탈관료제(Ⅰ) : Adhocracy
테마36	탈관료제(Ⅱ) : Daft 모형 등
테마37	탈관료제(Ⅲ) : 지식조직 모형
테마38	계선과 막료, 위원회 등
테마39	책임운영기관과 공공기관
테마40	조직관리 : 의사전달, 갈등, 권위, 리더십
테마41	행정PR과 정보공개
테마42	조직혁신(Ⅰ) : MBO와 OD
테마43	조직혁신(Ⅱ) : TQM, BSC 등
테마44	전자정부

THEMA 30 조직이론, 목표의 변동

01
• 21 국가9급

조직목표의 기능에 대한 설명으로 옳지 않은 것은?

① 조직구성원들이 목표로 인해 일체감을 느끼기 때문에 구성원들의 동기를 유발해준다.
② 조직의 구조와 과정을 설계하는 준거를 제공하고 성과를 평가하는 기준이 되기도 한다.
③ 미래의 바람직한 상태를 밝혀 조직활동의 방향을 제시한다.
④ 조직이 존재하는 정당성의 근거가 될 수는 없다.

해설 ④ 조직목표란 조직이 나아가야 할 미래의 바람직한 상태나 방향을 의미한다. 따라서 조직목표는 조직의 존립근거이며, 조직이 존재하는 정당성의 근거가 된다.

[정답] ④

02
• 18 국가9급

조직구조의 설계에 있어서 '조정의 원리'에 대한 설명으로 옳지 않은 것은?

① 수직적 연결은 상위계층의 관리자가 하위계층의 관리자를 통제하고 하위계층 간 활동을 조정하는 것을 목적으로 한다.
② 수직적 연결방법으로는 임시적으로 조직 내의 인적·물적 자원을 결합하는 프로젝트 팀(project team)의 설치 등이 있다.
③ 수평적 연결은 동일한 계층의 부서 간 조정과 의사소통을 목적으로 한다.
④ 수평적 연결방법으로는 다수 부서 간의 긴밀한 연결과 조정을 위한 태스크포스(task force)의 설치 등이 있다.

해설 ② 프로젝트 팀, 태스크 포스 등은 수직적 연결기제가 수평적인 연결기제에 해당한다.

수평적 기제	의의	동일한 계층의 부서 간 조정과 의사소통 방법
	방법	정보시스템, 직접접촉(연락담당자 지정), 임시사업단(TF), 프로젝트 매니저(통합관리자), 프로젝트 팀, 위원회나 회의, 상위통합기구의 활용 등
수직적 기제	의의	상위계층이 하위계층을 통제·조정하는 방법
	방법	계층제의 활용 또는 계층직위의 추가, 규칙과 상위계획의 마련, 수직정보시스템(정기보고, 문서화된 정보, 정보통신시스템)의 활용 등

[정답] ②

03
• 20 행정사

조직목표 변동에 관한 설명으로 옳지 않은 것은?

① 원래의 목표가 다른 목표로 전환되는 것이 목표의 대치 또는 전환이다.
② 목표가 달성되었거나 달성이 불가능한 경우 본래의 목표를 새로운 목표로 교체하는 것이 목표의 승계이다.
③ 동종목표의 수 또는 이종목표가 늘어나는 것이 목표의 추가이다.
④ 동종 또는 이종 목표의 수나 범위가 줄어드는 것이 목표의 축소이다.
⑤ 미헬스(R. Michels)의 과두제 철칙(iron law of oligarchy)은 목표의 추가 현상을 설명한 것이다.

해설 ⑤ 과두제의 철칙은 목표의 전환(displacement) 또는 목표대치의 발생원인이다. 과두제(寡頭制)의 철칙(Iron Law of Oligarchy)이란 소수 간부에 의한 권력독점 현상으로 미헬스(Michels)는 「정당론」에서 조직의 규모가 확대되면 반드시 소수지배를 낳는다고 하였다. 목표의 다원화(추가)란 원래 목표에 새로운 목표를 추가·첨가시키는 현상으로 목표 수가 증가한다.

[정답] ⑤

04
• 18 행정사

주인 – 대리인 이론(principal – agent theory)에 관한 설명으로 옳은 것을 모두 고른 것은?

> ㄱ. 주인과 대리인 간 정보의 대칭성을 가정한다.
> ㄴ. 주인과 대리인의 관계에 관한 경제학적 모형에 근거한 이론이다.
> ㄷ. 대리인의 도덕적 해이(moral hazard) 현상을 설명하는데 유용하다.
> ㄹ. 주인과 대리인의 상충적 이해관계로 대리손실(agency loss)이 발생한다.

① ㄱ, ㄴ ② ㄷ, ㄹ
③ ㄱ, ㄴ, ㄷ ④ ㄱ, ㄷ, ㄹ
⑤ ㄴ, ㄷ, ㄹ

해설 보기 중에서 ㉠만 틀린 내용이다. ㉠ 주인과 대리인 간 '정보의 비대칭성'을 가정한다. 주인-대리인 이론에 의하면 본인과 대리인간에는 근본적인 이해관계의 상충으로 '대리손실(agency loss)' 발생한다는 것이며 이러한 대리손실은 대리인에 대한 정보부족으로 주인이 대리인을 효율적 통제·감시하지 못한데 기인한다고 본다.

[정답] ⑤

05
• 10 경정승진

미국의 소아마비 재단(The Foundation of Infantile Paralysis)이 20년간의 활동 끝에 소아마비 예방백신 개발로 목표가 달성되자, 관절염과 불구아 출생의 예방 및 치료라는 새로운 목표를 채택하였다. 이와 관련된 내용은?

① 목표의 전환 ② 목표의 승계
③ 목표의 비중변동 ④ 목표의 다원화

해설 목표의 승계(succession)란 목표가 달성되었거나 달성될 수 없을 때 새로운 목표를 설정하는 것이다.

[정답] ②

06
• 06 국가9급

관료제 병리현상의 하나인 '목표의 대치(displacement)'에 관한 다음 설명 중 옳지 않은 것은?

① '목표의 대치' 현상을 처음으로 언급한 학자는 독일의 사회학자 막스 베버(Max Weber)로서 조직구성원들의 성향 변화가 그 원인이 될 수 있다고 지적하였다.

② 행정개혁과정에서 자신들의 조직이 축소·변화되는 것을 막기 위하여 관료들이 새로운 목표를 만들어 개혁에 저항하는 것은 '목표의 대치' 현상으로 볼 수 있다.

③ 머튼(Robert K. Merton)은 조직이 과도한 형식주의로 흘러 절차나 규칙자체를 목표로 삼는 현상을 과잉동조(over conformity)라고 하였다.

④ '목표의 대치' 현상은 조직 전체적인 문제나 외부환경이 변화보다는 조직 내부 문제를 보다 중시하기 때문에 발생한다.

해설 목표대치(전환, 도치)란 조직이 본래 설정한 1차적 목표를 종국적으로 2차적인 수단으로 망각시키는 행위로서 동조과잉(Merton), 과두제의 철칙(Michels), 할거주의(Selznick), 내부성(④) 등을 들 수 있다. 이러한 목표의 전환은 관료제의 역기능을 설명하기도 하는데, 막스 베버(Max Weber)는 관료제의 역기능을 인식하지 못하였다. 관료제 역기능은 베버이후에 제기되었다.

[정답] ①

07
• 24 행정사

현대조직이론의 특징으로 옳지 않은 것은?

① 인간행태의 발전과 쇄신적 가치관을 중시하며 인간을 자아실현인·복잡인으로 파악한다.
② 가치의 다원화 및 행정현상의 다양성을 인정한다.
③ 효과성·생산성·민주성·대응성·사회적 적실성과 종합적인 행정개혁을 중시한다.
④ 조직을 환경과 상호작용하는 동태적·유기체적 개방체제로 파악한다.
⑤ 조직발전을 위해 조직의 변동과 갈등을 전적으로 억제한다.

해설 ⑤[X] 현대조직이론에 따르면 갈등을 정상적인 현상으로 보고 경우에 따라서는 조직 발전의 원동력으로 본다. 따라서 조직발전을 위해 조직의 변동과 갈등을 촉진한다.

[정답] ⑤

08
• 23 군무원9급

다음 중 조직관리에 대한 설명으로 가장 거리가 먼 것은?

① 조직은 구성원 간의 목표일치를 전제로 하여 관리전략을 수립한다.
② 고전이론과 인간관계론은 관리자에 의한 타율적인 조직관리를 전제로 한다.
③ 관료제 모형에 의한 관리전략은 구성원의 소외를 초래한다.
④ 조직관리 전략이 전반적으로 단순한 인간관에서 복잡 인간관으로 변화하고 있다.

해설 ① 조직은 다양한 성향을 가진 구성원으로 이루어지므로 구성원 간의 목표일치를 전제로 하여 조직을 관리하기보다는 구성원간 목표가 일치하지 않을 수 있다는 가정하에 갈등관리 등 조직관리 전략을 수립하여야 한다.

[정답] ①

09
• 15 지방9급

신고전 조직이론에 대한 설명으로 옳지 않은 것은?

① 메이요(Mayo) 등에 의한 호손(Hawthorne) 공장 실험에서 시작되었다.
② 공식조직에 있는 자생적, 비공식적 집단을 인정하고 수용한다.
③ 인간의 사회적 욕구와 사회적 동기유발 요인에 초점을 맞춘다.
④ 조직이란 거래비용을 감소하기 위한 장치로 기능한다고 본다.

해설 신고전적 조직이론은 1920년대 메이요(E. Mayo)와 그의 동료들이 실시한 호손 실험을 계기로 성립된 인간관계론이 핵심이 되고 있다.
④는 거래비용 경제학에 해당하는 설명으로 현대적 조직이론에 해당한다. 현대 조직이론에는 체제론이나 상황이론 뿐만아니라 조직경제학, 제도이론 및 신제도이론, 조직군생태이론, 자원의존이론, 현상학적 조직이론, 혼돈이론 등을 들 수 있다.

[정답] ④

THEMA 31 조직구조 : 조직원리

10
• 17 지방9급

조직의 원리에 대한 설명으로 옳지 않은 것은?

① 계층제의 원리는 조직 내의 권한과 책임 및 의무의 정도가 상하의 계층에 따라 달라지도록 조직을 설계하는 것이다.
② 통솔범위란 한 사람의 상관 또는 감독자가 효과적으로 통솔할 수 있는 부하 또는 조직단위의 수를 말하며, 감독자의 능력, 업무의 난이도, 돌발상황의 발생 가능성 등 다양한 요소를 고려하여 정해진다.
③ 분업의 원리에 따라 조직 전체의 업무를 종류와 성질별로 나누어 조직구성원이 가급적 한 가지의 주된 업무만을 전담하게 하면, 부서 간 의사소통과 조정의 필요성이 없어진다.
④ 부성화의 원리는 한 조직 내에서 유사한 업무를 묶어 여러 개의 하위기구를 만들 때 활용되는 것으로 기능부서화, 사업부서화, 지역부서화, 혼합부서화 등의 방식이 있다.

해설 ③ 분업의 원리란 업무(직무)를 성질·기능별로 분류하여 조직의 구성원에게 가능한 한 가지의 업무를 분담시키는 것을 의미한다. 그러나 분업의 결과 개인 또는 부서 간 의사소통이나 조정이 저해되어 할거주의가 초래된다. 이러한 단위 간 할거주의로 인하여 조정을 어렵게 하며, 반복적이고 단조로운 업무의 수행은 일의 흥미를 상실시킨다. 따라서 분업의 심화는 소통과 조정의 필요성을 높여준다.

[정답] ③

11
• 17 지방9급

분업에 대한 설명으로 옳지 않은 것은?

① 분업의 심화는 작업도구·기계와 그 사용방법을 개선하는 데 기여할 수 있다.
② 작업 전환에 드는 시간(change-over time)을 단축할 수 있다.
③ 분업이 고도화되면 조직구성원에게 심리적 소외감이 생길 수 있다.
④ 분업은 업무량의 변동이 심하거나 원자재의 공급이 불안정한 경우에 더 잘 유지된다.

해설 ④ 업무량의 변동이 심하거나 원자재의 공급이 불안정한 경우란 불확실한 상황을 의미한다. 이러한 경우에는 분업보다 통합적 업무수행이 필요하다. 분업의 원리는 업무량의 변동이 없는 안정된 상황에서 역할 분담이 정해지고 표준화된 업무를 처리하고자 할 때 의미가 있다.

[정답] ④

12
• 10 서울7급

고전적 조직이론들이 갖고 있는 특징에 대한 설명으로 가장 부적합한 것은?

① 조직은 생산과 관련된 경제적 목표를 달성하기 위해 존재한다.
② 조직 구성원들은 합리적인 경제적 원리에 따라서 행동하지 못한다고 가정한다.
③ 전문화와 분업을 통하여 조직의 효과적 운영과 생산성 극대화를 추구한다.
④ 조직이 합법적 규칙과 권위에 기초할 때 개인의 오류 제거가 가능하다고 가정한다.
⑤ 현대적 조직이론의 초석을 제공하였다는 점에서 긍정적인 평가를 받기도 한다.

해설 ② 고전적 조직이론에서의 인간관에 의하면 조직의 구성원(인간)들은 합리적인 경제적 원리에 따라 행동하는 합리적, 이기적, 경제적 인간을 가정한다.

[정답] ②

13
• 09 지방직7급

조직에 관한 원리를 설명한 것 중에서 옳지 않은 것은?

① 계층제의 원리는 직무를 권한과 책임의 정도에 따라 등급화하고 상하계층 간에 지휘와 명령복종관계를 확립하여 구성원의 귀속감과 참여감을 증진시키는 순기능을 가지고 있다.
② 전문화(분업)의 원리는 업무를 종류와 성질별로 구분하여 구성원에게 가급적 한 가지의 주된 업무를 분담시켜 조직의 능률을 향상시키려는 것이나 업무수행에 대한 흥미상실과 비인간화라는 역기능을 가지고 있다.
③ 조정의 원리는 공동목적을 달성하기 위하여 구성원의 행동 통일을 기하도록 집단적 노력을 질서있게 배열하는 과정이며 전문화에 의한 할거주의, 비협조 등을 해소하는 순기능을 가지고 있다.
④ 통솔범위의 원리는 1인의 상관 또는 감독자가 효과적으로 직접 감독할 수 있는 부하의 수에 관한 원리로서 계층의 수가 많아지면 통솔범위가 축소된다.

해설 계층제는 지휘와 명령복종관계의 확립으로 인해 하급자의 참여를 어렵게하기 때문에 구성원의 귀속감이나 참여감을 저해한다.

[정답] ①

14
• 08 서울7급

원리주의자가 주장하는 조직의 원리는 분화의 원리와 통합의 원리로 구성되어 있는 바, 다음 중 분화의 원리에 해당하지 않는 것은?

① 부성화의 원리
② 동질화의 원리
③ 계층제의 원리
④ 참모조직의 원리
⑤ 분업의 원리

해설 조직원리의 유형을 구분하면 분화의 원리와 통합의 원리가 있는데, 계층제의 원리는 분화를 위한 원리가 아니라 조정을 위한 원리이다.

[정답] ③

15
• 10 경정승진

다음 중 행정의 특징을 설명하는 "마일(Mile)의 법칙"을 바르게 설명한 것은?

① 공무원의 수는 업무량의 증가와 관계없이 증가한다.
② 공무원의 입장 및 태도는 그의 직위에 의존한다.
③ 공무원의 수는 국가 비상시에 급격하게 증가한다.
④ 행정의 노동 집약적 성격으로 인하여 공무원의 수는 증가하기 마련이다.

해설 Mile의 법칙이란 공무원은 자신이 속한 조직·지위·신분을 대변하게 된다는 것으로 공무원의 입장 및 태도는 그의 직위에 의존함을 말한다. 즉, 농림부 공무원은 농민의 이익을 대변하고 여성부는 여성의 이익을 대변하게 된다는 것이다.

[정답] ②

THEMA 32 동기부여이론

16
• 22 국가9급

동기유발의 과정을 설명하는 '과정이론'에 해당하는 것만을 모두 고르면?

```
ㄱ. 브룸(Vroom)의 기대이론
ㄴ. 애덤스(Adams)의 공정성이론
ㄷ. 로크(Locke)의 목표설정이론
ㄹ. 앨더퍼(Alderfer)의 ERG이론
ㅁ. 맥그리거(McGregor)의 X이론·Y이론
```

① ㄱ, ㄴ, ㄷ ② ㄱ, ㄴ, ㄹ
③ ㄴ, ㄷ, ㅁ ④ ㄷ, ㄹ, ㅁ

해설 동기부여의 과정이론에 해당하는 이론은 ㉠ 브룸(Vroom)의 기대이론, ㉡ 애덤스(Adams)의 공정성이론, ㉢ 로크(Locke)의 목표설정이론이다. ㉣[×] 앨더퍼(Alderfer)의 ERG이론과 맥그리거(McGregor)의 X·Y 이론은 내용이론(욕구이론)에 해당한다.

구 분	초 점	해당이론(기본이론→발전이론)
내용이론	욕구의 내용과 욕구충족	① McGregor의 X·Y이론 → Theory "Z" ② Maslow의 욕구계층이론 → ③ Alderfer의 ERG이론 ④ Herzberg의 위생-만족이론, ⑤ Schein의 복잡인 모형 ⑥ Argyris의 미성숙·성숙모형, ⑦ McClelland의 성취동기이론, ⑧ Murray의 명시적 욕구이론, ⑨ Hackman의 직무특성이론
과정이론	동기의 유발과정	① Vroom의 기대이론, ② Adams의 형평(공정)성 이론 ③ Porter와 Lawler의 업적·만족이론 ④ Locke의 목표설정이론 ⑤ 학습이론(순치이론)

[정답] ①

17
• 23 지방9급

동기부여 이론에 대한 설명으로 옳은 것은?

① 로크(Locke)의 목표설정이론에서는 목표의 도전성(난이도)과 명확성(구체성)을 강조했다.
② 매슬로우(Maslow)의 욕구 5단계설에서는 욕구의 좌절과 퇴행을 강조했다.
③ 해크만과 올드햄(Hackman & Oldham)의 직무특성이론에서는 유의성, 수단성, 기대감을 동기부여의 핵심으로 보았다.
④ 앨더퍼(Alderfer)의 ERG이론에서는 위생요인이 충족되었다고 하더라도 동기부여가 되는 것은 아니라고 주장했다.

해설 ①[O] Locke의 목표설정이론(1968)에서 목표의 난이도와 구체성에 의하여 개인의 성과가 결정된다고 본다. ②[X] 욕구의 좌절과 퇴행의 강조는 앨더퍼(Alderfer)의 E·R·G이론(1969)이다. ③[X] 유의성, 수단성, 기대감을 동기부여의 핵심으로 본 이론은 V. Vroom의 기대이론이다. ④[X] 설문은 동기-위생이론으로 허즈버그(Herzberg)의 욕구충족 2개요인 이론이다.

[정답] ①

18
• 22 지방9급

허즈버그(Herzberg)의 욕구충족요인 이원론에서 위생요인에 해당하지 않는 것은?

① 감독 ② 대인관계
③ 보수 ④ 성취감

해설 ④[X] 허즈버그(Herzberg)의 욕구충족요인 이원론에서 성취감은 위생요인이 아니라 동기요인(만족요인)에 해당한다. ①②③은 모두 위생요인(불만요인)에 해당한다.

[정답] ④

19 • 24 지방9급

애덤스(Adams)의 공정성이론에 대한 설명으로 옳지 않은 것은?

① 투입과 산출의 비율을 준거인과 비교하여 공정성을 지각한다.
② 불공정성을 느낄 때 자신의 지각을 의도적으로 왜곡하기도 한다.
③ 노력과 기술은 투입에 해당하며, 보수와 인정은 산출에 해당한다.
④ 준거인과 비교하여 과소보상자는 불공정하다고 생각하고, 과대보상자는 공정하다고 생각한다.

해설 ①②③[O] 애덤스(Adams)의 공정성(형평성) 이론에 의하면 개인은 준거인(능력이 비슷한 동료, 비교대상)과 비교하여 자신의 노력(투입)과 그 산출(보상) 간에 불일치(보상의 불공평성)를 지각하면 이를 제거하는 방향으로 동기(행동)가 부여된다는 것이다. ④[X] 애덤스의 공정성이론에 의하면 과소보상뿐만 아니라 과대보상도 불공정하다고 보았다.

[정답] ④

20 • 21 국가9급

동기요인 이론에 대한 설명으로 옳지 않은 것은?

① 아담스(Adams)의 공정성 이론에 따르면 공정하다고 인식할 때 동기가 유발된다.
② 매클리랜드(McClelland)의 성취동기이론에 따르면 개인들의 욕구가 학습을 통해 개발될 수 있다.
③ 브룸(Vroom)의 기대이론에서 기대감은 특정 결과는 특정한 노력으로 인해 나타날 수 있다는 가능성에 대한 개인의 신념으로 통상 주관적 확률로 표시된다.
④ 앨더퍼(Alderfer)의 ERG이론에 따르면 상위욕구 충족이 좌절되면 하위욕구를 충족시키고자 할 수 있다.

해설 ①[X] 아담스의 공정성이론에 따르면 '불공정'하다고 인식할 때 동기가 유발된다. 즉, 다른 사람의 경우와 비교하여 처우가 공평하지 못하다고 믿게 되면, 그것을 시정하기위해 무엇인가를 하려는 동기가 유발되게 된다

는 가정에 기초하고 있다.
②[O] 맥클리랜드의 성취동기론에 따르면 개인들의 욕구는 학습을 통해 형성되는 것이기 때문에 개인마다 욕구의 계층이 다르다고 본다.
④[O] 앨더퍼의 ERG이론은 좌절-퇴행의 욕구이론으로, 상위욕구 충족이 좌절되면 하위욕구를 충족시키고자 할 수 있다.

[정답] ①

21 • 13 군무원9급

동기부여이론에 대한 다음 설명으로 옳은 것은?

① 허츠버그(Herzberg)는 불만족을 야기시키는 위생요인이 충족되면 동기가 유발된다고 하였다.
② 맥그리거가 제시한 두 가지 인간형은 머슬로우의 욕구단계이론과 관련성이 없다.
③ 브룸의 선호-기대이론은 동기이론의 범주 가운데 내용이론에 속한다.
④ 제임스 페리(J.Perry)는 공공선택이론에 대한 대안으로 신공공서비스이론에 입각하여 시민정신에의 부응을 통한 관료들의 동기유발을 제시하였다.

해설 ④ Perry에 의하면 관료들의 동기유발은 기업가정신이 아니라 시민정신에의 부응을 통하여 이루어져야 한다고 주장하였다.
① 허즈버그는 불만족을 야기시키는 위생요인이 충족되더라도 불만족만 제거될 뿐 만족을 가져다주지 못한다고 하였다.
② 맥그리거의 X-Y이론(1960) 머슬로우의 욕구단계이론(1943)을 토대로 제시된 이론이다.
③ 브룸의 선호-기대이론(1964)은 동기이론 중 과정이론에 속한다.

[정답] ④

22
• 17 국가9급

허즈버그(Herzberg)의 욕구충족요인 이원론에 대한 설명으로 옳지 않은 것은?

① 욕구의 계층화를 시도한 점에서 매슬로(Maslow)의 욕구단계이론과 유사하다.
② 불만을 주는 요인과 만족을 주는 요인은 서로 다르다고 주장한다.
③ 무엇이 동기를 유발하는가에 초점을 두는 내용이론으로 분류된다.
④ 작업조건에 대한 불만을 해소한다고 하더라도 근무태도에 장기적인 영향을 미치지는 않는다고 본다.

해설 ① 매슬로(Maslow)의 욕구단계이론은 저차원의 욕구와 고차원의 욕구로 나누어 욕구의 계층화를 설명하지만, 허즈버그의 이원론은 불만을 주는 요인인 위생요인과 만족을 주는 요인인 동기요인이 서로 별개로 작용함을 강조하는 이론이다. 따라서 두 요인 간의 계층화를 강조하지는 않았다.

[정답] ①

23
• 17 지방9급

브룸(Vroom)의 기대이론에 따를 경우 조직구성원의 직무수행동기를 유발하기 위한 조건이 아닌 것은?

① 내가 노력하면 높은 등급의 실적평가를 받을 수 있다는 기대치(expectancy)가 충족되어야 한다.
② 내가 높은 등급의 실적평가를 받으면 많은 보상을 받을 수 있다는 수단치(instrumentality)가 충족되어야 한다.
③ 내가 받을 보상은 나에게 가치있는 것이라는 유인가(valence)가 충족되어야 한다.
④ 내가 투입한 노력과 그로 인하여 받은 보상의 비율이, 다른 사람과 비교하여 공평해야 한다는 균형성(balance)이 충족되어야 한다.

해설 ④는 Adams의 공정성 이론에 대한 설명이다. ①은 기대감(E)에 대한 설명이고, ②는 수단성(I)에 대한 설명이며, ③은 유인가 또는 유의성(V)에 대한 설명이다.

[정답] ④

24
• 19 서울9급

조직 내에서 구성원 A는 구성원 B와 동일한 정도로 일을 하였음에도 구성원 B에 비하여 보상을 적게 받았다고 느낄 때 애덤스(J.Stacy Adams)의 공정성이론에 의거하여 취할 수 있는 구성원 A의 행동전략으로 가장 옳지 않은 것은?

① 자신의 투입을 변화시킨다.
② 구성원 B의 투입과 산출에 대해 의도적으로 자신의 지각을 변경한다.
③ 이직을 한다.
④ 구성원 B의 투입과 산출의 실제량을 자신의 것과 객관적으로 비교하여 보상의 재산정을 요구한다.

해설 ④ 공정성이론은 동기부여이론 중 과정이론으로서 주관적 요인을 중시한다. 아담스(Adams)의 공정성이론에 따르면 자신의 노력과 보상의 비율이 비교대상(준거인)의 그것과 일치하는지에 대한 지각이 동기부여에서 중요한 요인이라고 보는 이론이다. 공정성비율이 일치하지 않을 때 일치시키기 위하여 행동이 유발된다고 보는데 이 때 나타나는 행동에는 투입의 변경, 산출의 변경, 지각의 변경, 준거인물의 변경 등이 있다.
③ 투입의 변경이란 노력의 증대, 노력의 감소, 이직 등을 말한다.

[정답] ④

[정리] Adams의 공정성이론

투입과 산출의 일치	공평	아무런 행동이 유발되지 않음
투입과 산출의 불일치(과다보상 또는 과소보상)	불공평 ⇨ 불공평을 제거하기 위한 행동	투입·산출의 변경: 더 열심히 일하거나 열심히 일하지 않음
		투입·산출에 대한 지각 변경: 준거인이 자신보다 열심히 일하지 않거나 일했을 거라고 생각을 바꿈
		준거인물 변경: 비교대상 교체

25
• 14 서울9급

조직구성원의 인간관에 따른 조직관리와 동기부여에 관한 이론들로서 바르게 설명한 것을 모두 고른 것은?

> ㉠ 허즈버그의 욕구충족요인 이원론에 의하면, 불만요인을 제거해야 조직원의 만족감을 높이고 동기가 유발된다는 것이다.
> ㉡ 로크의 목표설정이론에 의하면, 동기 유발을 위해서는 구체성이 높고 난이도가 높은 목표가 채택되어야 한다는 것이다.
> ㉢ 합리적·경제적 인간관은 테일러의 과학적 관리론, 맥그리거의 X이론, 아지리스의 미성숙인 이론의 기반을 이룬다.
> ㉣ 자아실현적 인간관은 호손실험을 바탕으로 해서 비공식적 집단의 중요성을 강조하며, 자율적으로 문제를 해결하도록 한다.

① ㉠, ㉡, ㉢, ㉣   ② ㉠, ㉡, ㉢
③ ㉠, ㉡, ㉣   ④ ㉡, ㉢
⑤ ㉢, ㉣

해설 보기에서 맞는 것은 ㉡, ㉢이다. ㉠ 허즈버그의 이원론에 의하면 동기부여요인(만족요인)을 충족해야 동기가 유발되고 생산성이 증가된다. ㉣ 자아실현적 인간관은 1960년대 후기인간관계론에서 등장한 것이고, 1930년대 인간관계론자들은 호손실험을 통해 사회적 인간관과 비공식집단의 중요성을 강조하였다.

[정답] ④

26
• 06 국가9급

동기부여에 관한 욕구이론 중 성격이 가장 다른 것은?

① 맥클리랜드(McLlelland)의 친교욕구
② 앨더퍼(Alderfer)의 성장욕구
③ 허즈버그(Herzberg)의 위생욕구
④ 아지리스(Argyris)의 미성숙인

해설 앨더퍼(Alderfer)의 성장 욕구는 상위욕구(Y이론)에 해당하고, 나머지 ①③④는 하위욕구(X이론)의 범주이다. 참고로 맥클리랜드(McLlelland)는 욕구를 권력욕구(다른 사람을 통제하려는 욕구), 친교욕구(우호적 관계를 유지), 성취욕구(우수한 결과를 얻기 위해 높은 기준을 설정하고 이를 달성하려는 욕구)로 구별하고 이중 성취욕구가 상위욕구에 해당한다.

[정답] ②

27
• 04 국회8급

다음은 매슬로우(Maslow)의 욕구단계이론에 관한 설명이다. 가장 타당하지 않은 것은?

① 존경에 대한 욕구는 사람이 스스로 자긍심을 가지고 싶어하고, 다른 사람들이 자기를 존중해 주기 바라는 욕구이다.
② 인간은 다섯 가지의 욕구를 가지고 있는데, 이들은 우선순위의 계층을 이루고 있다.
③ 욕구의 발로는 순차적이고, 한 단계의 욕구가 완전히 충족되어야 다음 단계의 욕구가 발로될 수 있다.
④ 욕구의 계층은 생리적 욕구, 안전 욕구, 사회적 욕구, 존경에 대한 욕구, 자아실현 욕구로 구성되어 있다.
⑤ 어떤 욕구가 충족되면 그 욕구의 강도는 약해지며, 충족된 욕구는 일단 동기유발 요인으로서의 의미를 상실한다.

해설 매슬로우(Maslow)의 욕구단계이론은 하위욕구가 "부분적으로" 충족되었을 때 상위욕구가 발로될 것이라는 점을 지적하고 있다(만족-진행). 주의할 내용은 이 욕구의 충족을 완전히 충족되어야 다음 단계의 욕구가 발로된다고 보지는 않는다.

[정답] ③

28
• 10 국가9급

허즈버그(F. Herzberg)의 욕구충족요인이원론에서 제시하는 동기요인(motivator)내지 만족요인(satisfier)과 가장 거리가 먼 것은?

① 보다 많은 책임을 부여받는다.
② 상사로부터 직무성취에 대한 인정을 받는다.
③ 보다 많은 개인적 성장과 발전을 경험하고 있다.

④ 원만한 대인관계를 유지하고 있다.

해설 동기요인(만족요인)과 위생요인(불만족요인)은 명확히 구분해야한다. 위생요인 중에서 보수, (조직)의 정책과 관리, 작업환경, 대인관계는 반드시 기억할 사항이다.

[정답] ④

29
• 10 서울7급

Herzberg의 욕구충족요인이원론에 대한 설명으로 가장 거리가 먼 것은?

① 조직 구성원에게 만족을 주는 요인과 불만족을 주는 요인은 상호 독립적이다.
② 동기요인이 없을 경우 구성원에게 불만족을 초래하지만, 이것이 잘 갖추어졌다고 직무수행동기를 유발하는 것은 아니다.
③ 환경에 관한 것으로, 직무에 불만족을 느끼게 하거나 혹은 예방하는 데 작용하는 요인을 위생요인이라고 한다.
④ 만족의 반대는 불만족이 아니라 만족이 없는 상태이다.
⑤ 관리자 입장에서는 구성원을 만족시키기 위하여 위생요인과 동기요인을 모두 고려하여야 한다.

해설 ②는 동기요인이 아니라 위생요인(불만요인)에 대한 설명으로, 위생요인이 충족되었다고 직무수행동기를 유발하는 것은 아니다.
④ 불만과 만족은 별개의 차원에 있으며, 불만을 주는 요인과 만족을 주는 요인은 서로 다르다. 만족과 불만은 반대 개념이 아니다. 즉, 만족하지 못하는 상태가 불만인 것은 아니다.

[정답] ②

30
• 00 행시

F.Herzberg가 제시한 욕구충족요인 2원론(동기·위생요인이론)의 일반적 설명으로 옳지 않은 것은?

① 조직의 방침과 관행은 동기요인의 하나로 볼 수 있다.
② 만족의 반대는 불만족이 아니라 만족이 없는 상태이며, 불만족의 반대는 만족이 아니라 불만족이 없는 상태로 규정한다.
③ 위생요인은 그것이 충족되지 않을 경우 조직구성원에게 불만족을 주지만 그것이 충족되더라도 조직구성원의 직무수행 동기를 유발시키는 것은 아니다.
④ 동기요인은 직무와 조직구성원 사이의 관계에 관한 요인으로, 보다 나은 직무수행과 노력을 위한 동기부여의 요인이 된다.
⑤ 조직구성원에게 만족을 주는 요인과 불만족을 주는 요인은 상호 독립되어 있는 것으로 본다.

해설 조직의 방침이나 정책과 같은 근무환경적 요인은 불만요인으로 위생요인이다.

[정답] ①

31
• 11 경간부

허즈버그(Herzberg)의 욕구충족요인이원론에 대한 설명으로 가장 옳지 않은 것은?

① 허즈버그(Herzberg)는 조직구성원에게 만족을 주는 요인과 불만족을 주는 요인은 상호 독립되어 있다고 주장했다.
② 허즈버그(Herzberg)에 의하면, 만족의 반대는 불만족이 아니고 만족이 없는 상태이며, 불만족의 반대는 만족이 아니라 불만족이 없는 상태라고 한다.
③ 동기요인이란 만족을 느끼게 하는 심리적 요인으로서 직무 그 자체이며 위생요인은 불만족을 느끼게 하는 요인으로서 직무의 환경과 관련된 것이다.
④ 허즈버그(Herzberg)의 욕구충족요인이원론은 위생요인과 동기요인이 구성원에 따라 다를 수 있다는 인식하에 개인차를 강조한다.

해설 허즈버그(Herzberg)의 욕구충족요인이원론은 위생요인과 동기요인이 구성원에 따라 다를 수 있다는 개인차를 고려하지 못하였다.

[정답] ④

32
• 07 대전7급

다음 동기부여이론에 대한 설명 중 틀린 것은?

① 내용이론은 인간의 행동을 작동시키고 에너지를 일정한 방향으로 조정시키며 유지시키는 내적요인에 초점을 맞추는 이론이다.
② 과정이론은 인간의 욕구와 욕구에서 비롯되는 충동, 욕구의 배열, 유인 또는 달성하려는 목표 등을 설명하려는 이론이다.
③ 허츠버그의 욕구충족요인 이원론은 조직구성원에게 불만족을 주는 요인과 만족을 주는 요인은 상호 독립되어 있다는 것을 제시하였다.
④ 앨더퍼는 인간의 욕구를 계층화하고 계층에 따라 욕구의 발로가 이루어진다고 규정한 점에서는 매슬로와 공통된 견해를 지니고 있다.

해설 ②번 지문은 내용이론(욕구이론)과 관련한 설명이다. 과정이론은 인간행동의 동기유발이 어떤 과정을 거쳐서 이루어지는가에 초점을 두고 동기유발에 관련된 변수간의 관련성이나 동기부여 과정에서 인간의 지각과정과 기대요인의 작용을 중시하는 이론이다. 과정이론이 내용이론과 다른 점은 욕구의 충족과 동기부여 사이에 직접적인 인과관계를 인정하지 않았고, 욕구의 내용과 욕구충족보다 동기유발의 과정을 중시한 점이다.

[정답] ②

33
• 01 서울9급

기대이론에 관한 설명 중 틀린 것은?

① 기대이론은 동기부여의 과정이론이다.
② 기대란 근무성과를 가져올 것이라는 객관적 확률에 대한 기대이다.
③ 기대이론은 개인의 동기부여를 위한 수단을 나타낸다.
④ 수단성이란 미래에 자신이 수행한 업적에 대한 보상수준을 말한다
⑤ 동기의 강도는 유인가와 수단 및 기대간의 함수관계에 의해 결정된다.

해설 기대란 개인의 노력으로 특정한 결과가 나올 가능성에 대한 개인의 신념 또는 주관적 확률을 말한다.

[정답] ②

34
• 07 국회8급

다음 중 조직론에서 주장되는 동기이론의 하나인 브룸(V. H. Vroom)의 기대이론에 대한 설명에 해당되지 않는 것은?

① 일정한 노력을 기울이면 근무성과를 가져올 수 있으리라는 가능성에 대한 인간의 주관적인 확률과 관련된 믿음을 기대감(expectancy)이라 한다.
② 브룸(V. H. Vroom)은 성과에 영향을 미치는 요인으로 노력이외에도 직무수행의 능력과 직무수행에 필요한 여러 가지 환경요인을 들고 있다.
③ 개인이 지각한 투입과 산출의 비율이 불균형 상태에 있을 때 이것이 동기유발에 미치는 영향에 관심을 갖는다.
④ 개인이 지각하기에 어떤 특정한 수준의 성과를 달성하면 바람직한 보상이 주어지리라고 믿는 정도를 수단성(instrumentality)이라고 한다.
⑤ 어느 개인이 원하는 특정한 보상에 대한 선호의 강도를 유의성(valence)이라고 하며, 유의성은 직무상에서 받을 수 있는 보상에 대하여 그 개인이 느끼는 보상의 매력도를 의미한다.

해설 ③은 Adams의 공정성(형평성)이론에 대한 내용으로서 개인이 지각한 투입과 산출의 비율이 불균형 상태에 있을 때 이것이 동기유발에 미치는 영향에 관심을 가지며 인간은 타인과 비교해서 정당한 보상이 주어진다고 기대했을 때, 직무수행 향상을 가져온다고 보았다. 또한 타인과의 투입-산출비율이 불공정하다고 인식되면 이를 해소하기 위하여 동기가 유발된다는 이론이다.

[정답] ③

35

* 04 행시

아담스(J. S. Adams)의 형평성이론(equity theory)에 대한 설명으로 옳지 않은 것은?

① 업무에서 형평하게 취급받으려고 하는 욕망이 개인으로 하여금 동기를 갖게 한다고 가정한다.
② 조직에서 공정한 보상의 중요성을 인식시켜 준다는 점에서 그 의의가 크다.
③ 직무에 대한 공헌도와 보상을 다른 사람의 그것과 주관적으로 비교·평가하며 그 결과에 따라 행동의 동기가 유발된다.
④ 불형평성을 해소시키고 형평성을 추구하기 위한 행동에는 투입과 산출에 대한 본인의 지각을 바꾸는 것, 준거 인물을 바꾸는 것 등이 있다.
⑤ 바람직하지 못한 행동에 수반되는 제재를 철회함으로써 바람직한 행동의 발생을 유도하고 유지할 수 있다.

해설 Adams의 형평성이론은 직무에 대한 공헌도와 보상을 다른 사람(준거인물)의 그것과 주관적으로 비교·평가하며 그 결과에 따라 행동의 동기가 유발된다는 것이다. ⑤는 강화이론(순치이론)에 해당한다.

[정답] ⑤

36

* 08 국회8급

동기부여이론에 관한 설명으로 옳지 않은 것은?

① 머슬로(Maslow)의 욕구단계론에 따르면 생리적 욕구가 충족되어야만 안전욕구로 갈 수 있다.
② 브룸(Vroom)의 기대이론에서 수단성(instrumentality)이란 어떤 성과를 달성하면 바람직한 보상이 주어지리라고 믿는 정도를 뜻한다.
③ 허즈버그(Herzberg)의 위생-동기이론에 따르면 만족과 불만족은 같은 요인에 의해 생성될 수 있다.
④ 허즈버그(Herzberg)의 위생-동기이론에서 대인관계는 위생요인이다.
⑤ 앨더퍼(Alderfer)의 ERG이론은 욕구발로의 후진적 퇴행 개념을 제시하고 있다.

해설 Herzberg에 의하면 불만과 만족은 별개의 차원에 있으며, 불만을 주는 요인(위생요인)과 만족을 주는 요인(동기요인)은 서로 다르다.

[정답] ③

37

* 08 지방9급

동기이론과 관련한 설명 중 가장 적절하지 않은 것은?

① 머슬로(A. Maslow)는 욕구의 강도와 단계에 따라 인간이 자신의 일정한 욕구를 충족, 유지해 나간다고 주장한다
② 허즈버그(F. Herzberg)의 동기요인과 위생요인에서 동기요인에는 머슬로의 자아실현욕구가 포함된다
③ 앨더퍼(C. Alderfer)의 ERG(existence, relatedness, growth)이론에서 성장욕구에는 머슬로의 애정(love)욕구가 포함된다
④ 브룸(V. Vroom)은 동기부여가 보상의 내용이나 실체보다는 조직구성원이 보상에 대해서 얼마나 매력을 느끼고 있는가에 달려있다고 본다

해설 앨더퍼의 성장욕구는 매슬로우의 자아실현욕구와, 애정욕구는 사회적 욕구로서 존경욕구와 함께 관계욕구(relatedness)에 해당한다. 머슬로우의 애정욕구는 앨더퍼(C. Alderfer)의 ERG(existence, relatedness, growth)이론에서 관계욕구에 해당한다.

[정답] ③

38
• 05 국회8급

조직이론에 관한 다음 설명 중 가장 타당하지 않은 것은?

① 주인-대리인 이론에 따르면 대리인 선임 전에는 역선택 문제가 발생하고 대리인 선임 후에는 도덕적 해이 문제가 발생한다.
② Ouchi의 Z이론은 일본식 조직관리가 미국식 관리방법보다 우월하다는 전제를 기반으로 한다.
③ 신제도주의 이론에 있어서 행위자들의 상호작용 방식은 제도의 개념에 포함된다.
④ Porter와 Lawler의 업적·만족이론에 의하면 내재적 보상은 조직 내에서 이루어지는 승급이나 승진 등을 말한다.
⑤ Alderfer는 Maslow의 5단계 욕구이론을 존재욕구(Existence needs), 관계욕구(Relatedness needs), 성장욕구(Growth needs)의 3단계로 축약하였고 욕구의 회귀를 주장하였다.

해설 내재적 보상이란 구성원이 직무자체에 대해서 느끼는 성취감이나 보람감 등을 말하는데 비해 외재적 보상은 승급이나 승진·보수 등 물질적인 보상을 말한다. Porter와 Lawler는 외재적 보상보다 내재적 보상을 더 중시하였다.

[정답] ④

39
• 23 행정사

동기부여 이론에 관한 설명으로 옳은 것은?

① 머슬로(A. Maslow)의 욕구계층이론은 과정이론에 해당한다.
② 매클리랜드(D. McClelland)의 성취동기이론은 모든 사람이 비슷한 욕구의 계층을 갖고 있다고 보는 점에서 머슬로(A. Maslow)의 이론을 계승하고 있다.
③ 동기부여 이론은 일반적으로 내용이론과 형식이론으로 분류된다.
④ 앨더퍼(C. Alderfer)의 ERG이론은 인간의 욕구를 계층화한 점에서는 머슬로(A. Maslow)와 공통된 견해를 지니고 있다.
⑤ 허즈버그(F. Herzberg)의 욕구충족요인이원론은 인간에게 만족을 주는 요인과 불만족을 방지하는 요인은 서로 같은 차원이라고 본다.

해설 ④ 둘다 인간의 욕구를 계층화한 점에서 공통된 견해를 지니고 있다. ①[X] 머슬로(A. Maslow)의 욕구계층이론은 내용(욕구)이론에 해당한다. ②[X] Maslow의 욕구계층이론은 개인차를 인지하지 못하였다. 즉, 모든 사람이 비슷한 욕구의 계층을 갖고 있다고 보았다. 반면 McClelland는 Maslow의 이론을 비판하면서 개인마다 욕구계층의 차이가 있다고 주장하였다. ③[X] 동기부여 이론은 일반적으로 내용(욕구)이론과 과정이론으로 분류된다. ⑤[X] Herzberg에 의하면 동기유발과 관련된 요인에는 불만요인과 만족요인이 있는데 이들 요인은 서로 독립된 별개라는 것이다. 불만과 만족은 별개의 차원에 있으며, 불만을 주는 요인과 만족을 주는 요인은 서로 다르다.

[정답] ④

40
• 24 군무원9급

자아실현적 인간에 대한 관리 전략에 대한 설명으로 가장 적절하지 않은 것은?

① 상황 조건과 구성원 동기의 차별성을 고려하여 획일적이기보다는 유연하고 다원적이며 세분화된 관리 전략을 사용한다.
② 구성원이 자신들의 직무에서 의미를 발견하고, 긍지와 자존심을 가지며, 도전적으로 직무에 임할 수 있도록 한다.
③ 관리자는 구성원을 지시하고 통제하기보다는 구성원 스스로 자기통제와 자기계발을 통해 문제를 해결할 수 있도록 지원하고 촉진한다.
④ 통합모형에 근거해 개인과 조직의 목표를 융합하고 통합할 수 있도록 의사결정 과정에서 구성원들의 참여를 확대한다.

해설 ①[X] 획일적이기보다는 유연하고 세분화된 관리 전략을 사용하는 것은 인간을 복잡한 존재로 이해하는 복잡한 인간관에서의 관리 전략이다. 자아실현적 인간과 복잡한 인간은 관리전략이 달라진다.

[정답] ①

41

• 22 군무원7급

동기이론에 대한 다음 설명 중 가장 옳지 않은 것은?

① 애덤스(Adams)는 자신의 노력과 그 결과로 얻어지는 보상과의 관계를 다른 사람의 것과 비교해 상대적으로 느끼는 공평한 정도가 행동동기에 영향을 준다고 본다.

② 앨더퍼(Alderfer)는 상위욕구가 만족되지 않거나 좌절될 때 하위욕구를 더욱 충족시키고자 한다고 주장하였다.

③ 허즈버그(Herzberg)는 불만요인이 충족된다고 만족을 보장하는 것은 아니지만 불만족이 충족되면 동기가 유발될 수 있다고 본다.

④ 핵맨과 올드햄(Hackman & Oldham)의 직무 특성이론에 의하면 직무특성을 결정하는 변수로 기술다양성, 직무정체성, 직무중요성, 자율성, 환류를 들고 있다.

[해설] ③ 허즈버그(Herzberg)는 불만요인이 제거되더라도 만족을 주거나 동기가 유발되는 것은 아니라고 본다. 만족요인(동기요인)이 충족되어야 동기가 유발된다. 따라서 불만요인과 만족요인은 별개라고 보는 이원론의 관점이다.

[정답] ③

42

• 23 군무원9급

다음 중 조직 구성원의 동기부여 이론에 대한 설명으로 가장 거리가 먼 것은?

① 매슬로(A. H. Maslow)의 5단계 욕구이론은 욕구계층의 고정성을 전제로 한다.

② 허츠버그(F. Herzberg)의 욕구충족이론에 의하면 위생요인(hygiene factor)이 충족되는 경우 동기가 부여된다.

③ 샤인(E. H. Schein)의 복잡 인간관에서는 구성원의 맞춤형 관리전략의 필요성을 강조한다.

④ 맥그리거(D. McGregor)의 X·Y이론은 욕구와 관리 전략의 성장측면을 강조한다.

[해설] ② 허츠버그의 이원론에 의하면 만족요인이 충족되어야 동기가 부여된다. 위생요인은 불만요인으로 위생요인의 충족은 불만만 없애줄뿐 동기를 부여해주지는 못한다.

[정답] ②

THEMA 33 조직과 환경 : 거시조직이론

43
• 23 국가9급

조직이론과 그 내용에 대한 설명으로 옳지 않은 것은?

① 구조적 상황이론 - 불안정한 환경 속에 있는 조직은 유기적인 조직구조를 선택하는 것이 효과적이다.
② 전략적 선택이론 - 동일한 환경에 처한 조직도 환경에 대한 관리자의 지각 차이로 상이한 선택을 할 수 있다.
③ 거래비용이론 - 시장에서의 거래비용이 조직의 내부 거래비용보다 클 경우 내부 조직화를 선택한다.
④ 조직군 생태학이론 - 조직군의 변화를 이끄는 변이는 우연적 변화(돌연변이)로 한정되며, 계획적이고 의도적인 변화는 배제된다.

해설 ④[X] 조직군 생태학이론은 조직의 생성과 소멸 과정에 초점을 두고 변이(variation), 선택(selection) 및 보존(retention)이라는 세 가지 요소를 고려하면서 환경에 따른 조직들의 형태와 그 존재 및 소멸 이유를 설명하고 있다. 변이(variation)의 원인으로 계획적 변화만 아니라 우연적 변화를 추가한다. ① [O] 구조적상황이론은 안정된 환경에서는 기계적 구조가, 불안정한 환경에서는 유기적 구조가 적합하다는 것이다. ③ [O] 거래비용이론은 시장에서의 거래비용이 조직 내 거래비용(조정비용)보다 크다면 조직으로의 통합이나, 거래의 내부화(내부조직화)가 나타난다고 본다.

[정답] ④

44
• 15 서울9급

상황론적 조직이론과 자원의존이론에 대한 다음 설명 중 가장 옳지 않은 것은?

① 자원의존이론은 어떤 조직도 필요로 하는 자원을 모두 획득할 수는 없다는 것을 전제로 삼는다.
② 상황론적 조직이론은 모든 상황에 적합한 최선의 조직화 방법은 존재하지 않는다고 전제한다.
③ 자원의존이론은 조직이 생존과 발전에 필요한 자원을 환경에 의존하기 때문에 조직을 환경과의 관계에서 피동적 존재로 본다.
④ 상황론적 조직이론은 효과적인 조직설계와 관리 방법은 조직환경에 달려있다고 주장한다.

해설 ③ 자원의존이론은 거시조직론 중에서 임의론에 해당한다. 따라서 조직을 환경과의 관계에서 능동적 존재로 본다.

[정답] ③

45
• 17 국가9급(하)

조직이론에 대한 설명으로 옳지 않은 것은?

① 상황론적 조직이론에 따르면, 모든 상황에 적용되는 유일·최선의 조직구조나 관리방법은 없다.
② 거래비용이론에 따르면, 시장의 자발적인 교환행위에서 발생하는 거래비용이 관료제의 조정비용보다 클 경우 거래를 내부화하는 것이 효율적이다.
③ 주인-대리인이론에 다르면, 주인과 대리인 간에는 정보의 비대칭성으로 인해 대리인의 도덕적 해이와 주인의 역선택이 발생할 수 있다.
④ 자원의존이론에 따르면, 조직은 환경으로부터 필요한 자원을 획득하기 위하여 환경에 피동적으로 순응하여야 한다.

해설 ④ 자원의존이론은 거시조직이론 중 임의론에 해당한다. 자원의존이론에 의하면 조직은 자원의 획득에 있어 환경에 의존한다. 하지만 관리자는 희소자원에 대한 통제를 통해 환경에 어느 정도 능동적으로 대응할 수 있다고 본다.

[정답] ④

46
• 13 지방9급

조직이론에 대한 설명으로 옳은 것만을 모두 고른 것은?

ㄱ. 베버(M. Weber)의 관료제론에 따르면, 규칙에 의한 규제는 조직에 계속성과 안정성을 제공한다.
ㄴ. 행정관리론에서는 효율적 조직관리를 위한 원리들을 강조한다.
ㄷ. 호손(Hawthrone)실험을 통하여 조직 내 비공식집단의 중요성이 부각되었다.
ㄹ. 조직군생태이론(population ecology theory)에서는 조직과 환경의 관계를 분석함에 있어 조직의 주도적·능동적 선택과 행동을 강조한다.

① ㄱ, ㄴ
② ㄱ, ㄴ, ㄷ
③ ㄱ, ㄷ, ㄹ
④ ㄴ, ㄷ, ㄹ

해설 보기 중에서 'ㄹ'만 틀렸다. 조직군생태론은 극단적인 결정론으로 조직과 환경의 관계에 있어 조직의 수동적·피동적 적응을 강조한다.

[정답] ②

47
• 04 국가7급

한난(Hannan)과 프리만(Freeman)은 조직이론으로 조직군생태학이론을 제시한 바 있다. 조직군생태학이론의 내용과 거리가 먼 것은?

① 조직은 자체적인 관성(inertia)으로 인해 변화하기가 쉽지 않다.
② 조직변화에 대한 내적 제약요인으로 매몰비용, 정보부족, 굳어진 정치적 구조 및 오래된 조직역사 등을 들 수 있다.
③ 조직군생태학 이론의 분석단위는 다양하므로 개인, 하위조직, 조직, 조직군, 지역사회별 조직 등의 차원에서 분석가능하다.
④ 조직변화가 곤란하므로 조직관리자는 조직 환경을 자신에게 유리하게 만들기 위해 정부지원을 이끌어내려고 노력하기도 한다.

해설 조직군생태학이론은 조직환경의 절대성을 강조하는 극단적 이론(환경결정론적인 관점)으로 조직의 능동적이고 적극적인 대응을 부정한다., 조직군 생태학은 상황이론과 마찬가지로 조직의 성공은 환경적 상황에 대한 적합성 여부에 달려 있다고 본다. 그러나 상황이론이 조직을 환경적 상황에 적합한 조직을 설계하고 적응할 수 있다고 보는 반면 조직군 생태학은 적응능력에 회의적인 시각을 가지고 있다.

[정답] ④

48
• 07 서울9급

다음 중 거시조직이론에 대한 설명이 잘못된 것은 모두 몇 개인가?

ㄱ. 분석 수준에 따라 조직군 이론으로 조직군생태학이론, 조직경제학이론, 공동체생태학이론, 전략적 선택이론이 있다.
ㄴ. 구조적 상황이론과 조직경제학이론, 조직군생태론은 결정론이다.
ㄷ. 대리인이론은 조직경제학이론으로 본인과 대리인 간의 상충적인 이해관계로 대리손실이 발생한다.
ㄹ. 오우치는 여러 가지의 가능한 조직구조 중 사업부제 조직모형인 M형구조가 U형구조보다 효율적이라고 주장한다.
ㅁ. 조직군이란 특정 환경 하에서 생존을 유지하는 동종의 집합, 즉 유사한 조직구조를 갖는 조직들을 의미한다.

① 없음
② 1개
③ 2개
④ 3개
⑤ 4개

해설 ㄱ. 분석수준에 따라 전략적 선택이론은 조직군 이론이 아니라 개별조직 이론에 해당하며, ㄹ. 거래비용경제학에서 Williamson(1975)은 조직내 거래비용의 감소화를 위하여 U형구조(전통적인 기능별 조직) 보다 M형구조(사업부제 등 분화형태 조직)가 더 효율적인 조직이라고 주장하였다. 오우치는 미국식 경영기법(A형 경영기법)보다 가족경영주의(Z형)를 주장하였다.

[정답] ③

49
• 10 국회8급

대리인이론에 대한 설명으로 옳지 않은 것은?

① 당사자들의 이기적인 결정이 위임자의 효율성 제고에 지향되도록 유인을 제공하는 방안을 연구한다.
② 정보의 비대칭성을 완화하는 방법으로는 주민참여, 정보공개제도, 공청회, 내부고발자 보호 등이 있다.
③ 대리손실은 주인에 대한 정보부족으로 발생하며, 이에는 '도덕적 해이'와 '역선택 현상'이 있다.
④ 대리비용을 절감할 수 있는 유인기제, 관료적 통제, 시장적 통제, 규범과 신념의 내재화 등의 방법에 관해 처방한다.
⑤ 비경제적 요인에 대한 고려를 소홀히 한다는 비판을 받고 있다.

해설 ③ 대리손실은 대리인에 대한 (주인의) 정보부족으로 발생한다.

[정답] ③

50
• 07 국회8급

대리인이론은 국민이 정부를 제대로 통제하지 못하는 원리를 설명하여 준다. 다음 중 공공부분에서 대리인 이론을 극복하기 위한 제도적 장치로 가장 적합한 것은?

① 공무원의 교육훈련 강화를 통해 전문성을 제고한다.
② 권한위임을 통해 부하직원의 권한을 강화하고 분권화를 실시한다.
③ 연금제도의 정착을 통해 직업의 안정성을 보장한다.
④ 성과급 제도의 도입을 통해 인센티브 장치를 강화한다.
⑤ 외부효과를 치유하기 위한 적극적인 노력을 강화한다.

해설 대리인 이론은 정부(대리인)와 국민(주인)의 관계를 대리관계로 보고, 정부에 대해 국민의 정보부족이나 감시부족으로 대리손실이 발생한다고 본다. 따라서 공공부문에서 대리손실을 줄이기 위해서는 (1) 정보의 균형화(정보공개 등), (2) 성과중심의 대리인 통제의 강화, (3) 대리인에 대한 성과급 제도의 도입을 통한 인센티브 장치를 강화할 필요가 있다.

[정답] ④

51
• 09 국회8급

거래비용이론(transaction cost theory)에 관한 설명으로 옳은 것을 모두 고르면?

ㄱ. 조직은 경제 활동에서 재화나 용역의 거래비용을 줄이기 위해 만들어지는 장치이다.
ㄴ. 대리인이론과 함께 신제도주의 경제학 이론에 해당된다.
ㄷ. 공공분야의 민영화, 민간위탁, 계약제 등에 응용되고 있다.
ㄹ. 조직은 능률성을 높일 수 있는 유일한 방안이다.
ㅁ. 행정의 효율성뿐만 아니라 민주성이나 형평성도 적절히 고려한다.

① ㄱ, ㄴ, ㄷ
② ㄱ, ㄴ, ㅁ
③ ㄱ, ㄷ, ㄹ
④ ㄴ, ㄷ, ㅁ
⑤ ㄷ, ㄹ, ㅁ

해설 틀린 지문은 ㄹ과 ㅁ이다. ㄹ. 거래비용 경제학은 시장에서 발생하는 (외부)거래비용을 감소하기위하여 (계서제적)조직이 출현하였다고 주장하지만, 시장보다 (계서)조직이 능률성을 높일 수 있는 유일한 방안은 아니다. 오히려 (계서제적)조직은 통제비용 등 (내부적) 거래비용이 발생하므로 조직의 분산이 필요하다고 본다. ㅁ. 거래비용경제학은 경제학적 관점에서 시장논리나 효율성의 논리만을 중시하므로, 공공행정의 영역에서 중시되는 가치인 민주성이나 형평성을 적절히 고려하기란 힘들다.

[정답] ①

52

• 08 지방7급

조직이론에 대한 설명으로 옳지 않은 것은?

① 자원의존이론(resource-dependence theory)에서는 조직의 변화가 환경의 선택에 의해서 이루어진다고 설명한다.
② 시스템이론(system theory)은 조직을 하나의 개방체계로 보고 조직과 외부환경과의 상호작용을 강조한다.
③ 구조적 상황이론(structural contingency theory)에서는 조직이 처해있는 상황이 다르면 효과적인 조직설계 및 관리방법도 달라져야 한다고 주장한다.
④ 혼돈이론(chaos theory)은 급격한 환경변화 속에서 유연하게 대응할 수 있는 체제관리원칙들을 제시하고 있다.

해설 자원의존이론은 자원의 희소성이라는 제약조건하에서도 조직관리자가 어느 정도는 환경을 능동적으로 관리하여 조직을 자율적으로 설계할 수 있다는 것으로 임의론에 해당한다. ① 조직의 변화가 환경의 선택에 의해서 이루어진다는 관점은 결정론으로서 조직군생태학이론이 대표적이다.

[정답] ①

53

• 03 행시

신제도주의 조직이론의 한 종류로서 주인-대리인이론이 제시되고 있다. 주인-대리인이론의 내용으로 옳지 않은 것은?

① 주인-대리인 관계의 예로서 국민-국회의원 관계, 지주-소작농관계, 주주-전문경영인 관계를 들 수 있다.
② 주인과 대리인간에 존재하는 정보의 비대칭성에는 역선택과 무임승차행위 등 두가지유형이 있다.
③ 정보 비대칭성의 문제를 완화할 수 있는 방법 중 기본적이고 고전적인 방법은 인센티브를 제공하는 것으로 성과급의 도입이 대표적인 예이다.
④ 위험회피적 태도를 지니는 사람과 위험중립적 태도를 지니는 사람에게는 보수에 대한 성과급 비중을 달리하여 지급하는 것이 효과적이다.
⑤ 다수의 주인이 존재하는 경우 어떠한 계약과 보수체계가 바람직한가에 대해서도 연구된 바 있다.

해설 주인-대리인이론의 핵심은 대리손실(Agency Loss)이며, 정보격차에 의한 대리손실에는 '도덕적 해이(moral hazard)'와 '역선택(adverse selection)' 두 가지 형태가 있다.

[정답] ②

54

• 03 행시

윌리암슨(Williamson)이 주장하는 거래비용이론의 내용으로 옳지 않은 것은?

① 거래비용이란 경제 제도를 운영하는 비용으로서 물리학에서 마찰(friction)과 유사한 개념이다.
② 사전(ex ante) 거래비용은 거래조건에 대한 합의사항을 작성하고, 협상하며, 이행을 보장하고, 분쟁을 조정하는 비용을 포함한다.
③ 거래비용은 제한된 합리성 또는 기회주의의 행태적 가정 하에 결정된다.
④ 거래비용은 거래 속성들인 자산 전속성(asset specificity), 불확실성, 거래빈도 등 세 가지 독립변수들에 의하여 결정된다.
⑤ 투자속성에 있어 전속적 투자가 높을 경우 시장거래보다 기업 내부조직 거래를 관계적인 계약으로 선호하게 된다.

해설 ②는 사전적 거래비용이 아니라 사후적인 거래관계유지 비용에 해당한다. 사전적 거래비용이란 계약이나 거래관계를 형성하는데 소요되는 모든 비용을 말한다. Williamson은 거래비용을 증가시키는 시장실패의 원인으로 인간적 요인(Simon의 제한된 합리성, 기회주의)과 환경적 요인(불확실성, 소수자에 의한 불완전경쟁) 두 가지를 들고 있다. 이러한 두가지 요인에다 자산의 특정성(자산의 이전불가능성) 및 정보의 편재성(정보격차)의 특수한 결합이 시장을 통한 거래관계를 힘들게 만들거나 불필요하게 하므로 이에 대한 대체방법으로 내부조직(관료제)을 선호하게 된다는 것이다.

[정답] ②

55

• 10 국가7급

행정연구에서 혼돈이론적(chaos theory) 접근에 대한 설명으로 옳지 않은 것은?

① 복잡한 사회문제에 대한 통합적 접근을 시도한다.
② 행정조직은 개인과 집단, 그리고 환경적 세력이 상호작용하는 복잡한 체제이다.
③ 행정조직은 혼돈 상황을 적절히 회피하고 통제할 수 있는 능력이 요구된다.
④ 행정조직의 자생적 학습능력과 자기조직화 능력을 전제로 한다.

해설 혼돈이란 예측·통제가 아주 어려운 복잡한 현상이다. 혼돈상황(불확실성)에 대한 전통적 관점은 혼돈을 부정적으로 인식하여 회피하고 통제할 수 있는 능력을 강화하고자 하지만, 혼돈이론은 혼돈을 회피와 통제의 대상으로 보지 않고 혼돈을 발전의 불가결한 조건으로 이해한다. 즉, 혼돈을 긍정적인 활용 대상으로 삼으려 하는 적극적인 현대 조직이론이다.

[정답] ③

THEMA 34 조직의 구조변수

56
• 19 서울9급

조직의 규모에 대한 설명으로 가장 옳은 것은?

① 조직의 규모가 클수록 공식화 수준이 낮아진다.
② 조직의 규모가 클수록 조직 내 구성원의 응집력이 강해진다.
③ 조직의 규모가 클수록 분권화되는 경향이 있다.
④ 조직의 규모가 클수록 복잡성이 낮아진다.

해설 ③ 조직의 규모가 클수록 분권화되는 경향이 있다. 조직의 규모가 커질수록 구성원의 수와 업무량이 늘어나므로 최고관리층은 권한을 하부조직으로 분산시키게 된다. 따라서 소규모조직은 집권화되는 데 반하여 대규모조직은 분권화가 된다.
① 조직의 규모가 클수록 공식화 수준이 높아진다.
② 조직의 규모가 클수록 조직 내 구성원의 응집력이 약화된다.
④ 조직의 규모가 클수록 복잡성(분화)이 높아진다.

[정리] 조직의 구조변수간 관계

구분	규모	기술 (일상적)	환경 (불확실)
복잡성	+	-	-
공식성	+	+	-
집권성	-	+	-

[정답] ③

57
• 20 국회8급

02. 조직구조에 대한 설명으로 옳지 않은 것은?

① 일반적으로 단순하고 반복적 직무일수록, 조직의 규모가 클수록 그리고 안정적인 조직환경일수록 공식화가 높아진다.
② 조직구조의 구성요소 중 집권화란 조직 내에 존재하는 활동이 분화되어 있는 정도를 말한다.
③ 지나친 전문화는 조직구성원을 기계화하고 비인간화시키며, 조직구성원 간의 조정을 어렵게 하는 단점이 있다.
④ 공식화의 정도가 높을수록 조직적응력은 떨어진다.
⑤ 유기적인 조직일수록 책임관계가 모호할 가능성이 크다.

해설 ② [X] 조직의 구조변수 중 집권화란 의사결정권이 상층부로 집중되어있는 현상을 말한다. 조직 내에 존재하는 활동(업무)이 분화되어있는 정도는 복잡성을 말한다.

[정답] ②

58
• 16 행정사

조직구조의 기본변수 중 공식화(formalization)에 관한 설명으로 옳지 않은 것은?

① 공식화는 조직 내에 규칙, 절차, 지시 및 의사전달이 명문화된 정도를 의미한다.
② 공식화 수준이 높은 경우, 조직구성원들의 행동이 정형화되어 그들에 대한 통제가 어려워진다.
③ 공식화를 통해 업무처리상 혼란을 방지할 수 있다.
④ 조직환경이 안정적이고 조직규모가 클수록 공식화 수준이 높다.
⑤ 공식화 수준이 너무 높으면, 업무처리에 있어서 조직구성원의 자율성과 창의성이 저해되기도 한다.

해설 공식화란 규칙이나 절차·지시·의사전달이 표준화된 정도이다. 따라서 공식화의 수준이 높아질수록 조직구성원들의 행동이 정형화되어 그들에 대한 통제가 용이해진다.

[정답] ②

59
• 08 서울7급

조직구조의 설명 가운데 가장 부적절한 것은?

① 공식적 조직은 인위적인 형식적 절차와 제도화에 의하여 만들어진다.
② 분권화는 조직의 내적 통제력을 확보할 수 있으며 환경변화에 신속하게 대응할 수 있다.
③ 집권화는 규모의 경제를 향상하고 간접비용을 줄일 수 있다.
④ 계선조직은 조직의 목표성취에 직접적으로 기여하는 조직체이다
⑤ 막료조직은 계선조직의 구성원들에게 특별한 충고와 협력을 제공하는 조직체이다.

[해설] ② 분권화는 조직의 하위 구성원들에게 의사결정권한을 위임하는 것으로서, 환경의 변화가 심할 때 신속하고 상황적응적인 대응을 하기 쉬워진다. 그러나 분권화는 권한의 분산으로 내적 통제력을 약화된다. ③ 집권화는 규모의 경제를 향상시키고 행정기능상의 중복을 방지함으로써 능률성을 제고할 수 있다.

[정답] ②

60
• 09 국회8급

조직의 집권화에 관한 설명으로 옳지 않은 것은?

① 대부분의 조직에서 위기는 집권화를 초래하기 쉽다.
② 역사가 짧은 조직의 경우 집권화 되기 쉽다.
③ 결정사항의 중요도가 높을 경우 집권화 되기 쉽다.
④ 조직의 운영이 특정 개인의 리더십에 의존하는 정도가 높을수록 집권화 되기 쉽다.
⑤ 조직의 규모가 커지면 집권화 되기 쉽다.

[해설] 소규모조직, 신설조직, 위기적 상황이 집권화의 촉진요인이며, 대규모조직, 오래된 조직, 불확실한 상황은 분권화의 촉진요인이다.

[정답] ⑤

61
• 06 국회8급

다음 중 조직의 분권화를 촉진시키는 요인이 아닌 것은?

① 최고관리자가 세부적이고 일상적인 업무보다는 장기계획이나 정책문제를 처리하고자 할 때
② 업무를 신속하게 처리할 필요가 있을 때
③ 조직 내에 관리자를 육성하고 동기를 부여하고자 하는 분위기가 강할 때
④ 상급자나 상급기관의 의사결정에 필요한 정보가 많이 요구될 때
⑤ 조직이 처한 환경이 동태적이고 복잡할 때

[해설] ④ 상급자나 상급기관의 의사결정에 필요한 정보가 많이 요구되거나 집중이 될 때에는 집권화가 촉진된다. ① 최고관리자가 장기계획이나 정책문제에 시간과 노력을 집중할 때에는 분권화가 촉진되지만, 만일 최고관리자가 세부적이고 일상적 업무까지도 처리한다면 집권화가 이루어진다.

[정답] ④

62
• 07 국회8급

다음 중 집권화와 분권화의 형성요인에 관한 비교 설명으로 옳지 않은 것은?

① 조직의 규모가 커질수록 조직의 문제가 복잡해져 분권화의 필요성이 높아지지만, 규모가 작으면 최고관리자가 모든 문제를 소상하게 알고 부하를 적절히 관리할 수 있어 집권화가 더욱 능률적이다.
② 교통 통신의 발달로 상호 유기적인 연계가 강화되면서 분권화가 이루어진다.
③ 급변하는 환경에 적절하게 대응하기 위해서는 분권화가 필요하다.
④ 조직이 성장함에 따라 문제들이 많아지고 업무수행 장소도 넓어져 조정하기가 어려워짐에 따라 분권화가 강화된다.
⑤ 역사가 짧은 신설 조직은 선례가 없기 때문에 설립자의 지시에 의존하게 되어 집권화의 경향을 가진다.

[해설] 과학기술 및 교통통신수단의 발달은 행정권의 확대에 따른 행정구역의 확대(광역화)를 가져오며 집권화가 촉진되기 쉽다.

[정답] ②

63
• 02 입법고시

조직의 구조가 집권화되고 공식화되는 경향은 다음 중 어느 경우에 나타나는가?

① 외부로부터 감시와 통제를 받을 때
② 환경이 복잡하고 소용돌이칠 때
③ 내부자원이 풍부하고 업무가 다양할 때
④ 오랜역사를 가진 조직이 태평성대를 구가할 때
⑤ 업무의 성질이 유동적이고 변화가 심할 때

[해설] 환경이 복잡하고 소용돌이칠 때, 업무의 성질이 유동적이고 변화가 심할 때 그리고 업무가 다양할 때는 집권성과 공식성이 저하된다. 오랜 역사를 가진 조직이 태평성대를 구가할 때에는 분권화가 될 것이며, 외부로 부터의 감시와 통제에 대응하기 위해서는 집권화되고 공식화된다.

[정답] ①

64
• 07 경기9급

다음 중 톰슨(Thompson)의 기술 모형 중 설명이 틀린 것은?

① 조직이 사용하는 기술을 길게 연결된 기술(long-linked technology), 중개적 기술(mediating technology), 집약형 기술(intensive technology)로 구분하여 설명하였다.
② 집약적 기술(intensive technology)을 사용하는 부서의 의존관계는 교호적 상호작용이다.
③ 길게 연결된 기술(long-linked technology)을 사용하는 경우 표준화가 가능하고, 순차적 의존관계를 지니게 된다.
④ 중개적 기술(mediating technology)은 다양한 기술의 복합체로서 종합병원과 같은 곳에서 사용한다.

[해설] ④ 중개적 기술(mediating technology)은 집합적 의존관계에 있는 고객들을 연결하는 기술로서 은행·부동산거래기관과 같은 곳에서 사용하며 표준화를 추구한다. 그러나 다양한 기술의 복합체로서 종합병원과 같은 곳에서 사용하는 기술은 집약적 기술이다.
② 집약형 기술(intensive technology)이란 다양한 기술의 복합체로서 다양한 기술이 개별적인 고객의 성격과 상태에 따라 다르게 배합(병원에서 환자를 치료하는 기술)된다.
③ 길게 연계된 기술(long-linked technology)은 순차적으로 의존관계에 있는 여러 가지 기술이 연계된 경우로서 표준화된 상품을 반복적으로 대량생산할 때 유용하다.

[정답] ④

65
• 04 행시

페로우(C. Perrow)는 과제의 다양성과 문제의 분석가능성이라는 두 가지 차원을 이용해서 조직의 기술을 네 가지로 구분하였다. 이와 관련된 설명 중 옳지 않은 것은?

① 과제의 다양성이란 과제가 수행되는 과정에서 발생하는 예외적 사건의 빈도를 말한다.
② 일상적 기술을 사용하는 부서의 경우 의사결정의 대부분이 관리자에게 집권화된다.
③ 비일상적 기술을 사용하는 부서의 경우 과제를 해결하기 위한 방법을 탐색하는 절차가 매우 복잡하다.
④ 장인적 기술을 사용하는 부서의 경우 과제의 다양성은 높고 문제의 분석가능성은 낮아 문제 해결이 어렵다.
⑤ 공학적 기술을 사용하는 부서의 경우 과제의 다양성과 문제의 분석가능성이 모두 높게 나타나 직무수행이 복잡하다.

[해설] 장인적 기술은 기능(Craft)에 해당하는 기술로서 분석가능성이 낮은 반면, 예외(과제의 다양성)가 적은 기술로서 도자기를 생산하는 기술 등이 이에 해당한다. Perrow는 원자재의 성격에 대한 분석가능성과 예외(과제의 다양성)의 수에 따라 네가지 기술을 제시하였다.

[정답] ④

66
• 00 행시

종합병원의 진료비가 일반의원의 진료비보다 비싸야 하는 이유를 종합병원이 사용하는 기술에서 찾는다면 어느 기술을 종합병원이 사용하기 때문인가?

① 길게 연계된 기술(long-linked technology)
② 공학적 기술(engineering technology)
③ 일상적 기술(routine technology)
④ 집약적 기술(intensive technology)
⑤ 중개적 기술(mediation technology)

해설 Thompson에 의하면 종합병원의 비용이 비싼 것은 고객에 대한 다양한 서비스를 한꺼번에 패키지로 제공하는 과정에서 집약형기술이 사용되기 때문이다. 집약형기술이란 다양한 기술의 복합체로서 다양한 기술이 개별적인 고객의 성격과 상태에 따라 다르게 배합되는 과정에서 발생하는 고비용때문이다.

[정답] ④

67
• 23 행정사

조직구조 설계 시 고려해야 할 기본 요소에 관한 설명으로 옳지 않은 것은?

① 누구에게 보고하는지를 정하는 명령체계
② 상관에게 보고하는 부하의 수를 의미하는 통솔범위
③ 의사결정이 이루어지는 계층이 위치한 수준을 의미하는 집권과 분권
④ 문서화된 정도를 의미하는 공식화
⑤ 조직의 일차적 목표와 관련된 사업을 수행하는 참모와 이를 지원하는 계선

해설 조직구조 설계 시 고려해야 할 조직구조의 구성요소로서 지위, 역할, 권력, 규범 등이 있다. 계층제와 통솔범위, 명령체계와 조직의 구조변수로서 복잡성, 공식성, 집권성 등이 고려할 사항이다. ⑤[X] 조직의 일차적 목표와 관련된 사업을 수행하는 기관은 계선(Line)이고, 이를 지원하는 기관은 막료(참모, Staff)이다.

[정답] ⑤

68
• 22 행정사

조직구조의 분권화가 요구되는 상황으로 옳지 않은 것은?

① 규칙과 절차의 합리성·효율성에 대해 신뢰하고 있다.
② 조직이 속한 사회의 민주화가 촉진되고 있다.
③ 기술과 환경이 격동적으로 변화하고 있다.
④ 고객에게 신속하고 대응적인 서비스 요구가 증가하고 있다.
⑤ 조직구성원들의 참여 확대와 창의성 발현이 요구되고 있다.

해설 ①[X] 규칙이나 절차에 대한 신뢰는 공식화 또는 법규화의 정도를 의미한다. 공식화와 집권화의 관계는 명확하지 않다. 관계가 없다는 견해, 부정적인 관계가 있다는 견해, 공식화와 분권화의 관계를 지지하는 견해 등 다양하다. ② 사회의 민주화가 촉진될수록 분권화가 요구된다. ③ 기술과 환경의 변화가 커질수록 분권화가 필요하다. ④ 고객에게 신속한 서비스의 제공은 분권화의 요인이다. ⑤ 참여 확대와 창의성 발휘의 요청은 분권화의 요인이다.

[정답] ①

69
• 22 군무원9급

조직구조에 대한 설명으로 가장 옳지 않은 것은?

① 기술(technology)과 집권화의 관계는 상관도가 높다.
② 우드워드(J. Woodward)는 대량 생산기술에는 관료제와 같은 기계적 구조가 효과적이라고 주장했다.
③ 톰슨(V. A. Thompson)은 업무 처리 과정에서 일어나는 조직간·개인간 상호의존도를 기준으로 기술을 분류했다.
④ 페로우(C. Perrow)는 과업의 다양성과 문제의 분석가능성을 기준으로 조직의 기술을 유형화했다.

해설 ① 기술(technology)과 집권화의 관계는 규모나 환경 등 다른 변수들보다 상관도가 높지 않다.

[정답] ①

THEMA 35 조직의 유형 : Daft 등

70
• 23 지방9급

민츠버그(Mintzberg)가 제시한 조직유형이 아닌 것은?

① 기계적 관료제
② 애드호크라시(adhocracy)
③ 사업부제 구조
④ 홀라크라시(holacracy)

해설 민츠버그(Mintzberg)는 조직의 성장경로를 중심으로 조직유형을 단순구조, 기계적 관료제, 전문관료제, 사업부제, 임시특별조직(adhocracy)으로 구분하였다. ④[X] 홀라크라시(holacracy)란 아서 케슬러(Koestler, 1967)가 언급한 신조어로서 권한과 의사결정이 조직 전체에 걸쳐 분산되어 조직의 위계질서가 존재 하지 않고 모든 구성원이 동등한 위치에서 동일한 책임을 가지고 업무를 수행하는 조직이다. 관료제에 대한 대안이란 측면에서는 애드호크라시와 유사하다.

[정답] ④

71
• 24 국가9급

다음 내용에 해당하는 조직유형에 대한 설명으로 옳지 않은 것은?

> A회사는 장기적인 제품개발 프로젝트 수행을 위해 각 부서에서 총 10명을 차출하여 팀을 운영하려고 한다. 이 팀에 소속된 팀원들은 원부서에서 주어진 고유 기능을 수행하면서 제품개발을 위한 별도 직무가 부여된다. 따라서 프로젝트 수행 기간 중 팀원들은 프로젝트팀장과 원소속 부서장의 지휘를 동시에 받게 된다.

① 기능구조와 사업구조를 결합한 혼합형 구조이다.
② 동태적 환경 및 부서 간 상호 의존성이 높은 상황에서 효과적이다.
③ 조직 내부의 갈등 가능성이 커질 우려가 있다.
④ 명령 계통의 다원화로 유연한 인적자원 활용이 어렵다.

해설 ④[X] 설문은 기능구조와 사업구조를 결합한 매트릭스 조직에 대한 설명이다. 매트릭스조직은 인적·물적 자원을 두 조직에서 효율적으로 활용할 수 있는 장점이 있다.

[정답] ④

72
• 23 국가9급

조직구조의 유형에 대한 설명으로 옳지 않은 것은?

① 사업(부)구조는 조직의 산출물에 기반을 둔 구조화 방식으로 사업(부) 간 기능 조정이 용이하다.
② 매트릭스구조는 수직적 기능구조에 수평적 사업구조를 결합시켜 조직운영상의 신축성을 확보한다.
③ 네트워크구조는 복수의 조직이 각자의 경계를 넘어 연결고리를 통해 결합 관계를 이루어 환경변화에 대처한다.
④ 수평(팀제)구조는 핵심업무 과정 중심의 구조화 방식으로 부서 사이의 경계를 제거하여 의사소통을 원활하게 한다.

해설 ①[X] 대프트(Daft)의 조직유형 중 사업구조(divisional structure)는 '사업부서 내'에서의 기능 간 조정은 용이하나, '사업부서 간' 조정은 곤란한 형태의 구조이다. 각 사업부서들은 산출물별로 자율적으로 운영되며 각 부서는 자기완결적 기능단위로서 그 안에서 기능간 조정이 용이하다.

[정답] ①

73
• 24 지방9급

팀제 조직에 대한 설명으로 옳은 것만을 모두 고르면?

> ㄱ. 결정과 기획의 핵심 기능만 남기고 사업집행 기능은 전문업체에 위탁한다.
> ㄴ. 역동적 환경변화에 유연하게 적응하고 신속한 문제해결이 가능하다.
> ㄷ. 기술구조 부문이 중심이 되고 작업 과정의 표준화가 주요 조정수단이다.
> ㄹ. 관료제의 병리를 타파하고 업무수행에 새로운 의식과 행태의 변화 필요성으로 등장하였다.

① ㄱ, ㄴ   ② ㄱ, ㄷ
③ ㄴ, ㄹ   ④ ㄷ, ㄹ

해설 ㄱ[X] 핵심역량만 조직화하고 나머지는 다른 조직에 아웃소싱하는 것은 네트워크조직이다.
ㄷ[X] 기계적 관료제의 특징이다. Mintzberg의 조직유형 중 기계적 관료제는 가장 중요한 구성부분이 기술구조이며, 주된 조정방법은 작업과정의 표준화이다.
ㄴ[O] 팀제는 의사결정단계를 축소시켜 역동적인 환경변화에 유연하게 대응하고 신속한 의사결정과 문제해결을 도와준다.
ㄹ[O] 팀 조직의 등장배경으로 신속한 환경대응의 필요성, 관료주의 병리현상의 타파 필요성, 업무수행에 요구되는 새로운 의식과 행동의 변화 등이 있다.

[정답] ③

74
• 15 군무원9급

민츠버그(Mintzberg)의 조직유형 중 전문적 관료제의 특징이 아닌 것은?

① 작업계층이 조직의 핵심부문이다.
② 지원참모조직의 규모가 작다.
③ 환경은 안정적이지만 복잡하다.
④ 조정방법은 표준화된 기술에 의한다.

해설 전문관료제(professional bureaucracy)는 복잡하고 안정적인 환경하에서 적합한 수평·수직적으로 분권화된 조직으로 대학이나 연구조직에서 발견된다. 운영핵심(작업계층)이 가장 중요한 구성부분으로 주된 조정방법은 기술의 표준화이다. ② 지원참모조직의 규모가 크다.

[정답] ②

75
• 17 국가9급(하)

조직유형에 대한 설명으로 옳지 않은 것은?

① 태스크 포스(task force)는 특수한 과업 완수를 목표로 기존의 서로 다른 부서에서 사람들을 선발하여 구성한 팀으로서, 본래 목적을 달성하면 해체되는 임시조직이다.
② 프로젝트 팀(project team)은 전략적으로 중요하거나 창의성이 요구되는 프로젝트를 진행하기 위하여 여러 부서에서 적합한 사람들을 선발하여 구성한 조직이다.
③ 매트릭스 조직(matrix organization)은 기능 중심의 수직조직과 프로젝트 중심의 수평조직을 결합한 구조로서, 명령통일의 원리에 따라 책임과 권한의 한계가 명확하다.
④ 네트워크 조직(network organization)은 핵심 기능을 수행하는 소규모의 조직을 중심에 두고 다수의 협력업체를 네트워크로 묶어 과업을 수행한다.

해설 ③ 매트릭스 조직은 다원적 명령계통으로 인한 갈등과 권한·책임의 불명확성이 문제점으로 지적된다. 매트릭스 조직은 기능부서의 전문성과 사업부서(프로젝트구조)의 신속한 대응성을 결합한 조직으로 특정목적 달성이 적합하나 명령의 이원화로 갈등의 조정이 곤란하다.

[정답] ③

76
• 17 지방9급(하)

조직구조의 유형에 대한 설명으로 옳은 것은?

① 수평구조는 수직적 계층과 부서 간 경계를 제거하여 의사소통을 원활하게 만든 구조다.
② 기계적 조직에서는 효율적인 조직 운영을 위해 권한과 책임이 분산되어 있다.
③ 위원회조직은 위원장에 의해 최종 의사결정이 이루어진다는 면에서 독임제로 운영되는 계층제와 유사성이 있다.
④ 애드호크라시는 변화에 신속하게 대응할 수 있다는 장점으로 인해 전통적인 관료제 구조를 대체하기에 이르렀다.

해설 ① 수평구조는 수직적 계층과 부서간 경계를 실질적으로 제거하여 개인을 팀단위로 모아 의사소통과 조정을 용이하게 하고 고객에게 가치와 서비스를 신속히 제공하는 유기적 구조이다.
② 기계적 조직에서는 엄격한 분업과 계층제, 명확히 규정된 직무로 인하여 권한과 책임이 수직적·수평적으로 명확하다.
③ 위원회 조직은 위원들 간 합의에 의하여 결정이 이루어진다는 점에서 독임제로 운영되는 계층제와 차이점이 있다.
④ 애드호크라시는 관료제에 비하여 변화에 신속하게 대응할 수 있다는 장점이 있지만 권한과 책임소재 불분명으로 갈등이 발생하는 단점이 있다. 따라서 전통적 관료제 구조를 대체하기 보다는 보완·공존 관계로 가는 것이 바람직하다.

[정답] ①

77
• 14 지방9급

매트릭스(matrix) 조직구조의 특징으로 옳지 않은 것은?

① 잦은 대면과 회의를 통해 과업조정이 이루어지기 때문에 신속한 결정이 가능하다.
② 구성원들은 다양한 경험을 통해 전문기술을 개발하면서, 넓은 시야와 목표관을 가질 수 있다.
③ 급변하는 환경변화에 탄력적으로 대응할 수 있다.
④ 경직화되어 가는 대규모 관료제 조직에 융통성을 부여해줄 수 있다.

해설 매트릭스조직은 기능부서의 전문성과 사업부서(프로젝트구조)의 신속한 대응성을 결합한 조직으로 특정목적 달성에 적합하나 명령의 이원화로 갈등의 조정이 곤란하다. 이러한 이중적 명령구조로 인하여 잦은 대면과 회의를 통해 과업조정을 해야 하므로 신속한 결정은 어렵다

[정답] ①

78
• 13 서울9급

조직구조에 대한 설명 중 가장 알맞은 것은?

① 매트릭스 조직은 수평적인 팀제와 유사하다.
② 정보통신기술의 발달로 통솔의 범위는 과거보다 좁아졌다고 판단된다.
③ 기계적 조직구조는 직무의 범위가 넓다.
④ 유기적인 조직은 안정적인 행정환경에서 성과가 상대적으로 높다.
⑤ 수평적 전문화 수준이 높을수록 업무는 단순해진다.

해설 ⑤ 수평적 전문화란 과업범위의 세분화 정도로써 수평적 전문화의 수준이 높다는 것은 조직 구성원에게 한 가지 주된 업무만 부여하는 것을 의미한다. 따라서 수준이 높을수록 업무는 단순해진다.
① 매트릭스조직은 수직적으로는 기능부서의 권한이 흐르고, 수평적으로는 사업구조의 권한구조가 지배하는 입체적 조직이다. 반면 팀제는 수평구조이므로 유사하다고 볼 수는 없다.
② 정보통신기술의 발달로 수평적 조직구조가 등장하면서 통솔범위가 확대된다고 보는 것이 일반적이다.
③ 기계적 조직구조는 좁은 직무범위를 가지며,
④ 기계적인 조직이 안정적인 행정환경에서 성과가 상대적으로 높다.

[정답] ⑤

79
* 17 행정사

조직구조에 관한 설명으로 옳지 않은 것은?

① 수평구조는 수직적 계층과 부서 간 경계를 실질적으로 제거하고 의사소통을 원활하게 만든 유기적 구조이다.
② 네트워크조직은 높은 독자성을 지닌 조직 단위나 조직들 간에 협력적 연계장치로 구성된 조직으로 조직행위자 간 상호의존성과 관계성이 중요시된다.
③ 사업구조는 특정 산출물별로 운영되므로 고객만족도 제고 및 성과관리에 유리하다.
④ 기계적 구조는 조직의 외부환경이 안정적일 때 채택되며, 의사결정 집권화, 규칙과 절차준수, 명확한 업무구분이 특징이다.
⑤ 학습조직은 시행착오나 실패를 두려워하여 철저한 사전 준비를 통해 시행착오나 실패의 제로(zero)를 추구한다.

해설 ⑤ 학습조직(Learning Organization)이란 지식의 창출·공유와 활용이 뛰어난 조직으로 문제의 해결능력을 향상시켜 나가는 조직으로 지속적인 학습과 시행착오를 허용하는 조직이다.

[정답] ⑤

80
* 12 경간부

매트릭스구조에 대한 설명으로 가장 옳은 것은?

① 계층제적 구조가 존재하지 않으며, 계선과 참모의 역할 구분도 명확하지 않다.
② 수평적이고 평면적인 조직으로서 유연성과 탄력성을 지닌다.
③ 대사관조직이나 대학교의 특수대학원은 매트릭스 구조에 해당한다.
④ 조정이 용이하여 결정이 신속하게 이루어질 수 있다.

해설 ① 매트릭스조직은 기능조직과 사업조직을 화학적으로 결합한 조직이다. 따라서 계층제적 구조가 존재하지 않는 것이 아니라 기능별 라인에서는 계층제적 요소가 존재한다. 또한 계선과 참모의 역할 구분도 명확하지 않은 것은 지식조직에 해당한다. ② 수평적이고 평면적인 조직은 팀조직(수평구조)이다. ④ 이중적 구조로 인한 역할갈등 및 조정 곤란이 단점이다.

[정답] ③

81
* 05 국회8급

다음 설명 중 타당하지 않은 것은?

① 애드호크라시(Adhocracy)는 현장에서 문제해결 중심으로 일을 하기 때문에 행정지원계층의 규모가 작아지는 경향이 있다.
② 태스크포스(Task Force)는 관련 부서를 횡적으로 연결시켜 여러 부서가 관련된 현안 문제를 해결하는 데 효과적인 조직 유형이다.
③ 지역에 있는 영업점이 본사의 재무, 인사, 영업 등의 지시·감독을 받으면서 한편으로 해당 지역의 본부장으로부터 지시·감독을 받는 조직은 전형적인 네트워크 조직에 속한다.
④ 영국이나 뉴질랜드에서 활용한 에이전시(Agency)는 내부시장이 형성되는 경우에 적용 가능하다.
⑤ 애드호크라시(Adhocracy)는 업무가 특수하고 비정형적이며 기술이 비일상적이고 환경이 역동적으로 변하는 상황에서 유효한 조직유형이다.

해설 지역의 영업점이 본사의 지시·감독을 받으면서 한편으로 해당 지역의 본부장으로부터 지시·감독을 받는 형태는 다원적 명령체계를 말하는데, 이는 매트릭스조직의 주요 특성이다.

[정답] ③

82
• 02 행시

조직구조의 유형에 관한 설명 중 옳지 않은 것은?

① 네트워크구조는 조직자체의 기능은 핵심역량 위주로 합리화하고, 여타 기능은 외부기관들과 교환관계를 통해 수행하는 조직구조방식이다.
② 매트릭스구조는 기능구조와 사업구조를 결합한 조직형태로서, 신축성과 적응성이 요구되는 불안정하고 급변하는 조직환경에 효과적이다.
③ 기능구조는 조직 전체의 업무를 공동 기능별로 부서화하는 것으로서, 수평적 조정의 필요성이 높을 때 효과적인 조직구조이다.
④ 기계적구조는 엄격히 규정된 직무, 명확한 책임관계, 공식적이고 집권적인 의사결정 등을 주요 특징으로 한다.
⑤ 사업구조는 산출물에 기반을 둔 사업 부서화 방식의 조직형태로서, 성과 책임성의 소재가 분명하여 성과관리체계에 유리하다.

해설 기능별 구조는 조직 전체의 업무를 공동 기능별로 부서화하는 것으로서, 기능의 유사성에 따라 조직을 편제하는 전통적인 조직으로서 하위부서간에 조정이 잘 안되는 할거주의가 폐단이며 이러한 폐단을 막기 위하여 조직을 흐름별로 편제한 조직이 ⑤의 M형조직(사업부서직제)이다. 수평적 조정의 필요성이 높을 때 효과적인 조직구조는 M형조직이며, 기능별 조직은 수평적 조정을 저해한다.

[정답] ③

83
• 11 국가7급

민츠버그(H. Mintzberg)의 조직유형론에 대한 설명으로 옳지 않은 것은?

① 단순구조(simple structure)는 집권화되고 유기적인 조직구조로서, 단순하고 동태적인 환경에서 주로 발견된다.
② 기계적 관료제(machine bureaucracy)는 단순하고 안정적인 환경에 적절한 조직형태로서, 주된 조정방법은 작업과정의 표준화이다.
③ 전문적 관료제(professional bureaucracy)는 수평·수직적으로 분권화된 조직형태로서, 복잡하고 안정적인 환경에 적합하다.
④ 사업부제 조직(divisionalized form)은 기능부서간의 중복으로 인한 자원낭비를 방지할 수 있으며, 사업부내 과업의 조정은 산출물의 표준화를 통해 이루어진다.

해설 사업부제 조직(divisionalized form)은 기능부서간의 중복으로 인하여 공통 관리비가 많이 들어가므로 자원낭비를 방지하기 어렵다.

[정답] ④

84
• 12 지방7급

매트릭스 구조에 대한 설명으로 옳지 않은 것은?

① 기능부서의 신속한 대응성과 사업부서의 전문성에 대한 필요에 의해 결합된 조직이다.
② 기능부서 통제 권한의 계층은 수직적으로 흐르고, 사업부서 간 조정 권한의 계층은 수평적으로 흐르게 된다.
③ 조직구성원은 동시에 두 명의 상관에게 보고하는 체계를 가진다.
④ 개인들이 다양한 경험을 할 수 있기 때문에 전문기술의 개발과 더불어 넓은 시야를 갖출 수 있는 기회가 된다.

해설 ① 매트릭스 구조(matrix structure)는 기능부서의 전문성과 사업부서의 신속한 대응성을 결합한 조직형태이다.

[정답] ①

85
• 10 서울9급

사업구조(divisional structure)에 대한 설명과 가장 거리가 먼 것은?

① 산출물에 기반한 사업부서화 방식이다.
② 사업부서들은 자율적으로 운영되므로 각 기능의 조정은 부서 내에서 이루어진다.
③ 규모의 경제에 따른 효율성을 확보할 수 있다.
④ 기능구조보다 환경 변화에 신축적이고 대응적일 수 있다.
⑤ 성과에 대한 책임성의 소재가 분명해져 성과관리에 유리하다.

해설 ③ 규모의 경제에 따른 효율성을 확보할 수 있는 조직의 유형은 기능구조이다.

[정답] ③

86
• 04 국가7급

조직구조에 관한 설명으로 옳지 않은 것은?

① 기계적 관료구조란 권한계층이 명확하게 규정되고, 작업규칙이 표준화되어 있으며, 책임 규정을 명문화하고 있는 조직구조를 말한다.
② 사업부제 조직은 표준화를 통한 효율성을 유지하면서 핵심 운영부분에 고도로 훈련받은 전문가를 고용하여 운영되는 조직이다.
③ 매트릭스 조직은 조직의 동태성을 확보하기 위해서 기존의 기능조직에 프로젝트 조직을 결합한 이원적 권한체계를 갖는 조직이다.
④ 프로젝트 조직은 특수한 사업이나 목표를 달성하기 위하여 일정한 기간 업무를 수평적·대각적으로 배열하고, 막대한 양의 인적·물적 자원을 탄력적으로 이용하는 동태적 조직이다.

해설 ②번은 Mintzberg가 주장한 전문관료제이다. 사업부제 조직은 산출의 표준화를 중시하며, 운영에서는 중간관리자의 역할이 중시된다. 사업부제조직은 산출물에 기반을 둔 조직구조로서 각 부서는 과제수행에 필요한 기능적 기술은 자체적으로 보유하고 있으며 자기완결적 구조로서 일체성·독립성(self-contained)을 기초로 부서가 조직화 된다. 참고로 사업부제 조직의 부서화 방식으로는 1) 생산물이나 서비스에 따른 일체적 부서화, 2) 지리적 구분에 따른 일체적 부서화, 3) 고객에 따른 일체적 부서화 등의 방식이 있다.

[정답] ②

87
• 03 행시

네트워크 조직(network organization)에 관한 설명으로 옳은 것은?

① 조직의 기본 구성 요소가 다른 조직의 구성 요소와 근본적으로 다르다.
② 자원의 흐름을 관리하는데 시장기구보다는 행정과정에 더 의존한다.
③ 구성 요소들은 상호의존성을 지니지만 정보는 공유하려 하지 않고 서로의 협동에도 한계를 유지한다.
④ 여러 지점에 걸쳐 널려있는 여러 조직들의 여러 자산들을 집합적으로 활용한다.
⑤ 네트워크 조직들은 그들간에 체결된 계약상의 규정대로 행위를 하고 다른 자발적인 행위는 하지 않는다.

해설 네트워크조직은 자신의 조직은 핵심적인 전략기능 위주로 합리적으로 편제하고 여타의 부수적 기능은 주변의 다른 조직들의 자원을 집합적으로 활용할 수 있도록 상호 연계된 조직이다.

[정답] ④

88
• 24 군무원9급

다음 중 기계적 조직구조에 대한 설명으로 가장 적절하지 않은 것은?

① 대규모 조직에서 높은 공식화와 표준화를 추구한다.
② 막스 베버(Max Weber)의 관료제 모형과 같이 고전적이고 전형적인 관료제 조직구조이다.
③ 조직이 처해 있는 환경적 상황이 복잡하고 불안정하며, 동태적으로 불확실성이 높은 경우에 적합하다.
④ 직무를 분화하여 전문화함으로써 조직의 내적 통제 및 조정, 효율화, 합리화에 유리하다.

해설 ③[X] 기계적 조직은 조직의 외부환경이 안정적일 때 적합하다. 외부환경이 복잡하고 불안정하며, 동태적으로 불확실성이 높은 경우에는 유기적 조직이 적합하다. ①[O] 기계적 구조는 계층제적 질서와 좁은 통솔범위(복잡성), 기능별 조직과 표준화(공식화), 하향적이고 집권적 관리(집권성)에 적합하다. ②[O] 기계적 구조의 특성을 잘 나타내는 것이 관료제 조직이다.

[정답] ③

89
• 24 군무원9급

다음 중 민츠버그(Mintzberg)의 전문적 관료제 구조에 대한 설명으로 가장 적절하지 않은 것은?

① 업무의 표준화가 어려워 개인의 전문성에 의존한다.
② 종합병원과 같이 높은 분화와 낮은 공식화의 특성을 가진다.
③ 환경변화에 적응하는 속도가 빠른 편이므로 복잡하고 불안정한 환경에 적합하다.
④ 핵심운영층에 해당하는 작업 계층의 역할이 강조된다.

해설 ③[X] 전문적 관료제의 상황적 특성으로는 복잡하지만 안정적인 환경을 들 수 있다. ④[O] 전문적 관료제는 핵심운영층(작업계층)의 역할이 강조된다.

[정답] ③

상황요인	역사	환경	규모	기술	권력
단순구조	신생조직	단순, 동태적	소규모	단순	최고관리층
기계적 관료제	오래된 조직	단순, 안정적	대규모	비교적 단순	기술관료
전문적 관료제	가변적	복잡, 안정적	가변적	복잡	전문가
사업부제 구조	오래된 조직	단순, 안정적	대규모	가변적	중간관리층
애드호크라시	신생조직	복잡, 동태적	가변적	매우 복잡	전문가

90
• 22 군무원7급

다음 중 매트릭스(matrix) 구조에 대한 설명으로 가장 옳지 않은 것은?

① 개인들이 다양한 경험을 통해 전문기술의 개발과 넓은 안목을 갖출 수 있다.
② 기능부서 통제권한의 계층은 수평적으로 흐르고, 사업부서 간 조정권한의 계층은 수직적으로 흐르게 된다.
③ 구성원 간의 역할갈등, 역할모호성, 과업조정의 어려움 등이 발생할 우려가 있다.
④ 경직화되어 가는 대규모 관료제 조직에 융통성을 부여해줄 수 있다.

해설 ② 기능부서의 통제권한의 계층은 수직적으로 흐르고, 사업부서간 조정권한의 계층은 수평적으로 흐른다.

[정답] ②

91
• 24 군무원9급

네트워크 구조의 기본원리로 가장 적절하지 않은 것은?

① 네트워크 참여자의 독립성
② 구성원 간의 자발적 연결
③ 네트워크 참여자에게 있는 공통된 목표
④ 계층의 통합과 단일의 지도자

해설 ④[X] 네트워크 조직은 급변하는 조직환경에 효율적으로 대응하기 위해 수직적 통합과 수평적이고 공간적으로 통합 메커니즘을 갖춘 조직이다. 단일의 지도자는 집권화된 계층제적 구조를 말하는 것이므로 네크워크조직의 기본원리가 아니다. ①②③[O] 네트워크 조직은 구성원(참여자)간 자율성·독립성과 공통된 목표를 가지고 있다.

[정답] ④

92
• 22 군무원9급

애드호크라시(adhocracy)에 대한 설명으로 가장 옳지 않은 것은?

① 탈관료화 현상의 하나로 등장했다.
② 구조적으로 높은 수준의 복잡성, 낮은 수준의 공식화, 낮은 수준의 집권화를 특징으로 한다.
③ 고도의 창의성과 환경적응성이 필요한 상황에서 유효한 조직이다.
④ 업무처리과정에서 갈등과 비협조가 일어나고, 창의적인 업무수행 과정에서 직원들이 심적 스트레스를 많이 받는다는 단점이 있다.

해설 ② 애드호크라시(adhocracy)는 유기적 구조이므로 낮은 수준의 복잡성·복잡성·집권성을 특징으로 한다. ④[O] 애드호크라시는 명확한 계층 구분이 없어 책임한계가 불분명하고 조정과 통합이 어려워 갈등과 비협조가 일어나고, 창의적 업무수행 과정에서 직원들이 스트레스를 받을 수 있다.

[정답] ②

93
• 23 군무원9급

애드호크라시(adhocracy)에 속하는 조직유형에 대한 설명으로 가장 적절하지 않은 것은?

① 태스크포스는 특수한 과업 완수를 목표로 기존의 서로 다른 부서에서 선발하여 구성한 팀으로, 목적을 달성하면 해체되는 임시조직이다.
② 프로젝트 팀은 테스크포스와 마찬가지로 한시적이고 횡적으로 연결된 조직유형이지만 테스크포스에 비해 참여자의 전문성과 팀에 대한 소속감이 강하다는 특성을 가지고 있다.
③ 매트릭스 조직은 기능 중심의 수직적 분화가 되어있는 기존의 지시 라인에 횡적으로 연결된 또 하나의 지시 라인을 인정하는 이원적 권위계통을 가진다.
④ 네트워크조직은 전체 기능을 포괄하는 조직을 중심에 놓고 다수의 협력체를 묶어 일을 수행하는 조직형태이다.

해설 ④ 네트워크조직은 조직 전체 기능이 아니라 핵심적인 기능(전략, 통제, 조정 등) 위주로만 조직화하고 나머지 부수적인 기능은 아웃소싱(외주)을 통해 수행하는 느슨한 연결형태의 조직유형이다.

[정답] ④

THEMA 36 관료제와 탈관료제

94
* 23 국가9급

베버(Weber)의 이념형(ideal type) 관료제에 대한 설명으로 옳지 않은 것은?

① 관료제 성립의 배경은 봉건적 지배체제의 확립이다.
② 법적·합리적 권위에 기초를 둔 조직구조와 형태이다.
③ 직위의 권한과 임무는 문서화된 법규로 규정된다.
④ 관료는 원칙적으로 상관이 임명한다.

해설 ① [X] 이념형 관료제는 19세기 말 독일사회를 배경으로 막스 베버(1864~1920)가 연구한 것으로, 당시는 봉건적 전근대사회가 아니라 법적·합리적 권위에 기초를 둔 근대적 지배체제가 확립되어가던 시기였다. ④ [O] 관료제 내에서 관료는 원칙적으로 상관이 임명하고 법규에 의해 업무를 수행한다.

[정답] ①

95
* 22 지방9급

관료제 병리현상과 그 특징을 짝지은 것으로 옳지 않은 것은?

① 할거주의 - 조정과 협조 곤란
② 형식주의 - 번거로운 문서 처리
③ 피터(Peter)의 원리 - 관료들의 세력 팽창 욕구로 인한 기구와 인력의 증대
④ 전문화로 인한 무능 - 한정된 분야의 전문성 강조로 타 분야에 대한 이해력 부족

해설 ③은 관료제국주의에 대한 설명이다. 관료제는 자기보존과 세력확장을 도모하려고 하기 때문에 업무량과 관계없이 기구와 인력을 증대시키는 제국건설을 시도한다. 피터(Peter)의 원리란 신분보장으로 인하여 무능력한 자도 고위직으로 승진하는 경향으로, 능력과 지위의 부조화를 초래하는 현상이다. ① [O] 할거주의란 지나친 전문화로 나타나는 부처이기주의 현상으로 그 결과 조정과 협조를 저해한다. ② [O] 형식주의(formalism)란 관료제에서는 모든 사무의 처리를 일반적 규칙에 의거하여 일정한 양식과 절차에 따라 서면으로 행하는데, 이와 같은 서면주의가 과도하게 강조될 때는 문서 다작, 번문욕례(繁文縟禮) 등이 따른다. 이처럼 형식주의는 번거로운 문서와 형식에 얽매이는 현상으로 번문욕례(red tape)를 초래한다. ④ [O] 훈련된 무능, 전문화로 인한 무능(trained incapacity)은 베블렌(Veblen)이 주장한 것으로 하나의 지식이나 기술에 대하여 훈련받고 그것을 준수하도록 길들여진 경우에 변동된 상황에서도 다른 대안을 생각하지 못하여 무능력이 촉진된다. 이는 지나친 분업으로 인하여 편협한 전문가로 전락하여 타 분야에 대한 이해가 부족하게 되는 현상을 말한다.

[정답] ③

96
* 23 지방9급

블랙스버그 선언(Blacksburg Manifesto)과 행정재정립운동(refounding movement)에 대한 설명으로 옳지 않은 것은?

① 블랙스버그 선언은 행정의 정당성을 침해하는 정치·사회적 상황을 비판했다.
② 행정재정립운동은 직업공무원제를 옹호했다.
③ 행정재정립운동은 정부를 재창조하기보다는 재발견해야 한다고 주장했다.
④ 블랙스버그 선언은 신행정학의 태동을 가져왔다.

해설 ④ [X] 신행정학은 1968년 미노우브룩회의를 계기로 태동하게 되었지만, Blacksberg 선언(1990년대)은 신공공관리론(NPM)에 대한 반론으로 등장하였다. ① [O] 블랙스버그 선언은 관료제에 대한 비판적 분위기와 관료제 종언론, 신공공관리론 등 행정의 정당성을 침해하는 정치·사회적 상황을 비판했다. ② [O] 관료제 종언론에 대한 반작용으로 1980년대 후반부터 직업공무원제를 옹호하는 행정재정립운동이 하나의 흐름으로 나타나게 되었다. ③ [O] 이들의 주된 논거는 정부를 재창조하기보다 재발견해야한다는 것이다.

[정답] ④

97
* 17 국가9급

관료제 병리현상에 대한 설명으로 옳지 않은 것은?

① 규칙이나 절차에 지나치게 집착하게 되면 목표와 수단의 대치 현상이 발생한다.
② 모든 업무를 문서로 처리하는 문서주의는 번문욕례(繁文縟禮)를 초래한다.
③ 자신의 소속기관만을 중요시함에 따라 타 기관과의 업무 협조나 조정이 어렵게 되는 문제가 나타난다.
④ 법규와 절차 준수의 강조는 관료제 내 구성원들의 비정의성(非情誼性)을 저해한다.

해설 ④ 법규와 적법절차 준수의 강조는 공·사의 분리라는 관료의 비정의성(비개인성)을 지향한다.
①은 동조과잉, ②는 문서 과다화(red tape), ③은 할거주의로서 관료제의 병리에 해당한다.
④ 막스 베버의 관료제는 법규와 절차에 의한 행정을 강조함으로써 감정 및 편견 없이 보편타당한 행정을 지향하는 비정의성(impersonalism)을 지향한다.

[정답] ④

98
* 15 서울9급

관료제 병리에 관한 연구 내용과 학자 간 연결이 옳지 않은 것은?

① 굴드너(Gouldner) - 관료들이 규칙의 범위 내에서 소극적으로 행동하는 무사안일주의를 초래한다.
② 굿셀(Goodsell) - 계층제 조직의 구성원이 각자의 능력을 넘는 수준까지 승진하게 되는 병리현상이 나타난다.
③ 머튼(Merton) - 최고관리자의 관료에 대한 지나친 통제가 관료들의 경직성을 초래한다.
④ 셀즈닉(Selznick) - 권한의 위임과 전문화가 조직 하위체제 간 이해관계의 지나친 분극을 초래한다.

해설 ②는 무능력자의 승진을 주장한 Peter의 원리(1969)를 말한다. 계층제적 관료조직의 구성원이 각자의 능력을 넘는 수준까지 승진한다는 것으로 되풀이되는 승진으로 관료들이 무능화되는 현상을 말한다. 굿셀(Goodsell)은 1980년대 중반 관료제 옹호론에서 관료제의 정당성을 주장하였다.

[정답] ②

99
* 14 국가9급

관료제의 여러 병리현상 중 '과잉동조'에 대한 설명으로 옳은 것은?

① 목표 달성을 위해 마련된 규정이나 절차에 집착함으로써 결국 수단이 목표를 압도해버리는 현상
② 세분화된 특정 업무에서는 전문적인 능력이 있지만 그 밖의 업무에 대해서는 문외한이 되는 현상
③ 다양한 외부 환경의 변화에 둔감하고 조직목표의 혁신에 적극적으로 저항하는 현상
④ 자신이 소속된 기관이나 부서만을 생각하고 다른 기관이나 부서를 배려하지 않는 현상

해설 동조과잉(同調過剩, Over Conformity)이란 머튼(Merton)의 주장으로 지나치게 규칙·절차·법규를 엄수하는 현상이다. 관료가 법규에 집착하는 것으로 결국 목표와 수단간 우선순위가 바뀌는 현상이다.
②는 훈련된 무능(Veblen), 전문화로 인한 무능(trained incapacity)이며,
③은 변화에 대한 저항이고,
④는 할거주의(국지주의)적 경향을 말한다.

[정답] ①

100
• 09 서울7급

'관료제(bureaucracy)'에 관한 다음 설명 중 가장 적합한 것은?

① M. Weber에 의하면 관료제는 동양과 서양의 모든 국가들에서 공통으로 발견되는 보편적인 현상이다.
② 엄격한 계층적 통제, 분업, 공사(公私)의 구분, 문서에 의한 업무처리, 화폐에 의한 임금 지불 등의 특성을 지닌 조직 운영 방식이다.
③ 민간 기업에는 관료제가 존재할 수 없다.
④ 대단히 변화 수용적인 조직이다.
⑤ 주어진 임무를 어떤 상황에서도 가장 효율적으로 달성할 수 있게 하는 조직운영방식이다.

해설 관료제의 특징은 ②번과 같다.
① M.Weber의 근대관료제모형은 발전된 서구사회를 모델로 한 것이지 동양과 서양의 모든 국가들에서 공통으로 발견되는 보편적인 현상을 말하는 것이 아니다. 관료제의 보편성이란 공·사조직에 보편적으로 적용될 수 있는 조직모형을 말한다.
③ 민간기업에도 관료제는 존재한다.
④ 제정된 규칙을 준수함으로서 변화저항적인 조직이다.
⑤ 관료제는 안정된 상황에서 주어진 임무를 효율적으로 달성할 수 있게 하는 조직이지, 격동적이고 불확실한 환경하에서는 효율적으로 대처하기 힘든 경직된 구조이다.

[정답] ②

101
• 10 서울9급

베버(W. Weber)의 관료제론에 대한 설명이 아닌 것은?

① 관료제는 일정한 자격 또는 능력에 따라 규정된 기능을 수행하는 분업의 원리에 따른다.
② 조직은 엄격한 계층제의 원리에 따라 운영된다.
③ 조직의 기능은 일정한 규칙에 의해 제한된다.
④ 이상적 관료제는 증오나 열정 없이 형식주의적인 비정의성(impersonality)에 따라 움직인다.
⑤ 이상적 관료제는 정치적 전문성에 의해 충원되는 제도를 갖는다.

해설 M. Weber의 근대관료제는 정치적 전문성보다는 기술적 전문성에 의한 전문기술관료제(technocracy)를 이상적인 관료제로 본다. 따라서 관료의 임명의 기준은 전문적·기술적 자격이다.

[정답] ⑤

102
• 08 지방9급

막스 베버(M. Weber)가 제시한 이념적인 조직형태인 관료제의 특성으로 옳지 않은 것은?

① 직무의 수행은 문서에 의거하여 이루어지며, 직무수행 결과는 문서로 기록 보존된다.
② 관료의 권한과 직무범위는 법규에 의해 규정되며, 상관의 권한은 업무활동에 한정된다.
③ 전문지식과 기술을 가진 관료가 모든 직무를 담당하며, 이들은 시험 또는 자격증 등에 의해 공개적으로 채용된다.
④ 관료는 직무수행 과정에서 국민의 어려운 사정이나 개별적 여건을 고려하는 자세를 갖는다.

해설 베버가 제시한 이념형 관료제의 속성으로 문서주의, 합법성과 공식성, 전문성, 비정의성 등을 들 수 있다. 비정의성(非情誼性, impersonality) 또는 비개인성이란 관료제 내에서 상하간의 관계가 감정과 편견 등 인간적 오류가 배제되고 공적 업무관계만 중시하는 것으로 관료와 국민의 관계 또한 비정의성을 특징으로 한다. 따라서 관료는 직무수행 과정에서 국민의 어려운 사정이나 개별적 여건을 고려하지 않고 보편적인 행정을 추구한다.

[정답] ④

103
• 04 입법고시

관료제에 관한 다음 설명 중 가장 옳지 않은 것은?

① 관료제는 공·사부문의 대규모 조직에서 공통적으로 나타나는 구조적 특징을 의미한다.
② 제정된 규칙과 절차에 대한 지나친 강조는 오히려 조직목표의 달성을 어렵게 한다.
③ Max Weber의 근대적 관료제 모형은 신생국의 정부관료제를 분석하는 데 적합한 모형이다.
④ 관료제에 대한 효과적 통제방법을 강구하지 않으면 관료제의 대응성(bureaucratic responsiveness)은 낮아진다.
⑤ 관료제는 인간소외를 초래한다.

해설 Max Weber의 근대적 관료제 모형은 신생국이 아니라 독일을 위시한 프러시아 정당에 대한 막연한 인상을 토대로 연구된 이념형이다.

[정답] ③

104
• 14 행정사

우리나라 공공조직의 팀제에 관한 설명으로 옳지 않은 것은?

① 조직의 인력을 신축적으로 운영하고, 실무 차원에서 팀장 및 팀원의 권한을 향상시킨다.
② 조직구성원들의 신속한 의사결정을 저해시킨다.
③ 팀제를 통해 조직구성원의 참여를 제고시키고 개인적 의견반영이 용이하다.
④ 조직의 경직성을 탈피하고 팀 내 전문능력 및 기술을 활용하게 한다.
⑤ 종전 수직적 조직을 수평적 조직으로 전환해 전략적 업무를 수행하는 조직에 적합하다.

해설 팀제는 전통적 관료제와 달리 팀장에게 권한을 대폭 위임하므로 팀중심의 신속한 의사결정을 촉진시킨다.

[정답] ②

105
• 22 군무원9급

베버(Max Weber)의 관료제에 대한 설명으로 가장 옳지 않은 것은?

① 합리성을 조직에 적용하여 목표달성을 위한 효과적인 수단으로 관료제를 간주한다.
② 실적을 인사행정의 기준으로 채택하는 실적주의를 바탕으로 한다.
③ 조직의 목표달성을 위해 절차나 방법을 문서화된 법규형태로 가진다.
④ 관료제의 구성원들은 조직 전반의 일반적인 업무에 대해 책임을 진다.

해설 ④ 관료제의 구성원들은 조직 전반의 일반적인 업무에 대해 책임을 지는 것이 아니라, 자신에게 부여된 직무상 책임만을 진다.

[정답] ④

THEMA 37. 계선과 막료, 위원회 등

106 · 22 지방9급

정부위원회에 대한 설명으로 옳은 것만을 모두 고르면?

ㄱ. 책임성이 결여될 수 있다.
ㄴ. 자문위원회는 업무가 계속성·상시성이 있어야 한다.
ㄷ. 민주성을 제고하는 장점이 있다.
ㄹ. 방송통신위원회, 공정거래위원회, 국민권익위원회, 금융위원회, 개인정보 보호위원회, 원자력안전위원회는 중앙행정기관이다.

① ㄱ, ㄷ
② ㄴ, ㄷ
③ ㄴ, ㄹ
④ ㄱ, ㄷ, ㄹ

해설 보기 중에서 ㄴ만 틀린 지문이다.

ⓛ [X] 위원회 중 업무의 계속성과 상시성이 요구되는 것은 행정위원회이다.
ⓖ [O] 위원회는 복수의 구성원으로 구성되는 합의제 행정기관이므로 책임이 분산되어 책임성이 결여될 수 있다.
ⓒ [O] 위원회의 의사결정은 합의를 통한 결정이 이루어지므로 행정의 민주성이 재고된다.
ⓔ [O] 정부조직법 2조에 규정된 6개 위원회는 행정위원회인 동시에 중앙행정기관이다.

[정답] ④

107 · 19 국가9급

정부의 위원회 조직에 대한 설명으로 옳지 않은 것은?

① 결정에 대한 책임의 공유와 분산이 특징이다.
② 복수인으로 구성된 합의형 조직의 한 형태다.
③ 국민권익위원회는 의사결정의 권한이 없는 자문위원회에 해당된다.
④ 소청심사위원회는 행정관청적 성격을 지닌 행정위원회에 해당된다.

해설 ③ 국민권익위원회는 의사결정의 권한이 없는 자문위원회가 아니라 고충민원처리, 부패방지, 행정심판 등의 기능을 담당하는 행정위원회이다.

[정답] ③

108 · 18 서울9급

정부의 각종 위원회에 대한 설명으로 가장 옳은 것은?

① 의결위원회는 의사결정의 구속력은 있지만 집행권이 없다.
② 행정위원회의 대표적인 예로 공정거래위원회, 공직자 윤리위원회 등을 들 수 있다.
③ 행정위원회는 독립지위를 가진 행정관청으로 결정권은 없고 집행권만 갖는다.
④ 자문위원회는 계선기관으로서 사안에 따라 조사·분석 등의 기능을 수행한다.

해설 ① 의결위원회와 행정위원회를 구별하는 견해에 따른 문제이다. 의결위원회는 행정위원회 중에서도 결정권만 가지며 집행권은 없는 위원회이다.
② 공정거래위원회는 대표적인 행정위원회이지만 공직자윤리위원회는 공직자의 재산등록 및 취업제한 등을 심사·결정하기 위하여 국회·대법원 등에 설치하는 의결위원회이다.
③ 행정위원회는 독립지위를 가진 행정관청으로 결정권과 집행권을 모두 갖는다.
④ 자문위원회는 계선기관이 아니라 막료기관으로써 행정기관의 자문에 응하기 위하여 조사·분석 또는 일정한 사항을 심의·조정·협의하는 기능을 수행한다.

[정답] ①

109
• 04 입법고시

정책결정에 위원회제를 활용할 경우 나타나는 일반적 장점으로 보기 어려운 것은?

① 정책결정에 있어 신중성을 도모할 수 있다.
② 정책결정에 대한 책임성을 증진시킬 수 있다.
③ 민주적 의견수렴을 확대할 수 있다.
④ 전문가들을 활용하여 정책결정을 합리화시킬 수 있다.
⑤ 정책결정에 대한 신뢰를 증대시킬 수 있다.

해설 합의제기관은 책임이 분산된다.

[정답] ②

110
• 21 행정사

행정조직에 관한 설명으로 옳은 것은?

① 위원회 조직은 결정권한의 최종 책임이 기관장 한 사람에게 집중되어 있는 조직이다.
② 방송통신위원회, 공정거래위원회와 같은 행정위원회는 결정권한을 갖고 있으며 집행까지 책임을 진다.
③ 책임운영기관은 중앙통제 중심의 관료제적 성격을 갖는 조직으로 실제 일을 맡아 집행 하는 사람들에게 재량권을 부여하지 않는다.
④ 책임운영기관은 수익성보다는 정부기능이 갖고 있는 공익성만을 강조하며, 효율성보다는 사회적 형평성을 관리의 주요 가치로 삼는다.
⑤ 애드호크라시는 현대의 복잡하고 불확실한 환경에서 발생하는 문제에 신속하게 대응하지 못한다.

해설 ② 행정위원회는 결정권과 집행권 모두를 가지고 있다.
①[X] 결정권한의 최종 책임이 기관장 한 사람에게 집중되어 있는 조직은 단독제(독임제)에 해당한다.
③[X] 책임운영기관은 기관운영에 관한 제반 관리권한(조직·인사·예산)을 기관장에 부여하여 자율성을 부여하며, 상응하여 결과에 대해서 책임을 지도록 하는 조직이다.
④[X] 책임운영기관은 공공성(公共性)을 유지하면서도 경쟁원리에 따라 운영하도록 함으로서 공익성외에 수익성도 추구하며, 형평성의 가치 뿐만 아니라 효율성의 가치도 추구한다. ⑤[X] 애드호크라시는 복잡하고 불확실한 환경에서 발생하는 문제에 신속하게 대응하기 위한 임시조직의 형태이다.

[정답] ②

111
• 24 행정사

다음 중앙행정조직위원회 중 소속을 달리하는 위원회는?

① 공정거래위원회
② 국민권익위원회
③ 금융위원회
④ 방송통신위원회
⑤ 원자력안전위원회

해설 ④[X] 대통령 소속 중앙행정기관으로 방송통신위원회와 규제개혁위원회가 있다. 나머지는 국문총리 소속 기구이다.

[정답] ④

THEMA 38 우리나라 정부조직

112
• 18 지방9급

「정부조직법」상 행정기관의 소속으로 옳지 않은 것은?

① 법제처 – 국무총리
② 국가정보원 – 대통령
③ 소방청 – 행정안전부장관
④ 특허청 – 기획재정부장관

해설 ④ 특허청은 산업통상자원부 소속 외청이다. 기획재정부 소속 외청은 국세청, 관세청, 조달청, 통계청 등 4개 기관이 있다. ① 국무총리 소속 중앙행정기관에는 법제처와 보훈처, 식품의약품안전처, 인사혁신처가 있다. ② 국가정보원은 대통령 소속 행정기관이다. ③ 행정안전부장관 소속 외청으로 소방청과 경찰청이 있다.

[정답] ④

113
• 18 국가9급

행정기관에 대하여 관계법령에 규정된 내용으로 옳은 것은?

① 부속기관이란 행정권의 직접적인 행사를 임무로 하는 기관에 부속하여 그 기관을 지원하는 행정기관을 말한다.
② 보조기관이란 행정기관이 그 기능을 원활하게 수행할 수 있도록 그 기관장을 보좌함으로써 행정기관의 목적달성에 공헌하는 기관을 말한다.
③ 하부기관이란 중앙행정기관에 소속된 기관으로서, 특별지방행정기관과 부속기관을 말한다.
④ 방송통신위원회, 공정거래위원회, 소청심사위원회 등은 행정기관의 소관 사무에 관하여 자문에 응하거나 조정, 협의, 심의 또는 의결 등을 하기 위해 복수의 구성원으로 이루어진 합의제 기관으로서 행정기관이 아니다.

해설 ① 부속기관이란 중앙행정기관 등에 부속하여 그 기관을 지원하는 기관(시험연구·교육훈련·문화·의료·제조·자문기관)이다. ②는 보조기관이 아니라 보좌기관이고, ③은 하부기관이 아니라 소속기관이다. 소속기관이란 중앙행정기관에 소속된 기관으로서, 특별지방행정기관과 부속기관을 말한다. ④ 방송통신위원회, 공정거래위원회, 소청심사위원회 등은 행정위원회로서 행정기관에 해당한다.

[정답] ①

114
• 17 국가9급

정부조직에 대한 설명으로 옳은 것은?

① 감사원은 「정부조직법」에서 정하는 합의제 행정기관에 해당한다.
② 금융감독원은 「정부조직법」에 따라 설치된 중앙행정기관이다.
③ 소청심사위원회는 행정안전부 소속으로 행정기관 소속 공무원의 징계처분에 관한 사무를 관장한다.
④ 특허청은 행정 및 재정상의 자율성이 부여되고 성과에 대해 책임을 지도록 하는 책임운영기관에 해당한다.

해설 ④ 특허청은 '청' 단위 중앙행정기관 중 책임운영기관으로 지정된 유일한 경우이다. ① 감사원은 「정부조직법」상 행정기관이 아니고 헌법에 근거하여 개별법(특별법)으로 설치된 행정기관이다. 정부조직법에 의한 중앙행정기관은 부·처·청이 여기에 해당한다. ② 금융감독원도 개별법(금융위원회의 설치 등에 관한 법률)에 근거하여 설치된 행정기관이다. ③ 소청심사위원회는 인사혁신처 소속으로 공무원의 소청에 관한 사무를 관장한다. 징계처분에 관한 사무를 관장하는 행정기관은 국무총리소속의 중앙징계위원회이다.

[정답] ④

115
• 08 국가7급

우리나라 행정조직에 관한 설명으로 옳지 않은 것은?

① 중앙행정기관의 차관·차관보·실장·국장은 보조기관이다.
② 특별지방행정기관은 중앙행정기관의 일선기관으로서의 기능을 담당하고 있다.
③ 지방병무청, 경찰서, 보훈지청, 세무서 등은 특별지방행정기관이다.
④ 시험연구기관·교육훈련기관·문화기관·의료기관·제조기관 및 자문기관은 부속기관이다.

> **해설** 중앙행정기관의 차관 · 실장 · 국장은 보조기관이나 차관보는 보좌기관(막료)에 해당한다. 우리나라의 보좌기관(막료)에는 차관보, 관(정책관, 심의관, 조사관), 담당관 등이 있다.

[정답] ①

116
• 24 행정사

현재 우리나라 정부조직에 해당하지 않는 것은?

① 고위공직자범죄수사처
② 국가보훈처
③ 여성가족부
④ 재외동포청
⑤ 질병관리청

> **해설** ①[X] 윤석열정부 조직개편으로 국가보훈처는 국가보훈부로 변경(23.6)되었다.

[정답] ②

117
• 22 행정사

정부조직체계에서 청 단위기관과 소속부처의 연결로 옳은 것을 모두 고른 것은?

ㄱ. 기상청 - 환경부
ㄴ. 방위사업청 - 산업통상자원부
ㄷ. 소방청 - 행정안전부
ㄹ. 특허청 - 기획재정부
ㅁ. 해양경찰청 - 국방부

① ㄱ, ㄷ
② ㄱ, ㄹ
③ ㄴ, ㄹ
④ ㄴ, ㅁ
⑤ ㄷ, ㅁ

> **해설** ㈀㈁만 맞는 연결이다. ㈂[X] 방위사업청은 국방부 소속이고, ㈃[X] 특허청은 산업통상자원부 소속이며, ㈄[X] 해양경찰청은 해양수산부 소속의 외청에 해당한다.

[정리] 행정각부와 소속 청(20개)

행정각부	소속 청
기획재정부	국세청, 관세청, 조달청, 통계청
과학기술정보통신부	우주항공청
외교부	재외동포청
법무부	검찰청
국방부	병무청, 방위사업청
행정안전부	경찰청, 소방청
문화체육관광부	국가유산청(구 문화재청)
농림축산식품부	농촌진흥청, 산림청
산업통상자원부	특허청
보건복지부	질병관리청
환경부	기상청
국토교통부	행정중심복합도시건설청, 새만금개발청
해양수산부	해양경찰청

[정답] ①

책임운영기관

118
• 20 국가9급

책임운영기관에 대한 설명으로 옳지 않은 것은?

① 기관장에게 기관 운영의 자율성을 보장하고, 기관 운영 성과에 대해 책임을 지도록 한다.
② 공공성이 크기 때문에 민영화하기 어려운 업무를 정부가 직접 수행하기 위해 고안된 것이다.
③ 객관적이고 신뢰할 수 있는 성과평가 시스템 구축은 책임운영기관의 성공 여부를 결정짓는 요건 중의 하나이다.
④ 1970년대 영국에서 집행기관(executive agency)이라는 이름으로 처음 도입되었고, 우리나라는 1990년부터 운영하고 있다.

해설 ④ [X] 영국에서 책임운영기관(Executive Agencies)은 1988년 Next Steps에 따라 설치하였다. 우리나라는 IMF 경제위기에 따라 새로운 행정환경에 적합한 정부조직운영시스템 구축의 필요성에 따라 영국의 책임운영기관을 모델로 1999년 도입하였으며, 2000년부터 국립의료원 등 10개 기관이 시범운영을 시작하여 현재 40여개의 기관을 운영하고 있다.
① [O] 기관장에게 인사 및 예산 등 기관운영의 자율성을 부여하고 그 운영성과에 대해서 소속장관에게 책임을 지도록 하는 기관이다.
② [O] 공공성이 강하여 민영화나 공사화가 추진 곤란한 업무를 정부가 직접 수행하는 집행전담기관이다.
③ [O] 책임운영기관은 성과중심의 조직이므로 객관적이고 신뢰할 수 있는 성과평가 시스템의 구축여부는 기관의 성패여부를 결정짓는 중요한 요건 중의 하나이다.

[정답] ④

119
• 19 국가9급

「책임운영기관의 설치·운영에 관한 법률」상 책임운영기관에 대한 설명으로 옳지 않은 것은?

① 책임운영기관은 기관장에게 재정상의 자율성을 부여하고 그 운영성과에 대해 책임을 지도록 하는 행정기관의 특성을 갖는다.
② 소속책임운영기관에 두는 공무원의 총 정원 한도는 총리령으로 정하며, 이 경우 고위공무원단에 속하는 공무원의 정원은 부령으로 정한다.
③ 소속책임운영기관 소속 공무원의 임용시험은 기관장이 실시함을 원칙으로 한다.
④ 기관장의 근무기간은 5년의 범위에서 소속중앙행정기관의 장이 정하되, 최소한 2년 이상으로 하여야 한다.

해설 ② 소속책임운영기관에 두는 공무원의 총 정원의 한도는 '대통령령'으로 정하고, 종류별·계급별 정원 또는 고위공무원단에 속하는 공무원의 정원은 총리령 또는 부령으로 정한다.

구 분	일반행정기관	책임운영기관
정원관리	• 종류와 정원을 대통령령으로 규정	• 총정원만 대통령령으로 규정 • 종류별·계급별 정원 : 총리령 또는 부령 • 직급별 정원 : 기관장이 기본운영규정으로 정함
하부조직	• 대통령령으로 규정	• 소속기관 : 대통령령 • 하부조직 : 기본운영규정

[정답] ②

120
• 20 국회8급

우리나라의 중앙행정기관 소속 책임운영기관에 대한 설명으로 옳은 것은?

① 「정부조직법」에 근거하여 설치 및 운영된다.
② 소속중앙행정기관의 장은 소속책임운영기관의 조직 및 운영에 관한 기본운영규정을 제정하여야 한다.
③ 기관장은 공개모집절차에 따라 5년 범위 내에서 임기제공무원으로 채용한다.
④ 기관장은 전 직원에 대한 임용권을 갖는다.
⑤ 계급별 정원은 4급 이상 공무원의 경우 대통령령으로, 5급 이하 공무원의 경우 부령으로 정한다.

해설 ② 소속책임운영기관의 장의 근무기간은 5년의 범위에서 소속중앙행정기관의 장이 정하되, 최소한 2년 이상으로 하여야 한다(책임운영기관의 설치·운영에 관한 법률 제7조).
① [X] 「책임운영기관의 설치·운영에 관한 법률」 및 동법 시행령에 근거하여 설치·운영된다.
② [X] 기본운영규정은 소속책임운영기관장이 자율적으로 제정하여야 한다.
④ [X] 임용권의 일부를 소속책임운영기관장에게 위임할 수 있을 뿐 소속 공무원에 대한 일체의 임용권은 중앙행정기관장이 가진다.
⑤ [X] 소속책임운영기관에 두는 공무원의 총 정원 한도는 대통령령으로 정하되, 공무원의 종류별·계급별 정원은 모두 총리령 또는 부령으로 정한다. 4급 이상, 5급 이하 공무원의 구분없이 동일하게 적용한다.

[정답] ③

121
• 20 행정사

우리나라 책임운영기관에 관한 설명으로 옳은 것은?

① 2009년 이명박 정부에서 처음으로 도입되었다.
② 조직, 예산 등의 운영상 자율성이 책임운영기관장이 아닌 주무부처 장관에게 부여되어 있다.
③ 중앙책임운영기관으로 특허청이 있다.
④ 소속책임운영기관에 대한 종합평가는 기획재정부가 주관한다.
⑤ 소속책임운영기관과 소속중앙행정기관 간 공무원의 인사교류는 불가능하다.

해설 ③ 중앙책임운영기관은 중앙행정기관인 '청' 단위기관으로 특허청을 책임운영기관으로 지정하였다.
① [X] 우리나라는 IMF 경제위기에 따라 새로운 행정환경에 적합한 정부조직운영시스템 구축의 필요성에 따라 영국의 책임운영기관제(Executive Agencies)를 모델로 김대중정부시기에 도입되었다.
② [X] 조직, 예산 등의 운영상 자율성이 책임운영기관장에게 부여되어 있다.
④ [X] 행정안전부장관 소속의 책임운영기관운영위원회는 책임운영기관에 대한 종합평가를 한다(법 51조).
⑤ [X] 소속책임운영기관은 중앙행정기관 소속으로 양기관 간 인사교류는 가능하다.

[정답] ③

122
• 17 행정사

우리나라 책임운영기관에 관한 설명으로 옳지 않은 것은?

① 경영의 자율성이 부여되는 대신 성과에 대한 책임이 요구된다.
② 우리나라 책임운영기관에는 국립중앙극장, 국립현대미술관, 경찰병원 등이 있다.
③ 책임운영기관의 회계는 특별회계로 하여 예산운영상의 자율성을 보장하여야 한다.
④ 책임운영기관의 장은 공모를 통해 임기제공무원으로 임용된다.
⑤ 사업적·집행적 성격의 행정서비스 비율이 높은 사무에 적합하다.

해설 ③ 책임운영기관의 회계는 예산 운영상의 자율성을 보장하지만 모두 특별회계로 운영되는 것은 아니다. 기관 운영에 필요한 재정수입의 전부 또는 일부를 자체적으로 확보할 수 있는 사무를 주로 하는 소속책임운영기관의 사업을 특별회계 적용기관으로 하고, 특별회계기관을 제외한 기관은 일반회계로 운영하되, 일반회계에 별도의 책임운영기관 항목을 설치하고 책임운영기관특별회계기관에 준하는 예산운영상의 자율성을 보장하여야 한다.

[정답] ③

123
• 08 국가7급

우리나라 책임운영기관의 예산 및 회계에 관한 설명으로 옳지 않은 것은?

① 책임운영기관의 장에게 기관운영의 자율성을 보장하고, 그 성과에 대하여 책임을 지도록 하고 있다.
② 책임운영기관 특별회계의 예산 및 결산은 소속 책임운영기관의 조직별로 구분할 수 있다.
③ 책임운영기관 특별회계는 계정별로 책임운영기관의 장이 운용하고, 기획재정부장관이 이를 통합하여 관리한다.
④ 자체의 수입만으로는 운영이 곤란한 책임운영기관에 대하여는 경상적 성격의 경비를 일반회계 등에 계상하여 책임운영기관 특별회계에 전입할 수 있다.

해설 책임운영기관 특별회계는 계정별로 중앙행정기관의 장이 운용하고, 기획재정부장관이 이를 통합하여 관리한다. 특별회계는 계정별로 '책임운영기관의 장'이 아닌 '중앙행정기관장'이 운용한다(법 28조).

[정답] ③

124
• 03 입법고시<수정>

우리나라 책임운영기관에 대한 설명으로 옳지 않은 것은?

① 중앙행정기관장은 소속책임운영기관 공무원에 대한 일체의 임용권을 가지며, 그 일부를 기관장에게 위임할 수 있다.
② 공공기관과는 달리 법인이 아니며, 그 직원의 신분은 공무원으로서 신분보장이 된다.
③ 기관운영의 독립성과 자율성이 보장되는 정부기업의 성격을 지니며, 정부기업예산법이 적용된다.
④ 중앙행정기관장은 기획재정부장관과 협의하여 자발적으로 책임운영기관을 설치할 수 있다.
⑤ 사업의 효율적 운영을 위해 책임운영기관특별회계를 두며 계정별로 중앙행정기관장이 운용한다.

해설 책임운영기관은 중앙행정기관이 직접 설치할 수 없으며 행정안전부장관이 설치한다. ⑤ 책임운영기관특별회계기관의 사업은 정부기업으로 보며, 이경우 책임운영기관의 회계는 특별회계로 하며 이 특별회계는 계정별로 중앙행정기관의 장(주무장관)이 운용하고, 기획재정부장관이 이를 통합하여 관리한다.

[정답] ④

125
• 05 국회8급

조직에 관한 다음 설명 중 가장 타당한 것은?

① 조직구조와 관련하여 통솔의 범위는 부하는 반드시 한 명의 상사에게만 보고하고 명령을 받아야 한다는 원리를 의미한다.
② 조직의 복잡성은 조직의 업무수행 방식이나 절차의 표준화 정도를 의미한다.
③ 일반적으로 불확실한 환경에서는 집권화를 통해 환경에 대응하는 것이 효율적이다.
④ 정보사회에서 새롭게 등장하고 있는 가상조직에서도 조직의 경계(boundary)개념은 매우 중요하다.
⑤ 책임운영기관은 현장중심의 인력배치 등을 통해 환경에 탄력적으로 대응하지만 조직 구조적인 측면에서는 계층제의 구조를 보여준다.

해설 ①은 명령통일의 원리이고, ②에서 표준화 정도는 공식성을, ③에서 불확실한 환경에서는 집권화보다 분권화가 효율적이며, ④에서 정보사회에서 등장한 가상조직에서는 조직의 업무처리속도와 성과향상을 위하여 조직의 경계(boundary)개념이 약화되고 있다.
⑤ 책임운영기관은 집행적 성격을 띠는 성과중심의 조직이지만 조직의 구조적인 측면에서는 계층제의 구조를 지닌 전통적인 정부조직의 형태를 지닌다. 즉 책임운영기관은 정부조직의 하나이지 탈계층제적인 동태적 조직과는 다르다.

[정답] ⑤

공공기관

126
• 24 군무원9급

다음 중 **책임운영기관**에 대한 설명으로 가장 적절하지 않은 것은?

① 기관장은 계약직으로 임용되지만, 소속 직원은 공무원 신분을 유지하는 공법인이다.
② 성과를 중시하는 신공공관리론의 원리에 따라 등장한 제도이다.
③ 시장원리에 대한 강조로 인하여 공공서비스의 형평성과 안정성이 저하될 가능성이 있다.
④ 정책 결정 기능으로부터 집행기능을 분리한 집행 중심의 조직이다.

해설 ①[X] 책임운영기관의 기관장은 임기제 공무원으로 임용되며, 책임운영기관은 정부조직 중 일부이므로 별도의 법인격이 없으며, 구성원은 공무원 신분이다. 법인격을 가지는 것은 공공기관이다. 계약직 규정은 임기제로 이미 변경되었다.

②[O] 책임운영기관은 신공공관리론의 원리에 따라 등장한 제도로서 영국에서는 1988년 Next Steps에 따라 설치하였다.

[정답] ①

관리계층, 권한위임, 권위 등

127
• 11 군무원9급

프렌치(J.R.French)와 라벤(R.Raven)은 권력의 원천에 따라 권력유형을 분류한 바 있다. 이에 대한 설명 중 틀린 것은?

① 일반적으로 지위가 높으면 높을수록 합법적 권력은 더욱 커지는 경향이 있다.
② 보상적 권력은 다른 사람들에게 보상을 제공할 수 있는 능력에 기반을 둔다.
③ 전문적 권력은 조직의 공식적 지위와 일치하지 않을 수도 있다.
④ 강압적 권력은 인간의 공포에 기반을 둔 권력으로 권한과 유사한 개념이다.

해설 ④ 강압적 권력은 상대방을 처벌할 수 있을 때 생기는 권력이지만 권한과는 다른 개념이다. 권한(authority)과 유사한 개념의 권력은 강압적 권력이 아니라 정통적 권력이다.
③ 전문적 권력은 공식적 지위와는 무관하게 형성된다.

[정답] ④

128
• 20 국가9급

프렌치와 레이븐(French & Raven)이 주장하는 권력의 원천에 대한 설명으로 옳지 않은 것은?

① 합법적 권력은 권한과 유사하며 상사가 보유한 직위에 기반한다.
② 강압적 권력은 카리스마 개념과 유사하며 인간의 공포에 기반한다.
③ 전문적 권력은 조직 내 공식적 직위와 항상 일치하는 것은 아니다.
④ 준거적 권력은 자신보다 뛰어나다고 생각하는 사람을 닮고자 할 때 발생한다.

해설 ② 프렌치와 레이븐은 권력의 원천에 따라 권력을 5가지로 구분하였다.
② 강압적 권력은 인간의 공포심에 근거를 두고 처벌과 위협을 가함으로써 상대방의 복종을 이끌어내는 권력이다. 반면 카리스마는 Weber가 주장한 권위의 한 유형으로, 초인적인 자질과 능력 등에 기반한 권력으로 지도자에게 매력을 느낌으로써 자발적으로 복종하려는 권력을 말한다.
① [O] 합법적 권력은 공식적인 직위에 기반을 둔 것으로, Weber의 합법적 권위와 유사하다.
③ [O] 전문적 권력은 권력행사자가 가지는 전문 지식과 정보에 기반을 둔 권력으로 공식적인 직위와는 관계없이 행사할 수 있는 권력이다.
④ [O] 준거적 권력은 복종자가 지배자와 일체감을 가지고 자기의 행동모형을 권력행사자로부터 찾으려고 할 때 성립하는 권력을 말한다.

● 프렌치(J.R.P.French, Jr.)와 레이븐(B.H.Raven)의 권력유형

보상적 권력	타인이 원하는 것을 줄 수 있을 때 성립하는 권력(reward)
강요적 권력	상대방을 처벌할 수 있을 때 성립하는 권력
정당한(정통적)권력 (legitimate)	자신의 가치관에 비추어 권력행사자가 정당한 권력을 행사할 수 있는 권리를 가지고 있다고 인정되는 경우에 성립하는 권력 (M.Weber의 합법적 권위와 유사)
준거적 권력 (referent power)	복종자가 지배자와 일체감을 가지고 자기의 행동모형을 권력행사자로부터 찾으려고 할 때 성립하는 권력
전문가적 권력	권력행사자가 전문가로서 인정받을 때 성립하는 권력

[정답] ②

129
• 10 국가7급

의사전달의 장애요인에 대한 설명으로 옳지 않은 것은?

① 어의상 문제, 의사전달 기술의 부족 등 매체의 불완전성으로 인해 의사전달의 장애가 발생할 수 있다.
② 수신자의 선입관은 준거 틀을 형성하여 발신자의 의도를 왜곡할 수 있다.
③ 환류의 차단은 의사전달의 정확성을 제고할지 모르나, 신속성이 우선되는 상황에서는 장애가 될 수 있다.
④ 시간의 압박, 의사전달의 분위기, 계서제적 문화는 의사전달에 영향을 미칠 수 있다.

해설 의사전달에서 환류는 의사전달의 신속성은 낮아지나 정확성은 높아진다. 따라서 환류를 차단하면 의사전달의 신속성은 높아지나 정확성은 낮아진다.

[정답] ③

130
• 11 국회8급

프렌치(J. French)와 라벤(B. Raven)의 권력의 원천에 관한 설명으로 옳지 않은 것은?

① 권한과 유사한 개념인 합법적 권력은 상사가 보유하고 있는 직위에 기반을 둔 것으로 일반적으로 직위가 높을수록 합법적 권력은 더욱 커지는 경향이 있다.
② 준거적 권력은 다른 사람들이 가치를 두는 정보를 갖고 있는 정도에 기반을 둔 것으로 다른 사람이 필요로 하는 전문적인 기술이나 지식을 어떤 사람이 갖고 있을 때 발생한다.
③ 강압적 권력은 인간의 공포에 기반을 둔 것으로 어떤 사람이 다른 사람을 처벌할 수 있는 능력을 가지거나 육체적 또는 심리적으로 다른 사람에게 위해를 가할 수 있는 능력을 가진 경우에 발생한다.
④ 보상적 권력은 다른 사람들에게 보상을 제공할 수 있는 능력에 기반을 둔 것으로 조직이 제공하는 보상의 예에는 봉급, 승진, 직위 부여 등이 있다.
⑤ 합법적 권력의 합법성의 한계는 직위의 공식적인 속성과 비공식적인 규범 및 전통에 의해 결정된다.

해설 ②는 준거적 권력이 아니라 전문적 권력에 해당한다. 준거적 권력은 복종자가 자기 행동의 모형을 권력 행사자로부터 찾으려고 할 때에 성립하는 것으로 카리스마적 권력과 유사하다.

[정답] ②

131
• 00 행시

조직권력에 대한 설명 중 옳지 않은 것은?

① 하급자가 상급자에게 미치는 영향력은 권력과는 구별된다.
② 권위는 제도화된 정당한 권력이다.
③ 권력은 수용자의 인지와 반응에 의해 결정된다.
④ 권력은 상대방이 의존적일수록 커진다.
⑤ 권력은 사회적 관계 속에서 존재한다.

해설 M.Weber는 권력(power)을 개인적 속성이 아닌 사회적 관계에서 파악하고 있는데, 공식적인 직위나 상대방의 의사와 관계없이 어떤 행동이나 결정을 할 수 있는 능력 혹은 받아들이도록 하는 강제적·하향적·일방적 능력을 의미한다. 따라서 ③ 권력은 수용자의 인지와 반응에 상관없이 작용하는 일방성과 하향성을 지니는 능력이다. ② 권위(authority)란 부하에 의하여 자발적으로 수용되어지는 일종의 제도화된 정당한 권력이다.

[정답] ③

THEMA 42 갈등관리

132
• 24 국가9급

갈등관리 유형에 대한 설명으로 옳지 않은 것은?

① 회피(avoiding)는 갈등이 존재함을 알면서도 표면상으로는 그것을 무시하거나 인정하지 않음으로써 갈등 상황에 소극적으로 대응한다.
② 수용(accommodating)은 자신의 이익을 양보하고 상대방의 이익을 배려해 협조한다.
③ 타협(compromising)은 갈등 당사자 간 서로 존중하고 자신과 상대방 모두의 이익을 극대화하려는 유형으로 'win-win' 전략을 취한다.
④ 경쟁(competing)은 갈등 당사자가 자기 이익은 극대화하고 상대방의 이익은 최소화한다.

> 해설 ③[X] 지문은 토마스(Thomas)의 갈등해소전략에 대한 것으로 자신과 상대방 모두의 만족을 극대화하는 전략으로 'win-win' 전략을 취하는 것은 협동(제휴, collaboration)에 해당한다. 타협(compromising)은 극단적인 전략을 피하는 것으로 당사자들이 동등한 권력을 보유하고 시간적 여유가 있을 때 사용되는 양보와 획득이 이루어지는 협상전략이다.
>
> [정답] ③

133
• 16 교행9급

조직의 갈등관리에 대한 설명으로 옳지 않은 것은?

① 통합형 협상은 자원이 제한되어 있어 제로섬 방식을 기본 전제로 하는 협상이다.
② 수평적 갈등은 목표의 분업 구조, 과업의 상호의존성, 제한된 자원으로 인해 발생한다.
③ 집단 간 목표의 차이로 인해 발생한 갈등은 상위 목표를 제시하거나 계층제 또는 권위를 이용하여 해결한다.
④ 조직의 불확실성을 높이거나 위기감을 불러일으키는 것과 같이 조직의 갈등을 인위적으로 조성하는 전략은 조직의 생존·발전에 필요한 전략 중 하나이다.

> 해설 ①은 통합형 협상이 아니라 분배형 협상이다. 통합형 협상은 자원이 제한되어 있지 않아 제로섬 방식을 할 필요가 없는 상황을 전제로 하는 협상이다.
>
> [정답] ①

134
• 20 국가9급

조직 내 갈등에 대한 설명으로 옳지 않은 것은?

① 과업의 상호의존성이 높은 경우 잠재적 갈등이 야기될 수 있다.
② 고전적 관점에서 갈등은 조직 효과성에 부정적인 영향을 끼친다고 가정한다.
③ 의사소통 과정에서 충분한 양의 정보도 갈등을 유발하는 경우가 있다.
④ 진행단계별로 분류할 때 지각된 갈등은 갈등이 야기될 수 있는 상황 또는 조건을 의미한다.

> 해설 ④ 진행단계별 분류(Pondy)할 때 갈등은 진행 단계에 따라 5단계로 구분된다. 즉, 잠재적 갈등 ⇨ 지각된 갈등 ⇨ 감정적 갈등 ⇨ 표면화된 갈등 ⇨ 갈등의 결과 순으로 진행된다는 것이다.
> ④ 갈등이 야기될 수 있는 상황 또는 조건을 의미하는 것은 지각된 갈등이 아니라 잠재적 갈등에 해당한다.
> ① [O] 과업의 상호의존성이 높은 경우 반드시 갈등이 생기는 것은 아니지만 갈등의 소지는 높아지며 이 경우 잠재적 갈등이 야기될 수 있다.
> ② [O] 고전적 관점(전통적 갈등론) 따르면 갈등은 부정적인 것이므로 예방하거나 해소되는 것이 바람직하다는 입장이다.
> ③ [O] 정보전달의 억제 또는 정보의 과다제공을 통한 정보량의 조절은 갈등을 조성시키는 방안 중의 하나이다.
> ● 진행단계에 따른 갈등 분류(Pondy)

잠재적 갈등	갈등이 야기될 수 있는 상황 또는 조건
지각된 갈등	구성원들이 느끼게 된 갈등
감정적 갈등	감정적으로 느끼는 갈등
표면화된 갈등	노골적으로 표출된 갈등
갈등의 결과	조직이 갈등에 대응한 후 남는 조건 또는 상황

[정답] ④

135
• 14 국가9급

조직 내부에서 발생하는 갈등에 대한 설명으로 옳지 않은 것은?

① 갈등은 양립할 수 없는 둘 이상의 목표를 추구하는 상황에서도 발생한다.
② 고전적 조직이론에서는 갈등을 중요하게 고려하지 않는다.
③ 행태론적 입장에서는 모든 갈등이 조직성과에 부정적 영향을 미치므로 제거되어야 한다고 본다.
④ 현대적 접근방식은 갈등을 정상적인 현상으로 보고 경우에 따라서는 조직 발전의 원동력으로 본다.

해설 ③ 모든 갈등이 조직성과에 부정적 영향을 미치므로 제거되어야 한다고 보는 것은 과학적 관리 등 전통적 관점이다. 행태론적 입장에서는 갈등을 불가피하거나 정상적인 현상으로 보고, 문제해결과 조직발전의 계기로 보는 적극적 입장으로 갈등순기능에 바탕을 두고 있다.

[정답] ③

136
• 09 지방9급

다음은 토머스(Thomas)가 제시한 대인적 갈등관리 방안과 관련되는 내용이다. 각각의 내용이 바르게 연결된 것은?

ㄱ. 상대방의 이익을 희생하여 자신의 이익을 추구하는 경우이다.
ㄴ. 자신의 이익이나 상대방의 이익 모두에 무관심한 경우이다.
ㄷ. 자신과 상대방 이익의 중간 정도를 만족시키려는 경우이다.
ㄹ. 자신의 이익을 희생하여 상대방의 이익을 만족시키려는 경우이다.

	ㄱ	ㄴ	ㄷ	ㄹ
①	강제	회피	타협	포기
②	경쟁	회피	타협	순응
③	위협	순응	타협	양보
④	경쟁	회피	순응	양보

해설 Thomas의 갈등해결 전략에 대한 설문으로 ㄱ은 경쟁, ㄴ은 회피, ㄷ은 타협, ㄹ은 포기가 아니라 순응에 해당한다.

[정답] ②

137
• 08 서울7급

갈등관리에 관한 내용 중 가장 부적절한 것은?

① 갈등은 조직의 현상유지적 균형을 교란하는 요인이기 때문에 해소 전략을 강구해야만 한다.
② 회피는 갈등행동의 억압 등에 의하여 단기적으로 갈등을 진정시킬 수 있는 방법이다.
③ 당사자들이 대립되는 주장을 부분적으로 양보하여 공동의 결정에 도달하게 하는 방법이 타협이다.
④ 갈등을 일으킨 당사자들이 직접 접촉하여 갈등의 원인이 되는 문제를 공동으로 해결하는 방법이 문제해결이다.
⑤ 업무의 상호의존성이나 업무수행책임의 모호성도 갈등 상황을 만들 수 있다.

해설 조직내 갈등은 역기능적 측면만이 아니라 순기능적 측면도 가지고 있다. 최근에는 갈등은 조직의 쇄신과 창의력을 가져온다고 보기에 갈등의 조장론까지 나타나고 있다.

[정답] ①

138
• 11 국회8급

조직 갈등관리에 관한 설명으로 옳지 않은 것은?

① 갈등상황이나 출처를 근본적으로 변동시키지 않고 오히려 적응하도록 하는 전략은 해소전략이다.
② 갈등 당사자들에게 공동의 적을 확인시키고 이를 강조하는 전략은 해소전략이다.
③ 당사자들이 대립되는 주장을 부분적으로 양보하여 공동의 결정에 이르게 하거나 공동이익을 강조하는 것은 조성전략에 해당되지 않는다.
④ 갈등은 유해하며 역기능적인 것이 지배적이라고 보는 관점에서는 조성전략이 구상될 수 없다.
⑤ 의사전달통로를 변경하거나 조직 내의 계층수 및 기능적 조직단위의 수를 늘려 서로 견제하게 하는 것은 해소전략에 해당된다.

해설 ⑤는 해소전략이 아니라 조성전략에 해당한다. 갈등관리 전략 중 해소전략은 갈등이 너무 지나치거나 역기능이 있을 때 이를 완화 내지는 해소하는 것으로 ①②③이 여기에 해당한다.

[정답] ⑤

139
• 04 행시

조직내 집단간 경쟁에 대한 설명 중 옳지 않은 것은?

① 각 집단이 조직 내의 한정된 자원을 서로 많이 차지하고자 하는 경우에도 발생한다.
② 각 집단의 목표와 규범이 동일하고 집단간 상호 의존성이 적은 경우 경쟁이 심화된다.
③ 일반적으로 경쟁을 벌이는 각 집단 내부의 응집력은 강화된다.
④ 집단간 협력관계가 근본적으로 유지되는 가운데 진행되는 적정한 수준의 경쟁은 집단이나 조직에 긍정적 영향을 미칠 수 있다.
⑤ 집단간 경쟁을 완화하는 방법으로는 공동의 적 제시, 공동의 상위 목표 강조, 공동노력에 의한 문제 해결 등이 있다.

해설 집단간 목표가 이질적이고, 집단이나 목표간에 의존관계가 높을 때 경쟁이나 갈등이 심화된다.

[정답] ②

THEMA 43 리더십

140
• 23 지방9급

변혁적 리더십에 대한 설명으로 옳지 않은 것은?

① 도전적 목표와 임무, 미래에 대한 비전을 추구하도록 격려한다.
② 구성원 개개인에게 관심을 가지고 배려한다.
③ 상황적 보상과 예외관리를 특징으로 한다.
④ 새로운 관점에서 문제를 재구성하고 해결책을 찾도록 자극한다.

해설 ③[X] 상황적 보상과 예외관리는 전통적 리더십인 거래형 리더십의 특성이다. 상황적보상 또는 조건적 보상이란 부하의 노력과 성과에 상응하는 보상을 의미하고, 예외적 관리란 목표에 미달하는 부분에 대해서만 예외적으로 관리한다는 의미이다. ①②③[O] 미래에 대한 비전, 개별적 배려, 지적자극 등은 변혁적 리더십의 특징이다.

[정답] ③

141
• 22 지방9급

서번트(servant) 리더십에 대한 설명으로 옳은 것만을 모두 고르면?

ㄱ. 구성원들이 공동의 목표를 이뤄 나갈 수 있도록 환경을 조성하고 도와준다.
ㄴ. 보상과 처벌을 핵심 관리수단으로 한다.
ㄷ. 그린리프(Greenleaf)는 존중, 봉사, 정의, 정직, 공동체 윤리를 강조했다.
ㄹ. 리더의 최우선적인 역할은 업무를 명확하게 지시하는 것이다.

① ㄱ, ㄷ
② ㄱ, ㄹ
③ ㄴ, ㄷ
④ ㄴ, ㄹ

해설 ① 보기 중 옳은 것은 ㈀, ㈐이다. 서번트 리더십(servant leadership)이란 부하에게 목표를 공유하고 부하들의 성장을 도모하면서, 리더와 부하간의 신뢰를 형성시켜 궁극적으로 조직성과를 달성하게 하는 리더십이다. 서번트 리더십은 리더가 부하를 섬기는 자세로 그들의 성장 및 발전을 돕고 조직 목표달성에 부하 스스로 기여하도록 만든다.

㈀[O] 서번트 리더십에서는 구성원들이 공동의 목표를 함께 이루어갈 수 있도록 환경을 조성하고 배려하는 공동체정신을 강조한다.
㈐[O] 로버트 그린리프(R. Greenleaf)가 1970년대 처음 주창한 이론으로 서번트 리더십을 '타인을 위한 봉사에 초점을 두며, 종업원, 고객 및 공동체를 우선으로 여기고 그들의 욕구를 만족시키기 위해 헌신하는 리더십'이라고 정의하였다. 또한 섬기는 리더로서의 요소로 존경, 봉사, 정의, 정직, 공동체 윤리를 강조했다.

㈁과 ㈒은 서번트 리더십이 아니라 전통적 리더십의 특성이다.

[서번트 리더십과 비교]

	변혁적 리더십	서번트 리더십
리더의 역할	구성원을 영감적으로 고취	구성원을 섬김(봉사)
부하의 역할	조직목표의 추구	현명하고 자율적 인간이 됨
도덕적 요소	중시(명시)되지 않음	중시(명시)됨
상황	일방향적인 힘	상호관계적인 힘
개인수준	이끌려는 욕망	섬기려는 욕망
조직수준	조직목표를 위해 구성원을 고취	공동체를 섬기도록 유도

범주	전통적 리더십	서번트 리더십
관심영역	일의 결과	일 추진시 장애요인
가치관	자기 중심적	개방적
인재	여러 자원 중 하나	가장 중요한 자원
관계	상명 하복	존중과 관심
생산성	시간과 경비, 생산량	부하들의 자발성 정도
평가	최종 결과 중심	노력 정도에 대한 평가

[정답] ①

142

• 24 지방9급

리더-구성원교환이론에 대한 설명으로 옳은 것만을 모두 고르면?

> ㄱ. 내집단(in-group)에 속한 구성원이 많을수록 집단의 성과가 높아진다고 본다.
> ㄴ. 리더와 구성원이 파트너십 관계로 발전하는 과정을 '리더십 만들기'라 한다.
> ㄷ. 리더가 모든 구성원을 차별 없이 대우하는 공정성을 중시한다.
> ㄹ. 리더와 구성원이 점점 높은 도덕성과 동기 수준으로 서로를 이끌어 가는 상호 관계를 중시한다.

① ㄱ, ㄴ
② ㄱ, ㄹ
③ ㄴ, ㄷ
④ ㄷ, ㄹ

해설 리더-구성원 교환이론은 Graen과 Dansereau에 의하여 개발된 수직적-쌍방관계 연결이론을 말한다. 리더는 자신이 신뢰하는 소수의 부하들과 내집단(內集團, in-group)을 형성해서 그들과 특별한 관계를 맺는다.

ㄱ[O] 리더-구성원 교환이론은 내집단의 지위를 가진 부하들은 높은 직무 평가를 받고 높은 직무만족도를 나타낸다는 이론으로, 내집단에 속한 구성원이 많을수록 집단의 성과가 높아진다고 본다.

ㄴ[O] 내집단 구성원과 리더 간의 상호작용이 파트너십관계로 발전하는 과정을 '리더십 만들기'라 한다.

ㄷ[X] 리더는 내집단구성원을 외집단구성원보다 배려하는 차별적인 관리방식을 취한다고 본다.

ㄹ[X] 도덕성과 동기 수준으로 서로를 이끌어 가는 상호 관계가 아니라, 리더가 부하와 1:1의 "계층적 상하관계"를 토대로 특별한 관계(내집단) 또는 소원한 관계(외집단)를 유지해 나간다는 점에서 "수직적" 관계를 형성한다.

[정답] ①

143

• 17 서울9급

리더십에 대한 다음 설명 중 가장 옳지 않은 것은?

① 자질론은 지도자의 자질·특성에 따라 리더십이 발휘된다는 가정 하에, 지도자가 되게 하는 개인의 속성 자질을 연구하는 이론이다.
② 행태이론은 눈에 보이지 않는 능력 등 리더가 갖춘 속성 보다 리더가 실제 어떤 행동을 하는가에 초점을 맞춘 이론이다.
③ 상황론의 대표적인 예로 피들러(F. Fiedler)의 상황조건론, 하우스(R. J. House)의 경로-목표 모형 등이 있다.
④ 변혁적 리더십은 거래적 리더십을 기반으로 하므로 거래적 리더십과 중첩되는 측면이 있다.

해설 ④ 거래적 리더십은 부하와 상관과의 교환적 거래관계에 기초한 나머지 최고관리자에게는 적용하기 어렵다는 인식 아래 이를 극복할 수 있는 리더십이 요구되었다. 변혁적 리더십은 불확실성의 시대에 변화에 능동적으로 적응하는 최고관리층의 리더십을 말한다. 따라서 양자는 상이하나 인식의 토대가 전혀 다르다고 볼 수 있다.

① 자질론(특성론)은 리더의 개인적 특성과 자질에 초점을 둔 연이다.
② 행태이론은 리더십을 관찰 가능한 과정이나 행동으로 보기 시작했다.
③ Fiedler의 상황조건론(1967), Reddin의 효과성이론(1970), Hersey와 Blanchard의 생애주기이론(1977), House & Evans의 경로(진로)-목표모형(1971) 등은 상황론에 해당한다.

[정답] ④

144 • 19 지방9급

'변혁적 리더십(transformational leadership)'에 대한 설명으로 옳지 않은 것은?

① 조직참여의 기대가 적은 경우에 적합하며 예외관리에 초점을 둔다.
② 리더가 부하에게 특별한 관심을 보이거나 자긍심과 신념을 심어준다.
③ 리더가 부하들의 창의성을 계발하는 지적 자극(intellectual stimulation)을 중시한다.
④ 리더가 인본주의, 평화 등 도덕적 가치와 이상을 호소하는 방식으로 부하들의 의식수준을 높인다.

해설 ① 변혁적 리더십은 변화를 중시하는 팀조직이나 유기적 구조에 적합한 리더십이다. 따라서 변혁적 리더십은 구성원들이 변화와 참여에 대한 의지나 기대가 큰 경우에 적합하며 예외에 의한 관리보다는 변혁적 관리에 초점을 둔다. 예외에 의한 관리란 합의된 성과수준에 도달하지 못할 때에만 리더가 개입을 하는 고전적인 행정관리원칙으로 거래적 리더십의 주요 특징에 해당한다. 거래적 리더십은 조건적 보상과 예외에 의한 관리를 중시한다.

[정답] ①

145 • 05 경기9급

피들러(Fiedler)의 상황적응적 리더십유형에 대한 설명이 잘못된 것은?

① 리더십의 효과성여부는 특정상황이 리더에게 유리한가의 여부에 의해 결정된다.
② 상황이 매우 유리할 때에는 인간관계중심적 리더십이 효과적이다.
③ 상황의 유리성이 중간정도일 때에는 인간관계중심적 리더십이 효과적이다.
④ 상황이 매우 불리할 때에는 과업중심적 리더십이 매우 효과적이다.

해설 상황이 매우 유리하거나 불리할 때는 과업중심적인 효과적이다.

[정답] ②

146 • 05 국회8급

리더십에 관한 다음 설명 중 타당한 것은?

① 조직을 위해 새로운 비전을 창출하고, 그러한 비전이 새로운 현실이 될 수 있도록 지지를 확보할 수 있는 리더십은 거래적 리더십(transactional leadership)이다.
② 일반적으로 사회적 분위기가 권위적이며 부하들의 참여에 대한 기대가 별로 없는 경우 민주적 리더십이 효과적이다.
③ 통합이 강조되고 고도의 다양성과 적응성이 요구되는 탈관료제적 조직에서는 거래적 리더십보다 변혁적 리더십(transformational leadership)이 효과적일 가능성이 높다.
④ 상황론은 리더십이 상황의 변화를 가져온다는 것을 전제한다.
⑤ 변혁적 리더십(transformational leadership)은 합리적 교환관계를 설정하여 심리적으로 추종자와 일체가 되고, 신뢰를 구축한다.

해설 Watson & Rainey가 말한 변혁적 리더십(transformational leadership)이란 변화에 능동적으로 적응하는 리더십(급격한 개혁을 추구하는 리더십은 아님)으로 조직합병을 주도하고, 신규부서를 만들며, 조직문화를 새로 창출해 내는 등 조직에서 중요한 변화를 주도하고 관리하는 조직의 최고관리자에게 필요한 리더십이다. ②는 민주형보다 권위형이 효과적이며, ④에서 상황론은 리더가 아니라 상황이 효율적인 리더십을 결정하며, ⑤에서 합리적 교환관계를 중시하는 경우는 거래적 리더십(transactional leadership=교환적 리더십)이다.

[정답] ③

147

• 10 서울9급

거래적 리더십과 대비되는 변혁적 리더십에 대한 설명 중 옳지 않은 것은?

① 리더가 부하에게 자긍심과 신념을 심어 준다.
② 리더가 부하로 하여금 미래에 대한 비전을 열정적으로 수용하고 계속 추구하도록 격려한다.
③ 리더가 부하에 대해 개인적으로 존중한다는 것을 전달한다.
④ 리더는 부하가 적절한 수준의 노력과 성과를 보이면 그만큼의 보상을 제공한다.
⑤ 리더는 부하로 하여금 형식적 관례와 사고를 다시 생각하게 함으로써 새로운 관념을 촉발시킨다.

[해설] ④ 부하의 노력과 성과에 대한 합리적 보상의 제공은 거래적 리더십에 대한 설명이다.

[정답] ④

148

• 07 국회8급

베스(B. M. Bass)가 주장한 변혁적 리더십의 구성요소가 아닌 것은?

① 영향의 이상화
② 지적 자극
③ 업적에 따른 보상
④ 영감적 동기유발
⑤ 개별적 배려

[해설] 업적에 따른 보상은 거래적 리더십이다. 거래적(교환적) 리더십은 상하간 교환적 거래나 보상관계에 기초한 리더십으로 하위관리자에게 적합하다.

[정답] ③

149

• 22 군무원9급

켈리(Kelly)의 귀인(歸因)이론에서 주장되는 귀인의 성향으로 가장 옳지 않은 것은?

① 판단대상 외 다른 사람들이 다른 상황에서 동일한 행동을 보이는 정도가 높다면, 그 행동의 원인을 내적 요소에 귀인하는 경향이 나타난다.
② 판단대상이 다른 상황에서는 달리 행동하는 정도가 높다면, 그 행동의 원인을 외적 요소에 귀인하는 경향이 나타난다.
③ 판단대상이 동일한 상황에서 과거와 동일한 행동을 보이는 정도가 높다면, 그 행동의 원인을 내적 요소에 귀인하는 경향이 나타난다.
④ 판단대상 외 다른 사람들도 동일한 상황에 대해 동일한 행동을 보이는 정도가 높다면, 그 행동의 원인을 외적 요소에 귀인하는 경향이 나타난다.

[해설] ① 다른 사람들이 동일한 상황에서 동일한 행동을 보이는 정도가 높은 상황(합의성이 높은 상황)에서 대상자의 행동 원인은 외적 요소에 귀인한 것으로 본다. 귀인이론(Kelly, 1791) : 귀인(歸因)이론이란 다른 사람의 행동의 특성을 관찰하여 지각된 행동의 원인이 내면적인 요인인지, 외면적인 요인인지를 추론하여 동기부여에 활용하는 이론이다.

[정답] ①

THEMA 44 정보공개와 민원

150
* 16 사회복지9급

「공공기관의 정보공개에 관한 법률」의 내용으로 옳은 것은?

① 지방자치단체는 그 소관사무에 관하여 법령의 범위에서 정보공개에 관한 조례를 정할 수 있다.
② 모든 국민은 정보의 공개를 청구할 권리를 가지며, 외국인의 정보공개 청구에 관하여는 법률로 정한다.
③ 공공기관은 예산집행의 내용과 사업평가 결과 등 행정감시에 필요한 정보가 다른 법률에서 비밀이나 비공개사항으로 규정되었더라도 이를 공개하여야 한다.
④ 공공기관은 정보공개의 청구를 받으면 부득이한 사유가 있더라도 그 청구를 받은 날부터 연장 없이 10일 이내에 공개 여부를 결정하여야 한다.

해설 ② 외국인의 정보공개 청구에 관하여는 '대통령령'으로 정한다. 대통령령에 의하면 국내에 일정한 주소를 두고 거주하거나 학술·연구를 위하여 일시적으로 체류하는 사람 또는 국내에 사무소를 두고 있는 법인 또는 단체는 정보공개를 청구할 수 있다.
③ 다른 법률 또는 법률에서 위임한 명령(국회규칙·대법원규칙·헌법재판소규칙·중앙선거관리위원회규칙·대통령령 및 조례로 한정한다)에 따라 비밀이나 비공개 사항으로 규정된 정보는 공개하지 아니할 수 있다(법 9조).
④ 공공기관은 청구를 받은 날부터 10일 이내에 공개 여부를 결정하여야 한다. 부득이한 사유로 기간 이내에 공개 여부를 결정할 수 없을 때에는 그 기간이 끝나는 날의 다음 날부터 기산(起算)하여 10일의 범위에서 공개 여부 결정기간을 연장할 수 있다(법 11조).

[정답] ①

151
* 16 교행9급

행정서비스와 관련된 설명이다. 〈보기〉에서 옳은 것을 모두 고른 것은?

ㄱ. 행정서비스 중 민원 행정은 전달적 행정이며 정치적 관심의 영역이다.
ㄴ. 행정서비스는 시민들의 일상생활에 직결되는 민원 중심의 서비스 특징을 지니고 있다.
ㄷ. 행정서비스는 중앙행정기관뿐만 아니라, 지역에 설치된 특별지방행정기관과 지방자치단체에 의해 제공된다.
ㄹ. 행정서비스 품질에 대한 시민평가제는 고객지향적 행정서비스 구현을 위한 개혁 사업의 일환으로 도입되었다.

① ㄱ, ㄷ
② ㄴ, ㄹ
③ ㄴ, ㄷ, ㄹ
④ ㄱ, ㄴ, ㄷ, ㄹ

해설 보기는 모두 옳은 지문이다.
㉠ 민원 행정은 고객과의 접점에서 이루어지는 전달적 행정이며 의원들이 관심을 가지는 정치적 관심의 영역이다.
㉡ 행정서비스는 시민들의 일상생활에 직결되는 민원 중심의 서비스이다.

[정답] ④

152
• 16 사회복지9급

민원에 대한 설명으로 옳지 않은 것은?

① 복합민원은 5세대 이상의 공동이해와 관련하여 5명 이상이 연명으로 제출하는 민원이다.
② 고충민원은 행정기관 등의 위법·부당하거나 소극적인 처분 및 불합리한 행정제도로 인하여 국민의 권리를 침해하거나 국민에게 불편 또는 부담을 주는 사항에 관한 민원이다.
③ 질의민원은 법령·제도·절차 등 행정업무에 관하여 행정기관의 설명이나 해석을 요구하는 민원이다.
④ 건의민원은 행정제도 및 운영의 개선을 요구하는 민원이다.

해설 ①은 복합민원이 아니라 다수인관련민원에 해당한다. "복합민원"이란 하나의 민원 목적을 실현하기 위하여 관계법령 등에 따라 여러 관계 기관 또는 관계 부서의 인가·허가·승인·추천·협의 또는 확인 등을 거쳐 처리되는 법정민원을 말한다.

[정답] ①

153
• 05 서울9급

행정정보공개의 문제점으로 볼 수 없는 것은?

① 행정비용의 증가를 초래한다.
② 정보공개 혜택의 불공평성을 초래할 수 있다.
③ 공무원이 업무수행에 있어서 소극적이고 위축될 우려가 있다.
④ 공무원의 업무량이 감소된다.
⑤ 행정적 책임을 회피하기 위해 정보를 변조하거나 왜곡할 수 있다.

해설 행정정보공개는 행정과 국민사이의 정보의 비대칭을 해소함으로서 대리손실을 극복하고, 투명한 행정을 구현함으로서 대외적 민주화에 기여한다. 그러나 공무원의 업무수행이 외부에 노출됨으로서 책임을 우려하여 소극적 행정이 나올 수 있고, 내부적으로 업무량의 증가가 예상된다.

[정답] ④

154
• 03 입법고시<수정>

국민의 알권리를 보장하고 국민의 국정참여와 투명성을 확보하기 위한 정보공개제도에 대한 설명으로 옳지 않은 것은?

① 공공기관이 직무상 작성 또는 취득하여 관리하고 있는 정보를 청구에 의하여 공개하거나 공공기관이 자발적 또는 의무적으로 제공하는 제도이다.
② 공공기관은 정보공개의 청구가 있는 때에는 청구를 받은 날부터 10일 이내에 공개여부를 결정하여야 하며, 부득이한 경우 10일의 범위 내에서 연장할 수 있다.
③ 모든 국민은 정보의 공개를 청구할 권리를 가지며, 외국인도 일정한 경우 정보공개를 청구할 수 있다.
④ 정보공개와 관련하여 공공기관의 처분 또는 부작위로 인하여 법률상 이익의 침해를 받은 청구인은 이의신청과 행정심판절차를 거치지 않고는 행정소송을 제기할 수 없다.
⑤ 정보공개청구서는 공공기관에 직접 출석하여 제출하거나 우편·모사전송 또는 컴퓨터통신에 의하여 제출할 수 있다.

해설 ② 공개여부결정과 연장은 15일이내에서 10일이내로 변경되었다.
④ 정보공개청구와 관련된 행정심판은 의무적 전심절차가 아니라 임의적 전심절차이다. 정보공개법 제17조에서는 '~행정심판을 청구할 수 있다.'고 규정하고 있다. 따라서 행정심판절차를 거치지 않고도 행정소송을 제기할 수 있다.
①의 정보공개제도는 정보공개법에 의한 청구공개(협의의 정보공개)만 의미하는 것이 아니라 자발적 공개까지 포함하는 광의의 정보공개제도를 말한다.
③ 국내에 일정한 거소를 가지고 등록된 외국인은 정보공개를 청구할 수 있다.

[정답] ④

155
• 10 지방9급

다음은 우리나라의 「공공기관의 정보공개에 관한 법률」에 대한 설명이다. 옳은 것으로 짝지어진 것은?

> ㉠ 헌법상의 '알 권리'를 구체화하기 위하여 1996년에 제정되었다.
> ㉡ 공공기관에 의한 자발적, 능동적인 정보제공을 주된 내용으로 하고 있다.
> ㉢ 외국인은 행정정보의 공개를 청구할 수 없다.
> ㉣ 직무를 수행한 공무원의 성명·직위는 공개할 수 있다.
> ㉤ 공공기관은 부득이한 사유가 없는 한 정보공개 청구를 받은 날부터 10일 이내에 공개 여부를 결정해야 한다.

① ㉠㉡㉤ ② ㉠㉣㉤
③ ㉡㉢㉣ ④ ㉢㉣㉤

해설 틀린 지문은 ㉡과 ㉢이다.
㉡ 자발적 정보제공을 하는 정보제공과 달리 '정보공개법'에 따른 청구에 의한 공개는 비가공정보를 의무적 공개한다.
㉢ 정보공개청구권자는 모든 국민이며 일정한 요건을 지닌 외국인도 포함한다.

[정답] ②

156
• 07 충남9급

민원행정에 대한 다음 설명 중 사실과 다른 것은?

① 민원사무는 신청인이 주장한 사무뿐만 아니라 신청하지 않아도 다리를 놓거나 쓰레기를 치우는 것이나 도로보수 및 공원관리도 포함된다.
② 민원사무는 주민의 요구는 물론 공공단체나 행정기관이 요구하는 것도 민원사무에 포함된다.
③ 민원사무는 국민의 정서에 많은 영향을 끼치기 때문에 정치인들의 관심대상이다.
④ 복합민원은 민원인이 하나의 목적을 실현하고자 할 때, 복수의 기관에 의하여 복수의 인허가등 처분을 받아야 하는 민원이다.

해설 민원사무라 함은 민원인(개인, 법인, 단체)이 행정기관에 대하여 처분 등 특정한 행위를 요구하는 사항에 관한 사무를 말한다. 따라서 민원인이 신청한 사무를 말하므로, 신청하지 않은 사무(교량건설, 제설작업, 도로보수, 공원관리, 쓰레기수거 등)는 포함되지 않는다. 또한 민원사무 처리에 관한 법률 2조에 의하면 행정기관이나 공공단체 등은 민원인에서 제외된다.

[정답] ①② (복수)

THEMA 45. 조직혁신 : MBO, OD

157 • 22 국가9급

목표관리제(MBO)에 대한 설명으로 옳은 것만을 모두 고르면?

ㄱ. 부하와 상사의 참여를 통해 목표를 설정한다.
ㄴ. 중·장기목표를 단기목표보다 강조한다.
ㄷ. 조직 내·외의 상황이 안정적이고 예측가능한 조직에서 성공확률이 높다.
ㄹ. 개별 구성원의 직무 특수성을 반영하기 위하여 목표의 정성적, 주관적 성격이 강조된다.

① ㄱ, ㄴ
② ㄱ, ㄷ
③ ㄴ, ㄹ
④ ㄷ, ㄹ

해설 보기 중에서 ㄱㄷ만 맞다.
- ㄱㄷ[O] 목표관리제(MBO)는 상하간 합의(부하의 참여)를 통해 목표를 설정하며, 안정적 환경일 때 적용 가능성이 높아진다.
- ㄴ[X] 목표관리제(MBO)는 중·장기 목표(Goal)보다 단기 목표(Objective)를 강조한다.
- ㄹ[X] 목표관리제(MBO)는 정성적(질적), 주관적 성격이 아니라 구체적·객관적·정량적(양적)목표를 추구한다.

[정답] ②

158 • 08 국가7급

목표관리제(MBO)에 관한 설명으로 가장 옳은 것은?

① 개별 또는 팀별로 구체적인 목표를 세워놓고 이를 달성할 수 있는지의 여부에 초점이 맞추어져 있으며, 장기적이고 거시적인 관점에서 가시적인 또는 비가시적인 성취여부를 보여줄 수 있다.
② 구체적인 목표는 대부분 사업 자체로 나타나며, 목표 달성 이후에 얻어지는 기대효과를 평가할 수 있다.
③ 조직단위 또는 개인의 활동에 이르기까지 조직의 하부층과 상부층이 다 같이 참여하여 공동으로 목표를 결정하고 그 업적을 측정·평가하는 방법으로서, 하나의 목표 성취를 위해 조직의 구성요소들이 상호의존적인 입장에서 팀워크를 이루면서 활동한다.
④ 어떤 지방자치단체의 도로교통과에서 외곽순환도로 건설사업을 추진하려고 하는 경우, 목표관리제는 그 도로 건설의 궁극적인 목표인 주민의 교통편의성을 높이는 데 관심을 가진다.

해설
① MBO는 미시적 관점에서 단기적, 양적, 가시적 목표를 추구한다.
② 목표달성 이후에 얻어지는 기대효과(장기적 효과)보다는 목표달성에 대한 직접적이고 구체적인 효과(단기적 효과)를 평가한다.
④ MBO에서 중시하는 목표는 장기적이고 궁극적인 목표(교통편의성)가 아니라 당해 사업자체(도로건설)에 관심을 가진다.

[정답] ③

159 • 06 대전9급
목표관리제(MBO)의 효용과 한계에 대한 설명으로 옳지 않은 것은?

① 상사와 부하의 공동참여에 의한 목표설정을 통하여 목표에 대한 인식을 공유할 수 있으며 부하의 참여의식을 제고할 수 있다.
② 목표의 상대적 가치평가와 목표달성도의 계량화가 곤란하여 주관적 평가의 위험이 있으므로 공공부문에 대한 적용이 어렵다.
③ 수평적 의사소통 체계보다 수직적 의사소통 체계를 개선하는데 더욱 유리하다.
④ 단기적 목표보다 장기적 목표에 대한 조직 구성원들의 관심을 유도하는데 도움을 준다.

해설 MBO는 구체적·계량적·단기적 목표에 의한 조직관리를 중시한다.

[정답] ④

160 • 04 행시
목표관리제(MBO)의 효용과 한계에 대한 설명으로 옳지 않은 것은?

① 상사와 부하의 공동참여에 의한 목표설정을 통하여 목표에 대한 인식을 공유할 수 있으며 부하의 참여의식을 제고할 수 있다
② 목표의 상대적 가치평가와 목표달성도의 계량화가 곤란하여 주관적 평가의 위험이 있으므로 공공부문에 대한 적용이 어렵다
③ 수평적 의사소통체계보다 수직적 의사소통체계를 개선하는 데 더욱 유리하다
④ 가시적·단기적 목표보다 거시적·장기적 목표에 대한 조직구성원들의 관심을 유도하는 데 도움을 준다.
⑤ 부하직원들의 과업수행에 대한 방향 및 기준을 제시함으로써 행정의통일성을 확보하는 데 도움을 준다.

해설 MBO는 장기적 목표보다 가시적, 미시적, 단기적, 결과적, 계량적 목표를 중시한다.

[정답] ④

161 • 01 사시
조직발전(OD)에 대한 설명 중 타당하지 않은 것은?

① 조직의 실천적인 문제를 해결하려는 응용행태과학의 한 유형이다.
② 체계적이고 의도적인 조직개혁 노력이다.
③ 전문적인 진단가나 상담자의 역할을 중시한다.
④ 조직의 관리과정보다는 구조변화에 주된 관심을 둔다.
⑤ 목표설정과정을 중요시한다.

해설 OD는 구조적 변화가 아닌 조직구성원의 행태변화에 관심을 둔다.

[정답] ④

THEMA 46 조직혁신 : TQM, BSC

162
• 17 서울9급

총체적 품질관리(TQM)와 목표관리(MBO)에 대한 설명으로 가장 옳은 것은?

① TQM이 X이론적 인간관에 기반하고 있다면, MBO는 Y이론적 인간관에 기반하고 있다.
② TQM이 분권화된 조직관리 방식이라고 하면, MBO는 집권화된 조직관리 방식이다.
③ TQM이 조직 내부 성과의 효율성에 초점을 둔다면, MBO는 고객만족도 중심의 대응성에 초점을 둔다.
④ TQM이 팀 단위의 활동을 바탕으로 한다면, MBO는 개별 구성원의 활동을 바탕으로 한다.

해설 ④ TQM은 팀이나 조직 단위의 활동을 바탕으로 한다면, MBO는 개인중심의 관리와 보상을 바탕으로 한다.
① TQM과 MBO 모두 Y이론적 인간관에 기반하고 있다.
② TQM과 MBO 모두 분권화된 조직관리방식이다.
③ TQM은 고객지향이고, MBO는 폐쇄모형으로 조직 내부 성과의 효율성에 초점을 둔다.

	MBO	TQM
본질	관리전략	관리철학
지향	목표지향(양)	고객지향(질)
초점	결과지향	과정지향
안목	폐쇄적	개방적
보상	개인별보상	총체적헌신
중점	사후관리(환류·평가)	예방적 관리

[정답] ④

163
• 18 서울9급

전통적 관리와 TQM(Total Quality Management)에 대한 설명으로 가장 옳지 않은 것은?

① 전통적 관리체제는 기능을 중심으로 구조화되는 데 비해 TQM은 절차를 중심으로 조직이 구조화된다.
② 전통적 관리체제는 개인의 전문성을 장려하는 분업을 강조하는 데 비해 TQM은 주로 팀 안에서 업무를 수행할 것을 강조한다.
③ 전통적 관리체제는 상위층의 의사결정을 위한 정보체제를 운영하는 데 비해 TQM은 절차 내에서 변화를 이루는 사람들이 적시에 정확한 정보를 소유하는 데 초점을 둔다.
④ 전통적 관리체제는 낮은 성과의 원인을 관리자의 책임으로 간주하는 데 비해 TQM은 낮은 성과를 근로자 개인의 책임으로 간주한다.

해설 ④ 전통적 관리체제는 엄격한 분업구조에 의거한 업무수행방식이므로 낮은 성과를 근로자 개인의 책임으로 간주하는데 반하여, TQM에서는 분업보다는 팀워크(협업) 구조에 의거한 관리방식이므로 낮은 성과의 원인을 근로자에 대한 동기유발과 팀워크관리를 책임지는 관리자의 책임으로 간주한다.
① 전통적 관리는 기능을 중심의 편제를 기반으로 하는데 비하여 TQM은 절차나 과정(프로세스) 위주로 편제된 팀제를 기반으로 한다.
② 전통적 관리는 개인별 분업을, TQM은 팀별 협업을 강조한다.
③ 전통적 관리는 상층부의 의사결정을 위한 집권적 정보관리를, TQM은 구성원들 간 정보의 공유에 의한 의사결정을 중시한다.

[정답] ④

164
• 17 지방9급(하)

균형성과표(BSC)에 대한 설명으로 옳지 않은 것은?

① 학습·성장 관점은 구성원의 능력개발이나 직무만족과 같이 주로 인적자원에 대한 성과를 포함한다.
② 무형자산에 대한 강조는 성과평가의 시간에 대한 관점을 단기에서 장기로 전환시킨다.
③ 고객 관점의 성과지표에는 고객만족도, 신규고객 증가수 등이 있다.
④ 내부프로세스 관점에서는 통합적인 일처리절차보다 개별부서별로 따로따로 이루어지는 일처리 방식에 초점을 맞춘다.

해설 ④ 내부프로세스 관점에서는 구성원 간, 개별 부서 간 소통의 도구로 기능하는 데 도움을 주는 관점이므로 개별적인 일처리방식보다는 통합적인 일처리를 중시한다.
① 학습·성장 관점은 장기적 관점으로 조직이 보유한 인적자원의 역량, 지식의 축적, 정보시스템의 구축 등과 관련된다. 주로 인적자원에 대한 성과를 포함한다.
② 기존 재무적 관점 중심의 성과관리가 단기적 관점이라면 무형자산에 대한 강조는 성과평가의 시간에 대한 관점을 단기에서 장기로 전환시킨다.

[정답] ④

165
• 21 지방9급

균형성과표(BSC)에 대한 설명으로 옳지 않은 것은?

① 조직의 장기적 전략 목표와 단기적 활동을 연결할 수 있게 한다.
② 재무적 성과지표와 비재무적 성과지표를 통한 균형적인 성과관리 도구라고 할 수 있다.
③ 재무적 정보 외에 고객, 내부 절차, 학습과 성장 등 조직 운영에 필요한 관점을 추가한 것이다.
④ 고객 관점에서의 성과지표는 시민참여, 적법절차, 내부 직원의 만족도, 정책 순응도, 공개 등이 있다.

해설 ④ 균형성과표(BSC)의 측정지표 중에서 고객 관점에서의 성과지표는 고객만족도, 정책순응도, 민원인의 불만율, 신규고객의 증감 등이다. 나머지 시민참여, 적법절차, 공개 등은 프로세스 관점의 지표이며 내부직원의 직무만족도 등은 학습과 성장관점의 지표에 해당한다.

[정답] ④

166
• 15 국가9급

균형성과표(BSC)에 대한 설명으로 옳은 것만을 모두 고른 것은?

ㄱ. 조직의 비전과 목표, 전략으로부터 도출된 성과지표의 집합체이다.
ㄴ. 재무지표 중심의 기존 성과관리의 한계를 극복하기 위한 것이다.
ㄷ. 조직의 내부요소보다는 외부요소를 중시한다.
ㄹ. 재무, 고객, 내부 프로세스, 학습과 성장이라는 4가지 관점 간의 균형을 중시한다.
ㅁ. 성과관리의 과정보다는 결과를 중시한다.

① ㄱ, ㄴ, ㅁ
② ㄴ, ㄷ, ㄹ
③ ㄱ, ㄴ, ㄹ
④ ㄷ, ㄹ, ㅁ

해설 보기에서 틀린 내용은 ㄷ과 ㅁ이다. 노턴과 카플란(1992)이 개발한 균형성과표(Balanced Score Card)는 재무지표 중심의 기존 성과관리의 한계를 극복하고 다양한 관점의 균형을 추구한다. BSC가 추구하는 4가지 균형은 재무와 비재무지표, 결과와 과정, 내부요소와 외부요소, 단기적 관점과 장기적 관점 감 균형을 중시한다.
ㄷ은 조직의 내부요소(직원과 내부프로세스)와 외부요소(재무적 투자자와 고객)의 균형이고,
ㅁ은 과정(선행지표)과 결과(후행지표) 간 균형이다.

[정답] ③

167 · 14 지방9급

균형성과표(BSC)의 성과지표에 대한 설명 중 옳지 않은 것은?

① 고객 관점에서의 성과지표에는 고객만족도, 정책순응도, 민원인의 불만율, 신규 고객의 증감 등이 있다.
② 내부프로세스 관점의 성과지표에는 의사결정과정의 시민참여, 적법적절차, 커뮤니케이션 구조 등이 있다.
③ 재무적 관점의 성과지표는 전통적인 선행지표로서 매출, 자본 수익률, 예산 대비 차이 등이 있다.
④ 학습과 성장 관점의 성과지표에는 학습동아리 수, 제안건수, 직무만족도 등이 있다.

해설 ③ 균형성과표의 지표 중 재무적 관점은 과거에서 현재까지 실적을 나타내주는 전통적인 '후행지표'로서 매출, 자본 수익률, 예산 대비 차이 등이 있다. 선행지표란 경기의 동향을 나타내는 각종 경제지표 중 하나로서 경기변동에 앞서 변화하는 지표로서 주가·기업재고, 생산지수·도매물가지수 등이 있다. 반면 경기의 움직임에 뒤이어 따라가는 것을 후행지표라고 한다.

[정답] ③

168 · 14 행정사

공공부문에서 성과관리 도구로서 균형성과표에 관한 설명으로 옳지 않은 것은?

① 거시적·장기적 측면의 조직문화 형성보다는 순익과 같은 미시적·단기적 목표와 계획 및 전략에 초점을 둔다.
② 성과평가에 구성원의 역량이나 고객의 신뢰를 포함시킬 것을 강조한다.
③ 과정과 결과 및 조직 내·외부적 관점 중 어느 하나보다는 통합적 균형을 추구한다.
④ 성과관리를 위해 조직을 유기적 시스템으로 간주하여 상·하 또는 수평적 연계성을 강조하는 조직 전체적 시각에 관심을 둔다.
⑤ 기존의 성과관리와 마찬가지로 성과지표와 전략과의 연계를 그대로 받아들인다.

해설 균형성과표(BSC)는 미시적·단기적 목표뿐만 아니라 거시적·장기적 목표를 균형있게 추구한다.

[정리] BSC가 추구하는 4가지 균형
① 재무적 지표와 비재무적 지표(고객, 학습과 성장, 내부프로세스)의 균형
② 조직의 내부요소(직원과 내부프로세스)와 외부요소(재무적 투자자와 고객)의 균형
③ 결과를 예측하는 선행지표와 결과인 후행지표 간 균형
④ 단기적 관점(재무관점)과 장기적 관점(학습과 성장)의 균형

[정답] ①

169 • 07 국회8급

캐플란(R. Kaplan)과 노튼(D. Norton)의 균형 성과표(BSC)는 민간기업을 대상으로 분석하여 개발된 관리전략이다. 이후 정부조직에 적합한 전략으로 개발하기 위한 여러 가지 노력이 진행된 바, 이러한 노력으로 적합하지 않은 것은?

① 민간부문은 '주주가치의 향상'이라는 재무 관점이 성공의 핵심이지만, 공공부분에서 궁극적인 목적은 사명달성의 성과라는 것이 강조된다.
② 따라서 공공부문의 경우 재무적 관점은 목표가 아니라 제약조건으로 작용된다.
③ 공공조직은 무형자산(학습과 성장)으로부터 지원받는 내부프로세스 성과를 통해 성과를 창출할 가능성이 크다.
④ 학습과 성장 관점은 미래 업무 운영에 대한 근거를 제공하는 측면에서 미래 관점으로 대체하여 설명되기도 한다.
⑤ 공공기관의 경우 이해관계자를 만족시키는 것을 목표로 삼기 때문에 고객이 누구인지가 비교적 쉽게 드러난다.

해설 균형성과표(BSC, Balanced Score Card)란 기존의 성과측정방법은 재무적 수단에 의존함에 따라 고객이나 기업의 무형자산에 대한 평가를 고려하지 못하는 한계가 있어 이를 극복하기 위하여 대두된 성과평가시스템이다. 균형성과표는 재무적 관점(기업가치), 고객관점(고객만족), 내부프로세스 관점(경쟁우위), 학습과 성장 관점(미래지향적) 4가지 측면에서 기업이 성공할 수 있는 요소를 구성하고 그 성과를 측정할 수 있는 구체적인 측정지표를 설정하여 목표 대비 실적을 비교함으로써 경영성과를 극대화하고자 하는 기법이다.
⑤ BSC, TQM 등 민간경영기법을 공행정에 적용할 경우 고객범위의 설정이 용이한 사행정과 달리, 공행정은 공공서비스의 특성상 그 대상이 광범위하고 불특정한 경우가 많기 때문에 고객범위의 설정이 곤란하므로 고객관점을 적용하기가 민간부문만큼 용이하지가 않다.

[정답] ⑤

170 • 02 행시

총체적 품질관리(TQM)의 주요 특성으로 옳지 않은 것은?

① 관리자와 전문가에 의해 고객의 수요가 규정된다.
② 사실자료에 기초를 두고 과학적 품질관리기법을 활용한다.
③ 통제유형은 예방적·사전적 성격을 띤다.
④ 결점이 없어질 때까지 개선활동을 지속적으로 되풀이한다.
⑤ 재화·용역의 부가가치를 극대화하는 데 유리한 분권적 조직구조를 선호한다.

해설 TQM에서는 소수의 관리자와 전문가에 의해 고객의 수요가 규정되는 것이 아니라 고객이 직접 규정한다.

[정답] ①

171 • 22 군무원7급

다음 중 조직의 성과관리에 대한 설명으로 가장 옳지 않은 것은?

① 목표관리제는 성과에 대한 지나친 몰입으로 너무 쉬운 목표를 채택하거나 중요하지 않은 목표를 채택하도록 유도할 수 있다.
② 성과관리제는 평가 대상자 간의 과열경쟁과 다른부서 및 개인과의 협력적 활동에 대한 부정적 태도가 강화됨으로써 조직 전반의 성과수준이 저하될 수 있다.
③ 목표관리제는 개인목표와 조직목표의 통합을 촉진해 목표달성에 유리하게 조직을 재구조화할 수 있다.
④ 성과관리제는 행정조직의 성과평가 과정에서 즉각적인 환류가 용이하다.

해설 ④ 목표관리제(MBO)와 성과관리제(BSC)의 특징과 한계에 대한 문제로서 성과관리는 성과의 평가과정에서 성과의 정확한 측정이 어렵고 즉각적인 환류(시정과 개선 등)가 용이하지 않다는 단점이 있다.

[정답] ④

THEMA 47. 지식사회와 지식관리

172
• 24 국가9급

다음은 4차 산업혁명 시대의 주요 정보기술을 설명하고 있다. 이에 해당하는 것은?

> 거래정보의 기록을 중앙집중화된 서버나 관리기능에 의존하지 않고, 분산원장(distributed ledger)을 기반으로 모든 참여자에게 분산된 형태로 배분함으로써, 데이터 관리의 탈집중화된 환경을 제공하는 기술이다.

① 인공지능(AI)
② 블록체인(block chain)
③ 빅데이터(big data)
④ 사물인터넷(IoT)

해설 ②[O] 블록체인(block chain)이란 블록에 데이터를 담아 체인 형태로 연결, 수많은 컴퓨터에 동시에 이를 복제해 저장하는 분산형 데이터 저장 기술이다. 공공 거래 장부라고도 부른다. 중앙 집중형 서버에 거래 기록을 보관하지 않고 거래에 참여하는 모든 사용자에게 거래 내역을 보내 주며, 거래 때마다 모든 거래 참여자들이 정보를 공유하고 이를 대조해 데이터 위조나 변조를 할 수 없도록 돼 있다. 블록체인 기술이 쓰인 가장 유명한 사례는 가상화폐인 '비트코인(Bitcoin)' 이다. 비트코인은 블록체인 기반 기술이다.

[정답] ②

173
• 13 지방9급

지식을 암묵지(tacit knowledge)와 형식지(explicit knowledge)로 구분할 경우, 암묵지에 해당하는 것만을 모두 고른 것은?

> ㄱ. 업무매뉴얼
> ㄴ. 조직의 경험
> ㄷ. 숙련된 기능
> ㄹ. 개인적 노하우(know-how)
> ㅁ. 컴퓨터 프로그램
> ㅂ. 정부 보고서

① ㄱ, ㄴ, ㄷ
② ㄴ, ㄷ, ㄹ
③ ㄷ, ㄹ, ㅁ
④ ㄹ, ㅁ, ㅂ

해설 ㄴ, ㄷ, ㄹ이 암묵지에 해당한다. 암묵지(暗黙知)란 개인적 경험이나 노하우 등으로 언어화하거나 문서화, 공식화하지 않고, 경험을 통해 체화된 주관적 지식을 말한다. 형식지(形式知)는 공식적, 형식적으로 명시화될 수 있는 지식을 의미한다.

[정답] ②

174
• 13 행정사

지식정보화 시대에 필요한 학습조직의 특징을 설명한 것으로 옳지 않은 것은?

① 학습조직은 자신과 다른 사람의 경험 및 시행착오를 통한 학습활동을 높게 평가한다.
② 학습조직은 불확실한 환경에서 조직 스스로 문제 해결을 할 수 있도록 조직구성원에게 권한 강화와 학습기회를 제공한다.
③ 학습조직은 결정과 기획 등 핵심기능만 남기고 기타 집행사업기능을 각각 전문업체에 위탁경영하여 일을 수행하는 조직이다.
④ 학습조직은 변화를 위한 학습역량 함양을 통해 미래 행동의 기반을 구축한다.
⑤ 학습조직은 관계지향성과 집합적 행동을 장려한다.

해설 ③ 결정과 기획 등 핵심기능만 남기고 기타 집행사업기능을 외부업체에 위탁경영하는 것은 네트워크조직이다. 네트워크 조직은 하나의 조직 내에서 모든 업무를 수행하기보다는 외부기관들에게 아웃소싱(외주)방식을 채택하여 관리되는 조직으로 조직은 핵심적으로 경쟁력 있는 부문만 관리하고 나머지는 외부계약에 의해 수행하는 형태이다. ①②④⑤ 학습조직과 관련된 설명들이다.

[정답] ③

175
• 09 지방직7급

지식정보사회의 조직에 대한 설명으로 옳은 것을 모두 고르면?

ㄱ. 사회적 지식의 활용에 있어 사회적 학습보다 개인과 집단의 활동이 강조된다.
ㄴ. 민영화와 민간위탁이 선호되고 정부는 기획, 조정, 통제, 감독 등 핵심적 기능으로 축소된 공동조직(hollow organization)형태를 띠게 된다.
ㄷ. 지식정보사회의 조직에서 중시되는 사회적 자본은 사회적 관계에서 거래비용을 감소시켜준다.
ㄹ. 매트릭스 조직은 일상적인 업무를 보다 신속하고 효율적으로 추진하고자 할 때 유용하다.
ㅁ. 지식정보사회의 네트워크 조직은 과다한 초기투자 없이 새로운 사업에 진입할 수 있다.

① ㄱ, ㄴ, ㄷ
② ㄴ, ㄷ, ㄹ
③ ㄴ, ㄷ, ㅁ
④ ㄷ, ㄹ, ㅁ

해설 틀린 지문은 ㄱ, ㄹ이다. ㄱ 사회적 지식의 활용에 있어 개인적 활동보다 사회적 학습이 강조된다. ㄹ 매트릭스 조직은 일상적인 업무보다는 특별한 임무(프로젝트)를 보다 신속하고 효율적으로 추진하는 조직이다.

[정답] ③

176
• 09 국가7급

학습조직에 대한 설명으로 옳지 않은 것은?

① 학습조직은 유기적 조직의 한 유형으로서 전통적 조직 유형의 대안으로 나타났다.
② 학습조직의 보상체계는 개인별 성과급 위주로 구성되어 있다.
③ 학습조직은 조직구성원에게 충분한 학습 기회를 제공할 수 있는 훈련을 강조한다.
④ 학습조직은 부분보다 전체를 중시하고 경계를 최소화하려는 조직문화가 필요하다.

해설 학습조직은 부분보다는 전체로서의 문화가 중시되는 강한 조직문화가 필수적이다. 또한 개인학습보다는 집단학습을 중시하므로 개인별 성과급체계는 의미가 줄어든다.

[정답] ②

177
* 08 국가9급

지식정보사회를 반영하는 새로운 조직형태를 설명한 것 중 옳지 않은 것은?

① 후기기업가조직(post entrepreneurial organization)은 신속한 행동, 창의적 탐색, 더 많은 신축성, 직원과 고객과의 밀접한 관계 등을 강조하는 조직형태이다.
② 삼엽조직(shamrock organization)은 소규모 전문직 근로자들, 계약직 근로자들, 신축적인 근로자들로 구성된 조직형태이다.
③ 혼돈조직(chaos organization)은 혼돈이론, 비선형동학, 복잡성이론 등을 적용한 조직형태이다.
④ 공동화조직(hollowing organization)은 조정, 기획 등의 기능을 제3자에게 위임 또는 위탁하여 업무를 축소한 조직형태이다.

해설 공동화 조직(네트워크 조직)이란 조정, 통제, 기획 등 핵심적이고 전략적 기능은 직접 수행하고 생산, 유통, 보관, 운반 등 부수적인 기능은 제3자에게 위임 또는 위탁하여 업무를 축소한 조직형태이다. 또한 공동(空洞)정부(Hollow Government) : 정부가 공급하는 행정서비스의 생산 및 공급업무를 제3자에게 위임 또는 위탁함으로써 정부의 업무가 축소된 형태를 말한다.

[정답] ④

178
* 05 서울7급

다음 중 지식관리의 기대효과라고 보기 어려운 것은?

① 조직 구성원의 전문적 자질을 향상시킨다.
② 불확실성의 극복을 위하여 정보의 가외성을 증가시킨다.
③ 지식공유를 통해 지식가치의 확대재생산에 기여한다.
④ 지식의 조직 공동 재산화를 촉진한다.
⑤ 조직업무능력 향상 및 학습조직의 기반을 구축한다.

해설 지식관리는 조직 구성원의 전문적 자질을 향상시키고, 지식의 창출·공유·학습을 통해 지식가치의 확대재생산에 기여하며, 지식의 조직 공동 재산화를 촉진하고, 조직업무능력 향상 및 학습조직의 기반을 구축한다. 정보의 가외성 증진은 지식관리와 관련이 없다. 오히려 데이터베이스(DB) 구축은 정보의 공동이용을 촉진하며 불필요한 중복성을 제거한다.

[정답] ②

179
* 06 국가7급

네트워크조직의 특성으로 옳지 않은 것은?

① 기능부서의 기술적 전문성과 사업부서의 신속한 대응성이 동시에 요구되면서 등장한 조직형태이다.
② 정보통신망에 의해 조정되므로 직접 감독에 필요한 많은 자원과 관리 인력이 불필요하게 된다.
③ 환경변화에 신축적이고 신속한 대응이 가능하다.
④ 조직 내 개인들은 도전적 과업 수행하면서 직무의 확충에 따라 직무동기가 유발된다.

해설 기능부서의 기술적 전문성과 사업부서의 신속함과 대응성이 동시에 요구되는 조직은 매트릭스 조직이다. Matrix조직은 기능별 조직과 프로젝트(사업구조)를 결합한 형태이다.

[정답] ①

180
• 22. 행정사

기계적 조직과 학습조직의 특성에 관한 내용으로 옳지 않은 것은?

① 기계적 조직은 위계적·경직적 조직문화를 갖는 데 비해 학습조직은 적응적 조직문화를 갖는다.
② 기계적 조직은 조직원의 재량과 책임을 중시하나 학습조직은 조직원 과업을 상세히 규정한 표준화·분업화에 의해 수행한다.
③ 기계적 조직은 경쟁을 중시하나 학습조직은 협력을 중시한다.
④ 기계적 조직은 수직적 구조이나 학습조직은 수평적 구조를 지향한다.
⑤ 기계적 조직은 정보가 최고관리층에 집중되는 반면에 학습조직은 조직원들에게 공유된다.

해설 ②[X] 기계적 조직은 조직원 과업을 상세히 규정한 표준화·분업화에 의해 수행을 중시하나, 학습조직은 조직원의 재량과 책임을 중시한다.

[정리] 기계적 조직과 유기적 조직

기계적 조직	유기적 조직
고전적이고 전형적인 관료제조직	학습조직
엄격한 분업과 계층제, 명확히 규정된 직무, 많은 규칙과 규정(높은 공식화와 표준화), 비정의성, 집권화, 분명한 명령복종체계, 좁은 통솔범위, 낮은 팀워크, 경직성, 내적 통제의 강화, 폐쇄체제	공동의 과업, 소수의 규칙과 절차(낮은 표준화), 비공식적이고 분권적인 의사결정, 구성원의 참여, 지속적인 실험(시행착오)

[정답] ②

181
• 23. 행정사

지식행정에 관한 설명으로 옳은 것은?

① 행정지식은 구조적이고 단기간에 창출되기 때문에 관리에 많은 시간과 자원이 소요되지 않는다.
② 지식은 정보와 동일하므로 지식행정은 정보행정과 동일한 수준의 활동이다.
③ 지식행정은 행정활동의 프로세스 개선과 무관하다.
④ 지식행정은 지식사회를 설계하고 지식관리를 통해 가치를 창출하고 극대화하는 것을 의미한다.
⑤ 지식행정은 문제 해결 및 사회변화 예견을 위해 정보관리기술에 의존하지 않는다.

해설 ④ 지식행정관리는 지식의 공유를 통한 지식가치 향상 및 확대·재생산을 추구한다.

①[X] 행정지식은 장기적으로 축적되어 왔기 때문에 관리에 많은 시간과 자원이 소요된다.
②[X] 정보가 정제된 데이터라고 한다면, 지식이란 경험을 통해 얻은 관련적이고 객관적인 정보 또는 유용한 정보를 말한다. 따라서 동일한 수준이 아니다.
③[X] 지식행정은 행정활동의 프로세스 개선(BPR)과 관련된다.
⑤[X] 지식행정은 문제 해결 및 사회변화 예견을 위해 정보관리기술에 의존하게 된다.

[정답] ④

전자정부

182
• 23 국가9급

우리나라의 전자정부에 대한 설명으로 옳지 않은 것은?

① 정부는 '지능정보사회 종합계획'을 3년 단위로 수립하여야 한다.
② 과학기술정보통신부장관은 5년마다 행정기관등의 기관별 계획을 종합하여 '전자정부기본계획'을 수립하여야 한다.
③ 「전자정부법」상 '전자화문서'는 종이문서와 그 밖에 전자적 형태로 작성되지 아니한 문서를 정보시스템이 처리할 수 있는 형태로 변환한 문서를 말한다.
④ 중앙행정기관의 장과 지방자치단체의 장은 해당 기관의 지능정보사회 시책의 효율적 수립·시행과 대통령령이 정하는 업무를 총괄하는 '지능정보화책임관'을 임명하여야 한다.

해설 ②[X] 전자정부기본계획은 과학기술정보통신부 장관이 아니라 중앙사무관장기관의 장(행정부의 경우 행정안전부장관)이 5년 단위로 수립한다.
① [O] 정부(과학기술정보통신부 장관)는 3년 단위로 지능정보사회종합계획을 수립하여야 한다.

관련법	계획	주무기관	주기
지능정보화법	(지능정보화사업) 종합계획	과학기술정보통신부 장관	3년
	실행계획	중앙행정기관의 장과 지방자치단체의 장	매년
전자정부법	전자정부기본계획	중앙사무관장기관의 장(행정안전부 등)	5년
	기관별 계획	행정기관등의 장	5년

[정답] ②

183
• 22 국가9급

「전자정부법」에서 정의하고 있는 다음의 개념은?

> 일정한 기준과 절차에 따라 업무, 응용, 데이터, 기술, 보안 등 조직 전체의 구성요소들을 통합적으로 분석한 뒤 이들 간의 관계를 구조적으로 정리한 체계 및 이를 바탕으로 정보화 등을 통하여 구성요소들을 최적화하기 위한 방법

① 전자문서   ② 정보기술아키텍처
③ 정보시스템 ④ 정보자원

해설 ②[O] 설문은 전자정부법 제2조에 있는 정보기술아키텍처의 개념규정이다. 기본서에 정리되어있지만 지나치기 쉬운 사항이다. 행정안전부장관은 관계 행정기관등의 장과 협의하여 정보기술아키텍처를 체계적으로 도입하고 확산시키기 위한 기본계획을 수립하여야 한다.

[정답] ②

184
• 21 지방9급

4차 산업혁명에 관한 설명으로 옳지 않은 것은?

① 초연결성, 초지능성 등의 특징이 있다.
② 대량 생산 및 규모의 경제 확산이 핵심이다.
③ 사물인터넷은 스마트 도시 구현에 도움이 된다.
④ 빅데이터를 활용한 맞춤형 공공 서비스 제공이 가능하다.

해설 ② 대량생산 및 규모의 경제 확산은 산업사회의 특징이다. 4차산업혁명 등 정보화 사회에서는 다품종 소량생산이나 속도의 경제 또는 범위의 경제를 중시한다.
① [O] 4차산업혁명은 초연결성, 초지능성, 초예측성 등을 핵심특징으로 한다.
③ [O] 사물인터넷(IoT)은 사물과 사물, 사물과 인간 등을 모두 연결하는 것으로 이는 스마트도시(Smart City) 등의 구현에 도움을 준다.

[정답] ②

185
• 20 행정사

전자정부와 행정의 변화에 관한 설명으로 옳은 것은?

① 정보행정은 정보기술을 활용하여 수요자중심으로 행정서비스를 개선한다.
② 전자정부는 단순히 정보기술에 의하여 정부의 업무처리 방식만을 변화시킨다.
③ 정보정책은 행정업무를 전자화하는 것으로 행정업무처리 재설계와는 관계가 없다.
④ 전자정부는 정보기술을 활용하여 업무처리 전반을 혁신시켜야 하기 때문에 실무보다는 이론이 강조되는 분야이다.
⑤ 전자정부는 행정부문에 정보기술의 도입 및 활용에 초점을 두기보다 정보기술 그 자체를 연구의 대상으로 한다.

해설 ① 정보행정은 공급자(정부)보다 수요자(국민)중심으로 행정서비스를 개선한다. ②[X] 전자정부는 단순히 정보기술에 의하여 정부내부의 업무처리 방식의 변화뿐만 아니라, 고객중심적인 변화와 시민의 참여를 촉진하기위한 변화를 추구한다. ③[X] 정보정책은 행정업무를 전자화하는 것으로 행정업무처리 재설계(BPR)와 관련이 높다. ④[X] 전자정부는 정보기술을 활용하여 업무처리 전반을 혁신시켜야 하기 때문에 이론보다는 실무적 분야를 강조한다. ⑤[X] 전자정부는 행정부문에 정보기술 그 자체보다 정보기술의 도입 및 활용에 초점을 둔다.

[정답] ①

186
• 20 지방9급

유비쿼터스 전자정부에 대한 설명으로 옳은 것만을 모두 고르면?

ㄱ. 기술적으로 브로드밴드와 무선, 모바일 네트워크, 센싱, 칩 등을 기반으로 한다.
ㄴ. 서비스 전달 측면에서 지능적인 업무수행과 개개인의 수요에 맞는 맞춤형 서비스를 제공한다.
ㄷ. Any-time, Any-where, Any-device, Any-network, Any-service 환경에서 실현되는 정부를 지향한다.

① ㄱ, ㄴ
② ㄱ, ㄷ
③ ㄴ, ㄷ
④ ㄱ, ㄴ, ㄷ

해설 ④ 모두 유비쿼터스정부의 특징에 대한 설명이다. ㄱ[O] 유비쿼터스 기술기반으로서 기술적으로는 브로드밴드(광대역 초고속 인터넷)와 무선 및 모바일 네트워크, 센싱, 칩 등을 기반으로 한다. ㄴ[O] 유비쿼터스 정부는 지능적인 업무 수행과 맞춤형 서비스를 특징으로 한다. ㄷ[O] 유비쿼터스 정부는 언제나, 어디서나, 어떤 장치나, 어떤 네트워크로도 서비스를 받을 수 있는 정부를 지향한다.

[정답] ④

187
• 16 국가9급

정보화와 전자정부 등에 대한 설명으로 옳지 않은 것은?

① e-거버넌스는 모범적인 거버넌스를 실현하기 위하여 다양한 차원의 정부와 공공부문에서 정보통신기술의 잠재력을 활용하기 위한 과정과 구조의 실현을 추구한다.
② 웹 접근성이란 장애인 등 정보 소외계층이 웹사이트에 있는 정보에 접근할 수 있도록 편의를 제공하는 것을 말한다.
③ 빅데이터(big data)의 3대 특징은 크기, 정형성, 임시성이다.
④ 지역정보화 정책의 기본 목표는 지역경제의 활성화, 주민의 삶의 질 향상, 행정의 효율성 강화이다.

해설 ③ 빅데이터는 데이터 집합을 말하는데 3대 특징은 크기(Volume), 다양성(Veriety), 속도(Velocity)이다. 크기(Volume)란 빅 데이터의 크기 자체가 대형이다. 기업들의 데이터는 테라바이트 급 또는 패타바이트 급의 정보가 축적될 정도로 방대하다. 다양성(Veriety)이란 빅 데이터는 정형 데이터 뿐만 아니라 문자, 오디오, 비디오, 클릭 스트림, 로그 파일 등과 같은 모든 다양한 비정형 데이터를 포함하고 있다. 속도(Velocity)란 빅 데이터는 분초를 다툴 만큼 시간에 민감한 경우가 많으므로 비즈니스에서 데이터의 가치를 극대화하려면 기업 내에서 스트리밍 형태로 사용되어야 한다.

[정답] ③

188
• 17 행정사

전자정부에 관한 설명으로 옳은 것을 모두 고른 것은?

ㄱ. 전자정부는 정보통신기술을 활용하여 효율적인 행정, 질 높은 대민서비스, 투명하고 민주적인 정부를 구현하는 실천적인 수단이다.
ㄴ. 우리나라 전자정부시스템에는 '정부민원포털(민원24)', '국가종합전자조달시스템(나라장터)', '전자통관시스템(UNI-PASS)' 등이 있다.
ㄷ. 스마트워크센터는 출장지 등 원격지에서 업무가 가능하도록 정보통신기술기반의 원격업무시스템을 갖춘 사무공간을 말한다.
ㄹ. 행정기관 등의 장은 원격지 간 업무수행을 할 때에는 온라인 영상회의를 우선적으로 활용하도록 노력하여야 한다.

① ㄱ, ㄴ
② ㄷ, ㄹ
③ ㄱ, ㄴ, ㄷ
④ ㄴ, ㄷ, ㄹ
⑤ ㄱ, ㄴ, ㄷ, ㄹ

해설 설문의 내용은 모두 맞는 사항이다. ㉢ 스마트워크센터란 이용자가 자신의 원래 근무지가 아닌 주거지와 가까운 지역에서 근무할 수 있도록 환경을 제공하는 원격근무용 업무공간으로 업무에 필요한 IT인프라(업무용 S/W가 설치된 공용 컴퓨터, 보안성을 갖춘 전산망 등) 및 업무환경(독립된 사무실 책상, 회의실)은 물론, 원 근무지와의 원활한 커뮤니케이션을 위한 영상회의시스템이 마련된 업무공간을 말한다. ㉣은 전자정부법 32조의 사항이다.

[관련법률] 전자정부법 32조(전자적 업무수행 등) ① 행정기관등의 장은 행정업무를 수행할 때 정보통신망을 이용한 온라인 영상회의 방식을 활용할 수 있다. 이 경우 행정기관등의 장은 원격지(遠隔地) 간 업무수행을 할 때에는 온라인 영상회의를 우선적으로 활용하도록 노력하여야 한다.

[정답] ⑤

189
• 17 국가9급(하)

정보 격차에 대한 설명으로 옳지 않은 것은?

① 경제협력개발기구(OECD)는 정보 격차를 '개인, 가정, 기업 및 지역들 간에 상이한 사회·경제적 여건에서 비롯된 정보통신기술에 대한 접근 기회와 다양한 활동을 위한 인터넷 이용에서의 차이'로 정의했다.
② '정보화마을'은 우리나라에서 도농 간 정보 격차 해소를 위해 시행한 지역정보화정책의 사례이다.
③ 「국가정보화 기본법」은 국가기관과 지방자치단체뿐 아니라 민간기업에 대해서도 정보격차 해소 시책을 마련할 의무를 규정하고 있다.
④ 「장애인차별금지 및 권리구제 등에 관한 법률」은 정보통신·의사소통 등에서의 정당한 편의제공의무에 관한 규정을 두고 있다.

해설 ③ 「국가정보화 기본법」은 개정되기전 법률이며, 현재는 지능정보화 기본법에서 국가기관과 지방자치단체에 대해서 정보격차 해소 시책을 마련할 의무를 규정하고 있다. 하지만 민간기업에 대한 의무사항은 규정하지 않고 있다.

[지능정보화 기본법] 제45조(정보격차 해소 시책의 마련) 국가기관과 지방자치단체는 모든 국민이 지능정보서비스에 원활하게 접근하고 이를 유익하게 활용할 기본적 권리를 누구나 격차 없이 실질적으로 누릴 수 있도록 필요한 시책을 마련하여야 한다.

[정답] ③

190
• 08 지방9급

전자정부가 구현되었을 때 기대할 수 있는 장점만으로 구성된 것은?

> ㄱ. 국민 참여 증진을 통한 민주주의의 발전
> ㄴ. 행정의 생산성 향상
> ㄷ. 대고객 관계의 인간화 촉진
> ㄹ. 행정서비스의 효과적 공급 및 민원인의 비용 절감
> ㅁ. 개인정보 및 인권의 보호 강화

① ㄱ, ㄴ, ㄷ   ② ㄱ, ㄴ, ㄹ
③ ㄴ, ㄷ, ㄹ   ④ ㄴ, ㄹ, ㅁ

해설 전자정부(electronic government)란 정보통신기술을 활용하여 행정의 생산성을 높이고 고객으로서의 국민에 대한 서비스 기능을 제고할 수 있는 정부형태로서 (1) 능률형 전자정부, (2) 서비스형 전자정부(고객지향), (3) 민주형 전자정부(참여정부)를 추구한다. 그러나 전자정부는 개인의 프라이버시 침해와 해킹 등으로 인권침해우려가 발생하며 대고객 관계에서도 인간소외 및 정보격차 현상을 초래할 수 있다.

[정답] ②

191
• 08 지방7급

행정정보화가 행정조직에 미치는 영향을 잘못 설명하고 있는 것은?

① 정보의 기획 및 통제기능이 중요해짐에 따라 조직의 집권화가 촉진되는 측면이 있다.
② 조직 중간층의 기능이 강화되어 중간관리층이 확대된다.
③ 조직은 전통적인 수직적 피라미드 형태에서 수평적 조직형태로 변화한다.
④ 종래의 계선과 참모의 구별이 모호해진다.

해설 행정정보화가 조직의 구조에 어떤 영향을 가져올 것인가에 대해서는 통일적 견해가 존재하지 않는다. Leavitt, Whisler는 중간관리층 감소를 가져올 것으로 보았는데, 이는 일상적인 결정이나 프로그램화된 업무는 컴퓨터가 수행해 줄 것이므로 중간관리층이 조직에서 차지하는 수와 비중이 상대적으로 줄 것이라고 보는 것이다. 그 결과 단기적으로 중하위계층 업무에 진공상태가 발생하나 이를 극복하기 위하여 장기적으로는 상위층의 결정권을 하위계층으로 내려주는 '폭포효과'가 발생한다고 한다.

[정답] ②

192
• 09 국가7급

전자정부의 미래 모습을 나타내는 요인들을 모두 고르면?

> ㄱ. Zero-Stop 서비스
> ㄴ. 전자정부 대표 포털
> ㄷ. 접근수단의 단일화
> ㄹ. 조직구조·프로세스 혁신
> ㅁ. 부처별·기관별 업무처리
> ㅂ. e - Governance 구현
> ㅅ. 정부중심의 전자정부
> ㅇ. 백오피스와 프런트오피스 간격 확대

① ㄱ, ㄴ, ㄷ, ㄹ   ② ㄱ, ㄴ, ㄹ, ㅂ
③ ㄴ, ㄹ, ㅂ, ㅅ   ④ ㄴ, ㄹ, ㅂ, ㅇ

해설 옳은 예문은 ㄱ,ㄴ,ㄹ,ㅂ 이다.
㉠ zero-stop 서비스란 non-stop 서비스를 말한다.
㉡ 전자정부 대표 포털은 정부가 가지고 있는 사이트를 하나로 통합하여 안내하는 시스템이다.
㉣ 조직구조와 프로세스 혁신은 전자정부를 통한 리스트럭처링과 리엔지니어링(GBPR)을 말하는 것이다.
㉥ e-거버넌스란 전자정부를 토대로 하는 전자거버넌스를 말하는 것이다.

틀린 예문으로
㉢는 접근수단의 다양화이고,
㉤ 부처별 개별처리보다 통합처리인 원스톱서비스가 필요하고,
㉦은 정부중심이 아니라 고객(소비자) 중심의 정부라야 한다.
㉧ 프론트서비스는 전방영업, 백오피스는 후방지원을 말한다. 전자정부하에서는 양자간 간격이 좁아진다.

[정답] ②

193
• 10 지방7급

전자정부 및 지역정보화에 대한 설명으로 옳지 않은 것은?

① UN이 전자정부 발달단계에서 최종단계로 본 것은 통합처리(seamless) 단계이다.
② 지역정보화에는 기존의 산업화 과정에서 나타난 지역간 격차 문제 해결을 위해 지방정부의 주체적 노력이 요구된다.
③ 지역정보화는 지역간 정보격차를 해소하는 지역의 정보화와 지역의 균형적 발전을 위한 정보의 지방화를 포함한다.
④ 정보의 그레셤(Gresham) 법칙은 공개되는 공적정보시스템에는 사적정보시스템에 비해서 상대적으로 가치가 큰 정보가 축적되는 현상을 말한다.

해설 그레셤(Gresham) 법칙이란 악화(惡貨)가 양화(良貨)를 구축한다는 것을 의미한다. 정보의 그레셤의 법칙은 개인들이 좋은 정보는 소장하고 불필요한 정보만 유통함으로써 공개되는 공적정보시스템보다 공개되지 않는 사적정보시스템에 상대적으로 가치가 큰 정보가 축적되는 현상을 말한다. ① 전자정부의 발달단계에 대한 UN의 분류에 의하면 통합1단계는 온라인에 의한 서비스의 제공단계이고, 2단계는 정보제공자와 이용자간의 상호작용이 이루어지는 단계이고, 3단계는 상호연계를 통한 서비스의 통합처리(seamless) 단계이다.

[정답] ④

194
• 12 국회8급

행정정보화에 관한 설명으로 옳지 않은 것은?

① 정보통신기술을 행정과정에 도입하여 내부적인 행정업무 프로세스 개선을 꾀한다.
② 대국민 행정서비스의 질적 향상을 통해 행정의 대응성을 높이고 국민의 서비스 만족도를 향상시킨다.
③ 적절한 리더십을 활용하면 행정업무 처리 프로세스와 행정조직을 근본적으로 재구성하여 행정혁신을 이룰 수 있다.
④ 정보통신기술을 활용하여 작지만 효율적인 정부를 이루고 클라우드(cloud)컴퓨팅을 통해 효율적인 중앙집권적 시스템을 구축할 수 있다.
⑤ 시민들에게 행정정보를 용이하게 제공할 수 있어 개방성을 높일 수 있다.

해설 ④ 클라우드 컴퓨팅이란 클라우드(cloud)로 표현되는 인터넷상의 서버에서 데이터 저장과 처리, 네트워크, 콘텐츠 사용 등 IT 관련 서비스를 한번에 제공하는 혁신적인 컴퓨팅 기술이다. 즉 인터넷을 통해 정보기술(IT) 자원을 소유하지 않고 서비스 형태로 빌려 쓰는 방식을 말한다. 이러한 클라우드 컴퓨팅은 인터넷을 이용한 정보기술(IT) 자원의 주문형 아웃소싱 서비스로 중앙집권적인 시스템을 분산하는데 기여한다.

[정답] ④

195
• 11 국가7급

현행 『전자정부법』상 행정기관이 전자정부의 구현·운영 및 발전을 추진할 때 우선적으로 고려해야 하는 사항으로 옳지 않은 것은?

① 대민서비스의 전자화 및 행정기관 편의의 증진
② 행정업무의 혁신 및 효율성의 향상
③ 정보시스템의 안정성·신뢰성의 확보
④ 행정정보의 공개 및 공동이용의 확대

해설 ①에서 대민서비스의 전자화는 맞지만, 후단에서 행정기관 편의의 증진이 아니라 국민편익의 증진 원칙이다.

[정답] ①

196
• 02 입법고시

전자정부(electronic government)에 관한 다음 설명 중 가장 타당한 것은?

① 정부정보에 대한 지리적, 사회적, 경제적 접근을 가능하게 함으로써 민주주의와 복지제도의 결합을 지향한다.
② 전자정부는 번문욕례(red tapes)의 규제지향적인 행정절차를 기초로 이를 보다 확고히 하기 위한 정부형태이다.
③ 행정부는 공급자 중심의 행정서비스 제공활동에 치중한다.
④ 민주형 전자정부는 공무원들에게 결과에 대한 책임보다는 규칙의 준수를 요구한다.
⑤ 전자정부의 실현을 위해서는 행정조직의 상위계층에 정보배분권한이 집중되어야 한다.

해설 전자정부는 행정정보에 대한 주민의 접근을 용이하게 하여 근린행정과 복지행정 및 민주행정을 구현하려는 것으로 고객지향적인 열린 정부 또는 전자민주주의(tele-democracy)의 구현이 최대 목표이다.

[정답] ①

197
• 01 사시

행정정보화정책과 관련된 설명 중 옳지 않은 것은?

① 행정정보화가 실현되기 위해서는 하드웨어 기반, 데이터·정보 기반, 조직·인력 기반, 법적·제도적 기반 등이 갖추어져야 한다.
② 행정정보의 공개는 국민에게 알 권리를 보장하고 국정에 대한 국민의 참여와 국정운영의 투명성을 확보하는 것을 목적으로 한다.
③ 행정정보화의 경제성을 평가하는 데는 행정기관의 입장이 우선적으로 고려되어야 하기 때문에 국민의 대기비용은 제외되어야 한다.
④ 전자정부의 기본취지는 행정활동을 전산화함으로써 수작업과 문서에 의존하던 종래의 행정서비스에 비해 신속하고 능률적인 서비스를 제공하기 위한 것이다.
⑤ 정보화를 통한 행정서비스의 향상을 위해서는 정보의 공개, 행정과정에의 주민참여 촉진, 민원처리시스템의 구축, 행정문서의 전자교환(EDI)등이 이루어져야 한다.

해설 행정정보화의 목적은 경제성도 중요하지만, 국민의 입장에서 대기비용의 최소화가 바람직하다. 행정기관의 입장도 고려되어야 하지만 국민의 입장이 더 중요하며 국민의 대기비용은 반드시 포함되어야 한다.

[정답] ③

198
• 22 행정사

전자정부와 공공행정의 변화에 관한 설명으로 옳지 않은 것은?

① 전자정부 발전으로 인한 정보화의 역기능은 사회적 질서와 안전을 위협하는 디지털위험으로 진행될 수 있다.
② 일반적으로 정보는 공공재 성격이 강하기 때문에 행정정보의 비대칭성 문제는 해소 내지 완화되어야 하는 것이 바람직하다.
③ 정부의 맞춤형 전자서비스와 빅데이터 산업 고도화 차원에서 개인정보의 행정기관 간 공동 활용은 중요하다.
④ 전자정부 서비스는 이용자들의 거래비용과 기회비용 및 민원업무 감소에 기여한다.
⑤ 전자정부의 발달에 의한 공공데이터 개방은 행정정보의 독점적 소유를 촉진시키고 있다.

해설 ⑤[X] 공공데이터 개방은 행정정보의 독점적 소유가 아니라 국민과의 공유를 촉진시키고 있다. 공공데이터 개방은 중앙정부·지방자치단체 및 공공기관이 보유·관리하는 공공데이터를 일반 국민이 자유롭게 이용할 수 있도록 다양한 형태로 개방·제공하는 것으로, 공공데이터의 민간 활용을 통한 국민편의 향상, 신규 비즈니스 및 일자리 창출에 기여하는 것을 목적으로 한다. ④ 전자정부 서비스는 이용자들의 신뢰를 개선하여 거래비용과 기회비용을 감소시키고, 불필요한 민원업무의 감소에 기여한다.

[정답] ⑤

199
• 24 행정사

우리나라 스마트 전자정부의 비전에 관한 설명으로 옳지 않은 것은?

① 국민이 직접 증명하는 공급자 중심의 획일적인 서비스를 극대화하는 정부이다.
② 부처 간 장벽이 없는 네트워크를 통해 서비스 연계·통합이 가능한 정부이다.
③ 모바일 기기 등으로 어디서나 편리한 서비스를 제공하는 정부이다.
④ 국민의 수요에 실시간으로 반응하는 서비스를 제공하는 정부이다.
⑤ 참여·소통으로 수요자가 원하는 서비스와 정보를 제공하는 정부이다.

해설 ①[X] 스마트 전자정부란 빅데이터 활용을 통해 미래예측·변화추이·위험 징후 등에 선제적으로 대응하고(재난의 사전예방), 각각의 개별적인 시민 요구에 선제적으로 서비스를 제공(맞춤형 서비스 제공)하는 전자정부를 말한다. 전자정부는 공급자 중심의 한계를 극복하기 위해 수요자 중심의 행정서비스 제공을 중시한다.

[정답] ①

200
• 22 군무원9급

기존 전자정부 대비 지능형 정부의 특징에 대한 설명으로 가장 옳지 않은 것은?

① 국민주도로 정책결정이 이루어진다.
② 현장 행정에서 복합문제의 해결이 가능하다.
③ 생애주기별 맞춤형 서비스를 제공한다.
④ 서비스 전달방식은 수요기반 온·오프라인 멀티채널이다.

해설 ③ 생애주기별 맞춤형 서비스를 제공은 지능형정부(스마트정부) 이전 단계인 전자정부의 특징이다.

	전자정부	지능형정부
행정업무	국민/공무원 문제제기 → 개선	문제 자동 인지 → 스스로 대안 제시 → 개선
정책 결정	정부 주도의 정책 운영	국민 주도의 정책 결정
현장 결정	단순업무 처리 중심	복합문제 해결 가능
서비스 목표	양적·효율적 서비스 제공	질적·공감적 서비스 공동생산
서비스 내용	생애주기별 맞춤형	일상틈새 + 생애주기별 비서형
전달방식	온라인 + 모바일 채널	수요 기반 온·오프라인 멀티채널

[정답] ③

Part 4 인사행정

테마 45	인사제도 : 엽관제, 실적제, 직업공무원제도
테마 46	대표관료제
테마 47	공직의 분류체계 : 개방형/경력직 등
테마 48	계급제와 직위분류제
테마 49	한국의 인사행정제도 : 고공단 등
테마 50	공무원 임용(채용, 충원)
테마 51	능력발전 : 교육훈련, 근평, 승진
테마 52	사기앙양 : 사기, 보수, 공무원단체
테마 53	근무규율 : 정치적 중립, 부패와 공직윤리

인사행정의 의의

01 • 23 군무원9급

다음 중 전략적 인적자원관리에 대한 설명으로 가장 거리가 먼 것은?

① 장기적이며 목표 성과 중심적으로 인적자원을 관리한다.
② 조직의 전략 및 성과와 인적자원관리 활동 간의 연계에 중점을 둔다.
③ 인사업무 책임자가 조직 전략 수립에 적극적으로 관여한다.
④ 개인의 욕구는 조직의 전략적 목표 달성을 위해 희생해야 한다는 입장이다.

해설 ④ 전략적 인적관리는 구성원을 통제의 대상이 아니라 자산으로 여기며 개인의 욕구와 조직목표 간의 조화를 추구한다. 개인의 욕구는 희생해야 한다는 입장은 전통적 인사관리의 특징이다.

[정답] ④

엽관주의와 실적주의

2
• 24 국가9급

실적주의 공무원제도에 대한 설명으로 옳은 것은?

① 미국에서는 잭슨(Jackson) 대통령에 의해 공식화되었다.
② 공직의 일은 건전한 상식과 인품을 가진 일반 대중 누구나 수행할 수 있는 것이라고 전제하였다.
③ 공개경쟁시험, 신분보장, 정치적 중립이 핵심적인 요소이다.
④ 사회적 형평성을 가장 중요한 가치로 삼는 인사제도이다.

해설 ③ 실적주의의 핵심적 요소로서 공개경쟁시험, 기회균등, 정치적 중립, 신분보장을 들 수 있다. ①②[X] 1829년 잭슨(Jackson) 대통령은 엽관주의를 본격적으로 도입하였다. 또한 당시 행정사무의 단순성으로 인하여 Jackson 대통령은 평범한 상식이 있으면 누구나 공무원이 될 수 있다고 하였다. ④[X] 사회적 형평성을 가장 중요한 가치로 삼는 인사제도는 대표관료제이다.

[정답] ③

3
• 23 국가9급

연공주의(seniority system)에 대한 설명으로 옳은 것만을 모두 고르면?

ㄱ. 장기근속으로 조직에 대한 공헌도를 높인다.
ㄴ. 개인의 성과에 따른 적절한 보상을 통해 사기를 높인다.
ㄷ. 계층적 서열구조 확립으로 조직 내 안정감을 높인다.
ㄹ. 조직 내 경쟁을 통해서 개인의 역량 개발에 기여한다.

① ㄱ, ㄴ   ② ㄱ, ㄷ
③ ㄴ, ㄹ   ④ ㄷ, ㄹ

해설 보기 중에서 옳은 것은 ㄱㄷ이다. 연공주의란 공무원 개인의 능력이나 실적보다 근무연한을 중시하는 인사제도로서, 실적주의와 비교하는 개념이다.
ㄱ [O] 연공주의는 연공서열을 중시하므로 장기간 근속으로 조직에 대한 충성도 및 공헌도를 높인다.
ㄷ [O] 연공주의는 연공서열에 따른 계층적 서열구조 확립으로 조직 내 안정감 및 질서유지에 기여한다.
ㄴ [X] 개인의 성과에 따른 보상은 실적주의이며, 연공주의는 성과에 따른 보상이 아니라 연공급의 보수제도가 채택된다. 따라서 공직자의 사기를 저하시킬 수 있다.
ㄹ [X] 연공주의는 조직 내 경쟁을 저해함으로써 개인의 역량 개발에 불리한 제도이다.

[정답] ②

4
• 21 지방9급

엽관주의와 실적주의에 대한 설명으로 옳은 것은?

① 엽관주의는 개인의 능력, 적성, 기술을 공직 임용 기준으로 한다.
② 엽관주의는 정치지도자의 국정 지도력을 약화한다.
③ 실적주의는 국민에 대한 관료의 대응성을 높인다.
④ 실적주의는 공직 임용에 대한 기회의 균등을 보장한다.

해설 ④ 실적주의는 능력별 임용을 추구하면서 공직임용에 대한 기회균등을 보장한다.
① [X] 개인의 능력, 적성, 기술을 공직 임용 기준으로 하는 것은 실적주의이다.
② [X] 엽관주의는 집권정치인들이 고위공직자를 임명하기 때문에 정치지도자들의 국정지도력을 강화시킨다.
③ [X] 실적주의에서 요소인 신분보장은 국민에 대한 관료의 대응성을 약화시킨다.

[정답] ④

05
• 14 국가9급

엽관주의와 실적주의에 대한 설명으로 옳은 것만을 모두 고르면?

> ㄱ. 엽관주의는 실적 이외의 요인을 고려하여 임용하는 방식으로 정치적 요인, 혈연, 지연 등이 포함된다.
> ㄴ. 엽관주의는 정실임용에 기초하고 있기 때문에 초기부터 민주주의의 실천원리와는 거리가 멀었다.
> ㄷ. 엽관주의는 정치지도자의 국정지도력을 강화함으로써 공공정책의 실현을 용이하게 해준다.
> ㄹ. 실적주의는 정치적 중립에 집착하여 인사행정을 소극화·형식화시켰다.
> ㅁ. 실적주의는 국민에 대한 관료의 대응성을 높일 수 있다는 장점이 있다.

① ㄱ, ㄷ
② ㄴ, ㄹ
③ ㄴ, ㅁ
④ ㄷ, ㄹ

해설 보기에서 ㉢, ㉣이 맞는 지문이다. ㉠ 엽관주의는 정치적인 요인(당파성)을 고려하지만 혈연, 지연 등을 고려하지는 않는다. 혈연, 지연, 개인적 친분을 고려하는 것은 정실주의이다. ㉡ 엽관주의는 선거를 통한 공직의 교체를 가져오고 선거공약 실천이 용이하기에 민주주의의 실천원리와 밀접한 관련성을 가진다. ㉤ 실적주의에서 추구하는 정치적 중립성과 신분보장은 관료에 대한 통제를 어렵게 함으로써 국민에 대한 관료의 대응성을 높이기 어려운 단점이 있다.

[정답] ④

06
• 14 지방9급

인사행정제도에 관한 설명 중 적절하지 않은 것은?

① 엽관주의는 정당에의 충성도와 공헌도를 관직임용의 기준으로 삼는 제도이다.
② 엽관주의는 국민의 요구에 대한 관료적 대응성을 확보하기 어렵다는 단점을 갖는다.
③ 행정국가 현상의 등장은 실적주의 수립의 환경적 기반을 제공하였다.
④ 직업공무원제는 계급제와 폐쇄형 공무원제, 그리고 일반행정가주의를 지향한다.

해설 ② 엽관주의는 선거를 통한 집권 정당의 교체와 공직의 교체를 가져오기 때문에 국민의 요구에 대한 관료집단의 대응성을 확보할 수 있다는 장점이 있다. ③ 행정국가의 본격적 등장은 경제공황이후 나타나지만, 19C말 산업사회의 발달과 함께 행정국가 현상이 나타나기 시작하였다.

[정답] ②

07
• 09 국가9급

공무원 인사제도에 대한 설명으로 옳지 않은 것은?

① 직업공무원제란 젊은 인재들을 공직에 적극적으로 유치하기 위하여 만든 것으로 공직에 근무하는 것을 명예롭게 생각하면서 일생동안 공무원으로 근무하도록 하기 위한 것이다.
② 직업공무원제를 올바르게 수립하기 위해서는 공직에 대한 높은 사회적 평가가 있어야 한다.
③ 엽관주의는 민주주의 원칙에 반하는 것으로서 민주주의의 진전과 함께 소멸되고 있다.
④ 우리나라의 공무원인사제도는 기본적으로 계급제의 구조를 가지고 있다.

해설 ③ 엽관주의란 당파성이나 정당의 충성도에 따라 관직을 임용하는 제도로서 정치적 중립을 강조하는 실적주의와 달리 정치적 임용을 허용하는 제도이다. 엽관주의는 교체임용제 또는 공직경질제로서 민주주의 및 정당정치와 관련하여 발달한 제도이다.

[정답] ③

08
• 04 행시

엽관주의의 장점 또는 정당화 근거로 볼 수 있는 것은?

① 행정의 전문성을 증진시킬 수 있다.
② 행정의 대응성을 향상시킬 수 있다.
③ 행정의 능률성을 제고할 수 있다.
④ 행정의 안정성을 확보할 수 있다.
⑤ 행정의 계속성을 보장할 수 있다.

[해설] 엽관주의는 선거를 통하여 공무원집단을 통제할 수 있으므로 행정의 대응성, 책임성, 민주성 등을 확보할 수 있는 반면, 공직경질로 인하여 행정의 안정성, 계속성을 유지하기는 힘들다.

[정답] ②

9 · 09 국회8급

인사제도의 변화에 관한 설명으로 옳지 않은 것은?

① 엽관제는 관료집단에 대한 정치적 통제를 용이하게 한다.
② 영국의 실적주의는 1870년 추밀원령에 의해 제도적인 기틀을 마련하였다.
③ 대표관료제는 기회의 평등보다 결과의 평등을 강조한다.
④ 팬들턴법과 4년 임기법으로 미국의 실적주의가 더욱 강화되었다.
⑤ 계급제는 탄력적인 인사관리를 통해 일반행정가 육성에 기여 할 수 있다.

[해설] ④ 팬들턴법(1883)의 제정으로 미국의 실적주의가 확립되었지만, 4년임기법은 엽관주의의 기반이 되었다. 4년임기법(4 Years Law)은 Monroe 대통령이 고위공직자의 임기를 대통령의 임기와 일치시켜 정치적 운명을 같이 하도록 하기 위해서 제정하였다.

[정답] ④

10 · 09 지방9급

공무원인사제도에 대한 설명 중 옳은 것만을 고른 것은?

ㄱ. 엽관주의와 실적주의는 제도의 취지나 목적이 서로 다르기 때문에 상호 조화될 수 없어서 양 제도의 혼합 운용이 어렵다.
ㄴ. 엽관주의는 공무원의 충성심을 확보하기는 용이하나, 행정의 안정성과 지속성을 확보하기 어렵다.
ㄷ. 직업공무원제도는 일반적으로 폐쇄형 임용체계를 채택하고 있으며, 공무원의 연대감을 높여준다.
ㄹ. 직업공무원제도는 대체로 실적주의를 전제로 하며, 전문가주의를 지향하고 있다.
ㅁ. 대표관료제는 정부정책 집행의 효율성, 공정성 및 책임성을 높여준다.

① ㄱ, ㄴ
② ㄱ, ㅁ
③ ㄴ, ㄷ
④ ㄷ, ㄹ

[해설] ㄱ. 엽관주의와 실적주의는 제도의 취지나 목적이 서로 다르지만 상호조화가 가능하다.
ㄹ. 직업공무원제도는 일반행정가주의를 지향한다.
ㅁ. 대표관료제는 행정의 공정성과 책임성을 높여주지만, 실적주의와 같은 능력중심의 인사가 아니므로 효율성 및 전문성을 저해한다.
ㄴ과 ㄷ만 옳은 예문이다.

[정답] ③

11 · 07 국가7급

실적주의와 엽관주의에 대한 설명 중 적절하지 않은 것은?

① 실적주의는 공직임용의 기회를 균등히 보장함으로써 민주주의적 평등이념의 실현에 기여한다.
② 실적주의는 엽관주의의 폐해를 방지하고 행정의 효율성 제고에 기여하였다.
③ 엽관주의는 각 개인이 가지고 있는 능력에는 차이가 있음을 인정하는 인간의 상대적 평등주의를 신봉한다.
④ 엽관주의는 정당정치이념의 구현에 기여한다.

[해설] 실적주의(Merit System)란 공직임용기준으로 개인의 능력·자격·성적 등 중립적·객관적 기준에 따른 인사행정을 의미한다. 실적주의는 각 개인이 가지고 있는 능력에는 차이가 있음을 인정하는 인간의 상대적 평등주의를 신봉한다.

[정답] ③

12
• 05 울산9급

인적자원관리에 관한 내용으로 관련이 가장 적은 것은?

① 사람을 조직의 가장 중요한 자산으로 여기고 이를 관리하는 개념을 말한다.
② 이를 위해 인적자원관리의 권한과 책임을 대폭 집중화한다.
③ 인적자원관리의 정책과 운영상의 중점을 절차와 규정준수보다는 결과와 책임에 둔다.
④ 직업생활의 질 향상을 중시한다.
⑤ 중앙인사관리기관의 역할을 세부적인 규제와 통제에서 정책과 전략 중심으로 전환한다.

해설 인적자원관리(Human Resources Management)는 구성원(인력)을 조직 목표달성의 핵심적인 자산, 즉 인적자원으로 인식하고 인적자원의 관리를 조직의 전략적 관리와 연계시킬 것을 강조하는 후기인간관계론을 의미한다. OECD 국가들의 인적자원관리에 관한 개혁조치들은 인적자원관리의 권한과 책임을 각 부처와 기관에 대폭 위임

[정답] ②

13
• 02 행시

인사행정제도에 관한 설명 중 옳지 않은 것은?

① 직업공무원제는 실적주의에 기반을 두고 있으며, 개방형 충원 및 전문가주의에 입각하고 있다.
② 엽관주의는 정당에의 충성도와 공헌도를 관직의 임용기준으로 삼는 인사행정제도이다.
③ 폐쇄형 충원제는 공무원의 사기를 제고시킨다.
④ 대표관료제 이론은 관료들이 그 출신 집단의 가치와 이익을 정책과정에 반영시킬 것이라는 가정에 기반을 두고 있다
⑤ 개방형 인사제도는 원칙적으로 공지의 모든 계급이나 직위에 신규채용이 허용되는 인사체제이다.

해설 직업공무원제는 실적주의에 기반을 두고 있으나, 폐쇄형 충원체제에 입각하고 있으며 계급제라는 공직분류의 특성상 전문화가 곤란하다.

[정답] ①

14
• 23 군무원9급

다음 중 엽관제 공무원제도(spoil system)에 대한 설명으로 가장 거리가 먼 것은?

① 공직에 대한 민주적 교체가 가능하다.
② 우리나라 공무원제도에도 엽관제 요소가 작동하고 있다.
③ 행정의 안정성과 중립성에 도움이 된다.
④ 개방형 인사제도이다.

해설 ③ 행정의 안정성과 중립성에 도움이 되는 인사제도는 실적주의이다.

[정답] ③

THEMA 51. 대표관료제

15
• 23 지방9급

대표관료제에 대한 설명으로 옳지 않은 것은?

① 우리나라는 양성채용목표제, 장애인 의무고용제 등 다양한 균형인사제도를 통해 대표관료제의 논리를 반영하고 있다.
② 다양한 집단의 이익을 반영하는 실적주의 이념에 부합하는 인사제도이다.
③ 할당제를 강요하는 결과를 초래하고, 특정 집단에 대한 역차별문제를 야기할 수 있다.
④ 임용 전 사회화가 임용 후 행태를 자동적으로 보장한다는 가정하에 전개되어 왔다.

해설 ②[X] 대표관료제는 다양한 집단의 이익을 반영하는 제도이므로, 실적주의 이념과 상충하는 인사제도이다. 실적주의는 능력중심의 인사제도로서 집단보다는 개인중심으로 자유주의 이념을 배경으로 한다. 이러한 실적주의를 비판하면서 등장한 것이 대표관료제이다. ④[O] 임용 전 사회화가 임용 후 행태를 자동적으로 보장한다는 가정은 소극적 대표가 적극적 대표를 보장한다는 논리이다.

[정답] ②

16
• 19 지방9급

대표관료제에 대한 설명으로 옳지 않은 것은?

① 소극적 대표가 적극적 대표를 촉진한다는 가정 하에 제도를 운영해 왔다.
② 엽관주의 폐단을 시정하기 위해 등장하였으며 역차별의 문제를 완화할 수 있다.
③ 소극적 대표성은 전체 사회의 인구 구성적 특성과 가치를 반영하는 관료제의 인적 구성을 강조한다.
④ 우리나라는 균형인사제도를 통해 장애인·지방인재·저소득층 등에 대한 공직진출 지원을 하고 있다.

해설 ② 대표관료제는 공직 구성을 출신집단 비율별로 할당임용하는 제도로 실적에만 의존하는 실적주의의 폐단을 극복하기 위한 제도이다. 그러나 대표관료제는 역차별(수평적 형평성 침해)을 낳고 사회분열(집단별 분리주의)을 조장할 수 있다는 비판을 받는다.

[정답] ②

17
• 17 행정사

대표관료제(representative bureaucracy)에 관한 설명으로 옳은 것은?

① 대표관리제는 행정의 전문성과 생산성을 강화한다.
② 대표관료제의 발전은 행정의 형평성과 능률성을 제고한다.
③ 대표관료제는 공직사회 내부 구성원 상호간 견제를 통하여 내적 통제를 강화한다.
④ 대표관료제의 관료들은 정책과정에서 자신이 속한 배경집단의 이익보다는 공익을 추구한다.
⑤ 집단보다는 개인에 역점을 두는 대표관료제는 자유주의와 부합한다.

해설 ③ 대표관료제는 입법이나 사법통제와 같은 외부통제의 한계로 대두된 것으로 공무원의 대표성을 통해 행정의 민주성과 책임성을 향상시키려는 내부통제방안이다.
① 행정의 전문성과 생산성을 강화는 실적주의의 특징이다.
② 대표관료제의 발전은 행정의 형평성을 제고하지만, 능률성은 저하된다.
④ 대표관료제의 관료들은 정책과정에서 자신이 속한 배경집단의 이익을 추구한다.
⑤ 자유주의와 부합하며, 개인에 역점을 두는 것은 실적주의이다.

[정답] ③

18
• 10 지방9급

대표관료제에 대한 설명으로 옳은 것은?

① 행정의 효율성과 효과성 증진을 목표로 하는 제도이다.
② 관료들이 출신집단의 이익과 무관하게 전체적 이익에 봉사할 것이라는 가정에 기반하고 있다.
③ 엄정한 능력에 다른 채용을 통해 관료를 선발한다.
④ 우리나라의 '양성평등채용목표제'는 대표관료제를 반영한 인사제도라 할 수 있다.

> 해설 ① 대표관료제의 문제점으로 전문성·능률성의 저해를 들 수 있다.
> ② 대표관료제는 임용후의 특정 개인이 자신의 출신집단의 이익을 적극적으로 정책에 반영시키기 위해 노력한다는 가정(적극적 대표)에 기반한다.
> ③ 대표관료제란 시험(능력)이나 투표에 의한 임용이 아니다.

[정답] ④

19
• 10 지방7급

대표관료제(Representative Bureaucracy)에 대한 설명으로 옳지 않은 것은?

① 킹슬리(D. Kingsley)가 1944년에 처음 사용한 개념이다.
② 임명직 관료집단이 민주적 방법으로 행동하도록 하기 위한 방안으로 도입되었다.
③ 대표관료제는 내부통제를 강화하는 기능을 가지고 있다.
④ 관료들의 객관적 책임을 매우 현실적이라고 주장한다.

> 해설 ④ 대표관료제에 의하면 관료들은 자기 출신집단의 이익을 정책에 반영하려고 하기 때문에 관료들의 책임의식은 매우 주관적·내면적인 것이라고 주장한다.
> ③ 대표관료제는 정부 밖에서 관료를 통제하는 것이 아니라 정부 내에 다양한 집단의 구성원들이 들어가 상호 견제를 통해 대표성을 높이는 것이다. 따라서 대표관료제는 외재적 통제의 한계를 극복하기 위한 내부통제장치이다.

[정답] ④

20
• 08 서울9급

대표관료제에 대한 다음 설명 중 옳지 않은 것은?

① 소수집단의 참여기회를 확대한다.
② 실적주의의 폐단을 시정하는데 기여한다.
③ 행정의 능률성과 전문성을 제고한다.
④ 역차별 문제를 유발할 수 있다.
⑤ 관료제에 대한 내부통제 장치로서 기능한다.

> 해설 대표관료제는 실적주의에서와 같은 능력중심의 인사가 아니기 때문에 행정의 능률성과 전문성을 저해한다는 비판을 받는다.

[정답] ③

21
• 05 경북9급

대표관료제에 대한 비판으로 옳지 않은 것은?

① 대표성이 공직에 재직하면서 변할 수도 있다는 것을 전제로 하기 때문에 현실과 차이가 있다.
② 실적주의와 상충되어 오히려 역차별의 문제를 야기할 수 있다.
③ 사회경제적 인구 구성에 따른 비례성은 피동적 대표성을 의미한다.
④ 출신집단을 대표하여 정책결정에 의견을 반영하고 책임을 다한다는 것이 경험적으로 입증되지 않았다.

해설 대표관료제는 인간의 사회화과정을 전제로 출발한 모형이지만 공무원의 대표성이 공직에 재직하면서 변할 수도 있다는 2차적 사회화(재사회화) 현상을 고려하지 못했다.

[정답] ①

22
• 02 입법고시

대표관료제(representative bureaucracy)에 관한 다음 설명 중 가장 옳지 않은 것은?

① 대표관료제는 사회 내의 여러 세력들을 인구비례로 충원하고 행정계층에 비례적으로 배치하는 관료제를 의미한다.
② 대표관료제는 정부관료제가 사회의 인적 구성을 잘 반영하도록 함으로써 관료제 내에 민주적 가치를 주입하려는 의도에서 나왔다.
③ 관료들의 재량권이 날로 증가하는 현실에서 직업공무원들의 대표성을 확보하려는 제도적 장치이다.
④ 국민들의 다양한 요구와 행정의 전문화를 결합함으로써 입법부 등 정치적 상관들의 관료에 대한 통제를 강화하는 장점이 있다.
⑤ 대표관료제 이론은 관료들이 출신집단의 가치와 이익을 정책과정에 반영시킬 것이라는 가정에 기반하고 있다.

해설 대표관료제는 실적에 의한 임용이 아닌 할당임용제이므로 전문성이 저하되고, 의회 등에 의한 외부통제의 약화를 보완하기 위한 내부통제장치이다.

[정답] ④

THEMA 52 직업공무원제도

23
• 22 국가9급

직업공무원제의 특징으로 옳지 않은 것은?

① 직무급 중심 보수체계
② 능력발전의 기회 부여
③ 폐쇄형 충원방식
④ 신분의 보장

해설 ①[X] 직무급은 직위분류제에 적합한 보수제도이다. 직무공무원제는 인간중심의 제도이므로 생활급과 관련된다. ③④[○] 직업공무원제의 특성으로 폐쇄형과 신분보장, 계급제, 일반행정가주의 등을 들 수 있다. ② 직업공무원제도는 계급제와 폐쇄형을 바탕으로 재직자에게 장기적으로 능력발전기회를 부여한다.

[정답] ①

24
• 19 지방9급

직업공무원제에 대한 설명으로 옳지 않은 것은?

① 젊고 우수한 인재가 공직을 직업으로 선택해 일생을 바쳐 성실히 근무하도록 운영하는 인사제도이다.
② 폐쇄적 임용을 통해 공무원집단의 보수화를 예방하고 전문행정가 양성을 촉진한다.
③ 행정의 안정성을 확보할 수 있고, 높은 수준의 행동규범을 유지하는 데 도움이 된다.
④ 조직 내에 승진적체가 심화되면서 직원들의 불만이 증가할 수 있다.

해설 ② 직업공무원제도는 지나친 신분보장이 공무원집단의 보수화(특권집단화)를 초래하고 폐쇄형 인사로 인한 행정의 전문성을 저해한다는 단점이 있다. ③ 직업공무원제도는 폐쇄형에 입각하여 신분이 보장되므로 행정의 안정성·계속성을 확보하고 높은 수준의 행동규범을 유지하는 데 도움이 된다.

[정답] ②

25
• 20 지방9급

직업공무원제의 단점을 보완하는 것으로 옳지 않은 것은?

① 개방형 인사제도
② 계약제 임용제도
③ 계급정년제의 도입
④ 정치적 중립의 강화

해설 직업공무원제이 성립요건으로 계급제, 신분보장, 폐쇄형 충원, 일반행정가 중심을 들 수 있다. 이러한 특성으로 공직의 침체, 폐쇄화, 비전문성 등의 폐단을 초래할 수 있다. 이러한 단점을 보완하는 제도로서 개방형, 계약제, 계급정년제의 도입 등 적극적 인사행정의 도입이 필요하다.
④ [X] 정치적 중립은 직업공무원제의 필수요건은 아니지만 직업공무원제의 단점을 보완하는 적극적 인사행정의 방안과는 관계가 없다.
① [O] 직업공무원제는 지나친 폐쇄성을 초래하므로 개방형 인사제도 등을 통하여 보완하여야 한다.
② [O] 직업공무원제는 정년까지 신분을 보장해주는 제도이므로 이를 보완하기 위해서는 근무기간을 정하여 임용하는 계약제 또는 임기제 공무원 제도로 보완하여야 한다.
③ [O] 계급정년제란 일정기간 동안 상위계급으로 승진하지 못하면 자동적으로 강제 퇴직하는 정년제도로 폐쇄형인 직업공무원제의 폐단을 보완하고 공직의 개방성과 유동성을 높이려는 제도이다.

[정답] ④

26 · 08 서울7급

공무원채용제도의 설명 중 가장 부적절한 것은?

① 직업공무원제는 공무원의 장기 근무를 유도하므로 행정의 전문화에 도움이 된다.
② 펜들턴법(Pendleton Act)은 영국의 공무원체제에서 활용되고 있는 실적제의 영향을 받았다.
③ 엽관제는 대도시에 있어서 다양한 인종집단에 대한 정치적 사회화에 도움을 주었다.
④ 대표관료제는 정부관료제 내에 민주적 가치를 주입시키려는 의도에서 발달된 개념이다.
⑤ 실적제는 공직 취임의 기회균등이라는 민주적 요청을 충족시킨다.

해설 직업공무원제는 폐쇄형과 계급제의 속성을 가지고 있기 때문에 일반행정가(generalist)적 성격이 강하다. 반면 행정의 전문화와 기술화를 저해한다는 비판을 받는다. 참고로 전문직업주의와 행정의 전문화는 다른 개념이다. ③에 대해서는 논란이 있다.

[정답] ①

27 · 08 지방9급

직업공무원제 대한 설명으로 옳지 않은 것은?

① 전통적 관료제의 구성 원리와 부합하는 인사제도이다.
② 채용 당시의 직무수행 능력이 장기적인 발전 가능성보다 중요시 된다.
③ 행정의 안정성, 계속성, 일관성 유지가 가능하다.
④ 계급제, 폐쇄형 공무원제, 일반행정가주의에 바탕을 둔 제도이다.

해설 채용 당시의 직무수행능력을 중시하는 실적주의와는 달리 직업공무원제도는 직업적 안정성을 토대로 장기적인 발전가능성을 중시한다.

[정답] ②

28 · 07 대구7급

직업공무원제와 실적주의의 차이에 대한 설명으로 옳지 않는 것은?

① 결원의 충원방식으로는 직업공무원제는 폐쇄형, 실적주의는 개방형에 가깝다고 할 수 있다.
② 실적주의는 채용시 당사자가 가지고 있는 업적성에 역점을 두지만 직업공무원제는 공직을 평생의 보람으로 생각하는 생애성에 역점을 두고있다.
③ 직업공무원제는 승진, 전보 훈련 등을 통해 능력발전의 기회를 강조하면, 실적주의의 경우는 그러지 아니하다.
④ 실적주의는 반드시 공무원의 정치적 중립성을 요구하지는 않으나 직업공무원제는 공무원의 정치적 중립이 필수적이다.

해설 정치적 중립성은 실적주의와 직업공무원제의 공통점이다. 그런데 실적주의에서는 공무원의 정치적 중립성이 엄격히 요구되나 상대적으로 직업공무원제에서는 중립성이 완화되어 있다.

[정답] ④

29 · 22 행정사

직업공무원제도에 관한 설명으로 옳지 않은 것은?

① 젊고 유능한 인재들이 공직을 평생 직업으로 선택하여 근무하게 하는 제도이다.
② 행정의 계속성과 안정성을 확보하게 한다.
③ 폐쇄적 임용으로 인해 공직분위기의 침체가 우려된다.
④ 일반행정가 보다는 전문행정가 양성을 목표로 한다.
⑤ 신분보장으로 인해 무사안일과 관료의 병리현상이 초래될 위험이 있다.

해설 ④[X] 직업공무원제도는 전문행정가보다는 일반행정가 양성을 목표로 한다. 직업공무원제도는 공무원임용의 기준이 장기간 발전가능성에 두므로 일반행정가 중심이다. ③⑤는 직업공무원제도의 단점이다.

[정답] ④

30
• 23 군무원9급

직업공무원제에 대한 설명으로 가장 적절하지 않은 것은?

① 직업공무원은 일생동안 일할 수 있도록 신분을 보장받고 근무하는 공무원이다.
② 영국에서는 과거 국왕의 영향력을 차단하기 위해 종신직 행정관료를 제도화하기 시작하였다.
③ 미국에서는 펜들턴법을 시작으로 실적주의 원칙이 도입되었으며 계급제 채용방식을 채택하고 있다.
④ 직업공무원제를 달성하기 위해서는 제도적으로 신분보장과 젊고 유능한 인재를 확보하는 것이 필수적이다.

> **해설** ③ 미국에서는 펜들턴법을 시작으로 실적주의 원칙이 도입되었으며 직위분류제 채용방식을 채택하고 있다. 계급제 채용방식은 영국 등 직업공무원제도에서 채택한 방식이다.
>
> **[정답]** ③

31
• 24 군무원9급

다음 중 실적주의와 직업공무원제에 대한 설명으로 가장 적절하지 않은 것은?

① 실적주의를 개방형 충원과 동시에 시행하면 직업공무원제가 확립되기 어렵다.
② 직업공무원제는 실적주의의 확립 요건 또는 구성요소 중 하나로 볼 수 있으며, 따라서 직업공무원제는 실적주의를 토대로 할 때 더욱 확고하게 뿌리내릴 수 있다.
③ 결원 충원 방식 및 공직 분류 제도에 있어서 실적주의는 개방형과 직위분류제에 직업공무원제는 폐쇄형과 계급제에 가깝다고 할 수 있다.
④ 직업공무원제는 승진, 전보, 교육훈련 등을 통해 공무원 능력 발전의 기회를 강조한다.

> **해설** ②[X] 직업공무원제는 실적주의의 확립 요건이 아니라, 실적주의는 직업공무원제의 확립 요건 또는 구성요소 중 하나로 볼 수 있다. 직업공무원제는 실적주의의 확립을 기초로 하고 있지만 실적주의가 확립되었다고 해서 직업공무원제가 확립되는 것은 아니다. 영국의 직업공무원제도는 실적주의의 바탕위에 폐쇄형과 계급제에 입각하고 있다. 반면 실적제가 확립된 미국의 공무원제도는 직위분류제와 개방형 공무원제 및 전문가주의에 입각하고 있다.
> ①[O] 실적제는 직업공무원제의 필요조건이며 충분조건은 아니다. 즉, 실적제에 의하여 실적에 의한 인사관리가 이루어지고 신분보장이 된다 하더라도, 개방형을 폭넓게 허용하면 직업공무원제의 확립이 곤란하다.
> ③[O] 직업공무원제가 계급제와 폐쇄형 공무원제 및 일반능력가(一般能力家)주의를 지향하는데 반해, 실적주의에 기반하는 미국의 인사제도는 직위분류제와 개방형 공무원제 및 전문가주의에 입각하고 있다.
>
> **[정답]** ②

THEMA 53 중앙인사행정기관

32 · 24 국가9급
공무원과 관할 소청심사기관의 연결로 옳지 않은 것은?
① 경기도청 소속의 지방공무원 甲 – 경기도 소청심사위원회
② 지방검찰청 소속의 검사 乙 – 법무부 소청심사위원회
③ 소방청 소속의 소방위 丙 – 인사혁신처 소청심사위원회
④ 국립대학교 소속의 교수 丁 – 교육부 교원소청심사위원회

해설 ②[X] 현행법상 검사에 대해서는 소청심사제도가 없다. 행정부 소속 국가공무원은 대부분 인사혁신처 소청심사위원회에서 담당하고, 헌법상 독립기관소속 공무원은 각 독립기관 소청심사위원회에서 담당하며, 지방공무원은 각 시·도 소청심사위원회에서 담당하고 있다. 검사는 소청심사제도가 없다. 국가공무원 중에서 교원, 군인, 군무원 등 일부 특정직의 경우 별도의 소청심사위원회를 두고 있다.

구분	직종	소청심사기관
행정부	일반직, 외무, 경찰, 소방, 경호실, 국정원 등	인사혁신처 소청심사위원회
	검사	소청제도없음
	교원	교원소청심사위원회
	군인, 군무원	국방부에 별도 설치
지방직	일반직	시.도 지방공무원 소청심사위원회
독립기관 국회 등		국회사무처 등 각 소청심사위원회

[정답] ②

33 · 22 행정사
우리나라 인사혁신처에 관한 설명으로 옳지 않은 것은?
① 법률의 범위 내에서 인사규칙을 제정한다.
② 인사행정의 공정성을 제고하기 위한 독립합의형 대통령 직속기관이다.
③ 인사 법령에 따라 인사행정에 관한 구체적인 사무를 수행한다.
④ 행정기관 소속 공무원의 징계처분 등에 대한 소청을 심사·결정하기 위하여 소청심사 위원회를 둔다.
⑤ 인사행정을 수행하는 중앙정부의 인사행정기관이다.

해설 ②[X] 우리나라의 중앙인사기관인 인사혁신처는 비독립단독형으로 국무총리 소속기관이다.
① 법률의 범위 내에서 인사규칙(총리령)을 제정한다. 「인사혁신처와 그 소속기관 직제 시행규칙」은 정부조직법과 「인사혁신처와 그 소속기관 직제」에서 위임된 사항과 그 시행에 필요한 사항을 규정 한다.
④ 행정기관 소속 공무원의 징계처분 및 그 밖에 그 의사에 반하는 불리한 처분에 대한 소청을 심사·결정하기 위하여 「국가공무원법」 제19조제1항에 따라 인사혁신처에 소청심사위원회를 둔다(인사혁신처와 그 소속기관 직제 제2조).
⑤ 인사혁신처는 행정부의 인사행정을 수행하는 인사행정기관이다.

[정답] ②

34
• 24 행정사

중앙인사기관에 관한 설명으로 옳지 않은 것은?

① 중앙인사기관은 각 행정기관의 합리적 인사운영, 인력의 효율적 활용, 공무원의 공직규범기준 등 제공 기능을 담당한다.
② 중앙인사기관은 행정수반으로부터의 독립성과 다수 위원들의 협의에 의한 의사결정을 하는 합의성 등을 기준으로 유형화할 수 있다.
③ 1948년 정부수립 이후 우리나라 중앙인사기관은 비독립단독제 형태를 유지하여 오고 있다.
④ 우리나라에서 인사관리기능을 수행하기 위해 각 부처의 인사기관과 각 지방자치단체의 인사기관이 있다.
⑤ 현재 우리나라의 중앙인사기관은 국무총리 소속의 인사혁신처이다.

해설 ③[X] 1948년 정부수립 이후 우리나라 중앙인사기관은 대체로 비독립단독제 형태를 유지하여 왔었다. 그러나 1999년부터 2008년까지 중앙인사위원회가 설치되어 비독립 합의제기관의 형태를 운영한 바 있다. 1999년 김대중정부때 독립형 합의제 기관으로서 중앙인사위원회가 설치되어 행정자치부와 업무를 분담하였으며, 2004년부터는 중앙인사위원회로 통합되어 정부 인사 기능이 일원화되었다. 2008년 중앙인사위원회의 폐지 이후 행정안전부(2008~2013), 안전행정부(2013~2014)를 거쳐 2014년 국무총리 소속으로 인사혁신처가 신설되어 현재까지 비독립형단독제기관의 형태로 중앙인사기관이 운영되고 있다.

[정답] ③

35
• 22 군무원9급

중앙인사기관의 조직 형태에 대한 설명으로 가장 옳지 않은 것은?

① 1948년 대한민국 정부 수립 이후 비독립형단독제 기관으로서 총무처를 두고 있었다.
② 1999년 독립형 합의제 기관으로서 중앙인사위원회가 설치되어 행정자치부와 업무를 분담하였으며, 2004년부터는 중앙인사위원회로 통합되어 정부 인사 기능이 일원화되었다.
③ 2008년 중앙인사위원회의 폐지 이후 2013년까지 행정안전부를 거쳐 안전행정부로 인사관리기능이 독립형 단독제 기관으로 통합되어 운영되었다.
④ 2014년 국무총리 소속으로 인사혁신처가 신설되어 현재까지 비독립형단독제기관의 형태로 중앙인사기관이 운영되고 있다.

해설 ② 1999년 김대중정부때 신설된 중앙인사위원회(인사정책)는 행정자치부(인사집행)와 업무를 분담하였다. 이때 중앙인사위원회는 대통령소속기관이었으므로 비독립 합의제기관이었다.
③ 행정안전부(2008~2013), 안전행정부(2013~2014) 모두 '비독립' 단독제 기관이다.

[정답] ②③ (복수)

THEMA 54. 공직의 분류 : 개방형/경력직

36
• 17 행정사

우리나라 경력직공무원에 해당하는 사람을 모두 고른 것은?

ㄱ. 담당업무가 특수하여 자격·신분보장·복무 등에 있어서 개별 특별법이 우선 적용되는 공무원
ㄴ. 비서관·비서 등 보좌업무 등을 수행하는 공무원
ㄷ. 기술, 연구 또는 행정 일반에 대한 업무에 종사하는 공무원
ㄹ. 선거로 취임하는 공무원
ㅁ. 국회의 동의를 거쳐 임명하는 등 주로 정치적 판단이나 정책결정을 필요로 하는 업무를 담당하는 공무원
ㅂ. 실적과 자격에 따라 임용되고 그 신분이 보장되며 평생 동안(근무기간을 정하여 임용하는 공무원의 경우에 그 기간 동안을 말한다) 공무원으로 근무할 것이 예정되는 공무원

① ㄱ, ㄴ, ㄹ   ② ㄱ, ㄷ, ㅂ
③ ㄴ, ㄷ, ㄹ   ④ ㄴ, ㄹ, ㅁ
⑤ ㄷ, ㅁ, ㅂ

해설 "경력직공무원"이란 실적과 자격에 따라 임용되고 그 신분이 보장되며 평생 동안(근무기간을 정하여 임용하는 공무원의 경우에는 그 기간 동안을 말한다) 공무원으로 근무할 것이 예정되는 공무원을 말한다(국가공무원법 2조). 경력직공무원은 다시 일반직과 특정직 공무원으로 구성된다.
ㄱ은 특정직 공무원이고, ㄴ은 별정직 공무원이며, ㄷ은 일반직 공무원이다.
ㄹ과 ㅁ은 정무직 공무원이며,
ㅂ은 경력직공무원에 대한 국가공무원법 규정이다.

[정답] ②

[공직의 분류]

구분		예시
경력직	일반직	행정일반, 연구직, 지도직, 국회전문위원
	특정직	법관, 검사, 외무·경찰·소방·교육공무원(교원)·헌법연구관·군인·군무원 및 국가정보원의 직원 등
특수경력직	정무직	①대통령·국회의원·자치단체장 등 ②감사원장, 헌법재판소장, 국무총리, 대법관 등 ③장관, 차관, 청장, 기타 차관급
	별정직	국회의원 보좌관·비서관

37
• 17 교육행정9급

공무원 구분에 관한 설명으로 옳은 것을 〈보기〉에서 고른 것은?

〈보기〉
ㄱ. 헌법재판소 헌법연구관은 특정직 공무원이다.
ㄴ. 감사원 사무총장은 별정직 공무원이다.
ㄷ. 실적주의 적용과 신분보장의 여부에 따라 경력직과 특수경력직 공무원으로 구분된다.
ㄹ. 임기제공무원은 근무기간을 정하여 임용하는 특수경력직 공무원이다.

① ㄱ, ㄴ   ② ㄱ, ㄷ
③ ㄴ, ㄹ   ④ ㄷ, ㄹ

해설 옳은 것은 ㄱ, ㄷ이다.
㉠ 헌법재판소 헌법재판관은 정무직 공무원이지만, 헌법연구관은 특정직 공무원이다.
㉢ 실적주의와 직업공무원제의 적용(신분보장) 여부에 따라 구분한다.
㉡ 감사원장과 감사원 사무총장은 정무직 공무원이다.
㉣ 임기제공무원은 근무기간을 정하여 임용하는 공무원으로 경력직 공무원에 해당한다.

[정답] ②

38
• 19 군무원9급

다음 중 공무원 인사제도에 대한 설명 중 옳은 것은?

ㄱ. 경찰공무원은 경력직공무원 중 특정직공무원이다.
ㄴ. 차관은 특수경력직 중 별정직이다.
ㄷ. 국가직과 지방직공무원 모두 고위공무원단이 운영되고 있다.
ㄹ. 국가직과 지방직공무원 모두 「공무원연금법」의 적용을 받는다.

① ㄱ, ㄴ   ② ㄱ, ㄹ
③ ㄴ, ㄷ   ④ ㄴ, ㄹ

해설 ㄱ. 경찰공무원, 소방공무원, 군인 등은 특정직공무원이다.
ㄹ. 국가직과 지방직공무원 모두 「공무원연금법」상 공무원연금의 대상이다.
ㄴ. 차관은 특수경력직 중 정무직이다.
ㄷ. 지방직공무원에는 고위공무원단이 운영되지 않는다.

[정답] ②

39
• 21 지방9급

공직 분류 체계에 대한 설명으로 옳은 것은?

① 소방 공무원은 특수경력직 공무원에 해당한다.
② 국회 수석전문위원은 일반직 공무원에 해당한다.
③ 차관에서 3급 공무원까지는 특정직 공무원에 해당한다.
④ 경력직 공무원은 실적과 자격에 의해 임용되고 신분이 보장된다.

해설 ④ "경력직공무원"이란 실적과 자격에 따라 임용되고 그 신분이 보장되며 평생 동안 공무원으로 근무할 것이 예정되는 공무원을 말한다(국가공무원법 제2조). ① [X] 소방공무원은 경력직 공무원이며, 경력직 중 특정직에 해당한다. ② [X] 국회 전문위원은 일반직 공무원이지만, 수석전문위원은 별정직 공무원(특수경력직)에 해당한다. ③ [X] 차관은 정무직이며, 1~3급 공무원은 대부분 일반직 공무원에 해당한다.

[정답] ④

40
• 18 지방9급

「지방공무원법」상 특정직 지방공무원에 해당하지 않는 것은?

① 지방의회 전문위원
② 교육감 소속의 교육전문직원
③ 자치경찰공무원
④ 지방소방공무원

해설 ① [X] 국회전문위원은 일반직공무원에 해당하지만, 지방의회 전문위원은 지방자치법과 지방자치단체의 행정기구와 정원기준 등에 관한 규정 제15조에 의하여 별정직지방공무원에 해당한다.
④ [X] 소방공무원법의 개정으로 지방소방공무원은 국가소방공무원으로 변경되었다(2020.4.1.).
②③ 교육, 경찰 공무원은 모두 특정직 공무원에 해당한다. 지방공무원법 2조에 의하면 특정직공무원으로 공립 대학 및 전문대학에 근무하는 교육공무원, 교육감 소속의 교육전문직원, 자치경찰공무원과 그 밖에 특수 분야의 업무를 담당하는 공무원으로서 다른 법률에서 특정직공무원으로 지정하는 공무원을 들고 있다.

[정답] ①④ (복수)

41
• 19 서울7급(추가)

「지방공무원법」상 특정직공무원이 아닌 것은?

① 기술에 대한 업무를 담당하는 공무원
② 공립 대학 및 전문대학에 근무하는 교육공무원
③ 자치경찰공무원
④ 지방소방공무원

해설 ① 행정일반, 기술, 연구에 대한 업무를 담당하는 공무원은 특정직이 아니라 일반직에 해당한다. 교육공무원, 경찰공무원, 소방공무원 등은 모두 특정직 공무원에 해당한다.
②③ 교육, 경찰공무원은 특정직 공무원이다.
④ 소방공무원법의 개정으로 지방소방공무원은 국가소방공무원으로 변경되었다(2020.4.1.). 따라서 지방소방공무원은 존재하지 않고 국가소방공무원으로 일원화되었다.

[정답] ①④ (복수)

42
• 20 행정사

우리나라 공무원 분류 중 특수경력직 공무원에 해당 되지 않는 것은?

① 국회의원
② 헌법재판소 헌법연구관
③ 대통령 비서실장
④ 국민권익위원회 위원장
⑤ 감사원 사무차장

해설 "특수경력직공무원"이란 경력직공무원 외의 공무원을 말하며, 정무직과 별정직 공무원이 있다. 국회의원, 대통령 비서실장, 국민권익위원회 위원장, 감사원 사무차장 등은 정무직 공무원으로 특수경력직 공무원이다.

②[X] 헌법재판소 헌법연구관은 특정직 국가공무원으로 경력직 공무원이다. 참고로 헌법재판소는 9명의 재판관으로 구성하며, 헌법재판관은 정무직 공무원이다. 헌법연구관은 헌법재판소장의 명을 받아 사건의 심리(審理) 및 심판에 관한 조사·연구에 종사하는 특정직 공무원이다.

[정답] ②

43
• 06 국가9급

다음 중 특수경력직 공무원에 속하지 않는 것은?

① 감사원 사무차장
② 국회전문위원
③ 헌법재판소 헌법연구관
④ 국가정보원 기획조정실장

해설 ① 감사원 사무총장은 정무직으로, 사무차장은 일반직으로 한다. ② 국회전문위원은 일반직공무원이다.
③ 헌법재판소 헌법연구관은 특정직 공무원이다. 일반직과 특정직 공무원은 경력직 공무원이므로 ①②③ 모두 특수경력직 공무원에 해당하지 않는다. 참고로 헌법재판소 재판관은 정무직이다.
④ 국가정보원 원장·차장 및 기획조정실장 모두 정무직 공무원이다.

[정답] ①②③ (복수)

44
• 22 군무원7급

다음 중 우리나라의 공직분류 중 특정직에 해당하지 않는 것은?

① 경호공무원
② 경찰청장
③ 감사원사무차장
④ 헌법재판소헌법연구관

해설 ③ 감사원 사무차장은 현재 일반직 공무원이다. 종래에는 별정직이었으나 2015년 시·도 선관위 상임위원 등과 함께 일반직으로 변경되었다.
① [O] 경호공무원은 경력직 중 특정직 공무원이다.
② [O] 경찰청장은 국회의 인사청문대상이지만 특정직 공무원(치안총감)이다.
④ [O] 헌법연구관은 경력직 중 특정직 공무원이다.

[정답] ③

기관	직위	신분
국회	국회의원, 사무총장, 사무차장	정무직
	수석전문위원	별정직
	전문위원	일반직
헌법재판소	헌법재판관, 사무처장, 사무차장	정무직
	헌법연구관	특정직
대법원	대법원장, 대법관	특정직
선관위	중앙선관위 : 중앙선관위원, 사무처장, 사무차장	정무직
	시·도선관위 상임위원	일반직
감사원	감사위원, 사무총장	정무직
	사무차장	일반직
국가정보원	원장, 차장, 기획조정실장	정무직
	직원	특정직
국가보훈처	처장, 차장	정무직
인사처, 법제처, 식약처	처장	정무직
	차장	일반직
대통령실	수석비서관	정무직
	일반비서	별정직

계급제와 직위분류제

45
• 23 지방9급

계급제에 대한 설명으로 옳지 않은 것은?

① 직무의 속성을 중심으로 공직을 분류하는 제도이다.
② 폐쇄형 충원방식을 원칙으로 한다.
③ 일반행정가 양성을 지향한다.
④ 탄력적 인사관리에 용이하다.

해설 ①[X] 직무의 속성을 중심으로 공직을 분류하는 제도는 직위분류제이다. 반면 계급제는 공직을 수행하는 사람과 신분을 기준으로 공무원을 분류하는 제도로서 개인의 신분·자격·학력을 기준으로 한 인간중심의 분류이다.
②[O] 계급제는 폐쇄형 충원방식을 채택함으로써 공무원의 사기를 높이고 직업공무원제의 확립이 용이하다.
③④[O] 계급제는 일반적 교양을 갖춘 일반행정가(generalist)를 육성하는데 적합하며, 일반행정가 중심이므로 전직과 전보 등 탄력적인 인사운영이 용이하다.

[정답] ①

46
• 22 국가9급

직위분류제의 주요 개념에 대한 설명으로 옳지 않은 것은?

① '직위'는 한 사람의 공무원에게 부여할 수 있는 직무와 책임을 의미한다.
② '직급'은 직무의 종류가 유사하고 곤란도·책임도가 서로 다른 군(群)을 의미한다.
③ '직류'는 동일 직렬 내에서 담당분야가 동일한 직무의 군(群)을 의미한다.
④ '직무등급'은 직무의 곤란도·책임도가 유사해 동일 보수를 줄 수 있는 직위의 군(群)을 의미한다.

해설 ②[X] 직무의 종류가 유사하고 곤란도·책임도가 서로 다른 군(群)은 직렬(series)이다. 직급(職級)이란 직무의 종류·곤란성과 책임도가 상당히 유사한 직위의 군(집합)으로 직위분류제의 기본 요소이다.

[정답] ②

47
• 23 국가9급

직무평가 방법에 대한 설명으로 옳지 않은 것은?

① 점수법은 직무를 구성하는 하위요소별 점수를 합산하여 평가하는 방법이다.
② 분류법은 미리 정한 등급기준표와 직무 전체를 비교하여 등급을 결정하는 비계량적 방법이다.
③ 서열법은 직무의 구성요소를 구별하지 않고 직무 전체의 중요도를 종합적으로 평가하는 방법이다.
④ 요소비교법은 기준직무(key job)와 평가할 직무를 상호 비교해 가며 평가하는 비계량적 방법이다.

해설 ④[X] 요소비교법은 기준직무와 평가대상직무를 비교하여 점수를 조정하고 보수액을 밝혀주는 '계량적' 평가방법이다.

구 분		특 징	비교
비계량적 인 방법	서열법	직무를 전체적·종합적으로 평가하여 상대적 중요도에 의해 서열을 부여하는 자의적 평가법. 상위직위와 하위직위를 선정한 다음 대상직위를 이에 비교하여 결정	직무와 직무
	분류법	사전에 작성된 등급기준표에 의해 직무의 책임과 곤란도 등을 파악하는 방법으로 서열법보다 다소 세련된 방안으로 정부부문에서 많이 사용	직무와 기준표
계량적 방법	점수법	직위의 직무구성요소를 정의하고 각 요소별로 직무평가기준표에 의하여 평가한 점수를 총합하는 방식	직무와 기준표
	요소비교법	직무를 평가요소별로 나누어 계량적으로 평가하되 기준직위를 선정하여 이와 대비시키는 방법으로 보수액 산정이 동시에 이루어짐	직무와 직무

[정답] ④

48
• 24 지방9급

직무평가 방법에 대한 설명으로 옳지 않은 것은?

① 분류법은 미리 정해진 등급기준표를 이용하는 비계량적 방법이다.
② 서열법은 비계량적 방법으로, 직무의 수가 적은 소규모 조직에 적절하다.
③ 점수법은 직무와 관련된 평가요소를 선정하고 각 요소별로 중요도를 부여하는 과정에서 계량화를 통해 명확하고 객관적인 이론적 증명이 가능하다.
④ 요소비교법은 조직 내 기준직무(key job)를 선정하여 평가하려는 직무와 기준직무의 평가요소를 상호비교하여 상대적 가치를 판단하는 방법이다.

해설 ③[X] 점수법은 직위의 직무구성요소를 정의하고 요소별로 직무평가기준표에 의한 점수를 총합하는 방식으로 일반적으로 가장 많이 사용하는 방법이다. 결과의 신뢰도·타당도가 높고, 이해가 용이하여 평가결과를 수용하기 용이하지만 고도의 기술과 많은 시간·노력을 필요로 한다. 또한 점수화 작업이 주관적 판단에 의존하기 때문에 각 요소에 대한 평가점수의 결정이 객관적 증명이 곤란하다는 단점이 있다.

① [O] 분류법은 사전에 정해진 등급기준표를 이용하여 직무를 평가하는 비계량적인 평가방법이다.
② [O] 서열법은 직위와 직위를 상호 비교하는 비계량적 방법으로 직위의 수가 많고 규모가 큰 대규모 조직에는 적합하지 않다.
④ [O] 요소비교법은 먼저 평가할 직위에 공통되는 평가요소를 선정하고 조직에서 가장 중심이 되는 직무, 즉 대표 직위(기준직무, key job)를 선정하여 그들을 평가요소별로 서열을 정한다.

[정답] ③

49
• 16 행정사

우리나라 공직 혹은 공무원의 분류·관리에 관한 설명으로 옳은 것을 모두 고른 것은?

> ㄱ. 직위분류제를 근간으로 하면서 계급제적 요소를 부분적으로 도입하고 있다.
> ㄴ. 계급제는 사람의 특성에 따라, 직위분류제는 직무의 특성에 따라 공직을 분류한다.
> ㄷ. 계급제는 공무원의 신분보장과 직업공무원제 확립에 유리하며, 직위분류제는 인력활용의 융통성을 높여 준다.
> ㄹ. 고위공무원단에 소속된 공무원은 계급이 없는 대신 담당직무의 등급에 따라 그 지위가 결정된다.
> ㅁ. 전문경력관은 일반직공무원이지만, 계급 구분과 직군·직렬 분류가 적용되지 않는다.

① ㄱ, ㄴ, ㄷ ② ㄴ, ㄷ, ㄹ
③ ㄴ, ㄷ, ㅁ
④ ㄴ, ㄹ, ㅁ ⑤ ㄷ, ㄹ, ㅁ

해설 보기에서 틀린 지문은 ㉠ 우리나라의 공직은 계급제를 근간으로 하면서 직위분류제를 도입하고 있다. ㉢ 계급제는 공무원의 신분보장과 직업공무원제 확립에 유리하다. 또한 인력활용의 융통성을 높여 주는 것은 계급제이다. ㉣ 소속 장관은 해당 기관의 일반직공무원 직위 중 순환보직이 곤란하거나 장기 재직 등이 필요한 특수 업무 분야의 직위를 인사혁신처장과 협의하여 전문경력관 직위로 지정할 수 있다(전문경력관 규정 제3조). 전문경력관 규정은 계급 구분과 직군 및 직렬의 분류를 적용하지 아니하는 직위에 임용되는 일반직공무원의 임용, 임용시험 및 성과평가 등에 관한 특례를 규정하고 있다.

[정답] ④

50
• 16 국가9급

직위분류제의 주요 개념에 대한 설명으로 옳은 것은?

① 등급은 직위에 포함된 직무의 성질, 난이도, 책임의 정도가 유사해 채용과 보수 등에서 동일하게 다룰 수 있는 직위의 집단이다.
② 직류는 직무 종류가 광범위하게 유사한 직렬의 군이다.
③ 직렬은 직무 종류는 유사하나 난이도와 책임 수준이 다른 직급 계열이다.
④ 직군은 동일 직렬 내에서 담당 직책이 유사한 직무군이다.

해설 ①은 등급이 아니라 직급이다. ②는 직류가 아니라 직군이며, ④는 직군이 아니라 직류에 대한 설명이다.

[정답] ③

51
• 15 서울9급

직위분류제를 형성하는 기본개념들에 대한 다음 설명 중 옳지 않은 것은?

① 직급 - 직무의 종류는 다르지만 그 곤란성·책임도 및 자격수준이 상당히 유사하여 동일한 보수를 지급할 수 있는 모든 직위를 포함하는 것
② 직류 - 동일한 직렬 내에서 담당 책이 유사한 직무의 군
③ 직렬 - 난이도와 책임도는 서로 다르지만 직무의 종류가 유사한 직급의 군
④ 직군 - 직무의 종류가 광범위하게 유사한 직렬의 범주

해설 ① 직급(class)이란 직무의 종류 및 곤란성과 책임도가 상당히 유사한 직위의 군(집합)으로 임용자격·임용시험·보수 등 인사관리에서 동일한 취급을 한다.

[정답] ①

52
• 17 지방9급(하)

직무평가 방법에 대한 설명으로 옳은 것은?

① 서열법은 직무와 직무를 직접 비교하기 때문에 주관성 배제에는 유리하지만 비용이 많이 든다는 단점이 있다.
② 점수법은 직무평가표에 따라 구성요소별 점수를 매기고, 이를 합계해 총점을 계산하므로 시간과 노력이 적게 든다는 장점이 있다.
③ 요소비교법은 점수법과 같이 시행의 단순성과 편의성으로 인해 가장 광범위하게 사용되고 있다.
④ 분류법에서는 등급기준표가 완성되기까지 직무평가가 이루어져서는 안 된다.

해설 ④ 분류법은 우선 직위의 등급수를 정하고, 분류기준을 미리 작성한 등급기준표를 작성한다. 따라서 등급기준표가 완성된 후 직무평가가 이루어진다.
① 서열법은 직무 평가방법 중 가장 간단하고 또 일찍이 사용했던 방법으로 시간과 비용은 절감되지만 주관이 개입되어 신뢰도가 떨어진다는 단점이 있다.
② 점수법은 직위의 직무구성요소를 정의하고 요소별로 직무평가기준표에 의한 점수를 총합하는 방식으로 직무평가표 개발에 시간과 노력이 비교적 많이 들어간다는 단점이 있다.
③ 일반적으로 가장 많이 사용되는 방법은 점수법이다. 요소비교법도 점수법과 마찬가지로 시간, 비용, 노력이 많이 소요되는 방법이다.

[정답] ④

53
• 18 서울9급

직무평가의 방법 중 점수법에 대한 설명으로 가장 옳은 것은?

① 직무 전체를 종합적으로 판단해 미리 정해 놓은 등급기준표와 비교해가면서 등급을 결정한다.
② 대표가 될 만한 직무들을 선정하여 기준 직무(key job)로 정해놓고 각 요소별로 평가할 직무와 기준 직무를 비교해가며 점수를 부여한다.
③ 비계량적 방법을 통해 직무기술서의 정보를 검토한 후 직무상호 간에 직무 전체의 중요도를 종합적으로 비교한다.
④ 직무평가기준표에 따라 직무의 세부 구성요소들을 구분한 후 요소별 가치를 점수화하여 측정하는데, 요소별 점수를 합산한 총점이 직무의 상대적 가치를 나타낸다.

해설 ④ 점수법은 직무평가기준표에 따라 직무의 세부 구성요소들을 구분한 후 상대적 중요도(요소별 가치)를 점수로 계량화하여 직무의 상대적 가치를 나타내는 직무평가기법이다.
① 사전에 작성된 등급기준표를 토대로 직무전체를 종합적으로 판단·비교해가는 비계량적인 직무평가기법은 분류법에 대한 설명이다.
②는 요소비교법에 대한 설명이다.
③은 서열법에 대한 설명이다.

[정답] ④

54
• 06 대전9급

직위분류제에 관한 다음 설명 중 옳지 않은 것은?

① 공무원 개개인의 자격과 능력을 기준으로 분류하는 제도이다.
② 담당직책이 요구하는 능력을 소유한 자를 임용할 수 있으므로 채용, 승진 등의 인사배치에 적합한 기준을 제공한다.
③ 훈련수요를 쉽게 파악할 수 있고 직무급 수립이 용이하다.
④ 행정의 전문화와 정원관리를 용이하게 한다.

해설 직위분류제는 직무의 특성을 기준으로 공직을 분류하는 제도이고, 공무원 개개인을 기준으로 삼는 것은 인간 중심의 분류체계인 계급제를 말한다.

[정답] ①

55
* 11 국가9급

직위분류제에 대한 설명으로 옳은 것을 모두 고르면?

> ㄱ. 과학적 관리운동은 직위분류제의 발달에 많은 자극을 주었다.
> ㄴ. 직무의 종류, 곤란성과 책임도가 상당히 유사한 직위의 군은 직렬이다.
> ㄷ. 조직 내에서 수평적 이동이 용이하여 유연한 인사행정이 가능하다.
> ㄹ. 사회적 출신배경에 관계없이 담당 직무의 수행능력과 지식기술을 중시한다.

① ㄱ, ㄴ
② ㄱ, ㄹ
③ ㄴ, ㄷ
④ ㄷ, ㄹ

해설 보기 중에서 맞는 것은 ㄱ, ㄹ이다. ㄴ 종류와 곤란도가 모두 유사한 직위의 군은 직급이다. ㄷ은 계급제의 장점에 해당한다.

[정답] ②

56
* 08 국가7급

공직의 분류 혹은 구조에 관한 설명으로 옳은 것은?

① 계급제는 직무보다는 사람을 중심으로 공직을 분류하며, 규모가 크고 복잡한 조직에 적합하다.
② 직위분류제에서 각 계층의 구성원들은 자기 집단이익의 옹호에 집착할 가능성이 높다.
③ 직위분류제는 잠정적·비정형적 업무로 구성된 역동적이고 불확실한 상황에 유용하다.
④ 계급제하에서는 인적 자원 활용의 수평적 융통성은 높으나 수직적 융통성은 낮은 편이다.

해설 계급제는 직무보다 사람중심의 공직분류체계로서, 폐쇄형주의와 일반행정가 중심이다. 따라서 인적자원의 수평적 이동이 용이하며, 계급의 수가 적고 계급이 사회출신성분과 교육제도상 계층과 연관되어 있어 계급간 승진이나 이동이 용이하지 않아 수직적 융통성은 낮은 편이다 (④).
① 계급제는 규모가 작고 단순한 조직에 적합하다.
② 직위분류제는 직무몰입이 용이하고, 계급제는 조직몰입이 용이해서 각 계층의 구성원들은 자기 집단이익의 옹호에 집착할 가능성이 높다.
③ 직위분류제는 신축성과 융통성이 부족하여 잠정적·비정형적 업무로 구성된 역동적이고 불확실한 상황에 불리하다.

[정답] ④

57
* 10 지방9급

계급제와 직위분류제를 비교한 설명으로 옳지 않은 것은?

① 직위분류제가 계급제보다 직업공무원제도 확립에 더 유리하다.
② 직위분류제가 계급제보다 직무급의 결정에 더 타당한 자료를 제공할 수 있다.
③ 직위분류제가 계급제보다 전문행정가의 양성에 더 유리하다.
④ 계급제가 직위분류제보다 탄력적 인사관리에 더 유리하다.

해설 ① 직업공무원제도의 확립에 용이한 것은 계급제이다. 직위분류제는 전문행정가주의 및 개방형과 결합되며 공무원의 신분보장이 약하기 때문에 직업공무원제 확립을 저해한다.

[정답] ①

58
* 06 서울9급

우리나라 공무원 제도의 직급 체계를 구성하는 요인으로 옳게 짝지은 것은?

① 난이도 - 근무경력
② 성실도 - 능력도
③ 난이도 - 책임도
④ 책임도 - 근무경력
⑤ 책임도 - 능력도

해설 직위분류제의 기본단위로서 직위·직급·직렬·직군 등이 있는데, 이중에서 직급이란 직무의 종류와 곤란도·난이도·책임도가 유사한 직위의 집합을 의미한다.

[정답] ③

THEMA 56. 한국의 인사행정제도 : 고위공무원단 등

59
* 12 국가7급

인사행정 관련 제도에 대한 설명으로 옳지 않은 것은?

① 관료들이 출신 집단의 이익을 위해 적극적으로 행동하는 적극적 대표는 민주주의에 위협 요소로 작용할 수 있다.
② 직위분류제는 계급제에 비해 인력 활용의 융통성과 효율성이 높아 탄력적 인사관리가 가능하다는 장점을 가진다.
③ 우리나라에서 시행되고 있는 양성평등채용목표제, 지역인재추천채용제 등은 관료제의 대표성을 제고하기 위해 도입된 제도이다.
④ 엽관제는 선출직 정치지도자들을 통해 관료집단에 대한 통제를 용이하게 함으로써 관료제의 대응성을 제고할 수 있다.

해설 ②는 계급제에 대한 설명이다. 계급제는 분류구조와 보수체계가 단순하고 융통성이 있어 인사관리가 수월하고 비용이 절감되며, 인력 활용의 융통성과 효율성이 높아 탄력적 인사관리가 가능하다는 장점이 있다.

[정답] ②

60
* 16 교행9급

중앙행정기관의 개방형 임용제도에 대한 설명으로 옳지 않은 것은?

① 경력개방형직위제도는 공무원과 민간인이 경쟁하여 최적임자를 선발하는 것이다.
② 개방형직위는 고위공무원단 또는 과장급 직위 총수의 20% 범위에서 지정한다.
③ 공무원이 개방형 직위나 공모직위를 통해 임용된 경우 공히 임용기간 만료 후 원소속으로 복귀가 가능하다.
④ 공모직위제도는 타 부처 공무원들과의 경쟁을 통해 최적임자를 선발하는 제도로 경력직 고위공무원단 직위 수의 30% 범위에서 지정한다.

해설 ① 공무원과 민간인이 경쟁하여 최적임자를 선발하는 것은 개방형직위이다. 반면 경력개방형직위제도(2015년 도입)는 이와 달리 민간인으로만 채용하는 개방형 직위를 말한다.

[정답] ①

61
* 18 국가9급

전문경력관제도에 대한 설명으로 옳지 않은 것은?

① 소속 장관은 해당 기관의 일반직공무원 직위 중 순환보직이 곤란하거나 장기 재직 등이 필요한 특수 업무 분야의 직위를 인사혁신처장과 협의하여 전문경력관직위로 지정할 수 있다.
② 일반직 공무원과 마찬가지로 계급 구분과 직군 및 직렬의 분류를 적용한다.
③ 전문경력관직위의 군은 직무의 특성·난이도 및 직무에 요구되는 숙련도 등에 따라 구분한다.
④ 임용권자는 일정한 경우에 전직시험을 거쳐 전문경력관을 다른 일반직공무원으로 전직시킬 수 있다.

해설 ② 전문경력관제도란 일반직공무원 직위 중 순환보직이 곤란하거나 장기 재직 등이 필요한 특수 업무 분야의 직위를 인사혁신처장과 협의하여 전문경력관직위로 지정할 수 있는 제도이다. 전문경력관이란 계급 구분과 직군 및 직렬의 분류를 적용하지 아니하는 직위에 임용되는 일반직공무원을 말한다(전문경력관규정 제3조).

[정답] ②

62
• 19 군무원9급

독립합의형 중앙인사기관의 장점으로 옳지 않은 것은?

① 엽관주의의 영향력을 배제함으로써 인사행정의 공정성을 확보할 수 있다.
② 다수의 위원들에 의해서 인사행정에 관한 결정을 함으로써 신중한 의사결정을 할 수 있다.
③ 중요한 이익집단의 대표자를 합의체에 참여시킴으로써 인사 행정에 대한 이익집단의 요구를 균형 있게 수용할 수 있다.
④ 인사행정의 책임소재를 명확하게 할 수 있다.

> **해설** 인사행정의 책임소재를 명확하게 할 수 있는 형태는 합의형이 아니라 단독형의 중앙인사기관이다. 독립 합의형 중앙인사기관은 합의성으로 인하여 인사행정의 책임소재가 불명확해진다.
>
> [정답] ④

63
• 20 국회9급

「국가공무원법」상 중앙인사관장기관이 아닌 것은?

① 감사원사무총장
② 법원행정처장
③ 헌법재판소사무처장
④ 국회사무총장

> **해설** ① [X] 감사원은 헌법상 기관이긴 하지만 행정부소속기관이다. 따라서 행정부의 중앙인사관장기관은 인사혁신처이다. ②③④ [O] 행정부가 아닌 헌법상 독립기관으로 국회는 국회사무총장 · 법원은 법원행정처장 · 헌법재판소는 헌법재판소사무처장 · 선거관리위원회는 중앙선거관리위원회사무총장이 중앙인사관장기구이다.
>
> [정답] ①

64
• 15 지방9급

고충처리제도와 소청심사제도에 대한 설명으로 옳지 않은 것은?

① 양자 모두 공무원의 권익보호를 위한 제도이다.
② 고충심사위원회와 소청심사위원회의 결정은 관계기관의 장을 기속한다.
③ 중앙고충심사위원회의 기능은 인사혁신처 소청심사위원회에서 관장한다.
④ 소청심사제도는 공무원이 징계처분 기타 그 의사에 반하는 불이익 처분에 대해 이의를 제기하는 경우 이를 심사·결정하는 특별행정심판제도이다.

> **해설** ② 고충심사위원회의 결정은 구속력이 없고 소청심사위원회의 결정은 구속력을 가진다. 소청심사위원회는 준사법적 기관으로 행정위원회에 해당하지만 고충심사위원회는 임용권자 등이 심사를 맡긴 기구일 뿐이지 결정권을 행사하지는 못한다.
>
> [정답] ②

65
• 16 서울9급

다음 중 역량평가제도에 대한 설명으로 가장 옳은 것은?

① 역량평가제도는 근무 실적 수준만으로 해당 업무 수행을 위한 역량을 보유하고 있는지에 대해 평가하는 것을 목적으로 한다.
② 역량평가제도는 대상자의 과거 성과를 평가하는 것이고, 성과에 대한 외부 변수를 통제하지 않는다.
③ 역량평가제도는 구조화된 모의 상황을 설정한 뒤 현실적 직무 상황에 근거한 행동을 관찰해 평가하는 방식이다.
④ 역량평가는 한 개의 실행 과제만을 활용하여 평가한다.

> **해설** ③ 역량평가제도는 모의 상황을 설정한 뒤 현실적 직무 상황에 근거한 행동을 다양한 방식으로 관찰하여 평가하는 방식이다. ① 근무실적만을 평가하는 것은 근무성적평정이인데 비하여, 역량평가제도는 해당업무 수행을 위한 역량을 보유하고 있는지에 대해 평가하는 것을 목적으로 한다. ② 역량평가제도는 미래의 잠재력을 평가하는 것으로 성과에 대한 외부변수의 통제를 통해서 이루어지므로 비교적 객관적인 평가가 가능하다. ④ 역량평가는 다수의 실행과제를 다수의 평가주체가 다양한 방법으로 평가한다.
>
> [정답] ③

66
• 18 지방9급

역량평가에 대한 설명으로 옳은 것만을 모두 고르면?

> ㄱ. 역량은 조직의 평균적인 성과자의 행동특성과 태도를 의미한다.
> ㄴ. 다수의 훈련된 평가자가 평가대상자가 수행하는 역할과 행동을 관찰하고 합의하여 평가결과를 도출한다.
> ㄷ. 고위공무원단 역량평가의 대상은 문제인식, 전략적 사고, 성과지향, 변화관리, 고객만족, 조정·통합의 6가지 역량으로 구성되어 있다.
> ㄹ. 고위공무원단 후보자가 되기 위해서는 역량평가를 거친 후 반드시 고위공무원단 후보자 교육과정을 이수해야 한다.

① ㄱ, ㄴ
② ㄱ, ㄹ
③ ㄴ, ㄷ
④ ㄷ, ㄹ

해설 보기에서 옳은 것은 ㄴㄷ이다. ㄱ 역량은 조직에서 가장 높은 성과를 나타낸 우수성과자의 행동특성과 태도를 의미한다.
ㄹ 고위공무원단 후보자교육과정을 마치고 역량평가를 통과한 3·4급 공무원이 고위공무원단 후보자가 된다.
ㄷ은 고위공무원단인사규칙에 있는 내용이다.

[정답] ③

67
• 12 국회8급

비독립단독형 중앙인사기관에 관한 설명으로 옳지 않은 것은?

① 미국의 인사관리처(OPM)는 이 유형에 속한다.
② 인사행정의 공정성과 중립성이 저해될 가능성이 있다.
③ 인사행정의 책임소재가 분명해진다.
④ 정부 인적 자원을 안정적, 합리적으로 관리하기 어렵다.
⑤ 인사정책의 결정이 지나치게 지연되는 경우가 많다.

해설 비독립단독형 중앙인사기관이란 행정부로부터 분리되지 않고 인사정책도 행정수반이 임명하는 기관장이 결정하는 집행부형태로서 현재 우리나라의 행정안전부나 미국의 인사관리처(OPM)가 여기에 해당한다.
⑤ 인사정책의 결정이 지나치게 지연되는 경우는 독립합의형 인사기관의 단점이다. 독립합의형이란 행정부로부터 분리되어 초당적 인사로 구성되는 위원회형태로서 1978년 이전 미국의 인사위원회(CSC) 및 현재의 실적제 보호위원회(MSPB)가 이에 해당한다.

[정답] ⑤

68
• 08 지방7급

개방형 직위제도에 대한 설명으로 옳지 않은 것은?

① 공무원과 민간전문가 사이의 생산적인 경쟁을 유도하여 공무원의 자기개발을 촉진하는 효과를 거둘 수 있다.
② 단기적으로는 직업공무원제도의 확립에 반하는 제도이나, 장기적으로는 직업공무원제도의 확립에 긍정적인 영향을 미친다.
③ 민간전문가가 공직 경험이 많은 공무원들을 지휘해야 할 직위에 임용되었을 경우에 조직 장악에 어려움이 있을 수 있다.
④ 공직사회에 신선한 활력을 불어넣고, 특정 직무에 필요한 우수인력 확보에 유리할 수 있다.

해설 직업공무원제도는 폐쇄형을 기본으로 하므로 개방형 직위제도는 직업공무원제 확립을 저해한다.

[정답] ②

69
• 09 지방직7급

우리나라 개방형 직위제도에 대한 설명으로 옳은 것은?

① 모든 직급과 계급에서 개방형 직위를 지정하여 임용할 수 있다.
② 개방형 직위의 규모는 중앙행정기관과 지방자치단체에서 동일하다.
③ 개방형 직위는 업무 수행상 고도의 전문성이 요구된다고 판단되는 직위에 한정하고 있다.
④ 개방형 직위는 공직 내부와 외부에서 적격자를 공개모집에 의한 시험을 거쳐 선발한다.

해설 ① 개방형 직위는 과장급이상 및 고위공무원단에 한하여 지정한다. ② 국가직은 소속장관별로 고위공무원단 직위 총수의 20% 범위안에서 지정하되, 소속장관은 필요시 중앙행정기관의 과장급 직위 총수의 20% 범위안에서 개방형직위를 지정할 수 있다. 그러나 자치단체의 경우 지정가능범위를 시·도별 1~5급의 10%와 시·군·구의 2-6급 공무원의 10%범위에서 지정할 수 있다. ③ 개방형직위제도는 전문성이 특히 요구되거나 효율적인 정책수립을 위하여 필요하다고 판단되어 공직 내부 또는 외부에서 적격자를 임용할 필요가 있는 직위에 대하여 지정하여 운영할 수 있다.

[정답] ④

70
• 11 국가9급

우리나라 국가공무원제도에 대한 설명으로 옳지 않은 것은?

① 현재 시행하고 있는 고위공무원단제도는 일반직 공무원만을 대상으로 하고 있다.
② 계급제를 기본으로 직위분류제적 요소를 가미하여 운영하고 있다.
③ 예산의 범위 안에서 기구, 정원, 보수 및 예산에 관한 자율성을 가지되 그 결과에 대하여 책임을 지는 총액인건비제를 운영할 수 있다.
④ 결원이 발생하였을 때 정부 내 공개모집을 통하여 해당 기관 내부 또는 외부의 공무원 중에서 적격자를 임용할 수 있는 공모직위제도를 운영할 수 있다.

해설 "고위공무원단"이라 함은 직무의 곤란성과 책임도가 높은 일반직·별정직 및 특정직공무원(외무 공무원 등)의 군을 말한다.

[정답] ①

71
• 22 지방9급

다음 설명에 해당하는 유연근무제의 유형은?

○ 탄력근무제의 한 유형
○ 1일 8시간에 구애받지 않음
○ 주 3.5 ~ 4일 근무

① 재택근무형
② 집약근무형
③ 시차출퇴근형
④ 근무시간선택형

해설 ② 탄력근무제는 주당 40시간 근무하는 근무제이다. 설문은 탄력근무제 중에서 주 40시간을 유지하면서 주 5일, 1일 8시간 등에 구애받지 않는 집약근무형(압축근무형)에 해당한다.

[유연근무제]

유 형		내 용
시간선택근무제		주40시간 보다 짧은 시간 근무 (주15시간~35시간 근무, 임기제 공무원)
탄력 근무제	시차출퇴근형	1일 8시간 근무하면서, 출·퇴근시간 자율 조정
	근무시간 선택형	1일 4~12시간 근무, 주 5일 근무
	집약근무형	1일 4~12시간 근무, 주 3.5일~4일 근무
	재량근무형	출·퇴근의무 없이 프로젝트 수행으로 주40시간 인정
원격 근무제	재택근무형***	사무실이 아닌 자택에서 근무
	스마트워크근무형	자택 인근 스마트워크센터 등 별도 사무실에서 근무

※ 탄력근무제는 주 40시간 근무하되, 출·퇴근시각·근무시간·근무일을 자율 조정
※ 원격근무제는 특정한 근무장소를 정하지 않고 정보통신망을 이용하여 근무

[정답] ②

72
* 19 행정사

( )에 들어갈 B사무관의 근무 유형은?

△△과 A사무관: ○○과죠? 업무협의 때문에 전화 드렸습니다. B사무관님과 통화하고 싶은데요?
○○과 C주무관: 네. B사무관님은 이번 달부터 10시에 출근하고 19시에 퇴근하십니다. 조금 후 10시 이후에 다시 전화바랍니다.
△△과 A사무관: 아, 알겠습니다. B사무관님께서 ( )를 신청하셨군요.

① 재택근무제
② 집약근무제
③ 시차출퇴근제
③ 재량근무제
④ 원격근무제

해설 설문은 유연근무제의 일종으로서 시차출퇴근제에 해당한다.

[정답] ③

73
* 20 행정사

공무원 A는 주5일 대중교통으로 출퇴근 한다. 코로나19 사태로 인해 재택근무를 하고 싶으나 그가 맡은 업무는 정형적이면서도 보안을 유지해야하는 특성이 있어 집에서 일할 수 없고 반드시 주5일 출근을 해야만 한다. 대중교통 이용시 사람들과의 접촉을 최소화하기 위하여 A가 택할 수 있는 가장 적합한 탄력근무 방식으로 묶인 것은?

ㄱ. 시간선택제 전환근무
ㄴ. 시차출퇴근제
ㄷ. 원격근무제
ㄹ. 재량근무제
ㅁ. 근무시간선택제

① ㄱ, ㄴ
② ㄱ, ㄹ
③ ㄴ, ㅁ
④ ㄷ, ㄹ
⑤ ㄷ, ㅁ

해설 유연근무의 형태에는 탄력근무제, 원격근무제, 시간선택근무 형태가 있다. 설문은 유연근무제 중에서 탄력근무제에 대한 내용이다. 탄력근무제 중 주 5일 근무하는 것은 시차출퇴근제와 근무시간선택제이다. 집약근무와 재량근무제는 주 5일 근무해야한다는 의무규정이 없다.

[정답] ③

74
* 19 국가9급

공무원의 근무방식과 형태에 대한 설명으로 옳지 않은 것은?

① 유연근무제는 공무원의 근무방식과 형태를 개인·업무·기관특성에 따라 선택할 수 있는 제도이다.
② 시간선택제 근무는 통상적인 전일제 근무시간(주 40시간)보다 길거나 짧은 시간을 근무하는 제도이다.
③ 탄력근무제는 전일제 근무시간을 지키되 근무시간, 근무일수를 자율 조정할 수 있는 제도이다.
④ 원격근무제는 직장 이외의 장소에서 정보통신망을 이용하여 근무하는 제도이다.

해설 ② 시간선택제 근무란 통상적인 근무시간보다 길게 근무하는 경우는 없다. 통상적인 근무시간(주40시간)보다 짧은 시간을 근무하는 일반직 공무원으로 주당 근무시간은 20시간으로 하며 필요 시 5시간 범위 내에서 조정할 수 있는 근무제도이다.

[정답] ②

75
• 22 행정사

우리나라 고위공무원단제도에 관한 설명으로 옳지 않은 것은?

① 고위공무원단을 구성하는 공무원은 전원 중앙행정기관 소속이다.
② 각 부처 장관은 소속에 관계없이 전체 고위공무원단 중에서 적임자를 인선한다.
③ 계급과 연공서열 보다는 직무와 성과 중심의 인사관리를 추구한다.
④ 행정부처에 배치된 고위공무원의 인사와 복무는 소속 장관이 관리한다.
⑤ 고위직의 개방을 확대하고 경쟁을 촉진하기 위한 제도이다.

해설 ①[X] 국가의 고위공무원은 중앙행정기관 등 각 부처 소속이 아니라 고위공무원단 소속으로 인사관리된다.

[정답] ①

76
• 23 군무원9급

고위공무원단에 대한 설명으로 가장 적절하지 않은 것은?

① 고위공무원단은 실·국장급 공무원을 적재적소에 활용하고 개방과 경쟁을 확대하여 성과책임을 강화하고자 하는 전략적 인사시스템이다.
② 기존의 1~3급이라는 신분중심의 계급을 폐지하고 직무의 난이도와 책임도에 따라 가급과 나급으로 직무를 구분한다.
③ 민간과 경쟁하는 개방형직위제도와 타 부처공무원과 경쟁하는 공모직위제도를 두고 있다.
④ 특히 경력에서 자격이 있는 민간인과 공무원이 지원하여 경쟁할 수 있는 경력개방형직위제도도 도입되었다.

해설 ④ 경력개방형직위제도는 민간인 중에서만 선발하는 개방형직위제도이다.

[정답] ④

77
• 24 군무원9급

다음 중 우리나라 고위공무원단 또는 고위감사공무원단에 속하는 공무원이 아닌 것은?

① 「정부조직법」 제2조에 따른 중앙행정기관의 실장·국장 및 이에 상당하는 보좌기관
② 지방자치단체 및 지방교육행정기관의 지방공무원 중 국장급 직위에 상당하는 직위
③ 행정부 각급의 직위 중 제1호의 직위에 상당하는 직위
④ 감사원 사무차장, 감사교육원장, 감사연구원장

해설 ②[X] 고위공무원은 행정부소속의 국가공무원이 대상이므로 지방직 공무원은 대상이 아니다. 따라서 지방직이 아니라 "국가공무원"으로 보하는 지방자치단체 및 지방교육행정기관의 직위이다.
③[O] 제1호의 직위에 상당하는 직위란 중앙행정기관의 실장·국장 및 이에 상당하는 보좌기관을 말한다.

[정답] ②

THEMA 57 공무원 임용

78 • 24 지방9급

「지방공무원법」상 공무원 인사이동에 대한 설명으로 옳지 않은 것은?

① 전직은 직렬을 달리하는 임명을 말한다.
② 전보는 같은 직급 내에서 보직변경을 말한다.
③ 강임의 경우, 같은 직렬의 하위 직급이 없는 경우 다른 직렬의 하위 직급으로는 이동할 수 없다.
④ 지방자치단체의 장 또는 지방의회의 의장은 공무원을 전입시키려고 할 때에는 해당 공무원이 소속된 지방자치단체의 장 또는 지방의회의 의장의 동의를 받아야 한다.

해설 임용권자는 직제 또는 정원의 변경이나 예산의 감소 등으로 직위가 없어지거나 하위의 직위로 변경되어 과원이 되었을 때 또는 본인이 동의한 경우에는 소속 공무원을 강임할 수 있다.

③ [X] "강임(降任)"이란 같은 직렬 내에서 하위 직급에 임명하거나 하위 직급이 없어 다른 직렬의 하위 직급에 임명하는 것을 말한다(지방공무원법 제5조).
④ [O] 전입에 대한 규정으로 지방자치단체의 장 또는 지방의회의 의장은 공무원을 전입시키려고 할 때에는 해당 공무원이 소속된 지방자치단체의 장 또는 지방의회의 의장의 동의를 받아야 한다(제29조의3).

[정답] ③

79 • 20 국가9급

공무원의 인사이동에 대한 설명으로 옳은 것은?

① 겸임은 한 사람에게 둘 이상의 직위를 부여하는 것으로 그 대상은 특정직 공무원이며, 겸임 기간은 3년 이내로 한다.
② 전직은 인사 관할을 달리하는 기관 사이의 수평적 인사이동에 해당하며, 예외적인 경우에만 전직시험을 거치도록 하고 있다.
③ 같은 직급 내에서 직위 등을 변경하는 전보는 수평적 인사이동에 해당하며, 전보의 오용과 남용을 방지하기 위해 전보가 제한되는 기간이나 범위를 두고 있다.
④ 예산 감소 등으로 직위가 폐지되어 하위 계급의 직위에 임용하려면 별도의 심사 절차를 거쳐야 하고, 강임된 공무원에게는 강임된 계급의 봉급이 지급된다.

해설 ③ 보수나 계급의 변동 없이 동일한 등급, 직급, 계급 내에서 수평적 인사이동으로 전직, 전보 등이 있다. 전보는 동일한 직급 내에서 직위나 부서만 이동되는 수평적 인사이동으로 전보의 오·남용을 방지하기 위해 전보가 제한되는 기간이나 범위를 두고 있다. 일반적으로 2년, 고위공무원은 1년의 전보제한기간이 있다.

① [X] 겸임은 일반직 공무원을 대상으로 하며, 겸임 기간은 2년 이내로 한다.
② 전직은 직렬을 달리하는 수평적 인사이동으로 원칙적으로 전직 시험을 거치도록 하고 있다. 인사 관할을 달리하는 기관사이의 수평적 인사이동은 전직이 아니라 전입과 전출에 해당한다.
④ [X] 직제·정원의 변경이나 예산의 감소 등으로 직위가 폐직되거나 하위의 직위로 변경되어 하위 직급으로 임용되는 것을 강임이라고 하며, 이러한 경우 별도의 심사절차를 걸쳐야 하는 것은 아니다. 또한 봉급도 강임된 봉급이 강임되기 전보다 많아지게 될 때까지는 강임되기 전의 봉급에 해당하는 금액을 지급한다(공무원 보수규정 제6조).

[정답] ③

80
• 18 행정사

우리나라의 국가공무원법상 임용에 관한 설명으로 옳은 것은?

① 강임은 징계처분에 의한 수직적 인사이동이다.
② 전직이란 직렬을 달리하는 임명을 말한다.
③ 실무 수습 중인 채용후보자는 형법에 따른 벌칙을 적용할 때 공무원으로 보지 않는다.
④ 개방형 직위는 해당 기관 내·외부의 공무원 중에서 직무수행 적격자를 선발·임용하는 제도이다.
⑤ 공모 직위는 특정 직위에 결원이 발생하면 공직 내외를 불문하고 공개모집에 의해 적격자를 선발·임용하는 제도이다.

해설 ② 전직(轉職)이란 직렬을 달리하는 임명이다. ① 징계처분에 의한 수직적 인사이동은 강임이 아니라 강등이다.
③ 실무 수습 중인 채용후보자는 형법에 따른 벌칙을 적용할 때 공무원으로 본다.
④ 해당 기관 내·외부의 공무원 중에서 직무수행 적격자를 선발·임용하는 제도는 공모직위이다. ⑤는 개방형 직위이다.

[관련법률] 국가공무원법 제39조(채용후보자의 임용 절차) ④ 임용권자는 채용후보자에 대하여 임용 전에 실무 수습을 실시할 수 있다. 이 경우 실무 수습 중인 채용후보자는 그 직무상 행위를 하거나 「형법」 또는 그 밖의 법률에 따른 벌칙을 적용할 때에는 공무원으로 본다.

[정답] ②

81
• 08 경북9급

채용시험이 성공적인 직무수행에 중요한 능력요소나 지표를 얼마나 정확하게 측정하고 있는가와 연관된 것은?

① 구성타당도 ② 내용타당도
③ 기준타당도 ④ 내적타당도

해설 능력요소의 측정과 관련된 것은 내용타당도이다.

[정답] ②

82
• 10 국회8급

선발시험의 효용성에 대한 설명으로 옳지 않은 것은?

① 신뢰성은 시험 그 자체의 문제이지만, 타당성은 시험과 기준과의 관계를 말한다.
② 신뢰성이 높다고 해서 반드시 타당성이 높은 시험이라고 할 수 없다.
③ 타당성의 기준 측면이 되는 것은 근무성적, 결근율, 이직률 등이다.
④ 재시험법, 복수양식법, 이분법 등은 신뢰성을 검증하는 수단이다.
⑤ 동시적 타당성 검증과 예측적 타당성 검증은 구성타당성을 검증하는 수단이다.

해설 동시적 타당성 검증과 예측적 타당성 검증은 기준타당성을 검증하는 수단이다.

[정답] ⑤

83
• 06 국가7급

국가공무원 임용시험의 타당성과 그 검증방법에 대한 설명으로 옳지 않은 것은?

① 기준타당성은 시험성적과 본래 시험에서 예측하고자 했던 기준간의 상관관계 정도를 말한다.
② 동시적 타당성 검증은 재직자에게 시험을 실시하여 얻은 시험성적과 그들의 근무실적에 대한 자료를 수집하여 상관관계를 검토한다.
③ 예측적 타당성 검증은 시험합격자의 시험성적과 근무를 시작하여 일정기간 지난 후 평가한 근무실적 간 상관관계를 분석하여 타당성을 검증한다.
④ 내용 타당성은 측정도구의 측정결과가 보여주는 일관성을 말하는 것으로 같은 사람에게 여러 번 반복하여 시험을 치르게 하더라도 결과는 크게 변하지 않는 정도를 말한다.

해설 ④ 측정도구의 측정결과가 보여주는 일관성을 말하는 것은 신뢰도이다. 신뢰도는 측정수단의 일관성을 말하는데 이를 검증하기위한 방법으로 동일한 대상에게 반복하여 시험을 치르게 하는 재시험법이 사용된다.

[정답] ④

84
• 07 서울7급

공무원 선발시험의 효용성이 의미하지 않는 것은?

① 시험의 신뢰성은 시험결과로 나온 성적의 일관성을 의미한다.
② 시험의 동시적 타당성 검증은 시험성적과 근무실적에 대한 자료를 동시에 수집하여 상관관계를 검토하는 것이다.
③ 시험의 예측적 타당성 검증은 시험합격자의 시험성적과 근무실적을 일정기간 후 수집·비교하는 것이다.
④ 시험의 신뢰성은 타당성의 충분조건이지 필요조건은 아니다.
⑤ 시험의 타당성이 높을수록 근무성적이 우수한 사람을 선발할 수 있다.

[해설] ④ 시험의 타당도가 높으면 신뢰도가 높아진다. 신뢰도가 낮으면 타당도도 낮아지지만, 신뢰도가 높다고 타당도가 높다고 할 수 없다. 즉, 신뢰도가 높아야 타당도가 높아지지만 신뢰도가 높다고 하여 항상 타당한 시험은 아니다. 신뢰도는 타당도의 필요조건일 뿐 충분조건은 아니기 때문이다.

[정답] ④

85
• 03 입법고시

시험의 효용성에 대한 설명으로 옳지 않은 것은?

① 시험의 신뢰성을 검증하는 방법으로 재시험법, 동질이형법, 내적 일관성 검증 등이 있다.
② 기준타당성은 시험성적과 직무수행실적의 상관계수로써 검증할 수 있다.
③ 내용타당성을 확보하려면 직무분석이 무엇보다도 필수적이다.
④ 시험이 측정해 내는 결과의 일관성이 어느 정도인가에 관한 기준을 시험의 타당성이라 한다.
⑤ 시험의 객관성은 같은 채점자가 하나의 시험을 시간 간격을 두고 두 차례 채점하여 그 결과를 비교하는 방법으로 측정할 수 있다.

[해설] 시험이 측정해 내는 결과의 일관성에 관한 기준은 타당도가 아니라 신뢰도(consistency)에 해당한다. 내용타당도는 직무수행에 필요한 능력요소를 측정하는 것이므로 직무의 내용적 분석이 무엇보다 필수적이다. 신뢰성을 검증하는 방법에는 ⅰ)재시험법(동일한 집단에 동일한 시험을 여러 번 치루는 방법), ⅱ)동질이형법(동일한 시험을 서로 다른 형식으로 동일한 집단에 실시하는 방법), ⅲ)내적 일관성 검증법(동일한 시험의 문제들을 두 부분으로 나누어 치루게 한 후 점수를 비교하는 방법)이 있다.

[정답] ④

86
• 01 사시

채용과정에서 사용하는 시험의 효용성을 높이는 요건에 대한 설명 중 타당하지 않은 것은?

① 기준타당성(criterion-validity)은 직무수행능력의 예측이 얼마나 정확한가에 관한 타당성이다.
② 내용타당성(content validity)은 특정한 직위의 직무와 책임에 직결되는 요소들을 시험이 어느 정도나 측정할 수 있느냐에 관한 기준이다.
③ 시험의 실용성이란 시험실시의 가능성과 편의에 관한 기준이다.
④ 시험의 타당성 검증에 사용되는 방법은 내적일관성(internal consistency)을 확인하는 것이다.
⑤ 신뢰성이 있다고 항상 타당한 시험이 되는 것은 아니다.

[해설] ④ 내적 일관성은 신뢰도를 검증하는 방법이다. (기준)타당도 검증방법에는 예측적 타당성과 동시적 타당성 검증이 있다.

[정답] ④

87
• 24 행정사

국가공무원법 상 국회, 법원, 헌법재판소, 선거관리위원회 및 행정부 상호 간에 소속을 달리하는 인사이동 임용방법은?

① 파견 ② 전보 ③ 전입
④ 전직 ⑤ 겸임

해설 ③ 전입이란 국회, 법원, 헌법재판소, 선거관리위원회 및 행정부 상호 간에 다른 기관 소속 공무원을 입용하는 방법으로 전입하려는 때에는 시험을 거쳐 임용하여야 한다 (국가공무원법 제28조의2).
① 파견이란 소속 공무원을 다른 국가기관·공공단체 등의 기관에 일정 기간 파견근무하는 임용방법이다.
② 전보(轉補)는 같은 직급 내에서의 보직변경 또는 고위공무원단 직위간의 보직변경이다.
③ 전입과 전출이란 인사관할을 달리하는 국회·법원·헌법재판소·선관위 및 행정부 상호간에 다른 공무원을 받아들이거나 내보내는 임용이다.
④ 전직(轉職)은 직렬을 달리하는 임용이다. ⑤ 직위와 직무 내용이 유사하고 담당 직무 수행에 지장이 없다고 인정하면 경력직공무원 상호 간 또는 타 기관·단체의 임직원 간에 서로 겸임하게 할 수 있다.

[정답] ③

88
• 22 군무원9급

우리나라의 시보제도에 대한 설명으로 가장 옳은 것은?

① 시보기간 동안은 신분이 보장되지 않기 때문에 그 기간은 공무원 경력에 포함되지 아니한다.
② 시보공무원은 공무원법상 공무원에 해당하기 때문에 시보기간 동안에도 보직을 부여받을 수 있다.
③ 시보기간 동안에 직권면직이 되면, 향후 3년간 다시 공무원으로 임용될 수 없는 결격사유에 해당한다.
④ 시보기간 동안은 신분이 보장되지 않기 때문에 징계처분에 대한 소청심사청구를 할 수 없다.

해설 ② 시보공무원은 시보기간 중에도 사실상 보직을 부여받을 수 있다고 볼 수 있다.
① [×] 시보기간 동안 신분보장이 제한적이지, 공무원 신분이 보장되지 않는 것은 아니다. 또한 정식 임용 후에도 시보기간은 공무원 경력에 합산되어 포함된다. 다만 시보기간 동안 휴직 또는 직위해제, 징계에 의한 정직 또는 감봉처분을 받은 기간은 시보기간 및 공무원 경력에 포함되지 않는다.
③ [×] 시보기간 동안 직권면직이 되면, 해당 공무원 임용이 되지 않을 뿐이며 결격사유는 아니다. 결격사유는 국가공무원법 33조에 규정된 것으로 향후 3년간 임용이 될 수 없는 경우는 징계 중 해임처분을 받았을 때이다.
④ [논란 있음] 시보공무원의 소청심사청구와 관련하여 논란이 있다. 이론상 시보공무원은 신분보장이 제한적이기 때문에 소청심사를 청구할 수 없다는 것이 일반적이다. 다만, 시보공무원에 대한 징계처분이나 면직처분에 대한 소청심사를 인정한 사례가 있으므로 징계처분에 대한 소청심사청구가 가능한 것으로 출제자는 본 듯 하다.

[정답] ②

THEMA 58. 교육훈련, 근무성적평정

89
• 24 국가9급

다음 설명에 해당하는 공무원 교육훈련 방법은?

> 교육 참가자들을 소그룹 규모의 팀으로 구성해 개인, 그룹 또는 조직에 중요한 의미가 있는 실제 현안 문제를 해결하면서 동시에 문제 해결 과정에 대한 성찰을 통해 학습하도록 지원하는 교육방식이다. 우리나라 정부 부문에는 2005년부터 고위공직자에 대한 교육훈련 방법으로 도입되었다.

① 액션러닝
② 역할연기
③ 감수성훈련
④ 서류함기법

해설 ① 설문은 액션러닝에 대한 설명이다. 액션러닝(Action Learning)이란 정책현안에 대한 현장방문, 사례조사, 성찰미팅 등을 통해 훈련생이 실제 현장의 문제해결방안을 모색하도록 하는 문제해결 및 참여자와 성과지향 교육훈련기법이다.
②[X] 역할연기는 실제직무상황에서의 역할을 연기하여 봄으로써 직무 수행방법을 터득하도록 하는 참여식 교육훈련기법이다.
③[X] 감수성훈련은 고립된 장소에서 구성원들의 태도변화와 인간관계 개선 등 행태를 개선하려는 기법이다.
④[X] 서류함기법은 주어진 제약조건 하에서 관리자의 의사결정능력을 측정하기 위한 역량중심의 평가기법이다.

[정답] ①

90
• 23 지방9급

근무성적평정상의 오류에 대한 설명으로 옳지 않은 것은?

① 평정자가 피평정자를 잘 모르는 경우 집중화 경향이 발생할 수 있다.
② 평정자의 평정기준이 일정하지 않은 경우 총계적 오류(total error)가 발생할 수 있다.
③ 연쇄효과(halo effect)는 초기 실적이나 최근의 실적을 중심으로 평가함으로써 발생하는 시간적 오류를 의미한다.
④ 관대화 경향의 폐단을 막기 위해 강제배분법을 활용할 수 있다.

해설 ③은 연쇄효과가 아니라 시간적 오차(recency error) 이다. 시간적 오차에는 초기 실적을 중시하는 최초 오류와 최근의 실적을 중시하는 근접오류가 있다. 연쇄효과(halo effect)란 특정평정요소의 평정이 다른 평정요소에 대한 평정에도 피평정자의 전반적 인상으로 작용하여 영향을 미치는 오류이다.

[정리] 평정상 착오

오류	개념	방지방안
연쇄효과	특정 평정요소의 평정결과나 전반적인(막연한) 인상이 평정에 영향을 주는 착오	강제선택법
시간적 오차	최근의 실적·사건이 평정에 영향을 주는 근접 오류	목표관리법 중요사건기록법
집중화의 오차	중간에 절대다수가 집중되는 경향	강제배분법
관대화의 오차	실제보다 너그럽게 후한 평정을 하는 것	강제배분법
규칙적 오차	지속적으로 과대 or 과소평정 ↔ 총계적 오차(불규칙)	
논리적 오차	평정요소 간에 존재하는 논리적 상관관계에 의한 오류	
상동적 오차 (stereotyping)	유형화(정형화·집단화)의 착오로 선입견·고정 관념에 의한 오류	

[정답] ③

91
• 21 국가9급

근무성적평정 과정상의 오류와 완화방법에 대한 설명으로 옳지 않은 것은?

① 일관적 오류는 평정자의 기준이 다른 사람보다 높거나 낮은 데서 비롯되며 강제배분법을 완화방법으로 고려할 수 있다.
② 근접효과는 전체 기간의 실적을 같은 비중으로 평가하지 못할 때 발생하며 중요사건기록법을 완화방법으로 고려할 수 있다.
③ 관대화 경향은 비공식집단적 유대 때문에 발생하며 평정결과의 공개를 완화방법으로 고려할 수 있다.
④ 연쇄효과는 도표식 평정척도법에서 자주 발생하며 피평가자별이 아닌 평정요소별 평정을 완화방법으로 고려할 수 있다.

해설 ③ [X] 관대화 경향은 피평정자에게 후한 점수를 주는 현상으로 평정결과의 비공개를 관대화경향의 완화방법으로 고려할 수 있다. 평정결과의 공개는 관대화경향이 더욱 심화될 수 있다.
① [O] 일관적 오류는 규칙적 오류로 평정자의 기준이 다른 사람보다 높거나 낮은데서 비롯되므로 등급분포비율을 할당하는 강제배분법을 완화방법으로 고려할 수 있다.
② [O] 근접효과는 시간적 오류로써 최근에 쉽게 기억될 수 있는 사건이나 실적이 영향을 미치는 현상으로 중요사건기록법, 목표관리법, 독립된 평가센터 설치 등을 완화방법으로 고려할 수 있다.

[정답] ③

92
• 20 국회8급

평정상의 착오에 대한 설명으로 옳은 것은?

① 연쇄적 착오(halo error)란 모호한 상황에 관해 부분적인 정보만을 받아들여 판단을 내리게 되는 데서 범하는 착오이다.
② 일관적 착오(systematic error)란 평정자의 평정기준이 다른 평정자보다 높거나 낮아 다른 평정자들보다 항상 박한 점수를 주거나, 후한 점수를 줄 때 발생하는 착오이다.
③ 유사성의 착오(stereotyping)란 평정자가 자신의 고정관념에 어긋나는 정보를 회피하거나, 정보를 고정관념에 부합되도록 왜곡시킬 때 발생하는 착오이다.
④ 근본적 귀속의 착오(fundamental attribution error)란 평정자가 어떤 사람이나 사물을 볼 때 그들이 속한 집단 또는 범주에 대한 고정관념에 비추어 지각함으로써 발생하는 착오이다.
⑤ 이기적 착오(self-serving bias)란 타인의 실패·성공을 평가할 때 상황적 요인은 과소평가하고 개인적 요인은 과대평가하거나 그 반대인 경우 발생하는 착오이다.

해설 ② 일관된 착오(규칙적 착오)란 한 평정자가 다른 평정자보다 일관적·지속적으로 과대 또는 과소평정하는 것을 말하는 것으로 특정인의 가치관이나 평정기준에 의하여 언제나 좋은 점수 또는 나쁜 점수를 주는 오차이다.
① [X] 선택적 지각의 착오이다.
③ [X] 방어적 지각의 착오이다.
④ [X] 상동적 오류에 해당한다.
⑤ [X] 근본적 귀속의 착오에 해당한다. 이기적 착오란 자신의 성공을 평가할 때에는 개인적 요인을 높게 평가, 상황적 요인은 낮게 평가하고, 실패를 평가할 때에는 반대로 상황적 요인을 높게, 개인적 요인을 낮게 평가하려는 성향을 말한다.

[정답] ②

93
• 19 서울9급

목표관리제(MBO)와 성과관리제를 비교한 〈보기〉의 설명 중 옳은 것을 모두 고르면?

> ㄱ. 목표관리제는 개인이나 부서의 목표를 조직의 관리자가 제시한다는 측면에서 조직목표 달성을 위한 하향식 접근이다.
> ㄴ. 목표관리제와 성과관리제 모두 성과지표별로 목표달성수준을 설정하고 사후의 목표달성도에 따라 보상과 재정지원의 차등을 약속하는 계약을 체결한다.
> ㄷ. 성과평가에서는 평가의 타당성, 신뢰성, 객관성을 확보하는 것이 중요하다.
> ㄹ. 성과관리는 조직의 비전과 목표로부터 이를 달성하기 위한 부서단위의 목표와 성과지표, 개인단위의 목표와 지표를 제시한다는 점에서 상향식 접근이다.

① ㄷ
② ㄴ, ㄷ
③ ㄱ, ㄴ, ㄷ
④ ㄴ, ㄷ, ㄹ

해설 〈보기〉의 설명 중 옳은 것은 ㄴ, ㄷ이다.
㉠ 목표관리제는 개인이나 부서의 목표를 구성원들의 참여에 의하여 결정한다는 측면에서 조직목표 달성을 위한 상향식 접근이다.
㉣ 성과관리는 조직의 비전과 목표로부터 이를 달성하기 위한 부서단위의 목표와 성과지표, 개인단위의 목표와 지표를 제시한다는 점에서 하향식 접근이다.

[정답] ②

94
• 09 국가7급

공무원 교육훈련 방법에 대한 설명으로 옳지 않은 것은?

① 강의(lecture)는 교육내용을 다수의 피교육자에게 단시간에 전달하는데 효과적인 방법이다.
② 역할연기(role playing)는 실제 직무상황과 같은 상황을 실연시킴으로써 문제를 빠르게 이해시키고 참여자들의 태도변화와 민감한 반응을 촉진시킨다.
③ 감수성훈련(sensitivity training)은 어떤 사건의 윤곽을 피교육자에게 알려주고 그 해결책을 찾게 하는 방법이다.
④ 시뮬레이션(simulation)은 업무수행 중 직면할 수 있는 어떤 상황을 가상적으로 만들어 놓고 피교육자가 그 상황에 대처해보도록 하는 방법이다.

해설 감수성훈련은 비정형적 상황에서 실시함으로써 참여자들이 스스로의 지각과 태도 및 행동을 반성하고 그것이 미치는 영향을 평가할 수 있는 상황을 마련한다()비정형적 체험학습. ③의 지문은 사건처리연습(incident method)에 해당한다.

[정답] ③

95
• 07 국가9급

다면평가제도의 장점에 관한 설명으로 옳지 않은 것은?

① 다면평가는 평정자들이 평정의 취지와 방법을 잘 알고 있기 때문에 담합을 하거나 모략성 응답을 할 가능성이 적다.
② 다면평가는 조직구성원들로 하여금 자신의 장단점을 파악하여 자기역량 강화의 기회를 늘릴 수 있다.
③ 다면평가는 조직구성원들로 하여금 조직 내외의 모든 사람들과 원활한 인간관계를 증진시키려는 동기를 부여하게 된다.
④ 다면평가는 다수의 평가자에 의해 입체적이고 다면적인 평가를 시행하기 때문에 평가의 객관성과 공정성을 높일 수 있다.

해설 다면평가제는 피평정자 본인, 상관, 부하, 동료, 프로젝트 팀 구성원, 고객 등이 다양하게 참여하는 집단평정방법으로 피평정자의 능력과 직무수행을 관찰할 기회가 있는 여러 분야의 관련자가 평정에 가담한다는 뜻이다. 따라서 다수의 평가자에 의해 다면적인 평가를 시행하기 때문에 평가의 객관성과 공정성을 높일 수 있다는 장점이 있지만, 평정자들이 평정의 취지와 방법을 잘 모를 경우 담합을 하거나 모략성 응답을 할 가능성이 있다.

[정답] ①

96
• 09 서울7급

근무성적평정과정에서 발생하는 문제점에 대해 옳지 않은 것은?

① 평정자마다 척도에 사용되는 용어에 대한 지각과 이해가 상이할 경우 평정상의 오류가 범해질 수 있으며, 이러한 문제는 특히 도표식평정척도법에서 많이 나타난다.
② 평정자가 피평정자에게 평정척도상의 중간 등급의 점수를 주는 집중화 경향이 나타날 수 있다.
③ 피평정자를 실제 수준보다 관대하게 평가하는 관대화 경향 및 이와 반대로 피평정자를 실제 수준보다 낮게 평가하는 엄격화 경향이 나타날 수 있다.
④ 어느 한 평정요소에의 평정 결과가 다른 평정요소에 대한 평가에 영향을 주거나 피평정자의 인상이 평정에 영향을 주는 연쇄효과가 나타날 수 있다.
⑤ 평정자가 최근에 일어난 일에 더 많은 영향을 받음으로써 평정상의 오류를 범할 수 있으며, 최근 결과에 의한 오류는 중요사건기록법에서 비교적 많이 나타난다.

해설 ⑤는 근접오류(proximity error) 또는 시간적 오차에 대한 설명으로서 이는 시간적·공간적으로 근접하여 평정하는 데에서 생기는 오차를 말한다. 이를 막으려면 독립된 평가센터를 설치·운영하거나 중요사건기록법 등의 활용이 필요하다.

[정답] ⑤

97
• 10 국가9급

평정자인 A팀장은 피평정자인 B팀원이 성실하다는 것을 이유로 창의적이고 청렴하다고 평정하였다. A팀장이 범한 오류에 가장 가까운 것은?

① 연쇄효과(halo effect)
② 근접효과(recency effect)
③ 관대화 경향(tendency)
④ 선입견과 편견(prejudicy)

해설 특정평정요소의 평정이 다른 평정요소에 대한 평정에도 피평정자의 전반적 인상으로 작용하여 영향을 미치는 것 또는 피평정자의 전반적인(막연한, 일반적인) 인상이 평정에 영향을 미치는 착오는 연쇄효과(Halo Effect, 후광효과)에 해당한다.

[정답] ①

98
• 06 국회8급

다음의 설명 중 효과적인 제안제도와 관련성이 가장 적은 것은?

① 적절한 보상이 있어야 한다.
② 신속하고 공정한 심사의 보장이 필요하다.
③ 구성원들의 권익보장을 위한 목적으로 주로 활용되어야 한다.
④ 제안이 용이하도록 절차와 체계가 수립되어 있어야 한다.
⑤ 채택된 제안은 행정의 생산성 제고를 위해 활용되어야 한다.

해설 제안제도란 조직의 운영이나 업무구조 개선에 관한 창의적인 의견을 제안받아 심사한 후 채택함으로서 업무개선과 제안자의 사기앙양과 능력발전을 높이는 제도이다. 제안제도는 구성원의 권익보장을 위한 목적보다는 행정개선과 능력발전을 의한 용도로 활용되어야 한다.

[정답] ③

99
* 04 국가7급

직무만족과 관련한 내용으로 옳지 않은 것은?

① 직무순환이란 세분화된 업무를 일정한 시간적 간격을 두고서 두루 역임하게 하여, 업무의 단조성이나 무의미성을 극복하도록 하는 것이다.
② 근로생활의 질(QWL)은 직무만족의 수준 향상과 노동환경의 민주화를 통한 근로생활에 있어서 인간성 회복 운동이라 할 수 있다.
③ 근무담당자에게 기존 업무에 관리적 요소를 부여하여 자율성과 책임성을 높여 주고자 하는 것을 직무확대(job enlargement)라 한다.
④ 직무만족도의 측정기법 중 행동경향법은 응답자에게 자기직무와 관련하여 어떻게 행동하고 싶은가를 묻는 방법이다.

해설 ③은 직무충실(job enrichment :직무풍요화)에 대한 설명이다. 직무확대(job enlargement)는 횡적 범위를 넓히는 것으로 허즈버그는 이를 위생요인으로 보고 직무확대보다 직무의 권한과 책임의 위임을 통한 직무충실(job enrichment)를 중시하였다.

[정답] ③

100
* 21 행정사

국가공무원법상 우수 공무원으로 특별승진임용하거나 일반 승진시험에 우선 응시하게 할 수 있는 경우에 해당하지 않는 것은?

① 청렴하고 투철한 봉사 정신으로 직무에 모든 힘을 다하여 공무 집행의 공정성을 유지하고 깨끗한 공직 사회를 구현하는 데에 다른 공무원의 귀감이 되는 자
② 공무원으로 10년 이상 근속하고, 정년 전에 스스로 퇴직 할 때
③ 직무수행 능력이 탁월하여 행정 발전에 큰 공헌을 한 자
④ 제안제도의 운영에 있어서 제안의 채택·시행으로 국가 예산을 절감하는 등 행정 운영 발전에 뚜렷한 실적이 있는 자
⑤ 재직 중 공적이 특히 뚜렷한 자가 공무로 사망한 때

해설 ②[X] 특별승진의 요건 중에서 ②는 해당하지 않는다. ①③④⑤는 특별승진의 사유에 해당한다. 참고로 공무원으로 20년 이상 근속(勤續)한 자가 정년 전에 스스로 퇴직하는 경우 명예퇴직에 해당하며, 이 경우 명예퇴직 수당을 지급할 수 있다.

[정답] ②

101
* 24 군무원9급

역량평가제도에 대한 설명으로 가장 적절하지 않은 것은?

① 우리나라 역량평가제도는 고위공무원단의 구성과 함께 고위 공무원으로서 요구되는 역량의 사전적 검증장치로 도입되었다.
② 역량평가는 특정 피평가자에 대해 다양한 사람으로부터 입체적이고 다면적인 평가 결과를 도출함으로써 평가의 공정성을 확보할 수 있다.
③ 역량평가는 구조화된 모의 상황을 설정해 현실적 직무 상황에 근거한 행정을 관찰해 평가하는 방식이다.
④ 역량평가는 다양한 실행 과제를 종합적으로 활용함으로써 개별 평가기법의 한계를 극복하고 대상자들의 몰입을 유도하며 다양한 역량을 측정할 수 있다.

해설 역량평가제도란 조직구성원들이 조직에서 직면하는 직무상황과 유사한 모의상황을 평가대상자에게 제시하고 다수의 훈련된 전문평가자가 주어진 과제에서 평가대상자가 수행하는 역할과 행동을 관찰하여 객관적으로 역량을 평가하는 기법을 의미한다.
②[X] 다양한 사람으로부터 입체적이고 다면적인 평가 결과를 도출하는 것은 역량평가가 아니라 다면평가에 대한 설명이다.

[정답] ②

THEMA 59 사기, 보수와 연금

102
• 22 지방9급

공무원 보수의 유형에 대한 설명으로 옳지 않은 것은?

① 직능급은 자격증을 갖춘 유능한 인재의 확보에 유리하다.
② 연공급은 근속연수를 기준으로 하기 때문에 전문기술인력 확보에 유리하다.
③ 직무급은 동일노동에 대한 동일임금이라는 합리적인 보수 책정이 가능하다.
④ 성과급은 결과를 중시하며 변동급의 성격을 가진다.

> **해설** ②[X] 연공급은 사람중심의 보수제도로서 근속연수(근무연한)를 기준으로 하기 때문에 일반행정가 확보에 유리하지만, 전문기술인력 확보에는 불리하다.
> ①[O] 직능급은 직무수행능력에 따라 지급되는 보수이므로 자격증을 갖춘 유능한 인재확보에 유리하다.
> ④[O] 성과급은 직무수행결과에 따라 보수가 결정되는 제도이다. 따라서 고정급이 아니라 변동급의 성격을 가진다.

[정답] ②

103
• 22 지방9급

2015년 공무원연금 개혁에 대한 설명으로 옳지 않은 것은?

① 퇴직연금 지급률을 1.7%로 단계적 인하
② 퇴직연금 수급 재직요건을 20년에서 10년으로 완화
③ 퇴직연금 기여율을 기준소득월액의 9%로 단계적 인상
④ 퇴직급여 산정 기준은 퇴직 전 3년 평균보수월액으로 변경

> **해설** 공무원연금개혁은 중요한 개혁과제이기는 하지만 이미 오래전에 개정된 사항을 지금 물어보는 것이 바람직한지는 의문이다.
> ④[X] 퇴직급여 산정 기준에 대한 개혁은 2010년 시행된 변경사항이다. 보수산정의 재직기간에 대하여 '퇴직 전 3년 평균'에서 '전체 재직기간 평균'으로 변경되었었다.
> ①[O] 퇴직연금 지급률을 1.9%에서 1.7%까지 단계적으로 인하 중이다.
> ②[O] 퇴직연금 수급 재직요건이 종전 20년 이상에서 10년 이상으로 완화되었다.
> ③[O] 퇴직연금 기여율이 기준소득월액 종전 7%에서 9%(2020년)까지 단계적으로 인상되었다.
>
> [공무원연금 개정사항 정리]
>
> | | 2010년~15년 | 2016.1 시행 |
> |---|---|---|
> | 기여율/부담률 | 기준 소득 월액의 7% | 8%(2016) ~ 9%(2020) |
> | 지급률 | 기준 소득 월액의 1.9% | 1.7%(2035 까지) |
> | 지급개시 연령 | 60세, 65세(2010 임용자부터) | 60세, 65세 |
> | 기여금 납부기간 | 33년 | 36년 |
> | 연금수급요건 | 가입기간 20년 이상 | 10년 이상 |

[정답] ④

104
* 17 지방9급

공무원의 사기관리에 대한 설명으로 옳은 것은?

① 「공무원 제안 규정」상 우수한 제안을 제출한 공무원에게 인사상 특전을 부여할 수 있지만, 상여금은 지급할 수 없다.
② 소청심사제도는 징계처분과 같이 의사에 반하는 불이익 처분을 받은 공무원이 그에 불복하여 이의를 제기했을 때 이를 심사하여 결정하는 절차이다.
③ 우리나라는 공무원의 고충을 심사하기 위하여 행정안전부에 중앙고충심사위원회를 둔다.
④ 성과상여금제도는 공직의 경쟁력을 높이기 위하여 공무원인사와 급여체계를 사람과 연공 중심으로 개편한 것이다.

해설 ② 소청심사제도는 공무원의 징계처분, 그 밖에 그 의사에 반하는 불리한 처분에 대한 소청의 심사·결정 및 그 재심청구 사건의 심사·결정에 관한 절차이다. ① 제안자에게 인사상 특전 및 상여금을 지급할 수 있다. ③ 공무원의 고충을 심사하기 위하여 중앙인사관장기관에 중앙고충심사위원회를 두되, 중앙고충심사위원회의 기능은 소청심사위원회에서 관장한다. 즉 행정안전부가 아니라 인사혁신처에 둔다. ④ 성과상여금제도는 공직의 경쟁력을 높이기 위하여 인사와 급여체계를 사람과 연공 중심에서 능력과 성과 중심으로 개편한 것이다.

[관련법령] 공무원 제안 규정
18조(인사상 특전) ① 중앙행정기관의 장은 소속 공무원이 제출한 공무원제안이 채택되고 시행되어 국가 예산을 절약하는 등 행정 운영 발전에 뚜렷한 실적이 있을 경우 그 제안자에게 인사 관계 법령에서 정하는 바에 따라 특별승급의 인사상 특전을 부여할 수 있다.
제19조(상여금의 지급) ① 중앙행정기관의 장은 다음 각 호의 어느 하나에 해당하는 경우에는 채택제안의 제안자에게 상여금을 지급할 수 있다.

[정답] ②

105
* 20 국회8급

우리나라 공무원연금제도에 대한 설명으로 옳지 않은 것은?

① 공무원연금제도의 주무부처는 인사혁신처이며, 공무원연금기금은 공무원연금공단이 관리·운용한다.
② 공무원연금제도는 기금제를 채택하고 있다.
③ 공무원연금제도는 기여제를 채택하고 있다.
④ 기여금을 부담하는 재직기간은 최대 36년까지이다.
⑤ 퇴직수당은 공무원과 정부가 분담한다.

해설 ⑤ [X] 퇴직수당은 퇴직연금과 달리 소요재원을 정부가 단독 부담한다. ① [O] 공무원연금제도는 인사혁신처가 관장하고, 연금기금은 공무원연금공단에서 관리·운용한다.

[정답] ⑤

106
* 02 국가7급

보수체계에 대한 설명 중 옳지 않은 것은?

① 현재 우리나라 중앙과 지방정부의 경우 직무급보다 성과급적인 성격이 강하다.
② 생산성의 기준을 적용하기가 민간기업에 비해 상대적으로 어렵다.
③ 수당은 보수제도의 탄력성을 유지하기 위해 필요한 수단이지만 남용의 우려도 크다.
④ 보수수준의 결정요인 중 공무원의 생활을 보장하는 생계비의 개념은 사회윤리적 요인이라고 볼 수 있다.

해설 국가공무원법 제46조에 규정된 우리나라 공무원 보수결정의 원칙에 의하면 우리나라 공무원 보수의 결정이 생활급, 근속급, 직무급 등에 기반하여 결정해야 한다는 점을 표명한 것이다. 성과급은 일부 가미되어 있을 뿐이다.

[관련법령] 국가공무원법 제46조 제1항 공무원의 보수는 직무의 곤란성 및 책임의 정도에 상응하도록 계급별·직위별 또는 직무등급별로 정한다. 다만, 직무의 곤란성과 책임도가 현저히 특수하거나 결원보충이 곤란한 직무에 종사하는 공무원 및 제4조제2항의 연구 또는 특수기술직렬 공무원의 보수는 따로 정할 수 있다[개정 2005.3.24]. 제2항 공무원의 보수는 일반의 표준생계비·물가수준 그 밖의 사정을 고려하여 정하되, 민간부문의 임금수준과 적절한 균형을 유지하도록 노력하여야 한다.

[정답] ①

107
• 11 지방7급

공무원 보수제도로서 연봉제에 대한 설명으로 옳은 것은?

① 연봉제 도입을 통하여 관료제 내부의 공동체의식이나 팀정신이 향상된다.
② 연봉제는 실적주의 및 직위분류제를 강화시키지만 직업공무원제 및 계급제는 약화시키는 경향이 있다.
③ 우리나라의 경우 연봉액을 1년 단위로 책정하여 전액을 매년 1회 일괄해서 지급하는 것이 원칙이다.
④ 우리나라 고위공무원단에 속하는 공무원의 연봉제 수립에 있어서 직무분석이 직무평가보다 더 중요한 기능을 한다.

해설 ① 연봉제는 개인의 성과중심적 보수제도이므로 관료제 내부의 공동체의식이나 팀정신을 약화시킨다. ③ 연봉제의 경우 연봉 총액은 1년 단위로 책정되나, 연봉액을 12개월로 나누어서 월 단위로 지급하는 것이 원칙이다. ④ 우리나라 고위공무원단에 속하는 공무원은 직무성과급적 연봉제의 적용을 받는다. 직무성과급적 연봉제에서 기본연봉이 기준급과 직무급으로 구성되는데 직무급의 경우 직무의 곤란도와 책임도 등 상대적 비중(직무평가 결과)에 따라 2등급(가, 나)으로 나뉘어지기 때문에 직무평가가 더 중요한 기능을 한다.

[정답] ②

108
• 12 국회8급

공무원 보수에 관한 설명으로 옳지 않은 것은?

① 계급제의 경우 직책에 따라 보수액을 결정하는 것이 아니라 능력, 자격에 따라 보수를 결정한다.
② 공무원의 보수를 책정할 때에도 동일 노동에 동일 대가를 지불하는 것을 원칙으로 한다.
③ 공무원은 일반적으로 노동권의 제약을 받고 있어 보수 결정이 불리할 수 있다.
④ 공무원 보수 수준의 결정에 있어서 사회윤리적 요인은 공무원은 공공에 대한 봉사직이므로 지나치게 높은 보수를 받아서는 안된다는 관념에 기초를 둔 것이다.
⑤ 미국이나 영국의 공무원 보수 수준 결정은 대내적 상대성을 따르는 경향이 있다.

해설 ⑤ 미국이나 영국의 공무원 보수 수준 결정은 일차적으로 대외적 비교성을 따르는 경향이 있다. 참고로 비교성의 원칙(대외적 균형)이란 공무원보수 민간준거의 법칙으로서 사기업의 보수와의 균형이 필요하다는 원칙이다. 또한 상대성의 원칙(대내적 균형)이란 보수액은 업무의 곤란도·책임도·난이도 등 그 상대적 관계를 나타내는 격차요인을 명확히 하여야 공무원의 불평·불만을 방지할 수 있다는 원칙이다.

[정답] ⑤

109
• 11 국가7급

공무원 연금제도에 대한 설명으로 옳지 않은 것은?

① 우리나라 「공무원연금법」의 적용 대상에는 장관도 포함된다.
② 우리나라의 공무원 연금제도는 기금제(pre-funding system 또는 funded plan)를 채택하고 있다.
③ 기금제는 운용·관리 비용이 적게 든다는 장점이 있다.
④ 기금제를 채택하는 경우 기금 조성의 비용을 정부에서 단독 부담하는 제도를 비기여제(non-contributory system)라 한다.

해설 ① 장·차관은 공무원연금법 적용대상이나 군인과 선거로 취임하는 공무원은 적용대상이 아니다. ③ 기금제는 미리 계획을 세워 별도로 기금을 적립·마련해야 하므로 출발비용(start-up cost)과 운용·관리비용이 많이 들어간다. 반면 비기금제는 기금을 미리 조성하지 않고 그때그때 연금급여에 필요한 재원만을 조달하는 제도이므로 이러한 비용이 적게 든다.

[정답] ③

110
• 06 국가9급

우리나라 공무원 노조활동에 대한 설명 중 옳지 않은 것은?

① 신규공무원의 채용 기준과 절차 등 임용권 행사에 관한 사항은 단체교섭대상이 아니다.
② 공무원의 보수에 관한 사항은 단체교섭의 대상이 되나, 보수에 관한 업무수행을 하는 공무원은 노조에 가입할 수 없다.
③ 노조 대표자에게는 단체교섭권뿐만 아니라 단체협약을 체결할 권한을 부여한다.
④ 임용권자의 동의를 얻어 노조 전임자를 둘 수 있으며 그 전임기간중이라도 법령에서 정한 보수는 지급되어야 한다.

해설 관련법의 개정으로 노동조합 전임자의 보수지급금지 규정이 삭제되어 보수는 지급된다.
[관련법령] 공무원의노동조합설립및운영등에관한법률 제7조
제7조(노동조합 전임자의 지위) ① 공무원은 임용권자의 동의를 받아 노동조합으로부터 급여를 지급받으면서 노동조합의 업무에만 종사할 수 있다. 〈개정 2022. 6. 10.〉
② 제1항에 따른 동의를 받아 노동조합의 업무에만 종사하는 사람[이하 "전임자"(專任者)라 한다]에 대하여는 그 기간 중 휴직명령을 하여야 한다.

[정답] 모두 맞음

111
• 04 국회8급

최근 공무원단체의 존재 여부 및 그 활동범위에 대한 논의가 활발하다. 다음 설명 중 공무원단체설립이 가져올 수 있는 긍정적 효과로 볼 수 없는 것은?

① 공무원단체 활동은 구성원들의 귀속감과 일체감 형성에 도움을 주기 때문에 하위직 공무원들의 사기진작에 긍정적 영향을 미친다.
② 공무원단체는 행정관리개선과 공무원의 질적 향상, 행정윤리의 확립, 공무원의 부패방지, 행정과정의 민주화 등에 이바지할 수 있다.
③ 공무원단체는 관리층이 구성원들의 의견을 파악하고자 하는 경우 도움을 줄 수 있다.
④ 공무원은 공무원단체를 통하여 입법부와 관리층에 그들의 입장과 의견을 표시할 수 있다.
⑤ 공무원단체 설립은 공공부문 인력관리의 탄력성을 제고시키고 관리층의 인사권을 확대할 수 있다.

해설 공무원 단체는 권익과 신분보장을 강조함으로써 능력·적성·성과를 기준으로 하는 실적주의 인사를 저해하고 관리층의 인사권을 제약하게 된다. 따라서 일반적으로는 실적주의와 상충관계로 보지만, 공무원 단체가 직업윤리의 확립과 자의적인 인사행정에 대한 견제의 역할을 통해 실질적으로 실적주의 확립에 기여할 수도 있다.

[정답] ⑤

112
• 00 사시

공무원에게 노동조합의 결성을 허용하고 단체교섭권을 부여할 때 단체교섭의 대상으로 가장 거리가 먼 것은?

① 근로시간
② 휴가
③ 주차 공간
④ 작업안전
⑤ 신규 공무원 채용 기준

해설 단체교섭의 대상은 재직공무원의 근무조건에 관한 사항으로 신규채용기준이나 정치문제 등에 대해서는 교섭할 수 없다.

[정답] ⑤

113
• 02 입법고시

공무원 보수의 결정에 관한 다음 내용 중 가장 옳지 않은 것은?

① 민간부문에 비해 업무수행에 대한 성과를 금전적으로 환산하는 것이 상대적으로 어렵다.
② 보수의 전체수준이 민간부문에 비해 낮은 편이고 경제발전이나 물가인상에 따른 조정시기도 사기업에 비해 늦는 경향이 있다.
③ 일반적으로 공직자에게 청빈성을 강조하는 전통과 인플레이션을 초래할 가능성에 대한 우려 때문에 공무원 보수를 높이지 않으려는 경향이 있다.
④ 공무원의 경우 노동권의 제약을 받는다는 사실이 공무원 보수를 사기업에 비해 상대적으로 적게 만드는 원인의 하나로 보기 힘들다.
⑤ 공직의 경우 엄격한 직위분류를 이용한다고 해도 민간부문에서 노동의 비교치를 찾기 곤란한 직무들이 많이 있다.

해설 공무원의 노동권 제약이 공무원 보수가 사기업에 비해 상대적으로 낮게 되는 주요한 요인 하나이다.

[정답] ④

THEMA 60 정치적 중립과 신분보장

114
• 22 국가9급

공무원의 정치적 중립의 정당화 근거로 옳지 않은 것은?

① 엽관주의의 폐해를 극복하여 행정의 안정성과 전문성을 제고 할 수 있다.
② 공무원은 국민 전체의 이익을 위해 공평무사하게 봉사해야 하는 신분이다.
③ 공무원의 정치적 기본권을 강화하여 공직의 계속성을 제고할 수 있다.
④ 공명선거를 통해 민주적 기본질서를 제고할 수 있다.

해설 ③[X] 공무원의 정치적 중립과 공무원의 정치적 기본권의 강화는 상반된 표현이다. 공무원의 정치적 중립을 지나치게 강조할 경우 정치참여에 대한 공무원의 정치적 기본권(참정권)을 제한할 우려가 있다. 따라서 공무원의 정치적 중립은 정치로부터 부당한 간섭, 압력을 받아서는 안 된다는 것이지, 정치적 성격을 배제하는 것은 아니다.

[정답] ③

115
• 23 국가9급

공무원의 직위해제에 대한 설명으로 옳은 것은?

① 직위해제는 공무원 징계의 한 종류이다.
② 직위해제 처분을 받은 공무원은 잠정적으로 공무원 신분이 상실된다.
③ 직무수행 능력이 부족하거나 근무성적이 극히 나쁜 자에 대해서도 직위해제가 가능하다.
④ 직위해제의 사유가 소멸된 경우 임용권자는 인사위원회의 심의를 거쳐 3개월 이내에 직위를 부여하여야 한다.

해설 ③ [O] 직무수행능력이 부족하거나 근무성적이 극히 나쁜 자는 직위해제의 사유 중 하나이다.

① [X] 직위해제는 일정기간 직위를 부여하지 않는 인사상 처분으로, 징계는 아니다.
② [X] 직위해제는 공무원 신분은 유지되며 직무수행만 정지된다. 신분상실이 되는 것은 직권면직이다.
④ [X] 직위해제사유가 소멸된 경우 임용권자는 지체없이 직위를 부여하여야 한다.

[정답] ③

116
• 22 국가9급

공무원 신분의 변경과 소멸에 대한 설명으로 옳지 않은 것은?

① 직권면직은 법률상 징계의 종류로 규정되어 있지 않다.
② 정직은 징계처분의 일종으로, 정직 기간 중에는 보수의 1/2을 감하도록 되어 있다.
③ 임용권자는 사정에 따라서는 공무원 본인의 의사에도 불구하고 휴직을 명해야 한다.
④ 임용권자는 직무수행 능력 부족을 이유로 직위해제를 받은 공무원이 직위해제 기간에 능력의 향상을 기대하기 어렵다고 인정된 때에 직권면직을 통해 공무원의 신분을 박탈할 수 있다.

해설 ②[X] 정직은 보수의 2분의 1이 아니라 전액을 삭감한다. 정직은 1개월 이상 3개월 이하의 기간으로 하고, 정직 처분을 받은 자는 그 기간 중 공무원의 신분은 보유하나 직무에 종사하지 못하며 보수의 전액을 감한다.

①[O] 직권면직은 일정한 사유에 의하여 직권으로 면직시키는 인사처분으로 징계의 종류에 포함되지 않는다.
③[O] 지문은 직권휴직에 해당하는 설명으로 본인 의사에 관계없이 임용권자가 직권으로 휴직을 명령하는 경우도 있을 수 있다.
④는 직권면직의 사유 중 하나에 해당한다.

[정답] ②

	종류	내용	비고
경징계	① 견책	전과(前過)에 대하여 훈계하고 회개하게 함	직무수행
	② 감봉	1월~3월 기간 보수의 1/3을 감하는 처분	
중징계	③ 정직	1월~3월 기간 보수의 전액을 감하며, 직무수행이 정지됨	직무수행 정지 신분보유
	④ 강등	1계급 아래로 직급을 내리고, 3개월간 직무수행정지와 보수의 전액을 감함	
	⑤ 해임	강제퇴직, 3년간 재임용 불가	신분박탈
	⑥ 파면	강제퇴직, 5년간 재임용 불가, 퇴직급여의 1/2~1/4 지급제한	

117
• 11 군무원9급

국가공무원법 제65조에서 규정하고 있는 공무원의 정치운동 금지조항 가운데 잘못된 것은?

① 서명운동을 기도, 주재하거나 권유하는 것
② 문서 또는 도서를 공공시설 등에 게시하거나 게시하게 하는 것
③ 정치적 행위의 금지에 관한 한계를 국회규칙, 대법원규칙, 헌법재판소규칙, 중앙선관위규칙 또는 국무총리령으로 정한 것
④ 기부금을 모집 또는 모집하게 하거나 공공자금을 이용 또는 이용하게 하는 것

해설 ③은 국가공무원법 제65조 제4항에 규정된 사항으로서 국회나 법원 등은 맞지만 행정부의 경우 국무총리령이 아니라 대통령령으로 정하도록 하고 있다.

[정답] ③

118
• 18 국가9급

「국가공무원법」상 징계에 대한 설명으로 옳은 것은?

① 징계는 파면·해임·정직·감봉·견책으로 구분한다.
② 정직은 1개월 이상 3개월 이하의 기간으로 하고, 정직 처분을 받은 자는 그 기간 중 공무원의 신분은 보유하나 직무에 종사하지 못하며 보수의 3분의 2를 감한다.
③ 감봉은 1개월 이상 3개월 이하의 기간 동안 보수의 3분의 1을 감한다.
④ 감사원에서 조사 중인 사건에 대하여는 조사개시 통보를 받은 후부터 징계 의결의 요구나 그 밖의 징계 절차를 진행할 수 있다.

해설 ③ 감봉은 1개월 이상 3개월 이하의 기간 동안 보수의 3분의 1을 감한다. ① 징계는 파면·해임·강등·정직·감봉·견책으로 구분한다. ② 정직은 보수의 3분의 2가 아니라 전액을 삭감한다. ④ 감사원에서 조사 중인 사건에 대하여는 조사개시 통보를 받은 후부터는 징계 의결의 요구나 그 밖의 징계 절차를 진행할 수 없다(국가공무원법 제83조제1항).

[정답] ③

119
• 18 지방9급

「국가공무원법」상 공무원 인사에 대한 설명으로 옳지 않은 것은?

① 당연퇴직은 법이 정한 사유가 발생한 경우 별도의 처분 없이 공무원 관계가 소멸되는 것을 말한다.
② 직권면직은 법이 정한 사유가 발생한 경우 임용권자가 일방적으로 공무원 관계를 소멸시키는 것을 말한다.
③ 직위해제는 직무수행능력이 부족하거나 근무성적이 극히 나쁜 경우 공무원의 신분은 유지하지만 강제로 직무를 담당하지 못하게 하는 것이다.
④ 강임은 한 계급 아래로 직급을 내리는 것으로 징계의 종류중 하나이다.

해설 ④ 징계의 종류중 하나로서 한 계급 아래로 직급을 내리는 것은 강등이다. 강임은 정부조직개편으로 폐직·과원 상태가 되었거나 본인의 희망에 의하여 하위직급으로 임용되는 것으로 징계가 아니다. ① 당연퇴직은 국가공무원법상 임용결격사유가 발생한 경우 별도의 처분 없이 공무원 관계가 당연히 소멸되는 것을 말한다.

[정답] ④

120
• 17 국가9급(하)

계급정년제도에 대한 설명으로 옳지 않은 것은?

① 공무원이 일정한 기간동안 승진하지 못하고 동일한 계급에 머물러 있으면, 그 기간이 만료된 때에 그 사람을 자동적으로 퇴직시키는 제도이다.
② 인적자원의 유동률을 높여 국민의 공직취임 기회를 확대할 수 있다.
③ 공무원의 교체를 촉진하여 낡은 관료문화 타파에 기여할 수 있다.
④ 모든 공무원의 직업적 안정성을 확보할 수 있다.

해설 ④ 계급정년제도란 일정기간 동안 상위계급으로 승진하지 못하면 자동적으로 강제 퇴직하는 제도로서 군인, 검찰, 경찰 등 일부 특정직의 상위직에 적용하고 있다. 이는 해당공무원의 신분불안으로 사기가 저해되고 직업공무원제도를 저해한다는 문제점이 있다.

[정답] ④

121
• 15 행정사

국가공무원법상에 규정된 직위해제 사유에 해당되지 않는 자는?

① 직무수행 능력이 부족한 자
② 휴직 사유가 소멸된 후에도 직무에 복귀하지 않은 자
③ 근무성적이 극히 나쁜 자
④ 파면·해임에 해당하는 징계의결이 요구 중인 자
⑤ 정직에 해당하는 징계의결이 요구 중인 자

해설 ②는 직권면직의 사유에 해당한다. 직위해제의 사유는 다음과 같다.
[직위해제의 사유] ㉠ 직무수행 능력이 부족하거나 근무성적이 극히 나쁜 자, ㉡ 파면·해임·강등 또는 정직에 해당하는 징계 의결(중징계의결)이 요구 중인 자, ㉢ 형사사건으로 기소된 재(약식명령이 청구된 자는 제외한다), ㉣ 고위공무원단에 속하는 일반직공무원으로서 일정사유로 적격심사를 요구받은 자, ㉤ 금품비위, 성범죄 등 비위행위로 인하여 감사원이나 수사기관에서 조사나 수사 중인 자로서 비위의 정도가 중대하여 정상적인 업무수행을 기대하기 현저히 어려운 자(2015.11 추가)

[정답] ②

122
• 16 행정사

공무원의 강등과 강임에 관한 설명으로 옳은 것은?

① 강등은 직위가 폐직되거나 하위의 직위로 변경되어 과원이 된 경우에 이루어진다.
② 강임은 결원을 보충하는 방법의 하나이다.
③ 강등된 공무원은 상위 직급에 결원이 생기면 우선승진의 대상이 된다.
④ 공무원 본인이 동의하지 않으면 강등할 수 없다.
⑤ 징계의 수단으로 강임이 제도적으로 인정되고 있다.

해설 ② 강등은 징계의 한 종류이지만, 강임은 징계가 아니며 결원을 보충하는 방법의 하나이다. 강임(降任)이란 같은 직렬 내에서 하위 직급에 임명하거나 하위 직급이 없어 다른 직렬의 하위 직급으로 임명하는 것을 말한다. ①[X] 폐직 등의 사유로 과원된 경우는 강등이 아니라 강임의 사유이다. ③[X] 상위 직급에 결원이 생기면 우선승진의 대상이 되는 것은 강등이 아니라 강임의 경우이다. ④[X] 본인의 동의에 의한 경우는 강임이고, 강등은 징계이므로 본인의 동의가 필요없다. ⑤[X] 징계의 수단은 강임이 아니라 강등이다.

[정답] ②

123
• 01 행시

우리나라 정부의 감원제도와 관련된 설명 중 옳지 않은 것은?

① 감원대상 공무원이 반드시 무능하거나 부적격하다고 추정할만한 이유는 없다.
② 정부축소의 요구에 대한 하나의 대응책이다.
③ 직제와 정원의 개폐 또는 예산의 감소 등의 경우 직위해제에 의한 감원할 수 있다.
④ 감원된 공무원의 권익을 보호하기 위한 방법으로 우선복직제도를 들 수 있다.
⑤ 우리나라에서는 정원동결의 방법을 사용한 적이 있다.

해설 정부조직의 개폐로 감원하는 경우에는 직위해제가 아니라 직권면직에 의한다.

[정답] ③

공직부패와 공직윤리

124 · 24 지방9급

「공직자윤리법」에서 규정하고 있는 것만을 모두 고르면?

> ㄱ. 이해충돌 방지 의무
> ㄴ. 등록재산의 공개
> ㄷ. 종교 중립의 의무
> ㄹ. 품위 유지의 의무

① ㄱ, ㄴ
② ㄱ, ㄹ
③ ㄴ, ㄷ
④ ㄷ, ㄹ

해설 「공직자윤리법」에서 ① 재산등록 및 공개의무, ② 선물수수의 신고·등록의무, ③ 취업제한의무, ④ 주식백지신탁의무, ⑤ 이해충돌방지의무 등을 규정하고 있다. 종교중립의 의무와 품위유지의무는 「국가공무원법」에 규정되어 있다.

공직자윤리법	부패방지법
① 재산등록 및 공개의무	① 내부고발자 보호
② 선물수수의 신고·등록의무	② 취업제한
③ 취업제한의무	③ 국민감사청구
④ 주식백지신탁의무	
⑤ 이해충돌방지의무	

[정답] ①

125 · 22 지방9급

「공직자윤리법」상 재산등록의무자로 옳지 않은 것은?

① 법관 및 검사
② 소령 이상의 장교 및 이에 상당하는 군무원
③ 총경 이상의 경찰공무원과 소방정 이상의 소방공무원
④ 4급 이상의 일반직 공무원에 상당하는 보수를 받는 별정직 공무원

해설 ②[X] 「공직자윤리법」에 규정된 재산등록의무자 중 군인의 경우에는 대령 이상의 장교이다.

[재산등록의무자와 공개의무자]

재산 등록 의무자	• 정무직 공무원 • 4급 이상의 일반직 공무원(별정직 포함) • 법관 및 검사, 헌법연구관 • 대령 이상의 장교 및 이에 상당하는 군무원 • 총장·부총장·대학원장·학장, 교육감·교육장 및 교육위원 • 총경 이상의 경찰공무원, 소방정 이상의 소방공무원 • 공기업의 장·부기관장·상임이사 및 상임감사 • 공직유관단체의 임원
등록재산 공개의무자	• 정무직 공무원 • 일반직 1급 공무원(직무등급이 가장 높은 고위공무원단에 속하는 일반직 공무원 포함) • 고등법원 부장판사급 이상의 법관과 대검찰청 검사급 이상의 검사 • 중장 이상의 장관급 장교 • 총장·부총장·학장, 교육감 및 교육위원(학장은 제외) • 치안감, 소방정감 이상의 경찰·소방공무원 • 공기업의 장·부기관장·상임이사 및 상임감사 • 지방국세청장 및 3급 공무원 • 공직유관단체의 임원

[정답] ②

126
* 23 국가9급

공직자의 이해충돌에 대한 설명으로 옳지 않은 것은?

① 우리나라는 2021년 5월 「공직자의 이해충돌 방지법」을 제정하였다.
② 이해충돌은 그 특성에 따라 실제적, 외견적, 잠재적 형태로 분류할 수 있다.
③ 이해충돌 회피에 있어서는 '어느 누구도 자신이 연루된 사건의 재판관이 되어서는 안 된다'라는 원칙이 적용된다.
④ 「공직자의 이해충돌 방지법」의 위반행위는 감사원, 수사기관, 국민권익위원회 등에 신고할 수 있으나 위반행위가 발생한 기관은 제외된다.

해설 ④[X] 위반행위는 감사원, 수사기관, 국민권익위원회 등에도 신고할 수 있으며, 위반행위가 발생한 공공기관 및 그 감독기관에도 신고할 수 있다. ② 이해충돌의 유형으로 다음과 같이 분류할 수 있다. ㉠ 실질적 이해충돌 : 현재도 발생하고 있고 과거에도 발생한 이해충돌 ㉡ 외견상 이해충돌 : 공무원의 사익이 부적절하게 공적 의무의 수행에 영향을 미칠 가능성이 있는 상태로서, 부정적 영향이 현재화한 것은 아닌 상태의 이해충돌 ㉢ 잠재적 이해충돌 : 공무원이 미래에 공적 책임에 관련되는 일에 연루되는 경우에 발생하는 이해충돌

[공직자의 이해충돌 방지법] 제18조(위반행위의 신고 등)
① 누구든지 이 법의 위반행위가 발생하였거나 발생하고 있다는 사실을 알게 된 경우에는 다음 각 호의 어느 하나에 해당하는 기관에 신고할 수 있다.
  1. 이 법의 위반행위가 발생한 공공기관 또는 그 감독기관
  2. 감사원 또는 수사기관
  3. 국민권익위원회

[정답] ④

127
* 24 국가9급

「공직자의 이해충돌 방지법」상 '사적이해관계자'로 규정하고 있는 대상이 아닌 것은?

① 공직자 자신 또는 그 가족
② 공직자의 직무수행과 관련하여 이익 또는 불이익을 직접적으로 받는 다른 공직자
③ 공직자로 채용·임용되기 전 2년 이내에 공직자 자신이 재직하였던 법인 또는 단체
④ 공직자 자신 또는 그 가족이 임원·대표자·관리자 또는 사외이사로 재직하고 있는 법인 또는 단체

해설 ②[X] 공직자의 직무수행과 관련하여 이익 또는 불이익을 직접적으로 받는 다른 공직자는 직무관련자에 해당한다. 공직자 자신 또는 그 가족은 사적이해관계자로서 이해충돌 방지의 대상이지만, 민원인 등 직무와 관련된 고객은 직무관련자로서 이해충돌 방지 대상이 아니다.

[정답] ②

[관련 법률] 공직자의 이해충돌 방지법
제2조(정의) 4. "이해충돌"이란 공직자가 직무를 수행할 때에 자신의 사적 이해관계가 관련되어 공정하고 청렴한 직무수행이 저해되거나 저해될 우려가 있는 상황을 말한다.
5. "직무관련자"란 공직자가 법령(조례·규칙을 포함)·기준에 따라 수행하는 직무와 관련되는 자로서 다음 각 목의 어느 하나에 해당하는 개인·법인·단체 및 공직자를 말한다.
가. 공직자의 직무수행과 관련하여 일정한 행위나 조치를 요구하는 개인이나 법인 또는 단체
나. 공직자의 직무수행과 관련하여 이익 또는 불이익을 직접적으로 받는 개인이나 법인 또는 단체
다. 공직자가 소속된 공공기관과 계약을 체결하거나 체결하려는 것이 명백한 개인이나 법인 또는 단체
라. 공직자의 직무수행과 관련하여 이익 또는 불이익을 직접적으로 받는 다른 공직자. 다만, 공공기관이 이익 또는 불이익을 직접적으로 받는 경우에는 그 공공기관에 소속되어 해당 이익 또는 불이익과 관련된 업무를 담당하는 공직자를 말한다.
6. "사적이해관계자"란 다음 각 목의 어느 하나에 해당하는 자를 말한다.
가. 공직자 자신 또는 그 가족(「민법」 제779조에 따른 가족을 말한다. 이하 같다)
나. 공직자 자신 또는 그 가족이 임원·대표자·관리자 또는 사외이사로 재직하고 있는 법인 또는 단체
다. 공직자 자신이나 그 가족이 대리하거나 고문·자문 등을 제공하는 개인이나 법인 또는 단체
라. 공직자로 채용·임용되기 전 2년 이내에 공직자 자신이 재직하였던 법인 또는 단체
마. 공직자로 채용·임용되기 전 2년 이내에 공직자 자신이 대리하거나 고문·자문 등을 제공하였던 개인이나 법인

또는 단체

바. 공직자 자신 또는 그 가족이 대통령령으로 정하는 일정 비율 이상의 주식·지분 또는 자본금 등을 소유하고 있는 법인 또는 단체

사. 최근 2년 이내에 퇴직한 공직자로서 퇴직일 전 2년 이내에 제5조제1항 각 호의 어느 하나에 해당하는 직무를 수행하는 공직자와 국회규칙, 대법원규칙, 헌법재판소규칙, 중앙선거관리위원회규칙 또는 대통령령으로 정하는 범위의 부서에서 같이 근무하였던 사람

아. 그 밖에 공직자의 사적 이해관계와 관련되는 자로서 국회규칙, 대법원규칙, 헌법재판소규칙, 중앙선거관리위원회규칙 또는 대통령령으로 정하는 자

128
• 18 교행9급

공직윤리 이론에 관한 설명으로 옳은 것을 〈보기〉에서 모두 고른 것은?

〈보기〉

ㄱ. 공직자 윤리기준은 행위의 이유에 따라 판단하는 목적론적 접근방법과 그 행위의 결과나 성과에 따라 판단하는 의무론적 접근방법으로 구분된다.

ㄴ. 공직자의 통제 방식은 입법적·사법적 통제에 초점을 둔 외적 통제와 직업가치 및 윤리기준에 의한 내적 통제로 구분된다.

ㄷ. 공직자의 책임은 외부의 기대에 부응해야 하는 객관적 책임과 자신의 양심 및 가치에 따라 결정하는 주관적 책임으로 구분된다.

ㄹ. 공직자의 역할 책임론은 전문 직업가 역할과 민주주의 담론의 촉진자 역할로 구분된다.

① ㄱ, ㄷ
② ㄴ, ㄹ
③ ㄱ, ㄴ, ㄷ
④ ㄴ, ㄷ, ㄹ

해설 ㉠만 틀린 내용이다.
㉠ 공직윤리의 판단기준은 행위의 결과나 성과에 따라 판단하는 목적론(상대론)적 접근방법과 그 행위의 이유와 의도에 따라 판단하는 의무론(절대론)적 접근방법으로 구분된다.
㉡ 입법적·사법적 통제는 외부통제이고, 직업가치 및 윤리기준에 의한 통제는 내부통제이다.

㉢ 공직자의 책임은 외부의 기대에 부응해야 하는 객관적(제도적, 외재적) 책임과 자신의 양심 및 가치에 따라 결정하는 주관적(자율적, 내재적) 책임으로 구분된다.
㉣ 공직자의 역할 책임론은 전문 직업가로서의 역할을 성실히 수행해야한다는 기능적(직업적) 책임과 국민의 여망이나 입법부의 의도에 부응하기 위하여 민주주의 담론의 촉진자 역할을 수행해야 하는 응답적(정치적) 책임으로 구분된다.

[정답] ④

129
• 06 국회8급

다음 중 공직의 부패를 방지하기 위한 방안과 거리가 먼 것은?

① 정부의 사회적 규제를 강화하여 사회통제 수준을 높인다.
② 행정정보의 공개를 통해 행정의 투명성을 확보한다.
③ 시민단체의 정부활동 감시기능을 강화한다.
④ 국민들이 정부활동에 대한 불만사항을 제기할 수 있는 제도적 장치를 강화한다.
⑤ 행정절차를 간소화하여 민원처리 단계를 줄인다.

해설 사회적 규제는 경제적 규제에 비하여 포획이나 부패의 발생 소지는 작지만 그렇다고 사회적 규제 등을 강화하여 정부의 개입이나 사회에 대한 통제를 강화하는 것은 부패방지책이 될 수는 없다.

[정답] ①

130 • 09 국회8급
부패의 유형에 관한 설명으로 옳지 않은 것은?

① 일탈형 부패는 부패의 제도화 정도에 따른 유형 구분으로서 개인부패에서 많이 발생 한다.
② 공금횡령, 개인적 이익의 편취, 회계 부정 등은 사기형 부패에 해당한다.
③ 선의의 목적으로 행해지는 부패를 회색부패(gray corruption)라고 한다.
④ 뇌물을 주고받음으로써 금전적 이익을 보는 사람과 이를 대가로 특혜를 제공받은 사람 간에 발생하는 부패를 거래형 부패라고 한다.
⑤ 생계형 부패를 작은 부패(petty corruption)라고 부르기도 한다.

해설 선의의 목적으로 행해지는 부패를 백색부패(white corruption)라고 한다.

[정답] ③

131 • 07 국가7급
공무원부패를 연구하는 시각이나 접근방법 상이한데 다음 설명 중 사회문화적 접근법에 해당하는 것은?

① 개인들의 윤리, 자질이 부패를 야기한다.
② 특정한 지배적 관습이나 경험적 습성에서 부패가 비롯된다.
③ 사회의 법과 제도상의 결함이나 부작용이 부패를 발생시킨다.
④ 문화적 특성, 제도상 결함, 구조상 모순, 공무원의 부정적 행태 등 다양한 요인에 의해 부패는 야기된다.

해설 ①은 도덕적 접근법, ③은 제도적 접근법, ④는 체제론적 접근법에 해당한다.

[정답] ②

132 • 09 국가7급
행정윤리에 대한 설명으로 옳은 것을 모두 고르면?

ㄱ. 정치와 행정의 상호작용이 활발해지면 행정윤리의 확보가 어려워질 가능성이 높아진다.
ㄴ. 국가공무원법, 공직자윤리법은 부정부패 방지 등을 위한 구체적이고 적극적인 행정윤리를 강조한다.
ㄷ. 정무직 공무원, 4급 이상 일반직 고위공무원은 재산등록 대상이지만 정부출연기관의 임원은 제외된다.
ㄹ. 공무원의 개인적 윤리기준은 공공의 신탁(public trust)과 관련된다.
ㅁ. 행정윤리는 공무원이 수행하는 행정업무와 관련된 윤리를 의미한다.

① ㄱ, ㄴ, ㄷ
② ㄱ, ㄹ, ㅁ
③ ㄴ, ㄹ, ㅁ
④ ㄷ, ㄹ, ㅁ

해설 보기 중에서 틀린 것은 ㄴ, ㄷ 이다.
ⓛ 국가공무원법과 공직자윤리법은 추상적이고 소극적인 윤리를 규정하고 있다. 이 법속에 포함된 내용들은 구체적인 규정이기보다 당위적인 행동규범이며, 무엇을 해야 한다는 적극적 규범이기 보다 공무원들이 하지 말아야 할 사항들만을 열거한 소극적(negative) 규정에 불과하다. ⓒ 공직자윤리법에 따르면 정부의 출자·출연·보조를 받는 공직유관단체의 임원도 재산등록대상에 포함하도록 하고 있다.

[정답] ②

133 • 06 서울7급
다음 중 행정권의 오용으로 볼 수 없는 것은?

① 재량권의 행사
② 실책의 은폐
③ 비윤리적 행위
④ 불공정한 인사
⑤ 무사안일

해설 재량권의 행사와 재량권의 남용을 구분하여야 할 문제이다. 정당한 재량권의 행사는 재량권의 오용으로 볼 수 없다. 참고로 Nigro가 제시한 행정권 오용의 유형은 다음과 같다. ㉠ 부정행위, ㉡ 비윤리적 행위, ㉢ 법규의 경시, ㉣ 입법의도의 편향된 해석, ㉤ 불공정한 인사, ㉥ 무능, ㉦ 실책의 은폐, ㉧ 무사안일 등

[정답] ①

134
• 21 행정사

내부고발에 관한 설명으로 옳지 않은 것은?

① 내부고발의 대상은 일반적으로 조직 내에서 행해진 비윤리적 행위이다.
② 내부고발의 대상이 되는 문제를 조직 내에서 해결할 장치가 없거나 제대로 작동되지 않을 때 주로 일어난다.
③ 내부고발은 조직 내부의 비리를 대외적으로 폭로하는 외부적 행위이다.
④ 내부고발제 실시로 조직 내에서 부패에 대한 경각심 확대와 부패 억제 효과가 기대된다.
⑤ 현재 우리나라에는 내부고발자를 보호하는 관련 법률이 없다.

해설 ⑤[X] 현재 우리나라에서 내부고발자를 보호하는 법률로 "부패방지 및 국민권익위원회의 설치와 운영에 관한 법률"이 있다. 동법에 의하면 신고자에 대한 신분보장(62조), 신변보호(64조), 책임의 감면(66조), 포상 및 보상(68조)에 대한 규정을 두고 있다. ① 내부고발의 대상은 조직운영상의 불법, 부당, 비윤리적 행위를 폭로하는 것으로 조직구성원이 재직중이거나 퇴직 후 고발하는 것이다.

[정답] ⑤

135
• 24 행정사

공직자윤리법에서 행정윤리 확보를 위해 시행하고 있는 내용이 아닌 것은?

① 주식백지신탁
② 이해충돌 방지 의무
③ 공직자 재산등록과 공개
④ 퇴직공직자 취업제한
⑤ 내부고발

해설 공직윤리에 관한 법적 장치로 국가공무원법, 공직자윤리법, 부패방지법, 청탁금지법 등이 있다. ①, ②, ③, ④는 공직자 윤리법에 있는 규정이다. ⑤[X] 내부고발에 관한 사항은 부패방지 및 국민권익위원회의 설치와 운영에 관한 법률에 규정되어 있다.

[정답] ⑤

136
• 22 행정사

이해충돌방지법에 관한 내용으로 옳지 않은 것은?

① 공직자는 직무관련자가 사적이해관계자임을 안 날부터 30일 이내에 소속기관장에게 그 사실을 신고하면 회피신청이 면제된다.
② 공직자는 직무수행 중 알게 된 비밀 또는 소속 공공기관의 미공개정보를 사적 이익을 위하여 이용하거나 제3자로 하여금 이용하게 하여서는 아니 된다.
③ 공직자는 직무관련자에게 사적으로 노무 또는 조언·자문 등을 제공하고 대가를 받는 행위를 하여서는 아니 된다.
④ 공직자는 공공기관이 소유하거나 임차한 물품·차량·선박·항공기·건물·토지·시설 등을 사적인 용도로 사용·수익하거나 제3자로 하여금 사용·수익하게 하여서는 아니 된다.
⑤ 공직자는 직무관련자인 소속 기관의 퇴직자(공직자가 아니게 된 날부터 2년 이내인 자)와 사적 접촉(골프, 여행, 사행성 오락을 같이 하는 행위)을 하는 경우 소속기관장에게 신고하여야 한다.

해설 ①[X] 공직자는 직무관련자가 사적이해관계자임을 안 날부터 14일 이내에 소속기관장에게 그 사실을 서면으로 신고하고 회피를 신청하여야 한다(제5조). ② 공직자는 직무수행 중 알게 된 비밀 및 미공개정보를 이용하여 재물 또는 재산상의 이익을 취득하거나 제3자로 하여금 재물 또는 재산상의 이익을 취득하게 하여서는 아니 되며, 직무수행 중 알게 된 비밀 등을 사적 이익을 위하여 이용하거나 제3자로 하여금 이용하게 하여서는 아니 된다(제14조). ③ 공직자는 직무관련자에게 사적으로 노무 또는 조언·자문 등을 제공하고 대가를 받는 행위, 소속된 공공기관의 상대방인 개인·법인을 대리하거나 조언·자문 또는 정보를 제공하는 행위 및 직무와 관련된 다른 직위에 취임하는 행위 등을 하여서는 아니 된다(제10조). ④ 공직자는 공공기관이 소유하거나 임차한 물품·차량·선박·항공기·건물·토지·시설 등을 사적인 용도로 사용·수익하거나 제3자로 하여금 사용·수익하게 하여서는 아니 된다(제13조). ⑤ 공직자가 직무관련자인 소속기관의 퇴직자와 골프, 여행, 사행성 오락을 같이 하는 행위 등 사적 접촉을 하는 경우 소속기관장에게 이를 신고하여야 한다(제15조).

[정답] ①

[관련법률] 공직자의 이해충돌 방지법
제5조(사적이해관계자의 신고 및 회피·기피 신청) ① 다음 각 호의 어느 하나에 해당하는 직무를 수행하는 공직자는 직무관련자(직무관련자의 대리인을 포함한다.)가 사적이해관계자임을 안 경우 안 날부터 14일 이내에 소속기관장에게 그 사실을 서면(전자문서를 포함한다. 이하 같다)으로 신고하고 회피를 신청하여야 한다.

[법률용어] 형사소송(법관등의 제척, 기피, 회피)
제척 : 법관이 불공평한 재판을 할 우려가 큰 경우에 법률에 유형, 제한적으로 정하여 그 사유에 해당하는 법관을 직무집행을 배제하는 제도
기피 : 당사자의 신청에 따라 법원의 결정으로 당해 법관을 직무 집행에서 배제하는 제도이며 검사 또는 피고인이 신청권자임
회피 : 법관이 스스로 직무집행에서 탈퇴하는 제도

제척	당연배척	
기피	신청	서면 또는 구술
회피		서면

137
• 22 군무원9급

다음 중 공무원 부패를 방지하기 위해 가장 중요한 가치로서 인식되는 것은?

① 형평성
② 민주성
③ 절차성
④ 투명성

해설 부패방지를 위해서는 투명한 행정이 가장 중요한 요소이다.

[정답] ④

138
• 24 군무원9급

공무원 부패에 대한 설명으로 가장 적절하지 않은 것은?

① 「부패방지 및 국민권익위원회의 설치와 운영에 관한 법률」에서는 부패행위를 공직자가 직무와 관련하여 그 지위 또는 권한을 남용하거나 법령을 위반하여 자기 또는 제3자의 이익을 도모하는 행위 등으로 규정하고 있다.
② 공무원 부패에 대해 체제론적 접근에서는 사회의 법과 제도상의 결함이나 이러한 것들에 대한 관리기구와 운영상의 문제들 또는 예기치 않았던 부작용이 부패의 원인으로 작용한다고 보는 입장이다.
③ 선의의 목적으로 행해지는 부패를 '백색부패'라고 한다.
④ 사회적으로 희소한 권력을 갖고 있는 사람들에 의한 부패를 '권력형 부패'라고 하며, 이는 사회적 지탄의 대상이 된다.

해설 ②[X] 사회의 법과 제도상의 결함이나 이러한 것들에 대한 관리기구와 운영상의 문제들 또는 예기치 않았던 부작용이 부패의 원인으로 작용한다고 보는 입장은 제도적(구조적) 접근이다. 이와 달리 체제론적 접근법이란 부패는 그 나라의 문화적 특성, 제도상의 결함, 구조상의 모순 등 다양한 요인에 의하여 복합적으로 나타난다고 보는 입장이다.

[정답] ②

Part 5 재무행정

테마 54	예산의 본질 : 기능, 원칙, 분류
테마 55	정부회계제도, 예산관련법
테마 56	예산(재정)의 종류
테마 57	예산과정(Ⅰ) : 예산편성과 심의
테마 58	예산과정(Ⅱ) : 예산집행과 회계검사
테마 59	예산결정이론
테마 60	예산제도(Ⅰ) : LIBS, PBS
테마 61	예산제도(Ⅱ) : PPBS, ZBB
테마 62	예산제도(Ⅲ) : 종합문제, CBS, 조세지출예산
테마 63	예산제도(Ⅳ) : 신성과주의, 구매행정

THEMA 62 예산의 의의, 원칙

01
• 22 지방9급

일반회계, 특별회계, 기금에 대한 설명으로 옳지 않은 것은?

① 일반회계는 조세수입 등을 주요 세입으로 하여 국가의 일반적인 세출에 충당하기 위하여 설치한다.
② 특별회계와 기금은 예산총계주의 원칙의 예외이다.
③ 일반회계, 특별회계, 기금 모두 국회로부터 결산의 심의 및 의결을 받아야 한다.
④ 일반회계와 특별회계는 전쟁이나 대규모 재해가 발생한 경우 추가경정예산을 편성할 수 있다.

해설 ②[X] 특별회계와 기금은 단일성과 통일성의 원칙에 대한 예외이다. 예산총계주의(완전성)의 예외가 되는 것은 순계예산, 수입대체경비, 전대차관, 기금, 현물출자이다.
③[O] 일반회계, 특별회계, 기금 모두 국회로부터 결산의 심의·의결을 받아야 된다. ④[O] 추가경정예산의 편성사유에 해당한다.

[정답] ②

02
• 19 행정사

정부가 공공사업을 위해 조달하는 재원에 관한 설명으로 옳은 것을 모두 고른 것은?

ㄱ. 조세는 국가가 재정권에 기초해 동원하는 공공재원으로 벌금과 과태료를 포함한다.
ㄴ. 수익자부담금은 형평성차원에서 부담과 편익의 공평한 배분을 보장한다.
ㄷ. 국·공채는 세대 간 공평성을 갖는다.
ㄹ. 민간자본은 주로 산업기반시설 건설에 유치되고 복지시설 건설에는 유치할 수 없다.

① ㄱ, ㄴ ② ㄱ, ㄷ ③ ㄴ, ㄷ ④ ㄴ, ㄹ
⑤ ㄷ, ㄹ

해설 보기 중에서 옳은 것은 ㄴ과 ㄷ이다. ㄱ 벌금이나 과태료는 조세가 아니라 세외수입에 해당한다. ㄹ 민간자본 유치는 산업기반시설(SOC) 뿐만 아니라, 복지시설 건설에도 유치되고 있다. BTO방식은 고속도로, 항만, 지하철, 경전철 등 산업기반시설 건설에 많이 사용되고 있다. 반면 학교, 복지시설 등 자체 운영수입 창출이 어려운 시설의 경우 BTL방식을 주로 사용한다.

[정답] ③

03
• 19 국가9급

정부가 동원하는 공공재원에 대한 설명으로 옳지 않은 것은?

① 조세로 투자된 자본시설은 개인이 대가를 지불하지 않는 것으로 인식되어 과다 수요 혹은 과다 지출되는 비효율성 문제가 발생할 수 있다.
② 수익자부담금은 시장기구와 유사한 매커니즘을 통해 공공서비스의 최적 수준을 지향하여 자원배분의 효율성을 제고할 수 있다.
③ 국공채는 사회간접자본(SOC) 관련 사업이나 시설로 인해 편익을 얻게 될 경우 후세대도 비용을 분담하기 때문에 세대 간 형평성을 훼손시킨다.
④ 조세의 경우 납세자인 국민들은 정부지출을 통제하고 성과에 대한 직접적인 책임을 요구할 수 있다.

해설 ③ 국공채는 사회간접자본(SOC) 관련 사업이나 시설로 인해 편익을 얻게 될 경우 후세대도 비용을 분담하기 때문에 이용자나 세대 간 비용부담의 형평성을 높여준다.

[정답] ③

04
• 19 행정사

예산의 일반 원칙과 예외 사항이 옳게 묶인 것은?

① 사전의결의 원칙 - 목적세
② 공개성의 원칙 - 수입대체경비
③ 통일성의 원칙 - 추가경정예산
④ 한정성의 원칙 - 준예산
⑤ 완전성의 원칙 - 전대차관

해설 ① 목적세는 통일성 원칙의 예외이며, ② 수입대체경비는 통일성과 완전성 원칙의 예외이다. ③ 추가경정예산은 단일성 원칙의 예외이다. ④ 준예산은 사전승인 원칙의 예외에 해당한다.

유 형	내 용	예 외
통일성의 원칙	특정세입을 특정 세출로 연결 금지	목적세, 수입대체경비, 특별회계, 기금
완전성의 원칙	예산총계주의(예외 : 순계예산)	순계예산, 수입대체경비, 전대차관, 기금, 현물출자
단일성의 원칙	단수예산	특별회계, 기금, 추가 경정예산
한정성의 원칙	목적 외 사용금지	이용과 전용
	초과지출금지	예비비
	회계연도 독립의 원칙	과년도 지출·수입이월, 계속비
사전승인 원칙	집행 전 국회의 사전 승인	준예산, 전용 및 이체, 사고이월, 대통령 긴급명령권, 예비비 지출
공개성의 원칙	국민에 대한 재정활동의 공개	신임예산, 국방·외교·정보비
명료성의 원칙	국민·국회의 이해 용이 명세성의 원칙	총괄예산(총액예산), 지출통제예산, 총액계상사업

[정답] ⑤

05
• 18 지방9급

머스그레이브(Musgrave)의 정부 재정기능의 기본 원칙에 대한 설명으로 옳지 않은 것은?

① 시장실패를 교정하고 사회적 최적 생산과 소비 수준이 이루어지도록 해야 한다.
② 세입 면에서는 차별 과세를 하고, 세출 면에서는 사회보장적 지출을 통해 소외계층을 지원해야 한다.
③ 고용, 물가 등과 같은 거시경제 지표들을 안정적으로 조절해야 한다.
④ 정부에 부여된 목적과 자원을 연계하여 소기의 성과를 거둘 수 있도록 관료를 통제해야 한다.

해설 머스그레이브(Musgrave)는 예산이 국민경제에 미치는 영향을 고려하여, 재정의 3대 기능으로 거시경제의 안정화, 자원배분의 효율화, 소득분배의 공평화(재분배) 기능을 강조하였다.
④ 관료에 대한 통제는 3대 재정기능에 포함되지 않는다.
①은 자원배분의 효율화 기능이며, ②는 소득분배의 공평화(재분배) 기능이고, ③은 거시경제의 안정화 기능에 해당한다.

[정답] ④

06
• 15 지방9급

예산의 원칙과 그 예외사항에 대한 설명으로 옳은 것은?

① 특정수입과 특정지출이 연계되어서는 안 된다는 것은 단일성의 원칙이다.
② 예산은 주어진 목적, 규모 그리고 시간에 따라 집행되어야 한다는 원칙은 예산총계주의이다.
③ 예산구조나 과목은 이해하기 쉽도록 단순해야 한다는 것은 통일성의 원칙이다.
④ 특별회계는 통일성의 원칙과 단일성의 원칙의 예외적인 장치에 해당된다.

해설 ① 특정수입과 특정지출이 직접 연계되어서는 안 된다는 것은 통일성의 원칙이다.
② 예산은 주어진 범위(목적, 시간, 규모)에 따라 집행되어야 한다는 것은 한정성의 원칙이다.
③ 예산구조나 과목은 이해하기 쉽도록 단순해야 한다는 것은 명료성의 원칙이다.

[정답] ④

07

예산(Budget)에 대한 다음 설명 중 틀린 것은?

① 'Budget'의 어원은 미국의 재무상(Chancellor of the Exchequer)이 매년 의회에서 재정연설을 할 때 재정계획서를 넣어가지고 다니던 가죽주머니(bougette)에서 유래된 것으로 그 가죽주머니에서 재정서류를 꺼냈다는 데서 기원한 것이다.

② 예산은 국가사업계획을 국가재정수립을 통해서 구체화시키는 역할을 하므로 사실상 국가철학의 회계적 표현이다.

③ 예산은 헌법 또는 국가재정법에 따라 일년 단위로 정부가 편성하고 의회의 심의·의결을 거쳐 확정된 국가재정계획이다.

④ 예산은 국가의 세입과 세출을 일정기간 단위로 계획한 예정적 수치로서 정부지출의 기준이 된다.

해설 Budget의 어원은 '영국'의 재무상이 매년 의회에서 재정연설을 할 때 재정계획서를 넣어 가지고 다니는 가죽가방을 의미하는 말이었다. 이 가죽가방이 의회의 승인을 얻기 위해 제출되는 정부재정계획서라는 의미로 변화되어 오늘날의 예산이 된 것이다. 그래서 예산안을 제출하는 것을 open the budget이라고 한다. 그런데 원래 예산(budget)이란 용어는 가죽가방을 뜻하는 고대 프랑스어의 bougette에서 유래된 말이다. ③에서 예산회계법은 국가재정법(2007.1)으로 바뀌었다.

[정답] ①

08
• 05 서울9급

정부예산이 갖는 의의로 볼 수 없는 것은?

① 정부활동의 계획과 통제의 효과적 수단
② 입법부에 의한 행정부의 재정지출활동을 허용
③ 일정기간안 수행되는 정부활동의 종합적 계획
④ 한 국가의 경제능력에 의해 뒷받침되는 실현가능한 계획
⑤ 정부활동에 필요한 자원규모와 국정책임자의 정책우선순위에 관한 확정적 수치

해설 예산이란 정부활동에 필요한 자원규모와 국정책임자의 정책우선순위에 관한 예정적 수치를 의미한다. 이를 확정적 수치로 표현한 것은 예산이 아니라 결산이다.

[정답] ⑤

09
• 09 서울7급

예산의 고전적 원칙과 그 예외에 대한 설명으로 옳은 것은?

① 완전성의 원칙 - 순계예산, 기금, 특별회계
② 단일성 - 특별회계, 추가경정예산, 기금
③ 한정성의 원칙 - 예비비, 계속비, 목적세
④ 사전의결의 원칙 - 준예산, 계속비, 예비비
⑤ 통일성의 원칙 - 준예산, 기금, 목적세

해설 ① 완전성원칙의 예외는 순계예산, 수입대체경비, 전대차관, 기금 등이고 특별회계는 예산에 포함되므로 완전성의 예외가 아니다.
③ 한정성의 예외는 이용과 전용(목적 외 사용금지), 예비비, 계속비 등이고 목적세[는 통일성의 예외이지 한정성의 예외는 아니다.
④ 계속비는 사전의결을 거치는 것이므로 사전의결의 예외가 아니다.
⑤ 통일성의 원칙의 예외로 목적세, 수입대체경비, 특별회계, 기금이 있으나 준예산은 사전의결 원칙의 예외이다.

[정답] ②

10
• 10 국회8급

〈보기〉 중 미국의 행정학자인 스미스(Harold D. Smith)가 제시한 예산원칙은 모두 몇 개 인가?

가. 한정성의 원칙	나. 보고의 원칙
다. 책임의 원칙	라. 공개의 원칙
마. 계획의 원칙	바. 단일의 원칙
사. 사전의결의 원칙	아. 재량의 원칙
자. 완전성의 원칙	차. 시기신축성의 원칙

① 2개　　② 3개
③ 4개　　④ 5개
⑤ 6개

해설　Neumark는 고전적 예산원칙을, H.D Smith는 현대적 예산원칙을 주장한 학자이다. 보기 중에서 현대적 예산원칙은 보고, 책임, 계획, 재량, 시기신축성의 원칙 등 5개이다.

[정답] ④

11
• 10 지방9급

예산의 이용, 예비비, 계속비는 공통적으로 어떤 예산원칙에 대한 예외인가?

① 포괄성의 원칙　　② 단일성의 원칙
③ 한정성의 원칙　　④ 통일성의 원칙

해설　전통적 예산원칙 중 한정성의 원칙이란 예산은 주어진 목적·금액·시기의 범위 내에서 집행되어야 한다는 원칙이다. 구체적으로 비목 외 사용금지(질적), 금액초과 사용금지(양적), 회계연도 독립의 원칙(시간적)이 있으며 그 예외로서 이용과 전용(목적), 예비비(금액), 계속비(시기)가 있다. ①의 포괄성의 원칙은 완전성의 원칙을 말한다. 위 지문은 한정성의 원칙의 예외이다.

[정답] ③

12
• 00 사시

예산의 원칙 중 대표적인 것으로 다음 여섯 가지를 들 수 있다. 우리나라의 특별회계는 이 원칙 중 어떤 원칙에 위배되는가?

ㄱ. 예산공개의 원칙	ㄴ. 예산총계주의 원칙
ㄷ. 예산통일의 원칙	ㄹ. 예산단일의 원칙
ㅁ. 예산한정성의 원칙	ㅂ. 사전의결의 원칙

① ㄴ, ㄷ　　② ㄷ, ㄹ
③ ㄹ, ㅁ
④ ㄴ, ㄷ, ㄹ　　⑤ ㄷ, ㄹ, ㅂ

해설

[정답] ②

13
• 01 사시

조세를 징수하는 경우 징세비를 제외한 순수입만을 예산에 반영한다면 예산의 원칙 중 어느 원칙을 위반하는 것인가?

① 예산 통일의 원칙
② 예산 완전성의 원칙
③ 예산 사전의결의 원칙
④ 적절한 수단의 원칙
⑤ 예산 엄밀성의 원칙

해설

[정답] ②

14
• 24 행정사

다음 예산의 원칙과 예외의 연결이 옳지 않은 것은?

① 사전의결의 원칙 - 준예산
② 한정성의 원칙 - 사고이월
③ 통일의 원칙 - 교육세
④ 단일의 원칙 - 특별회계
⑤ 예산총계주의 원칙 - 기금

> **해설** ⑤(O) 일반적으로 완전성의 원칙(예산총계주의)의 예외로는 순계예산, 수입대체경비, 전대차관, 기금, 현물출자, 차관물자대 등이 있다. 하지만 「국가재정법」에는 예산총계주의의 예외로는 전대차관, 수입대체경비, 현물출자, 차관물자대만 규정되어 있고, 순계예산과 기금은 포함되어있지 않다. 위 문제가 「국가재정법」 상 원칙과 예외에 관한 것인지, 일반적인 예산원칙과 예외에 관한 것인지에 따라 달라질 수 있다.
> 위 문제는 처음에 ⑤를 정답으로 발표했으나, 이의신청을 받아들여 모두 옳음으로 처리되었다.
> ① 준예산(準豫算)은 국회의결을 별도로 필요로 하지 않는다는 점에서 사전승인(의결) 원칙에 대한 예외이다.
> ② 예산의 이월이란 당해 연도에 집행하지 못한 예산을 다음 회계연도에 넘겨서 집행하는 것으로서, 시기적인 신축성을 유지해 주는 제도로서 한정성의 원칙의 예외이다.
> ③ 교육세는 목적세로서 통일의 원칙의 예외이다.
> ④ 특별회계는 단일의 원칙의 예외이다.

[정답] 모두맞음

15
• 23 행정사

전통적 예산원칙과 대비되는 현대적 예산원칙으로 옳은 것을 모두 고른 것은?

> ㄱ. 사업계획과 예산편성은 유기적으로 이루어져야 하고 계획된 예산은 경제적으로 집행해야 한다.
> ㄴ. 국민에게 필요 이상의 돈을 거두어서는 안 되며 계획대로 정확히 지출해야 한다.
> ㄷ. 예산의 편성, 심의, 집행은 공식적인 보고에 기초를 두어야 한다.
> ㄹ. 예산구조나 과목은 국민들이 이해하기 쉽게 단순해야 한다.

① ㄱ, ㄴ
② ㄱ, ㄷ
③ ㄴ, ㄷ
④ ㄴ, ㄹ
⑤ ㄷ, ㄹ

> **해설** 현대적 예산원칙은 (ㄱ)(ㄷ)이다. (ㄱ) 행정부 계획수립의 원칙, (ㄷ) 보고의 원칙이다. (ㄴ)의 정확성의 원칙과, (ㄹ)의 단일성의 원칙은 전통적 예산원칙에 해당한다.

보고의 원칙	각 기관의 업무보고 존중
행정부 책임의 원칙	자율적 재정통제의 원칙
행정부 재량의 원칙	예산집행의 재량성·신축성 유지
행정부 계획수립의 원칙	행정부 사업계획 반영
시기신축성의 원칙	경제변동에의 대응
적절한 수단구비의 원칙	재정통제 및 신축성 유지를 위한 수단 구비
다원적 절차의 원칙	특별회계 등 다양한 회계절차 인정
예산기구 상호교류의 원칙	중앙예산기구와 부처예산기구와 협조·교류 증진

[정답] ②

THEMA 63. 예산의 분류와 법규

16
• 24 지방9급

프로그램 예산제도에 대한 설명으로 옳지 않은 것은?

① 우리나라 중앙정부는 2007년부터 프로그램 예산제도를 도입하였다.
② 예산 전과정을 프로그램 중심으로 구조화하고 성과평가체계와 연계시킨다.
③ 세부 업무와 단가를 통해 예산 금액을 산정하는 상향식(bottom up) 방식을 사용한다.
④ 일반회계, 특별회계, 기금이 포괄적으로 표시되어 총체적 재정배분 파악이 가능하다.

해설 ③[X] 프로그램예산은 기존의 품목별 분류체계를 탈피하고 성과를 지향하는 프로그램 중심으로 예산을 분류하는 것이다. 프로그램예산제도는 성과중심 재정관리의 핵심제도로 중앙의 재정당국이 지출한도를 정해주고 그 한도 내에서 각 부처가 예산을 편성하는 자율편성제도와 결합되어 하향식(Top -down) 편성 방식을 나타낸다.
①[O] 우리나라 중앙정부는 2007년도에 지방정부는 2008년도부터 실시되었다.
②[O] 프로그램예산제도는 예산 전과정을 종전의 품목 대신 프로그램 중심으로 구조화하고 성과중심의 재정운영체계의 기반을 제공한다.
④[O] 프로그램예산제도는 일반회계, 특별회계, 기금을 모두 포함한 통합재정에 기반을 두고 운영된다.

[정답] ③

17
• 16 사회복지9급

우리나라의 프로그램 예산제도에 대한 설명으로 옳지 않은 것은?

① 세부업무와 단가를 통해 예산금액을 산정하는 상향식 방식을 사용하고 단년도 중심의 예산이다.
② 프로그램은 동일한 정책을 수행하는 단위사업의 묶음이다.
③ 예산 운용의 초점을 투입중심보다는 성과중심에 둔다.
④ '프로그램 - 단위사업 - 세부사업'은 품목별 예산체계의 '항 - 세항 - 세세항'에 해당한다.

해설 프로그램예산은 기존의 품목별 분류체계를 탈피하고 성과를 지향하는 프로그램 중심으로 예산을 분류하는 것이다. 프로그램 예산제도(사업예산제도)는 프로그램을 통해 정책과 예산을 연계하는 예산구조를 의미한다.
①은 전통적인 예산(품목별 예산)에 대한 설명이다. 프로그램예산은 성과중심의 예산운영을 위해 프로그램(정책)중심의 하향식 예산방식을 사용하며 다년도 중심의 예산과 연계된다.

예산분류	소관 (기관)	기능별 분류		사업별 분류			품목별분류	
예산과목	중앙관서	장(章) (목표)	관(款) (기능)	항(項) (사업계획)	세항(細項) (단위사업)	(세세항)	목(目)	세목
프로그램 예산	중앙관서	분야	부문	프로그램 (정책사업)	단위사업 (활동)	(세부사업)	편성비목	통계비목

[정답] ①

THEMA 64 정부회계제도

18
• 22 지방9급

정부회계에 대한 설명으로 옳지 않은 것은?

① 국가회계는 디브레인(dBrain) 시스템을 통해, 지방자치단체 회계는 e-호조 시스템을 통해 처리된다.
② 재무회계는 현금주의 단식부기 회계방식이, 예산회계는 발생주의 복식부기 방식이 적용된다.
③ 발생주의에서는 미수수익이나 미지급금을 자산과 부채로 표시할 수 있다.
④ 재무제표는 거래가 발생하면 차변과 대변 양쪽에 동일한 금액으로 이중기입하는 복식부기 방식을 채택하고 있다.

해설 ②[X] "예산회계"는 현금주의·단식부기 회계방식이, "재무회계"는 발생주의·복식부기 방식이 적용된다. 여기서 "예산회계"란 세입세출예산의 집행실적을 현금주의방식으로 기록한 것이고 "재무회계"는 재정성과를 발생주의방식으로 기록한 것이다.
①[O] 국가회계는 기획재정부가 구축한 통합재정관리시스템인 디브레인(dBrain) 시스템을 통해, 지방자치단체회계는 행정안전부가 구축한 통합지방재정관리시스템인 e-호조시스템(2005)을 통해 처리된다.
③[O] 발생주의에서는 미수수익이나 미지급금을 각각 수익과 비용으로 인식하여 자산과 부채로 표시할 수 있다.
④[O] 복식부기 방식이란 하나의 거래를 대차평균의 원리에 따라 차변과 대변에 이중 기록하는 방식이다.

[정답] ②

19
• 22 국가9급

중앙정부 결산보고서상의 재무제표로 옳은 것은?

① 손익계산서, 순자산변동표, 현금흐름표
② 대차대조표, 재정운영보고서, 이익잉여금처분계산서
③ 재정상태표, 재정운영표, 순자산변동표
④ 재정상태보고서, 순자산변동표, 현금흐름보고서

해설 ③[O] 「국가재정법」상 중앙정부 결산보고서에는 재정상태표, 재정운영표, 순자산변동표가 포함되어야 하며 현금흐름표는 포함되지 않는다.

결산보고서
① 결산 개요
② 세입세출결산 : 중앙관서별로 일반회계·특별회계·기금을 통합
③ 재무제표 : 재정상태표, 재정운영표, 순자산변동표
④ 성과보고서

[정답] ③

20
• 19 행정사

정부회계에 관한 설명으로 옳지 않은 것은?

① 복식부기는 거래의 이중성에 따라 장부의 차변과 대변에 각각 계상하고 차변의 합계와 대변의 합계의 일치여부로 자기 검증 기능을 갖는다.
② 미지급비용은 현금주의에서는 인식되지 않으나 발생주의에서는 부채로 인식된다.
③ 현행 정부회계는 발생주의·복식부기 방식을 채택하여 재무제표를 작성한다.
④ 국가회계법상 중앙정부의 대표적 재무제표는 재정상태보고서, 재정운영보고서, 현금흐름보고서, 순자산변동보고서로 구성된다.
⑤ 발생주의·복식부기의 정부회계는 성과중심의 정부개혁에 유용한 정보를 제공한다.

해설 국가회계법상 결산보고서에 포함되는 재무제표에는 재정상태표, 재정운영표, 순자산변동표로 구성되어있다. 현금흐름보고서도 정부재무제표이긴 하지만 국가회계법상 결산보고서에 포함되지는 않는다.

[정답] ④

21
• 14 군무원9급

다음 중 발생주의 회계에 대한 설명이 아닌 것은?

① 오류 발견과 자기검증기능이 있다.
② 자산이나 부채를 정확하게 인식한다.
③ 미수수익이나 미지급비용이 자산이나 부채로 인식된다.
④ 회계처리과정에서 주관이 개입되지 않는다.

해설 발생주의회계는 현금회계에 비하여 복잡하여 작성비용이 많이 들고 회계담당자의 주관성이 보다 많이 작용할 가능성이 있다.

[정답] ④

22
• 10 지방7급

발생주의회계에 대한 설명으로 옳은 것은?

① 자의적 회계처리가 불가능하여 통제가 용이하다.
② 기관별 성과의 비교가 가능하다.
③ 감가상각과 미지급금 등의 인식이 어렵다.
④ 자산, 부채, 자본(순자산) 등을 인식하지 못하는 단점이 있다.

해설 ① 회계담당자의 주관성이 보다 많이 작용할 가능성이 있으므로 자의적 회계가 가능하다. ③ 투입비용에 대한 정보(원가계산, 감가상각 등)를 제공하여 업무성과의 정확한 단위비용을 산정할 수 있도록 함으로써 올바른 재무적 의사결정에 공헌한다. ④는 현금주의의 단점이다.

[정답] ②

23
• 09 국가9급

복식부기제도하에서 정부보유 현금자산이 200조, 고정자산이 300조, 유동부채가 100조, 재정수익이 300조, 비용이 200조라면, 회계기간 중 특정 시점의 재정상태를 나타내는 보고서상에 순자산으로 보고될 액수는?

① 400조
② 100조
③ 500조
④ 200조

해설 2009년 전면 시행된 발생주의/복식부기를 정확히 이해하고 있는 지를 측정하는 사례형 문제이다. 특정 시점의 재정상태를 나타내는 보고서란 재정상태표(대차대조표)로서 '(총)자산 = 자본(순자산) + 부채'로 나타낸다. 즉 순자산은 총자산(현금 등 유동자산 및 고정자산)에서 부채(유동부채 및 비유동부채)를 차감한 금액으로 표시하면 (200조 + 300조) - 100조 = 400조이다. 재정수익과 비용은 재정운용표(손익계산서)에서 사용되므로 재정상태표와 관련이 없다. 재정운용표는 '일정기간' 재정운용의 결과를 나타내는 보고서이다.

[정답] ①

24
• 05 서울9급

최근 정부개혁을 추진하는 선진국의 공공부문에서는 발생주의회계를 도입하고 있다. 다음 중 발생주의 회계에 대한 설명으로 올바르지 않은 것은?

① 원가를 파악하는데 도움이 된다.
② 자산을 효율적으로 사용하는데 도움이 된다.
③ 부채를 정확하게 파악하는데 유리하다.
④ 행정의 성과평가에 필요한 재무정보를 획득하는데 유리하다.
⑤ 발생주의회계에서는 측정가능하고 징수가능할 때 수입으로 기록한다.

해설 발생주의 회계는 회계정보의 이용자에게 유용한 정보를 제공함으로서 재정활동의 투명성과 성과측정에 유용한 제도이다. 발생주의는 현금의 수납(징수액)과 지출을 인식시점으로 삼는 현금주의와 달리 권리의 발생여부를 인식시점으로 삼기에 채권채무주의라고도 한다. ⑤는 현금주의를 설명한 내용.

[정답] ⑤

25
• 09 국회8급

발생주의회계와 복식부기의 장점이 아닌 것은?

① 현금의 흐름을 쉽게 파악할 수 있고 자의적인 회계처리가 불가능하여 통제가 용이하다.
② 자산과 부채를 효율적으로 관리할 수 있다.
③ 산출물에 대한 정확한 원가산정을 통해 부문별 성과측정이 가능하다.
④ 대차평균의 원리를 통해 거래의 원인과 내용을 파악할 수 있다.
⑤ 기록과 계산의 정확성 여부를 검증할 수 있는 자기검증의 기능을 지닌다.

해설 ①은 현금주의회계와 단식부기의 장점이다. 발생주의 및 복식부기방식은 회계처리과정에서 자의적인 추정절차 등이 개입되어 주관적이다.

[정답] ①

26
• 24 군무원9급

다음 중 정부회계에 대한 설명으로 가장 적절하지 않은 것은?

① 현금주의 회계가 발생주의 회계보다 상대적으로 절차가 간편하고 통제가 용이하다.
② 현금주의 회계는 무상거래를 인식하지 않지만 발생주의 회계는 이중거래로 인식한다.
③ 감가상각에 대해서 현금주의 회계는 비용으로 인식하지만, 발생주의 회계에서는 인식이 안 된다.
④ 발생주의 회계는 재정 성과 파악이 현금주의 회계보다 용이하다.

해설 ③[X] 감가상각이란 고정자산의 가치 감소분이다. 감가상각에 대해서 현금주의에서는 현금의 수불이 없으므로 비용으로 인식하지 못하지만, 발생주의 회계에서는 비용으로 인식한다.
②[O] 무상거래란 대가를 지불하지 않고 재화나 서비스를 받은 것을 의미한다. 발생주의 회계제도에서는 무상거래로 받은 재화에 대해서도 차변과 대변에 거래를 기록해야 하나, 무상거래의 형태에 따라 자산이 될 수도 있고 부채나 비용으로 인식될 수도 있다.

[정답] ③

예산의 종류

27
• 23 지방9급

정부예산의 종류에 대한 설명으로 옳지 않은 것은?

① 기금은 예산원칙의 일반적 제약으로부터 벗어나 탄력적으로 운용된다.
② 특별회계예산은 국가의 회계 중 특정한 세입으로 특정한 세출을 충당하기 위한 예산이다.
③ 특별회계예산은 일반회계예산과 달리 예산편성에 있어 국회의 심의 및 의결을 받지 않는다.
④ 기금은 예산 통일성 원칙의 예외가 된다.

해설 ③[X] 특별회계예산도 일반회계예산과 동일하게 예산편성에 있어 국회의 심의 및 의결을 받도록 되어있다. 다만 상대적으로 신축성과 행정의 자율성이 높은 편이다.

[정답] ③

28
• 22 국가9급

동일 회계연도 예산의 성립을 기준으로 볼 때 시기적으로 빠른 것부터 순서대로 바르게 나열한 것은?

① 본예산, 수정예산, 준예산
② 준예산, 추가경정예산, 본예산
③ 수정예산, 본예산, 추가경정예산
④ 잠정예산, 본예산, 준예산

해설 ③[O] 일반적으로 교재에 소개된 예산절차상 분류(성립시기에 따른 구분)에 의하면 본예산, 수정예산, 추가경정예산으로 설명되어 있기 때문에 착각하기 쉬운 문제이다. 본예산(本豫算)이란 한 회계 연도의 연간 예산으로서 처음에 편성된 예산으로 당초예산이라고도 한다. 예산 성립(국회의결)을 기준으로 보면 성립(의결) 전 변경하는 것이 수정예산이고, 성립(의결)한 이후 변경을 하는 경우가 추가경정예산이므로 수정예산(성립전) ⇨ 본예산(성립) ⇨ 추가경정예산(성립후)의 순서이다. 만약 '동일 회계연도' 라는 표현이 없었다면 정답을 찾기가 어려워진다. '동일 회계연도' 란 2022 회계연도 예산을 기준으로 한다는 의미이다.

[정답] ③

29
• 23 지방9급

예산 불성립에 따른 예산 종류에 대한 설명으로 옳지 않은 것은?

① 준예산은 전년도 예산을 기준으로 예산을 편성해 운영하는 제도이다.
② 현재 우리나라는 준예산제도를 채택하고 있다.
③ 가예산은 1개월분의 예산을 국회의 의결을 거쳐 집행하는 것으로 우리나라가 운영한 경험이 있다.
④ 잠정예산은 수개월 단위로 임시예산을 편성해 운영하는 것으로 가예산과 달리 국회의 의결이 불필요하다.

해설 ④[X] 잠정예산은 가예산과 동일하게 국회의 의결이 필요하다. 국회의 의결이 불필요한 제도는 준예산이다.

구 분	준예산	가예산	잠정예산
지출기간	무제한	1개월	수개월
지출대상	한정적	무한정, 전반적	무한정, 전반적
국회의결	불필요	필요	필요
채택국가	독일	프랑스 3·4공화국	미국, 영국, 일본, 캐나다
한국의 경우	1960년이후 채택	1960년까지 채택	-

[정답] ④

30
• 23 국가9급

우리나라의 통합재정에 대한 설명으로 옳지 않은 것은?

① 세입과 세출은 경상거래와 자본거래로 구분하여 작성한다.
② 통합재정의 범위에는 일반정부와 공기업 등 공공부문 전체가 포함된다.
③ 정부의 재정이 국민 경제에 미치는 효과를 파악하고자 하는 예산의 분류체계이다.
④ 통합재정 산출 시 내부거래와 보전거래를 제외함으로써 세입·세출을 순계 개념으로 파악한다.

해설 ②[X] 통합재정의 범위에는 공공부문 전체가 포함되는 것은 아니라, 일반정부 부문만 포함되고 공기업은 제외된다.
③[O] 통합재정이란 정부재정이 국민경제에 미치는 효과를 총체적으로 파악하기 위하여 작성되는 예산분류체계이다.
①[O] 세입과 세출은 거래의 성격에 따라 경상거래와 자본거래로 구분하여 작성한다. 경상거래는 일상적인 재정활동으로 단기적·소모적 계정이며, 자본거래는 장기적·투자적 계정과 관련된다.
④[O] 통합재정은 내부거래와 보존거래를 제외한 순계형식으로 작성된다.

[정리] 통합재정의 범위

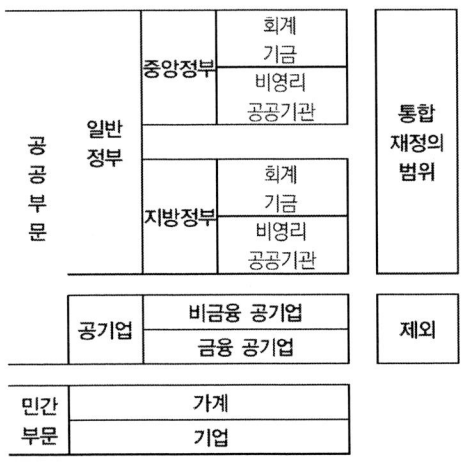

〈주〉 용어정의
(1) GFSM 2001(Government Finance Statistics Manual, 2001) : 재정통계 매뉴얼
① GFSM 2001은 일반기업이 기업회계기준에 따라 연결재무제표를 작성하듯이 중앙정부와 지방정부 그리고 비영리공공기관의 재무제표를 합산하여 광의의 통합재무제표를 산출하는 국제기준
② GFSM은 정부의 재정상태와 재정운영 결과의 투명성 및 신뢰성 향상을 위해 1974년에 IMF가 처음 제정하였고, 현재까지 총 3차례(1986년, 2001년, 2014년)의 개정함
③ GFSM 2001은 GFSM 1986과 달리 현금주의가 아닌 발생주의를 기준으로 재정통계를 산출하고, 정부뿐만 아니라 정부가 지배하는 기관 중 시장성이 없는 기관(비영리공공 기관)을 포함한 일반정부를 작성대상으로 정하고 있음

(2) 공기업 등 용어 정의
① 공공부문은 정부와 정부가 직·간접적으로 지배하는 모든 기관들로 구성되며, 일반정부와 공기업으로 구분
② 일반정부는 중앙정부와 지방정부 등 정부와 정부가 지배하는 기관 중 시장성이 없는 비영리공공기관으로 구성
③ 비영리공공기관 : 법률적으로 비정부 실체이지만, 정부정책을 수행하기 때문에 실질적으로 정부의 일부로 간주함
④ 공기업은 정부가 지배하는 기관 중 재화 및 서비스를 경제적으로 유의한 가격으로 생산하는 단위로 시장성이 있는 기관으로 금융공기업과 비금융공기업으로 구분함
• 시장성여부 판정 기준 : 원가보상률(판매액 / 생산원가)이 50% 이하이거나, 정부판매 비율이 80% 이상이면, 시장성이 없다고 판단하여 일반정부로 분류
• 정부지배성 여부 판정 기준 : 정부가 과반수 이상의 의결권, 주요 인사에 대한 임명권 등을 보유한 경우 지배성이 있다고 판단하여 공공부문으로 분류

[정답] ②

31
• 24 국가9급

「국가재정법」상 온실가스감축인지 예산제도에 대한 설명으로 옳지 않은 것은?

① 온실가스감축인지 예산제도는 정부예산의 원칙 중 하나이다.
② 온실가스감축인지 예산서에는 온실가스 감축에 대한 기대효과, 성과목표, 효과분석 등을 포함해야 한다.
③ 정부의 기금은 온실가스감축인지 예산제도의 대상에 포함되지 않는다.
④ 정부는 예산이 온실가스를 감축하는 방향으로 집행되었는지를 평가하는 보고서를 작성하여야 한다.

해설 ③[X] 정부의 기금도 온실가스감축인지 예산제도의 대상에 포함된다. 예산과 동일하게 정부는 기금이 온실가스감축에 미칠 영향을 미리 분석한 보고서를 작성하여 국회에 제출하여야 한다.
①[O] 정부는 기금이 온실가스 감축에 미칠 영향을 미리 분석한 보고서("온실가스 감축인지 기금운용계획서")를 작성하여야 한다.
②[O] 온실가스감축인지 예산서에는 온실가스 감축에 대한 기대효과, 성과목표, 효과분석 등을 포함해야 한다.

[정답] ③

32
• 21 지방9급

특별회계 예산과 기금에 대한 설명으로 옳지 않은 것은?

① 기금은 특정 수입과 지출의 연계가 강하다.
② 특별회계 예산은 세입과 세출이라는 운영 체계를 지닌다.
③ 특별회계 예산은 합목적성 차원에서 기금보다 자율성과 탄력성이 강하다.
④ 특별회계 예산과 기금은 모두 결산서를 국회에 제출하여야 한다.

해설 ③ 기금은 합목적성 차원에서 특별회계 예산보다 자율성과 탄력성이 강하다. ① [O] 정부기금(fund)이란 국가가 특정한 목적을 위하여 특정한 자금을 신축적으로 운용할 필요가 있을 때에 한하여 법률로써 설치할 수 있는 자금이다. 따라서 특정 수입과 지출의 연계가 강하다. ② [O] 특별회계예산도 일반회계와 마찬가지로 법정예산이므로 세입과 세출이라는 운영체계를 갖는다. ④ [O] 일반회계, 특별회계, 기금 모두 결산서를 국회에 제출하여 심의·의결을 받아야 한다.

[정답] ③

33
• 17 행정사

특별회계제도에 관한 설명으로 옳은 것은?

① 예산집행부서의 재량을 억제하여 책임성을 제고시킨다.
② 예산단일의 원칙을 준수하는데 유리하다.
③ 특별회계는 행정각부의 명령으로 설치할 수 있다.
④ 예산통일의 원칙의 예외에 해당하는 제도이다.
⑤ 예산제도가 단순해지므로 국가 재정의 통합적 관리에 유리하다.

해설 ④ 특별회계제도는 통일의 원칙과 단일성 원칙의 예외에 해당한다. ① 일반회계에 비하여 예산집행부서의 재량을 증가시킨다. ② 단일성 원칙의 예외이다. ③ 설치근거는 법률이다. ⑤ 단일의 원칙의 예외로서 예산제도가 복잡해지는 이유가 된다.

[정답] ④

34
• 16 교행9급

우리나라 통합재정과 관련된 설명으로 옳지 않은 것은?

① 국제통화기금(IMF)의 재정통계 작성기준을 기초로 작성 및 발표한다.
② 금융 공공부문 및 비금융 공공부문의 일반회계와 특별회계 외에 기금과 세입세출외 자금을 포함한다.
③ 회계 간 내부거래와 보전거래를 세입과 세출에서 각각 제외한다는 점에서 기업의 연결재무제표와 유사하다.
④ 정부 전체의 재정규모를 파악하고 재정이 국민경제에 미치는 영향을 효과적으로 파악하고자 하는 제도이다.

해설 통합예산 또는 통합재정이란 나라의 정부부문에서 1년 동안 지출되는 재원의 총체적 규모로서 국가재정에서 지방재정까지, 일반회계 및 특별회계와 기금까지 모두 포함하는 정부예산총괄표이다.
② 통합재정에는 비금융 공공부문만을 의미하며, 금융 공공부문은 통합재정에서 제외된다. 금융공공부문이란 민간 금융적 성격을 띠는 공공부문으로 금융성기금과 공기업 등 공공기관을 말한다.

[정답] ②

35
• 20 국회8급

우리나라 통합재정수지에 대한 설명으로 옳은 것은?

① 2009년 이전까지는 지방재정이 통합재정수지에 포함되지 않았지만, 현재는 지방재정의 일반회계, 기금, 교육특별회계까지 모두 통합재정수지에 포함된다.
② 통합재정수지를 통해 국가재정을 통합하여 관리할 수 있게 되어 예산운용의 신축성이 제고되었다.
③ 통합재정수지를 계산할 때 국민연금기금 등의 사회보장성 기금의 수지는 제외된다.
④ 통합재정수지는 정부가 실제 수행하고 있는 활동영역별 예산을 파악하기 위해 도입되었다.
⑤ 일반회계, 특별회계, 기금을 포함한 정부 예산의 규모를 정확하게 파악하기 위한 것이다.

해설 ⑤ 통합재정(통합예산)이란 일반회계, 특별회계, 기금 등을 모두 포함하여 정부의 예산규모와 재정활동을 정확하고도 체계적으로 분류·파악하려는 것이다.
① [X] 2004년 이전까지는 지방재정이 통합재정수지에 포함되지 않았었다.
② [X] 통합재정은 신축성을 제고시키려는 제도라기보다는 통제와 관심의 범위를 더욱 확대시키려는 재정통제 강화 수단이다.
③ [X] 통합재정수지를 계산할 때 금융성기금(부실채권정리기금, 신용보증기금 등)은 제외되지만, 정부가 직접 운용하는 사회보장성기금은 포함된다. 사회보장성기금이란 국민연금기금, 공무원연금기금, 군인연금기금 등을 말한다.
④ [X] 통합예산은 정부가 실제 수행하는 활동영역별 예산을 보여주는 법정예산이 아니라 정부전체의 재정수지를 알려주는 단순한 재정통계이다.

[정답] ⑤

36
• 18 국가9급

우리나라의 성인지 예산제도에 대한 설명으로 옳지 않은 것은?

① 정부는 예산이 여성과 남성에게 미치는 효과를 평가하고, 그 결과를 정부의 예산편성에 반영하기 위하여 노력하여야 한다.
② 성인지 예산서는 기획재정부 장관이 각 중앙관서의 장과 협의하여 제시한 작성기준 및 방식 등에 따라 여성가족부 장관이 작성한다.
③ 성인지 예산서에는 성인지 예산의 개요, 규모, 성평등 기대효과, 성과목표 및 성별 수혜 분석 등의 내용이 포함되어야 한다.
④ 성인지 결산서에는 집행실적, 성평등 효과분석 및 평가 등이 포함되어야 한다.

해설 ② 성인지 예산서는 남녀평등예산으로 기획재정부장관이 여성가족부장관과 협의하여 제시한 작성기준 및 방식에 따라 각 중앙관서의 장이 작성하도록 되어 있다(국가재정법 제73조).

[정답] ②

37
• 20 국회8급

예산에 대한 설명으로 옳지 않은 것은?

① 정기국회 심의를 거쳐 확정된 최초 예산을 본예산 혹은 당초예산이라고 한다.
② 준예산 제도는 국회에서 예산안이 의결될 때까지 전년도 예산에 준해 집행할 권한을 정부에 부여하는 제도이다.
③ 예산이 성립되면 잠정예산은 그 유효기간이나 지출 잔액 유무에 관계없이 본예산에 흡수된다.
④ 적자예산으로 인한 재정적자는 국채발행, 한국은행으로부터의 차입, 해외차입 등으로 보전한다.
⑤ 수정예산은 예상성립 후에 발생한 사유로 인하여 필요한 경비의 과부족이 발생한 때 본예산에 수정을 가한 예산이다.

해설 ⑤ [X] 예산성립 후에 발생한 사유로 인하여 필요한 경비의 과부족이 발생할 때 본예산과 별도로 추가로 편성되는 예산은 추가경정예산이다.
③ [O] 본예산이 성립되면 잠정예산은 그 유효기간이나 지출잔액 유무에 관계없이 본예산에 흡수된다.

[정답] ⑤

38
• 12 서울9급

예산의 종류에 관한 설명으로 옳지 않은 것은?

① 일반회계예산의 세입은 조세수입에 의존한다.
② 기금은 세입·세출 예산에 의하지 않고 예산 외로 운용할 수 있다.
③ 특정한 세입으로 특정한 세출에 충당함으로써 일반회계와 별도로 구분해서 경리할 필요가 있을 때 특별회계예산을 설치한다.
④ 특별회계예산의 세입은 자체 세입이나 일반회계로부터의 전입금으로 구성된다.
⑤ 특별회계예산은 국가에서 특정사업을 운영할 때 대통령령으로 설치한다.

해설 ⑤ 특별회계예산은 국가에서 특정사업을 운영하고자 할 때, 특정한 자금을 보유하여 운용하고자 할 때, 특정한 세입으로 특정한 세출에 충당함으로써 일반회계와 구분하여 계리할 필요가 있을 때에 법률로써 설치하되, 법률에 의하지 아니하고는 이를 설치할 수 없다(국가재정법 4조)

[정답] ⑤

39
• 05 대구9급<수정>

다음 설명 중 바른 것은?

① 추경 예산이란 예산심의가 종료된 후 발생한 변화에 대처하기 위하여 연 1회 편성하는 예산이다.
② 수정예산이란 예산의 집행과정중 편성상의 오류가 발견된 경우 수정하여 집행하는 예산을 말한다.
③ 가예산이란 법정기일 내 예산이 성립하지 못한 경우 작년도 예산에 준하여 집행하는 것을 허용하는 현행제도이다.
④ 준예산이란 법정기일 내 예산안이 성립하지 못한 경우 잠정적으로 필요한 경비의 지출을 가능하게 하는 제도이다.

해설 ① 추경예산은 예산이 심의 확정된 후 발생한 변화에 대처하기 위하여 편성하는 예산으로 횟수의 제한이 없었으나, 2007년 1월 1일 현재 국가재정의 건전성을 제고하기 위하여 추경의 편성사유를 전쟁이나 대규모 자연재해가 발생한 경우, 경기침체·대량실업 등 대내·외 여건의 중요한 변화가 발생하였거나 발생할 우려가 있는 경우 법령에 따라 국가가 지급하여야 하는 지출이 발생하거나 증가하는 경우로 한정되고 있다.(국가재정법 제89조) ② 수정예산은 심의 중 변경하며, ③ 가예산은 법정기일 내 예산이 성립하지 못한 경우 1개월분의 예산을 국회의 의결을 거쳐 집행하는 예산이므로 작년도 예산에 준해서 집행하는 준예산과 다르다.

[정답] ④

40
• 01 행시

예산제도에 대한 설명 중 옳은 것은?

① 가예산제도에서 전년도 예산수준을 유지할 경우는 국회의 사전의결이 필요하지 않다.
② 우리나라 준예산제도에서 신규사업을 행하고자 하는 경우 국회의 사전 의결이 필요하다.
③ 수정예산은 예산안이 국회에 제출된 후 최종 의결되기 전에 편성되며, 우리나라의 경우 실제로 제출된 적이 없다.
④ 잠정예산의 사용기간은 영국·일본 등 대부분의 국가에서 원칙적으로 규정되어 있지 않으나, 미국 등 일부 국가에서는 의회 의결시 정해지는 경우도 있다.
⑤ 추가경정예산은 본예산과 별도로 성립되며, 국회의 행정부에 대한 통제 강화에 도움을 준다.

해설

[정답] ④

41
• 21 행정사

특별회계제도에 관한 설명으로 옳은 것은?

① 예산집행부서의 재량을 억제하여 책임성을 제고시킨다.
② 예산단일의 원칙을 준수하는데 유리하다.
③ 대통령령으로 설치된다.
④ 예산통일의 원칙이 적용되는 제도이다.
⑤ 예산제도가 복잡해지므로 국가재정의 통합적 관리를 어렵게 한다.

해설 ⑤ 일반회계와 달리 특별회계를 설치하게 되면 예산구조 및 체계의 복잡화를 가져오게 되며, 국가재정의 통합적 관리를 어렵게 한다. ①[X] 특별회계는 재정운용의 자율성과 예산집행의 신축성이 있지만, 회계책임의 불명확성이 초래된다. ②④[X] 특별회계는 통일성이나 단일성 원칙의 예외에 해당한다. ③[X] 특별회계는 일반회계와 구분하여 회계처리할 필요가 있을 때에 법률로써 설치된다.

[정답] ⑤

42
• 23 군무원9급

다음 중 추가경정예산에 대한 설명으로 가장 적절하지 않은 것은?

① 추가경정예산은 예산이 성립한 후의 사후적인 예산변경제도이다.
② 추가경정예산은 일반회계·특별회계·기금을 대상으로 한다.
③ 추가경정예산은 대내·외 여건에 중대한 변화가 발생하였거나 발생할 우려가 있는 경우에 편성할 수 있다.
④ 정부는 국회에서 추가경정예산안이 확정되기 전에 긴급한 상황이 발생한 경우 이를 미리배정하거나 집행할 수 있다.

해설 ④[X] 추가경정예산은 본예산 성립(의결, 확정) 후에 추가·변경된 예산을 말한다. 본예산과는 별도로 성립하기 때문에 국회에서 따로 의결(확정)하기 전에는 이의 배정 및 집행이 불가능하다. 추가경정예산의 운용 및 결산은 본예산과 통합하여 관리된다.
②[X] 기금은 법정예산(일반회계와 특별회계)이 아니므로 추가경정예산의 대상이 아니다. 따라서 추가경정으로 하기보다는 기금운용계획을 변경하여야 한다(논란 있음).

[정답] ④

43
• 23. 군무원7급

현행 「국가재정법」상 추가경정예산안을 편성할 수 있는 경우가 아닌 것은?

① 전쟁이나 대규모 재해(재난 및 안전관리기본법 상 자연 재난과 사회재난에 따른 피해)가 발생한 경우
② 전쟁이나 대규모 재해(재난 및 안전관리기본법 상 자연재난과 사회재난에 따른 피해)가 발생할 우려가 있는 경우
③ 경기침체, 대량실업, 남북관계의 변화, 경제협력과 같은 대내·외 여건에 중대한 변화가 발생한 경우
④ 경기침체, 대량실업, 남북관계의 변화, 경제협력과 같은 대내·외 여건에 중대한 변화가 발생할 우려가 있는 경우

해설 ② 전쟁이나 대규모 재해(자연재난과 사회재난에 따른 피해)가 '발생할 우려'가 있는 경우는 추가경정예산 편성사유가 아니다. 전쟁이나 대규모 재해가 '발생한 경우'에만 추가경정예산을 편성할 수 있다.

[정답] ②

제89조(추가경정예산안의 편성) ①정부는 다음 각 호의 어느 하나에 해당하게 되어 이미 확정된 예산에 변경을 가할 필요가 있는 경우에는 추가경정예산안을 편성할 수 있다.
1. 전쟁이나 대규모 재해(「재난 및 안전관리 기본법」제3조에서 정의한 자연재난과 사회재난의 발생에 따른 피해를 말한다)가 발생한 경우
2. 경기침체, 대량실업, 남북관계의 변화, 경제협력과 같은 대내·외 여건에 중대한 변화가 발생하였거나 발생할 우려가 있는 경우
3. 법령에 따라 국가가 지급하여야 하는 지출이 발생하거나 증가하는 경우
②정부는 국회에서 추가경정예산안이 확정되기 전에 이를 미리 배정하거나 집행할 수 없다.

44
• 22. 군무원7급

다음 성인지예산에 대한 설명으로 가장 옳지 않은 것은?

① 국가재정법에서는 성인지예산서와 성인지 결산서 작성을 의무화하고 있다.
② 성인지예산제도는 기금에도 적용하고 있다.
③ 성인지예산제도는 성 중립적(gender neutral) 관점에 기반하고 있다.
④ 세입뿐만 아니라 세출에 대해서도 차별철폐를 추구한다.

해설 ③ 성인지예산제도는 중립적이지 않다라는 관점에서 출발하여 차별철폐를 지향한다. 성인지예산제도란 정부의 세입과 세출이 남녀에게 미치는 영향을 분석하여 예산과정에서 남녀평등을 구현하려는 예산이다.

[정답] ③

THEMA 66 예산과정

45
• 24 지방9급

예산 과정에 대한 설명으로 옳지 않은 것은?

① 「국가재정법」에서는 대통령의 승인을 얻은 정부 예산안이 회계연도 개시 90일 전까지 국회에 제출되어야 한다고 규정하고 있다.
② 기획재정부장관은 국무회의의 심의를 거쳐 대통령의 승인을 얻은 다음 연도의 예산안편성지침을 매년 3월 31일까지 중앙관서의 장에게 통보해야 한다.
③ 국회 예산결산특별위원회는 소관 상임위원회에서 삭감한 세출예산 각 항의 금액을 증가하게 하거나 새 비목을 설치할 경우 소관 상임위원회의 동의를 받아야 한다.
④ 정부는 국회에 예산안을 제출한 후 부득이한 사유로 인하여 그 내용의 일부를 수정하고자 하는 때에는 국무회의의 심의를 거쳐 대통령의 승인을 얻은 수정예산안을 국회에 제출할 수 있다.

해설 ①[X] 「국가재정법」에서는 대통령의 승인을 얻은 정부 예산안이 회계연도 개시 120일 전까지 국회에 제출되어야 한다고 규정하고 있다. 헌법에서는 90일전, 국가재정법에서는 120일전으로 규정되어있다.

[정답] ①

46
• 19 지방9급

예산과정에 대한 설명으로 옳은 것은?

① 예산과정은 예산편성-예산집행-예산심의-예산결산의 순으로 이루어진다.
② 예산집행의 신축성을 확보하기 위해 예비비, 총액계상 제도 등을 활용하고 있다.
③ 예산제도 개선 등으로 절약된 예산 일부를 예산성과금으로 지급할 수 있지만 다른 사업에 사용할 수는 없다.
④ 각 중앙부처가 총액 한도를 지정한 후에 사업별 예산을 편성하고 있어 기획재정부의 사업별 예산통제 기능은 미약하다.

해설 ② 예비비, 총액계상 제도 등은 예산집행의 신축성을 확보하기 위한 제도이다. 총액계상 제도란 예산을 세부사업이 아닌 총액으로 편성·심의하는 예산이다.
① [X] 예산과정은 예산편성-예산심의-예산집행-예산결산의 순으로 이루어진다.
③ [X] 예산성과금은 예산제도 개선 등으로 절약된 예산 일부를 이에 기여한 자에게 성과금을 지급할 수 있으며, 절약된 예산을 다른 사업에 사용할 수 있다(국가재정법 제49조).
④ [X] 우리나라는 현재 도입하여 사용하고 있는 총액배분자율편성제도는 기획재정부가 총액 한도를 지정한 후에 각 중앙부처가 사업별 예산을 편성하고 있어 기획재정부의 사업별 예산통제 기능은 유지되고 있다.

[정답] ②

47
• 22 국가9급

예산집행의 신축성을 유지하기 위한 제도로 옳지 않은 것은?

① 계속비
② 수입대체경비
③ 예산의 재배정
④ 예산의 이체

해설 ③[X] 예산집행의 목적인 재정통제와 신축성 유지에 관한 사항이다. 예산의 배정 및 재배정은 대표적인 재정통제방안이다. 예산집행의 통제(재정통제)에는 예산의 배정과 재배정, 지출원인행위에 대한 통제, 회계기록과 보고제도, 정원과 보수에 대한 통제 등이 있다.

[정답] ③

48
• 24 지방9급

예산집행의 신축성 유지 방안에 대한 설명으로 옳지 않은 것은?

① 추가경정예산의 경우, 정부는 국회에서 추가경정예산안이 확정되기 전에 이를 미리 배정하거나 집행할 수 없다.
② 예비비의 경우, 정부는 예측할 수 없는 예산 외의 지출 또는 예산초과지출에 충당하기 위하여 일반회계 예산총액의 100분의 5 이내의 금액으로 세입세출예산에 계상할 수 있다.
③ 계속비의 경우, 국가가 지출할 수 있는 연한은 그 회계연도로부터 5년 이내이나, 사업규모 및 국가재원 여건을 고려하여 필요한 경우에는 예외적으로 10년 이내로 할 수 있다.
④ 각 중앙관서의 장은 예산의 목적범위 안에서 재원의 효율적 활용을 위하여 대통령령으로 정하는 바에 따라 기획재정부장관의 승인을 얻어 각 세항 또는 목의 금액을 전용(轉用)할 수 있다.

해설 ②[X] 예비비는 일반회계 예산총액의 1/100 이내의 금액을 세입세출예산에 계상할 수 있다.
①[O] 추경예산안도 본예산과 마찬가지로 국회의 승인이 필요하기 때문에 국회에서 예산안이 확정되기 전에는 이를 미리 배정하거나 집행할 수 없다.
③[O] 계속비는 원칙적으로 5년 이내에 걸쳐 계속 지출할 수 있으며 예외적으로 국회의 의결을 거친 경우에는 10년 이내까지 지출할 수 있다.

[정답] ②

49
• 22 지방9급

다음은 「국가재정법」 상 예비타당성조사에 대한 내용이다. (가)와 (나)에 들어갈 숫자로 옳은 것은?

> 기획재정부장관은 총사업비가 [(가)] 억원 이상이고 국가의 재정지원 규모가 [(나)] 억원 이상인 신규 사업으로서 건설공사가 포함된 사업 등에 대한 예산을 편성하기 위하여 미리 예비타당성조사를 실시하고, 그 결과를 요약하여 국회 소관 상임위원회와 예산결산특별위원회에 제출하여야 한다.

	(가)	(나)
①	300	100
②	300	200
③	500	250
④	500	300

해설 ④ 설문은 1999년 도입되었고, 2007년 의무화된 예비타당성조사에 대한 설명이다. 총사업비가 500억 이상이고 국가재정지원규모가 300억 이상인 신규사업이 그 대상이 된다.

[정답] ④

[총사업비 관리제도와 예비타당성 조사]

	총사업비 관리
도입시기	1994년
개념	완성에 2년 이상이 소요되는 대규모사업에 대하여 사업규모, 총사업비, 사업기간을 미리 정하여 기재부장관과 협의하게 하는 재정통제제도
대상사업	국가가 직접 시행 또는 위탁사업, 국가예산·기금의 보조를 받아 자치단체나 공공기관이 시행하는 사업 중 2년 이상이 소요되는 다음 사업 ① 총사업비가 500억 이상이고 국가재정지원이 300억 이상인 토목 및 지능정보화사업 ② 총사업비가 200억 이상인 건축사업 또는 연구개발사업

	예비타당성 조사
도입시기	1999년
개념	대규모 개발사업의 신중한 착수와 재정투자의 효율성 제고를 위하여 기재부장관이 경제적·정책적 타당성을 사전에 조사하는 재정통제제도
대상사업	총사업비가 500억 이상이고 국가재정지원이 300억 이상인 신규사업 중 다음 사업 ① 건설공사가 포함된 사업 ② 지능정보화사업 ③ 국가연구개발사업 등

50
• 24 국가9급

국고채무부담행위에 대한 설명으로 옳은 것만을 모두 고르면?

ㄱ. 사항마다 필요한 이유를 명백히 하고 그 행위를 할 연도와 상환연도, 채무부담의 금액을 표시해야 한다.
ㄴ. 국가가 금전 급부 의무를 부담하는 행위로서 그 채무 이행의 책임은 다음 연도 이후에 부담됨을 원칙으로 한다.
ㄷ. 국가가 채무를 부담할 권한과 채무의 지출권한을 부여받은 것으로, 지출을 위한 국회 의결 대상에서 제외된다.
ㄹ. 단년도 예산 원칙의 예외라는 점에서 계속비와 동일하지만, 공사나 제조 및 연구개발 사업 등 대상이 한정되어 있다는 점에서는 대상이 한정되지 않는 계속비와 차이가 있다.

① ㄱ, ㄴ
② ㄱ, ㄹ
③ ㄴ, ㄷ
④ ㄷ, ㄹ

해설 보기 중에서 ㄷ, ㄹ은 틀린 내용이다.
ㄷ[X] 국고채무부담행위에 대한 국회의 의결은 채무를 부담할 권한만을 부여하는 것으로, 다음연도 이후에 **지출할 수 있는 권한까지 부여하는 것은 아니므로** 채무부담과 관련한 지출에 대해서는 **다시 국회의 의결을 얻어야 한다**.
ㄹ[X] 단년도 예산 원칙의 예외라는 점에서 계속비와 동일하지만, 대상이 한정되지 않는 점에서 공사나 제조 및 연구개발 사업 등 대상이 한정되어 있는 계속비와 차이가 있다.
ㄴ[O] 국고채무부담행위란 국가가 예산확보 없이 미리 채무(금전급부의무)를 부담하는 행위로서 채무이행의 책임은 다음 연도 이후에 부담되는 것이 원칙이다.

[정답] ①

[세출예산·계속비·국고채무부담행위의 비교]

	세출예산	계속비	국고채무부담행위
지출권한	승인	잠정적	미승인
용도	제한 없음	제한(공사·제조·연구)	제한 없음
승인의 효력	1년	5년(국회의 결시 연장 가능)	제한 없음

51
• 21 국가9급

예산주기에 비추어 볼 때 2021년도에 볼 수 없는 예산과정은?

① 국방부의 2022년도 예산에 대한 예산요구서 작성
② 기획재정부의 2021년도 예산에 대한 예산배정
③ 대통령의 2022년도 예산안에 대한 국회 시정연설
④ 감사원의 2021년도 예산에 대한 결산검사보고서 작성

해설 ④ 감사원의 2021년도 결산검사보고서는 회계연도가 끝난 다음 해인 2022년에 이루어지므로 2022년도에 볼 수 있다. 그러므로 2021년도에는 볼 수 없다.
① 예산요구서는 예산편성과정이다. 2022년 예산을 2021년에 편성하므로 맞는 과정이며,
② 예산배정은 예산집행과정이다. 2021년 예산은 당연히 2021년에 집행이 이루어진다.
③ 국회시정연설은 국회의 예산심의 직전에 이루어진다. 2022년 예산은 2021년도에 국회에서 심의한다.

[정답] ④

52
• 15 지방9급

우리나라 예산과정에 대한 설명으로 옳은 것은?

① 정부는 회계연도마다 예산안을 편성하여 회계연도 개시 60일 전까지 국회에 제출해야 한다.
② 예산총액배분 자율편성제도는 중앙예산기관과 정부부처 사이의 정보 비대칭성을 완화하려는 목적을 갖고 있다.
③ 예산집행의 신축성을 확보하기 위한 제도로써 이용. 총괄예산, 계속비, 배정과 재배정 제도가 있다.
④ 예산불성립시 조치로써 가예산 제도를 채택하고 있다.

해설 ① 정부는 회계연도 개시 120일 전까지 국회에 제출해야 한다.
③ 예산집행의 신축성을 확보하기 위한 제도로써 이용, 총괄예산, 계속비 등이 있지만 배정과 재배정은 재정통제제도에 해당한다.
④ 현행 예산불성립시 조치로써 준예산 제도를 채택하고 있다.
②는 맞는 지문이다. 중앙예산기관과 정부부처의 관계에서 사업에 관한 전문성 등 정보적 측면은 해당부처가 더 유리하므로 지출한도만 중앙예산기관이 정해주고 사업의 우선순위나 기관의 전문성 등은 해당부처의 자율에 맡기자는 것이다.

[정답] ②

53
• 17 지방9급(하)

예산과정에 대한 설명으로 옳지 않은 것은?

① 단원제에서의 예산심의는 양원제의 경우보다 심의를 신속하게 할 수 있으나 신중한 심의가 어렵다.
② 과거 중앙예산기관과 결산관리기관을 분리하기도 했다.
③ 예산의 배정은 국가예산을 회계체계에 따라 질서있게 집행하도록 하기 위한 내부통제의 기능을 수행한다.
④ 상향식 예산관리모형인 총액배분 자율편성 예산제도는 전략적 재원배분을 촉진한다.

해설 ④ 총액배분 자율편성 예산제도는 전략적 재원배분을 중시하며, 하향식 예산관리모형이다.
① 단원제에서의 예산심의는 상·하 양원으로 구성되는 양원제보다 심의는 신속하지만, 신중한 심의는 어려운 측면이 있다.
② 과거 김대중 정부와 노무현 정부(1998~2008) 시기에 중앙예산기관(기획예산처)과 결산관리기관(재정경제부)을 분리하기도 했다.
③ 예산의 배정은 분기별로 예산을 집행할 수 있는 금액과 책임소재를 명확히 해주는 내부통제기능을 수행한다.

[정답] ④

54
• 18 서울9급

우리나라의 예산안과 법률안의 의결방식에 대한 설명으로 가장 옳지 않은 것은?

① 법률에 대해서는 대통령의 거부권 행사가 가능하지만 예산은 거부권을 행사할 수 없다.
② 예산으로 법률의 개폐가 불가능하지만, 법률로는 예산을 변경할 수 있다.
③ 법률과 달리 예산안은 정부만이 편성하여 제출할 수 있다.
④ 예산안을 심의할 때 국회는 정부가 제출한 예산안의 범위 내에서 삭감할 수 있고, 정부의 동의 없이 지출예산의 각항의 금액을 증가하거나 새 비목을 설치할 수 없다.

해설 ② 예산과 법률은 그 성립요건과 형식이 본질적으로 다르기 때문에 상호간에 수정·개폐·변경이 불가능하다. 따라서 법률로는 예산을 변경할 수 없다.
① 예산은 법률이 아니므로 거부권을 행사할 수 없다.
③ 법률안은 정부와 국회의원이 모두 제출 가능하지만 예산은 정부만이 제출할 수 있다.
④ 예산의 경우 국회가 삭감은 자유롭게 할 수 있지만 정부의 동의 없이 지출예산의 각항의 금액을 증가하거나 새 비목을 설치할 수는 없다.

[정답] ②

55
• 13 지방9급

국회의 예산심의에 대한 설명으로 옳은 것만을 모두 고른 것은?

> ㄱ. 상임위원회의 예비심사를 거친 예산안은 예산결산특별위원회에 회부된다.
> ㄴ. 예산결산특별위원회의 심사를 거친 예산안은 본회의에 부의된다.
> ㄷ. 예산결산특별위원회를 구성할 때에는 그 활동기한을 정하여야 한다. 다만, 본회의의 의결로 그 기간을 연장할 수 있다.
> ㄹ. 예산결산특별위원회는 소관상임위원회의 동의 없이 새 비목을 설치할 수 있다.

① ㄱ, ㄴ   ② ㄱ, ㄴ, ㄷ
③ ㄱ, ㄷ, ㄹ   ④ ㄴ, ㄹ

해설 보기 중에서 옳은 것은 'ㄱ'과 'ㄴ'이다. 'ㄷ'의 경우 국회법의 내용을 알아야하는 까다로운 문제이다. 일반적인 특별위원회를 구성할 때에는 그 활동기한을 정하여야 하며, 본회의의 의결로 그 기간을 연장할 수 있지만 예산결산특별위원회는 그러하지 아니하다(국회법 45조). 즉 활동기한을 정하지않고 활동하는 상설위원회이다. 'ㄹ'의 경우 예산결산특별위원회는 소관상임위원회의 동의 없이 새 비목을 설치할 수 없다.

[정답] ①

56
• 16 행정사

우리나라 제도에 관한 다음 설명 중 옳은 것을 모두 고른 것은?

> ㄱ. 법률안은 국회의원과 정부가 제출할 수 있지만, 예산안은 정부만 제출할 수 있다.
> ㄴ. 대통령은 국회가 의결한 예산에 대해 재의를 요구할 수 없다.
> ㄷ. 법률안과 예산안은 국회에서 의결된 후 공포 절차를 거쳐야 효력이 발생한다.
> ㄹ. 국회는 정부예산안에 대한 심의거부권을 가지고 있다.

① ㄱ, ㄴ   ② ㄱ, ㄷ   ③ ㄴ, ㄷ
④ ㄴ, ㄹ   ⑤ ㄷ, ㄹ

해설 보기에서 ㄱ, ㄴ이 맞다.
ㄴ. 대통령은 법률안에 대해서 재의요구권을 행사할 수 있지만, 예산에 대해서는 재의요구를 하지 못한다.
ㄷ. 법률은 공포가 효력발생요건이지만, 예산은 국회의 의결로써 효력이 발생한다. ㄹ. 국회는 정부예산에 대한 심의를 거부할 수 없다.

[정답] ①

57
• 08 국회8급

예산과정에 관한 설명으로 옳지 않은 것은?

① 일반적으로 국회 상임위원회의 국정감사와 예산심의는 동시에 진행된다.
② 예산안과 결산은 소관상임위원회에 회부하고, 소관상임위원회는 예비심사를 하여 그 결과를 의장에게 보고한다. 이 경우 예산안에 대하여는 본회의에서 정부의 시정연설을 듣는다.
③ 예산결산특별위원회는 활동기한이 없다.
④ 예산과정에 있어 본회의는 형식적 성격이 강하다.
⑤ 예산주기는 3년이다.

해설 ① 예산을 심의하기 전에 국정감사부터 진행된다. 우리나라의 예산심의 절차는 국정감사 → 시정연설 → 예비심사(소관 상임위원회) → 종합심사(예산결산특별위원회) → 본회의 의결의 순이다.
② 는 국회법 84조의 규정 ③ 예산결산특별위원회는 상설위원회이므로 활동기한이 없다.
④ 우리나라 예산과정은 위원회 중심이므로 본회의에서의 의결은 형식적으로 이루어진다.
⑤ 예산의 편성 → 심의·의결 → 집행 → 결산의 예산과정은 3년의 주기를 거친다.

[정답] ①

58
• 10 국가9급

우리나라의 예산과정에 대한 설명으로 옳은 것은?

ㄱ. 결산은 정부의 예산집행의 결과가 정당한 경우 집행 책임을 해제하는 법적 효과를 가진다.
ㄴ. 결산심의에서 위법하거나 부당한 지출이 지적되면 그 정부활동은 무효나 취소가 된다.
ㄷ. 국회심의과정에서 증액된 부분은 부처별 한도액 제한을 받는다.
ㄹ. 국회심의 후의 예산은 당초 행정부 제출 예산보다 증액되기도 한다.
ㅁ. 예산집행의 신축성을 확보하기 위한 장치로는 회계연도 개시 전 예산배정, 국고채무부담행위 등이 있다.

① ㄱ, ㄷ, ㄹ
② ㄱ, ㄹ, ㅁ
③ ㄴ, ㄷ, ㅁ
④ ㄴ, ㄹ, ㅁ

해설 틀린 지문은 'ㄴ'과 'ㄷ'이다. ㄴ. 결산심의에서 위법하거나 부당한 지출이 발견되어도 그 정부활동은 무효나 취소가 되지 않는다.
ㄷ. 국회 심의과정에서는 증액된 부분은 부처별 한도액 제한을 받지 않는다. 주의할 부분은 'ㅁ'의 국고채무부담행위로서 이는 재정통제로 보는 관점과 신축유지로 보는 관점이 있다. 후자로 보는 경우가 많으나 상황별 판단이 필요하다. 배정은 재정통제이나 긴급배정은 신축성 유지에 해당한다.

[정답] ②

59
• 08 국가9급

우리나라의 국고채무부담행위에 대한 설명으로 옳지 않은 것은?

① 예산총칙, 세입세출예산, 계속비 및 명시이월비와 함께 예산의 한 부분을 구성한다.
② 예산으로써 국회의 의결을 사전에 얻어야 한다.
③ 필요한 이유를 명백히 하고 채무부담의 금액을 표시하여야 한다.
④ 법률에 따른 것과 세출예산금액 또는 계속비의 총액의 범위 이내로 한정한다.

해설 국고채무부담행위란 ㉠법률 ㉡세출예산 ㉢계속비 이외에 정부가 채무를 부담하는 행위이다. 즉 ㉠㉡㉢ 이외의 것이다.

[정답] ④

60
• 06 국회8급

다음 중 우리나라의 예산제도에 대한 설명으로 올바른 것은?

① 행정부는 회계연도 개시 120일 전까지 다음 연도의 예산안을 국회에 제출하여야 한다.
② 국회에 제출되는 예산안은 일반회계만을 의미한다.
③ 국회가 회계연도 개시 30일 전까지 다음 연도의 예산을 확정하지 못하면, 정부는 준예산을 편성하여 집행한다.
④ 준예산은 전년도 예산에 준하여 집행하되 집행 범위의 제한은 없다.
⑤ 기금운용계획안은 국회의 심의절차를 거쳐야 한다.

해설 ① 다음 연도의 예산안은 회계연도 개시 120일 전까지 국회에 제출하여야 한다.
⑤ 기금운용계획안은 예산은 아니나 국회의 심의의결절차를 거쳐야 한다. 정부는 기금운용계획안을 회계연도 개시 120일 전까지 국회에 제출하여야 한다. 국회는 기금운용계획안을 회계연도개시 30일전까지 심의·확정한다(국회법 84조의 2).
② 국회에 제출되는 예산안은 일반회계와 특별회계를 의미한다.
③ 30일전까지가 아니라 '새로운 회계연도가 개시될 때까지 예산안이 의결되지 못한 때'이며,
④ 준예산은 전년도 예산에 준하여 집행하되 집행범위는 헌법이나 법률로 설치된 기관의 유지비, 법률상 지출의무가 있는 경비, 승인받은 계속비 등에 한정된다.

[정답] ①⑤

61
• 11 국가7급

각 부처의 예산요구에 대해 중앙예산기관이 사용할 수 있는 대응전략들에 대한 내용으로 옳지 않은 것은?

① 한도액 설정법(fixed-ceiling budgeting) - 각 부처에 예산편성의 자율성을 부여할 수 있고 중앙예산기관은 예산사정 과정에서 도움을 받을 수 있다.
② 우선순위명시법(priority listing) - 각 부처는 예산사업 간의 우선순위를 책정함으로써 중앙예산기관이 예산을 사정하는데 도움을 줄 수 있다.
③ 항목별 통제법(item-item control) - 전체 사업의 관점에서 개별 사업을 검토하기가 힘들다는 문제점이 있다.
④ 증감분석법(increase-decrease analysis) - 모든 예산항목을 매년 재검토할 필요는 없지만, 각 기관에 필요한 기본 예산액이 얼마인지에 대한 충분한 검토가 이루어질 수 있다.

해설 ④는 전단은 맞으나 후단이 틀린 지문이다. 증감분석법은 모든 예산항목을 다 재검토하지 않고 전년도와 차이가 있는 부분 위주로 사정하는 점증주의 방법이다. 따라서 증감부분만 분석되므로 역점사업이나 예산비중의 변화 파악은 용이하지만 증가된 예산항목에는 관심을 보이나 감소된 항목에는 관심을 보이지 않는 경향이 있고, 각 기관에 필요한 기본 예산액(base)이 얼마인지에 대한 충분한 검토가 이루어지기는 어려운 단점이 있다.

[정답] ④

62
• 03 행시<수정>

우리나라 중앙정부의 예산과정에 대한 설명으로 옳지 않은 것은?

① 각 부처는 5월 31일까지 세입·세출요구서를 작성한다.
② 예산안과 마찬가지로 기금운용계획안도 국회의 심의·의결을 거친다.
③ 예결위의 종합심사를 마친 예산안은 소관 상임위에 회부되어 세부심사에 착수한다.
④ 전년도 결산안은 익년도 예산안보다 먼저 국회에 제출한다.
⑤ 결산안의 내용 중에는 감사원의 결산검사보고서가 포함된다.

해설 ① 각 중앙관서의 장은 예산안편성지침에 따라 그 소관에 속하는 다음 연도의 세입세출예산·계속비·명시이월비 및 국고채무부담행위 요구서를 작성하여 매년 5월 31일까지 기획재정부장관에게 제출하여야 한다(국가재정법 31조). ③ 소관상임위원회에서 예비심사를 마친 후에 예결위의 종합심사로 이어진다.

[정답] ①

63
• 20 국가9급

예산의 집행에 대한 설명으로 옳은 것은?

① 기획재정부장관은 각 중앙관서의 장에게 예산을 배정한 때에는 감사원에 통지하여야 한다.
② 기획재정부장관은 반기별 예산배정계획을 작성하여 국회의 심의를 받은 뒤에 예산을 배정한다.
③ 중앙관서의 장에게 자금을 사용할 수 있는 권한을 부여하는 것을 예산 재배정이라고 한다.
④ 기획재정부장관은 매년 2월 말까지 예산집행지침을 각 중앙관서의 장과 국회예산정책처에 통보하여야 한다.

해설 ① 기획재정부장관은 각 중앙관서의 장에게 예산을 배정한 때에는 감사원에 통지하여야 한다(국가재정법 제43조).
② [X] 기획재정부장관은 예산배정요구서에 따라 분기별 예산배정계획을 작성하여 국무회의의 심의를 거친 후 대통령의 승인을 얻어야 한다.
③ [X] 중앙관서 장에게 기획재정부장관이 자금을 사용할 수 있는 권한을 부여하는 것은 예산의 배정이다. 재배정이란 예산을 배정받은 중앙관서의 장이 예산지출권한을 하급기관에 위임하는 것을 말한다.
④ [X] 기획재정부장관은 예산집행지침을 매년 1월말까지 각 중앙관서의 장에게 통보하여야 한다(국가재정법 시행령 제18조). 참고로 예산집행지침과 예산편성지침은 다른 내용이다. 예산편성지침은 기획재정부장관이 매년 3월 31일까지 각 중앙관서의 장에게 통보하여야 하지만, 예산집행지침은 1월 말까지이다.

[정답] ①

64
• 17 국가9급

재정성과관리와 재정건전성에 대한 설명으로 옳지 않은 것은?

① 중기지방재정계획은 지방재정법에 근거한 사후 예산제도로 지방재정 건전화를 추구한다.
② 통합재정수지는 재정건전성 분석, 재정의 실물경제 효과분석, 재정운용의 통화부문에 대한 영향분석 등에 활용될 수 있다.
③ 총사업비관리제도는 시작된 대형사업에 대한 총사업비를 관리해 재정지출의 생산성 제고를 도모한다.
④ 예비타당성조사는 대규모 신규사업에 대한 예산편성 및 기금운용계획을 수립하기 위하여 기획재정부장관 주관으로 실시하는 사전적인 타당성 검증·평가제도이다.

해설 ① 중기지방재정계획은 사전적 재정통제제도이다. 지방재정법 33조에 의하면 지방자치단체의 장은 재정을 계획성있게 운용하기 위하여 매년 중기지방재정계획을 수립하여 지방의회에 보고하고, 이를 행정안전부장관에게 제출하여야 한다. 이는 예산편성과정에서 지방재정을 사전에 통제하는 제도이다.

[정답] ①

65
• 20 행정사

우리나라가 시행 중인 재정관리혁신 조치의 하나인 예비타당성 조사에 관한 설명으로 옳지 않은 것은?

① 대규모 공공투자사업의 타당성을 분석하고 그 결과에 따라 재정사업의 신규투자 여부를 결정한다.
② 2000회계연도 예산을 편성할 때부터 적용되었다.
③ 한국개발연구원, 한국조세재정연구원 등 법령으로 정하는 지정기준을 갖춘 전문기관이 수행할 수 있다.
④ 정책성 분석을 배제하고 경제성 분석에 집중한다.
⑤ 이 제도 도입 이전인 1994년부터 무분별한 사업비 증가를 방지하려는 총사업비관리제도가 운영되고 있다.

해설 ④ 타당성조사가 주로 당해 사업에 대한 기술적 타당성을 검토하는 반면, 예비타당성조사는 국가재정 전반적인 관점에서 경제적 타당성 및 정책적 타당성을 주된 검토대상으로 삼는다.
② 예비타당성조사는 대규모 재정사업의 타당성에 대한 객관적이고 중립적 조사를 통해 재정사업의 신규투자를 투명하고 공정하게 결정함으로써 예산낭비를 방지하고 재정운영의 효율성 제고를 목적으로 1999년 도입된 제도로서, 2007년 의무화 되었다.
⑤ 총사업비관리제도는 도로·철도·항만 등 대규모 SOC 공공건설 사업의 추진과정에서 총 사업비 증가를 엄격히 관리하고자 1994년 도입됐다.

[정리] 예비타당성조사와 타당성조사의 차이

	예비타당성조사	타당성조사
조사 개념	타당성조사 이전에 투자 결정을 위한 조사	예비타당성조사를 통과한 후 본격적인 사업착수를 위한 조사
조사의 주체	중앙예산기관(기획재정부)	주무부처
조사의 초점	경제성 분석(개략적), 정책적 분석	경제성 분석(세부적), 기술성 분석
조사의 범위	국가재정 전반적 관점	당해사업
특징	사전적·개략적	세부적
조사기간	단기간(4개월 이내)	장기(충분한 시간 투입)
조사대상	• 총사업비 500억원 이상의 대규모 건설 사업 • 국고지원 300억원 이상인 민자 및 지방자치단체사업	• 예비타당성 조사 결과 경제성 있다고 판단된 사업 • 총사업비 100~500억원의 교통시설 개발사업

[정답] ④

66
• 14 서울9급

예산성과금에 대한 설명으로 옳지 않은 것은?

① 각 중앙관서의 장은 예산낭비신고센터를 설치·운영하여야 한다.
② 각 중앙관서의 장은 예산의 집행방법 또는 제도의 개선 등으로 인하여 수입이 증대되거나 지출이 절약된 때에는 이에 기여한 자에게 성과금을 지급할 수 있다.
③ 각 중앙관서의 장은 직권으로 성과금을 지급하거나 절약된 예산을 다른 사업에 사용할 수 있다.
④ 예산낭비신고, 예산절감과 관련된 제안을 받은 중앙관서의 장 또는 기금관리주체는 그 처리결과를 신고 또는 제안을 한 자에게 통지하여야 한다.
⑤ 예산 낭비를 신고하거나 예산 낭비 방지방안을 제안한 일반 국민도 성과금을 받을 수 있다.

해설 ③ 각 중앙관서의 장은 직권으로 사용하지 못하고, 예산성과금 심사위원회의 심사를 거쳐야 한다.

[정답] ③

67
• 12 서울9급

예산 집행의 신축성 유지 방안에 관한 설명으로 옳지 않은 것은?

① 세출예산의 장(章), 관(款), 항(項)은 행정과목으로 예산의 전용(轉用)이 가능하다.
② 예산의 이용(移用)은 입법과목 간의 융통을 말한다.
③ 예산의 이체(移替)는 정부조직 등에 관한 법령의 제·개정, 폐지 등의 사유가 있을 때 사용하는 방안이다.
④ 이월(移越)은 당해 회계연도 예산을 차년도 예산으로 사용하는 것이다.
⑤ 예측할 수 없는 예산 외 지출 또는 예산초과지출에 충당하기 위해 예비비를 둔다.

해설 ① 장(章), 관(款), 항(項)은 '입법과목'으로 입법과목(장·관·항)간 상호 융통하는 것은 '이용(移用)'으로 국회의 승인이 필요하다.

[정답] ①

68
• 09 지방9급

예산집행의 신축성을 보장하기 위한 제도에 대한 설명 중 가장 옳은 것은?

① 예산의 이용은 입법과목 간 융통을 의미하는 것으로, 예산 집행상 필요에 따라 미리 예산으로써 국회의 의결을 얻은 때에는 기획재정부장관의 승인을 얻어 이용할 수 있다.
② 예산의 이체는 정부조직 등에 관한 법령의 제정·개정 또는 폐지로 인하여 중앙관서의 직무와 권한에 변동이 있을 때 이루어지는 것으로 국회의 승인이 있어야 한다.
③ 예산의 이월은 당해 회계연도에 집행되지 않은 예산을 다음 연도의 예산으로 사용하는 것으로 각 중앙관서의 장이 자유롭게 이월 및 재이월할 수 있다.
④ 계속비는 원칙상 5년 이내로 국한하지만 필요하다고 인정하는 때에는 기획재정부장관의 승인을 통해 연장할 수 있다.

해설 ② 이체는 법령의 변화로 인한 것이므로 국회의 별도 승인이 필요 없다.
③ 원칙적으로 매 회계연도의 세출예산은 다음 연도에 이월하여 사용할 수 없으나(48조), 예외적으로 허용된다. 또한 명시이월은 국회의 사전의결이 필요하다.
④ 계속비는 5년 이내가 원칙이지만 국회 의결이 있을 경우 기간 연장이 가능하다.

[정답] ①

69 • 06 국가9급

다음 중 국회의 의결을 필요로 하는 예산집행의 신축성 확보 방안으로만 묶여진 것은?

ㄱ. 수입대체경비	ㄴ. 이용
ㄷ. 명시이월	ㄹ. 계속비
ㅁ. 이체	ㅂ. 국고채무부담행위
ㅅ. 사고이월	ㅇ. 전용
ㅈ. 예비비	

① ㄱ, ㄴ, ㅅ, ㅇ   ② ㄱ, ㄷ, ㅁ, ㅈ
③ ㄴ, ㄷ, ㄹ, ㅂ   ④ ㄹ, ㅁ, ㅂ, ㅅ

해설 신축성 유지방안 보다 국회의 의결에 대한 문제이다. ㄱ의 수입대체경비, ㅅ의 사고이월, ㅇ의 전용은 국회의 의결이 없이 이루어진다. 따라서 이들이 포함된 것을 제외하면 정답이다. 참고로 예비비는 사후승인을 받는다. 따라서 사전의결은 아니나 사후 의결(승인도 의결임)을 필요로 한다.

[정답] ③

70 • 07 대구9급

회계검사에 대한 다음의 기술 중 옳지 않는 것은?

① 회계검사는 재정에 관한 입법부 의도의 실현 여부를 검증하는 성격을 갖고 있다.
② 자신이 기록한 회계기록에 대한 자율적 검사는 회계검사에 포함되지 않는다.
③ 회계검사에서 본질적으로 가장 중요시하는 것은 지출의 합법성이다.
④ 품목별 예산제도에는 효과성 검사를 용이하게 하는 측면이 있다.

해설 품목별 예산제도는 항목별로 편성되어 있으므로 합법성 위주의 회계검사가 용이한 장점이 있다. 그러나 효과성 검사가 용이하려면 예산이 프로그램이나 사업별로 편성되어 있어야 한다.

[정답] ④

71 • 01 행시

우리나라 감사원에 대한 설명으로 옳지 않은 것은?

① 주요기능은 결산승인, 회계검사 및 직무감찰 등이다.
② 대통령에 소속된 헌법기관으로서 직무상 독립적 지위를 가진다.
③ 감사원장을 포함한 7인의 감사위원으로 구성된 합의제 기관이다.
④ 지방자치단체가 자본금의 2분의 1 이상을 출자한 법인의 회계는 감사원의 필요적 검사사항에 속한다.
⑤ 국가의 각 기관은 회계관계법령을 제정·개폐하고자 할 때 미리 감사원의 의견을 구하여야 한다.

해설 회계관계법령의 제·개정에 대하여는 감사원의 의견을 미리 구해야 한다(감사원법 제49조). 중앙예산기관장이 감사원의 요구예산을 삭감하고자 하는 때에도 미리 감사원장의 의견을 구해야 한다. 감사원은 결산의 사전확인(검사)기능을 수행할 뿐 결산의 승인은 국회의 고유권한이다.

[정답] ①

72 • 24 행정사

예산 집행의 신축성을 유지하기 위한 제도에 관한 설명으로 옳은 것은?

① 이용(移用)이란 세항·목 등 행정과목 간의 예산을 상호 융통하는 것이다.
② 전용(轉用)이란 장·관·항 등 입법과목 간의 예산을 상호 융통하는 것이다.
③ 이체(移替)란 폐지되거나 기능이 이관된 기관의 예산을 신설된 기관의 예산으로 재분배하는 것이다.
④ 명시이월(明示移越)이란 연도 내에 지출원인행위를 하고 불가피한 사유로 인하여 연도내에 지출하지 못한 경비를 다음 연도로 이월하여 사용하는 것이다.
⑤ 사고이월(事故移越)이란 연도 내에 그 지출을 마치지 못할 것이 예측될 때 미리 국회의 승인을 얻어 다음 연도로 이월하여 사용하는 것이다.

해설 ③ 이체(移替)란 정부기구 개편으로 인하여 예산의 책임소관부서를 변경시키는 행위로서, 기획재정부장관은 정부조직 등에 관한 법령의 제정·개정 또는 폐지로 인하여 중앙관서의 직무와 권한에 변동이 있는 때에는 그 중앙관서의 장의 요구에 따라 이체할 수 있다.

①[X] 전용(轉用)이란 세항·목 등 행정과목 간의 예산을 상호 융통하는 것이다.
②[X] 이용(移用)이란 장·관·항 등 입법과목 간의 예산을 상호 융통하는 것이다.
④[X] 사고이월(事故移越)이란 연도 내에 지출원인행위를 하고 불가피한 사유로 인하여 연도내에 지출하지 못한 경비를 다음 연도로 이월하여 사용하는 것이다.
⑤[X] 명시이월(明示移越)이란 연도 내에 그 지출을 마치지 못할 것이 예측될 때 미리 국회의 승인을 얻어 다음 연도로 이월하여 사용하는 것이다.

[정답] ③

73 • 22 행정사

국회의 예산결산에 관한 설명으로 옳지 않은 것은?

① 결산 심의를 한 결과 문제가 있는 특정사안에 대하여 감사원에 감사를 요구할 수 있다.
② 결산은 회계연도에서 국가의 수입과 지출 실적을 확정적 계수로 표시하는 행위이다.
③ 예산의 범위 내에서 재정활동을 했는지 확인하고 그 결과를 재정운용에 반영하는 과정이다.
④ 부당한 지출이 발견된 경우 그 책임을 요구하고 무효화할 수 있다.
⑤ 재정운용의 비능률이 발견된 경우 시정을 요구할 수 있고 차년도 예산과정에서 쟁점화될 수 있다.

해설 ④[X] 결산은 위법·부당한 지출인 경우 집행된 내용을 무효·취소할 수 없다. 그러므로 결산의 효과는 법적이라기보다는 정치적인 것이다. 다만, 관련공무원의 개인적 변상책임이나 형사책임까지 면제되는 것은 아니다.

①은 국회법에 규정된 국회의 감사요구권이다(국회법 127조의2).
② 결산이란 수입·지출의 실적에 대한 정부의 사후적 재정보고를 의미하며 일 회계년도 동안의 국가의 수입·지출의 실적을 확정적 계수로 표시하는 행위이다.

[관련법률] 국회법 제127조의2(감사원에 대한 감사 요구 등) ① 국회는 의결로 감사원에 대하여 「감사원법」에 따른 감사원의 직무 범위에 속하는 사항 중 사안을 특정하여 감사를 요구할 수 있다. 이 경우 감사원은 감사 요구를 받은 날부터 3개월 이내에 감사 결과를 국회에 보고하여야 한다.

[정답] ④

74
• 21 행정사

우리나라 예산과정에 관한 설명으로 옳은 것을 모두 고른 것은?

> ㄱ. 예산편성은 기획재정부가 예산안편성지침을 작성하고 각 중앙행정기관의 장에게 시달하여 중기사업계획서를 제출받으면서 시작한다.
> ㄴ. 정부예산안은 국무회의의 심의와 대통령의 재가로 확정되고 회계연도 개시 120일 전까지 국회에 제출하여야 한다.
> ㄷ. 국회 예산결산특별위원회가 11월 30일까지 예산안 심사를 마치지 않으면 원칙적으로 그 다음 날에 위원회에서 심사를 마치고 바로 본회의에 부의된 것으로 본다.
> ㄹ. 국회에서 예산안이 통과되는 즉시 각 중앙행정기관장은 원칙적으로 기관의 전체 예산을 배정받아 관련 집행 부서에서 바로 집행할 수 있다.

① ㄱ, ㄴ
② ㄱ, ㄷ
③ ㄴ, ㄷ
④ ㄴ, ㄹ
⑤ ㄷ, ㄹ

해설 보기 중에서 옳은 것은 ㄴ과 ㄷ이다.

- ㄴ[○] 정부예산안은 회계연도 개시 120일 전까지 국회에 제출하여야 한다(국가재정법 33조).
- ㄷ[○] 국회법에 규정된 예산안의 자동 부의에 관한 규정이다. 국회 예산결산특별위원회가 11월 30일까지 예산안 심사를 마치지 않으면 그 다음 날에 본회의에 부의된 것으로 본다.
- ㄱ[X] 예산편성의 절차는 중앙관서장의 중기사업계획서 제출 ⇒ 기획재정부장관의 예산안편성지침 통보 ⇒ 각 중앙관서장의 예산요구서 제출의 순서대로 진행한다.
- ㄹ[X] 국회에서 예산안이 통과되었더라도 바로 집행할 수 있는 것이 아니다. 각 중앙관서의 장은 예산배정요구서를 기획재정부장관에게 제출하여야 하며, 다시 국무회의 심의를 거친 후 대통령의 승인을 얻어야한다.

[정답] ③

75
• 23 행정사

재정사업자율평가제도에 관한 설명으로 옳은 것은?

① 일정 규모 이상인 신규 사업의 경제적 타당성을 검토하여 사업의 추진 여부를 결정하는 제도
② 다년도 사업에 대해 사업규모, 총사업비, 사업기간 등을 정해 미리 기획재정부장관과 협의하는 제도
③ 부족한 재원을 고려하여 민간자본을 공공의 SOC 투자에 동원하는 제도
④ 예산지출을 줄이거나 수입을 늘리는 데 기여한 자에게 성과금을 지급하는 제도
⑤ 각 중앙관서의 장과 기금관리주체가 기획재정부장관이 정하는 바에 따라 주요 재정사업을 스스로 평가하는 제도

해설 ⑤ 재정사업 자율평가제도란 각 부처가 재정사업을 자율적으로 평가하고 재정부가 이를 점검하여 재정운용에 활용하는 제도로서 2005년부터 시행하고 있다. 국가재정법 제85조의8제1항 및 동법시행령 제39조의3 근거하여 자율적으로 평가하는 제도이다.

- ①[X] 기획재정부장관이 실시하는 예비타당성조사에 대한 설명이다.
- ②[X] 각 중앙관서의 장이 실시하는 총사업비 관리제도에 대한 설명이다.
- ③[X] 사회기반시설에 대한 민간투자법에 의한 제도이다.
- ④[X] 예산성과금에 대한 설명이다.

[정답] ⑤

76 • 22 군무원9급

국가재정운용계획에 대한 설명으로 가장 옳지 않은 것은?

① 중기재정계획은 정부가 매년 당해 회계연도부터 5회계연도 이상의 기간에 대해 수립하는 재정운용계획이다.
② 예산안과 함께 국회에 제출하는 국가재정운용계획은 5년 단위 계획이다.
③ 국가재정운용계획은 국회가 심의하여 확정한다.
④ 국가재정운용계획은 중·장기 국가비전과 정책 우선순위를 고려한 중기적 시계를 반영하며, 단연도 예산편성의 기본틀이 된다.

해설 ③ 국가재정운용계획은 국무회의에서 심의하여 확정한다. 국가재정운용계획은 정부가 수립하여 회계연도 개시 120일 전까지 국회에 제출하도록 되어있지만, 예산안처럼 국회가 심의하여 확정하는 것은 아니다.

[정답] ③

77 • 22 군무원9급

다음 중 우리나라의 예산심의에 대한 설명으로 가장 옳지 않은 것은?

① 정부의 시정연설 후에 국회에서 예비심사와 본회의 심의를 거쳐서 종합심사를 하고 의결을 한다.
② 예산심의는 행정부에 대한 관리통제기능이다.
③ 예산심의 과정에서 정당이 영향을 미친다.
④ 우리나라는 대통령 중심제로 인해 의원내각제인 나라에 비해 예산심의가 상대적으로 엄격하다.

해설 ① 국회의 예산안 심의절차는 다음과 같다. 정부 예산안 제출 → 본회의 시정연설 → 국회 소관 상임위원회의 예비심사 → 국회 예산결산특별위원회의 종합심사 → 본회의 의결 순으로 진행된다.

[정답] ①

78 • 23 군무원7급

현행 「국가재정법」상 예비타당성조사에 관한 규정으로 가장 적절하지 않은 것은?

① 기획재정부장관은 총사업비가 500억원 이상이고 국가의 재정지원 규모가 300억원 이상인 신규 사업으로서 일정한 경우에 해당하는 대규모 사업에 대한 예산을 편성하기 위하여 미리 예비타당성조사를 실시해야 한다. 다만, 특정한 분야의 사업은 중기사업계획서에 의한 재정지출이 500억원 이상 수반되는 신규 사업으로 한다.
② 예비타당성조사 대상사업은 중앙관서의 장의 신청이 있는 경우에 한하여 기획재정부장관이 선정할 수 있다.
③ 기획재정부장관은 국회가 그 의결로 요구하는 사업에 대하여는 예비타당성조사를 실시하여야 한다.
④ 기획재정부장관은 일정한 국가연구개발사업에 대한 예비타당성조사에 관해서는 대통령령으로 정하는 바에 따라 과학기술정보통신부장관에게 위탁할 수 있다.

해설 ② 예비타당성조사 대상사업은 중앙관서의 장의 신청이 있는 경우 또는 기획재정부장관의 직권에 따라 기획재정부장관이 선정할 수 있다. 또한 국회가 요구한 사업에 대해서도 실시하여야 한다.

[관련법률] 국가재정법 제38조
③제1항의 규정에 따라 실시하는 예비타당성조사 대상사업은 기획재정부장관이 중앙관서의 장의 신청에 따라 또는 직권으로 선정할 수 있다.
④기획재정부장관은 국회가 그 의결로 요구하는 사업에 대하여는 예비타당성조사를 실시하여야 한다.

[정답] ②

79
• 24 군무원9급

다음 중 우리나라의 예비비에 대한 설명으로 가장 적절하지 않은 것은?

① 목적예비비는 예산총칙 등에서 미리 사용목적을 지정해야 하며, 따로 세입·세출예산에 계상할 수 있다.
② 예측할 수 없는 예산 외의 지출 또는 초과지출에 충당하기 위하여 편성한다.
③ 재해대책비·공공요금·환율상승에 따른 원화 부족액 보정 등을 위해 사용 가능한 한도액을 정한 목적예비비가 있다.
④ 일반예비비는 그 사용 목적을 특정하지 않고 국회의 사전 의결을 거친 경비이므로 회계연도를 달리하여 사용할 수 있다.

해설 ④[X] 일반예비비는 다른 예산과 마찬가지로 회계연도를 달리 사용할 수 없다. ①②③[O] 예비비는 일반예비비와 목적예비비로 구분한다. 일반예비비는 사용용도가 특정하지않은 예비비이다. 이와는 달리 예산 총칙에서 미리 사용목적을 지정해 놓은 예비비를 목적예비비라고 한다. 목적예비비는 재해대책비, 환율변동 등으로 인한 원화부족액 보전 외에도 구조조정으로 인한 어려움을 겪는 지역 및 업종 지원, 수출 규제 및 국제통상마찰에 대응하기 위한 재정지원 등에 사용할 수 있다.

[정답] ④

THEMA 67 예산결정이론

80
• 23 국가9급

예산이론에 대한 설명으로 옳지 않은 것은?

① 총체주의는 계획예산(PPBS), 영기준예산(ZBB)과 같은 예산제도 개혁을 설명하기에 적합한 이론이다.
② 점증주의는 거시적 예산결정과 예산삭감을 설명하기에 적합한 이론이다.
③ 총체주의는 합리적·분석적 의사결정과 최적의 자원배분을 전제로 한다.
④ 점증주의는 예산을 결정할 때 대안을 모두 고려하지는 못한다는 것을 전제로 한다.

해설 ② [X] 점증주의는 각 개별부서나 이익집단의 이익을 반영하는 상향적·미시적 결정구조와 기득권을 인정하는 보수적 행태를 가지므로, 거시적 예산결정과 예산삭감을 설명하기에 적합하지 못한다. ④ [O] 점증주의는 예산을 결정할 때 모든 대안을 고려(총체주의)하는 것이 아니라 전년도 예산(계속사업)을 인정하고 소폭 증감하는 선에서 결정한다.

[정답] ②

81
• 17 사회복지9급

총체주의 예산이론에 대한 설명 중 옳지 않은 것은?

① 계획예산제도(PPBS)와 영기준 예산제도(ZBB)는 대표적 총체주의 예산제도이다.
② 정치적 타협과 상호조절을 통해 최적의 예산을 추구한다.
③ 예산의 목표와 목표 간 우선순위를 명확하게 설정한다.
④ 합리적 분석을 통해 비효율적 예산배분을 지양한다.

해설 ② 정치적 타협과 상호조절을 통해 최적의 예산을 추구하는 예산은 점증주의 예산이다. 총체주의예산은 분석을 통하여 자원을 효율적으로 배분하고 경제적 합리성을 추구하는 합리주의예산이다. ① 계획예산제도(PPBS)와 영기준 예산제도(ZBB)는 과학적 분석기법을 대안의 주요 평가수단으로 삼고 있는 총체적·합리적 예산제도이다. ③ 총체주의(합리주의) 예산은 비용편익분석 등 분석기법을 통해 우선순위를 명확하게 설정한다.

[정답] ②

82
• 17 교육행정9급

예산 관련 모형에 관한 설명으로 옳은 것은?

① 점증주의모형을 적용한 대표적인 예산제도에는 영기준예산제도가 있다.
② 단절균형모형은 예산의 단절균형 발생 시점을 예측할 수 있기 때문에 미래지향성을 지닌다.
③ 예산극대화모형은 관료들이 사회적 효용의 극대화를 위해 소속 부서의 예산을 증가시키려는 현상을 설명한다.
④ 합리주의모형은 대안의 선정 시에 순현재가치, 내부수익률, 비용편익비율 등과 같은 분석 기준을 주로 사용한다.

해설 ④ 합리주의모형은 대안의 선정 시에 비용편익분석 등 분석적 기법을 사용한다. 순현재가치, 내부수익률, 비용편익비율 등은 비용편익분석의 주요 분석기법이다. ① 영기준예산이나 계획예산은 합리주의모형에 의한 예산제도이며, 점증주의모형을 적용한 대표적인 예산제도에는 품목별예산이나 성과주의예산이 있다. ② 단절균형모형은 급격한 단절(큰 변화) 후에 다시 균형을 이룬다는 모형으로 단절균형 발생 시점을 사전에 예측할 수 없기 때문에 미래지향적이지 못하다. 이에 비하여 점증주의모형은 안정성이 높기 때문에 예측가능성이 높다. ③ 예산극대화모형은 관료들이 개인적 효용의 극대화를 위해 소속 부서의 예산을 증가시키려는 현상을 설명한다. 사회적 효용의 극대화가 아니다.

[정답] ④

83
• 21 지방9급

예산제도에 대한 설명으로 옳지 않은 것은?

① 품목별 예산제도는 행정부의 재량권을 확대하기 위해 도입되었다.
② 성과주의 예산제도에서는 사업의 단위원가를 기초로 예산을 편성한다.
③ 계획예산제도에서는 장기적인 기획과 단기적인 예산편성을 연계하여 합리적 예산 배분을 시도한다.
④ 영기준 예산제도는 예산을 편성할 때 전년도 예산에 구애받지 않는다.

해설 ① [X] 품목별 예산제도(LIBS : Line Item Budgeting System)란 예산을 지출대상(품목)별로 분류하여 편성하는 통제지향적 예산제도로서 어떤 지출대상에 어느 정도의 비용이 투입되는지를 보여 주는 예산제도이다. ② [O] 성과주의예산은 주요사업(기능)을 몇 개의 사업으로 나누고 이를 다시 몇 개의 세부사업(활동)으로 나눈 다음 세부사업별로 단위원가와 업무량을 산출하여 예산을 편성하는 사업중심의 예산제도를 의미한다. ③ [O] 계획예산은 장기기획과 단기예산을 유기적으로 연계시킨다. ④ [O] 영기준예산은 전년도 예산(Base)을 무시하고 계속사업과 신규사업을 모두 검토한다.

[정답] ①

84
• 14 국가9급

예산결정에 대한 공공선택론적 관점의 설명으로 옳은 것은?

① 본질적 문제해결보다는 보수적 방식을 통해 예산의 정치적 합리성이 제고될 수 있다.
② 니스카넨(W. Niskanen)에 의하면 예산결정에 있어 관료의 최적수준은 정치인의 최적수준보다 낮다.
③ 정치인과 관료들은 개인효용함수에 따라 권력이나 예산규모의 극대화를 추구한다.
④ 재원배분 형태는 장기 균형과 역사적 상황에 따른 단기의 급격한 변화를 반복한다.

해설 ①은 점증모형의 특징이다. ② 니스카넨(W. Niskanen)은 공공선택론적 관점에서 예산결정과정을 설명하였다. 관료들이 권력의 극대화를 위해 소속 부서의 예산규모를 극대화한다는 예산극대화 가설에 따르면 관료는 근본적으로 정치가와 다른 행태를 보인다고 가정한다. 즉 관료는 정치인보다 더 많은 예산을 추구한다. ③은 공공선택이론의 일반적 특징이다. 공공선택이론은 인간을 자신의 이익의 극대화를 추구하는 이기적 존재로 가정한다. 따라서 정치인과 관료들은 개인효용함수에 따라 권력이나 예산규모의 극대화를 추구한다고 본다.

[정답] ③

85
• 06 서울7급

예산정책결정이론 중 합리적 분석에 의한 과정(합리모형)에 관한 설명으로 적합하지 않은 것은?

① 이러한 접근의 예산편성방법은 계획예산(PPBS)과 영기준예산(ZBB)을 들 수 있다.
② 정치적 합리성의 가치를 간과하기 쉽다.
③ 보수적 성향의 예산담당관은 합리모형에 입각한 예산결정에 긍정적이다.
④ 항상 계량화의 문제가 발생한다.
⑤ 실제 예산과정에서 현실성과 괴리가 있다.

해설 예산결정이론은 정치적 원리를 중시하는 정치적 접근법(점증주의)과 경제원리에 입각한 총체적·합리적 접근법(합리주의모형)이 있다. 합리모형에 입각한 예산결정은 보수적이 아니라 이상적이고 혁신적인 성향을 띤다.

[정답] ③

86
• 11 서울7급

예산결정 이론은 크게 총체주의와 점증주의로 구분할 수 있다. 다음에 제시된 총체주의와 점증주의에 관한 설명 중 가장 적절하지 않은 것은?

① 총체주의 : 목표에 대한 사회적 합의가 도출되지 않은 경우에도 적용할 수 있다는 장점을 가지고 있다.
② 총체주의 : 예산담당관이 보수적 성향을 가질 경우 합리적 모형에 따른 예산결정은 현실적으로 힘들어진다.
③ 총체주의 : 합리적 모형을 적용하면 계획 기능이 강화되는 효과를 창출하는데 이는 집권화의 병리를 초래할 위험이 있다.
④ 점증주의 : 예산결정은 예산배분을 둘러싼 이해당사자들의 갈등을 완화하고 해결한다는 의미의 정치적 합리성을 특징으로 한다.
⑤ 점증주의 : 행정개혁의 시기에서는 소극적인 측면에서 저항 혹은 관료병리로 평가될 수도 있다.

해설 ① 총체주의(합리모형)는 목표수단분석을 전제로 하기에 목표는 주어진 것으로 가정하고, 목표에 대한 사회적 합의가 도출될 수 있다는 가정하에서 적용이 가능하다.

[정답] ①

87
• 09 국회8급

공공부문에서의 희소성의 법칙에 관한 설명으로 옳지 않은 것은?

① 급성 희소성(acute scarcity)은 가용자원이 정부의 계속사업을 지속할 만큼 충분하지 못한 경우에 발생한다.
② 완화된 희소성(relaxed scarcity)의 상태는 정부가 현존 사업을 계속하고 새로운 예산 공약을 떠맡을 수 있는 충분한 자원을 가지고 있는 상황이다.
③ 만성적 희소성(chronic scarcity) 하에서 예산은 주로 지출통제보다는 관리의 개선에 역점을 두게 된다.
④ 희소성은 '정부가 얼마나 원하는가'에 대해서 '정부가 얼마나 보유하고 있는가'의 양면적 조건으로 이루어져 있다.
⑤ 공공부문에서의 희소성의 법칙은 항상 절대적으로 받아들여지는 것은 아니다.

해설 ① 가용자원이 정부의 계속사업을 지속할 만큼 충분하지 못한 경우에 발생하는 것은 총체적 희소성이다. ⑤ 민간부문과 달리 공공부문에서는 양출계입(量出計入)의 성격이 강하므로 희소성의 법칙이 항상 절대적으로 받아들여지는 것은 아니다.

[정답] ①

88
• 22 군무원7급

예산이론에 대한 설명 중 가장 옳지 않은 것은?

① 계획예산제도는 점증모형에 의한 예산결정이다.
② 총체주의는 자원배분의 최적화를 통한 사회후생의 극대화를 추구한다.
③ 합리모형은 예산을 탄력적으로 활용하여 경기변동에 대응하는 재정정책적 기능을 수행한다.
④ 점증주의는 정치적 협상과 타협 등 정치적 합리성을 중시한다.

해설 ① 계획예산제도는 영기준예산제도와 함께 대표적인 합리주의예산이다.

[정답] ①

THEMA 68. LIBS, PBS, PPBS

89
• 23 지방9급

품목별예산제도(line-item budget system)에 대한 설명으로 옳지 않은 것은?

① 미국에서 공무원의 부정부패를 막고 행정의 능률을 향상시키기 위해 도입되었다.
② 정부 활동에 대한 총체적인 사업계획과 우선순위 결정에 유리하다.
③ 예산 집행의 책임성을 확보할 수 있는 통제지향 예산제도이다.
④ 특정 사업의 지출 성과에 대해서는 파악하기 어렵다.

해설 ②[X] 품목별 예산제도는 사업중심이 아닌 항목 중심의 예산이므로 정부활동에 대한 총체적인 파악이 어렵다. 사업계획수립에 용이한 예산은 계획예산(PPBS)이다. ① ③④는 품목별 예산제도의 장점이나 특징이다.

[정답] ②

90
• 19 국가9급

품목별 예산제도에 대한 설명으로 옳은 것은?

① 지출을 통제하고 공무원들로 하여금 회계적 책임을 쉽게 확보 할 수 있는 데 용이하다.
② 미국 케네디 행정부의 국방장관인 맥나마라(McNamara)가 국방부에 최초로 도입하였다.
③ 거리 청소, 노면 보수 등과 같이 활동 단위를 중심으로 예산재원을 배분한다.
④ 능률적인 관리를 위하여 구성원의 참여를 촉진한다는 점에서는 목표에 의간 관리(MBO)와 비슷하다.

해설 ① 품목별 예산제도는 지출의 대상(품목)별로 예산을 편성하므로써 지출을 통제하고 공무원들로 하여금 회계적 책임을 쉽게 확보 할 수 있는 제도이다. ② 계획예산(PPBS)에 해당한다. ③ 성과주의예산(PBS)에 해당한다. ④ 영기준예산(ZBB)에 해당한다.

[정답] ①

91
• 14 국가9급

재정민주주의에 대한 설명으로 옳지 않은 것은?

① 재정 민주주의는 '대표 없이 과세 없다'라는 표현에서 나타나듯이 재정 주권이 납세자인 국민에게 있다는 의미를 내포하고 있다.
② 납세자인 시민이 국가 또는 지방자치단체의 재정지출과 관련된 부정과 낭비를 감시하는 납세자 소송제도는 재정 민주주의의 본질을 잘 반영하고 있다.
③ 주민참여 예산제도는 예산편성과정에 주민참여를 확대함으로써 지방재정 운영의 투명성 및 공정성을 제고하여 재정 민주주의에 기여한다.
④ 정부 예산집행의 신축성을 확대하기 위하여 만들어진 예산의 전용제도는 국회의 동의를 구해야 하므로 재정 민주주의 확보에 기여하는 제도적 장치이다.

해설 ④ 예산의 전용이나 이용은 신축성유지를 위한 제도이므로 국회의 통제를 강조하는 재정민주주의를 저해한다. 예산의 전용이란 행정과목(세항·목) 간의 융통으로 행정부의 재량에 맡겨져 있으며 국회의 의결은 불필요하다.

[정답] ④

92 • 07 서울7급

성과주의 예산(Performance Budget)을 가장 바르게 설명한 것은?

① 제한된 재원을 효율적으로 배분하기 위하여 각 부처에서 추진해 오던 사업을 당연한 것으로 인정하지 않는 특징이 있다.
② 1912년 대통령위원회가 추천한 것에서 보듯이, 미국 정부의 지출을 체계적으로 구조화한 최초의 예산제도이다.
③ 구체적으로 완성한 이후의 모습을 보여줌으로써, 재원과 사업을 직접적으로 연계시키는 예산제도이다.
④ 지난 80년대 기업가형 정부개혁이 강조되면서, 통제보다는 결과에 대한 책임을 확보하는 새로운 대안제도이다.
⑤ 예산제도를 설계하는데 따라서 기능 비중이 달라지는데 이는 통제나 관리보다는 기획의 기능을 상대적으로 강조하는 제도이다.

해설 성과주의예산(PBS)이란 예산을 사업별·활동별로 구분하여 편성하는 사업중심의 예산제도로 달성된 성과를 제시하기 위하여 재원과 사업을 연계시키는 사업(성과, 실적)중심의 예산이다.
①은 기존사업의 기득권을 인정하지 않는 영기준예산(ZBB)이고,
②는 품목별예산(LIBS)이며,
④는 결과중심의 신성과주의 예산(1990년대)이고,
⑤는 계획예산(PPBS)이다.

[정답] ③

93 • 10 서울9급

성과주의 예산의 단점을 설명한 것으로 옳은 것은?

① 국민이나 입법부가 정부사업의 목적을 이해하기 어렵다.
② 총괄예산계정에 적합하지 않고 입법부의 재정통제가 곤란하다.
③ 정책과 계획수립을 어렵게 하고 입법부에 의한 예산심의가 복잡하다.
④ 예산집행의 신축성이 떨어진다.
⑤ 하향적 의사결정에 따라 권한이 상부에 집중되는 경향이 있다.

해설 ② 성과주의예산의 대상은 계량화가 가능한 부국(部局) 수준의 소규모 단위사업에 적용이 가능하므로 총괄예산계정에 적합하지 않고 입법부의 재정통제가 곤란하다.
① 국민이나 입법부가 정부사업의 목적을 이해하기 용이하다.
③ 정책과 계획수립을 용이하게 하고 사업별 산출근거가 제시되므로 입법부에 의한 예산심의도 용이하다.
④ 관리중심의 예산이므로 예산집행의 신축성이 높아진다.
⑤ 결정의 흐름은 상향적이므로 분권적이다.

[정답] ②

94 • 07 국가7급

계획예산제도에 관한 설명 중 적절하지 않은 것은?

① 도입 초기 행정부에 대한 의회의 통제력을 강화시킨다는 점에서 의회의 지지를 받았으나 이를 뒷받침하는 예산분석능력이 미비하여 큰 효과를 거두지 못하였다.
② 쉭(Allen Schick)은 제도의 설계나 준비과정이 미흡하여 그 성과를 거두지 못하였지만, 이를 보완하면 효과적인 예산제도라고 옹호한다.
③ 윌다브스키(Aaron Wildavsky)는 예산의 분석적 측면만 강조하는 계획예산제도는 예산과정의 정치성을 감안할 때 출발부터 잘못된 제도라고 비판한다.
④ 예산과 기획의 연결기능을 강조하는 예산제도이다.

해설 계획예산제도(PPBS)는 과학적이고 계량적인데가 주관적 편견이나 정치적 이해관계가 배제되고 통제지향적 예산도 아니어서 의회의 심의기능 약화를 초래한다.

[정답] ①

95

• 23 군무원9급

다음 중 성과주의 예산(PBS, Performance Budgeting System)의 장점으로 가장 거리가 먼 것은?

① 프로그램을 이용하여 장기적인 계획과 연차별 예산이 유기적으로 연계된다.
② 사업별 총액배정을 통한 예산집행의 신축성·능률성 제고를 들 수 있다.
③ 투입·산출 간 비교와 평가가 쉬워 환류가 강화된다.
④ 과학적 계산에 의한 효율적인 자원배분으로 예산편성과 집행의 관리가 쉽다.

해설 ① 장기적인 계획과 연차별 예산이 유기적 연계는 계획예산(PPBS)의 특징이다.

[정답] ①

THEMA 69 ZBB, CBS 등

96
• 24 국가9급

영기준예산(ZBB)에 대한 설명으로 옳지 않은 것은?

① 기존 사업과 새로운 사업을 구분하지 않고 사업의 목적, 방법, 자원에 대한 근본적인 재평가를 바탕으로 예산을 편성하는 제도이다.
② 우리나라는 정부예산에 영기준예산 제도를 적용한 경험이 있다.
③ 예산편성의 기본 단위는 의사결정 단위(decision unit)이며 조직 또는 사업 등을 지칭한다.
④ 집권화된 관리체계를 갖기 때문에 예산편성 과정에 소수의 조직구성원만이 참여하게 된다.

해설 ④[X] 집권화된 관리체계를 가지는 것은 계획예산(PPBS)이다. 영기준예산은 목표관리(MBO)의 영향을 받아 예산편성과정에 중하위관리자들이 참여하기 때문에 분권화된 예산관리체계를 지향한다.
①[O] 영기준예산은 '계속사업+신규사업'을 모두 비교·분석하여 우선순위를 결정한다.
②[O] 우리나라는 1980년대 국방비 등의 영기준예산제도를 도입한 적이 있다.
③[O] 예산편성의 기본 단위는 의사결정 단위로서 이는 조직단위 또는 사업단위를 사용한다.

[정답] ④

97
• 08 국회8급

영기준 예산제도(Zero-Base Budgeting)의 단점으로 볼 수 없는 것은?

① 시간과 노력의 낭비
② 비교적 주관적인 판단에 의존
③ 사업구조 작성의 곤란
④ 장기적인 목표의 경시
⑤ 소규모 조직의 희생

해설 ZBB는 신규사업뿐만 아니라 기존사업까지도 분석하여 우선순위를 파악하고자 하는 예산제도이다. 따라서 시간과 노력이 많이 들어가며, 소규모조직은 우선순위가 낮게 책정될 수 있고, 현재를 기준으로 평가하기에 장기적 목표를 경시할 가능성이 크다. ③ 사업구조(programming structure) 작성의 곤란은 PPBS(계획예산)의 단점에 해당한다. ② ZBB는 모든 대안을 비교분석하게 되는데 현실적으로 시간의 제약이 존재하게 되므로 비교적 분석가의 주관적인 판단에 의존하게 될 수 있다. 주의할 사항은 영기준예산은 합리적 예산제도이므로 주관적이라는 표현보다 비교적 주관적이라는 표현을 사용한 점이다.

[정답] ③

98
• 09 서울7급

다음 중 일몰법과 영기준예산에 대한 설명으로 옳지 않은 것은?

① 일몰법은 정책과 관련된 입법적 과정이며, 영기준 예산은 행정부예산제도로 행정적 과정과 관련이 크다.
② 일몰법과 영기준 예산은 사업의 능률성과 효과성을 검토하여 사업의 계속 여부를 결정하기 위한 재심사의 성격을 갖는다.
③ 일몰법은 조직의 최상위 계층부터 중·하위 계층 모두와 관련되어 있는 반면, 영기준 예산은 조직의 최상위 계층과 관련이 있다.
④ 일몰법과 영기준 예산의 시행을 통해 자원의 합리적 배분을 꾀할 수 있다.
⑤ 일몰법과 영기준 예산은 자원난 시대에 대비하는 감축관리를 강조하고 있다는 점에서 공통점을 지닌다.

해설 일몰법은 입법과정으로서 조직의 최상위계층에 해당하는 정책을 분석하는 것인데 반하여, 영기준예산은 조직의 모든 계층의 정책을 분석한다.

[정답] ③

99 • 10 서울7급

일몰법과 영기준 예산에 대한 설명으로 부적절한 것은?

① 둘 다 감축관리의 실행에 활용된다.
② 일몰법은 대개 3-7년의 기간 후에 사업을 종료한다.
③ 영기준 예산은 매년 심사하여 결정한다.
④ 둘 다 자원의 합리적 배분을 의도한다.
⑤ 영기준 예산은 입법적 과정이다.

해설 ⑤ 영기준예산은 행정부의 예산편성과 관련되어 행정과정이라면, 일몰법은 입법부의 예산심의이므로 입법적 과정이다.

[정답] ⑤

100 • 20 지방9급

조세지출 예산제도에 대한 설명으로 옳지 않은 것은?

① 세제 지원을 통해 제공한 혜택을 예산지출로 인정하는 것이다.
② 예산지출이 직접적 예산 집행이라면 조세지출은 세제상의 혜택을 통한 간접지출의 성격을 띤다.
③ 직접 보조금과 대비해 눈에 보이지 않는 숨겨진 보조금이라고 이해할 수 있다.
④ 세금 자체를 부과하지 않은 비과세는 조세지출의 방법으로 볼 수 없다.

해설 ④ [X] 조세지출예산이란 조세감면 등 간접적인 지출을 의미하는 것으로 조세감면, 비과세, 소득공제, 세액공제 등 다양한 형태가 있다.
① [O] 조세지출예산은 조세감면 등 세제지원을 통해 제공한 혜택을 예산지출에 준하여 인정하는 것이다.
② [O] 보조금과 같은 예산지출이 직접지출이라면 조세지출은 조세감면에 의한 간접지출의 성격을 띤다.
③ [O] 조세지출은 조세지출은 조세특혜(tax preference), 합법적 탈세 혹은 숨겨진 보조금(hidden subsidies)이라고도 하는데, 이는 정부가 징수해야 할 조세를 징수하지 않고 그만큼 보조금으로 지불한 것과 같다는 의미이다.

[정답] ④

101 • 10 지방7급

각종 예산제도의 특성과 발달에 대한 설명으로 옳은 것은?

① 예산개혁의 정향은 주로 통제지향 → 기획지향 → 관리지향 → 참여지향 → 감축지향 순으로 진행되었다.
② 자본예산은 케인즈 경제학이나 후생경제학의 영향으로 성립된 예산제도로서 장기기획과 예산의 연계를 강조하게 된다. 그러나 행정부에 의한 기획중심적 성향으로 인하여 의회 예산심의기능의 약화를 초래할 수 있다.
③ 계획예산제도는 사업단위 뿐만 아니라 조직단위도 의사결정단위가 될 수 있다는 점에서 영기준 예산보다 더 융통성있는 제도라 할 수 있다.
④ 성과주의 예산은 단위원가를 근거로 신축적으로 예산을 수립하기 때문에 행정관리에 있어서 능률성을 추구한다. 따라서 장기적인 계획과의 연계보다는 구체적인 개별사업만을 중시하는 경향이 있다.

해설 ① 예산개혁의 정향은 주로 통제지향(LIBS) → 관리지향(PBS) → 기획지향(PPBS) → 참여지향(MBO) → 감축지향(ZBB)순으로 진행되었다.
② 는 계획예산(PPBS)의 특징이다.
③ 계획예산(PPBS)보다 더 융통성있는 제도라고 할 수 있는 것은 영기준예산(ZBB)이다. ZBB는 사업단위 뿐 아니라 조직단위까지 의사결정단위가 될 수 있다.
④ 성과주의 예산은 행정관리에 있어서 능률성을 추구한다. 따라서 성과를 계량화할수 있는 구체적인 개별사업만을 중시하는 경향이 있다.

[정답] ④

102
• 09 국회8급

예산제도에 관한 설명으로 옳은 것은?

① 품목별 예산제도(LIBS)는 예산집행의 유연성이 높아 환경변화가 심할 때 능동적 대처가 가능하다.
② 성과주의 예산제도(PBS)는 정부가 하고 있는 일에 중점을 두며 예산운용에서 능률성과 효과성은 중시되지 않는다.
③ 계획예산제도(PPBS)는 계획과 예산을 연계시키고 있으나 예산과정의 객관성보다 주관적 효율성을 추구한다.
④ 영기준예산제도(ZBB)는 1970년대 미국 카터(Carter) 대통령 당시 긴축재정정책의 일환으로 도입되었다.
⑤ 성과주의 예산제도는 '어떻게 할 것인지(how to do)'에, 영기준예산제도는 '무엇을 할 것인지(What to do)'에 주된 관심을 둔다.

해설 ① 품목별 예산제도(LIBS)는 통제중심의 예산제도로서 예산집행의 유연성이 낮아 환경변화가 심할 때 능동적 대처가 불가능하다.
② 성과주의 예산제도(PBS)는 정부가 하고 있는 일에 중점을 두며 예산운용에서 능률성과 효과성을 중시한다.
③ 계획예산제도(PPBS)는 계획과 예산을 연계시키고 있으며 예산과정에서 비용편익분석 등 객관적 효율성을 추구하여 정치적 고려 등 주관적 판단을 배제한다.
⑤ '어떻게 할 것인지(how to do)'에 관심을 두는 것은 성과주의 예산제도이나, '무엇을 할 것인지(What to do)'에 주된 관심을 가지는 것은 계획예산제도이다.

[정답] ④

103
• 10 국회8급

자본예산제도에 대한 설명으로 옳은 것은?

① 1937년 미국 주정부에서 실시한 것이 그 효시이다.
② 예산이란 경기 순환기를 중심으로 균형이 이루어지면 된다는 논리이다.
③ 경기침체 시 흑자예산을, 경기과열 시 적자예산을 편성하여 경기변동의 조절에 도움을 준다.
④ 투자재원의 조달에 대한 현 세대와 다음 세대 간의 부담을 불공평하게 할 수 있다는 문제가 있다.
⑤ 자본적 지출은 단기적 계획을 요한다.

해설 ① 1937년 스웨덴에서 실시한 것이 그 효시이다.
③ 경기침체시에는 적자예산을 편성하고, 경기과열시에는 흑자예산을 편성하여 경기변동의 조절에 도움을 준다.
④ 자본예산은 현세대와 다음 세대 간의 비용부담을 공평하게 할 수 있다는 장점이 있다.
⑤ 자본적 지출은 지출의 효과가 장기적이므로 장기재정계획을 요한다.
② 예산이란 특정시점이 아닌 경기순환 주기전체를 중심으로 균형이 이루어지면 된다는 논리에 따라 장기적 균형을 추구한다.

[정답] ②

104
• 08 서울9급

자본예산제도의 장점과 가장 거리가 먼 것은?

① 국가의 자산상태를 명확하게 파악할 수 있게 한다.
② 자본적 지출에 대한 특별한 사정과 분석을 가능하게 한다.
③ 인플레이션기에 적정한 예산제도로 경제안정에 도움을 준다.
④ 수익자의 부담을 균등화시킬 수 있다.
⑤ 정부는 자본예산제도를 통해서 필요한 예산을 조달하여 유효수요를 증가시킴으로써 경기회복의 정책을 추진할 수 있다.

해설 자본예산제도는 통화량의 팽창을 가져와서 인플레이션을 조장할 우려가 있다.

[정답] ③

105
• 06 국가7급

조세 지출에 대한 설명 중 옳은 것은?

① 조세지출을 세출예산상 보조금과 같은 경제적 효과를 발생시킨다.
② 조세지출예산제도는 1967년 미국에서 처음으로 도입되었다.
③ 조세지출을 세제상의 특혜를 통한 직접지출이라고 볼 수 있다.
④ 조세지출은 예산 지출에 비해 지속성과 경직성이 덜할 수 있다.

해설 조세지출(tax expenditure)예산이란 조세면제나 감면과 같은 조세지출의 구체적인 내역을 예산구조에 밝히고 국회의 심의·의결을 받도록 하는 제도이다. 조세지출예산제도는 1959년에 서독에서 처음 발표되었고, 1967년에 도입되었다. 미국에서는 1974년 예산개혁법에서 대통령의 예산 제출시 조세지출의 내용과 금액을 매년 함께 제출하도록 제도화하였다(②). 우리나라는 1999년부터 기획재정부(구 재정경제부)에서 조세지출보고서를 작성하여 국회에 제출하고 있으며, 예산심의의 참고자료로 활용하고 있다. 조세지출은 정부가 특정목적을 달성하기 위해 당연히 징수해야 할 세금을 거두지 않는 세제상의 특혜적 지원책으로 통상적 예산에 나타나는 직접지출(direct expenditure)에 대비되는 개념으로 간접지출이라고 할 수 있다(③). ■ 조세지출은 예산지출에 비해 지속성이 크다고 볼 수 있다.

[정답] ①

106
• 07 인천9급

다음 중 조세지출 예산의 내용이 아닌 것은?

① 국회 차원에서 조세감면의 내역을 관리·감독하는 것이다.
② 미국에서 처음 도입하였으며, 우리나라도 1999년부터 이를 도입하였다.
③ 숨겨진 보조금의 일종으로 간접지출에 해당한다.
④ 조세지출이란 개인이나 기업의 특정 활동을 지원하기 위한 세제상의 보조 및 장려활동이다.
⑤ 조세지출은 형식은 조세이지만 실질은 보조금과 같은 경제적 효과를 발생한다.

해설 조세지출예산제도(Tax Expenditure Budgeting)란 조세 감면에 의한 지출예산으로 우리나라는 1999년 이후부터 조세지출보고서를 매년 의회에 제출하여 왔다. 그러나 법적 근거가 없었고 재정지출과의 연계가 부족하다는 문제점 때문에 국회예산정책처는 조세지출예산제의 도입을 주장하여 왔고, 2011년 회계연도부터는 정식으로 조세지출예산이 도입된다(국가재정법 27조). ② 조세지출예산은 1959년 서독에서 처음 도입되었으며, 미국에서는 1974년 도입되었다.

[정답] ②

THEMA 70 신성과주의 예산과 재정개혁

107
• 23 국가9급

우리나라의 재정사업 성과관리에 대한 설명으로 옳지 않은 것은?

① 재정사업 성과관리의 내용은 성과목표관리와 성과평가로 구성된다.
② 재정사업 성과평가 결과는 지출 구조조정 등의 방법으로 재정운용에 반영될 수 있다.
③ 재정사업 심층평가 결과 기획재정부장관이 필요하다고 판단하면 재정사업 자율평가를 실시할 수 있다.
④ 재정사업 자율평가는 미국 관리예산처(OMB)의 PART(Program Assessment Rating Tool)를 우리나라 실정에 맞게 도입한 제도이다.

해설 ③[X] 자율평가 이후에 심층평가이다. 우리나라 재정사업 성과관리제도에는 크게 재정성과목표관리제, 재정사업자율평가제, 재정사업심층평가제가 있다. 재정사업자율평가의 결과 기획재정부 장관이 필요하다고 판단하면 재정사업심층평가를 실시할 수 있다.

[정답] ③

108
• 18 지방9급

총액배분·자율편성제도에 대한 설명으로 옳지 않은 것은?

① 전략기획과 분권 확대를 예산편성 방식에 도입하기 위해 실시하고 있다.
② 각 중앙부처는 소관 정책과 우선순위에 입각해 연도별 재정규모, 분야별·부문별 지출한도를 제시한다.
③ 지출한도가 사전에 제시되기 때문에 부처의 재정사업에 대한 책임과 권한을 강화할 수 있다.
④ 부처의 재량을 확대하였지만 기획재정부는 사업별 예산통제 기능을 유지하고 있다.

해설 ② 총액배분·자율편성제도는 중앙예산기관이 국가재정운용계획에 대한 국무위원 토론회를 거쳐 재원배분의 큰 틀과 부처별 한도를 결정하고, 그 한도 내에서 각 중앙부처는 소관정책과 우선순위에 입각하여 자율적으로 예산을 편성하는 거시적·하향적 예산이다. ① 거시적인 지출한도나 전략기획은 하향식으로 통제하고 미시적인 영역인 세부사업은 자율과 분권 확대를 예산편성 방식에 도입하기 위해 실시하고 있다. ③ 중앙예산기관이 지출한도를 사전에 제시하고 지출한도내에서 자율성을 부여하기 때문에 부처의 재정사업에 대한 책임과 권한을 강화할 수 있다. ④ 기획재정부는 지출한도 하달과 전략적 배분을 통해 예산통제 기능을 유지하고 있다.

[정답] ②

109
• 14 지방9급

우리나라의 재정정책 관련 예산제도에 대한 설명으로 옳은 것은?

① 지출통제예산은 구체적 항목별 지출에 대한 집행부의 재량행위를 통제하기 위한 예산이다.
② 우리나라의 통합재정수지에 지방정부예산은 포함되지 않는다.
③ 우리나라의 통합재정수지에서는 융자지출을 재정수지의 흑자요인으로 간주한다.
④ 조세지출예산제도는 국회 차원에서 조세감면의 내역을 통제하고 정책효과를 판단하기 위한 제도이다.

해설 ① 지출통제예산은 총액만 통제하고 항목별 지출에 대한 집행부의 재량행위를 인정하기 위한 예산이다. ② 우리나라의 통합재정수지에는 이미(2003) 지방정부예산도 포함된다. 따라서 중앙정부재정과 지방정부재정을 모두 포함한다. ③ 융자지출은 재정수지의 적자요인으로 간주하고 있다.

[정답] ④

110
• 10 지방9급

예산에 관한 설명으로 옳지 않은 것은?

① 지출통제예산은 예산의 구체적인 항목별 지출에 대해 통제하는 예산제도이다.
② 추가경정예산은 본예산과 별개로 성립되지만 일단 성립되면 통합하여 운용된다.
③ 통합예산에서는 융자지출도 재정수지상의 적자요인으로 파악한다.
④ 우리나라는 국가재정법에서 성인지(性認知) 예산제도를 명문화하고 있다.

해설 ① 지출통제예산(Expenditure Control Budget)이란 개개의 항목별 지출에 대한 통제가 아니라, 예산 총액만 통제하고 구체적인 항목별 지출에 대해서는 집행부에 대해 재량을 확대하는 성과 지향적 예산이다. 참고로 통제라는 의미가 행정부의 예산지출을 통제한다는 의미로 사용되는 것이 아니다.

[정답] ①

111
• 07 국회8급

다음 중 국가재정법에 담긴 예산운영과 과정에 관한 내용으로 옳지 않은 것은?

① 재정운용의 효율화와 건전화를 위하여 매년 당해 회계연도부터 5회계년도 이상의 기간에 대한 국가재정운영계획을 수립하여 회계연도 개시 90일 전까지 국회에 제출하여야 한다.
② 재정지출 또는 조세감면을 수반하는 법률안을 제출하고자 하는 때에는 법률이 시행되는 연도부터 5회계연도의 재정 수입, 지출의 증감액에 관한 추계자료와 이에 상응하는 재원조달방안을 그 법률안에 첨부하여야 한다.
③ 감사원의 결산검사를 거친 결산 및 첨부서류를 다음 연도 5월 31일까지 국회에 제출하여야 한다.
④ 예산이 여성과 남성에게 미칠 영향을 미리 분석한 보고서를 작성하여야 한다.
⑤ 특정 목적을 위해 설치한 특별회계와 기금은 여유재원이 있는 경우라 할지라도 회계와 기금 간 또는 회계 및 기금 상호간에 여유재원을 전입 또는 전출할 수 없다.

해설 ① 국가재정운용계획은 예산안 제출시(회계연도 개시 120일 전) 함께 제출한다(국가재정법 제7조). 따라서 120일 전까지이다.
② 는 재정건전성을 확보하기 위한 조세감면관리제도에 대한 규정이다(제87조).
③ 예·결산 분리심의를 위하여 결산안 제출일을 다음다음 회계연도 개시 120일에서 다음 회계연도 5월 31일까지 제출하도록 앞당겼다(58조).
④ 는 성인지예결산제도(제16조).
⑤ 과거 예산회계법에서는 여유재원의 전출입 근거규정이 없었으나, 국가재정법에서는 회계와 기금 간, 회계 상호 간 및 기금 상호 간 여유재원의 전출입이 가능하도록 규정을 두었다(제13조).

[정답] ①⑤

112
• 08 국가7급

총액배분·자율편성 예산제도에 관한 설명으로 옳지 않은 것은?

① 주어진 지출한도 내에서 각 부처는 자율적으로 정책과 사업을 구상한다.
② 재원 운용의 분권화를 강조하는 상향식 의사결정구조를 지닌다.
③ 국가 재원의 전략적 배분을 강조하고, 그에 필요한 중앙통제를 인정한다.
④ 영국(Spending Review), 스웨덴(Spring Fiscal Plan), 네덜란드(Coalition Agreement) 등의 예산편성방식을 그 예로 들 수 있다.

해설 총액배분·자율편성예산제도(사전재원배분제도)는 주어진 재원의 한도내에서 각 부처의 재원운용의 분권화를 강조하지만 재정운용의 흐름은 하향적(top-down)인 방식이다.

[정답] ②

113
• 11 서울7급

총액배분 자율편성 예산제도(Top down Budgeting)의 특징이 아닌 것은?

① 정부 각 기관에 예산 자율권을 부여하는 예산관리모형이다.
② 점증주의적 예산관행을 바꾸는 데 기여할 수 있다.
③ 각 부처에서 예산을 과다 요구하는 관행에서 어느 정도 벗어날 수 있다.
④ 부처별 개별사업을 집중적으로 검토하는 예산편성이다.
⑤ 자금관리의 분권화를 강조하지만 의사결정의 주된 흐름은 하향적이다.

> **해설** 총액배분 자율편성 예산제도는 중앙예산기관(기획재정부)이 분야별·부처별 지출한도를 미리 설정한 후 부처별로 예산 총액을 정해 주면 각 부처가 자율적으로 구체적인 사용처와 규모를 정하는 제도이다. ④ 부처별 개별사업은 중앙예산기관이 아니라 각 부처에서 검토한다.
> [정답] ④

114
• 12 국회8급

예산개혁의 일환으로 활용되는 총액배분자율편성(Top-down) 예산제도에 관한 설명으로 옳지 않은 것은?

① 지출총액을 먼저 결정하므로 국가의 전략적 정책기획을 가능하게 한다.
② 각 부처는 예산 총액 한도 내에서 자율과 책임을 갖게 한다.
③ 재원배분결정이 정치적 타협에 치우쳐 정책파행을 초래할 수 있다.
④ 분야별·부처별 재원배분계획을 국무회의에서 함께 결정하기 때문에 예산결정과정의 투명성이 높아진다.
⑤ 국가재원의 전략적 배분을 위한 협의과정에서 갈등의 조정이 쉽다.

> **해설** ⑤ 국가재원의 전략적 배분을 위한 협의과정에서 부처별·분야별 갈등이 격화되어 조정이 어려울 수 있다.
> [정답] ⑤

Part 6 환류

테마 64	행정책임과 통제
테마 65	시민참여
테마 66	행정개혁(Ⅰ): 의의와 접근법
테마 67	행정개혁(Ⅱ): OECD와 한국의 개혁, 시민헌장

THEMA 71 행정책임과 통제

01
• 23 국가9급

롬젝(Romzeck)의 행정책임 유형에 대한 설명으로 옳지 않은 것은?

① 계층적 책임 - 조직 내 상명하복의 원칙에 따라 통제된다.
② 법적 책임 - 표준운영절차(SOP)나 내부 규칙(규정)에 따라 통제된다.
③ 전문가적 책임 - 전문직업적 규범과 전문가집단의 관행을 중시한다.
④ 정치적 책임 - 민간 고객, 이익집단 등 외부 이해관계자의 기대에 부응하는가를 중시한다.

해설 ②[X] Romzek & Dubnick은 분류의 기준으로 ㉠ 통제의 원천(source)이 내부인가, 외부인가 ㉡ 통제의 정도가 강한가, 약한가에 따라 4가지로 분류하였다. 그 중 법적책임은 SOP 등 내부규칙이나 규정에 따른 통제가 아니라 입법부·사법부 등 외부 기관에 의한 통제를 의미한다.
① [O] 계층적 책임은 관료적 책임으로서 상명하복의 원칙에 따라 상급자에 대하여 하급자가 지는 책임을 의미한다.

행정책임의 유형

구 분		통제의 원천	
		내부적인 통제	외부적인 통제
통제의 정도	강	관료적(bureaucratic) 책임성	법적(legal) 책임성
	약	전문적(professional) 책임성	정치적(political) 책임성

[정답] ②

02
• 21 국가9급

행정부에 대한 외부통제에 해당하는 것만을 모두 고르면?

ㄱ. 행정안전부의 각 중앙행정기관 조직과 정원 통제
ㄴ. 국회의 국정조사
ㄷ. 기획재정부의 각 부처 예산안 검토 및 조정
ㄹ. 국민들의 조세부과 처분에 대한 취소소송
ㅁ. 국무총리의 중앙행정기관에 대한 기관평가
ㅂ. 환경운동연합의 정부정책에 대한 반대
ㅅ. 중앙행정기관장의 당해 기관에 대한 자체평가
ㅇ. 언론의 공무원 부패 보도

① ㄱ, ㄷ, ㅁ, ㅅ
② ㄴ, ㄷ, ㄹ, ㅁ
③ ㄴ, ㄹ, ㅁ, ㅇ
④ ㄴ, ㄹ, ㅂ, ㅇ

해설 ④ 행정통제의 유형 중에서 외부통제에 해당하는 것은 ㄴ, ㄹ, ㅂ, ㅇ이다. 나머지는 행정부 내부에서 이루어지는 내부통제(자체통제)이다.

[정답] ④

03
• 15 지방9급

우리나라의 행정통제에 대한 설명으로 옳은 것은?

① 행정기관 및 공무원의 직무에 관한 감찰을 하기 위하여 대통령 소속하에 감사원을 두고 있다.
② 권위주의적 정치·행정문화 속에서 행정의 내·외부통제가 보다 효과적으로 이루어졌다.
③ 헌법재판소는 행정에 대한 통제기능은 수행하지 못한다.
④ 입법부의 구성이 여당 우위일 경우 효과적인 행정통제 기능을 수행할 수 있다.

해설 ① 감사원은 대통령 소속의 헌법기관으로서 회계검사 및 직무감찰기능을 담당한다.
② 권위주의적 정치·행정문화 속에서 행정의 내·외부통제가 효과적으로 이루어지지 못하였다.
③ 헌법재판소는 위헌법률심판, 헌법소원심판, 탄핵심판, 권한쟁의심판 등을 통해 행정에 대한 통제를 수행한다.
④ 입법부의 구성이 야당 우위일 경우 행정통제 기능이 보다 효과적이다. 반면 여대야소일 경우 통제기능이 제대로 작동하기가 어려운 것이 현실이다.

[정답] ①

04
• 17 지방9급

행정통제에 대한 설명으로 옳지 않은 것은?

① 독립통제기관(separate monitoring agency)은 일반행정기관과 대통령 그리고 외부적 통제중추들의 중간 정도에 위치하며, 상당한 수준의 독자성과 자율성을 누린다.
② 헌법재판제도는 헌법을 수호하고 부당한 국가권력으로부터 국민의 권리와 자유를 보호하는 과정에서 행정에 대한 통제기능을 수행한다.
③ 교차기능조직(criss-cross organizations)은 행정체제 전반에 걸쳐 관리작용을 분담하여 수행하는 참모적 조직단위들로서 내부적 통제체제로부터 완전히 독립되어 있다.
④ 국무총리 소속 국민권익위원회는 옴부즈만적 성격을 가지며, 국민권익위원회의 위원장과 부위원장은 국무총리의 제청으로 대통령이 임명한다.

해설 ③ 교차기능조직은 행정체제 전반에 걸친 관리작용을 횡적으로 지원·조정하는 참모조직들로써, 이러한 조직들은 대통령 또는 총리 소속의 정부내부기구들로 내부통제조직에 해당한다. 교차기능조직의 예로서 기획재정부(예산), 행정안전부(조직과 정원), 인사혁신처(인사), 조달청(물자), 법제처(법제) 등이 이에 해당한다.
① 독립통제기관은 행정체제의 중앙통제조직으로 우리 정부의 전형적인 독립통제기관은 감사원이다. 독립통제기관은 상당한 수준의 독립성과 자율성을 누리며, 행정수반에게 직접 보고하는 의사전달 통로를 가진다.
④ 국민권익위원회는 위원장 1명을 포함한 15명의 위원으로 구성한다. 위원장 및 부위원장은 국무총리의 제청으로 대통령이 임명하고, 상임위원은 위원장의 제청으로 대통령이 임명하며, 상임이 아닌 위원은 대통령이 임명 또는 위촉한다.

[정답] ③

05
• 13 서울9급

행정책임과 행정통제에 대한 설명 중 옳지 않은 것은?

① 행정통제의 중심과제는 궁극적으로 민주주의와 관료제 간의 조화 문제로 귀결된다.
② 행정통제는 설정된 행정목표와 기준에 따라 성과를 측정하는 데 초점을 맞추면 별도의 시정 노력은 요구되지 않는 특징이 있다.
③ 행정책임은 행정관료가 도덕적·법률적 규범에 따라 행동해야 하는 국민에 대한 의무이다.
④ 행정통제란 어떤 측면에서는 관료로부터 재량권을 빼앗는 것이다.
⑤ 행정책임은 국가적 차원에서 국민에 대한 국가 역할의 정당성을 확인하는 것이다.

해설 ② 행정통제는 행정책임이 확보되지 못했을 때 외부기관이나 국민이 행정에 대하여 시정조치를 가하는 단계이다. 행정통제는 설정된 행정목표와 기준에 따라 성과를 측정하는 데 초점을 맞추면, 목표와 실적 간 편차를 시정하려는 시정조치가 수반된다.

[정답] ②

06
• 16 지방9급

옴부즈만(ombudsman) 제도에 대한 설명으로 옳은 것만을 모두 고른 것은?

ㄱ. 옴부즈만 제도는 설치주체에 따라 크게 의회 소속형과 행정기관 소속형으로 구분된다.
ㄴ. 옴부즈만 제도는 정부 행정활동의 비약적인 증대에 따른 시민의 권리침해 가능성에 대해 충분한 구제제도를 두기 위하여 핀란드에서 최초로 도입되었다.
ㄷ. 옴부즈만은 행정행위의 합법성뿐만 아니라 합목적성 여부도 다룰 수 있다.
ㄹ. 우리나라의 경우 대통령 직속의 국민권익위원회가 옴부즈만에 해당한다.

① ㄱ, ㄴ
② ㄱ, ㄷ
③ ㄷ, ㄹ
④ ㄴ, ㄹ

해설 지문에서 옳은 것은 ㄱ, ㄷ이다. ㄴ은 핀란드가 아니라 스웨덴에서 최초로 도입되었다. ㄹ 우리나라의 경우 대통령이 아니라 국무총리 직속의 국민권익위원회가 옴부즈만에 해당한다.

[정답] ②

07
• 18 행정사

우리나라의 국민권익위원회에 관한 설명으로 옳지 않은 것은?

① 국무총리 소속으로 설치되어 있으며, 옴브즈만의 일종으로 간주되기도 한다.
② 권고, 의견 표명, 감사 의뢰 등을 할 수 있다.
③ 고충민원의 처리와 그에 관련된 불합리한 행정제도의 개선을 목적으로 한다.
④ 국민권익위원회는 소관 업무의 원활한 수행을 위하여 직속기관으로 시민고충처리위원회를 둔다.
⑤ 국민권익위원회는 중앙행정심판위원회의 운영에 관한 업무를 수행한다.

해설 ④ 시민고충처리위원회는 국민권익위원회 소속이 아니라, 지방자치단체 및 그 소속 기관에 관한 고충민원의 처리와 행정제도의 개선 등을 위하여 각 지방자치단체에 설치하는 기관이다.

[정답] ④

08
• 11 국가9급

우리나라의 통치체제에 대한 설명으로 옳지 않은 것은?

① 위임입법의 확대는 행정국가화 경향과 밀접한 관련이 있다.
② 사법부는 행정처분에 대한 행정재판권을 통하여 부당하게 권리를 침해받은 국민을 구제하는 역할을 한다.
③ 행정부는 감사원의 국정감사권을 통하여 행정행위에 대한 내부통제를 행한다.
④ 입법부는 국정에 관한 다양한 법률제정권을 활용하여 행정부를 견제한다.

해설 국정감사권은 입법부의 고유 권한이므로 감사원의 기능과 다르다. 국정감사는 국회에서 행하므로 외부통제(입법통제)에 해당한다. 반면, 감사원은 대통령 직속의 헌법상 기관이다.

[정답] ③

09
• 11 국회8급

행정통제에 관한 설명으로 옳지 않은 것은?

① 길버트(E. Gilbert)에 의하면 행정통제의 방법은 통제자가 행정조직 내부에 위치하는가 그렇지 않은가에 따라 공식적 통제와 비공식적 통제로 구분된다.
② 프리드리히(C. Friedrich)는 행정국가의 불가피성과 외부통제의 어려움으로 인해 내부통제가 더 강조되어야 한다고 보았다.
③ 정치행정이원론적 입장에 따르면 외부통제가 더 바람직하다.
④ 사법부에 의한 통제는 일차적으로 사후적 조치라는 점에서 한계를 지닌다.
⑤ 옴부즈만제도는 융통성과 비공식성이 높은 제도

이며 법적이라기보다는 사회적·정치적 성격이 강한 제도이다.

> 해설 ① Gilbert는 행정통제자가 행정조직내부 또는 외부에 있는가에 따라 내부통제와 외부통제로 구분하고, 공식화된 기구와 절차에 의존하는가 아닌가에 따라 공식통제와 비공식통제로 구분하였다.
>
> [정답] ①

10
• 10 국가9급

제도적 책임성(accountability)과 대비되는 자율적 책임성(responsibility)에 대한 설명으로 가장 적합하지 않은 것은?

① 전문가로서의 직업윤리와 책임감에 기초해서 적극적·자발적 재량을 발휘하여 확보되는 책임
② 객관적으로 기준을 확정하기 곤란하므로, 내면의 가치와 기준에 따르는 것
③ 국민들의 요구와 기대를 정확하게 인식해서 이에 능동적으로 대응하는 것
④ 고객 만족을 위하여 성과보다는 절차에 대한 책임 강조

> 해설 ④ 절차나 과정에 대한 책임의 강조는 법령이나 규정 등 공식적·제도적 책임의 강조에 해당한다.
>
> [정답] ④

11
• 10 국가7급

행정통제를 향상시키기 위한 방안에 대한 설명으로 옳지 않은 것은?

① 행정정보공개제도는 행정책임의 확보와 통제비용 절감에 기여할 수 있다.
② 행정절차의 명확화는 열린 행정과 투명행정을 통해 행정기관과 시민 간의 분쟁을 방지할 수 있다.
③ 정책 과정에서 시민참여 확대 및 자체감사 기능의 활성화는 투명하고 열린 행정을 가능하게 할 수 있다.
④ 옴부즈만제도의 권한으로서 독립적 조사권, 시찰권, 소추권 등은 대부분의 나라에서 인정하고 있다.

> 해설 옴부즈만제도의 권한으로서 조사권, 시찰권, 소추권이 있으며 이중에서 조사권, 시찰권은 대부분 국가에서 인정하고 있으나 소추권은 인정하지 않는 것이 보통이다. 소추(訴追)란 형사 사건에 대하여 법원 등 사법부에 심판을 신청하고 이를 수행하는 것을 말한다. 현재 대통령 등 특정한 공무원에 대한 탄핵소추는 국회의 권리이고, 일반 형사소추는 검사가 행한다.
>
> [정답] ④

12
• 09 국회8급

옴부즈만(Ombudsman)제도에 관한 설명으로 옳은 것은?

① 1809년 덴마크에서 처음으로 채택되어 실시된 제도로 입법부의 행정부 통제 수단으로 활용된다.
② 전형적인 내부 행정통제의 하나로 행정권의 남용이나 부당행위로 인한 국민의 권익침해를 구제한다.
③ 부당한 행정행위에 대해 시정조치를 법적으로 강제하고 취소하는 권한을 갖는 것이 원칙이다.
④ 융통성과 신속성이 높은 제도로 기존의 경직된 관료제 구조를 보완하기 위해 활용되며 국가마다 동일한 형태를 지닌다.
⑤ 국민의 고발에 의해 임무수행이 수동적으로 시작되는 것이 일반적이나 직권에 의해 조사를 하는 경우도 있다.

> 해설 ① 1809년 스웨덴에서 처음으로 채택되어 실시된 제도이다.
> ② 국가마다 형태가 다르기는 하나 일반적으로 전형적인 외부 행정통제의 하나이다.
> ③ 직접통제권(시정조치, 취소 등)은 없으며 간접통제권(조사권)만 가지는 것이 일반적이다.
> ④ 융통성과 신속성이 높은 제도로 기존의 경직된 관료제 구조를 보완하기 위해 활용된다. 그러나 국가마다 형태가 동일하지는 않는다.
>
> [정답] ⑤

13
• 08 서울9급

아래의 행정통제 유형 중 외부통제 방안을 전부 포함한 것은?

```
ㄱ. 입법부에 의한 통제
ㄴ. 사법부에 의한 통제
ㄷ. 감사원에 의한 통제
ㄹ. 청와대에 의한 통제
ㅁ. 중앙행정부처에 의한 통제
ㅂ. 시민에 의한 통제
ㅅ. 여론과 매스컴
ㅇ. 옴부즈만 제도
```

① ㄱ, ㄴ ② ㄱ, ㄴ, ㄷ
③ ㄱ, ㄴ, ㄷ, ㄹ, ㅁ ④ ㄱ, ㄴ, ㄷ, ㅇ
⑤ ㄱ, ㄴ, ㅂ, ㅅ, ㅇ

해설 감사원, 청와대, 중앙행정부처에 의한 통제는 내부통제이며, 공식적 통제장치에 해당한다. 일반적인 옴부즈만은 외부통제이다.

[정답] ⑤

14
• 01 사시

행정책임의 유형에 관한 설명 중 적절하지 못한 것은?

① 행정책임의 개념은 책임의 주관적·객관적 측면의 해석을 중심으로 발달되어 왔다.
② 정치적 책임은 행정인이 전문 직업인으로서 직업윤리와 전문적·기술적 기준에 따라서 직무를 수행해야 할 책임이다.
③ 윤리적 책임은 행정인의 직무행위가 도덕적 규범성을 위반했을때 묻는 책임으로 국민의 요구나 희망에 대한 대응성까지 포함하는 책임이다.
④ 법적 책임은 법적으로 부과된 의무를 이행하여야 할 책임으로서 법적 의무를 이행하지 않을 경우 법적인 제재를 수반하는 책임이다.
⑤ 외재적(external) 책임은 행정기관 또는 행정인이 행정조직의 외부에 있는 입법부, 사법부 또는 국민에 대하여 지는 책임이다.

해설 ②는 기능적·내재적 책임이다.

[정답] ②

15
• 04 행시

행정에 대한 사법부의 통제와 관련된 설명으로 옳지 않은 것은?

① 공무원의 위법한 행위로 인한 피해자의 권리구제를 포함한다.
② 법적·정책적 책임에 대한 통제는 가능하지만 정치적 책임에 대한 통제는 실제로 어렵다고 볼 수 있다.
③ 구체적인 소송을 통해 개별적으로 행정책임을 추구하게 된다.
④ 사후적이며 소극적인 성격을 지닌다.
⑤ 시간과 비용이 많이 소요되고 대체로 소송이 끝날 때까지 행정 행위의 효력은 그대로 인정된다.

해설 사법통제는 법적책임을 확보하는데 긴요하며, 정책적, 정치적 책임을 확보하는 데는 한계가 있다. 정책적 책임이란 정책에 구체화된 선출직공무원의 요구를 실현하기 위하여 정책을 입안하고 집행해야 할 책임으로 이는 외재적, 정치적, 응답적 책임과 관련된다.

[정답] ②

16
• 20 국회8급

우리나라 참여예산제도에 대한 설명으로 옳은 것만을 〈보기〉에서 모두 고르면?

> ㄱ. 국민참여예산제도는 2019년도 예산편성부터 시행되었다.
> ㄴ. 국민참여예산제도에서 각 부처는 소관 국민제안사업에 대한 적격성 점검을 실시하고 기획재정부, 국민참여예산지원협의회와 협의하여 최종적으로 사업예산편성 여부를 결정한다.
> ㄷ. 지방자치단체는 주민참여예산제도의 운영에 대한 평가를 실시한다.
> ㄹ. 주민참여예산제도의 구체적인 내용은 대통령령으로 정한다.

① ㄱ, ㄴ
② ㄱ, ㄷ
③ ㄴ, ㄷ
④ ㄴ, ㄹ
⑤ ㄷ, ㄹ

해설
ㄱ [O] 중앙정부 예산편성과정에 국민이 참여하는 국민참여예산제도가 국가재정법 개정(2018.3)으로 2019 예산부터 처음 적용되었다.
ㄴ [O] 국민참여예산제도의 운영절차이다.
ㄷ [X] 행정안전부장관이 평가를 실시한다. 행정안전부장관은 지방자치단체의 재정적·지역적 여건 등을 고려하여 대통령령으로 정하는 바에 따라 지방자치단체별 주민참여예산제도의 운영에 대하여 평가를 실시할 수 있다.
ㄹ [X] 주민참여예산기구의 구성·운영과 그 밖에 필요한 구체적인 사항은 해당 지방자치단체의 조례로 정한다.

[정답] ①

THEMA 72 행정개혁

17
* 20 행정사

행정개혁의 접근방법에 관한 설명으로 옳은 것은?

① 구조적 접근방법은 행태과학의 지식과 기법을 활용한다.
② 과정적 접근방법이 관심을 갖는 개혁대상은 분권화의 수준개선과 조직의 기능이다.
③ 과정적 접근방법은 바람직한 문화변동을 추진한다.
④ 구조적 접근방법이 갖는 관심은 통솔범위의 조정, 권한배분의 개편 등을 대상으로 한다.
⑤ 통합적 접근방법은 폐쇄체제에 입각하여 개혁대상을 포괄적으로 관찰하는 것이다.

해설 행정개혁의 접근방법으로 구조적, 과정적(관리기술적), 인간행태적, 문화론적, 사업중심적 접근방법이 있다. ④ 구조적 접근방법은 공식적·합리적 조직관에 바탕을 둔 전통적인 접근방법으로 통솔범위의 조정, 권한배분의 개편, 조직관리의 능률화, 조정 및 통제절차의 개선 등을 대상으로 한다.
①은 인간(행태)적 접근방법이고, ②는 구조적 접근방법이고, ③은 문화론적 접근법이다.
⑤ 통합적 접근방법은 조직을 개방체제에 입각하여 개혁대상의 구성요소를 포괄적으로 관찰하고 여러 접근법을 통합하여 해결방안을 탐색한다.

[정답] ④

[정리] 행정개혁의 접근방법

종류	내용	특징 등
구조적 접근법	조직의 원리(계층제, 통솔범위 등)를 적용 기구·직제·계층의 간소화 및 기능중복의 제거	고전적 조직이론 조직개편 등
관리·기술적 접근법(과정)	절차나 과정이나 일의 흐름의 개선	OR, 관리과학, 체제분석 등
인간(행태)적 접근법	행정인의 가치관·태도 변화 강조	감수성훈련(ST), 집단토의
종합적 접근방법	여러 접근법을 통합하여 해결방안을 탐색	환경적 요인(정치인과 국민의 협조와 지지)을 중요시
문화론적 접근법	행정문화의 변화와 개혁	바람직한 문화변동
사업중심적 접근법	정의 목표를 개선하고 서비스의 양과 질을 개선	정책분석과 평가, 생산성 측정

18
* 06 대구9급

다음 중 행정개혁의 특징으로 옳게 짝지어진 것은?

가-이는 행정을 인위적, 의식적, 계획적으로 변화시키는 것이다.
나-이는 매우 역동적이고 의식적 과정이다.
다-권력투쟁, 타협, 설득이 병행되는 정치적, 사회심리적 과정이다.
라-특성상 계속적인 과정이라기보다는 단시간에 결과를 보는 일시적 과정이다.

① 가, 나, 다, 라
② 가, 나, 다
③ 가, 다, 라
④ 나, 다, 라

해설 행정개혁이란 행정을 현재보다 바람직한 상태로 개선하기 위한 인위적·의도적·계획적인 노력이나 활동으로 매우 역동적이며 권력투쟁, 타협, 설득이 병행되는 정치적, 사회심리적 과정이다. 그러나 개혁은 일회성으로 그쳐서는 안되고, 장기적이고 계속적으로 이어져야한다.

[정답] ②

19
• 06 서울9급

행정개혁에 대한 다음의 저항 극복 방안 중 규범적 전략에 해당되는 것은?

① 개혁의 점진적 추진
② 적절한 시기의 선택
③ 참여의 확대
④ 반대 급부의 보장
⑤ 상급자의 권한 행사

해설 행정개혁에 대한 저항의 극복방안으로 규범적 전략(③), 강제적 전략, 기술·공리적 전략(①,②,④)을 들 수 있다. 이중 규범적 전략으로 참여의 확대, 교육훈련, 의사소통(커뮤니케이션)의 촉진을 들 수 있다.

[정답] ③

20
• 08 서울9급

행정개혁의 구조적 접근방법에 해당되지 않는 것은?

① 기능중복의 제거
② 의사전달체계의 수정
③ 관리과학의 활용
④ 책임의 재규정
⑤ 분권화의 확대

해설 관리과학의 활용 등 관리기법은 기술적·공리적 접근방법에 해당한다.

[정답] ③

21
• 05 국가7급

서구의 선진국들이 행정업무전반에 대하여 아래의 기준에 따라 재검토한 후 그 결과에 따라 계약제로의 전환, 기업화, 민영화 및 구조조정 등의 다양한 효율화 방안을 적용시키는 절차는?

ㄱ. 반드시 필요한 업무인가?
ㄴ. 반드시 정부가 책임을 맡아야하는가?
ㄷ. 정부가 직접수행을 하여야 하는가?
ㄹ. 정부가 수행할 경우 효율 증대 방안은 무엇인가?

① 시장성 테스트
② 거버넌스
③ 외부효과
④ 규제영향분석

해설 시장성검정제도(MKT Testing)란 영국정부가 '품질을 위한 경쟁(1991)' 이라는 시책에서 강조한 것으로 정부기능을 원점에서부터 재검토하여 이를 적정히 축소하려는 신공공관리론의 주요프로그램이다. 이 제도의 핵심은 정부의 모든 기능을 매5년마다 검토하여 그 기능의 존폐여부 및 기능의 수행주체를 결정한다. 이를 '사전적 대안분석'(Prior Options Review)이라고 하는데 공공부문내의 기존사업들을 전반적으로 검토하여 폐기, 민영화, 전략적 외부위탁, 시장성평가, 내부구조조정 등의 여부를 판단하는 기능검토 절차를 의미한다.

[정답] ①

22
• 05 서울9급

행정서비스헌장에 대한 설명으로 가장 적절한 것은?

① 공공서비스 공급의 경쟁화를 통한 서비스 질의 향상을 목적으로 한다.
② 공공서비스의 내용, 수준, 제공방법, 불이행시 조치와 보상으로 명문화하고 있다.
③ 정보통신기술을 활용한 고객 지향적 서비스 제공방법의 하나이다.
④ 국민의 행정서비스 이용 고객시간대를 확대하고자 하는 노력이다.
⑤ 책임운영기관에서 주로 작성되고 있다.

해설 행정서비스헌장(시민헌장)제도는 각 공공기관에 대하여 시민들에게 제공해야할 서비스의 이행기준, 서비스의 내용과 방법 및 절차를 규정하고 잘못된 서비스에 대하여 시정조치 및 보상규정을 공표하는 제도로서 행정서비스의 질을 향상시키려는 제도이다. 이는 경쟁의 원리를 사용하는 책임운영기관과 같은 방법은 아니며(①), 정보통신기술의 활용(③)이나 Non-stop 서비스(④)를 중시하는 전자정부의 개념을 반드시 필요로 하는 것도 아니다.

[정답] ②

23 • 01 사시
우리 정부가 도입한 행정서비스 헌장 및 그 이행표준의 목적에 해당하지 않는 것은?

① 서비스 제공의 투명성 제고
② 근접통제의 물리적 한계 극복
③ 서비스 품질의 표준화와 구체화
④ 공무원의 창의성과 행정의 유연성 향상
⑤ 서비스에 대한 국민의 기대수준 명확화

해설 정부는 행정서비스헌장제정지침을 대통령훈령으로 제정(1998)하였고 이에 따라 일부 부처가 우편서비스헌장, 항만서비스헌장 등을 제정·운영하고 있는데 행정서비스 헌장은 서비스의 수준을 구체적으로 표준화한 것이므로 공무원의 창의와 유연성을 저해한다는 단점이 있다.

[정답] ④

24 • 22 행정사
행정개혁의 저항을 극복하기 위한 규범적·사회적 전략으로 옳은 것을 모두 고른 것은?

ㄱ. 의사전달과 참여의 확대
ㄴ. 개혁의 공공성에 대한 홍보
ㄷ. 사명감 고취와 역할 인식 강화
ㄹ. 권력구조 개편과 긴장 조성
ㅁ. 신분보장과 경제적 보상
ㅂ. 가치갈등 해소

① ㄱ, ㄴ, ㄹ   ② ㄱ, ㄷ, ㅂ
③ ㄴ, ㄷ, ㅁ   ④ ㄴ, ㄹ, ㅁ
⑤ ㄷ, ㅁ, ㅂ

해설 ② 행정개혁의 저항 극복방법으로 규범적, 강제적, 공리적 전략이 있는데 이중에서 규범적·사회적 전략은 (ㄱ)(ㄷ)(ㅂ)이다. (ㄴ)(ㅁ) 공공성의 홍보와 경제적 보상은 공리적·기술적 전략이며, (ㄹ)은 강제적·물리적 전략이다.

[정답] ②

25 • 22 군무원9급
행정개혁에 대한 저항이 나타나는 원인이나 요인으로 가장 옳지 않은 것은?

① 행정개혁을 담당하는 조직의 중복성 혹은 가외성(redundancy)의 존재
② 행정개혁의 내용이나 그 실행계획의 모호성
③ 행정개혁에 요구되는 지식이나 기술의 부족
④ 행정개혁에 필요한 관련 법규의 제·개정의 어려움

해설 ① 중복성·가외성은 조직의 적응성·신뢰성·안정성·창조성을 증진할 수 있기 때문에 행정개혁에 대한 저항 극복 전략에 기여할 수 있다.

[정답] ①

Part 7 지방행정론

테마 68	기초이론 : 자치의 유형, 자치권, 집권/분권
테마 69	자치단체와 국가 : 사무배분, 중앙통제, IGR
테마 70	구역과 광역행정
테마 71	자치단체의 계층과 기관
테마 72	지방재정(Ⅰ) : 지방세 등
테마 73	지방재정(Ⅱ) : 의존재원
테마 74	주민통제

THEMA 73 지방자치의 의의와 자치권

01
• 21 국가9급

우리나라 지방자치단체의 권한(자치권)으로 옳지 않은 것은?

① 지방자치단체는 법률의 위임이 있어야 주민의 권리를 제한하는 조례를 제정할 수 있다.
② 지방자치단체는 주민의 복지증진과 사업의 효율적 수행을 위하여 지방공기업을 설치·운영할 수 있다.
③ 지방자치단체는 조례를 위반한 행위에 대하여 조례로써 1,500만원 이하의 과태료를 정할 수 있다.
④ 지방자치단체조합도 따로 법률로 정하는 바에 따라 지방채를 발행할 수 있다.

해설 ③ [X] 현행 지방자치법에 의하면 지방자치단체는 조례를 위반한 행위에 대하여 조례로서 천만 원 이하의 과태료를 정할 수 있다. ① 다만, 이 경우 법률의 위임이 있어야 한다. ④ 지방자치단체뿐만 아니라, 지방자치단체조합도 지방채를 발행할 수 있다. 이 경우 행정안전부장관의 사전 승인을 얻어야 한다.

[관련법률] 지방자치법 제34조(조례 위반에 대한 과태료) ① 지방자치단체는 조례를 위반한 행위에 대하여 조례로써 1천만원 이하의 과태료를 정할 수 있다.

[정답] ③

02
• 18 서울9급

지방자치의 두 요소인 주민자치와 단체자치에 대한 설명으로 가장 옳은 것은?

① 주민자치의 원리는 주로 영국과 미국에서 발달하였으며, 단체자치의 원리는 주로 독일과 프랑스에서 발달하였다.
② 주민자치가 지방자치의 형식적·법제적 요소라고 한다면, 단체자치는 지방자치를 실현하기 위한 내용적·본질적 요소라고 할 수 있다.
③ 단체자치에서는 법률에 의해 권한이 명시적·한시적으로 규정되어 사무를 자주적으로 처리할 수 있는 재량의 범위가 크다.
④ 단체자치에서는 입법통제와 사법통제가 주된 통제방식이다.

해설 ① 주민자치는 지방자치가 발달한 영국과 미국 등에서 발달하였으며 단체자치는 독일과 프랑스 등 대륙법계 국가에서 주로 발달하였다.
② 주민자치가 지방자치를 실현하기 위한 실질적·본질적·내용적 요소라면, 단체자치는 중앙정부로부터 독립된 지방정부의 존재만을 강조하는 형식적·법제적 측면의 자치를 중시한다.
③은 주민자치에 대한 설명이다.
④는 주민자치에 대한 설명이다. 주민자치는 입법통제나 사법통제가 주된 통제이고 단체자치는 행정적 통제를 주된 방식으로 한다.

☑ 주민자치와 단체자치

변 수	주민자치	단체자치
발달·채택 국가	영국, 미국	프랑스, 독일(대륙법계), 일본
자치의 의미 권한부여의 방식	정치적 의미 개별적 지정주의(권한이 분명)	법률적 의미의 자치 포괄적 수권(예시)주의-(불분명)
자치권의 인식 자치의 초점	고유권설 / 상대적으로 광범 지방정부와 주민의 관계	전래권설 / 상대적으로 협소 중앙과 지방자치단체의 관계
중앙통제의 방식 중앙과 지방관계	입법통제, 사법통제 중심 기능적 협력관계	행정통제 중심 권력적 감독관계
자치사무와 위임사무	구분하지 않음 ⇒위임사무가 존재하지 않음	엄격히 구분(고유사무 + 위임사무)

[정답] ①

3
• 20 국가9급

우리나라 지방자치에 대한 설명으로 옳은 것은?

① 자치사법권은 인정되고 있다.
② 지방자치단체의 예산안 편성권은 지방자치단체장에 속한다.
③ 자치입법권은 지방의회만이 행사할 수 있는 전속적 권한이다.
④ '세종특별자치시'와 제주특별자치도의 '제주시'는 기초자치단체로서 자치권을 가지고 있다.

해설 ② 지방자치단체의 예산편성권은 지방자치단체장의 권한이며, 예산심의권은 지방의회의 권한에 속한다.
① [X] 자치사법권은 현재 인정되지 않고 있다. 외교, 국방, 사법, 선거관리는 국가의 사무이다.
③ [X] 자치입법권이란 자치에 필요한 조례와 규칙을 제정할 수 있는 권한이며, 조례제정은 지방의회의 전속 권한이지만 규칙제정은 자치단체장의 권한이다.
④ [X] '세종특별자치시'는 광역자치단체로서 자치권을 가지고 있으나, 제주특별자치도의 '제주시'는 행정시로서 자치권을 가지고 있지 않다. 세종특별자치시와 제주특별자치도는 광역자치단체로서 기초자치단체가 없는 단층제의 형태를 취하고 있다.

[정답] ②

4
• 19 국가9급

지방선거에 대한 설명으로 옳은 것은?

① 이승만 정부에서 처음으로 시·읍·면 의회의원을 뽑는 지방선거가 실시되었다.
② 박정희 정부부터 노태우 정부 시기까지는 지방선거가 실시되지 않았다.
③ 지방자치단체장과 지방의회의원을 동시에 뽑는 선거는 김대중 정부에서 처음으로 실시되었다.
④ 2010년 지방선거부터 정당공천제가 기초지방의원까지 확대되었지만 많은 문제점이 지적되면서 현재는 실시되지 않고 있다.

해설 ① 1949년 이승만 정부에 의해서 근대적 의미의 지방자치법이 처음 제정되었으나 1950년 한국전쟁으로 인하여 시행하지 못하다가 1952년 처음으로 시·읍·면 의회의원을 뽑는 지방선거가 실시되었다.
② 1961년 5·16 군사정변으로 지방자치에 관한 임시조치법 제정 이후 지방의회가 해산되고 자치단체장을 지방정부가 임명하는 방식으로 개편되면서 박정희 정부부터 전두환 정부까지는 지방선거가 없었지만 1991.6 노태우 정부에 의하여 지방의원에 대한 선거가 다시 시작되면서 지방의회가 구성되었다.
③ 지방자치단체장과 지방의회의원을 동시에 뽑는 선거는 1995년 김영삼 정부에서 처음으로 실시되었다.
④ 2010년 지방선거부터 정당공천제가 기초지방의원까지 확대되었으며 일부 문제점이 있음에도 불구하고 현재도 정당공천이 실시되고 있다.

[정답] ①

5
• 19 행정사

지방자치단체의 자치권에 관한 설명으로 옳지 않은 것은?

① 고유권설(지방권설)에서 자치권은 국가와 관계없이 인간이 태어나면서부터 천부의 인권을 갖는 것과 마찬가지로 지방자치단체의 고유한 권리로 본다.
② 전래권설(국권설)에서 자치권은 주권적 통일국가의 통치구조 일환으로 형성된다는 의미에서 국법으로 부여된 권리로 본다.
③ 제도적 보장설은 자치권이 국가의 통치권에서 나오는 것이라고 하면서도, 헌법에 지방자치의 규정을 둠으로써 지방자치제도가 보장된다고 본다.
④ 고유권설(지방권설)은 주로 헤겔(Hegel)의 영향을 받은 독일의 공법학자들에 의하여 주장되었다.
⑤ 제도적 보장설에서의 보장은 지방자치제도의 일반적인 보장이지, 개별적인 지방자치단체의 존립을 계속 보장하는 것은 아니다.

해설 ④ 고유권설은 뚜레가 제창한 것으로 자연법사상에 근거를 두며 자치권은 입법·사법·행정에 이어 자치단체가 본래적으로 가지고 있는 제4권으로 보는 견해이다. 전래권설은 19C 독일의 공법학자들의 주장으로 자치단체는 국가의 창조물이고, 자치권은 국가로부터 수여된 권리로 본다.

[정답] ④

06
• 19 서울9급

지방자치의 이념과 사상적 계보에 대한 설명으로 가장 옳은 것은?

① 자치권의 인식에서 주민자치는 전래권으로, 단체자치는 고유권으로 본다.
② 주민자치는 지방분권의 이념을, 단체자치는 민주주의 이념을 강조한다.
③ 주민자치는 의결기관과 집행기관을 분리하여 대립시키는 기관분리형을 채택하는 반면, 단체자치는 의결기관이 집행기관도 되는 기관통합형을 채택한다.
④ 사무구분에서 주민자치는 자치사무와 위임사무를 구분하지 않지만, 단체자치는 이를 구분한다.

해설 ①②③는 모두 반대로 설명되어있다. ④ 주민자치에서는 지방자치단체에 국가의 위임사무가 존재하지 않기 때문에 위임사무와 자치사무를 구분하지 않는다. 이에 비해 단체자치에서는 국가의 위임사무와 자치사무를 구분하여 처리한다.

[정답] ④

07
• 14 지방9급

지방자치단체의 조례에 관한 설명으로 옳은 것을 모두 고른 것은?

ㄱ. 지방자치단체의 장은 법령이나 조례가 위임한 범위에서 그 권한에 속하는 사무에 관하여 규칙을 제정할 수 있다.
ㄴ. 지방의회에서 의결된 조례안은 10일 이내에 지방자치단체의 장에게 이송되어야 한다.
ㄷ. 재의요구를 받은 조례안은 재적의원 과반수의 출석과 출석의원 과반수의 찬성으로 재의요구를 받기 전과 같이 의결되면, 조례로 확정된다.
ㄹ. 지방자치단체의 장은 재의결된 조례가 법령에 위반된다고 판단되면 재의결된 날부터 20일 이내에 대법원에 제소할 수 있다.

① ㄱ, ㄴ
② ㄴ, ㄹ
③ ㄱ, ㄹ
④ ㄷ, ㄹ

해설 보기에서 ㄱ, ㄹ이 옳은 지문이다. ㄴ 지방의회에서 의결된 조례안은 5일 이내에 자치단체장에게 이송되어야 한다. ㄷ 일반의결과 달리 재의결에는 재적의원 과반수 출석과 출석의원 2/3 이상의 찬성이 있어야 한다.

[정답] ③

08
• 18 교행9급

지방분권의 장점에 관한 설명으로 옳은 것을 〈보기〉에서 고른 것은?

〈보기〉

ㄱ. 지역의 특성을 살려 지역 실정에 맞는 행정을 수행할 수 있을 것이다.
ㄴ. 중앙정부의 조정에 의해서 지역 간의 격차를 해소하는 데 도움이 될 것이다.
ㄷ. 노사 간의 대립, 사회의 복잡화, 실업 등의 사회문제 해결에 도움이 될 것이다.
ㄹ. 정치훈련을 가능하게 하고 주민의 정치의식 수준이 향상될 것이다.

① ㄱ, ㄴ
② ㄱ, ㄹ
③ ㄴ, ㄷ
④ ㄷ, ㄹ

해설 맞는 지문은 ㄱ과 ㄹ이다. ㄴ 지역간 격차를 해소하기 위해서 중앙정부의 개입과 조정이 필요하다. 따라서 중앙집권화를 초래한다. ㄷ 오늘날 노사 간의 대립, 사회의 복잡화, 실업 등 다양한 사회문제의 해결을 위해서 중앙집권의 필요성이 높아진다.

[정답] ②

09

• 15 지방9급

다음 중 소규모 자치행정 구역을 지지하는 논리로 맞는 것을 모두 고른 것은?

> ㄱ. 티부(Tiebout) 모형을 지지하는 공공선택이론가들의 관점
> ㄴ. 새뮤얼슨(Samuelson)의 공공재 공급 이론
> ㄷ. 지역격차의 완화에 공헌
> ㄹ. 주민과 지방정부 간의 소통·접촉기회 증대

① ㄱ, ㄷ ② ㄱ, ㄹ
③ ㄴ, ㄷ ④ ㄴ, ㄹ

해설 소규모 자치행정 구역을 지지하는 논리란 지방자치의 당위성을 지지하는 논리를 말하는 것으로 티부모형과 관련된다. ㄴ과 ㄷ은 중앙정부에 의한 공공재 공급에 관한 내용으로 틀린 지문이다. ㄴ Tiebout에 따르면 '공공재(외교, 국방 등)는 국민의 선호와 관계없이 정치적 과정(중앙집권적, 일방적 과정)을 통하여 공급될 수밖에 없다'는 전통적인 Samuelson이론은 중앙정부차원의 순수공공재(외교, 국방 등)에만 타당하다고 비판하였다. ㄷ 완전한 지방자치는 지역 간 격차가 발생할 수 있으므로 지역격차의 완화에 공헌하는 것은 중앙집권 논리이다.

[정답] ②

10

• 09 지방직7급

현행 우리나라 지방자치제도에 대한 설명으로 옳은 것을 모두 고르면?

> ㄱ. 조례의 제정과 개폐 청구제, 주민투표제, 주민소송제, 주민소환제 등의 제도가 있다.
> ㄴ. 제주특별자치도의 경우 자치계층과 행정계층이 일치하고 있다.
> ㄷ. 중앙과 지방 간 기능배분 방식은 포괄적 예시 원칙을 폐지하고 보충성의 원칙을 적용하고 있다.
> ㄹ. 지방교부세는 보통교부세, 특별교부세, 분권교부세, 부동산교부세 등으로 구분되어 있다.
> ㅁ. 지방자치권은 자치입법권, 자치재정권, 자치조직권, 자치사법권으로 구성되어 있다.

① ㄱ, ㄴ ② ㄴ, ㄷ
③ ㄱ, ㄹ ④ ㄷ, ㅁ

해설 옳은 지문은 ㄱ만이다. ㄹ 지방교부세 중 분권교부세는 2015년에는 보통교부세에 통합 운영됨으로써 폐지되었다. ㄴ 제주특별자치도의 경우 단층제로서 광역자치단체만 존재하고 기초자치단체는 존재하지 않는다. 반면 제주시 등 행정시는 자치단체가 아닌 행정계층이므로 자치계층과 행정계층이 일치하지 않고 있다. ㄷ 우리의 지방자치법 9조 2항에 의하면 포괄적 예시원칙에 따라 자치사무를 예시하고 있다. 즉 포괄적 예시원칙과 보충성의 원칙을 적용하고 있다. ㅁ 지방자치권 중에 자치사법권은 존재하지 않는다.

[정답] 정답 없음

11

• 04 입법고시

다음의 항목은 집권과 자치 양자에 대한 우선순위를 대변하는 역사적 개념이나 이론이다. 집권-분권에 대한 상대적 우선순위 부여에 있어 나머지와 상이한 입장을 내포하는 항목은?

① 보충성의 원칙(principle of subsidiarity)
② 딜런의 규칙(Dillon's rule)
③ 홈룰(Home rule) 제도
④ 다원주의(pluralism)
⑤ 티부(Tiebout)의 이론

해설 ② 딜런의 법칙이란 자치단체나 자치권은 당연히 인정되는 것이 아니라 국가의 재량으로 창조할 수도 폐지할 수도 있으며 단순히 법적인 보장에 의하여 인정된다는 것으로 집권과 관련된다.
① 보충성의 원칙이란 지방자치단체가 하지 못하는 기능만 중앙정부가 보완적으로 수행해야 한다는 입장을 말하며,
③ 홈룰제도(home rule movement)는 자치헌장제도로서 자치헌장을 도시정부 스스로 제정하는 제도를 말한다.
⑤ 티부가설도 지방자치의 발달로 주민들이 자유롭게 지역 간 이동에 의하여 지방정부를 선택할 수 있는 모형이다.
①③④⑤는 분권과 관련된 표현이다.

[정답] ②

12

• 22. 행정사

지방자치에 관한 설명으로 옳지 않은 것은?

① 지방자치의 본질적 의미는 지역주민이 그 지역의 제반 문제를 스스로 결정하고 처리하는 것이다.
② 지방자치는 정치적 활동과는 무관하며 공공행정의 가치를 중시한다.
③ 지방자치는 지방분권을 전제로 하며, 주민참여는 '풀뿌리 민주주의' 원리를 구현한다.
④ 지방자치단체라는 공법인을 통해 주민에게 필요한 주요 정책의 실험장 역할을 한다.
⑤ 지역특성에 맞는 행정과 정책을 통해 행정의 능률성과 책임성을 확립한다.

해설 ②[X] 지방자치는 정치적 활동과 관련이 있다. 주민자치와 단체자치 중 특히 주민자치의 경우와 더 밀접한 관련이 있다. 지방자치(local autonomy)란 지역주민이 스스로 대표자를 선출하여 자신들의 일상생활에 관련된 사무를 국가에 의하지 않고 자기들의 의사와 책임으로 처리하는 방식이다. ① 고유(본래)의 지방자치 개념이다. 나머지는 모두 지방자치의 필요성 또는 특징을 설명하고 있다. ④는 특히 단체자치국가에서 지방자치의 모습이다.

[정답] ②

13

• 23. 행정사

지방자치의 원리로서 주민자치에 관한 설명으로 옳은 것은?

① 국가에 대한 지방자치단체의 법률상의 상대적 독립성을 강조한다.
② 주민자치의 전통은 주로 유럽 대륙권 국가에서 찾아볼 수 있다.
③ 대의민주제를 포함한 지방자치단체의 주민대표성과 민주성을 강조한다.
④ 자치권이 국가로부터 파생 내지 위임된 것으로 보는 전래설 또는 수탁설에 기초한다.
⑤ 민족국가 출현과 함께 수립된 헌정체제에 기초한 중앙정부와 지방자치단체의 관계를 강조한다.

해설 ③ 주민자치는 자연적·천부적 권리인 자치권을 토대로 지방정부와 주민의 관계에 중점을 두는 자치제도로서, 지방자치를 중앙 및 지방의 모든 사무를 주민 자신이 자주적으로 처리하는 행정으로 본다. 따라서 지방자치단체의 주민대표성과 민주성을 강조한다. ①②④⑤[X] 모두 단체자치에 대한 설명이다.

[정답] ③

14

• 21. 행정사

지방자치단체의 자치권에 관한 설명으로 옳은 것은?

① 자치권은 원칙적으로 해당 자치단체의 관할구역 안에 있는 재화·물자를 제외한 모든 사람에 포괄적으로 미친다.
② 국권설은 프랑스의 지방권 사상을 기초로 확립되었다.
③ 고유권설은 자치권을 인간의 자연권과 마찬가지로 본래적이고 침해할 수 없는 고유한 권리라고 본다.
④ 중앙정부의 전제적 군주정치가 대의제 민주정치로 대체됨에 따라 제도적 보장설의 논거가 매우 취약하게 되었다.
⑤ 제도적 보장설에서 보장이란 헌법으로 지방자치제도를 보장한다는 것이 아니라, 개별적인 지방정부의 존립을 보장한다는 것이다.

해설 ③ 자치권의 본질에 대한 학설은 고유권설과 전래권설과 제도적 보장설이 있다. 고유권설은 자치권을 인간의 자연권과 마찬가지로 본래적이고 침해할 수 없는 고유한 권리라고 본다.
①[X] 자치권은 통치권과 마찬가지로 해당 자치단체의 관할구역 안에 있는 재화·물자 및 모든 사람에 포괄적으로 미친다.
②[X] 고유권설은 프랑스의 지방권 사상을 기초로 확립되었다. 지방자치권을 개인의 기본권과 비교되는 단체의 기본적 권리라고 보는 견해로서, 프랑스 혁명시대에 국권과 구별되는 지방권을 강조한 데서 연유한다. 반면 전래권(국권)설에 의하면 자치단체는 국가의 창조물이고, 자치권은 국가로부터 수여된 권리로 본다.

④ [X] 중앙정부의 전제적 군주정치가 대의제 민주정치로 대체됨에 따라 제도적 보장설의 논거가 매우 부각하게 되었다.
⑤ [X] 제도적 보장설에 의하면 자치권은 국가의 통치권에서 나온 것이며, 동시에 기존의 제도를 헌법에서 보장한 것으로 본다.

[정답] ③

15
• 22 군무원9급

우리나라의 자치입법권에 관한 설명으로 가장 옳지 않은 것은?

① 법령의 범위 안에서 자치법규를 제정할 수 있다.
② 주민에 대하여 형벌의 성격을 지닌 벌칙은 정할 수 없다.
③ 자치입법권에 근거한 자치법규로는 조례, 규칙 및 교육규칙 등이 있다.
④ 조례는 지방의회의 의결을 필요로 하지만, 규칙은 지방의회의 의결을 필요로 하지 않는다.

해설 논란이 있는 문제 ② 자치단체는 조례로써 조례위반에 대하여 천만원 이하의 과태료(과태료는 형벌이 아님)만을 부과할 수 있도록 규정하고 있다. 다만 형벌이 아니라 형벌의 성격으로 지닌 벌칙으로 표현하고 있으므로, 100% 틀렸다고 보기는 어렵다....

[정답] ②

16
• 23 군무원9급

다음 중 지방자치의 정치적·행정적인 기능과 가장 거리가 먼 것은?

① 민주정치에 대한 훈련
② 지역 간 행정의 통일성 확보
③ 행정의 대응성 제고
④ 정책의 지역별 실험 검증

해설 ② 지역 간 행정의 통일성 확보를 위해서 중앙집권의 필요성이 높아진다.

[정답] ②

17
• 22 군무원9급

주민자치위원회와 주민자치회에 대한 설명으로 가장 옳지 않은 것은?

① 주민자치위원회 위원은 시·군·구청장이 위촉하고, 주민자치회 위원은 읍·면·동장이 위촉한다.
② 주민자치회가 주민자치위원회보다 더 주민대표성이 강하다.
③ 주민자치위원회는 읍·면·동의 자문기구이고, 주민자치회는 주민자치의 협의·실행기구이다.
④ 지방자치단체와의 관계는 주민자치회가 주민자치위원회보다 더 대등한 협력적 관계이다.

해설 ① 주민자치위원회 위원은 읍·면·동장이 위촉하고, 주민자치회 위원은 시·군·구청장이 위촉한다.

주민자치회와 주민자치위원회의 비교

	주민자치회	주민자치위원회
법적 근거	지방자치분권 및 지역균형발전에 관한 특별법	없음 (자치단체 개별조례)
성격	법정기구	임의기구
위촉권자	시·군·구청장	읍·면·동장
대표성	높음	낮음
기능	주민의견 수렴, 자치계획 수립 등 실질적 주민대표기구 (협의·실행 기구)	자치사무에 대한 단순 자문기구
설치단위	읍·면·동단위	읍·면·동단위
자치단체와의 관계	대등한 협력관계	자문관계

[정답] ①

THEMA 74 사무배분과 일선기관

18
• 23 지방9급

지방정부의 사무에 대한 설명으로 옳지 않은 것은?

① 기관위임사무의 처리에 드는 경비는 중앙정부와 지방정부가 공동부담하는 것이 원칙이다.
② 단체위임사무는 집행기관장이 아닌 지방정부 그 자체에 위임된 사무이다.
③ 지방의회는 단체위임사무의 처리 과정에 관한 조례를 제정할 수 있다.
④ 중앙정부는 자치사무에 대해 합법성 위주의 통제를 주로 한다.

해설 ①[X] 중앙정부와 지방정부가 공동부담하는 것은 단체위임사무이며, 기관위임사무는 국가사무의 집행을 자치단체장에게 위임한 사무이므로 국가가 경비의 전부를 단독으로 부담하는 것이 원칙이다.
②[O] 단체위임사무는 지방정부 그 자체에 위임된 사무이므로 자치단체장과 지방의회가 모두 처리할 사무이다.

구분	고유사무	단체위임사무	기관위임사무
개념	지방의 고유사무	공동의 이해관계가 있는 사무로서 자치단체에 위임	자치단체와 이해관계가 없는 사무를 자치단체장에게 위임
경비부담	자치단체 부담 (협의의 보조금)	자치단체와 국가의 공동부담 ⇨ (부담금)	국가의 전액부담 (교부금)
배상책임	지방	공동	국가 또는 상급단체
지방의회 관여	가능	가능(자치사무로 취급)	불가능
조례규정	가능	가능	불가능

[정답] ①

19
• 20 국가9급

단체위임사무와 기관위임사무에 대한 설명으로 옳지 않은 것은?

① 지방의회는 기관위임사무에 대해 조례제정권을 행사할 수 없다.
② 보건소의 운영업무와 병역자원의 관리업무는 대표적인 기관위임사무이다.
③ 중앙정부는 단체위임사무에 대해 사전적 통제보다 사후적 통제를 주로 한다.
④ 기관위임사무의 처리를 위한 비용은 국가가 부담한다.

해설 ②[X] 감염병 예방 등 보건소의 운영업무는 단체위임사무이다. 병역자원의 관리업무 등 병사사무는 국가의 사무로서 병무청이 직접 수행한다. 다만 전시·사변 또는 동원령이 선포된 경우에는 자치단체장에게 위임하는 기관위임사무가 될 수 있다.
①[O] 기관위임사무는 지방과는 관계없는 국가사무이므로 의회가 관여할 수 없으며 조례제정의 대상이 될 수 없다.
③[O] 단체위임사무는 국가와 지방의 이해관계가 공존하는 사무로 중앙정부의 사전통제보다 사후통제를 주로 한다.
④[O] 기관위임사무의 처리를 위한 비용은 교부금을 통해 국가가 전액 부담한다.

[정답] ②

20
* 17 지방9급(하)

특별지방행정기관에 대한 설명으로 옳지 않은 것은?

① 고유의 법인격은 물론 자치권도 가지고 있지 않다.
② 관할범위가 넓을수록 이용자인 고객의 편리성이 향상된다.
③ 주민들의 직접통제와 참여가 용이하지 않은 문제가 있다.
④ 특별지방행정기관의 예로 교도소, 세관, 우체국 등을 들 수 있다.

해설 ② 특별지방행정기관(일선기관)은 관할범위가 자치단체보다 넓어 광역행정에는 유리하지만 고객의 편리성이나 주민접근성이 떨어져 현지행정을 저해할 수 있다. ① 특별지방행정기관은 고유의 법인격과 자치권을 가지는 자치단체와 구별된다. ③ 일선기관은 주민참여와 직접통제 등을 저해한다. ④ 특별지방행정기관의 예로 교도소, 세관, 우체국, 경찰서, 지방노동청 등을 들 수 있다.

[정답] ②

21
* 18 서울9급

「지방자치법」상 지방자치단체의 사무처리에 관한 설명으로 가장 옳지 않은 것은?

① 지방자치단체는 법령을 위반하여 그 사무를 처리할 수 없다.
② 행정처리 결과가 2개 이상의 시·군 및 자치구에 미치는 광역적 사무는 시·도가 처리한다.
③ 시·도와 시·군 및 자치구의 사무가 서로 경합하면 시·도에서 먼저 처리한다.
④ 지방자치단체는 법률에 다른 규정이 있는 경우를 제외하고 외교, 국방, 사법, 국세 등 국가의 존립에 필요한 사무를 처리할 수 없다.

해설 ③ 광역자치단체와 기초자치단체 간 사무가 서로 경합할 경우 기초자치단체인 시·군·구에서 먼저 처리하는 것이 원칙이다. 이를 기초자치단체 우선의 원칙 또는 현지성의 원칙이라고 한다.

[정답] ③

22
* 20 국회8급

지방자치단체가 수행하는 기관위임사무에 대한 설명으로 옳은 것은?

① 기관위임사무의 처리에 필요한 경비는 수임한 지방자치단체가 전액 부담한다.
② 상·하수도 설치 및 관리, 도시계획사업의 시행, 소비자 보호 및 저축장려는 기관위임사무이다.
③ 기관위임사무는 지방자치단체의 장과 지방의회가 공동으로 수임주체가 된다.
④ 지방자치단체가 그 권한에 속하는 사무의 일부를 소속 행정기관에 위임할 때는 개별적인 법령의 근거가 필요하지 않다.
⑤ 지방의회는 자치단체의 기관위임사무를 지휘할 수 있는 권한이 있다.

해설 ④ 기관위임사무란 개별법령의 근거 없이 자치단체의 장에게 위임된 국가사무로서 지방자치단체의 장은 개별법령의 근거가 없이도 조례나 규칙으로 정하는 바에 따라 그 권한에 속하는 사무의 일부를 보조기관, 소속 행정기관 또는 하부행정기관에 위임할 수 있다. 반면 단체위임사무의 경우 개별적 법령의 근거가 필요하다.
① [X] 기관위임사무의 경비는 전액 국가가 부담하는 것이 원칙이다.
② [X] 자치단체의 사무(자치사무와 단체위임사무)에 속한다.
③ [X] 지방자치단체의 장과 지방의회가 공동으로 위임받는 사무는 단체위임사무이다. 기관위임사무는 지방자치단체의 장이 수임주체가 된다.
⑤ [X] 기관위임사무는 지방과는 이해관계가 없는 국가사무이므로 지방의회가 지휘하거나 관여할 수 없다.

[정답] ④

23
• 15 국가9급

기관위임사무에 대한 설명으로 옳지 않은 것은?

① 법령에 의하여 국가 또는 상급지방자치단체로부터 지방자치단체의 장에게 위임된 사무를 말한다.
② 국가와 지방자치단체 사이의 행정적 책임의 소재를 명확하게 해준다.
③ 지방자치단체를 국가의 하급기관으로 전락시키는 요인으로 작용할 수 있다.
④ 전국적으로 획일적인 행정을 강조함으로써 지방적 특수성이 희생되기도 한다.

해설 ② 기관위임사무의 단점으로 국가와 지방자치단체 사이의 행정적 책임의 소재를 불명확하게 한다. 기관위임사무는 국가나 상급자치단체의 사무를 자치단체장 또는 기초단체장이 처리하므로 책임소재가 불명확해지는 문제점이 있다. ① 기관위임사무는 법령에 의하여 국가나 상급 자치단체가 집행기관(자치단체 등)에 위임한 사무이다. 반면 단체위임사무는 개별법령에 의해 '자치단체'에 위임한 사무이다.
[기관위임과 단체위임의 구별] 기관위임사무는 법령에 의하여 위임된 사무라는 점에서 단체위임사무와 같지만 기관위임사무는 포괄적 위임이라는 점에서 개별적 법령근거를 필요로 하는 단체위임사무와 다르며, 자치단체가 아닌 자치단체의 집행기관에게 위임된다는 점에서 단체위임사무와 다르다.

[정답] ②

24
• 15 국가9급

특별지방행정기관에 대한 설명으로 옳지 않은 것은?

① 관할지역 주민들의 직접적인 통제와 참여가 용이하기 때문에 책임행정을 실현할 수 있다.
② 출입국관리, 공정거래, 근로조건 등 국가적 통일성이 요구되는 업무를 수행한다.
③ 현장의 정보를 중앙정부에 전달하거나 중앙정부와 지방자치단체 사이의 매개 역할을 수행하기도 한다.
④ 국가의 사무를 집행하기 위해 중앙정부에서 설치한 일선행정기관으로 자치권을 가지고 있지 않다.

해설 특별지방행정기관(일선기관)은 중앙행정기관이 지방에서의 소관사무를 처리하기 위해 그 하부기관으로서 지방에 설치한 국가의 하급행정기관이다. 따라서 지방자치단체와 관련이 없다. 일선기관은 자치단체가 아니므로 주민들의 직접적인 통제와 참여가 불가능하며, 자치행정이나 책임행정을 저해한다.

[정답] ①

25
• 14 서울9급

특별지방행정기관에 대한 설명으로 옳은 것은?

① 국가적 통일성보다는 지역의 특수성을 중요시하여 설치한다.
② 지방자치의 발전에 기여한다.
③ 지방자치단체와 명확한 역할배분이 이루어져 행정의 효율성을 높일 수 있다.
④ 지역별 책임행정을 강화할 수 있다.
⑤ 주민들의 직접 통제와 참여가 용이하지 않다.

해설 특별지방행정기관(일선기관)이란 중앙행정기관이 지방에서의 소관사무를 처리하기 위해 그 하부기관으로서 지방에 설치한 국가의 하급행정기관을 말한다. 따라서 지방자치단체와 전혀 관련이 없다. ① 지역의 특수성보다 국가적 통일성을 중시하며, ② 지방자치의 발전과 관련이 없으며, ③ 지방자치단체와 역할배분이 모호하며, ④ 지역별 책임행정을 가져오지 못하는 단점이 있다.

[정답] ⑤

26
• 07 서울7급

다음 중 특별지방행정기관에 관한 설명 중 옳지 않은 것은?

① 국가업무의 효율적·광역적 추진이라는 긍정적 목표를 가진다.
② 관리와 감독이 매우 어렵다는 부정적 측면을 가진다.
③ 책임행정의 결여라는 비판이 있다.
④ 고객의 혼란과 불편의 문제가 제기된다.
⑤ 지방자치단체의 권한과 책임성을 저해하는 제도이다.

해설 특별지방행정기관(일선기관)이란 지방에 관련된 국가적 업무처리를 위하여 지방에 설치한 국가(중앙행정기관)의 지방행정기관이다. ② 특별지방행정기관은 국가의 하급기관이므로 국가의 관리와 감독이 용이하나, 중앙통제의 강화수단이 되어 결국 주민에 대한 책임성 결여와 지방자치를 저해하는 문제가 있으며 종합행정을 저해하며 고객의 혼란과 불편을 가져오는 폐단이 있다(③④⑤).

[정답] ②

27
• 08 지방9급

지방자치법에서 규정하고 있는 지방자치단체 간의 수평적 협력방식으로만 구성된 것은?

ㄱ. 사무위탁
ㄴ. 지방자치단체조합
ㄷ. 분쟁조정위원회
ㄹ. 지방자치단체연합

① ㄱ, ㄴ ② ㄱ, ㄹ
③ ㄴ, ㄷ ④ ㄷ, ㄹ

해설 지방지치법에는 지방자치단체 간의 수평적 협력 방식으로, 사무위탁, 지방자치단체조합, 행정협의회 등을 두고 있다. 분쟁조정위원회는 제3자에 의한 분쟁조정방식으로 지방자치단체 간의 분쟁의 조정과 협의사항의 조정에 필요한 사항을 심의·의결하기 위하여 행정안전부에 지방자치단체중앙분쟁조정위원회와 시·도에 지방자치단체지방분쟁조정위원회를 두고있다(지방자치법 148조). 지방자치단체연합이란 둘 이상의 자치단체가 각각 독립적인 법인격을 그대로 유지하면서 새로운 단체를 구성하고 사무를 처리하는 방식으로 우리나라에는 없는 제도이다. 법인격이 없는 행정협의회와는 다르다.

[정답] ①

28
• 23 행정사

지방자치법상 지방자치단체의 사무 배분 및 처리의 기본원칙에 관한 설명으로 옳지 않은 것은?

① 국가는 국가와 지방자치단체 간의 사무를 주민의 편익증진 등을 고려하여 서로 중복되지 아니하도록 배분하여야 한다.
② 국가가 지방자치단체에 사무를 배분할 때에는 관련 사무를 포괄적으로 배분하여야 한다.
③ 도와 시·군이 사무를 처리할 때 사무가 서로 겹치면 도에서 먼저 처리한다.
④ 지방자치단체는 조직과 운영을 합리적으로 하고 규모를 적절하게 유지하여야 한다.
⑤ 시·군 및 자치구는 해당 구역을 관할하는 시·도의 조례를 위반하여 사무를 처리할 수 없다.

해설 ③[X] 사무가 서로 겹치면 시·군 및 자치구에서 먼저 처리한다(지방자치법 제14조). ①[O] 비중복성 원칙(사무불경합의 원칙), ②[O] 포괄배분의 원칙, ④⑤[O] 지방자치법 제12조에 있는 사무처리의 기본원칙이다.

[정답] ③

29
• 23 군무원9급

지역에서의 행정서비스 전달주체에 대한 설명으로 가장 적절하지 않은 것은?

① 지역에서의 행정서비스 전달주체는 크게 특별지방행정기관과 지방자치단체로 구분된다.
② 특별지방행정기관은 지역에 위치한 세무서 등인데 소속 중앙행정기관의 지시 및 감독을 받는다.
③ 지방자치단체는 독자적인 법인격은 없지만 국가의 위임사무나 자치사무를 수행한다.
④ 지역에서의 행정서비스는 주민복지 등 지역주민의 생활공간 안에서의 생활행정이자 근접행정이다.

해설 ③ 특별지방행정 기관은 법인격은 없지만, 지방자치단체는 법인격이 있으며 위임사무와 자치사무를 수행한다.

[정답] ③

THEMA 75 광역행정

30 · 22 국가9급

특별지방자치단체에 대한 설명으로 옳지 않은 것은?

① 2개 이상의 지방자치단체가 공동으로 특정한 목적을 위하여 광역적으로 사무를 처리할 필요가 있을 때에는 특별지방자치단체를 설치할 수 있다.
② 보통의 지방자치단체와 같이 법인격을 갖는다.
③ 특별지방자치단체의 의회는 규약으로 정하는 바에 따라 구성 지방자치단체의 의회 의원으로 구성한다.
④ 구성 지방자치단체의 장은 「지방자치법」상 겸임 제한 규정에 의해 특별지방자치단체의 장을 겸할 수 없다.

해설 ④ [X] 지방자치법이 2021.1.12. 전부 개정되면서 특별자치단체에 대한 규정을 신설하였다. 구성 지방자치단체란 특별지방자치단체를 구성하는 지방자치단체를 말한다. 특별지방자치단체의 장은 규약으로 정하는 바에 따라 특별지방자치단체의 의회에서 선출한다. 구성 지방자치단체의 장은 제109조(겸임제한)에도 불구하고 특별지방자치단체의 장을 겸할 수 있다.

	지방자치단체조합	특별지방자치단체
법인격	법인	법인
의결기관	조합회의(위원은 규약에 의해 선임)	의회(구성 자치단체의 의회의원, 겸직)
집행기관	조합장(규약에 의해 선임)	특별지방자치단체의 장(특별지방자치단체의 의회에서 선출)
	조합장은 인사·예산권 없음	특별지방자치단체장은 인사·예산권 보유
방식	일부사무조합 방식	연합방식

[정답] ④

31 · 19 지방9급

광역행정에 대한 설명으로 옳지 않은 것은?

① 기존의 행정구역을 초월해 더 넓은 지역을 대상으로 행정을 수행한다.
② 행정권과 주민의 생활권을 일치시켜 효율성을 촉진시킬 수 있다.
③ 규모의 경제를 확보하기 어렵다.
④ 지방자치단체 간에 균질한 행정서비스를 제공하는 계기로 작용해 왔다.

해설 ③ 광역행정은 기존의 자치구역보다 더 넓은 구역을 대상으로 하는 행정이므로 규모의 경제에 의한 비용절감효과가 있다.

[정답] ③

32 · 04 울산9급

다음 중 반드시 광역행정이 필요한 상황이 아닌 것은?

① 쓰레기처리장의 입지적지를 둘러싸고 갈등이 발생한 경우
② 인접 자치단체에 하수처리를 위탁하고자 할 경우
③ 양산을 흡수하여 울산시로 만들 경우
④ 대구의 공단폐수로 인한 부산 주민피해에 대해 공동처리를 해야하는 경우
⑤ 둘 이상의 자치단체를 경유하는 도로를 건설할 경우

해설 쓰레기처리장의 입지결정에 있어서 지방자치단체간의 갈등과 지방자치단체와 지역주민간의 갈등이 있을 수 있다. 따라서 자치단체간의 갈등이라면 광역행정이 필요하지만, 지방자치단체와 지역주민간의 갈등은 갈등조정의 문제이지 광역행정의 문제는 아니라고 보아야 할 것이다.

[정답] ①

33
• 10 지방9급

광역행정에 대한 설명으로 옳지 않은 것은?

① 광역행정이란 둘 이상의 지방자치단체 관할구역에 걸쳐서 공동적 또는 통일적으로 수행되는 행정을 말한다.
② 사회·경제권역의 확대는 광역행정을 촉진시키는 요인으로 작용한다.
③ 공동처리 방식은 둘 이상의 지방자치단체가 상호 협력하여 광역행정사무를 공동으로 처리하는 방식이다.
④ 연합 방식은 일정한 광역권 안에 여러 자치단체를 통합한 단일의 정부를 설립하여 광역행정사무를 처리하는 방식이다.

해설 ④는 합병에 대한 설명이다. 자치단체의 합병(annexation)이란 몇 개의 기존 자치단체를 통폐합하여 하나의 법인격을 가진 자치단체를 만드는 것으로 광역행정의 방식 중에서 가장 강력한 방법이다. 반면 연합이란 사회적·경제적으로 밀접한 관계에 있는 둘 이상의 지방자치단체가 각자 독립적인 법인격을 유지하면서, 광역도시권에 새로운 정부 연합체를 설치하여, 이 도시연합으로 하여금 광역적 사무를 처리하게 하는 방식이다. 예로서 캐나다의 Toronto와 Winnipeg, 미국의 Miami 도시연합, 영국의 대런던회의(Great London Council) 등을 들 수 있다.

[정답] ④

34
• 07 국회8급

광역행정의 처리방식 중 기존 지방자치단체의 자치권이 가장 크게 제약되는 것은?

① 지방자치단체 조합   ② 연합
③ 특별구 설치   ④ 합병
⑤ 사무위탁

해설 광역행정의 방식 중 합병(coalition)은 2개 이상의 기존 자치단체를 통폐합하여 하나의 법인격을 지닌 자치단체를 신설하는 것으로 광역사무를 능률적으로 처리하는 장점이 있는 반면, 각 자치단체의 개별적 특수성이 무시되고 중앙집권화가 촉진되므로 주민참여가 곤란해지는 문제가 있다.

[정답] ④

35
• 09 지방직7급

광역행정의 방식에 대한 설명으로 옳지 않은 것은?

① 흡수통합은 자치단체를 몇 개 폐합하여 하나의 법인격을 가진 새로운 자치단체를 신설하는 방식이다.
② 공동처리방식은 둘 이상의 자치단체가 상호 협력관계를 형성하여 광역적 행정사무를 공동으로 처리하는 방식이다.
③ 연합은 기존의 자치단체가 각각 독립적인 법인격을 유지하면서 그 위에 광역행정을 전담하는 새로운 자치단체를 신설하는 방식이다.
④ 자치단체 간 계약은 한 자치단체가 다른 자치단체에게 일정한 대가를 받고 서비스를 제공하는 것을 말한다.

해설 몇 개의 자치단체를 폐합하여 하나의 법인격을 가진 새로운 자치단체를 신설하는 방식은 합병(coalition)이다. 흡수통합(consolidation)은 하급자치단체가 가지고 있던 권한이나 지위를 상급자치단체가 흡수통합하는 것이다.

[정답] ①

정부간 관계와 중앙통제

36
* 23 지방9급

라이트(Wright)의 정부간관계(Inter-Governmental Relations: IGR) 모형에 대한 설명으로 옳지 않은 것은?

① 정부 간 상호권력관계와 기능적 상호의존관계를 기준으로 정부간 관계(IGR)를 3가지 모델로 구분한다.
② 대등권위모형(조정권위모형, coordinate authority model)은 연방정부, 주정부, 지방정부가 모두 동등한 권한을 가지고 있다고 설명한다.
③ 내포권위모형(inclusive-authority model)은 연방정부, 주정부, 지방정부를 수직적 포함관계로 본다.
④ 중첩권위모형(overlapping-authority model)은 연방정부, 주정부, 지방정부가 상호 독립적인 실체로 존재하며 협력적 관계라고 본다.

해설 ② 라이트(Wright)의 정부간 관계(IGR) 모형 중에서 대등권위모형(조정권위모형, coordinate-authority model)은 흔히 분리형(분리권위형)으로 불리워지는 모형으로 중앙정부와 지방정부의 관계가 인사와 재정상 완전하게 분리되어 서로 독립적이고 자치적으로 운영되는 유형이다. 주의할 사항은 연방정부와 주정부는 대등한 권한을 가지지만, 주정부와 지방정부의 관계는 대등하지 않다는 점이다.

[정답] ②

37
* 11 지방9급

라이트(D.Wright)의 정부 간 관계모형에 대한 설명 중 옳지 않은 것은?

① 분리형(seperated model)은 중앙-지방 간의 독립적인 관계를 의미한다.
② 내포형(inclusive model)은 지방정부가 중앙정부에 완전히 의존되어 있는 관계를 의미한다.
③ 중첩형(overlapping model)은 정치적 타협과 협상에 의한 중앙-지방 간의 상호의존 관계를 의미한다.
④ 경쟁형(competitive model)은 정책을 둘러싼 정부 간 경쟁관계를 의미한다.

해설 ④ Wright의 정부간 관계모형에는 분리권위형(경쟁적 관계), 포괄권위형(내포형, 종속적 관계), 중첩권위형(상호의존적 관계)이 있다. 경쟁형은 D.C.Nice가 제시한 유형이다. Nice는 정부간 관계를 경쟁형과 상호의존형으로 이원화하였다.

[정답] ④

38
• 16 행정사

우리나라 지방자치제의 특징이나 내용에 관한 설명으로 옳은 것은?

① 시·군 및 자치구의 장이 법령의 규정에 따라 그 의무에 속하는 국가위임사무의 관리와 집행을 명백히 게을리하고 있다고 인정되면 주무부장관은 그 이행을 직접 명령할 수 있다.
② 시·군 및 자치구의 사무에 관한 그 장의 명령이나 처분이 법령에 위반되거나 현저히 부당하여 공익을 해친다고 인정되면 주무부장관은 그 시정을 직접 명할 수 있다.
③ 시·군 및 자치구에 대하여 지방의회의 의결이 법령에 위반되거나 공익을 현저히 해친다고 판단되면 주무부장관은 직접 재의를 요구할 수 있다.
④ 지방자치단체의 기관구성은 기본적으로 기관대립형을 채택하고 있다.
⑤ 기관위임사무는 주로 전국적 이해관계보다 지방적 이해관계가 큰 사무들이 그 대상이 된다.

해설 출제당시에는 ④번만 정답이었으나, 지방자치법이 전면 개정과 시행(2022.1.13) 되면서 현재기준으로 ①②③④ 모두 맞는 설명이다.
① 시·군 및 자치구에 대하여는 시·도지사가 기간을 정하여 서면으로 이행할 사항을 명령할 수 있다. 주무부장관은 시·도지사가 이행명령을 하지 아니하면 직접 시장·군수 및 자치구의 구청장에게 이행명령과 대집행등을 할 수 있다.
② 시·도에 대하여는 주무부장관이, 시·군 및 자치구에 대하여는 시·도지사가 시정할 것을 명할 수 있다. 주무부장관은 시·도지사가 시정명령을 하지 아니하면 직접 시장·군수 및 자치구의 구청장의 명령이나 처분을 취소하거나 정지할 수 있다.
③ 시·군 및 자치구에 대하여 시·도지사가 재의를 요구할 수 있다. 시·도지사가 재의를 요구하게 하지 아니한 경우 주무부장관이 직접 시장·군수 및 자치구의 구청장에게 재의를 요구하게 할 수 있다.
⑤ 기관위임사무는 당해 지방자치단체의 사무가 아니라 위임자인 국가사무를 말하므로 주로 전국적 이해관계가 큰 사무이다.

[정답] ①②③④

39
• 09 서울7급

다음 중 우리나라의 지방정부에 대한 중앙통제로 옳지 않은 것은?

① 감사원은 지방공무원에 대해 직무감찰을 실시할 수 있다.
② 중앙정부는 위법·부당한 명령·처분의 시정명령 및 취소·정지를 할 수 있고, 지방자치단체의 장이 이에 이의가 있을 때에는 행정법원에 소를 제기할 수 있다.
③ 지방자치단체는 법률이 정하는 바에 의하여 국가공무원을 둘 수 있다.
④ 중앙정부는 지방자치단체가 보조금을 다른 용도로 사용한 경우, 보조금을 반환하게 할 수 있다.
⑤ 지방자치단체 또는 그 장이 위임받아 처리하는 국가사무에 관하여는 주무부장관의 지도·감독을 받는다.

해설 ②의 지문 중에서 중앙정부는 시정명령 및 취소·정지를 할 수 있다는 전단은 맞으나 후단부가 틀렸다. 즉 지방자치단체의 장이 이에 이의가 있을 때에는 '행정법원'이 아닌 '대법원'에 소를 제기할 수 있다.

[정답] ②

40

• 16 지방9급

정부 간 관계(IGR) 모형에 대한 설명으로 옳은 것만을 모두 고른 것은?

> ㄱ. 로즈(Rhodes) 모형에서 지방정부는 중앙정부에 완전히 예속되는 것도 아니고 완전히 동등한 관계가 되는 것도 아닌 상태에서 상호 의존한다.
> ㄴ. 로즈(Rhodes)는 지방정부는 법적 자원, 재정적 자원에서 우위를 점하며, 중앙정부는 정보자원과 조직자원의 측면에서 우위를 점한다고 주장한다.
> ㄷ. 라이트(Wright)는 정부 간 관계를 포괄형, 분리형, 중첩형의 세 유형으로 나누고, 각 유형별로 지방정부의 사무내용, 중앙·지방 간 재정관계와 인사관계의 차이가 있음을 밝히고 있다.
> ㄹ. 라이트(Wright) 모형 중 포괄형에서는 정부의 권위가 독립적인데 비하여, 분리형에서는 계층적이다.

① ㄱ, ㄴ
② ㄴ, ㄷ, ㄹ
③ ㄱ, ㄷ
④ ㄱ, ㄴ, ㄷ

해설 보기 중에서 옳은 것은 ㉠, ㉢이다.
㉡ 로즈(Rhodes)는 중앙정부는 법적 자원, 재정적 자원에서 우위를 점하며, 지방정부는 정보자원과 조직자원의 측면에서 우위를 점한다고 주장한다.
㉣ 라이트(Wright) 모형 중 분리형에서는 정부의 권위가 독립적인데 비하여, 포괄형(내포형)에서는 중앙과 지방의 관계가 계층적이다.

[정답] ③

41

• 22 군무원9급

정부간 관계 모형에 대한 설명으로 가장 옳지 않은 것은?

① 라이트(D. S. Wright)는 미국의 연방, 주, 지방정부간 관계에 주목하여 분리형, 중첩형, 포함형으로 구분했다.
② 그린피스(J. A. Griffith)는 영국의 중앙·지방 관계는 중세 귀족사회에서 지주와 그 지주의 명을 받아 토지와 소작권을 관리하는 마름(steward)의 관계에 가깝다고 하여 지주-마름 모형을 제시했다.
③ 로데스(R. A. W Rhodes)는 집권화된 영국의 수직적인 중앙·지방 관계 하에서도 상호의존 현상이 나타남을 권력의존모형으로 설명했다.
④ 무라마쓰(村松岐夫)는 일본의 중앙·지방 관계의 변화에 주목하여 수직적 행정통제모형과 수평적 정치경쟁모형을 제시했다.

해설 ② 지주마름모형을 주장한 것은 챈들러(Chandler)이다. 지주는 마름(steward ; 시종, 지배인)에게 토지관리의 기본원칙만 정해주고 마름은 상당한 권한을 가지고 지주의 분신처럼 행동한다. 그린피스(J. A. Griffith)는 자유방임형, 규제형, 장려형으로 구분하였다.
③ [○] 로데스(R.A.W Rhodes)는 집권화된 영국의 수직적인 중앙·지방 관계 하에서도 중앙정부와 지방정부가 완전 예속적이거나 동등한 관계가 아닌 상호의존 현상이 나타남을 권력의존모형으로 설명했다. 권력의존모형을 통해 중앙정부와 지방정부가 각기 다른 우위의 자원을 가지고 있으며, 이를 서로 교환하며 상호의존 현상이 일어나므로 전략적 협상형이라고도 불리운다.
④ [○] 무라마쓰 미치오는 일본의 중앙·지방 관계를 수직적 행정통제 모형(중앙정부 우위)과 수평적 정치경쟁모형(중앙과 지방의 교섭)으로 설명하였다.

[정답] ②

THEMA 77. 자치단체의 계층과 구역

42
• 17 국가9급

우리나라의 지방자치계층에 대한 설명으로 옳지 않은 것은?

① 제주특별자치도는 자치계층 측면에서 단층제로 운영되고 있다.
② 자치계층은 주민공동체의 정책결정 및 집행의 단위로서 정치적 민주성 가치가 중요시된다.
③ 세종특별자치시의 관할구역으로 자치구를 둘 수 있다.
④ 자치계층으로 군을 두고 있는 광역시가 있다.

해설 ③ 지방자치법(3조)에 의하면 광역시에 자치구와 군을 두며 자치구는 특별시와 광역시, 특별자치시의 관할 구역 안에 둔다. 그런데, 세종특별자치시 설치 등에 관한 특별법(6조)에 따르면 세종특별자치시의 관할구역에는 시와 군 등 기초자치단체를 두지 않도록 하고 있다. 따라서 세종특별자치시에는 읍과 면이 존재한다.

[정답] ③

43
• 09 국회8급

'○○광역시'의 명칭을 '△△광역시'로 바꾸려고 한다. 이를 위한 현행법령의 절차로서 옳은 것은?

① ○○광역시 의회의 의결을 거쳐 조례로 정한다.
② ○○광역시 의회의 의견을 들어 법률로 정한다.
③ ○○광역시장의 신청에 의해 행정법원에서 재결한다.
④ ○○광역시 주민투표로 확정하여 대통령령으로 정한다.
⑤ 국무회의의 심의를 거쳐 대통령령으로 정한다.

해설 ② ○○광역시 의회의 의견을 듣거나 주민투표를 거쳐서 법률로 정한다. 지방자치법 4조에 의하면 지방자치단체의 명칭을 바꿀 때에는 법률로 정하되 관계 지방자치단체의 의회의 의견을 들어야 한다.

[정답] ②

44
• 05 서울9급

지방자치단체의 계층구조 중 단층제가 가지는 장점으로 볼 수 없는 것은?

① 이중행정과 이중감독의 폐단을 방지하고 신속한 행정을 도모한다.
② 행정수행상의 낭비를 제거하고 능률을 증진시킨다.
③ 행정책임을 명확히 할 수 있다.
④ 각 기초자치단체의 자치권이나 지방의 특수성 및 개별성을 존중한다.
⑤ 기초자치단체와 광역자치단체 간 업무의 분업적 수행이 가능하다.

해설 2005년 7월 27일 제주시에서 실시한 주민투표를 반영한 매우 시사적인 문제이다. 기초자치단체와 광역자치단체 간 업무의 분업적 수행이 가능한 경우는 이층제(중층제)의 장점이다.

[정답] ⑤

45
• 07 대전9급

제주특별자치도에 대한 설명 중 틀린 것은?

① 서귀포시와 제주시는 지방자치단체가 아니다.
② 제주특별자치도는 다른 자치단체와 구별되는 많은 특별한 다른 조치가 행해지고 있다.
③ 제주특별자치도는 특별시·광역시·도와는 다른 특별한 지방자치단체이다.
④ 감사위원회는 도지사 소속으로 따로 둔다.

해설 제주특별자치도는 특별시·광역시·도와 같은 보통자치단체이다. 다만 여타 광역자치단체와는 다른 일부 특례가 인정되고 있지만, 특별지방자치단체(자치단체조합)도 아니며, 다른 자치단체와 동일하다. 현재 특례가 인정되는 자치단체는 서울시와 제주자치도 뿐이다. ① 서귀포시와 제주시는 지방자치단체가 아닌 행정시이다. ④ 제주특별자치도는 자치감사권 확립차원에서 직무상 독립성을 가지는 감사위원회를 도지사 소속으로 따로 두고, 중앙행정기관장은 제주특별자치도에 대해서 직접 감사를 할 수 없도록 하고, 감사가 필요한 경우에는 감사위원회에 감사를 의뢰하도록 하도록 하고 있다.

[정답] ③

46
• 23 행정사

지방자치법에 규정된 특별지방자치단체에 관한 내용으로 옳지 않은 것은?

① 특별지방자치단체는 법인으로 한다.
② 구성 지방자치단체의 장은 특별지방자치단체의 장을 겸할 수 있다.
③ 특별지방자치단체의 의회는 규약으로 정하는 바에 따라 구성 지방자치단체의 의회 의원으로 구성한다.
④ 특별지방자치단체의 구역은 특별한 사정이 있을 때에는 해당 지방자치단체 구역의 일부 만을 구역으로 할 수 있다.
⑤ 2개 이상의 지방자치단체가 특별지방자치단체를 설치하는 경우 구성하는 지방자치단체의 지방의회 의결을 거쳐 국무총리의 승인을 받아야 한다.

해설 ⑤[X] 국무총리가 아니라 행정안전부장관의 승인을 받아야 한다. 2개 이상의 지방자치단체가 **공동으로 특정한 목적을 위하여 광역적으로 사무를 처리할 필요가 있을 때**에는 특별지방자치단체를 설치할 수 있다. 이 경우 **특별지방자치단체를 구성하는 지방자치단체**("구성 지방자치단체")는 상호 협의에 따른 **규약**을 정하여 구성 지방자치단체의 지방의회 의결을 거쳐 **행정안전부장관의 승인**을 받아야 한다. ②③ 특별지방자치단체의 장과 의원은 겸직금지 또는 겸직제한에도 불구하고 겸직할 수 있다.

[정답] ⑤

47
• 24 행정사

우리나라는 도·농 통합이나 행정구역개편을 통하여 지속적으로 통합을 전개해왔는데, 가장 최근에 통합한 도시는?

① 청주시 + 청원군 = 청주시
② 창원시 + 마산시 + 진해시 = 창원시
③ 여수시 + 여천시 + 여천군 = 여수시
④ 춘천시 + 춘천군 = 춘천시
⑤ 천안시 + 천안군 = 천안시

해설 가장 최근에 통합된 지역은 청주시이다(2014). 1995년 지방자치제 도입이후 통합이 성사된 사례는 전라남도 여수시, 여천시, 여천군이 통합한 여수시(삼여 통합,1998), 경상남도 창원시, 마산시, 진해시가 통합한 창원시(2010), 충청북도 청주시, 청원군이 통합한 청주시(청주·청원 통합,2014)가 있다.

[정답] ①

48
• 24 행정사

지방자치제도에서 법인격이 없는 행정계층에 해당하는 것은?

① 세종특별자치시
② 경상북도 고령군
③ 제주특별자치도 제주시
④ 부산광역시 기장군
⑤ 전라남도 순천시

해설 ③[X] 제주특별자치도와 세종특별자치시는 단층제 형태의 자치단체로서 광역자치단체만 존재하고 기초자치단체가 존재하지 않는다. 따라서 제주시나 서귀포시는 자치단체가 아니라 법인격이 없는 행정계층에 해당한다.

[정답] ③

49
• 22 행정사

우리나라 지방자치단체의 유형과 특징에 관한 설명으로 옳지 않은 것은?

① 지방자치단체에는 특별시, 광역시, 도, 특별자치도, 특별자치시와 시·군·구(자치구)가 포함된다.
② 두 개 이상의 지방자치단체가 특정한 목적을 위하여 법인으로서의 특별지방자치단체를 설치할 수 있다.
③ 특별시, 광역시 및 특별자치시가 아닌 인구 100만 이상의 시는 특례시 명칭을 부여받고 자치구를 둔다.
④ 모든 지방자치단체는 법령의 범위를 벗어나 사무 처리와 조례 제정을 할 수 없다.
⑤ 특별시·광역시 또는 특별자치시가 아닌 인구 50만 이상의 시는 자치구가 아닌 구를 둘 수 있다.

해설 ③[X] 서울특별시·광역시 및 특별자치시가 아닌 인구 100만 이상의 시는 특례시 명칭을 부여받고 행정, 재정 운영 등에 관한 특례를 둘 수 있지만, 자치구를 두는 것은 아니다. 자치구는 특별시와 광역시에 둔다.
① 자치단체는 특별시, 광역시, 특별자치시, 도, 특별자치도(광역)와 시, 군, 구(기초) 등 두 가지 종류로 구분한다.
② 2022년 신설된 규정으로 특별지방자치단체를 설치할 수 있다(지방자치법 제199조).
④ 지방자치단체는 법령을 위반하여 사무를 처리할 수 없으며(제12조), 법령의 범위에서 그 사무에 관하여 조례를 제정할 수 있다(제28조). 시·군 및 자치구는 해당 구역을 관할하는 시·도의 조례를 위반하여 사무를 처리할 수 없다. ⑤ 지방자치법 제3조

[정답] ③

50
• 24 군무원9급

다음 중 우리나라 지방자치단체 간의 연결구조에 대한 설명으로 가장 적절하지 않은 것은?

① 하나의 자치단체가 다른 자치단체를 구역 안에 포괄하는 중층제를 원칙으로 하며, 광역단체(시·도)와 기초단체(시·군·구)의 연결구조가 그 예이다.
② 한 구역에 하나의 자치단체만이 존재하는 단층제를 예외적으로 채택하고 있으며, 강원특별자치도·전북특별자치도·제주특별자치도·세종특별자치시가 여기에 해당한다.
③ 자치계층이 자치권을 바탕으로 하는 계층 간 독립적 관계구조라면, 행정계층은 계층 간 지휘·감독적 관계구조라고 할 수 있다.
④ 자치계층이 정치적 민주성을 중심으로 한다면, 행정계층은 행정의 효율성을 중심으로 하는 개념이라고 할 수 있다.

해설 ②[X] 우리나라의 자치계층은 중층제(2층제)를 원칙으로 하고 있지만, 예외적으로 단층제를 채택하고 있다. 제주특별자치도와 세종특별자치시는 기초자치단체가 없는 단층제에 해당하지만, 강원특별자치도·전북특별자치도는 기초자치단체를 두고있는 광역자치단체로서 중층제의 형태이다.

[정답] ②

THEMA 78 자치단체의 기관(長과 의회)

51 • 23 국가9급

「지방공무원법」상 인사위원회의 위원으로 임명되거나 위촉될 수 없는 사람은?

① 지방의회의원
② 법관·검사 또는 변호사 자격이 있는 사람
③ 공무원으로서 20년 이상 근속하고 퇴직한 사람
④ 초등학교·중학교·고등학교 교장 또는 교감으로 재직하는 사람

해설 ①[X] 정당의 당원, 지방의회의원 등은 「지방공무원법」상 인사위원회의 위원으로 임명 또는 위촉될 수 없다. ②③④[O] 모두 「지방공무원법」상 인사위원회의 위원으로 임명되거나 위촉될 수 있는 사람들이다.

[지방공무원법] 제7조(인사위원회의 설치)
⑤ 지방자치단체의 장과 지방의회의 의장은 각각 소속 공무원(국가공무원을 포함한다) 및 다음 각 호에 해당하는 사람으로서 인사행정에 관한 학식과 경험이 풍부한 사람 중에서 위원을 임명하거나 위촉하되, 위원의 자격요건에 관하여 필요한 사항은 대통령령으로 정한다. 다만, 시험위원은 시험실시기관의 장이 따로 위촉할 수 있다. 〈개정 2021. 10. 8.〉
  1. 법관·검사 또는 변호사 자격이 있는 사람
  2. 대학에서 조교수 이상으로 재직하거나 초등학교·중학교·고등학교 교장 또는 교감으로 재직하는 사람
  3. 공무원(국가공무원을 포함한다)으로서 20년 이상 근속하고 퇴직한 사람
  4. 「비영리민간단체 지원법」에 따른 비영리민간단체에서 10년 이상 활동하고 있는 지역단위 조직의 장
  5. 상장법인의 임원 또는 「공공기관의 운영에 관한 법률」 제5조에 따라 지정된 공기업의 지역단위 조직의 장으로 근무하고 있는 사람
⑥ 다음 각 호의 어느 하나에 해당하는 사람은 위원으로 위촉될 수 없다.
  1. 제31조 각 호의 어느 하나에 해당하는 사람
  2. 「정당법」에 따른 정당의 당원
  3. 지방의회의원

[정답] ①

52 • 24 국가9급

지방행정제도에 대한 설명으로 옳지 않은 것은?

① 일정 조건을 충족한 주민은 해당 지방의회에 조례를 제정하거나 개정 또는 폐지할 것을 청구할 수 있다.
② 지방자치단체 간 관할 구역의 경계변경 조정 시 일정기간 이내에 경계변경자율협의체를 구성하지 못한 경우 행정안전부장관은 지방자치단체중앙분쟁조정위원회의 심의·의결을 거쳐 조정할 수 있다.
③ 정책지원 전문인력인 정책지원관 제도는 지방자치단체장의 정책기능을 강화하기 위해 도입되었다.
④ 자치경찰사무는 합의제 행정기관인 시·도지사 소속 시·도 자치경찰위원회가 관장하며 업무는 독립적으로 수행한다.

해설 ③[X] 정책지원관 제도는 **지방의회의원**들의 정책기능을 강화하기 위하여 「지방자치법」 개정(2022.1)과 함께 도입되었다. 지방자치법 제41조에 의하면 지방의회의원의 의정활동을 지원하기 위하여 지방의회의원 정수의 2분의 1 범위에서 해당 지방자치단체의 조례로 정하는 바에 따라 지방의회에 정책지원 전문인력(정책지원관)을 둘 수 있다.
①[O] 지방자치법 제19조에 규정된 조례의 제정과 개정·폐지 청구제도이다.
②[O] 지방자치법 제6조 3항.
④[O] 자치경찰사무를 관장하게 하기 위하여 시·도지사 소속으로 시·도 자치경찰위원회를 둔다(국가경찰과 자치경찰의 조직 및 운영에 관한 법률 제18조)

[정답] ③

53 • 16 지방9급
지방자치단체의 기관구성에 대한 설명으로 옳지 않은 것은?

① 기관대립형(기관분리형)은 견제와 균형을 통해 민주적이고 합리적인 지방자치를 실시하는 방식이다.
② 기관통합형은 주민 직선으로 지방의회를 구성하고 의회 의장이 단체장을 겸하는 방식이다.
③ 기관대립형(기관분리형)은 집행부와 의회의 기구가 병존함에 따라 비효율성을 줄일 수 있다는 장점이 있다.
④ 기관통합형은 의결기능과 집행기능이 통합되어 있기 때문에 지방자치행정을 기관 간 마찰 없이 안정적으로 수행할 수 있다는 장점이 있다.

해설 ③ 기관대립형(기관분리형)은 대통령 중심제와 유사한 방식으로 집행기구와 의결기관(지방의회) 간 견제와 균형을 유지할 수 있는 장점은 있으나 갈등과 대립으로 지방행정에 비효율을 초래할 수 있다는 단점이 있다.

[정답] ③

54 • 10 서울9급
지방자치단체의 기관구성에 관한 설명으로 가장 옳지 않은 것은?

① 기관통합형은 의원내각제와 비교적 유사하다.
② 기관대립형은 대통령중심제와 비교적 유사하다.
③ 기관통합형에서는 임기 동안 지방자치행정에 대한 효율성과 책임성을 확보할 수 있다.
④ 기관대립형에서는 집행부와 의회의 마찰로 인한 비효율성이 발생할 수도 있다.
⑤ 기관통합형에서는 의회와 집행기관 간 견제와 균형을 통하여 민주성을 확보할 수 있다.

해설 ⑤ 의결기관(의회)과 집행기관(자치단체장) 간 견제와 균형을 통하여 민주성을 확보할 수 있는 것은 기관대립형이다.

[정답] ⑤

55 • 08 지방7급
지방의회의 의결에 대한 지방자치단체 장의 재의 요구 사유가 아닌 것은?

① 지방의회의 의결이 월권이거나 법령에 위반된다고 인정되는 경우
② 지방의회의 의결이 국제관계에서 맺은 국제교류 업무 수행에 드는 경비를 축소한 경우
③ 지방의회의 의결이 예산상 집행 불가능한 경비를 포함하고 있다고 인정되는 경우
④ 지방의회의 의결이 비상재해로 인한 시설의 응급 복구를 위하여 필요한 경비를 축소한 경우

해설 현행 지방자치법에서는 다음의 경우 지방자치단체장의 재의요구권을 인정하고 있다. ㉠ 조례안에 이의가 있는 경우, ㉡ 지방의회의 의결이 월권이거나 법령에 위반되거나 공익을 현저히 해친다고 인정되는 경우, ㉢ 지방의회의 의결이 예산상 집행할 수 없는 경비를 포함하고 있다고 인정되는 경우이다. ②는 재의요구 사유에 해당하지 않는다.

[관련법률] 지방자치법 제26조 (조례와 규칙의 제정 절차 등) ③ 지방자치단체의 장은 이송받은 조례안에 대하여 이의가 있으면 제2항의 기간에 이유를 붙여 지방의회로 환부(환부)하고, 재의(재의)를 요구할 수 있다. 제107조 (지방의회의 의결에 대한 재의요구와 제소) ① 지방자치단체의 장은 지방의회의 의결이 월권이거나 법령에 위반되거나 공익을 현저히 해친다고 인정되면 그 의결사항을 이송받은 날부터 20일 이내에 이유를 붙여 재의를 요구할 수 있다. 제108조 (예산상 집행 불가능한 의결의 재의요구) ① 지방자치단체의 장은 지방의회의 의결이 예산상 집행할 수 없는 경비를 포함하고 있다고 인정되면 그 의결사항을 이송받은 날부터 20일 이내에 이유를 붙여 재의를 요구할 수 있다.

[정답] ②

56
• 24 행정사

자치경찰제에 관한 설명으로 옳지 않은 것은?

① 2006년 제주특별자치도 자치경찰제 시범 도입에 이어 2021년부터 본격적으로 자치경찰제가 시행되었다.
② 자치경찰사무로 지역 내 주민의 생활안전 활동과 교통활동에 관한 사무가 있다.
③ 광역자치단체장 소속으로 시·도자치경찰위원회가 자치경찰사무를 관장한다.
④ 시·도 자치경찰위원회는 시·도지사의 지휘감독을 받아 자치경찰사무를 수행한다.
⑤ 국가경찰사무는 국민의 생명·신체 및 재산의 보호, 범죄의 예방·진압 및 수사 등이다.

해설 ④(×) '시·도경찰청'은 '시·도자치경찰위원회'의 지휘·감독을 받아 자치경찰사무를 수행한다. 시·도경찰청장은 국가경찰사무에 대해서는 경찰청장의 지휘·감독을, 자치경찰사무에 대해서는 시·도자치경찰위원회의 지휘·감독을 받아 관할구역의 소관 사무를 관장한다.

[정답] ④

[관련법률] 국가경찰과 자치경찰의 조직 및 운영에 관한 법률
제18조(시·도자치경찰위원회의 설치) ① 자치경찰사무를 관장하게 하기 위하여 특별시장·광역시장·특별자치시장·도지사·특별자치도지사("시·도지사") 소속으로 시·도자치경찰위원회를 둔다.
② 시·도자치경찰위원회는 합의제 행정기관으로서 그 권한에 속하는 업무를 독립적으로 수행한다.
제28조(시·도경찰청장) ③ 시·도경찰청장은 국가경찰사무에 대해서는 경찰청장의 지휘·감독을, 자치경찰사무에 대해서는 시·도자치경찰위원회의 지휘·감독을 받아 관할구역의 소관 사무를 관장하고 소속 공무원 및 소속 경찰기관의 장을 지휘·감독한다. 다만, 수사에 관한 사무에 대해서는 국가수사본부장의 지휘·감독을 받아 관할구역의 소관 사무를 관장하고 소속 공무원 및 소속 경찰기관의 장을 지휘·감독한다.

THEMA 79 지방재정

57
* 22 지방9급

특별시·광역시의 보통세와 도의 보통세에 공통적으로 속하는 세목만을 모두 고르면?

ㄱ. 지방소득세	ㄴ. 지방소비세
ㄷ. 주민세	ㄹ. 레저세
ㅁ. 재산세	ㅂ. 취득세

① ㄱ, ㄴ, ㄹ
② ㄱ, ㄷ, ㅁ
③ ㄴ, ㄹ, ㅂ
④ ㄷ, ㅁ, ㅂ

해설 ③ 특별시·광역시의 보통세(7개)와 도의 보통세(4개)에 공통적으로 속하는 세목은 지방소비세, 레저세, 취득세이다.

[지방세]

구분	보통세		목적세
	특별시·광역시세	도세	특·광·도세
광역	취득세, 레저세, 지방소득세, 주민세, 자동차세, 담배소비세, 지방소비세	**취**득세, 등록**면**허세, **레**저세, **지**방소비세	지역자원시설세, 지방교육세
	자치구세	시군세	
기초	등록**면**허세, **재**산세	재산세, 지방소득세, 주민세, 자동차세, 담배소비세	–

[정답] ③

58
* 22 국가9급

지방교부세에 대한 설명으로 옳지 않은 것은?

① 지역 간 재정력 격차를 완화시키는 재정 균등화 기능을 수행한다.
② 보통교부세, 특별교부세, 부동산교부세, 소방안전교부세로 구분한다.
③ 신청주의를 원칙으로 하며 각 중앙관서의 예산에 반영되어야 한다.
④ 부동산교부세는 종합부동산세를 재원으로 하며 전액을 지방자치단체에 교부한다.

해설 ③ [X] 신청주의를 원칙으로 하며 각 중앙관서의 예산에 반영되어야 하는 것은 지방교부세가 아니라 국고보조금이다. 지방교부세는 법정교부세율에 따라 확보된 재원으로 지방정부의 신청 없이도 교부 가능한 재원이다. 보통교부세와 특별교부세는 내국세 총액의 19.24%로 법정화되어 있다.

[정답] ③

59 • 24 지방9급

「지방공기업법」상 지방공기업에 대한 설명으로 옳지 않은 것은?

① 지방직영기업의 관리자는 해당 지방자치단체의 공무원으로서 지방직영기업의 경영에 관하여 지식과 경험이 풍부한 사람 중에서 지방자치단체의 장이 임명한다.
② 지방공사를 설립하고자 하는 시장·군수·구청장은 설립 전에 행정안전부장관과 협의하여야 한다.
③ 지방자치단체는 상호 규약을 정하여 다른 지방자치단체와 공동으로 지방공사를 설립할 수 있다.
④ 지방자치단체는 지방직영기업을 설치·경영하려는 경우에는 그 설치·운영의 기본사항을 조례로 정하여야 한다.

해설 ②[X] 지방공사를 설립하고자 하는 시장·군수·구청장은 설립 전에 '시·도지사'와, 시·도지사는 설립 전에 '행정안전부장관'과 협의하여야 한다(지방공기업법 제49조). ①[O] 지방자치단체는 지방직영기업의 업무를 관리·집행하게 하기 위하여 사업마다 관리자를 둔다. 관리자는 대통령령으로 정하는 바에 따라 해당 지방자치단체의 공무원으로서 지방직영기업의 경영에 관하여 지식과 경험이 풍부한 사람 중에서 지방자치단체의 장이 임명하며, 임기제로 할 수 있다(제7조). ③[O] 지방자치단체는 상호 규약을 정하여 다른 지방자치단체와 공동으로 공사를 설립할 수 있다(제50조). ④ [O] 지방직영기업 설치·운영에 관한 기본사항은 조례로 정한다(법 제5조).

지방공기업법
제49조(지방공사의 설립) ① 지방자치단체는 제2조에 따른 사업을 효율적으로 수행하기 위하여 필요한 경우에는 지방공사(이하 "공사"라 한다)를 설립할 수 있다. 이 경우 공사를 설립하기 전에 특별시장, 광역시장, 특별자치시장, 도지사 및 특별자치도지사(이하 "시·도지사"라 한다)는 행정안전부장관과, 시장·군수·구청장(자치구의 구청장을 말한다)은 관할 특별시장·광역시장 및 도지사와 협의하여야 한다.
제50조(지방공사의 공동설립) ① 지방자치단체는 상호 규약을 정하여 다른 지방자치단체와 공동으로 공사를 설립할 수 있다.

[정답] ②

60 • 17 지방9급

우리나라 지방자치단체의 자치재정권에 대한 설명으로 옳지 않은 것은?

① 지방세 탄력세율 제도는 지방자치단체 재정의 신축성과 자율성을 제고하기 위한 제도이다.
② 지방자치단체는 법령의 위임이 없더라도 조례의 제정을 통하여 지방 세목을 설치할 수 있다.
③ 지방자치단체의 장은 재정투자사업에 관한 예산안을 편성할 경우 대통령령이 정하는 바에 따라 사전에 그 필요성과 타당성에 대한 심사를 하여야 한다.
④ 지방자치단체의 장은 재해예방 및 복구사업을 위한 자금조달에 필요할 때에는 지방채를 발행할 수 있다.

해설 조세법률주의는 국세와 지방세 모두 적용된다. 즉, 조세의 종류와 세율은 반드시 법률로 규정해야 한다. 따라서 지방자치단체는 법령의 위임이 있든 없든 조례로는 지방 세목을 설치할 수 없다.

[정답] ②

61 • 20 지방9급

지방재정의 세입항목 중 자주재원에 해당하는 것은?

① 지방교부세
② 재산임대수입
③ 조정교부금
④ 국고보조금

해설 ② 재산임대수입은 세외수입으로서 자주재원에 해당한다. 자주재원에는 지방세와 세외수입이 있으며, 지방자치단체가 중앙정부의 도움 없이 자체적으로 조달 가능한 재원을 말한다. ① [X] 지방교부세는 의존재원이며, ③ [X] 조정교부금은 광역자치단체가 재정력 격차를 완화하기 위하여 기초지방자치단체에 교부하는 자금이다. ④ [X] 국고보조금은 중앙정부가 특정사업의 수행과 관련하여 용도를 지정하여 지방정부에 교부하는 자금이다.

[정답] ②

62
• 06 선관위9급

지방재정과 중앙재정을 비교·설명한 것으로 가장 옳은 것은?

① 지방재정은 자원배분기능, 소득재분배기능, 경제안정화 기능 등 포괄적인 기능을 수행하는 반면, 중앙재정은 주로 자원배분기능을 중점적으로 수행한다.
② 재원조달방식에 있어 중앙정부는 지방정부에 비해 조세 이외의 보다 다양한 세입원에 의존하고 있다.
③ 지방정부의 재정운용은 중앙정부에 비해 주민의 선호에 더욱 민감하게 작용한다.
④ 중앙재정은 지방재정과 비교할 때 공평성보다는 자원배분의 효율성을 상대적으로 더 중시한다.

해설 ① 자원배분기능, 소득재분배기능, 경제안정기능 등 포괄적 기능을 수행하는 것은 중앙재정이고, 자원배분기능을 중점적으로 수행하는 것은 지방재정이다. ② 지방재정은 중앙재정보다 다양한 세입원에 의존하고 있다. ④ 자원배분의 효율성을 중시하는 것은 지방재정이다.

[정답] ③

63
<수정>• 08 경기7급

다음 중 자치구세로만 옳게 묶여진 것은?

① 재산세, 등록면허세
② 재산세, 취득세
③ 재산세, 종합부동산세, 등록면허세
④ 재산세, 종합부동산세, 사업소세

해설 자치구세에는 보통세로서 등록면허세와 재산세가 있다. 목적세로서 사업소세가 있었으나 지방세법의 개정(2009~2010)으로 폐지되었으며, 등록세와 면허세가 통합하여 등록면허세로 변경되었다.

[정답] ①

64
• 08 경남9급<수정>

다음 지방세 세목 중 시군세가 아닌 것은?

① 재산세   ② 담배소비세
③ 등록면허세   ④ 지방소득세

해설 취득세, 등록세, 면허세, 레저세, 지방소비세는 도세이다. 지방세법의 개정(2009~2011)으로 사업소세가 폐지되었고, 종래의 주민세를 개편하였으며 지방소득세가 신설되었다.

[정답] ③

65
• 14 행정사

우리나라 지방교부세에 관한 설명으로 옳지 않은 것은?

① 지방교부세는 본질적으로 지방자치단체의 공유적 독립재원에 속한다.
② 보통교부세는 사용용도가 정해져 있지 않은 일반재원이다.
③ 지방자치단체간 재정불균형의 조정은 가능하나 중앙정부와 지방자치단체간 수평적 재정균형 기능은 미흡하다.
④ 지방자치단체들은 재정자립도 향상 차원에서 지방교부세의 증액을 위해 노력하고 있다.
⑤ 현행 제도상 보통교부세를 교부받지 않는 지방자치단체도 존재하고 있다.

해설 ④[X] 재정자립도는 총세입 중에서 자주재원이 차지하는 비율을 말한다. 지방교부세는 자주재원이 아니라 의존재원이므로 지방교부세가 늘어날수록 재정자립도는 낮아진다. ④의 지문에서 재정자립도 대신에 재정자주도라고 수정하면 맞는 지문이 된다.
① 지방교부세는 지방교부세는 국가로부터의 단순한 교부금이 아니고 본래 중앙정부와 지방정부 간의 공유적인 고유재원(독립재원)이다.
③ 지방교부세는 국고보조금과 달리 수직적 재정조정보다 수평적 재정조정의 성격이 강하다. 지방자치단체간 재정불균형의 조정은 수평적 불균형의 조정이며, 중앙정부와 지방자치단체간 재정불균형의 조정은 수직적 불균형의 조정이다.
⑤ 지방정부 중에서 서울, 경기, 성남, 화성의 경우 기준재정수입액이 기준재정수요액보다 크기 때문에 보통교부세를 교부받지 않는다.

[정답] ④

66
• 17 지방9급

「지방교부세법」상 지방교부세에 대한 설명으로 옳지 않은 것은?

① 지방교부세의 재원에는 종합부동산세 총액, 담배에 부과하는 개별소비세 총액의 일부 등이 포함된다.
② 보통교부세의 산정기일 후에 발생한 재난을 복구하거나 재난 및 안전관리를 위한 특별한 재정수요가 생기거나 재정수입이 감소한 경우 특별교부세를 교부할 수 있다.
③ 지방교부세의 종류는 보통교부세, 특별교부세, 부동산 교부세 및 교통안전교부세로 구분한다.
④ 지방행정 및 재정운용 실적이 우수한 지방자치단체의 재정지원 등 특별한 재정수요가 있을 경우 특별교부세를 교부할 수 있다.

해설 ③ 지방교부세의 종류는 보통교부세, 특별교부세, 부동산교부세 및 소방안전교부세로 구분한다. ① 지방교부세의 재원에는 내국세 총액(일부제외)의 19.24퍼센트와 종합부동산세 전액 및 담배에 부과하는 개별소비세의 45%로 구성되어있다.
② 특별교부세의 재원으로 다음 3종류가 있다. ㉠ 기준재정수요액의 산정방법으로는 파악할 수 없는 지역현안에 대한 특별한 재정수요가 있는 경우, ㉡ 보통교부세의 산정기일 후에 발생한 재해를 복구하거나 재해예방을 위한 특별한 재정수요가 생기거나 재정수입이 감소한 경우, ㉢ 국가적 장려사업, 국가와 지방자치단체 간에 시급한 협력이 필요한 사업 또는 지역 역점시책 등 특별한 재정수요가 있을 경우 등이다.

[정답] ③

67
• 19 서울9급

지방자치단체의 재정자립도에 대한 설명으로 가장 옳지 않은 것은?

① 재정자립도는 세입총액에서 지방세수입과 세외수입이 차지하는 비율을 나타낸다.
② 자주재원이 적더라도 중앙정부가 지방교부세를 증액하면 재정자립도는 올라간다.
③ 재정자립도가 높다고 지방정부의 실질적 재정이 반드시 좋다고 볼 수는 없다.
④ 국세의 지방세 이전은 재정자립도 증대에 도움이 된다.

해설 ② 재정자립도란 일반회계 총세입 중에서 자주재원(지방세+세외수입)이 차지하는 비중을 의미하는 것으로 자주재원의 비중이 클수록 재정자립도는 높아진다. 반면 의존재원(지방교부세 및 국고보조금)이 작을수록 재정자립도는 높아진다.
③ 재정자립도는 세출의 질, 의존재원의 내역 및 전체 재정규모 등 실질적인 재정상태를 알려주지 못하므로 재정자립도가 높다 하여 지방재정이 반드시 건전하다고 할 수 없다.
④ 국세는 의존재원이고 지방세는 자주재원이므로 국세의 지방세 이전은 재정자립도를 증대시키는 데 도움이 된다.

[정리] 주요 지방재정지표

재정 규모 (재정력)	자주재원 + 의존재원 + 지방채	지방재정자립도 등을 반영하지 못한다.
재정자립도	(지방세 + 세외수입)/일반회계 총세입	자립도가 높다하여 재정이 건전하다 할 수 없다.(재정규모, 세출의 질, 실질적 재정상태, 정부지원규모내역을 알 수 없기 때문)
재정력지수	기준재정수입액 / 기준재정수요액	보통교부세 교부 기준 지수가 클수록 재정력이 좋다.
재정자주도	일반재원 / 일반회계 총세입	차등보조금 교부기준, 재정자립도 미반영

[정답] ②

68
* 19 행정사

지방공기업에 관한 설명으로 옳은 것은?

① 일반회계와는 별도로 지방의회의 예산 심의 및 의결이 필요 없는 특별회계로 운영된다.
② 지방공기업법의 적용을 받기 때문에 지방자치법의 적용대상은 아니다.
③ 지방자치단체가 지역주민의 복리증진 등을 목적으로 직접 설치·경영하거나 법인을 설립하여 경영하는 기업이다.
④ 지방자치단체로부터 독립해 있기 때문에 지방자치단체의 통제를 받지 않는다.
⑤ 지방공사 및 지방공단에 소속된 직원은 신분이 지방공무원이다.

해설 ③ 지방공기업이란 지방자치단체가 직접 설치·경영하거나 법인을 설립하여 경영하는 기업으로 지방자치의 발전과 주민복리의 증진에 이바지함을 목적으로 한다. ① [X] 지방공기업은 사업마다 특별회계를 설치하여야한다. 특별회계는 지방의회의 심의·의결대상이다. ② [X] 1차적으로 지방공기업법의 적용을 받지만, 지방공기업에 규정이 없는 경우 지방자치법, 지방재정법 등의 법령을 적용한다. ④ [X] 지방자치단체의 장은 공사·공단의 설립·운영 등 공사의 업무를 관리·감독한다. ⑤ [X] 지방공사 및 지방공단는 자치단체로부터 분리된 법인이므로 소속직원은 공무원이 아니다.

[정답] ③

69
* 08 국회8급

지방재정에 관한 설명으로 옳은 것은?

① 지방채는 세대 간 부담의 형평성 제고에 도움이 된다.
② 기준재정수요액이 높을수록 재정력지수가 높다.
③ 국고보조금의 배정은 중앙정부에 재량권이 없다.
④ 재정자립도가 높을수록 지방재정이 건전하다.
⑤ 지방세의 종목은 지방의회가 정한다.

해설 ① 지방채는 장래에 편익을 누리게 될 미래의 주민들에게도 그 부담을 공평하게 분담시킬 수 있기 때문에 수익자부담원칙과 세대 간 부담의 형평성 제고에 기여한다. ② 재정력 지수란 기준재정수입액을 기준재정수요액으로 나눈 것(기준재정수입액/기준재정수요액)이기 때문에 기준재정수요액이 높을수록 재정력 지수는 낮아진다. ③ 국고보조금의 배정은 사무의 성격에 따라 중앙정부가 결정한다. ④ 재정자립도가 지방재정의 건전성 파악에 활용되기도 하지만 재정자립이 높다고 무조건 재정이 건전하다고 단정하기는 어렵다. 왜냐하면 재정자립도는 특별회계를 포함하지 못하고, 세출의 구조를 알지 못하며, 재정의 규모를 파악하지 못하는 측면이 있기 때문이다. 재정건전성의 파악은 재정력지수, 재정자립도, 재정규모, 세출구조의 건전성 등을 종합적으로 고려하여 판단해야 한다. ⑤ 지방세의 세목과 세율은 법률로서 정해진다(조세법률주의).

[정답] ①

70
* 06 국가9급

우리나라의 지방재정에 관한 다음 설명 중 옳지 않은 것은?

① 지방세는 재산과세 위주의 세원구성으로 신장성이 미약하다.
② 지방세의 경우 국세에 비하여 응능성보다는 응익성의 원칙이 더 중시된다.
③ 재정자립도는 지방자치단체의 재정규모와 지출구조를 반영하지 못하고 있다.
④ 분권교부세는 국고보조사업의 이양을 위해 국가가 교부하는 특정재원이다.

해설 ① 지방세제의 문제점으로 재산과세 위주의 세원구성으로 신장성이 미약하다.
② 국세에 비하여 응익성의 원칙이 더 중시된다.
③ 재정자립도와 재정규모(재정력)는 다르며, 재정자립도는 세입측면을 고려한 개념으로서 세출측면을 고려하지 못하므로 지출구조를 반영하지 못하고 있다.
④ 분권교부세는 폐지되어 현재 존재하지않는다. 원래 분권교부세는 국고보조사업을 이양받은 자치단체에 대하여 교부하였으며, 국고보조금과는 달리 일반재원이었다. 지방교부세 중 보통교부세와 분권교부세는 일반재원이고, 특별교부세는 특정재원이다.

[정답] ④

71
• 05 서울7급

다음 중 지방자치단체의 지방재정자립도를 제고시키는 방안으로 가장 적합한 것은?

① 국고보조금의 교부방법을 포괄보조금방식으로 한다.
② 지방교부세의 법정교부율을 대폭 상향조정한다.
③ 사용료·수수료 등의 요율을 인상하는 등 수익자부담 원칙을 강화한다.
④ 지출의 우선순위를 조정하여 감축관리를 강화한다.
⑤ 조세체계를 개편하여 내국세의 비중을 높인다.

해설 지방재정자립도 항상을 위해서는 자주재원(지방세+세외수입)을 확충하는 것이 필요하며, 의존재원(교부세, 국고보조금) 또는 국세의 확대는 적절하지 않다. ①국고보조금의 교부방법의 개선은 의존재원의 개선에 해당한다. ②지방교부세 법정교부율 조정도 의존재원의 증가에 해당한다. ④지출의 우선순위의 조정은 세출구조를 합리적으로 개선하는 것으로 세입구조와는 무관하다.

[정답] ③

72
• 09 국가7급

지방자치단체의 재정자립도에 대한 설명으로 옳지 않은 것은?

① 재정지출의 내역이라고 할 수 있는 세출의 질을 고려하고 있지 않다.
② 대규모 사업의 수행을 가능케 하는 재정규모의 중요성을 간과하고 있다.
③ 지방자치단체의 실질적 재정상태를 나타내며 중앙정부로부터 얼마나 많은 지원을 받고 있는가를 보여준다.
④ 중앙정부에 의한 재정지원을 의존재원으로 처리함으로써 재정지원의 형태를 제대로 파악할 수 없다.

해설 재정자립도란 전체세입 중에서 자주재원이 차지하는 비율만을 의미하므로 자치단체의 실질적 재정상태를 나타내기에는 한계가 있다. 이는 중앙정부로부터 얼마나 재정지원을 받고 있는가가 아니라 중앙정부로부터 얼마나 재정지원을 받지 않고 재정수요를 자체적으로 해결해 나가고 있는가를 보여주는 개념이다. 중앙정부로부터 얼마나 재정지원을 받고 있는가를 나타내는 개념은 '재정의존도'이다.

[정답] ③

73
• 01 입법고시

지방재정자립도에 관한 설명 중 틀린 것은?

① 지방재정자립도는 지방세수입과 세외수입의 합계액이 세입총액에서 점하는 비율을 의미한다.
② 재정자립도 개념에 의하면 구성비가 유사할 경우 재정력이 유사하다고 간주해 버리는 오류를 낳게 된다.
③ 일반적으로 지방재정자립도가 같거나 유사하다고해서 자치단체의 재정력이 같은 것은 아니다.
④ 지방재정자립도 개념에는 자치단체의 재정규모를 반영하고 있다.
⑤ 재정자립도는 자치단체의 세출구조를 고려하지 않는다.

해설 ④ 지방재정자립도 개념에는 자치단체의 재정규모를 반영하지 못한다.

[정답] ④

74
* 21 행정사

현재 우리나라의 지방재원에 관한 설명으로 옳은 것은?

① 지방교부세는 과세용도에 따라 보통세와 목적세로 나눈다.
② 세외수입은 재원의 성격상 의존재원이다.
③ 국고보조금은 재원의 성격상 자체재원이다.
④ 특정재원과 달리 일반재원은 지방자치단체가 어떠한 경비로도 자유롭게 지출할 수 있는 재원이다.
⑤ 지방세 수입에는 사용료, 수수료, 재산임대수입 등이 있다.

해설 ④ 일반재원은 자치단체가 자유롭게 사용할 수 있는 재원으로 자금의 용도가 정해져 있지 않고 그 예산집행과정에서 재량적으로 용도를 결정할 수 있는 재원으로 지방세, 세외수입, 보통지방교부세 등이 이에 해당한다.
①[X] 지출의 용도(재원의 사용 용도의 한정성)에 따라 분류하면 일반재원과 특정재원이 있다. 지방교부세는 수입의 조달방법에 따른 분류로서 의존재원에 해당한다.
②[X] 세외수입은 자주재원에 해당한다.
③[X] 국고보조금은 자체재원(자주재원)이 아니라 의존재원이다.
⑤[X] 사용료, 수수료, 재산임대수입 등은 세외수입에 해당한다.

[정답] ④

75
* 22 행정사

중앙정부에 의한 지방재정조정제도의 형태가 아닌 것은?

① 국고보조금   ② 지방교부세
③ 국가균형발전특별회계 ④ 조정교부금
⑤ 국고부담금

해설 ④[X] 지방재정 조정제도는 중앙정부(국가)에 의한 재정조정과 상급자치단체에 의한 재정조정이 있는데, 조정교부금은 상급자치단체(광역자치단체)에 의한 재정조정이다. ①② 국고보조금과 지방교부세는 중앙정부(국가)에 의한 재정조정제도이다. ③ 국가균형발전특별회계는 국고보조금의 일종이며, ⑤ 국고부담금은 국가가 그 전부 또는 일부를 부담하는 국고보조금이다.

[정리] 지방재정조정제도 : 조정주체에 의한 의존재원

국가에 의한 재정조정 (국가 ⇨ 지방)	상급자치단체에 의한 재정조정 (광역 ⇨ 기초)
지방교부세 : 보통/특별 교부세 등 국고보조금 : 교부금, 부담금	조정교부금 : 자치구/시군 조정교부금

[정답] ④

76
* 24 군무원9급

다음 중 지방자치단체의 재정자립도에 대한 설명으로 가장 적절하지 않은 것은?

① 특별회계와 기금을 제외하고 일반회계만을 고려하기 때문에 실제 재정 능력이 과소 평가된다.
② 자체재원만을 반영하고 세출 구조를 고려하지 않아 세출의 질을 알 수 없다.
③ 중앙정부의 재정지원을 의존재원으로 처리함으로써 그 재정 지원의 형태나 성격을 제대로 파악할 수 없다.
④ 지방자치단체가 중앙정부 등 외부의 간섭이나 통제 없이 자주적으로 편성·집행할 수 있는 재원의 비율을 말한다.

해설 ④[X] 재정자립도와 재정자주도를 구분하는 문제이다. 지방자치단체가 자율적으로 편성·집행할 수 있는 재원(일반재원)의 비율은 재정자주도이다.
①[O] 재정자립도는 일반회계만을 고려하므로 특별회계와 기금 등을 종합적으로 고려하지 못해 실제 재정력을 과소평가한다.
②[O] 재정자립도는 세입 측면만 고려한 개념으로 세출 측면의 변화는 고려하지 못한다. 자체재원이란 지방세와 세외수입 등 자주재원을 말한다.
③[O] 일반회계 예산규모 중 의존재원의 비율이 낮고 자체재원의 비중이 높은 경우 지방재정이 취약함에도 재정자립도는 올라갈 수 있어 중앙정부의 재정 지원의 성격을 파악하기 어려울 수 있다.

[정답] ④

주민통제

77 • 23 국가9급
2021년 1월 전부개정된 「지방자치법」에서 처음으로 도입된 주민참여 제도는?

① 주민소환
② 주민의 감사청구
③ 조례의 제정과 개정·폐지 청구
④ 규칙의 제정과 개정·폐지 관련 의견 제출

해설 ④ 2021년 지방자치법을 전면 개정하면서 신설된 주민참여제도는 규칙의 제정과 개정·폐지 관련 의견 제출제도이다. 규칙개폐 의견제출 제도(신설, 지방자치법 20조)에 의하면 주민은 권리·의무와 직접 관련되는 규칙의 제정, 개정 또는 폐지와 관련된 의견을 해당 **지방자치단체의 장에게** 제출할 수 있다. ①②③ [X] 기존의 「지방자치법」에도 규정되었던 제도들이다. 우리나라의 주민참여제도의 입법순서는 다음과 같다. 조례제정·개폐청구제도(1999년) → 주민감사청구제도(1999) → 주민투표제도(2004) → 주민소송제도(2006) → 주민소환제도(2007)

[정답] ④

78 • 17 행정사
지방자치법상 명시된 주민직접참여제도로 바르게 묶인 것은?

① 주민투표, 주민감사, 주민발안
② 주민발안, 주민총회, 주민감사청구
③ 주민투표, 주민감사청구, 주민소환
④ 주민소송, 주민소환, 주민총회
⑤ 주민감사, 주민소송, 주민총회

해설 현행 지방자치법에 직접 규정된 사항은 주민투표(18조), 조례의 제정과 개폐 청구(19조), 주민감사청구(21조), 주민소송(22조), 주민소환(25조) 등이다. 주민감사[X], 주민총회[X]와 주민발안[X]의 경우 지방자치법에 직접 규정되어있지 않다. '주민감사청구'와 달리 '주민감사'는 지방자치법에 규정이 없다. 지방자치법(19조)에 주민의 조례 제정과 개정·폐지 청구 등 주민발안에 대한 관련 조항이 있지만, 주민발안이라고 명시하고 있지는 않다. 또한 주민총회는 도입되지 않았다.

[정답] ③

79 • 19 국가9급
「지방자치법」상 주민참여 수단에 대한 설명으로 옳지 않은 것은?

① 지방자치단체의 장은 주민에게 과도한 부담을 주거나 중대한 영향을 미치는 지방자치단체의 주요 결정사항 등에 대하여 주민투표에 부칠 수 있다.
② 19세 이상의 주민은 그 지방자치단체와 그 장의 권한에 속하는 사무의 처리가 법령에 위반되거나 공익을 현저히 해친다고 인정되면 감사를 청구할 수 있다.
③ 주민은 그 지방자치단체의 장을 소환할 권리를 갖지만, 비례대표 지방의회의원을 소환할 권리를 가지고 있지는 못하다.
④ 주민은 행정기구를 설치하거나 변경하는 것에 관한 사항이나 공공시설의 설치를 반대하는 사항의 조례를 제정하거나 개정하거나 폐지할 것을 청구할 수 있다.

해설 ④[X] 주민은 행정기구를 설치하거나 변경하는 것에 관한 사항이나 공공시설의 설치를 반대하는 사항의 조례를 제정하거나 개정하거나 폐지할 것을 청구할 수 없다. 지방자치법 제19조에 의하면 일정수 이상 주민은 지방자치단체의 조례로 정하는 18세 이상 일정수 이상의 주민의 연서(連署)로 해당 지방의회에 조례를 제정하거나 개정하거나 폐지할 것을 청구할 수 있다. 다만, 다음 각 호의 사항은 청구대상에서 제외한다. ②[X] 지방자치법의 개정(2022.1)으로 주민요건이 변경되었다. 종래 19세 이상의 주민에서 18세 이상의 주민으로 확대되었다(21조).

[정답] ②④

해설 ② 지방자치법이 개정되면서 주민감사청구에서 주민요건이 변경되었다. 19세 이상에서 18세 이상으로 연령이 변경되었다(2022.1.13.시행). ④ 주민은 행정기구를 설치하거나 변경하는 것에 관한 사항이나 공공시설의 설치를 반대하는 사항의 조례를 제정하거나 개정하거나 폐지할 것을 청구할 수 없다. 참고로, 주민조례발안에 관한 법률이 제정(2022.1.3 시행)되면서 주민조례청구권자에 대한 규정이 18세 이상 주민으로 변경되었다.

● 주민청구 제외대상

주민감사청구 제외대상	주민조례개폐청구 제외대상
① 수사 및 재판에 관여	① 법령 위반 사항
② 개인의 사생활 침해	② 지방세·사용료·수수료 부과·징수 또는 감면
③ 감사했거나 감사중인 사항	③ 행정기구 설치·변경
④ 동일한 사항에 대해 소송이 진행 중이거나 그 판결이 확정된 사항	④ 공공시설 설치 반대

[정답] ②④

80
• 16 교행9급

주민참여제도에 대한 설명으로 옳지 않은 것은?

① 주민소환의 대상은 지방자치단체장, 비례대표의원을 제외한 지방의회의원, 교육감이다.
② 현행법상 주민참여제도의 도입 순서는 조례의 제정 및 개폐에 관한 청구, 주민투표, 주민소송, 주민소환 순이다.
③ 주민투표는 자치단체장에게, 주민감사청구는 감사원에, 주민소송은 관할 행정법원에, 주민소환은 관할 선거관리위원회에 청구한다.
④ 주민소송의 소송 대상은 주민감사를 청구한 사항 중 공금지출에 관한 사항, 해당 지방자치단체를 당사자로 하는 매매·임차·도급계약에 관한 사항 등 재무·회계에 관한 사항이다.

해설 ③ 주민투표는 자치단체장에게 청구하고, 주민감사청구는 감사원이 아니라 시도지사 또는 주무부장관에게, 주민소송은 관할 행정법원에, 주민소환은 관할 선거관리위원회에 청구한다. 감사원에 감사를 청구하는 것은 '국민감사청구' 제도이다(부패방지 및 국민권익위원회의 설치·운영에 관한 법률). ② 주민참여제도의 도입 순서는 조례의 제정 및 개폐에 관한 청구(1999), 주민투표(2004), 주민소송(2006), 주민소환제(2007)이다.

[정답] ③

81
• 19 행정사

주민투표에 관한 설명으로 옳은 것은?

① 주민투표는 주민의 중요한 권리이기 때문에 의무화하여 위반자에게 벌금 등 제재를 가하는 국가는 없다.
② 항의적 주민투표(protest referendum)는 지방의회에서 의결한 사항에 대하여 그 효력 여부를 결정하는 투표이다.
③ 주민투표는 조례의 제정 또는 개·폐 등에 관하여 주민이 직접 의안을 발의하는 제도이다.
④ 우리나라는 주민투표 결과의 확정을 위해서는 전체 유효투표권자 중 1/4 이상이 투표를 해야 한다.
⑤ 주민투표의 본질은 대의제를 보완하려는 것이 아니라 대체하려는 것이다.

해설 ② 주민의 청구에 의한 주민투표의 경우 적극적 주민투표와 항의적 주민투표로 구분할 수 있다. 적극적 주민투표는 주민들이 처음부터 의제를 만들고 이를 주도해 결정하는 것이며, 항의적 주민투표는 의회가 의결한 조례를 폐지하기 위해 시행하는 주민투표를 말한다.
④ [X] 주민투표법이 개정(22.4)되면서 주민요건과 투표결과의 확정요건이 조정되었다. 주민투표권자의 연령을 19세에서 18세로 하향 조정하였으며, 주민투표권자 총수의 4분의 1 이상의 투표와 유효투표 총수의 과반수를 득표한 경우에 주민투표결과로 확정되도록 변경되었다(주민투표법 제24조).
① [X] 주민투표를 주민의 권리이자 의무로 보아서 아르헨티나, 프랑스, 브라질 등 일부 국가의 경우 투표 불참시 벌금 등 불이익을 부과한다.
③ [X] 주민투표청구는 주민이 할 수 있지만, 발의는 자치단체장만이 할 수 있다.
⑤ [X] 주민투표의 본질은 대의제를 보완하려는 것이지 대체하려는 것이 아니다.

[정답] ②

82
• 16 행정사

우리나라 주민소환제에 관한 설명으로 옳은 것은?

① 주민이 지방정부의 정책결정이나 행정과정에 직접 참여하여 지역의 주요 현안을 함께 협의·결정하는 제도이다.
② 주민소환투표결과의 확정은 주민소환투표권자 총수의 과반수 투표와 유효투표 총수 과반수의 찬성을 요한다.
③ 비례대표선거구 의원을 포함한 지방의회의원과 지방자치단체의 장이 그 대상이 된다.
④ 위법·부당행위, 정치적 무능력, 직무유기, 독단적인 행정운영 등 지방자치제의 폐단을 방지하는데 목적이 있다.
⑤ 주민에게 손해를 입힌 경우, 관련 감사기관에 감사를 청구하여 그 시정을 요구하는 제도이다.

해설 ④는 주민소환제의 목적이다. ①[X] 지문의 내용은 주민총회를 말하는 것으로 우리의 경우 채택하지 않은 제도이다. ②[X] 주민소환투표결과의 확정은 주민소환투표권자 총수의 3분의 1이상의 투표와 유효투표 총수 과반수의 찬성을 요한다. ③[X] 주민소환투표대상에서 비례대표선거구 의원은 제외된다. ⑤[X] 주민이 주무부장관이나 시·도지사 등 관련 감사기관에 감사를 청구하는 제도는 주민감사청구제도이다.

[정답] ④

83
• 21 국가9급

우리나라의 주민소환제도에 대한 설명으로 옳지 않은 것은?

① 가장 유력한 직접민주주의 제도이다.
② 비례대표 지방의회의원은 주민소환 대상이 아니다.
③ 심리적 통제 효과가 크다.
④ 군수를 소환하려고 할 경우에는 해당 군의 주민소환투표청구권자 총수의 100분의 10 이상의 서명을 받아 청구해야 한다.

해설 ④ [X] 군수를 소환하려고 할 경우에는 해당 군의 주민소환투표청구권자 총수의 '100분의 15 이상'의 서명을 받아 청구해야 한다. ② [O] 주민소환 대상은 자치단체장, 비례대표를 제외한 지방의회의원 등이다.

※ 주민소환투표 청구권자의 수

시·도지사	10/100
시장·군수·구청장	15/100
지방의회의원(광역, 기초)	20/100

[정답] ④

84
• 05 서울7급

우리나라 '주민투표' 제도에 관한 내용으로 가장 타당한 것은?

① 법령에 위반되는 사항이나 다른 지방자치단체의 사무에 속하는 사항은 주민투표에 붙일 수 없다.
② 지방자치단체의 장은 주민 또는 지방의회의 청구가 있을 때에만 주민투표를 실시할 수 있다.
③ 주민투표에 부쳐진 사항은 주민투표권자 총수의 2분의 1 이상의 투표와 유효투표수 과반수의 득표로 확정된다.
④ 지방자치단체의 장은 주민투표의 전부 또는 일부무효의 판결이 확정된 때에는 그 날부터 60일 이내에 무효로 된 투표구의 재투표를 실시하여야 한다.
⑤ 주민에게 과도한 부담을 주거나 중대한 영향을 미치는 지방자치단체의 주요결정사항으로서 그 지방자치단체의 규칙으로 정하는 사항은 주민투표에 부칠 수 있다.

해설 ②주민투표의 청구권자는 자치단체장, 주민, 지방의회, 중앙행정기관이다. ③주민투표권자 총수의 4분의 1 이상의 투표와 유효투표수 과반수의 득표로 확정된다. ④주민투표의 전부 또는 일부무효의 판결이 확정된 때에는 그 날부터 20일 이내에 무효로 된 투표구의 재투표를 실시하여야 한다. ⑤주민에게 과도한 부담을 주거나 중대한 영향을 미치는 지방자치단체의 주요결정사항으로서 그 지방자치단체의 조례로 정하는 사항은 주민투표에 부칠 수 있다.

[정답] ①

85
• 08 국가7급

우리나라의 주민소환제도에 관한 설명으로 옳지 않은 것은?

① 주민소환의 방식은 해당 관할구역의 주민들이 자율적으로 정한다.
② 지방자치에 관한 주민의 직접참여를 확대하고, 지방행정의 민주성과 책임성을 제고함을 목적으로 한다.
③ 2007년에 경기도 하남시에서 주민소환투표가 최초로 실시되었다.
④ 주민소환의 대상자는 지방자치단체의 장 및 지방의회의원이지만 비례대표 지방의회의원은 제외된다.

해설 ① 우리나라 주민소환 방식은 주민들이 자율적으로 정하는 것이 아니라 '주민소환에 관한 법률'에 의해 법정화 되어있다. 즉 일정 주민 수 이상의 서명으로 관할 선거관리위원회에 주민소환투표의 실시를 청구할 수 있으며, 주민소환투표권자 총수의 3분의 1 이상의 투표와 유효투표 총수 과반수의 찬성으로 확정된다.

③ 2007년에 경기도 하남시에서 주민소환투표가 최초로 실시되었으나 투표참가자가 3분의 1에 미달하여 개표되지 못하고 부결되었다.

[정답] ①

86
• 24 행정사

지방자치에 관한 설명으로 옳은 것은?

① 일정기간 지역에 거주하지 않았더라도 주민등록만 되어 있다면 지방자치법상 주민으로서의 권리와 의무의 주체가 된다.
② 국가로부터 일정한 부분 자치권한을 이양 받은 자치권을 고유권이라고 한다.
③ 특례시에는 자치구가 설치되어 있다.
④ 자치권이란 자연적으로 발생한 주민의 권리이므로 전래권이다.
⑤ 지방자치단체는 주민의 복리와 재산을 보호하고 외교·국방과 같은 문제를 다룬다.

해설 ① 주민이란 '지방자치단체의 구역안에 주소를 가진 자'를 말한다. 주민의 요건인 주소는 주민등록지(공법상 주소)를 의미하며, 주민은 참정권·수익권 등 권리와 지방세 납부의무·비용분담의 의무 등 주민으로서의 권리와 의무의 주체가 된다.

②[X] 국가로부터 일정한 부분 자치권한을 이양 받은 자치권을 전래권이라고 한다. 전래권설에 의하면 자치권은 국가로부터 수여된 권리로 본다.

③[X] 인구 100만 이상의 자치시 4곳(수원, 고양, 용인, 창원)이 특례시로 지정되었다(2022.1). 특례시는 기초자치단체이므로 특례시에 자치구를 둘 수 없다.

④[X] 자연적으로 발생한 주민의 권리는 고유권이다.

⑤[X] 외교, 국방, 사법(司法), 국세 등 국가의 존립에 필요한 사무는 국가의 사무이므로 국가가 처리해야 한다.

[정답] ①

87
• 22 행정사

우리나라 지방자치제도에 있어서 주민의 권리에 관한 내용으로 옳지 않은 것은?

① 주민 A씨(30세)는 자신이 살고 있는 지역의 지방자치단체 발전과 운영에 기여할 수 있다.
② ○○시 주민 B씨(20세)는 청년일자리 창출에 관한 조례의 필요성에 따라 요건을 갖추어 ○○시 조례의 제정을 청구하였다.
③ 지방자치단체 외국인등록대장에 등록된 베트남 국적 C씨(45세)는 국내에 영주할 수 있는 체류자격 취득일 후 현재 3년이 지났지만, 외국인이기 때문에 지방자치단체의 위법행위에 대한 감사를 청구할 수 없다.
④ ○○시 비례대표 시의원의 심각한 불법행위 문제를 알고 있는 ○○시 주민 D씨(55세)는 주민소환 투표 청구를 위한 요건을 갖추더라도 주민소환권을 행사할 수 없다.
⑤ ○○시 주민 E씨(57세)는 시의 공금 지출에 관한 사항의 위법에 대해 감사청구한 자로서, 그 감사결과에 불복하고 법적 요건을 갖추어 시장을 상대로 주민소송을 제기하였다.

해설 ③[X] 베트남국적 C씨는 영주(永住)할 수 있는 체류자격 취득일 후 3년이 경과한 18세 이상의 외국인이므로 주민감사를 청구할 수 있는 주민에 해당한다.
① 주민 A씨는 제한없이 지방자치단체 발전과 운영에 기여할 수 있다.
② 주민조례발안에 관한 법률(2022)에 의하면 18세 이상의 주민은 해당 지방자치단체의 의회에 조례를 제정하거나 개정 또는 폐지할 것을 청구할 수 있다.
④ 주민소환투표의 대상으로 선출직 지방공직자인 해당자치단체의 장 및 지방의회의원이 포함되지만 비례대표의원은 제외한다.
⑤ 주민감사청구한 주민은 감사결과 등에 불복이 있는 경우에는 주민소송을 제기할 수 있다(지방자치법 제22조).

[정답] ③

88
• 24 행정사

주민소송제에 관한 설명으로 옳은 것은?

① 주민들이 공직자를 재직 중에 불신임해 그만두게 하는 제도로서 가장 적극적이고 강력한 참여의 형태이다.
② 지역의 주요 안건을 해결하는 제도로서 지방자치단체의 중요한 사항에 대하여 결정권을 행사하는 제도이다.
③ 선출직 공직자를 임기 중에 소환해 파면시키는 제도이다.
④ 주민이 감사청구한 일정한 재무회계 사항과 관련이 있는 지방자치단체의 장 등의 위법한 행위 등에 대하여 손해를 배상하게 하는 제도이다.
⑤ 주민이 능동적이고 적극적으로 지방자치단체의 장이나 의회의원 권한의 일부를 제약하거나 행사한다.

해설 ④ 주민소송이란 주민이 지방자치단체의 공금지출 등 재무행위가 위법하다고 인정하는 경우 감사기관에 감사를 청구하고 그 감사결과에 불복하는 경우 법원에 재판을 청구하는 제도를 말한다.
①③[X] 주민들이 지방자치단체장·지방의원 등 선출직 지방공직자를 임기만료 전에 문제가 있을 때 임기 중 주민투표를 통해 해직시킬 수 있는 제도는 주민소환(recall)이다.
②[X] 주민에게 과도한 부담을 주거나 중대한 영향을 미치는 지방자치단체의 주요 결정사항 등에 대하여 결정권을 행사하는 제도는 주민투표이다.

[정답] ④

89

• 22 군무원9급

우리나라의 주민참여제도에 대한 설명으로 가장 옳지 않은 것은?

① 주민은 지방자치단체의 장을 상대로 소송을 제기할 수 있다.
② 주민은 지방자치단체의 장 및 지방의회의원(비례대표 지방의회의원은 제외)을 소환할 수 있다.
③ 주민은 지방자치단체의 장에게 조례의 제정과 개폐를 청구할 수 있다.
④ 주민은 지방예산 편성 등 예산과정에 참여할 수 있다.

해설 ③ 「지방자치법」의 전면 개정과 「주민조례발안법」 제정(2022. 1. 13. 시행)되면서 조례개폐청구는 지방의회에 직접 청구하도록 변경되었다. 개정 전에는 조례개폐를 자치단체장에게 청구하도록 되어있었다.

[정답] ③

저자약력

유병준

(현) 한국공무원학원 행정학 전임
  합격의 법학원(신림동) 전임교수
  전국모의고사 출제위원(7급 공채)
  원주 중앙고시학원
  노량진 프리듀 서울군무원학원

(전) 중앙경찰학교 외부교수
  K대학교 경찰행정학과 조교수
  박문각고시학원 행정학 전임
  시대고시기획 행정학 전임
  에듀피디 행정학 전임
  에듀윌 강의
  고시기획 전국모의고사 출제위원
  국토해양부 인재개발원 강사(2009~2010)
  부산고려고시학원 행정학 전임
  종로한교고시학원 행정학 전임
  강남행정고시학원 행정학 전임
  원광대학교, 동양대학교, 영남대, 계명대 등 특강강의
  계명대학교 정책대학원 공무원 교육 전담교수
  경기대학교 사회과학원 강사
  전국모의고사 출제위원

〈저서〉
퍼펙트 행정학(참다움, 2022)
공무원 기본서 행정학(법학원, 2017~2021)
공무원 기출문제집 행정학(법학원, 2017~2021)
공무원 예상문제집 행정학(법학원, 2017~2021)
행정사 행정학개론(법학사, 2012~2021)
행정사 행정학개론 핵심정리(법학사, 2012~2021)
8개년 행정사행정학 기출문제집(법학사, 2021)
유병준 행정학개론(시대고시기획, 2018)
행정학 개론(교연, 2016)
행정사 행정학개론(법학사, 2016)
경찰간부행정학(에듀파란, 2016)
최근 4개년 기출문제해설집(법학사, 2016)

2025 유병준 퍼펙트 행정학 단원별 기출 1000제

발행일 : 2025년 2월 7일
저　자 : 유병준
발행인 : 김진연
발행처 : (주)도서출판 참다움
등　록 : 제2019-000035호
주　소 : 서울특별시 동작구 만양로 84, (노량진 삼익프라자) 1층 129호, 130호
T E L : 02) 6953-7038
F A X : 02) 6953-7039

※ 본서의 무단 전재·복제행위는 저작권법 제136조에 의거 5년 이하의 징역 또는 5,000만원 이하의 벌금에 처하거나 이를 병과할 수 있습니다.

※ 파본은 구입처에서 교환하시기 바랍니다.

정가 28,000원

2025 유병준
Perfect 행정학
단원별 기출 1000제

가격 28,000원

13350

9 791194 588023
ISBN 979-11-94588-02-3

도서
출판 (주)참다움   대표전화 02)6953-7038   팩스 02)6953-7039
주소 서울특별시 동작구 만양로 84, 노량진 (삼익프라자) 1층 129호